JN451066

탈초 국역

傳家寶墨

延安李氏 簡札帖

탈초 국역 박황희

학자원

서문

「傳家寶墨」-春・夏・秋・冬은 연안이씨 家傳 簡札帖으로서 원소장자는 경북 상주시에 소재한 息山宗宅의 10대 宗孫 李庸德 선생이다. 2002년에 한국학중앙연구원에 한시적으로 기탁되어 있었다가 현재는 안동에 있는 한국국학진흥원 자료연구실에 이관되어 있다.

필자가 처음 이 자료를 접하게 된 것은 박사학위 논문의 주제로 '연안이씨 식산종택 고문서'를 연구하게 되면서 부터이다. 선릉역에 있던 연안빌딩의 연안이씨종친회에서 당시 종친회장이던 이용준 선생과 식산의 후손 이홍희 선생을 만나게 되면서 다양한 고문서 자료와 유집에 대한 家傳收藏의 사례들을 견문할 수 있는 기회가 주어졌다.

이일을 계기로 식산종택의 간찰첩에 대한 깊은 애착과 관심을 갖게 되었고, 언젠가 반드시 「傳家寶墨」을 탈초・국역하리라 내심 비상한 각오를 다졌었는데, 이제 소략하게나마 그 염원을 이룰 수 있게 되었다.

「傳家寶墨」-春・夏・秋・冬은 연안이씨 李觀徵 家에서 8대에 걸쳐 이루어진 기록물로서 발신자만 대략 18명으로 약 200여 년간에 걸쳐 이루어진 것들이다. 그동안 李萬敷 종손가에서 家莊手本으로 전해오던 것으로서 李觀徵・李沃・李萬敷・李之彬・李承延・李敬儒・李建基・李叙九 등으로 이어지는 직계자손들이 가학을 계승하고 학맥을 전수하는 과정에서 가족 구성원 간에 주고받았던 간찰과 시문 등을 모아 성첩한 簡札筆帖이다. 연안이씨 가문의 여타한 문집에도 동일한 내용이 실려 있지 않은 매우 희소성이 있는 자료일 뿐만 아니라 한 家門에서 8대에 걸친 선조들의 간찰을 모아 성첩한 사례는 매우 이례적인 것으로서 국내외에서도 유사한 사례를 찾기가 쉽지 않은 우리의 기록문화유산이다.

주지하는 바와 같이 簡札은 발신자와 수신자 사이의 유일본으로서 일차사료인 동시에 原史料에 해당한다. 또한 전통시대를 이해하는 모든 학술 분야의 기초자료로서 역사적 고증의 단초를 제공하기도 한다. 본서에서는 「전가보묵」의 국역을 통하여 官撰史書나 文集 등의 저술에서 간과되었던 행적을 살피며, 연안이씨 가문의 家學的 배경과 인물들의 내면세계를 이해하는 데 중점을 두었다. 아울러 조선시대 지식인들의 일상적 글쓰기 형태와 더불어 조선후기 명문가로서의 전통과 연안이씨 가문의 정신사적 유산들을 조명해 보고자 하였다.

이 책이 나오기까지 노둔한 제자에게 萬端改論의 노고를 아끼지 않으신 모교의 은사님들과 한결같은 믿음으로 초심을 다잡아 주며 나의 정신적 버팀목이 되어주신 장인 崔圭軾 翁께 이 책을 바친다. 또한 인공지능이 대세가 되어버린 시대에 초서공부는 屠龍之技가 될지도 모른다는 불안감을 말끔히 씻게 해주며, 附驥之幸의 호사를 누리게 해주신 (社)韓國古簡札研究會 선후배제현께도 존경의 마음을 전하고자 한다.

한편으로 노졸한 솜씨로 행여 '息山宗宅'에 누를 끼치지는 않았는지 매우 염려스러우며, 격려를 아끼지 않으신 식산종택의 후손 이홍희 선생님께 감사드린다. 끝으로 처음부터 끝까지 세심하게 지도하며 교정의 수고와 질정을 아끼지 않으신 九一軒의 朴相水 선생님과 대중적 호응도가 낮은 한미한 졸고에 관심을 갖고 정성껏 출간해주신 학자원 김병환 대표님께도 심심한 감사의 말씀을 전한다.

2020년 2월
일산의 尙友齋에서
박황희 씀

일러두기

1. 이 책은 한국국학진흥원에 기탁되어 있는 연안이씨 식산종택 소장 간찰첩 「傳家寶墨-春 · 夏 · 秋 · 冬」에 대한 탈초 · 번역본이다.

2. 저본에 결락되었거나 훼손되어 식별이 불가능한 경우에는 '■'와 같이 표기하였으며, 문맥의 흐름으로 추론한 경우에는 '■'표시 옆에 '[先]'와 같이 추정글자를 병기하였다.

   예: ■…■, [先]往魯谷, 送■■[如何].

3. 저본이 일부 훼손되었거나 다소 오염이 되었더라도 추정이 가능한 경우에는 '[悶]'과 같이 대괄호 안에 추정글자를 병기하였다.

   예: 伏[悶]萬萬

4. 번역문에서는 한자를 괄호 넣기 하였으나 제목과 주석에서는 한자를 노출하였다.

5. 釋文과 國譯 문장 내용이 전 페이지에서부터 연속될 때는 '↳'를 붙이고 해당 부분 글자색을 갈색으로 표시하였으며, 다음 페이지의 본문으로 이어지는 문장에는 '↳'를 붙이고 글자색을 파란색으로 표시하였다.

   예: 【釋文】 ↳立志固而開濶心胸.
   【國譯】 ↳입지는 견고히 하되 마음은 활짝 열어야 한다.

   예: 【釋文】 ↳朝家有新令, 凡豪右之冒
   【國譯】 ↳조정에 새로운 명령이 있어 모든 호족들이 무릅쓰고서

차례

◉ 傳家寶墨 -夏

◉ 傳家寶墨 -秋

◉ 傳家寶墨 - 冬

延安李氏 簡札帖 傳家寶墨 解題

1. 서론

본서에서 고찰하고자 하는 『傳家寶墨-春·夏·秋·冬』은 연안이씨 식산종택의 가전 簡札帖으로서 원소장자가 상주시 소재 식산종택의 10대 宗孫 李庸德이다. 2002년에 한국학중앙연구원에 한시적으로 기탁되어 있었다가 현재는 안동에 있는 한국국학진흥원 자료연구실에 기탁되어 있다.[1]

본서에서는 개략적으로나마 簡札帖에 나타난 書簡文學을 통하여 延安李氏 李觀徵 家의 정치 사상적 배경과 가학의 연원을 이해하고자 한다. 이를 위하여 서남당쟁으로 촉발되었던 숙종 연간의 환국사태의 소용돌이 속에 연안이씨의 정치적 명암과 부침을 파악하며, 李觀徵 이후 李沃·李萬敷·李之彬·李承延·李敬儒·李建基·李叙九 등으로 이어지는 8대에 걸친 가학의 계승과 학맥의 형성 과정을 고증하고 그들의 일상적 지적활동과 교류영역을 통하여 조선후기 양반 사대부가의 학술사적 내면세계를 이해하고자 한다.

주지하는 바와 같이 조선 오백년 사에 있어 三韓甲族의 으뜸으로 '延李光金'[2]을 손꼽는데 연안이씨 이관징 가는 17세기를 대표하는 畿湖·南人의 명문가로 손색이 없었으며, 정치·사회·문화·예술의 다양한 영역에 이르기까지 괄목할만한 업적을 남겼다. 그러나 그간의 연구는 대체로 이관징가의 문집인 『博泉集』, 『息山集』, 『剛齋集』 등을 위주로 한 학술적 성과에 국한 하고 있으며 그 가운데

1 金鶴洙, 「尙州 延安李氏 息山家門의 가계와 所藏 典籍의 현황」, 『藏書閣』 7, 한국정신문화연구원, 2002. 247~273쪽.

2 일반적으로 名門家를 말할 때 延安李氏 가문과 光山金氏 가문을 합하여 '延李光金'이라 한다. 특히 광산김씨가의 沙溪 金長生 가문과, 연안이씨가의 月沙 李廷龜 가문을 兩班家門 가운데서도 으뜸 門閥로 평가한다. 朝鮮時代에 延安李氏는 正一品의 반열에 오른 사람만 24인이다. 그 중에 府院君이 5인, 相臣이 9인, 大提學이 7인, 判書가 54인, 功臣이 10인, 淸白吏가 7인, 文章家가 5인 등이 있다. 耆社에 21인이 들었으며, 宗廟配享에 2인, 湖堂에 10인, 문과에 급제한 사람이 모두 256인이다. 이 통계는 2016년 연안이씨 숙부인파 학술발표회에서 숙부인파 종중에서 제공한 자료이다. 이용준, 『숙부인파종중 종보』, 전통족보문화사, 2016 창간호.

서도 『息山集』[3]만이 가장 활발한 성과를 이룩하고 있으나 古文書와 筆帖類에 대한 연구는 초보적 수준에 불과할 뿐이다.

연안이씨 소장자료 중에 『傳家寶墨』이라는 제하의 筆帖은 모두 네 종류가 존재한다. 그 중 하나의 『전가보묵』은 이옥의 書帖이며, 다른 하나는 李萬秀·萬敷·萬維·萬祉 4형제의 筆帖이다.[4] 또 다른 하나는 이옥과 이협의 서첩으로서 상하 2권으로 구성되어 있는데, 이옥은 詩稿를 이협은 程伊川의 四勿箴을 기록한 것이다.[5]

본서에서 고찰하고자 하는 연안이씨 간찰첩 『傳家寶墨－春·夏·秋·冬』은 연안이씨 이관징 가의 8대에 이르는 18명의 인물이 200여 년간에 걸쳐 작성한 간찰들로서, 이만부 후손 家에서 家莊手本으로 전해오던 것을 엮어서 성첩한 簡札筆帖이다.

간찰첩에 기록된 내용들은 역대 연안이씨 문집 어디에도 수록되어 있지 않은 1차 사료로서 '原史料'에 해당된다 할 수 있다. 이는 이관징 가의 간찰첩이 갖는 가장 중요한 의미로서 正史와 文集에서 발견할 수 없는 특수한 소재와 생활상, 그리고 당대 지식인들의 공개되지 않은 지적교류 양태와 식산종택의 문화교류 영역을 고증할 수 있는 매우 요긴한 자료이다.

2. 延安李氏의 系譜와 정치·사회적 위상

延安李氏는 원래 중국으로부터 歸化한 성씨로서 '李茂'를 始祖로 하는 姓貫이다. 『延安李氏 族譜』와 星湖 李瀷이 기록한 「息山李先生行狀」등을 통해 살펴보면, 연안이씨의 시조 이무는 唐나라 顯慶연간의 宗室 中郎將이었는데 羅唐聯合軍이 결성되어 백제와 고구려를 평정하고자 할 때에 蘇定方의 휘하에서 세운 혁혁한 공으로 인해 황해도 연안지역을 食邑으로 하사 받게 되었다. 그후 延安侯에 봉해져 신라에 귀화하였고 연안을 貫籍으로 삼으며 완전히 정착하게 되었다.[6]

3 息山 李萬敷와 관련된 연구논문으로는 2019년 현재까지 총 55건의 논문이 발표되었다. 학위논문으로는 '朴贊善의 「息山 李萬敷의 生涯와 思想 硏究」, 嶺南大學校 碩士學位論文, 1983.'을 필두로 약 11편이 있으며, 일반 학술논문으로는 '權泰乙의 「息山 李萬敷의 文學硏究」, 국어국문학 104, 1990.'을 위시하여 모두 44편으로 도합 55편 가량이 등재되어 있다.

4 위의 두 번째 설명하는 「傳家寶墨」은 李萬秀·萬敷·萬維·萬祉의 작품으로 이미 脫草·國譯 되었다. 朴熿熙, 「延安李氏 息山宗宅 簡札帖 譯注」, 고려대학교 박사학위논문, 2018.

5 金鶴洙, 「尙州 延安李氏 息山家門의 가계와 所藏 典籍의 현황」, 『藏書閣』 7, 한국정신문화연구원, 2002. 250~251쪽.

6 李瀷, 「息山李先生行狀」, 『星湖全集』 卷六十六, 行狀, 한국문집총간 200. 126쪽. "唐顯慶中, 宗室中郎將茂, 從蘇定方平百濟高句麗, 因留, 以功食于延, 延之李自此始."
李沃, 「延安李氏族譜序」, 『博泉集』 卷五, 한국문집총간 속44. 259쪽. "惟吾李肇發延安, 姓牒云有唐宗室茂, 以中郎將從征東捴管, 平三韓有功, 食采於延, 子孫

연안이씨는 조선시대에만 9명의 재상과 7명의 대제학, 그리고 청백리 7명과 문과급제자 261명 등 훌륭한 관료를 매우 많이 배출해 낸 으뜸 명문가이다.[7] 또한 학문을 숭상하는 한편 淸白儉素한 생활을 지켰으며 인륜과 도덕, 중용에 부합하는 의로운 기상을 매우 중시했던 가문이다. 조선후기 기호남인의 사상사와 영남 사림의 학맥 형성과정을 이해하는 데 있어 매우 중요한 대상이다.

일반적으로 연안이씨는 이무를 시조로 하여 크게 3~4파로 분파되어 있는데, 그 중 가장 저명한 분파로는 樗軒 李石亨~月沙 李廷龜로 이어지는 가계로서 李賢呂를 중시조로 하는 '小府監判事公派'[8]가 있고 五峯 李好閔의 가계로서 李漬를 중시조로 하는 '通禮門使公派'[9]가 있으며 그리고 本考에서 다루고자 하는 息山 萬敷의 가계로서 李襲洪을 중시조로 하는 '太子詹事公派'가 있다.

첨사공파의 핵심적 인물은 芹谷 李觀徵[10]으로부터 시작된다. 17세기 남인정권의 정점에 있던 인물로 그의 아들 李沃과 더불어 顯宗과 肅宗 연간에 기호남인의 핵심 가문으로 성장하였다. 西·南黨爭이 극심하게 대립되던 과정에서도 인망과 덕행이 뛰어났던 이관징은 남인의 영수로 추종되었으나 경신대출척과 갑술환국의 사태로 인하여 결국 서인과의 정권경쟁에서 패배하고 말았다. 이후 노론의 장기집권이 진행되면서 정치적으로 철저하게 몰락하는 비운의 시련을 겪게 된다. 그러나 역설적이게도 延安李氏 李觀徵家는 이일을 계기로 이후에 상주에 世居地를 정착시키면서 영남사림의 대학자를 배출하며, 기호남인의 명망이 있는 학자집안으로 급부상하게 된다.

본서에서 고찰하고자 하는 『전가보묵』은 이관징을 기점으로 8대에 걸쳐 가학의 계보가 형성되어 왔으며 이들을 중심으로 가전되어 온 간찰들을 모아 성첩한 것이다. 『전가보묵』의 핵심적 등장인물 가운데 가학의 계보를 전수하여 학통을 이어받는 인물군은 이관징을 중심으로 그의 종제 李鳳徵과 아들 李沃·李渟·李淑·李浹 4형제와 이옥의 아들 李萬秀·李萬敷·李萬維·李萬祉 4형제로 이어진다. 이옥의 차자인 이만부로 계승되어진 학맥의 계보는 이만부의 아들 李之彬과 그의 종제인 李之幹·李之樸 등으로 이어지며, 이지빈의 아들인 李承延과 그의 종제 李絅延·李秉延으로 이어지고 다시 이승연으로 계승되어진 학맥의 계보는 아들 李敬儒·李行

因家焉者是也."

7 이 통계는 2016년 연안이씨 숙부인파 학술발표회에서 숙부인파 종중에서 제공한 자료이다. 이용준, 『숙부인파종중 종보』, 전통족보문화사, 2016 창간호.

8 小府監判事公派는 李賢呂를 中始祖로 한다. 약칭 '判事公派'라 한다. 주요 世居地로는 6세 李匡의 대를 전후해서 함남 安邊郡에 터를 잡았으며 9세 李閈道 대에 이르러 경기도 安山으로 移居하였으며 11세 李藕 대에 이르러 기묘사화 이후로 公州·扶餘·報恩 등지에 세거하였다.

9 通禮門使公派는 李漬를 중시조로 하여 武臣으로는 成宗 때의 功臣인 靖襄公 李淑琦가 있으며, 文臣으로는 五峰 李好閔이 大提學을 지내고 禮曹判書를 거쳐 左贊成에 이르러 扈聖二等功臣으로 延陵君에 봉해졌다. 약칭 '府使公派'라 한다.

10 李觀徵(1618~1695)의 호는 芹翁 또는 芹谷이다. 현종 1년(1660) 제1차 禮訟 때 服喪 문제로 송시열 등 西人의 기년설에 대해 삼년설을 주장하다 쫓겨난 南人 許積·許穆 등을 구제하려다 全羅道都事로 좌천되었다. 숙종 즉위 후 신임을 얻어 경연관, 예조 판서, 이조 판서 등을 역임하였다. 行中樞府事로 致仕하고 奉朝賀가 되었다. 1694년(肅宗20)에 갑술옥사가 일어나자 기사환국 때의 發啓人으로 削黜되었다.

儒 형제와 종제 李挺儒로 이어지며 이행유의 아들 李建基를 거쳐서 이건기의 아들 李叙九로 이어진다.

이 가운데 息山 李萬敷(1664~1732)는 근기 남인의 대학자로 德川書院의 원장을 지냈으며, 「息山文集」, 「道東編」, 「易統」, 「禮記詳節」, 「四書講目」, 「志書」, 「易大象編覽」, 「太學成典」, 「魯餘論」, 「讀書法」, 「讀書日記」, 「閨訓」, 「雜錄」 등, 총 140권에 이르는 다양한 유고를 남겼다.

또한 剛齋 李承延(1720~1806)과 半聾齋 李秉延(1726~1762) 형제는 상주문학사에 雙璧으로 칭송되는 시인이다. 특별히 이승연은 조부 이만부로부터 가학의 계보를 전승하고 학문으로 이름을 떨쳤으며, 玉成書院의 원장을 지냈다. 「嶺對」라는 글을 지어 영남지방의 인심과 풍기가 문란해짐을 개탄하였으며, 상주지방을 중심으로 한 시단인 '洛江詩會'에 참여하여 많은 聯句를 남겼다.

한편 林下 李敬儒(1750~1821)는 芹谷·博泉·息山·剛齋로 이어지는 가학의 계보를 전승하고 평생을 문학에 뜻을 바쳤다. 秋水社와 竹雨社라는 詩話동인회를 만들고, 詩契를 형성하여 활발하게 활동하였으며, 시 비평집인 『滄海時眼』을 남겼다.[11]

이상에서 살펴본 바와 같이 상주로 이거한 후의 연안이씨 이관징 가는 영남사림의 중추적 세력으로 부상하였으며, 조선후기 유림의 정신사를 지배하는 명망과 학덕을 고루 갖춘 가문으로 자리매김하였다.

『전가보묵』에 등장하는 발신자들의 위계에 의한 항렬의 계보는 아래의 <표-1>과 같으며, 발·수신자 가운데 직계 후손에 관한 世系圖는 <표-2>에 분류하였다.

11 權泰乙, 『尙州漢文學』, 尙州文化院, 2001, 495쪽.

〈표-1〉 李觀徵家의 家系圖

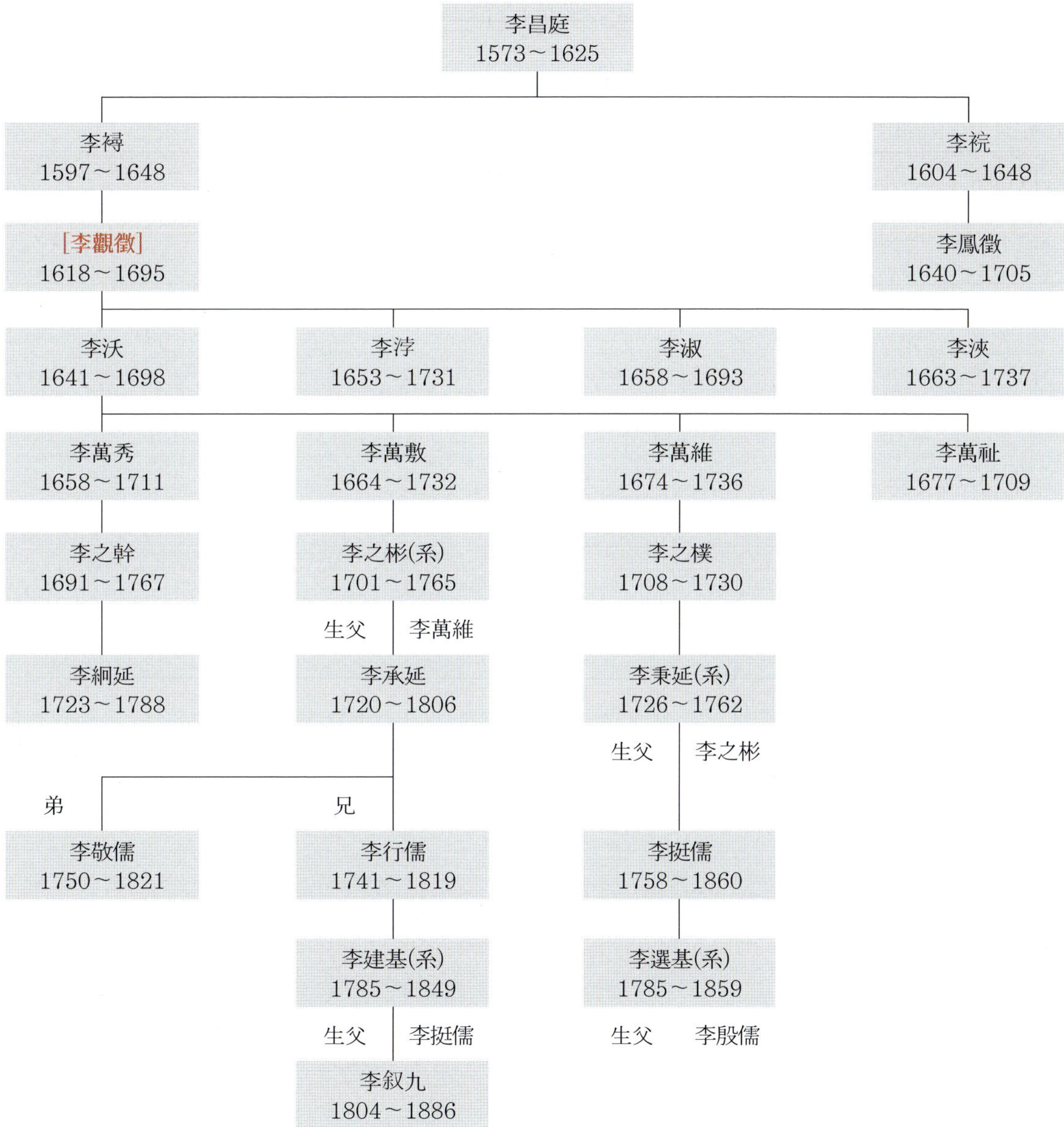

李昌庭
1573~1625
李禱
1597~1648
李祱
1604~1648
[李觀徵]
1618~1695
李鳳徵
1640~1705
李沃
1641~1698
李浡
1653~1731
李淑
1658~1693
李浹
1663~1737
李萬秀
1658~1711
李萬敷
1664~1732
李萬維
1674~1736
李萬祉
1677~1709
李之幹
1691~1767
李之彬(系)
1701~1765
李之樸
1708~1730
生父 李萬維
李絅延
1723~1788
李承延
1720~1806
李秉延(系)
1726~1762
生父 李之彬
弟
兄
李敬儒
1750~1821
李行儒
1741~1819
李挺儒
1758~1860
李建基(系)
1785~1849
李選基(系)
1785~1859
生父 李挺儒
生父 李殷儒
李叙九
1804~1886

〈표-2〉 발·수신자 가운데 직계 후손의 世系圖

차례	이름	생몰년도	자	호	비고
1	李觀徵	1618~1695	國賓	芹谷	致政公, 吏曹判書, 『芹谷集』
2	李鳳徵	1640~1705	鳴瑞	隱峰	增廣試 壯元, 副提學, 『隱峰集』
3	李沃	1641~1698	文若	博泉	四曹參判, 大司憲, 『博泉集』
4	李涥	1653~1731	興淑	懶軒	尼山縣監
5	李淑	1658~1693	善甫	懶士	別檢
6	李浹	1663~1737	悅卿	東匡	增廣生員 進士, 政略將軍
7	李萬秀	1658~1711	君實	素齋	式年生員, 『素齋遺稿』
8	李萬敷	1664~1732	仲舒	息山	德川書院 院長, 『息山集』
9	李萬維	1674~1736	持國	恩菴	執義, 『恩庵遺稿』
10	李之彬	1701~1765	文士	號	初名-李之栢, 生父-李萬維, 養父-李萬敷
11	李之樸	1708~1730	淳天	號	李萬維의 子
12	李承延	1720~1806	台甫	剛齋	初名-德剛, 改名-以剛·鼎延, 玉成書院 院長, 『剛齋集』
13	李絅延	1723~1788	日章	嵋巖	李之幹의 子, 李萬秀의 孫
14	李秉延	1726~1762	彛甫	半聾齋	初名-李午君, 生父-李之彬, 養父-李之樸, 『半聾齋遺稿』
15	李行儒	1741~1819	景眞	號	李承延의 子
16	李敬儒	1750~1821	德懋	林下	『立齋集』, 『滄海時眼』, 『林下遺稿』, '秋水社'와 '竹雨社' 詩契 결성
17	李挺儒	1758~1860	汝豪	心窩	李秉延의 子
18	李建基	1785~1849	叔聞	玄門	生父-李挺儒, 養父-李行儒, 利川府使, 金浦郡守
19	李選基	1785~1859	孟儀	三州	生父-李殷儒, 養父-李挺儒
20	李叙九	1804~1886	敦而	號	李建基의 子

3. 『傳家寶墨』에 대한 書誌學的 意義

『전가보묵』은 춘·하·추·동, 모두 4권으로 분류하여 성첩한 간찰필첩이다. 대체로 編次에 의한 순위는 이관징 가의 직계 비속에 의한 次順으로 정열 된듯한데 반드시 발신자의 기록연대에 의한 순위라고는 볼 수 없다.

굳이 4권으로 분류한 까닭은 대략 권당 30쪽 정도의 분량으로 나누었기 때문인 것으로 추정 된다. '春'이 32쪽이고 '夏'가 30쪽이며, '秋'가 32쪽이고 '冬'이 30쪽이다. 규격과 형태는 40.7×25.0㎝로 모두 동일하다.

篇目에 의한 분류로 '春'편에는 李鳳徵으로부터 李萬敷에 이르기까지 27편의 簡札과 詩稿 등이 실려 있으며, 대략 1680년에서 1730년 어간의 일들을 기록하고 있다. '夏'편에는 이만부에서부터 李之彬에 이르기까지 37편의 간찰과 시고 등으로 구성되어 있는데, 기록연대는 1690년으로부터 1730년 어간이다. '秋'편에는 다시 이지빈으로부터 李行儒에 이르기까지 30편의 간찰과 시고 등이 실려 있으며, 1720년으로부터 1820년까지 대략 100년간의 일들을 기록하고 있다. '冬'편에는 李建基로부터 李叙九에 이르기까지 35편의 간찰과 시고 등으로 구성되어 있는데, 대략 1810년에서부터 1850년에 이르기까지의 내용을 기록하고 있다.

각 편에 의한 상세한 내용은 아래의 단원에서 언급하였으며, 별도의 도표를 통하여 정리하였다.

3.1 「傳家寶墨-春」의 체재와 내용

「전가보묵-춘」은 모두 27편의 문장으로 구성되어 있는데 그 가운데는 簡札 19편, 詩 3편, 跋文 1편, 說 1편, 遺墨 3점 등으로 구성되어 있다.

簡札 19편 가운데는 李鳳徵의 간찰이 1편, 李沃의 간찰이 5편, 李浹의 간찰이 5편, 李渟의 간찰이 5편, 李萬敷의 간찰이 3편으로 구성되어 있다. 이밖에 이봉징의 시 1편과 이협의 跋文 1편, 이만부의 詩 2편, 說 1편, 遺墨 3점 등 모두 27편으로 성첩되어 있다.

필첩의 크기는 40.7×25.0㎝(가로×세로)이고, 題簽은 「전가보묵-춘」이다. 李叙九 이후의 후대가 성첩한 것으로 추정된다.

「전가보묵-춘」의 개괄적 내용과 서지사항은 아래의 도표에 정리하였다.

〈표-3〉『전가보묵-춘』[12]

차 례	발신인	수신인	작성연대	주요 내용
1	叔父 [李鳳徵]	姪 [李沃] [李浹]	1689년 이후	숙부 李鳳徵이 조카 李沃에게 받은 詩에 차운하여 5언 율시 4首를 두 조카 이옥과 李浹에게 보냈다.
2	父 [李沃]	仲子 [李萬敷]	1725년 ~1728년	서자 萬奇의 질병을 염려하였으며, 서호의 집을 건축하는 일에 대한 주문을 상세히 언급하였다.
3	父 [李沃]	子 [李萬敷]	1675년	둘째 아우 李淳의 생원시 입격을 敬賀하고 만부에게 학문의 절차를 경계하며, 禮學보다 통감과 사서 등을 익히도록 권면하였다.
4	父 [李沃]	子 [李萬敷]	1725년 ~1728년	제사에 쓰일 제수용품을 마련해 보낼 것을 요구하였으며, 서호의 집에 기둥을 세우는 일을 택일할 것을 언급하였다.
5	父 [李沃]	子 [李萬敷]	*	쌀과 콩을 창고에 보관하여 메주를 쓰도록 하고, 서자 萬奇의 모친에게 지급하지 말 것을 당부하였다.
6	父 [李沃]	子	*	柳씨 조카의 병세에 대한 상황을 자세히 묻고 처방을 논하였다. 약재를 구하기 어려움과 자식들의 질병에 대한 근심을 토로하였다.
7	叔父 [李浹]	姪 [李萬敷]	1714년 10월 13일	조카 만부가 큰 병을 앓은 뒤에 경치를 유람하는 행차를 하게 됨과 조카 자녀의 경사에 기쁜 마음을 전하였다.
8	叔父 [李浹]	姪 [李萬敷]	12월 14일	조카 만부의 병세를 염려하며 속히 회복되기를 축원하였다.
9	叔父 [李浹]	姪 [李萬敷]	1730년 3월 2일	從孫 之樸의 초상을 슬퍼하였다. 장조카 萬秀의 아내와 자식이 홍역으로 죽은 것과 仲氏의 손자가 죽은 일에 대한 슬픔을 토로하였다.
10	叔父 [李浹]	姪 [李萬維]	1728년 2월 2일	蔚山府使로 있는 萬維가 어사 朴文秀의 탄핵을 받아 파직되었다가 이듬해 사헌부집의에 제수된 일이 있는데 이때의 당부와 주의 사항을 언급하였다.
11	從祖 [李鳳徵]	從孫 [李萬敷]	初二日	집안이 흉년에 걸려서 서로 도울 수 없음과 만날 수 없는 처지에 있음을 탄식하였으며, 편지로 위안을 삼았다.
12	叔父 [李浹]	姪 [李萬敷]	1731년 2월 20일	조카 이만부가 작성한 「金剛錄」에 발문을 지어 보내며 가족들의 안부에 대한 근심을 토로하였다.

12 『傳家寶墨-春·夏·秋·冬』의 도표의 형식은 朴熿熙의 박사학위논문을 참고하여 수정 보완한 뒤에 인용하였다. 朴熿熙, 「延安李氏 息山宗宅 簡札帖 譯注」, 고려대학교 박사학위논문. 38~42쪽.

차 례	발신인	수신인	작성연대	주요 내용
13	叔父 [李浹]	姪 [李萬敷]	1731년	이만부의 「金剛錄」에 대한 발문이다.
14	叔父 [李渟]	姪 [李萬敷]	1727년 8월 27일	상주에 있는 조카 만부를 통하여 사당을 건립한다는 소식을 전해 듣고, 공공의 의논에 어려움이 있을 것을 염려하며 잘 주선할 것을 언급하였다.
15	叔父 [李渟]	姪 [李萬敷]	1705년 6월 3일	상을 당한 조카 만부를 위로하며, 상례를 너그러이 할 것을 당부하였다.
16	叔父 [李渟]	姪 [李萬敷]	1728년 2월 21일	蔚山府使로 있는 조카 萬維의 거취를 염려하였으며, 조카 萬泰의 위태로운 상황을 모면할 수 있는 계획을 당부하였다.
17	叔父 [李渟]	姪 [李萬敷]	12월 26일	연말이 되어 형제와 조카 삼촌이 서울과 시골에 나눠어 살게 된 처지를 슬퍼하며, 상심된 마음을 전하였다.
18	叔父 [李渟]	姪 [李萬敷]	1724년 12월 10일	두 손녀의 감기에 대한 걱정과 세모에 흩어져 지내는 쓸쓸함을 토로하였으며, 손자 승연에 대한 그리움을 언급하였다.
19	舍仲 [李萬敷]	舍弟 [李萬維]	1729년 5월 19일	가족들의 질병에 대한 염려와 경작한 농사가 흉년이 든 것에 대한 안타까움을 토로하였다.
20	[李萬敷]	某人	1712년 11월 2일	화산에 차운한 7언 율시 3수와 5언 율시 2수
21	[李萬敷]	吳致重	1709년 10월 3일	자신이 畏友로 여기는 吳致重에게 4구의 격언으로서 그의 행차에 전별하였다.
22	祖父 [李萬敷]	孫子 [李承延]	1730년 1월	손자 承延이 마마를 앓았는데, 약물과 음식을 잘 먹어서 기쁨과 사랑을 이기지 못하여 시를 써 주었다.
23	[李萬敷]	遺墨	*	이만부의 글씨 '淸明在躬'
24	[李萬敷]	遺墨	*	이만부의 글씨 '節用愛民'
25	[李萬敷]	遺墨	*	이만부의 글씨 '讀書正坐'
26	舍仲 [李萬敷]	舍弟 [李萬維]	1712년 12월 15일	寧朔의 병마절도사로 부임하는 만유에게 「政要」를 지어서 경계하였다. 「정요」는 '正己' 5조목과 '正人' 12조목으로 구성되었다.
27	父 [李萬敷]	子 [李之栢]	6월 22일	원고를 작성한 판자가 東厓에게 전달되었음을 알리고 판본은 병풍을 해두어 장인이 검사하고 보관해 둘 것이라 전하였다.

앞의 도표에서 보는 바와 같이 「전가보묵-춘」에는 李觀徵의 從弟인 李鳳徵으로부터 이관징의 자식 대인 李沃·李渟·李挾과 손자 대의 李萬敷와 만부의 손자 承延에 이르기까지 5대에 걸친 10여 명의 등장인물이 나타난다.

작성 시기는 발신자가 연호를 표시하지 않은 것들이 많아 정확한 년대를 알 수 없으나 대략 이옥의 1차 유배시기인 1678(肅宗 4)년을 전후로 해서 이만부의 손자 승연이 마마를 앓던 1730년에 이르기까지의 기간이다. 대체로 항렬에 의한 순차적 구성이기는 하나 반드시 연대에 의한 순차로는 볼 수 없을 듯하다. 아마 후대의 자손이 성첩하는 과정에서 일정부분 오류가 있었던 것으로 추정 된다.

肅宗 4년, 이관징이 회갑이 되던 해에 禮訟에 관한 논쟁[13]으로 南人이 강경파인 '淸南'과 온건파인 '濁南'으로 분열하였는데, 이때 송시열의 처형에 관한 논쟁으로 '淸南'과 '濁南'이 대립하여 청남에 속한 이관징 일파가 삭직당하는 비운을 겪게 되었다. 그 결과로 두 아들 李沃과 李渟이 宣川과 鐵山으로 나뉘어 유배를 가게 되었다.[14]

「전가보묵-춘」에는 이시기로부터 시작하여 5대에 걸친 50여 년간의 간찰이 보존되어 있는데, 이는 연안이씨의 가족사와 명망이 있는 양반사대부가의 내밀한 생활사 등이 여과 없이 담겨져 있는 매우 유의미한 자료이다.

'春'편 가운데 간찰의 필적이 분명하여 육안으로도 판독에 어려움이 없는 자료 1편을 선별 예시로 게재하였다. 작성자의 유려한 필력과 함께 서지형태가 잘 보존되어 있어 조선시대 간찰의 변천사 가운데 17세기의 양반 사대부의 일상적 글쓰기 행태를 살펴볼 수 있는 좋은 자료가 될 것으로 판단된다.

13 禮訟論爭은 예절에 관한 논란으로, 효종과 효종비 인선왕후에 대한 계모 慈懿大妃의 복상기간을 둘러싸고 현종, 숙종 대에 발생한 서인과 남인간의 논쟁이다. 서인은 효종이 적장자가 아님을 들어 왕과 사대부에게 동일한 예가 적용되어야 한다는 입장에서 1년설과 9개월설을 주장하였고, 남인은 왕에게는 일반 사대부와 다른 예가 적용되어야 한다는 입장에서 3년설과 1년설을 각각 주장하여 대립하였다.

14 『朝鮮王朝實錄』 卷6, 肅宗 4년 2월 12일. "沃遂謫宣川, 渟流鐵山."

[예시-1]『傳家寶墨-春』 10번째 간찰

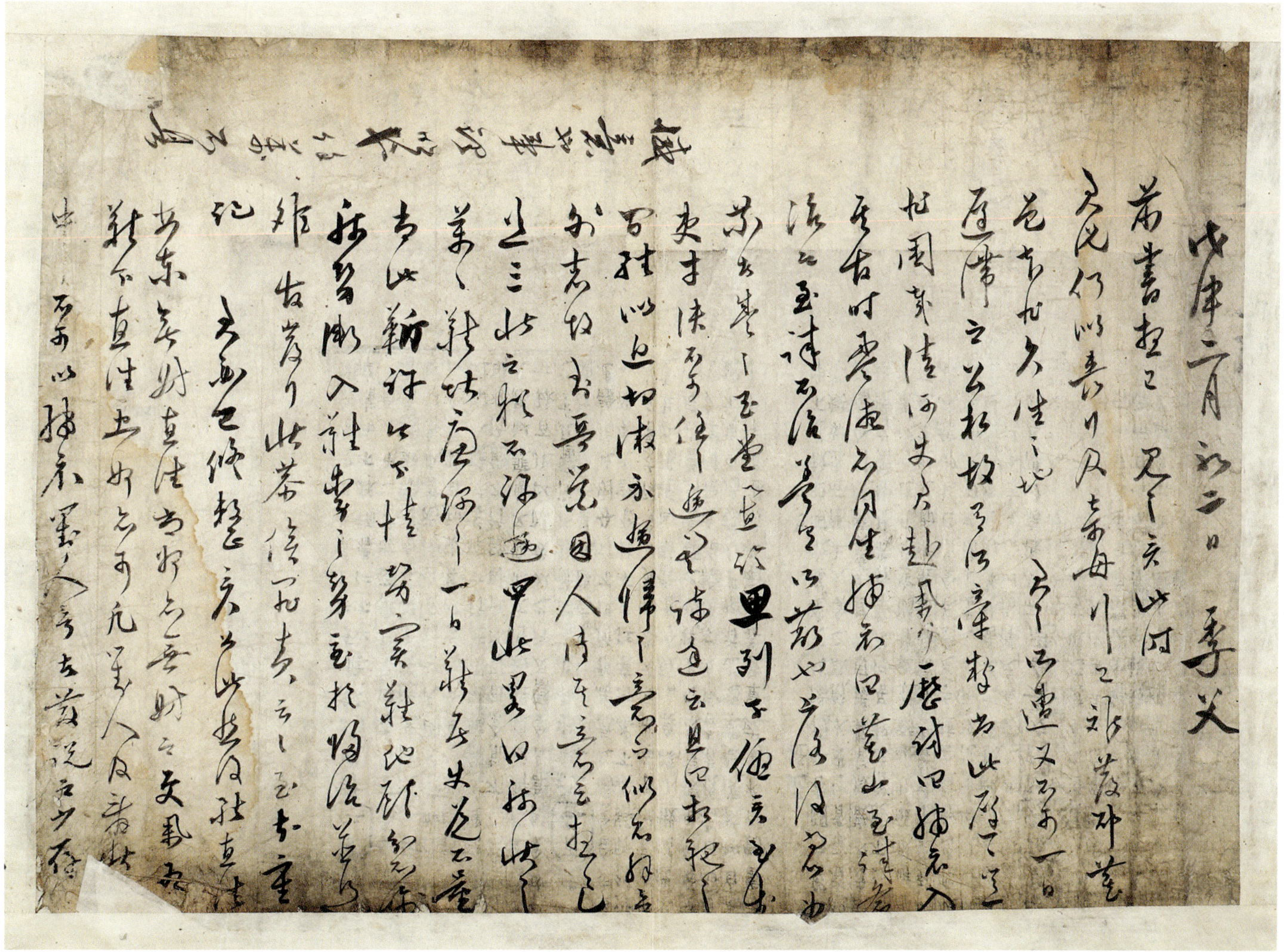

위 간찰은『전가보묵-춘』편에 실려 있는 것으로서 막내숙부 李浹(1663~1737)이 조카 李萬維(1674~1736)에게 보낸 간찰이다. 작성 시기는 1728년 2월 2일로 영조 4년(戊申) 때의 기록이다.

당시 이만유는 蔚山府使로 재직 중이었는데 어사 朴文秀의 탄핵을 받아 파직되었다가 이듬해 사헌부집의에 제수된 일이 있었다.[15] 탄핵이 있기 전 이미 소식을 전해들은 숙부 이협이 조카 이만유에게 처신에 대한 당부를 곡진하게 진언하는 내용이 담겨 있다. 편지의 내용을 요약하면 다음과 같다.

울산 읍은 본래 오래 머물 자리가 아니다. 네가 만난 바의 상황은 또 하루도 지체할 수 없지만 공사의 연고 때문에 일에 장애되는 바가 있어서 아직도 지체하고 있으니 어찌 곤란하지 않겠느냐? 청하현의 사또가 과거시험장에 가다가 들려서 내게 말하기를, "암행어사[박문수]가 그 고을에 들어갈 때에 영덕의 현감이 또한 어사와 함께 앉으며 말하기를 '울산은 지극한 정성으로 다스리기를 도모해야 되는데, 지극한 정성으로 다스리지 아니하니 더욱이 폐단이 되는 바가 있습니다. 서울로 올라간 뒤에는 마땅히 아무개를 홍문관에 제수하여 논사의 반열에 두는 것도 충분할 것이나 아전에 이르러서는 비로소 맡은 직임을 다른 사람으로 바꾸는 것은 불가하다고 결정을 하여 말씀드렸습니다.'"라고 하였다. (청하현의 사또가) 또 말하기를 "서로 친한 사이로 매우 절박하게, 체직되어 돌아가게 된다는 뜻을 은미하게 드러내 보이기는 했지만 뜻밖의 의지를 이해하지 못하는 듯하였기 때문에 병영에 도착해서 사람을 통해 그 뜻을 전하였습니다."라고 하였다. 이미 3번이나 장계를 보냈지만 아직도 체직을 허락받지 못하였을 것이라 생각을 한다. 4번째 장계에는 대략, "병든 상황을 매우 견디기 어려워서 염치 상 하루도 머무르기가 어렵습니다."라고 말을 하였는데, 수의사또께서 나의 이러한 상황을 헤아리지 않으시고 오히려 이렇게 허락을 아끼고 있구나. "지금의 정세는 다른 것을 돌아보기가 실로 어려울 뿐만 아니라 병세가 점점 거동하기 어려운 형세로 접어들어 돌아가 병구완에 급하고 아울러 벼슬을 떠나고 길을 나선다는 장계를 보내고서 공손히 죄를 기다리겠다." 라고 말하였다. 인수인계 하는 문서에 이르러서는 네가 반드시 이미 잘 정리하였을 것이다. 이와 같이 한 뒤에 비록 곧바로 안동에 가더라도 무방하고 곧바로 상주에 가더라도 또한 무방하나 다시 행하기 어렵다면 곧바로 충주로 가는 것도 또한 괜찮다.[16]

15 『朝鮮王朝實錄』, 卷16, 英祖 4년, 3월 11일. "蔚山府使李萬維, 昏不省事, 吏緣爲奸, 請幷罷職."

16 『傳家寶墨-春』, 10번째 간찰. "前書, 想已見之矣. 此間君況何似. 喪行及奇母行, 已離發耶? 蔚邑, 本非久坐之地. 君之所遭, 又不可一日遲滯, 而公私故, 有所牽掣, 尙此遲, 豈非困哉? 淸河使君, 赴擧行歷訪曰: "繡衣入其官時, 盈德亦同坐繡衣"曰: "蔚山, 至誠圖治, 而至誠不治, 益有所蔽也. 上洛後, 當以爲某者, 盛之玉堂, 置論思列, 則優矣. 至於吏, 才決不可任之遞差, 陳達"云, 且曰: "相親之間, 雖似迫切, 微示遞歸之意, 而似不解,意外志故, 到兵營, 因人傳其意"云: "想已送三狀, 而猶不許遞" 四狀畧曰: "病狀之萬萬難堪, 廉隅之一日難居" 使道不量, 尙此靳許. 今則情勢實難他顧分不喩, 病勢, 漸入難動之勢, 急於歸治, 幷送離官發行狀, 恭俟罪責云云, 至於重記, 君必已修整矣. 如此然後, 雖直往安東, 無妨, 直往尙州, 亦無妨, 而更擧爲難, 則直往忠州, 亦可. 凡對人及看狀中, 不可以繡衣對人言者, 發說, 而少存憾意也, 事理明也. 餘萬不具."

상기에서 언급한 바와 같이 이만유가 탄핵의 위기에 처해 있을 때 숙부 이협의 곡진한 당부와 탄원의 내용이 담겨있는 매우 내밀한 사연의 편지이다. 영조 연간의 관료들의 정무 상황의 단면과 이관징 가의 내밀한 가정사 등을 엿볼 수 있는 매우 요긴한 자료이다.

3.2 「傳家寶墨-夏」의 체재와 내용

「전가보묵-하」에는 모두 37편의 문장으로 성첩되어 있다. 그 가운데 簡札이 34편, 詩가 1편, 跋文이 1편, 雜文이 1편 있다.

簡札 34편 가운데는 이관징의 손자인 李萬敷의 간찰이 7편, 李萬秀의 간찰이 5편, 李萬維의 간찰이 10편이 있으며 이관징의 증손인 李之彬[17]의 간찰이 12편으로 구성되어 있다. 여기에 만유의 시 1편과 만부의 발문 1편, 그리고 지빈의 것으로 추정되는 잡문 1편이 포함되어 전체 37편의 필첩으로 성첩되어 있다.

필첩의 크기는 40.7×25.0㎝(가로×세로)이고, 題簽은 「전가보묵-하」이다. 夏卷 역시 春卷과 마찬가지로 李叙九 이후의 후대에서 성첩한 것으로 추정된다.

「전가보묵-하」의 개괄적 내용과 서지사항은 아래의 도표와 같다.

〈표-4〉『傳家寶墨-夏』

차 례	발신인	수신인	작성연대	주요 내용
1	舍仲 [李萬敷]	舍弟 [李萬維]	1720년 5월 10일	아버지의 유고집을 간행하는 일에 대하여 논하였다. 「문집」편은 산정이 되었으며 「시집」편은 추후에 「별집」을 간행키로 하였으며, 조부의 「實紀」에 대하여 논의하였다.
2	[李萬敷]	祖父 [李觀徵] 實紀跋	1720년	이만부가 조부 이관징의 「實紀」에 대한 跋文을 작성한 내용이다.
3	[李萬敷]	[李萬維]	1708년 이후	근래에 지은 『道東編』과 『禮記詳節』을 활자로 간행할 수 없는 아쉬움을 토로하였다.
4	仲 [李萬敷]	弟 [李萬維]	6월 10일	병이 들어 심약해진 자신과 아이들이 설사 병에 든 괴로움을 토로하며 상대의 안부를 염려하였다.

17 李之彬의 생부는 李萬維(1674~1736)이고 李萬敷의 양자로 입적되었다. 초명은 李之栢으로 李之柏과 혼용하여 쓰기도 하였다. 일부 자료에서 '이지빈'과 '이지백'을 다른 인물로 서술하는 경우가 종종 있으나 이는 오류임을 밝힌다. 『연안이씨대동보』에는 '이지백'의 이름은 전혀 기록되어 있지 않으며, 이만부의 9대 후손인 李洪熙 翁의 전언으로 확인한 결과 '이지백'은 '이지빈'의 초명임을 확인하였다.

차 례	발신인	수신인	작성연대	주요 내용
5	舍仲 [李萬敷]	[李萬秀]	甲 9월 17일	자신이 있는 고을에 관아의 창고가 텅 비어 진휼청의 곡식을 의지하는 세태를 탄식하였다.
6	舍仲 [李萬敷]	舍弟 [李萬維]	1719년 이후	동네 일가에 역병이 발생하여 아이들을 두 곳으로 나누어 피접하고 있는 상황에 대한 괴로움을 토로하였다. 추신에 洪翊衛의 초상이 난 일과 李景玉이 이웃한 일을 언급하였다.
7	父 [李萬敷]	子 [李之栢]	正月 十八	소사에서 만나자는 약속이 어긋난 뒤의 안부를 물었으며, 「臥遊錄」을 보내도록 조치하라 일렀다.
8	父 [李萬敷]	子 [李之栢]	1726년 7월 8일	「道東編」의 책표지 10권을 만들어 보내고 성균사성 처에 있는 괴화나무 12승을 얻어 보내라 하였으며, 수년간 제사에 참석치 못 함을 안타까워하였다.
9	舍兄 [李萬秀]	舍仲 [李萬敷]	*	객지에 있는 만부의 근황을 염려하였으며 외할머니와 작은 누이의 안부를 물었다. 아울러 아내의 병세가 위중함을 알렸다.
10	君實 [李萬秀]	叔父	*	오랜 동안 소식이 막힌 상대를 그리워하다 지금 방문하고자 하는 마음을 언급하였다.
11	舍兄 [李萬秀]	舍仲 [李萬敷]	1692년	동생이 앓고 있던 병이 나았음을 기뻐하며 여행하는 근황에 대해 언급하였다.
12	君實 [李萬秀]	[李萬敷]	1693년 1월 8일	동생의 안부를 묻고 자신이 지은 시 수 백여 구에 대한 의중을 토로하였다.
13	[李萬秀]	[李萬敷]	1692년	동생 만부가 영남을 유람하면서 선현의 자취를 찾고 동학과 강학하는 여행의 즐거움에 대하여 언급하였다.
14	舍弟 [李萬維]	舍仲 [李萬敷]	1725년	회갑을 맞이한 형 만부에게 동생 만유가 하례하며 지은 5언 율시 3首이다.
15	生父 [李萬維]	子 [李之彬]	1720년 9월 6일	국상을 당하여 白笠과 布袍 등의 제반 도구에 대한 준비를 언급하였으며 성복하는 상황에 대해 토로하였다.
16	舍弟 [李萬維]	舍仲 [李萬敷]	1729년	도목정사에 형이 장릉참봉에 제수된 것과 동생이 사간에 승진한 것에 사례하였다.
17	生父 [李萬維]	子 [李之彬]	1720년 7월 6일	아들 내외에게 숙부의 상을 당한 참담한 심정을 토로하였다.
18	生父 [李萬維]	子 [李之彬]	1714년 이후	형 萬敷의 여행 중인 상황을 언급하였으며, 아들 之彬이 집에 함께하지 못한 서글픔을 토로하였다.

차 례	발신인	수신인	작성연대	주요 내용
19	父 [李萬維]	子 [李之樸]	己 三 卄五	아들에게 시봉하는 근황을 물으며 그리워하는 마음을 전하였다.
20	父 [李萬維]	子 [李之栢]	10월 7일	아들 之栢의 여행 중 근황을 물었으며, 泰라는 놈을 내치라 언급하였다.
21	父 [李萬維]	子 [李之樸]	5월 6일	집을 떠나 있는 아들에게 장인의 곁에 거처하도록 권면하였으며 독서를 폐하지 말 것을 당부하였다.
22	生父 [李萬維]	子 [李之彬]	*	책을 읽고 문장을 짓고 나서야 남은 일을 행할 수 있다하였으며, 스스로 자신을 지켜 선비의 모습을 잃지 않도록 당부하였다.
23	父 [李萬維]	子 [李之樸]	初六	여행 중인 아들이 안부를 염려하며 각양의 음식을 보냈다.
24	父 [李萬維]	子 [李之樸]	九月 十三	조세를 걷고 땔감을 취하는 것은 합당하지만 집에 노비가 하나도 없음을 근심하였으며 집값과 서책을 칠무에게 추심하도록 하였다.
25	子 [李之彬]	父 [李萬敷]	1722년 2월 25일	조부 李沃의 喪을 당하여 삼년상을 마치고 魯谷으로 돌아와 장사를 치루는 상황을 언급하였다.
26	子 [李之彬]	父 [李萬敷]	*	아버지의 행차에 맞추어 朱篇과 油衫을 보내겠다고 전하였다.
27	子 [李之柏]	父 [李萬維]	1726년 8월 19일	다리에 종기가 난 것과 장마에 도로가 막힌 것을 근심하였으며, 추신에 洛東 金哥를 엄히 금하라 당부하였다.
28	子 [李之彬]	僉叔主	1726년	상산에서 보내온 공문서는 지금 보낼 것이며, 詩箋紙는 내일 보낸다고 전하였다.
29	子 [李之栢]	父 [李萬維]	1720년 10월 8일	선조의 유고 판각본을 병산서원에 보관하였으며, 보내주신 「晦庵蒙訓」은 매우 긴요하다고 전하였다.
30	子 [李之彬]	父 [李萬敷]	1727년 11월 8일	회남사의 행차로 집에 돌아갈 기약이 늦어짐을 토로하였으며, 草紙와 燈油를 보내달라 하고 金剛錄을 베껴 보낸다 하였다. 추신에 제사에 참석치 못한 사정을 전하였다.
31	子 [李之栢]	父 [李萬維]	1727년	어머니를 모시고 柴里에서 숙박하고 河上으로 갈 것이라 하였으며 과거의 낙방을 한탄하였다. 광릉의 숙부가 울산에서 겨울을 지내고자 함을 전하였다.
32	舍兄 [李之彬]	舍弟	*	병중에 동생과 작별하고 나서 5언 排律 시를 지었다.
33	子 [李之柏]	父 [李萬敷]	五月 卄一日	비변사 당상관이 저리를 잡아 가두어 아버지의 행차가 늦어짐을 한탄하였다. 月灘의 계획은 여러 祖父님들이 부당하게 여기므로 상의하여 결정한다고 전하였다.

차 례	발신인	수신인	작성연대	주요 내용
34	子 [李之彬]	父 [李萬敷]	1727년 10월 29일	제삿날에 맞추어 내려갈 것이라 하였으며, 金剛錄은 베끼지 못한다면 원본을 가져갈 것이라 전하였다.
35	投壺式	雜	*	「投壺式」
36	堂姪 [李之彬]	叔父	1728년 3월 16일	막내숙부가 벼슬에서 물러난 것과 큰 숙부가 돌아온다는 소식을 전하였다.
37	姪 [李之栢]	僉叔主	1723년 1월 6일	葬禮의 涓吉이 언제인지를 물었다. 발인의 기약이 정해지면 새재를 넘어서라도 가겠다고 전하였다.

「전가보묵-하」는 李觀徵의 손자인 이만부와 그의 형제들 萬秀·萬維의 편지와 종손인 이지빈의 편지들로 구성되어 있다.

작성 시기는 대체로 1690년부터 1730년에 이르기까지 약 40년간에 이루어진 기록물이다. 차자인 이만부를 중심으로 구성한 탓에 장자인 이만수의 간찰이 이만부 다음 차례에 실려 있으며, 후반부에는 만부의 아들인 이지빈의 간찰이 실려 있다.

이만부의 작품 8편 가운데는 舍弟 李萬維에게 보낸 간찰 4편과 아들 之栢에게 보내는 간찰 2편이 있으며, 조부의 「實紀」에 대한 발문이 1편이 있다. 대체로 1708년과 1726년 사이에 작성된 것으로 추정된다.

이만수의 간찰은 5편은 동생 이만부에게 보낸 것이 3편이고 수신인을 알 수 없는 것이 2편이 있는데, 모두 1690년대에 작성된 것으로 판단된다.

이만유의 간찰 11편 가운데는 형 이만부에게 보내는 것이 2편이 있는데, 그 가운데 1편은 만부의 회갑을 하례하는 5언 율시이다. 나머지 9편 가운데는 장자 之彬에게 보낸 간찰이 8편이 있으며, 차자 之樸에게 보내는 것이 1편이 있다. 대략 1710년에서 1725년 사이에 작성된 것으로 추정된다.

후반부에는 이만부의 양자로 입적된 李之彬의 간찰이 13편이 있는데, 생부 李萬維에게 보내는 것이 3편이고 양부 李萬敷에게 보내는 것이 5편 그리고 숙부들께 보내는 간찰이 3편이 있으며, 동생 지박에게 보내는 간찰 1편이 있다. 아울러 이지빈의 유묵으로 추정되는 잡문으로 「投壺式」이 있다. 작성연대는 대개 1722년에서 1728년 사이로 파악되는데, 선조의 유고와 이만부의 저술활동에 대한 사례를 가늠해 볼 수 있는 자료들이 상당부분 포함되어 있다.

참고로 『전가보묵-하』편 가운데서 18세기의 양반 사대부가의 일상적 글쓰기 행태를 살펴볼 수 있는 간찰 1편을 예시로 게재하였다. 조선시대 간찰의 변천사를 이해하는 자료가 될 것으로 판단된다.

[예시-2]『傳家寶墨-夏』29번째 간찰

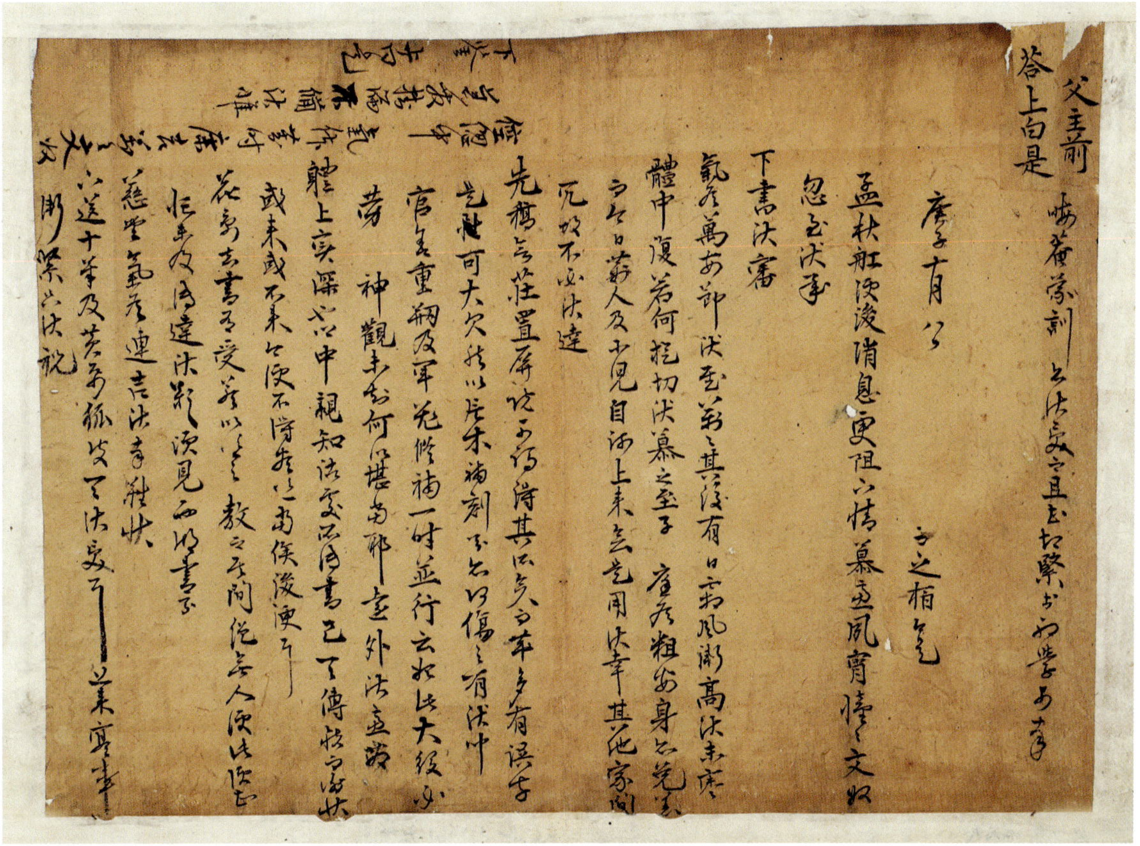

위 간찰은『전가보묵-하』편에 실려 있는 것으로서 李之彬(1701~1765)이 생부 李萬維(1674~1736)에게 보낸 간찰이다. 작성 시기는 1720년 10월 8일로 숙종 40년(庚子) 때의 기록이다.

편지의 내용은 가족들의 안부를 염려하고 자신의 무탈한 소식을 알렸으며, 선조의 遺稿 판각본을 병산서원에 보관하였다고 전하였다. 또한 오자가 많은 것이 결점이나 편목을 보충하여 새기겠다하였으며, 생부가 있는 곳의 官舍와 軍器를 한꺼번에 보수하는 대역사에 대한 수고를 염려하였다. 보내주신 붓 10자루와 黃紙와 狐皮를 잘 받았다고 전하였으며, 추신에 보내주신 晦庵訓蒙은 매우 요긴한 것이라 전하였다.[18]

당시 이지빈은 李萬敷(1664~1732)의 양자로 입적 되었는데, 초명은 '之栢'이었다. 양자가 된 뒤에 개명을 한 것으로 추정되며, 대체로 생부에게 보내는 편지에는 '之栢', '之柏' 등으로 발신자를 명기하고 양부에게는 '之彬' 등으로 자신을 표현한 것으로 판단된다.

3.3 「傳家寶墨-秋」의 체재와 내용

「전가보묵-추」는 모두 30편의 문장으로 성첩되어 있다. 이 가운데 詩가 5편, 序가 2편, 記文이 1편, 祭文이 1편이 있으며 간찰은 모두 21편으로 구성되어 있다. 작성자는 李之彬과 그의 아들 承延, 그리고 손자 行儒에 이르기까지 모두 6명의 발신자가 100여 년간에 걸쳐 작성된 간찰들이다.

성첩된 簡札 30편 가운데는 李萬敷의 아들인 李之彬의 간찰이 4편이고 지빈의 동생 之樸의 간찰이 3편이 있으며, 지빈의 종질 絅延의 간찰이 1편, 지빈의 아들 承延의 간찰이 19편, 차자 秉延의 간찰이 2편, 그리고 그의 손자 行儒의 간찰이 1편으로 구성되어 있다.

필첩의 크기는 40.7×25.0㎝(가로×세로)이고, 題簽은 「전가보묵-추」이다. 秋卷 또한 春卷과 마찬가지로 李叙九 이후의 후대에서 성첩한 것으로 추정된다.

「전가보묵-추」의 개괄적 내용과 서지사항은 아래의 도표와 같다.

〈표-5〉『傳家寶墨-秋』

차 례	발신인	수신인	작성연대	주요 내용
1	堂姪 [李之栢]	僉叔主	1723년 2월 9일	상례의 날이 정해졌는데 발인과 장례에 모두 달려가 곡할 수 없음을 서글퍼하였다.
2	子 [李之栢]	父 [李萬維]	1724년 2월 13일	동생 之樸의 혼사가 參判 禹昌績의 집안으로 정해져 내달 보름 전에 출발하겠다고 전하였다.

18 『傳家寶墨-夏』, 29번째 간찰. "孟秋船便後, 消息更阻, 下情慕慮, 夙宵憧憧. 文奴忽至, 伏承下書, 伏審氣候萬安節, 伏慰萬萬. 其後有日, 霜風漸高, 伏未審體中復若何, 旋切伏慕之至. 子, 庭候粗安, 身亦免恙, 而今日, 荊人及小兒, 自河上來會, 是用伏幸. 其他家間冗故, 不必伏達, 先稿欲藏置屛院, 可謂得其所矣. 而第多有誤字, 是可大欠, 然以片木補刻, 則亦何傷之有? 伏聞官舍, 重創及軍器修補, 一時竝行云, 始此大役, 必勞神觀, 未知何以堪當耶? 遠外伏慮, 爲體上實深也. 鄕中親知諸處所傳書, 已一一傳致, 而謝狀, 或來, 或不來, 今便不得盡送, 當俟後便耳. 花京去書, 有受答以送之敎, 而其間, 絶無人便, 此便甚忙, 未及傳達, 伏歎伏歎. 須見西湖書, 則慈堂氣候連吉, 伏幸難狀. 下送十筆及黃紙狐皮, 一一伏受耳. 近來寒事漸緊, 只伏祝侄偬中氣體, 對時康吉萬萬. 文奴急發掛漏, 不備. 伏惟下鑒. 上白是. 晦庵蒙訓, 亦伏受, 而且甚切緊於初學, 可幸."

차 례	발신인	수신인	작성연대	주요 내용
3	子 [李之栢]	父 [李萬維]	八月 晦日	金注書 어른이 긴절한 일로 인편을 보내 요구한 일에 한결같이 바빴던 사연을 전하였다.
4	子 [李之彬]	父 [李萬維]	1728년 2월 16일	生父 李萬維가 蔚山府使 재임 시 朴文秀의 탄핵을 당하여 구설수에 오른 일로 관직을 사임하기를 청하였다.
5	舍弟 [李之樸]	仲氏 [李之彬]	1729년 4월 30일	賦 5首와 고시 1편을 지어 仲氏에게 보냈다.
6	[李之樸]	某人	*	儒生의원이 약방문 명한 약재에 대해 허 진사와 의논하라 전하였다.
7	舍姪 [李之樸]	仲父 [李萬敷]	1729년 3월 16일	형 之彬의 와병에 대한 소식을 듣고 내일쯤 문경에 당도할 것이라 전하였다.
8	堂叔 [李絅延]	舍姪	1759년 5월 30일	조카의 어린 자식이 초상을 당하여 참혹한 슬픔을 위로하고 염려하였다.
9	[李承延]	某人	1790년 3월 28일	관찰사로 나가있는 대감에게 咸昌에 있는 권 아무개가 예조의 일로 서울에 갈 때에 돌보아 줄 것을 당부하였다.
10	戚從 [李承延]	戚人	1798년 5월 5일	지방 수령으로 있는 인척에게 재종조카 李挺儒를 도울 것을 요청하며 치하에 있는 여러 지인들을 소개하였다.
11	[李承延]	[尹彝仲]	1799년	尹彝仲이 관동의 관찰사로 나간다는 소식을 듣고 지은 7언 율시
12	[李承延]	萊州府伯	*	萊州府伯의 행차에 전하는 5언 율시
13	[李承延]	瞿塘	1790년 3월 28일	중앙관청에 있는 지인(瞿塘)에게 친구 권 아무개가 예조의 일로 서울에 갈 때에 돌보아 줄 것을 당부하였다.
14	[李承延]	[姜世晋]	1789년	警弦齋 姜世晋의 문집에 대한 서문이다.
15	[李承延]	[趙士說 ·士懷]	1796년	趙士說·士懷 형제에게 보내는 7언 율시 3首
16	[李承延]	某人	1784년 3월 15일	상대의 막내 동생 장례에 서글퍼하며, 위로하는 마음을 전하였다.
17	[李承延]	[李午君]	1763년 4월 15일	동생 李秉延(初名; 午君)의 죽음에 대한 조의를 표하는 제문이다.
18	父 [李承延]	子 [李敬儒]	*	공부에 전념하는 아들이 기쁘기는 하지만 병을 무릅쓰고 공부에 전념하여 건강이 손상될까 염려하는 마음을 전하였다.
19	父 [李承延]	子 [李敬儒]	4월 25일	하루에 두 편의 책문과 5首의 賦와 1首의 經義를 공부하는 것에 대해 염려하며, 2首의 부와 두 편의 장문 정도를 짓도록 하고 남는 여가에 주자서나 사기 한두 편을 읽도록 권면하였다.

차 례	발신인	수신인	작성연대	주요 내용
20	父 [李承延]	子 [李敬儒]	1783년	慶雲山房에서 공부하는 敬儒가 다섯 번이나 진사시에 굴욕을 당하였지만 가문의 선조들의 사례를 들어 정진을 권면하였으며, 자신에게서 타산지석을 삼으라고 당부하였다.
21	父 [李承延]	子와姪 [李敬儒 ·李挺儒]	1783년 전후	손자 휘의 설사증세가 탕약을 복용한 뒤로 조금 차도 있을 것이라고 전하였다.
22	[李承延]	水精堂의 모임	1763년	水精堂 西臺의 모임에서 친구의 강권으로 지은 7언 율시
23	父 [李承延]	子 [李敬儒]	1783년 2월 28일	향시에서 좌도의 시험에 떨어져서 우도의 시험을 기다리는 경유에게 오직 충분히 노력하고 당락을 거론치 말라고 위로하였다.
24	父 [李承延]	子 [李敬儒]	1783년 3월 24일	과거 시험을 준비하는 경유를 격려하며, 집안에 감시에 합격한 자가 많으므로 좋은 소식을 기대한다고 전하였다.
25	[李承延]	有斐樓記	1788년	玉成書院의 有斐樓에 관해서 쓴 기문이다.
26	[李承延]	某人	1800년 4월 2일	부탁받은 문자를 질병으로 미루어 오다 지금에야 비로소 보낸다 하였다.
27	父 [李承延]	子 [李敬儒]	1783년 전후	慶雲山房에서 공부하고 있는 경유에게 손자 휘의 설사 증세로 鳥谷에 의원을 요청했음을 알렸다.
28	舍弟 [李秉延]	舍兄 [李承延]	1755년 1월 15일	監試의 일이 8월 20일로 정해진 것과 서울의 혼사에 규수가 윤씨 친구의 누이인데 뜻에 합당 한지를 물었다.
29	舍弟 [李秉延]	舍兄 [李承延]	1757년 6월 1일	남초 30그루를 심은 일을 언급하였으며 하회숙부의 안부를 묻고 柳叔父가 한성좌윤에 제수된 소식을 알렸다.
30	[李行儒]	外叔	1817년 9월 23일	외숙의 안부를 묻고 가친의 20일 행차에 대한 소식을 알렸다.

『전가보묵-추』에는 모두 30점의 간찰로 성첩되어 있는데, 그 가운데 이만부의 아들대인 이지백 형제의 간찰이 6편이 있다. 6편 가운데 3편은 이지백이 생부 이만유에게 보내는 간찰이고, 다른 3편은 이지박이 형에게 보내는 간찰 2편과 仲父 이만부에게 보내는 간찰 1편 등이 있다. 이들 형제의 간찰은 대략 1723년에서 1729년 사이에 작성된 것으로 파악 된다.

이만부의 손자인 李承延 대의 간찰이 또한 22편이 있는데 이 가운데 이승연의 간찰은 19편으로 그 가운데는 동생의 죽음을 애도하는 제문 1편과 玉成書院의 有斐樓에 대한 기문 1편과 姜世晉의 문집에 대한 서문 1편과 아들 경유가 공부하는 慶雲山房에 대한 서문 1편, 그리고 여러 친구들에게 보내는 詩稿가 4편 등이 있으며, 가족뿐만이 아니라 문인과 관료 등 다양한 계층의 지인과 교류하였던 내용들이 담겨져 있는 간찰들이다.

특별히 『전가보묵-추』에 수록되어 있는 이승연의 작품들은 모두다 그의 문학 활동 영역과 지적 교류 영역을 유추할 수 있는 단서가 되는 소중한 자료들인데, 그의 유고 문집인 『剛齋集』에는 한 작품도 실려 있지 않은 1차 사료인 원 사료 들이다. 18세기의 시대상황과 아울러 이승연의 내면세계를 이해할 수 있는 매우 유의미한 자료로 판단된다.

참고로 『전가보묵-추』편 가운데 간찰 1편을 예시로 게재하였다.

[예시-3] 『傳家寶墨-秋』 13번째 간찰

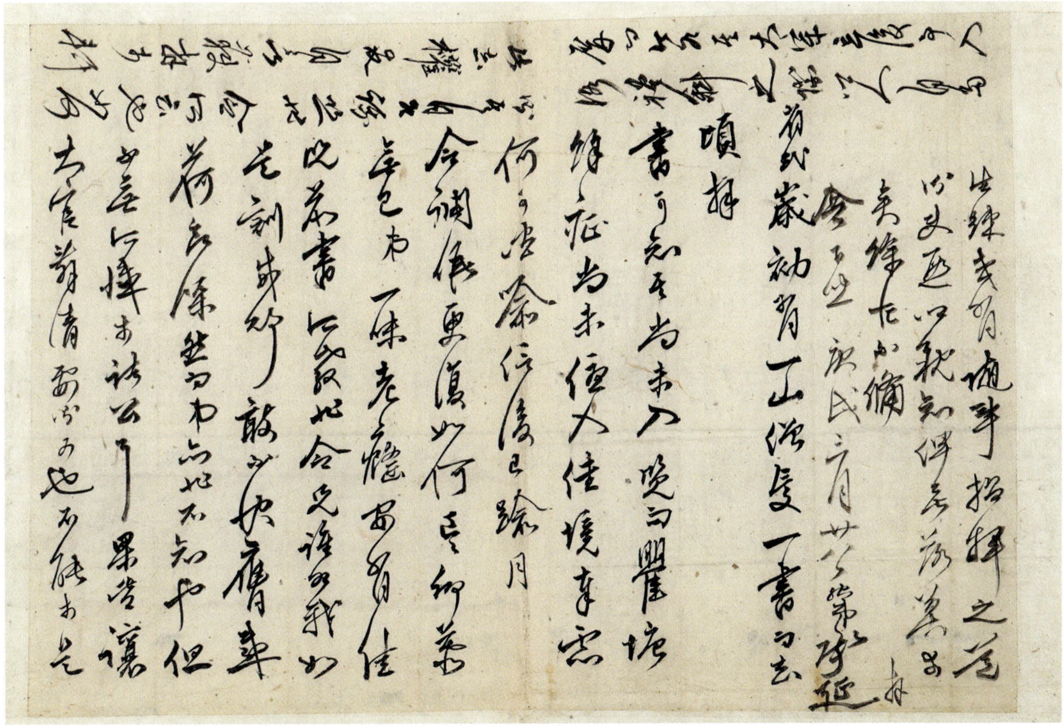

위 간찰은 『전가보묵-추』편에 실려 있는 것으로서 李承延(1720~1806)이 중앙관청에 있는 지인 瞿塘이라는 사람에게 보낸 간찰이다. 작성 시기는 1790년 3월 28일로 정조 14년(庚戌) 때의 기록이다.

편지의 내용은 어떤 산승으로부터 받은 편지를 통하여 지난번에 자신이 보낸 편지를 아직 상대가 읽지 않았음을 알게 되었으며, 앓고 있는 병증으로 조섭하는 안부를 염려한다 하였다. 또한 이번에 자신의 친구 권씨가 大宗의 후사를 세우는 일로 禮曹의 허락을 받고자 서울에 갈 때에 상대를 만나게 된다면 시골사람이라 생소할 것이니 잘 돌보아 줄 것을 당부하였다.[19]

3.4 「傳家寶墨-冬」의 체재와 내용

「전가보묵-동」은 모두 35편의 문장으로 성첩되어 있다. 이 가운데 詩가 7편, 序가 1편, 祭文이 2편이 있으며, 유묵이 4점이 있고 간찰은 모두 21편으로 구성되어 있다. 작성자는 李承延의 손자 建基와 종손 巽基 그리고 그의 증손 叙九에 이르기까지 모두 3명의 발신자가 약 40여 년에 걸쳐 작성된 간찰들이다.

성첩된 筆帖 35편 가운데는 李行儒의 아들인 建基의 간찰이 19편이고 建基의 종제 巽基의 간찰이 7편이 있으며, 건기의 아들 叙九의 간찰이 9편으로 구성되어 있다.

필첩의 크기는 40.7×25.0㎝(가로×세로)이고, 題簽은 「전가보묵-동」이다. 冬卷 또한 春卷과 마찬가지로 李叙九 이후의 후대에서 성첩한 것으로 추정된다.

「전가보묵-동」의 개괄적 내용과 서지사항은 아래의 도표와 같다.

〈표-6〉『傳家寶墨-冬』

차 례	발신인	수신인	작성연대	주요 내용
1	[李建基]	某人	1842년 4월 4일	가문의 흉화로 거듭 상제가 있음을 알렸으며, 마을의 전염병은 이미 진정되었다고 전하였다.
2	[李建基]	眞寶守令 姜進士	1827년 12월 23일	正言 趙旅信이 도목정사에 부서를 옮겼는지의 여부를 물었으며, 상복을 입은 자신의 소식을 알렸다.
3	[李建基]	李挺儒	1847년 11월 22일	건강이 안 좋으나 손주를 얻은 위안을 전하였으며, 종숙의 집에 혼사가 있어 요청한 章服을 내일 모레 보낸다 하였다.

19 『傳家寶墨-秋』, 13번째 간찰. "省式. 歲初有一山僧, 受一書而去, 頃拜書, 可知其尙未入覽. 而瞿塘餘症, 尙未優入佳境, 奉慮, 何可盡喩? 信後, 已踰月, 令調候更復如何? 區區仰慕無已. 弟, 一味老癃, 安有佳況, 前書所敎, 非令兄誰爲我, 如是訓戒耶? 敢不服膺, 感荷良深然, 而弟, 亦非不知也. 但不無所憾於諸公耳. 果皆讓大官, 辭淸要, 則可也. 不能於是, 則其日爲議, 恐非令所云也, 如何? 此去, 權友自言, 獲拜於軒屛, 而今爲其大宗立後事, 入洛禮斜之際, 鄕人自多生疎, 或有隨事指揮之道, 則使遐以親知, 俾無落莫幸矣. 餘忙不備. 令下照."

차 례	발신인	수신인	작성연대	주요 내용
4	[李建基]	鳳臺 靜座 [姜哲欽]	1825년 11월 11일	조태석 편에 보낸 편지를 보았는지 물었으며, 별시의 날자가 결정되었음을 알렸다.
5	[李建基]	某人	1812년 1월 7일	서쪽 지방의 근심이 심한데, 오늘 관으로부터 승전의 소식이 있었음을 알렸다.
6	[李建基]	鄭 生員	1844년 8월 26일	노년의 병고를 토로하였으며, 산소에 성묘하러 갈 때에 漁樵齋 아래에서 상대를 보고자 한다고 전하였다.
7	[李建基]	某人	1844년 1월 17일	婚具를 빌려 달라 요청한 상대에게 말과 帳幕과 獨轎를 구하여서 보내고 얻지 못하면 僧轎라도 보내겠다하였다.
8	[李建基]	某人	1845년 4월 28일	근래에 충청도에서 스스로 사화를 이루었다는 소식에 경계 삼는다 하였으며, 어버이의 기일이어서 참여할 수 없음을 전하였다.
9	[李建基]	姜 進士	1830년 8월 16일	장마에 안부를 염려하였으며, 금년 농사가 풍년임을 알렸다.
10	[李建基]	眞城守令 姜 進士	1828년 10월 17일	근래에 병을 얻어 죽고 싶은 괴로운 심사를 토로하였으며, 관아의 창고가 텅 비었음을 알리고 芝草를 찾아 보낸다 하였다.
11	[李建基]	愚山 鄭無適	1810년 7월 28일	근래 전염병으로 격조하였음을 안타까워하였으며, 仲父(李敬儒)가 회갑을 맞이하였음을 언급하였으며 역병이 진정 되었음을 전하였다.
12	[李建基]	鄭無適	1810년 8월 10일	선조의 문집을 刪定하고 있는 지를 물었으며, 양동 이대감이 죽었음을 슬퍼하였다.
13	[李建基]	愚山 鄭無適	?	전염병으로 길이 막혀 장차 20일 즈음에 애둘러 갈 계획임을 전하였다.
14	[李建基]	芝山	1822년 7월 14일	기년복을 입고 있는 동안에 거듭 상제가 생겨 애통함을 토로하였으며, 장례가 이달 17일로 정해져 내일모레 발인할 것이라 전하였다.
15	[李建基]	芝山	*	상대 집안의 지난달 치른 혼례를 축하하였으며, 자신의 아이의 초례가 한 달이 남아서 마필을 차용하고자 함을 전하였다.
16	[李建基]	鄭無適	1818년 6월 6일	鄭無適선생을 추모하는 제문
17	[李建基]	某人	1823년 8월 18일	병으로 인해 벼슬로 돌아갈 기약이 촉박함을 토로하였다. 海平의 崔氏가 와서 회포를 풀었으며, 午中의 편지는 그치지 않고 이어지고 있음을 전했다.
18	宗弟 [李建基]	宗兄	1839년 4월 2일	수령으로 있는 상대의 안부를 물었으며 「朱子書」를 읽을 것을 권면하였다. 서울로 가는 행차에 동행할 사람이 없어 절반을 홀로 가야하는 심사를 토로하였다.

차 례	발신인	수신인	작성연대	주요 내용
19	[李建基]	詩	1840년 11월 5일	7언 배율과 5언 율시 2首
20	[李選基]	族人	1826년 8월 12일	인척 아우로 상복을 입은 와중에 장조카의 요절로 매우 애통함을 토로하였다. 파주의 안부를 물었으며, 황간현의 선산을 이장하는 일은 아직 택정하지 못했다고 전하였다.
21	[李選基]	舍兄	1822년 8월 16일	당숙과 이모의 상을 당하고 막내 동생의 두 아이가 역병으로 죽게 됨을 애통해 하였다. 파주 집안의 소식을 들음으로 위안 삼는다 하였다.
22	[李選基]	姜哲欽	小寒	강철흠에게 보내는 7언 율시
23	[李選基]	姜哲欽과 雪堂	*	강철흠과 설당에게 보내는 7언 율시
24	[李選基]	姜哲欽	立春	설당에게 보내는 오언 율시 2首
25	[李選基]	詩	除夕 前	제석 전에 쓴 7언 배율
26	[李選基]	詩	1822년 4월	5언 율시
27	[李叙九]	遺墨	*	이서구의 글씨
28	[李叙九]	遺墨	*	이서구의 글씨
29	[李叙九]	遺墨	*	이서구의 글씨
30	[李叙九]	遺墨	*	이서구의 글씨
31	[李叙九]	詩	*	5언 절구
32	子 [李叙九]	父 [李建基]	11월 7일	안질로 괴로움을 토로하였으며, 양식을 부쳐 달라고 전하였다.
33	[李叙九]	姜皓隣	1824년 11월 12일	外祖父 姜皓隣 학사공에 대한 제문
34	子 [李叙九]	父	*	여행 중의 가친께 安平의 황수재가 와서 형제의 집에 묵었고 해평 송산의 최 진사 어른이 왔다가 돌아갔으며, 이웃의 진사 어른은 내일 쯤 돌아 갈 것이라 전하였다.
35	塤篪編	序	1826년	「塤篪編」 서문

『전가보묵-동』은 이승연의 손자 이후 세대의 간찰로 구성되어 있다. 대체로 이승연의 손자인 李建基의 간찰 19편과 選基의 간찰 7편, 그리고 증손인 李叙九의 간찰 9편으로 구분할 수 있다. 작성연대는 1810년에서 1840년까지 약 30여년에 걸쳐 작성된 것으로

추정할 수 있는데 수신자는 가족이외에도 다양한 문인 관료들이 등장한다. 특이할 사항으로는 이서구의 필적을 감상할 수 있는 유묵이 4점이 포함되어 있으며, 祭文과 詩稿 등과 함께 『塤篪編』에 대한 서문이 포함되어 있다. 조선후기 양반 사대부들의 일상적 글쓰기 형태와 더불어 연안이씨 이관징 가의 교류문화 영역 등을 살펴볼 수 있는 매우 요긴한 자료들이다.

참고로 『전가보묵-동』편 가운데 간찰 1편을 예시로 게재하였다. 19세기 양반 사대부가의 일상적 글쓰기 행태와 더불어 조선시대 간찰의 변천사를 이해하는 자료가 될 것으로 판단된다.

[예시-4] 『傳家寶墨-冬』 2번째 간찰

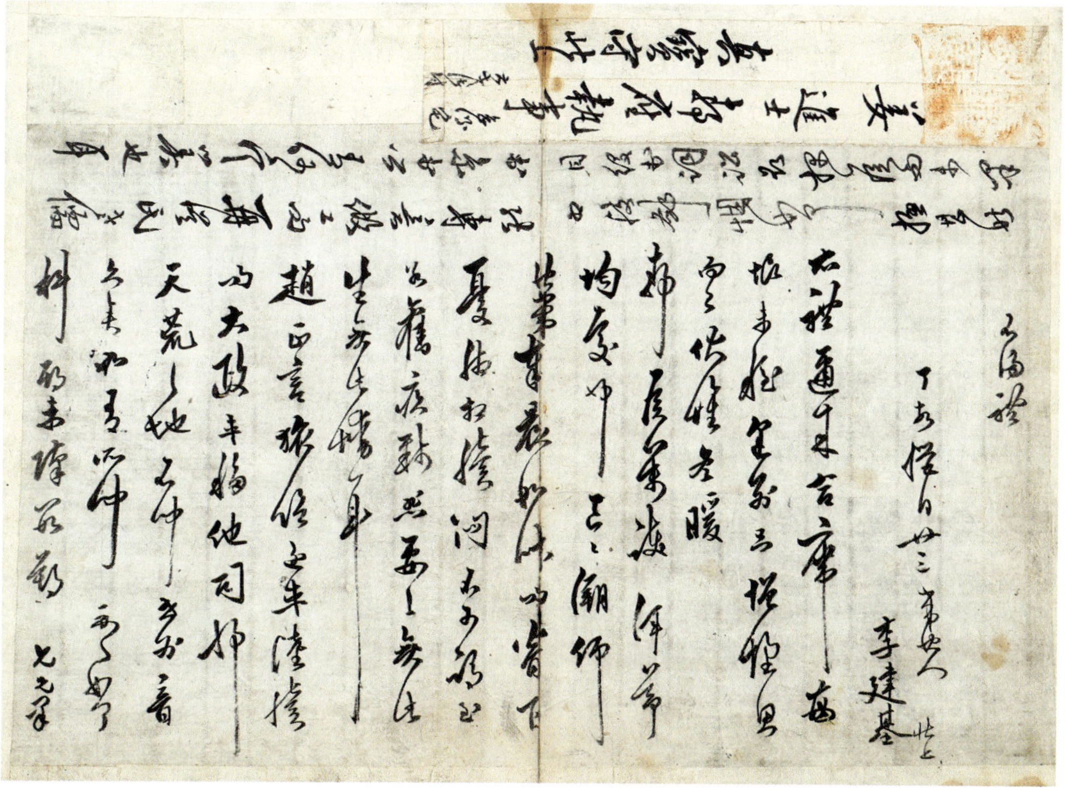

위 간찰은 『전가보묵-동』편에 실려 있는 것으로서 李建基(1785~1849)가 眞寶의 수령인 姜進士에게 보낸 간찰이다. 작성 시기는 1827년 12월 23일로 순조 27년(丁亥) 때의 기록이다.

편지의 내용은 이건기가 편지의 상대인 강진사의 안부를 염려하였으며, 상복을 입은 자신의 처지와 질병으로 인한 슬픔을 토로하였다. 또한 정언은 趙旅信이 근래에 계속 맡고 있는데, 이번 도목정사에 다른 부서로 옮겼는지를 물었다. 아울러 몇 달 남지 않은 科擧에 상대의 자제가 준비를 잘하고 있는지를 물었으며, 再從씨는 무슨 정해진 계획이 있는가를 언급하였다.[20]

4. 『傳家寶墨』에 나타난 時代的 意義

앞서 언급한 바와 같이 『전가보묵』은 연안이씨 식산종택에 家傳되어온 家莊手本으로서 李觀徵 家의 8대에 걸친 자손들이 작성한 간찰첩이다. 발신자만 모두 18명으로 대략 200여 년간에 걸쳐 작성된 것으로서 간찰에 나오는 등장인물은 50여 명에 이른다. 이를 통해 연안이씨 이관징 가의 교류문화 영역과 지적 교류 양태를 추론할 수 있으며 조선후기 양반 사대부가의 일상적 글쓰기 형태와 더불어 시대 활동의 변천사 등을 엿볼 수 있는 매우 요긴한 자료들이다.

한 家門에서 8대에 걸친 선조들의 간찰들을 모아 성첩한 사례는 매우 이례적인 것이어서 이는 우리나라를 포함한 여타의 한자문화권 나라에서도 유사한 경우를 찾아내기가 쉽지 않은 실정이다. 특별히 이관징 가의 후손들의 생애를 고증할 수 있는 자료가 상대적으로 부족한 상황에서 『전가보묵』에 담긴 필적들은 단 한편[21]의 간찰을 제외하고는 여타의 문집에도 그 기록이 실려 있지 않은 유일본의 일차사료들로서 연안이씨 이관징 가의 행적과 생활사의 단면을 이해할 수 있는 매우 귀중한 자료라 할 수 있다.

8대에 걸친 발신자들의 구성원을 살펴보면 우선 1대에 해당하는 인물은 李觀徵과 李鳳徵을 들 수 있다. 그러나 이관징의 간찰이 여기에서 제외 되어 있는 까닭은 이관징의 간찰의 양이 매우 많아서 『庭下音徽』-上·下와 『先牘』이라는 제하에 별도로 분류하여 성첩하였기 때문이다. 2대에 해당하는 인물로는 李沃·李渟·李淑·李浹 형제를 들 수 있으며, 3대는 李萬秀·李萬敷·李萬維 형제가 있다. 4대에 이르러서는 李之彬·李之幹·李之樸 등이 있고 5대는 李承延·李絅延·李秉延 등이 있다. 6대는 李行儒와 李敬儒·李挺儒 등을 들 수 있는데 이 가운데 李敬儒와 李挺儒는 수신인으로만 7~8회 등장하고 발신자로서의 간찰이 없는 점은 매우

20 『傳家寶墨-冬』, 2번째 간찰. "省禮. 邇來合席, 每恨未穩奉別, 只增懷思而已. 伏惟冬暖, 靜候萬護, 渾節均慶耶? 區區溯仰. 服弟, 奉晨如昨, 而眷下憂病相續, 悶不可謂. 至若舊疾新悲, 要之無此生, 無此慟耳. 趙正言旅信, 近或陸續, 而大政, 或移他司耶? 天荒之地, 不聞世外之音久矣. 如有所聞, 示之如何? 科期未隔數朔, 允兄果能專意做工, 而再從氏, 老儒於京, 於鄉, 何定算也. 耳目役於詞訟, 欲探候而未果, 爲致鄙悃如何? 擾甚, 姑不備禮."

21 『傳家寶墨-夏』, 14번째 간찰은 동생 李萬維가 형 李萬敷의 회갑을 맞아 기록한 시로서 『息山集』에 실려 있는 유일한 간찰이다. 李萬敷, 『息山集』 卷2, 「和舍弟弧夕賀詩」, 71면.

아쉬운 부분이다. 7대는 李建基와 李選基가 있으며 끝으로 8대는 李叙九가 있다.

위에 상고한 바와 같이 18인의 발신자가 작성한 전체 129편의 필적 가운데는 簡札이 95편이고 詩稿가 16편, 序·跋文이 5편, 記文이 1편, 說이 1편, 雜이 1편, 祭文이 3편, 遺墨이 7점 등으로 이루어져 있다.

『전가보묵』에 나타나는 주요 내용으로는 '가학의 연원과 학맥의 형성과정' 등을 이해할 수 있는 것들과 '학술활동과 문집간행'에 관한 일 등을 엿볼 수 있는 것들이 있으며 '조선후기 시대상황'을 고증할 수 있는 것들, 그리고 양반가의 일상사인 '관혼상제'에 관한 것들로 나누어 볼 수 있다. 이 외에 별도의 특이한 것으로는 '유묵과 필적'에 관한 것들로 분류하여 볼 수 있다.

앞서 밝힌 바와 같이 延安李氏 李觀徵家는 학문을 숭상하는 조선후기의 대표적 명망가이다. 학문을 통한 내면세계의 함양과 수신제가를 실현하는 방편으로서의 '가학의 연원과 학맥의 형성과정'을 알 수 있는 자료들로는 다음과 같은 것들이 있다.

> 禮學은 진실로 좋으나 너의 문리가 아직 트이지 않았고 또 스승과 벗의 도움도 없으니 아마도 이해해서 알기가 어려울 것이다…… 예건대 韓昌黎와 歐文忠公이 글을 통하여 도에 들어가는 것이 또한 이와 같을 뿐이다. 문리가 소통되지 못했는데도 먼저 예서를 일삼는다면 통하지 못하는 것이 많아서 도리어 사색만 수고롭게 할 뿐이고 또 공부에도 방해가 될 것이다.[22]

> 옛날에 우리고조 정희공[23]은 학업에 부지런해서 이웃의 아낙네가 새벽에 절구질을 하는 이들이 그의 책 읽는 소리를 듣고는 번번이 감탄을 하였다고 한다. 증조할아버지 박천공[24]께서는 토봉의 재주를 가지고도 오히려 끊임없이 공부하여 약관에 과거에 급제하여 용주태사사형 이후에 한사람 이라는 칭찬을 들었다. 할아버지 학사공[25]은 훌륭한 재주를 가지고도 오히려 밥을 먹으면서도 글을 읊조리고 화장실에 가서도 글을 외웠는데 일찍이 동노에 우거를 하여서 동노의 부로들이 지금까지도 그를 칭찬 하였다. 이로 말미암아 본다면 우리 세분의 조상들께서 크게 과거에 합격을 하고 집안을 빛냈던 것들은 모두 부지런함을 통해서 이룬 것이다.……이것이 우리가 우리 선조에게 죄를 지은 것이다.[26]

22 『傳家寶墨-春』, 3번째 간찰-李沃. "禮學固好, 而汝文理未暢, 又無師友之資, 恐難解見.……如韓昌黎歐文忠, 因文入道者, 亦如此而已. 文理未暢, 而先事禮書, 多有未通, 反勞思索, 亦害於工耳."

23 우리 고조 정희공은 李觀徵(1618~1695)을 말한다.

24 증조할아버지 박천공은 李沃(1641~1698)을 말한다.

25 할아버지 학사공은 李萬敷(1664~1732)를 말한다.

26 『傳家寶墨-秋』, 20번째 간찰-李承延. "昔我高祖靖僖公克勤于業, 隣嫗之曉杵者, 聞其咿唔, 則輒爲之嗟歎. 曾王考博泉公以吐鳳之才, 猶加磨鍼之功, 弱冠登第, 被龍洲太史士衡後一人之褒. 王考學士公以錦心繡口, 猶對飯而吟, 登溷而誦, 嘗僑東魯, 東魯父老至今稱之. 由是觀之, 我三祖之大闡科第, 光顯文欄者,

> 금세에 비록 진실 된 시관이 없다하더라도 나에게 있는 도를 다한 연후에라야 바야흐로 남을 책할 수 있으니 어떻게 더욱더 뜻을 두어 유념하지 아니하고 이렇게 어설프게 글을 짓는단 말이냐?……일찍 제출하고 또 문장이 아름답다면 금상첨화이지만 만약 말이 되지 않는다면 비록 일찍 제출한다한들 무슨 이익이 있겠는가? 득실은 천명이다. 오직 내가 짓는 바의 뜻을 다하고서 그 명을 기다릴 뿐 당락을 어찌 논하겠느냐? 대과는 충분히 노력해서 허송세월하지 않는 것이 좋겠다.[27]

『전가보묵』의 내용 가운데는 과거공부와 관련한 다양한 사례들이 빈번이 등장한다. 그러나 그 가운데는 이만부와 같이 과거를 포기하고[28] 학자로서의 삶을 지향하는 후손들도 다수 있으며 이들의 글을 통해서 가학이 전해지는 과정과 선조들의 강학 사례들을 후대에 계승하고자 하는 가문의 강력한 의지를 엿볼 수 있다. 누대에 걸친 다양한 저술과 서적간행의 기록 등을 통하여 그들의 학문세계를 유추해 볼 수 있는 매우 중요한 자료들로서 '학술활동과 문집간행'에 관한 일 등을 엿볼 수 있는 자료로는 아래와 같은 간찰에서 그 내용을 살필 수 있다.

> 거울은 아전 편에 영수하였고 보내준 원고 판자는 푸른 바다를 넘어 무사히 도착하였으니 어찌 바다를 넘은 판자가 이미 옮겨져서 동애에게 도착했다고 한다. 관아 가운데 온갖 일들은 또한 평길하다고 하니 기이하고 다행한 일이다. 판본은 병풍을 해두어 너의 장인이 응당 보고 검사하여 보관해둘 것이니 그때에 네가 또한 모시고 와서 보면 도리에 합당할 것이다.[29]

> 遺稿集을 간행하는 일이 끝났으니 글자의 모양과 책의 제도가 모두 매우 정갈하니 기쁜 나머지에 감사한 마음이 더욱 간절합니다. ……「詩集」 편은 비록 미흡한 곳이 없지는 않지만 그러나 장차 「別集」을 이어서 간행한다면 남은 유감이 없을 것이다. ……

皆由勤而得之.……此吾之得罪於吾先者也."

27 『傳家寶墨-秋』, 23번째 간찰-李承延. "今世雖無眞箇試官云, 而盡在我之道, 然後方可責人, 何不加意 留念, 爲如是潦率做去耶?……早呈而文又嘉, 則所謂錦上添花, 若不成說話, 則雖早呈, 何益哉? 得失天也, 惟盡意於吾所作, 以待其命, 中不中, 何論? 大科, 則十分努力, 俾無虛送可也."

28 "과거는 요즈음 사람들이 크게 하고자 하는 바입니다. 욕심이 발동하면 정이 방탕하게 되고, 정이 방탕하게 되면 성품이 착란이 되니 심히 두렵습니다. 또 저는 어려서부터 병이 많으니 원컨대 조용히 살면서 고인의 책을 보아 그 가르침을 가슴에 새겨서 거의 제 몸의 잘못을 적게 하고자 합니다.[科擧今人之所大欲也. 欲動則情蕩, 情蕩則性鑿, 甚可懼也. 且子自少善病, 願靜居閱古人書, 以服膺其敎, 庶幾寡過其身. 博泉公許之.]" 李萬敷, 「辭庭下, 朝渡虛川」, 『息山集』 卷一, 한국문집총간 178. 31쪽.

29 『傳家寶墨-春』, 27번째 간찰-李萬敷. "鏡吏領受, 遺稿板子, 越滄海無事到得, 寧海板子. 已輸到東厓云, 衙中凡百, 亦平吉云, 奇幸奇幸. 板本將置于屛, 汝氷丈, 當看檢藏置, 其時汝亦陪往看之, 乃合道理也."

할아버지의 실기는 거의 일을 마쳤습니까? 「春宮補養輯要」는 빠트릴 수가 없으나 원본이 종가에 있어서 아직은 수습해 기록하지 못했다.[30]

부친의 연보와 행장은 경솔히 간행해서 유포할 수 없고 이미 문집이 있으니 우선 천천히 해도 무슨 해가 되겠는가? …… 도동편은 아직 손을 놓지 않았는데 더구나 이 책을 취해서 곧바로 사적으로 살펴보고 어떻게 갑자기 스스로 판각을 해서 바깥사람들에게 전해서 보여줄 계획으로 삼겠는가? …… 근래에 예기를 읽고 번복된 것을 산정하고 스스로 책 한질을 만들어서 「예기상절」이라고 이름을 지었다.[31]

선조의 판각은 병산서원에 보관하고자 하였는데 제자리를 얻었다고 할 만합니다. 다만 오자가 많이 있으니 이것이 큰 결점입니다. 그러나 편목으로 보충하여 새긴다면 어찌 근심할 것이 있겠습니까?[32]

'조선후기 시대상황'을 고증할 수 있는 자료들로는 다음과 같은 것들이 있다. 李萬維가 蔚山府使로 재직 중이던 1728년에 어사 朴文秀의 탄핵을 받아 파직되었던 일과 1730년 숙종 때의 己巳換局을 두둔하다 격노한 영조에 의해 제주도에 유배되었을 때의 상황을 유추할 수 있는 자료들이 있으며, 李萬敷가 1729년 學行으로 長陵參奉과 氷庫別提에 임명되었으나 모두 사퇴 한 일 등을 고증할 수 있는 자료들도 있다. 國喪이나 國婚 등이 발생했을 때 사대부들이 취하는 행례의식과 양자를 세울 시에 예조의 허락을 취하는 풍속 등을 엿볼 수 있는 등의 다양한 사례들이 담겨있는 자료들이다.

지박[33]이는 지난 19일 날 끝내 일어나지 못했다. 슬프고 아프다. 어찌 차마 말하겠느냐? 죽고야 말았다. 그 아버지가 섬에서[34]

30 『傳家寶墨-夏』, 1번째 간찰-李萬敷. "遺稿刊役工訖, 字搛冊制, 俱甚精, 欣喜之餘, 感懷尤切.……「詩集」雖不無未洽處, 然將繼刊「別集」, 則亦可無遺恨矣.……王考實紀, 亦幾卒業乎? 「春宮補養輯要」不可遺, 而元本在宗家, 未及收錄."

31 『傳家寶墨-夏』, 3번째 간찰-李萬敷. "先考「年譜」行狀, 不可卒刊流布, 旣有文集, 姑徐之, 何害耶?……「道東編」, 猶未斷手, 況本爲取便私閱, 何可遽自入梓, 爲傳示外人計也?……近讀禮記, 刪其繁複, 自寫成一帙, 名曰: 「禮記詳節」."

32 『傳家寶墨-夏』, 29번째 간찰-李之栢. "先稿欲藏置屛院 可謂得其所矣. 而第多有誤字 是可大欠 然以片木補刻 則亦何傷之有?"

33 원문의 '지박'은 李之樸(1708~1730)을 가리킨다. 李萬維의 아들이며, 이만부의 조카이고 발신자 이협의 從孫이다.

34 원문의 '海島中'은 제주도를 가리킨다. 숙종 때 있었던 己巳換局을 두둔하다가 격노한 영조에 의해 제주도에 유배되었는데, 1732년 감형되어 出陸이 허용되었을 뿐 이만유의 석방을 요청한 상소는 영조로부터 거부되었다. 『朝鮮王朝實錄』, 卷35, 英祖 9년, 7월 24일. "李萬維의 무리와 같은 경우는 내가 용서할 수 없어 지난번에 이미 처분하였다.[如李萬維輩, 予不饒貸, 頃已處分矣.]"

이 소식을 듣는다면 사람의 정리 상 견디기 힘든 소식일 것이다.[35]

울산 읍은 본래 오래 머물 자리가 아니다.[36] 네가 만난 바의 상황은 또 하루도 지체할 수 없지만 공사의 연고 때문에 일에 장애되는 바가 있어서 아직도 지체하고 있으니 어찌 곤란하지 않겠느냐? 청하현[37]의 사또가 과거시험장에 가다가 들려서 말하기를, "암행어사가 그 고을에 들어갈 때에 영덕의 현감이 또한 어사와 함께 앉으며 말하기를 '울산은 지극한 정성으로 다스리기를 도모해야 되는데도 지극한 정성으로 다스리지 않으니 더욱 폐단이 되는 바가 있을 것이다.'"라고 하였다.[38]

국상[39]으로 신민이 두루 애통해 하는데 소식이 갑자기 막혀서 안부가 어떠한지 알 수 가 없어서 그리운 마음을 이길 수 없구나. 여기에 있는 나는 조석으로 곡에 임하여 복성이 내일 모레에 있을 것이니 망극하구나.[40]

12월 도목정사에 형님은 장릉에 제수되시고 동생은 사간에 승진[41]하였으니 분수와 의리가 있는 바, 한번 은명에 사례하지 않을 수 없다.[42]

마침 함창에 있는 권 아무개라는 친구가 있어 관찰사가 있는 자리로 찾아뵙고 싶어서 저에게 소개를 요구하기에 이렇게 안부 편지를 부칩니다. 이 권씨는 단성 어른의 손자인데 여러 대의 대종에 후사를 세우는 일로서 서울에 들어가 예조에서 양자를 허락하는 문서를 발급할 즈음에 시골사람이라 절로 생소함이 많을 것이니 혹시라도 돌보아 주실 방법이 있으시다면 힘을 따라 지휘해 주시는 것이 어떠합니까?[43]

---

35 『傳家寶墨-春』, 9번째 간찰-李浹. "之樸, 去十九, 竟不起. 惜哉. 痛哉. 何忍言? 何忍言? 死者已矣. 其父, 海島中, 聞此, 人理難堪之報."

36 당시 이만유는 蔚山府使로 재직 중에 어사 朴文秀의 탄핵을 받아 파직되었다가 이듬해 사헌부집의에 제수된 일이 있었다. 『朝鮮王朝實錄』, 卷16, 英祖 4년, 3월 11일. "蔚山府使李萬維, 昏不省事, 吏緣爲奸, 請幷罷職."

37 원문의 '淸河'는 지금의 경북 영일을 가리킨다.

38 『傳家寶墨-春』, 10번째 간찰-李浹. "蔚邑, 本非久坐之地. 君之所遭, 又不可一日遲滯, 而公私故, 有所牽掣, 尙此遲, 豈非困哉? 淸河使君, 赴擧行歷訪曰: 繡衣入其官時, 盈德亦同坐繡衣曰: '蔚山, 至誠圖治, 而至誠不治, 益有所蔽也.'"

39 국상 : 원문의 '國喪'은 1720년에 있었던 숙종의 국상을 말한다.

40 『傳家寶墨-夏』, 15번째 간찰-李萬維. "國哀, 臣民普痛, 消息頓阻, 不審眠食, 何如. 思戀不自勝. 此中, 朝夕哭臨, 服成在再明, 罔極罔極."

41 1729년(英祖 5) 學行으로 長陵參奉과 氷庫別提에 임명되었으나 모두 사퇴 하였으며, 동생 李萬維는 司諫에 제수되었다.

42 『傳家寶墨-夏』, 16번째 간찰-李萬維. "十二大政, 兄主除長陵 弟陞亞諫, 分義所在, 不可不一謝恩命."

43 『傳家寶墨-秋』, 9번째 간찰-李承延. "適有咸昌權友, 欲爲納拜於軒屛要, 弟爲介故, 玆付二音. 而此是權, 丹城丈之孫, 而爲其累世大宗立後事, 入洛禮斜之際, 鄕人, 自多生疎, 或有顧護之道, 則隨力指揮, 如何?"

> 21, 22일은 일은 곧 국혼일입니다. 많은 친구들이 날마다 혼구를 빌려달라고 독촉하는데 대소가에는 모두 말은 없고 작은 가마만 있을 뿐입니다.[44]

『전가보묵』 가운데 가장 많은 비중을 차지하는 것들로는 '冠·婚·喪·祭'에 관한 일을 들 수 있다. 절반이 넘는 간찰이 양반 사대부들의 일상사를 전하는 가사와 관계된 것이어서 喪祭에 관한 일과 질병과 豐·凶에 관한 일상적인 내용들이 압도적으로 많다. 연안이씨 가문의 상제와 혼례에 관한 가족사를 이해할 수 있는 단초가 되는 자료들로는 다음과 같은 것들이 있다.

> 한결같이 아울러 큰 며느리와 그의 막내아들이 서로 이어서 홍진을 겪다가 죽었는데 고을에 도착하여 중씨가 손자 아이가 또 죽었다는 소식을 처음으로 들었으니 곳곳마다 처참한 광경을 한입으로 말하기 어렵다.[45]
>
> 지난날 혼례를 순조롭게 치러 삼가 기쁨이 배가 되리라 생각되는데 비록 축하할 것이 없다고는 말하지만 어찌 축하할 것이 없겠습니까?……아이의 초례가 한 달이 남았는데 또한 준비되지 않은 것이 많아서 지금 바야흐로 번잡하고 괴로워서 견딜 수 없습니다.[46]

> 기년복을 입은 저는 한 집안 안에 반년 사이에 거듭 친종의 애통함을 당하였으니 모두 이러한 사실을 천리 밖 객지에 있던 날에 그 사실을 들었으나 진실로 행실이 신명을 저버려 이러한 일을 초치함이 있다는 것을 알게 되었으니 슬프고 무너져 내리는 마음 더 이상 말할 수가 없습니다.[47]

> 그러나 그 사이에 어버이의 병과, 아내의 병에 대한 근심과 형제가 한 결 같지 못함과 아이의 병이 한 달을 넘은 것은 타관살이에서 마음을 혼란스럽게 하는 것이 아님이 없습니다.

기타 '遺墨과 筆跡'에 관한 자료 등이 있다. 유묵으로는 李萬敷의 글씨 3점과 李叙九의 글씨 4점 등이 있으며, 이만부가 친구

44 『傳家寶墨-冬』, 7번째 간찰-李建基. "卄一二, 便是大婚日也. 許多知舊, 日以婚具來督, 而大小家俱無馬, 有少衛而已."

45 『傳家寶墨-春』, 9번째 간찰-李浹. "一兼長子婦及其末子, 相繼以紅疹化, 到邑底, 仲氏, 初得孫兒又化, 處處慘境, 一口難說."

46 『傳家寶墨-冬』, 15번째 간찰-李建基. "頃日, 昏禮順成, 伏想嘉悅倍品, 雖曰無賀, 烏得無賀耶?……兒醮隔朞, 亦多未備者, 見方擾惱不堪耳."

47 『傳家寶墨-冬』, 14번째 간찰-李建基. "下生朞服人, 一室之內, 半年之間, 再遭親從之慟, 而俱是承實於千里旅哀之日, 因知行負神明, 有以致此者, 悲實震剝, 已無可言. 而其間親癠也, 荊憂也, 菌城之不一也, 兒病之閱月也, 無非客中薰心處."

吳致重을 전별하며 보내는 전별문 1편과 그의 아우 李萬維가 寧朔의 병마절도사에 제수되었을 때 정사의 요체에 관한 문장을 지어서 목민관의 자세를 경계한 說이 1편이 있다. 이 설은 「正己」 5조목과 「正人」 12조목으로 이루어져 있다. 또한 이승연이 1788년(正祖 12년) 玉成書院의 원장이 되어 有斐樓에 쓴 記文과 警弦齋 姜世晉의 시문집에 대한 序文, 아들 경유의 慶雲山房에 대한 서문 등이 있다. 그리고 이승연이 동생 이병연의 죽음을 슬퍼하는 祭文 1편과 李建基가 鄭無適 선생을 추모하는 제문 1편, 그리고 李叙九가 그의 외조부 姜皓隣을 조문하는 제문 1편 등이 있다. 이를 통해 조선후기 명망 있는 사대부 가문의 내적 수양을 통한 정신세계와 정사를 대하는 목민관으로서의 자세와 의지 등을 엿볼 수 있는 매우 소중한 자료들이다.

> '입지는 견고히 하되 마음은 활짝 열어야 한다. 독서는 정밀히 하되 의리에 두루 통해야 한다. 명예는 피해야 하되 용기 있게 나아가는 기상이 있어야 한다. 처세는 신중히 하되 빼앗기 어려운 지조가 있어야 한다.' 치중은 나의 외우이다. 대대로 사귀어 온 정이 독실하고 타향을 떠도는 것도 같으며, 지기가 서로 부합되며 학업이 서로 간에 성장한다.[48]

> 나의 죽은 친구 진산 「진주」의 강사원 군은 어려서부터 학문에 힘쓰고 글쓰기를 수고롭게 하였는데 이미 진사를 이루었으나 손에서 책을 놓지 않은 것이 30여 년이었다.[49]

> 有斐樓는 옥성서원의 문루이다. 서원은 오래되고 누각이 없었는데 흥양 이증술 공이 일찍이 이 서원의 원장이 되어 비로소 도모하여 경영하였다.[50]

> 자신을 바르게 하는 것. 그 첫째는 마음을 잡는 요체이다. 입이 있는 자는 모두 '정심'을 말하는데 그러나 시행하는 바는 같지 않으면서 "나의 말은 성현에 위배되지 않는다."라고 하니 이것은 수사의 말이지 증세를 치료하는 적합한 약은 아니다.…… 남을 바르게 하는 것. 그 첫 번째는 윗사람을 섬기는 정사이다. 신하로서 국토를 지키고 무릇 진상하고 공납하는 절도에 있어서 의당

48 『傳家寶墨-春』, 21번째 간찰-李萬敷. "立志固而開濶心胸. 讀書精而周通義理. 名可避而有勇往之氣. 處世愼而有難奪之操. 致重吾之畏友也. 世誼篤也, 流落同也, 志氣相符也, 學業有相長也."

49 『傳家寶墨-秋』, 14번째 간찰-李承延. "吾亡友晉山姜君嗣源, 自幼力學劬書, 旣成進士, 手不釋卷者, 三十餘年."

50 『傳家寶墨-秋』, 25번째 간찰-李承延. "有斐樓者, 玉成書院門樓也. 院古無樓 興陽李公增述 嘗長貳斯院 始謀而經營之."

먼저 마음을 다하고 매월 안으로 미리 검속하여 내달 초하루에 응당 조목을 드리고 신칙을 하도록 하여 해당 아전에게 마련하도록 하고 몸소 그 품색을 점검하고 보내 올릴 날짜를 기약한다.[51]

해의 차례인 갑신년 11월 12일 경자에 곧 우리 진양 강국보 선생의 맏손주인 강호린 학사공과 멀어지는 날이다. 장사지내기 이틀전날 무술에 손주 사위 연성 이서구가 삼가 계서를 가지고 전을 올리고 글을 가지고 영현아래 곡하기를, 오호 통재라 하였다.[52]

5. 결론

朝鮮時代의 簡札은 매우 귀중한 학술적 자료로서 발신자와 수신자 사이의 유일본인 원 사료이다. 아울러 이는 일차사료인 동시에 전통시대를 이해하는 모든 학술 분야의 기초자료로서 역사적 고증의 단초를 제공하기도 한다. 대개의 경우 行·草의 형식으로 이루어진 古文書로서 낱장의 형태로 남아있기도 하지만 때로는 성첩된 서적의 형태로 보존되어 있는 것들도 매우 많다.

간찰은 그 형식과 내용면에 있어 문·사·철의 영역은 물론이고 정치·사회·문화·예술에 이르는 다양한 학술분야의 기초 자료가 되기도 한다. 뿐만이 아니라 書藝史的으로도 매우 유의미한 자료로 평가되며, 낱장의 고문서 자체만으로도 이미 완성된 하나의 예술작품으로 평가받는 것들도 매우 많다.

본서에서 다루었던 『전가보묵』은 연안이씨 이관징 가에서 8대에 걸쳐 이루어진 기록물로서 작성자만 대략 18명으로 약 200여 년에 걸쳐 이루어진 것들이다. 연안이씨 가문의 여타한 문집에도 동일한 내용이 실려 있지 않은 매우 희소성이 있는 문화유산이다.

본서에서는 소략하게나마, 17세기 西南黨爭으로 촉발되었던 '換局'의 시대로부터 19세기 초반에 이르기까지 혼돈이 거듭되는 정치적 격랑의 시대에 연안이씨의 정치사적 부침과 명운을 이해할 수 있는 사례들을 추정해 보았으며, 아울러 이관징가의 가학의 연원과 학맥의 형성과정을 이해할 수 있는 사례들을 살펴보았다. 또한 사대부 양반가의 일상적 생활사인 冠·婚·喪·祭에 관한 사례들을 고찰하였으며, 간찰 외의 특별한 유묵과 필적을 통해 연안이씨 가문의 정신사적 유산들을 조명해 보고자 하였다.

51 『傳家寶墨-春』, 26번째 간찰-李萬敷. "正己. 其一曰: 操心之要. 有口者, 皆言'正心'. 然所施不同, 曰: "我言不背於聖賢". 是修辭之說, 非待証之藥也.……正人. 其一曰: 事上之政. 爲臣子守國之土, 凡進貢之節, 宜先盡心, 每月內預檢, 來朔應進條, 令飭, 該吏供辦, 躬點其品色, 及期輪呈."

52 『傳家寶墨-冬』, 33번째 간찰-李叙九. "維歲次, 甲申十一月十二日庚子, 卽我, 晋陽姜菊圃先生, 胄孫皓隣學士公, 卽遠之日也. 前二夕戊戌, 孫婿延城李敘九, 謹以鷄絮之奠, 操文哭于靈几之下曰; '嗚呼痛哉.'"

특별히 『전가보묵』은 조선후기 대표적 사대부가인 연안이씨 이관징 가의 지적 교류양상과 교류인맥을 고찰할 수 있는 자료인 동시에 연안이씨 가문의 내면세계를 조망해 볼 수 있는 매우 요긴한 자료들이다.

그러나 간찰첩에 드러난 인물들의 행적과 학술적 소재들이 이관징가의 문집인 『博泉集』, 『息山集』, 『剛齋集』 등의 저술에 나타난 실증적 사례들과는 어떤 차별성과 유사성이 있는지에 대한 고증은 향후의 과제로 남게 놓게 되었다. 아울러 한 집안에서 누대에 걸쳐 성첩한 간찰 자료들로는 국내외에 어떤 것들이 얼마나 있는지에 대한 의문도 후속과제로 남겨놓는다. 모쪼록 본고에서 언급한 『전가보묵』의 일례를 통하여 더 많은 가문의 사례들이 연구되고 비교 분석되어지는 자료가 되길 고대하는 바이다.

참고문헌

▎原典

『傳家寶墨』-春 · 夏 · 秋 · 冬

『朝鮮王朝實錄』

『承政院日記』

李　瀷, 『星湖僿說』, 『한국문집총간』 198~200, 민족문화추진회.

李　沃, 『博泉集』, 『한국문집총간』 속44, 민족문화추진회.

李萬敷, 『息山集』, 『한국문집총간』 178~179, 민족문화추진회.

『延安李氏 詹事公派大譜』 권1 · 권4, 回想社, 1984.

▎研究論文

權泰乙, 「息山 李萬敷 文學研究」, 효성여자대학교 박사학위논문, 1989.

金孝京, 「寒暄箚錄에 나타난 조선후기 간찰양식」, 『書誌學報』 제27호, 한국서지학회, 2003.

______, 「朝鮮時代 簡札 書式 研究」, 한국학중앙연구원 박사학위논문, 2005.

김주부, 「李承延의 생애와 <嶺對>에 나타난 영남인식」, 大東漢文學 (第三十七輯), 대동한문학회, 2012.

심영환, 「朝鮮時代 草書觀과 그 樣相」, 『泰東古典研究』 19, 한림대 태동고전연구소, 2003.

이인숙, 「조선시대 편지의 문화사적 의의」, 『민족문화논총』 30, 영남대학교 민족문화연구소, 2004.

朴熿熙, 「延安李氏 息山宗宅 簡札帖 譯注」, 고려대학교 박사학위논문, 2018.

單行本

임창순 譯, 吳世昌 編, 『槿墨』, 성균관대출판부, 1995.

權泰乙(2001), 『尙州漢文學』, 尙州文化院.

하영휘 외, 『옛편지 낱말사전』, 돌베개, 2011.

심경호, 『한문산문미학』, 고려대학교출판부, 2013.

______, 『간찰-선비의 마음을 읽다』, 한얼미디어, 2006.

이성무 외, 『조선을 이끈 명문가 지도』, 글항아리, 2011.

박상수, 『簡札 선비의 일상』, 수류화개, 2017.

이용준, 『숙부인파종중 종보』, 전통족보문화사, 2016년.

韓國古簡札研究會, 『옛 문인들의 초서 간찰』, 다운샘, 2003.

國學振興研究事業推進委員會, 『韓國簡札資料選集14; 尙州延安李氏 息山 李萬敷宗宅篇Ⅰ』, 韓國學中央研究院, 2003.

國學振興研究事業推進委員會, 『韓國簡札資料選集14; 尙州延安李氏 息山 李萬敷宗宅篇Ⅱ』, 韓國學中央研究院, 2008.

傳家寶墨

春

[春-1] 李鳳徵의 간찰

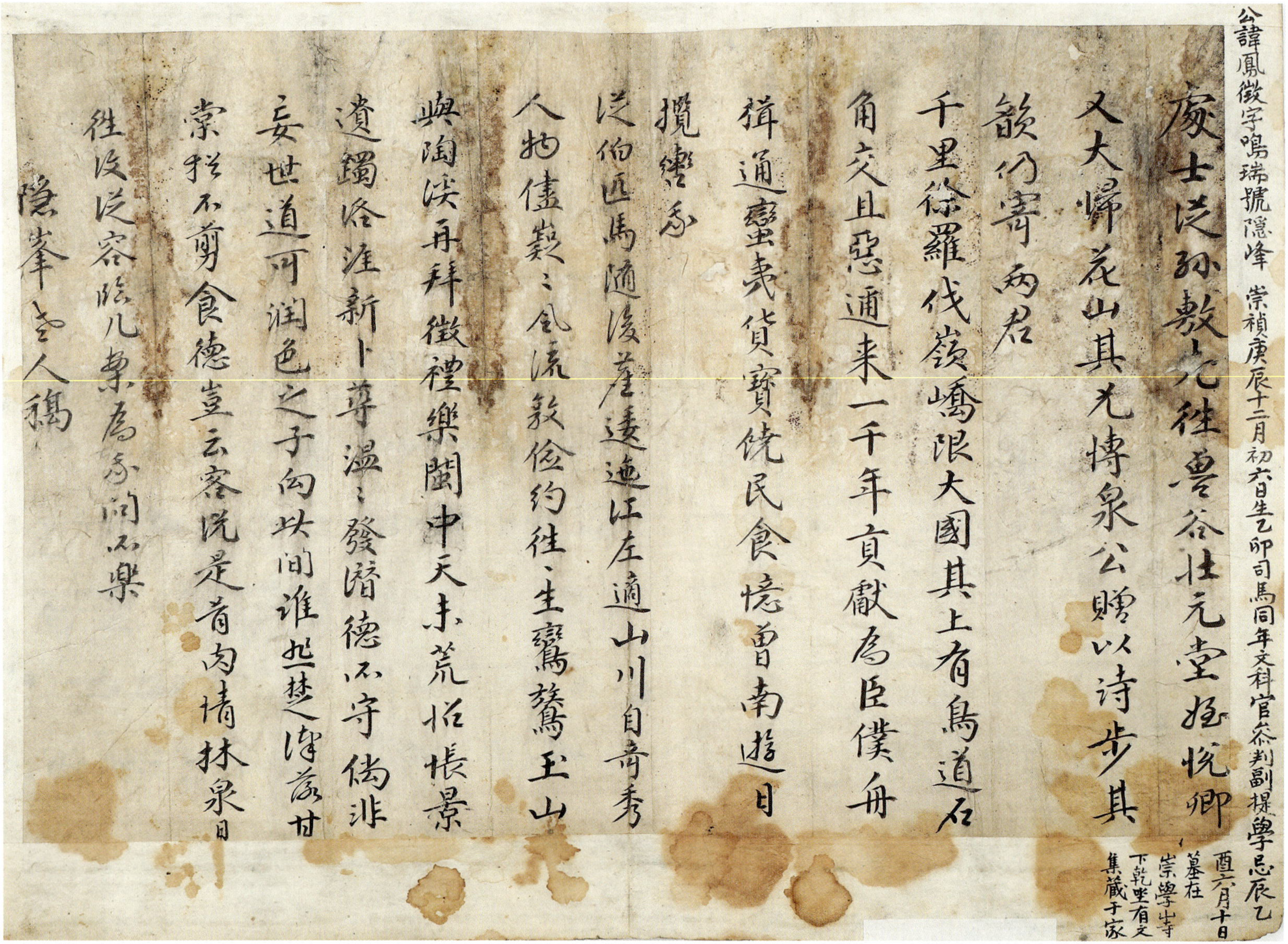

公諱鳳徵字鳴瑞號隱峰 崇禎庚辰十二月初六日生乙卯司馬同年文科官忝判副提學忌辰乙酉六月十日 墓在崇學山寺下乾坐有文集藏于家

處士從弥數元往曹谷壯元堂姪悅卿又大歸花山其先博泉公贈以詩步其韻仍寄兩君

千里徐羅伐嶺嶠限大國其上有鳥道石角交且惡通来一千年貢獻為臣僕舟楫通蠻夷貨寶饒民食憶曾南遊日攬轡分從伯匹馬隨後崖逶迤江左適山川自奇秀人物儘藪藪風流敦儉約往往生鸞鷟玉山與陶漢再拜徵禮樂闔中天未荒怡悵景遺躅洛淮新卜尊溫溫發潛德不守僞非妄世道可潤色之子向壯間誰比楚澤㳫甘棠捨不翦食德豈云客況是首丙情林泉日往復從容臨几案為分間不樂

隱峯主人稿

【釋文】處士從孫敷,〔先〕往魯谷壯元堂,姪悅卿,又大歸花山,其兄博泉公,贈以詩,步其韻,仍寄兩君.

千里徐羅伐,嶺嶠限大國.
其上有鳥道,石角交且惡.

邇來一千年,貢獻爲臣僕.
舟楫通蠻夷,貨寶饒民食.

憶曾南遊日,攬轡我從伯.
匹馬隨後塵,逶迤江左適.

山川自奇秀,人物儘嶷嶷.
風流敦儉約,往往生鸑鷟.

玉山與陶溪,再拜徵禮樂.
閩中天未荒,怊悵景遺躅.

洛涯新卜築,溫溫發潛德.
所守倘非妄,世道可潤色.

之子向此間,誰悲楚漢落.
甘棠猶不剪,食德豈云客.

況是骨肉情,林泉日往復.
從容臨几案,爲我問所樂.

隱峯老人 稿

【國譯】 처사 종손 만부(萬敷)는 앞서 노곡리(魯谷里)[1]의 장원당으로 갔고, 조카 열경(悅卿)[2]이 또 화산으로 돌아가자 그 형 박천(博泉)[3] 공이 시를 지어 주었다. (이에 내가) 그 시의 운에 따라 시를 지어 양군에게 부친다.

천리 서라벌은 영교(嶺嶠)[4]가 대국을 한계 지었네.
그 위에는 새가 다니는 길이 있는데, 돌부리가 서로 교차하는 악산이네.

일천년 이래로 힘써 이바지하여 신복이 되었네.
뱃길은 오랑캐에까지 통하고, 재화와 보물은 백성의 삶을 풍요롭게 하였네.

일찍이 남쪽으로 유람하던 때를 생각하니, 나는 말고삐를 잡고 백형(伯兄)을 좇았네.
필마로 앞 수레의 먼지를 따르며, 굽이친 강좌(江左)[5]로 따라갔네.

산천은 절로 빼어나고, 인물은 모두 훌륭하였네.
풍류는 도탑고 검약하여, 종종 봉황이 태어난다네.

옥산(玉山)과 도계(陶溪)[6]를 거듭 찾아뵙고서 예악을 징험하였네.
민(閩) 땅[7]의 하늘은 아직까지 거칠지 않은데, 남겨놓은 자취를 생각하니 서글픈 마음이 드네.

낙동강 가에 새로 집을 짓고, 익히고 익혀 잠긴 덕을 발현하네.
지키는 바가 혹 망령되지 않는다면, 세도는 윤택한 빛이 될 만하다네.

---

1 노곡리(魯谷里) : 경상북도 영주에 있는 魯谷里로 추정된다.

2 열경(悅卿) : 李浹(1663~1737)을 말한다. 息山 李萬敷의 季父이다. 자는 悅卿, 호는 東厓이다. 아버지는 이조판서 李觀徵이다. 許穆·洪宇遠 등에게서 수학하였다. 1689년(肅宗 15) 생원·진사시에 모두 합격하였고, 특히 생원시에서는 장원으로 급제하였다.

3 박천(博泉) : 李沃(1641~1698)을 말한다. 息山 李萬敷의 生父이다. 자는 文若, 호는 博泉이다. 아버지는 이조판서 李觀徵이다. 1689년 기사환국으로 풀려나 승지에 등용되고 경기도관찰사를 거쳐 1692년 예조참판이 되었다. 直諫을 잘하여 여러 차례 유배당하였으며, 글씨에 능하고 문명도 높았다. 저서에는 『博泉集』 33권과 『歷代修省便覽』이 있다.

4 영교(嶺嶠) : 영동[강원도]과 영남[경상도] 사이에 사람이 오고 갈수 있는 경계지를 말한다.

5 강좌(江左) : 경상북도 지역을 이르는 말로서, 安東을 지칭하기도 한다.

6 옥산(玉山)과 도계(陶溪) : 晦齋 李彦迪을 배향하는 '玉山書院'과 退溪 李滉을 배향하는 '陶山書院'을 말한다.

7 민(閩) 땅 : 주자의 고향을 의미하며, 여기서는 儒學을 말한다.

가 사람이 이곳을 향하니, 초·한이 무너진 것을 누가 슬퍼하겠는가?
교화[8]는 여전하고, 선대의 음덕을 입었으니 어찌 객이라고 하겠는가?

하물며 골육의 정으로 자연 속에서 날마다 왕복을 하였네.
조용히 안석에 기대어 나에게 즐기는 바를 묻네.

은봉노인 시고

8 교화: 원문의 '甘棠'은 周나라 때 백성들이 훌륭한 정사를 행했던 召公 奭을 찬미한 노래이다. 여기에서는 훌륭한 덕을 베풀었던 '교화'를 의미한다. "무성한 감당 나무 자르지 말고 베지 말라. 소백께서 초막으로 삼으셨던 곳이니라.[蔽芾甘棠, 勿翦勿伐, 召伯所茇.]"『詩經』,「召南·甘棠」.

[春-2] 李沃의 간찰

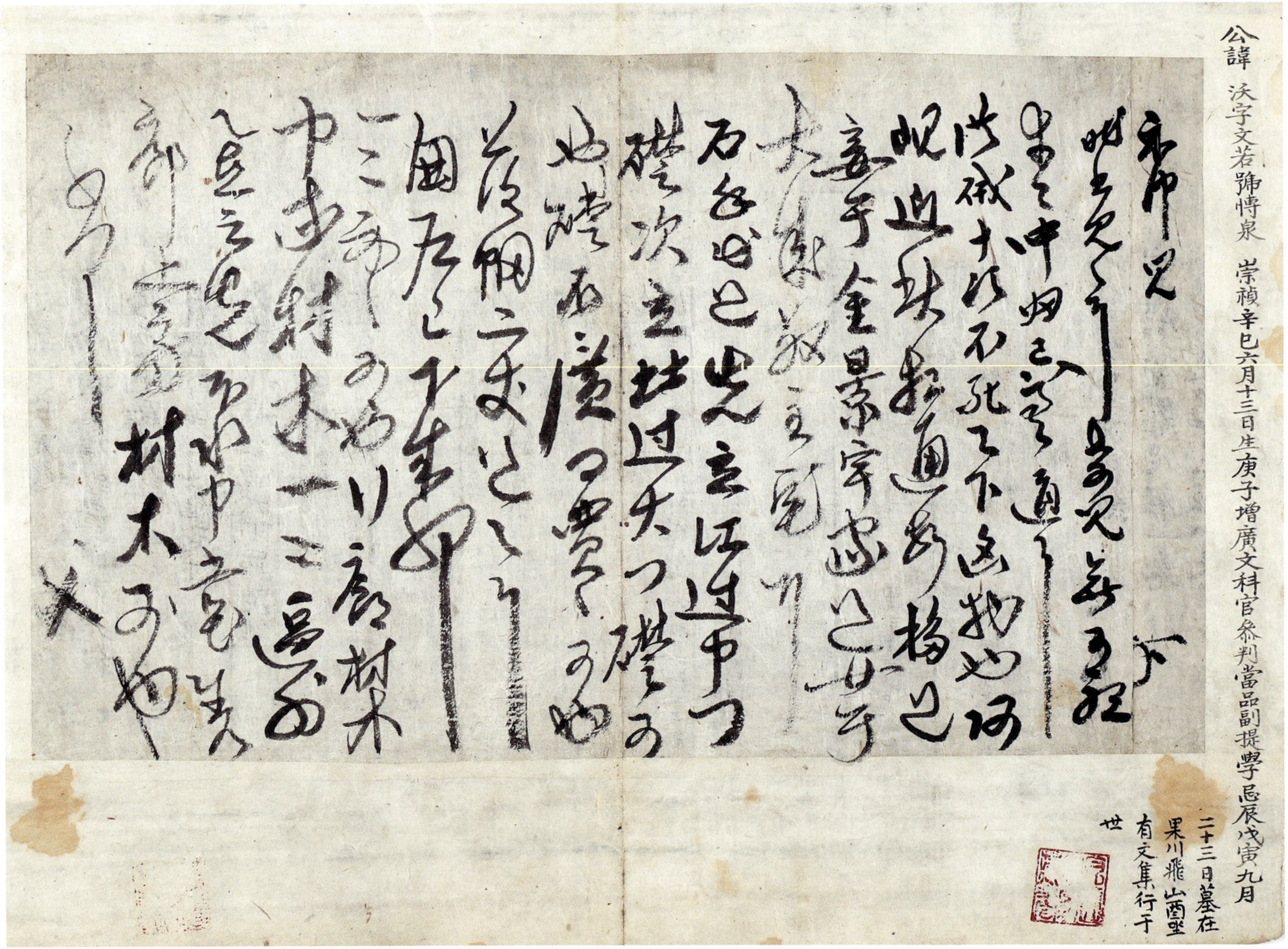

公諱沃字文若號悔泉 崇禎辛巳六月十三日生 庚子增廣文科 官叅判 當品副提學 忌辰戊寅九月二十三日 墓在果川飛山酉坐 有文集行于世

【釋文】 示仲兒

昨書, 見之耳. 奇兒無可憂, 幸幸. 仲婦, 已入差道耳. 洪賊十次不死已下, 凶物也. 阿峴近此相通, 故移送妾于金景宇家, 送女于大成叔主宅耳. 石手, 出送, 先立江邊中門礎, 次立北邊大門礎可也. 礎石, 廣問買之可也. 落幅二丈送之耳. 窓戶, 已下來耶? 一一示之可也. 行廊材木, 中家材木, 一一區別置之, 先取水中堂舍廊上房材木, 可也. 不具. 父

【國譯】 둘째 아이 보아라.

어제 편지는 보았다. 만기(萬奇)[9]가 병이 없다고 하니 다행이다. 둘째 며느리는 이미 병에 차도가 있다.

홍적(洪賊)[10]이 열 번이나 죽지도 않고 이미 내려오니 흉물이다. 아현은 이곳과 가까워서 서로 소통하기 때문에 첩은 김경우(金景宇)[11] 집으로 보냈고 딸은 대성 숙주 댁으로 보냈다. 석수를 내 보내어서 먼저 강변 가운데 중문의 주춧돌을 세우고 그 다음에 북변 대문의 주춧돌을 세우는 것이 옳다. 주춧돌은 널리 물어서 사는 것이 좋다. 낙폭지(落幅紙)[12] 2장을 보냈다. 창호지는 이미 내려 보냈느냐? 하나하나 자세히 알려주는 것이 좋겠다. 행랑채의 재목과 중가의 재목을 하나하나 구별해서 두되, 먼저 수중당 사랑채 윗방의 재목으로 취하는 것이 좋겠다. 격식을 갖추지 않는다. 아버지

9 만기(萬奇) : 이옥의 庶子 李萬奇를 말한다.

10 홍적(洪賊) : 洪夏錫의 일을 말한다. "昌城府使 洪夏錫은 성품과 행실이 사특하고 평소 과오가 많아 사람 축에 끼이지 못한 지 오래되었습니다. 도처에서 탐학을 저지르고 자신을 살찌우기만을 일삼았으며, 전에 북방의 郵官을 역임하였는데 아직까지 오명이 남아 北路의 사람들은 여전히 '洪賊'으로 부르고 있습니다.[昌城府使洪夏錫, 性行壘慝, 素多疵累, 其不齒人類, 久矣. 到處貪虐, 專事肥己, 曾經北郵, 尙有遺臭, 北路之人, 尙以洪賊稱之.]" 『承政院日記』, 英祖 1년, 7월 16일.

11 김경우(金景宇) : 생몰년 및 인물에 대한 기록은 未詳.

12 낙폭지(落幅紙) : 科擧 시험에 낙방한 사람들의 답안지 종이를 말한다.

[春-3-1] 李沃의 간찰

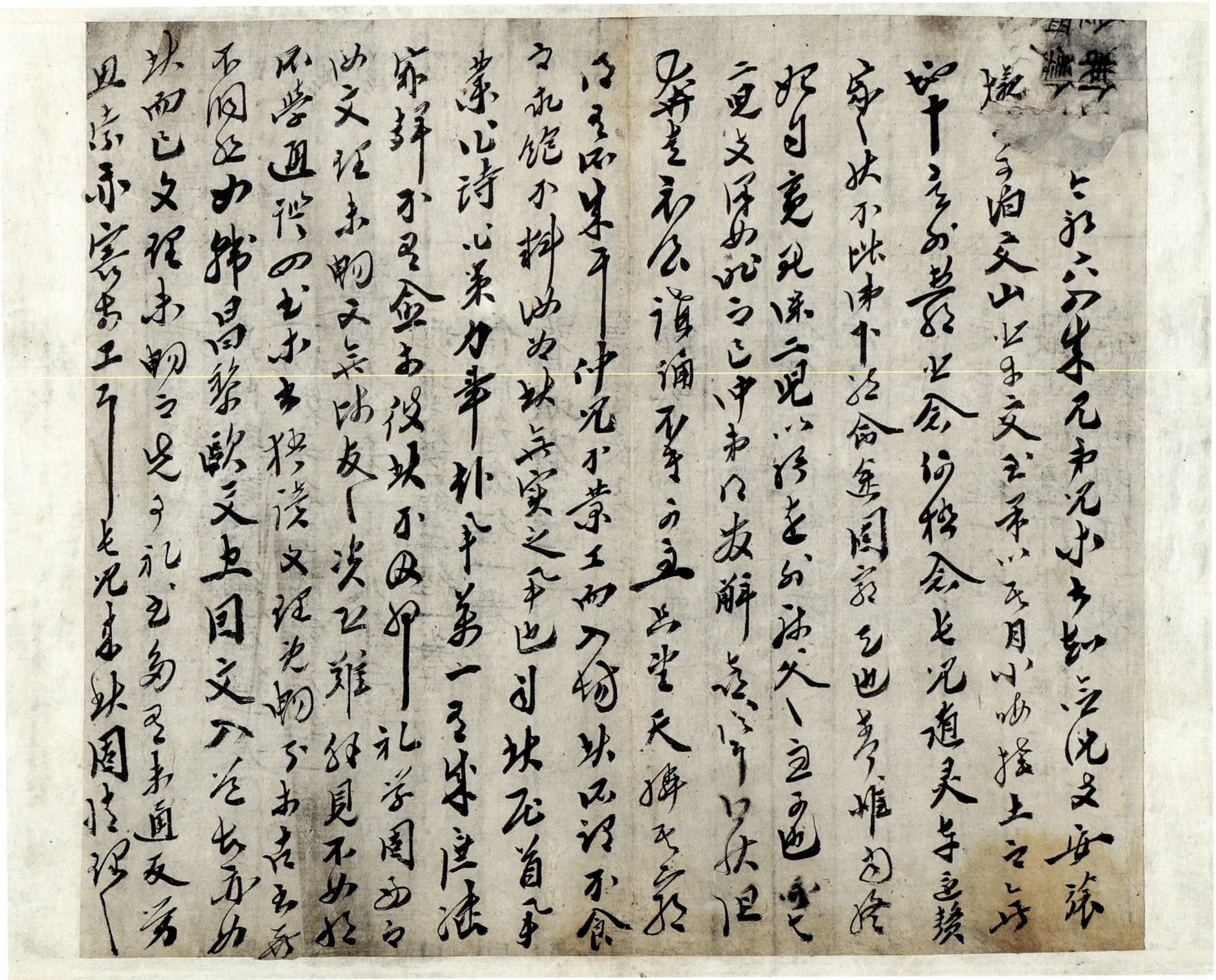

【釋文】 ■…■ 今初六, 入來, 見弟兒等書, 知僉況支安, 旅櫬之事, 泊交山, 悲幸交至. 果以其月小晦, 掩土, 而無地中, 意外鬱, 悲念何極? 念長兒隨靈車, 還贅家之狀, 不堪涕下耶. 命途固窮, 天也奈何? 惟當終始自寬, 善保二兒, 以終遠外病父之慮, 可也. 我與二兒, 支保如昨而已. 仲弟得發解, 喜聳何狀, 但奔走衣食, 講誦不專, 可慮. 只望天憐其窮, 得有所成耳. 仲兒, 不業工而入場, 此所謂; "不食而求飽." 不料汝爲此無實之擧也. 自此屈首擧業, 作詩作策, 力事赴擧, 萬一有成, 庶繼家聲, 不有愈於彼此不及耶? 禮學固好, 而汝文理未暢, 又無師友之資, 恐難解見, 不如將所學通鑑四書等書猛讀, 文理旣暢, 則於古書, 無不洞然. 如韓昌黎歐文忠, 因文入道者, 亦如此而已. 文理未暢, 而先事禮書, 多有未通, 反勞思索, 亦害於工耳. 長兒來此, 固情理之 ↳ 來到之, 江客風高, 病人, 非所不必入來調治也. 已得唐皮洞, 前日所寓之家, 而舍廊苦如, 數日內, 汝以病勢更重云, 而入來汝庶母, 入去調護, 而汝妻, 則退數日入來, 便好, 如何如何? 姜也先給價, 則宜其推捉也. 汝處有錢, 先給四五兩, 而取用於此處, 可也. 如無之, 則吾可出送也. 入來事, 未之也. 今冬, 汝仍寓唐皮洞, 則必勝於江上也.

【國譯】 이달 초육일에 들어와서 아우와 아이들의 편지를 보고 여러분들의 근황이 버티며 편안하다는 것을 알게 되었고, 여츤의 일[13]로 교산에 머무르고 있다고 하니 슬픔과 다행스러움이 번갈아 이른다. 과연 그 달 작은 그믐에 매장하려고 하였는데, 땅이 없던 중에 뜻밖에 답답하니 슬프고 염려스러운 생각이 어찌 끝이 있겠느냐?

큰아이가 상여를 따라 갔다가 처가[14]로 돌아가는 상황을 생각하면, 눈물이 나는 것을 견딜 수가 없다. 운명의 길이 진실로 궁핍하나 이것은 천명이니 어찌하겠느냐? 오직 마땅히 처음부터 끝까지 스스로 마음을 너그럽게 하여 두 아이를 잘 보호하면서 멀리 밖에 있는 아버지의 염려를 끝낼 수 있도록 하는 것이 좋겠다. 나와 두 아이는 지탱하며 보존하는 것이 옛날과 같을 뿐이다. 둘째동생[15]이 초시에 합격하였으니 기쁨을 어떻게 표현하겠느냐? 다만 먹고 입는 것에 분주하여 공부에 전념하지 못하니 염려가 된다. 다만 하늘이 그의 궁핍함을 가련히 여겨서 성취하는 바가 있게 해주기를 바랄 뿐이다.

둘째아이는 공부도 하지 않고 과장에 들어갔는데, 이것은 이른바 "먹지도 않고서 배부르기를 구한다." 하는 꼴이다. 네가 이다지도 실속 없는 짓을 하리라고는 생각지도 못했다. 이로부터 과거공부에 몰두해서 시도 짓고 책문도 지으면서 과장에 나아가기를 힘써 일삼아서 만에 하나 이름이 있게 되어 거의 가문의 명성을 잇게 된다면 피차간에 미치지 못하는 것보다는 낫지 않겠느냐? 예학은 진실로 좋으나 너의 문리가 아직 트이지 않았고 또 스승과 벗의 도움도 없으니 아마도 이해해서 알기가 어려울 것이니, 장차 배운 바의 통감과 사서 등의 책을 맹렬히 읽는 것만 못하고 문리가 이미 통달했다면 고서에 대하여 꿰뚫지 못함이 없을 것이다. 예컨대 한창려와 구문충공이

13 여츤의 일 : 원문의 '旅櫬之事'는 객지에서 죽은 사람의 棺을 집으로 옮기는 일을 말한다.

14 처가 : 원문의 '贅家'는 처가를 말한다.

15 둘째동생 : 원문의 '仲弟'는 李淳(1653~1731)을 말한다. 자는 興叔, 호는 懶軒이다. 1675년에 생원시에 입격하였다. 『朝鮮時代 生進試 榜目』 8책.

[春-3-2-右] 李沃의 간찰

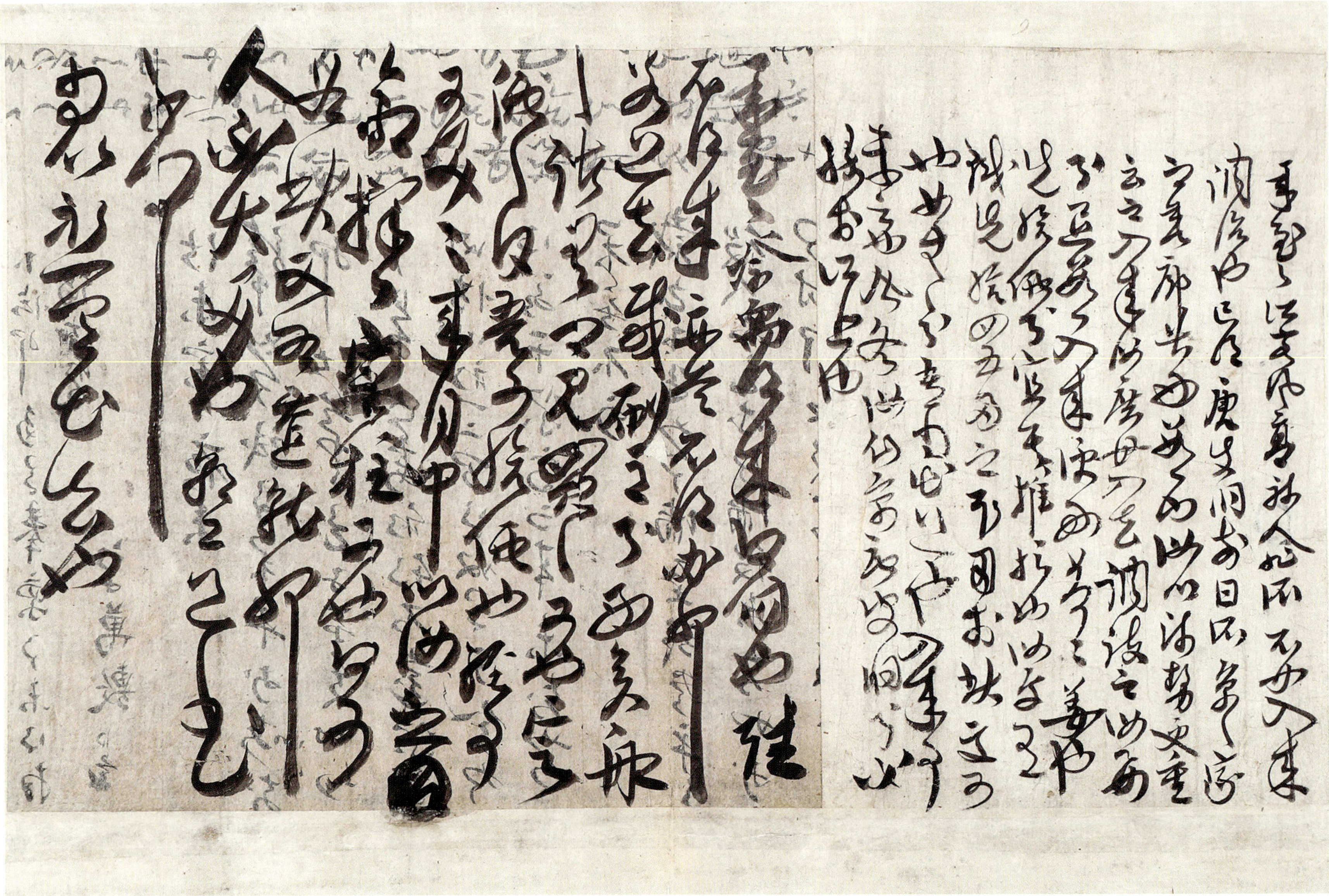

글을 통하여 도에 들어가는 것이 또한 이와 같을 뿐이다. 문리가 소통되지 못했는데도 먼저 예서를 일삼는다면 통하지 못하는 것이 많아서 도리어 사색만 수고롭게 할 뿐이고 또 공부에도 방해가 될 것이다.

큰아이가 이곳에 온 것은 진실로 정의 이치로 ↳온 것이지만, 강가의 객풍이 높아서 병든 사람이 들어와서 반드시 병을 조리할 수 있는 곳은 아니다. 이미 당피동에 지난날 우거하던 집을 얻었는데, 사랑채에서 고생스럽게 지내서 며칠 만에 너의 병세가 다시 심해졌다고 하고, 들어온 너의 서모가 들어가서 간호하고 있으니 너의 처는 며칠 있다가 들어오는 것이 더 좋을 듯한데, 어떠하냐?

강야가 먼저 돈을 지급했다면 의당 미루어 재촉해야 할 것이다. 너에게 돈이 있다면 먼저 사·오냥을 지급하고 이곳에서 취하여 쓰는 것이 좋겠다. 만약 돈이 없다면 내가 보내겠다. 들어올 일은 아직 미정이다. 올겨울 네가 그대로 당피동(唐皮洞)[16]에 우거한다면 필시 강가보다는 나을 것이다.

16 당피동(唐皮洞) : 중구 명동1가에 있던 마을로서, 조선시대에 이곳에 온갖 물감과 중국 과실을 파는 가게가 있었고, 이 가게에서 물건을 唐樺皮로 싸주었으므로 당피골·당핏골이라 하였고, 한자명으로 당피동이라 한 데서 마을 이름이 유래되었다.

[春-4-左] 李沃의 간찰

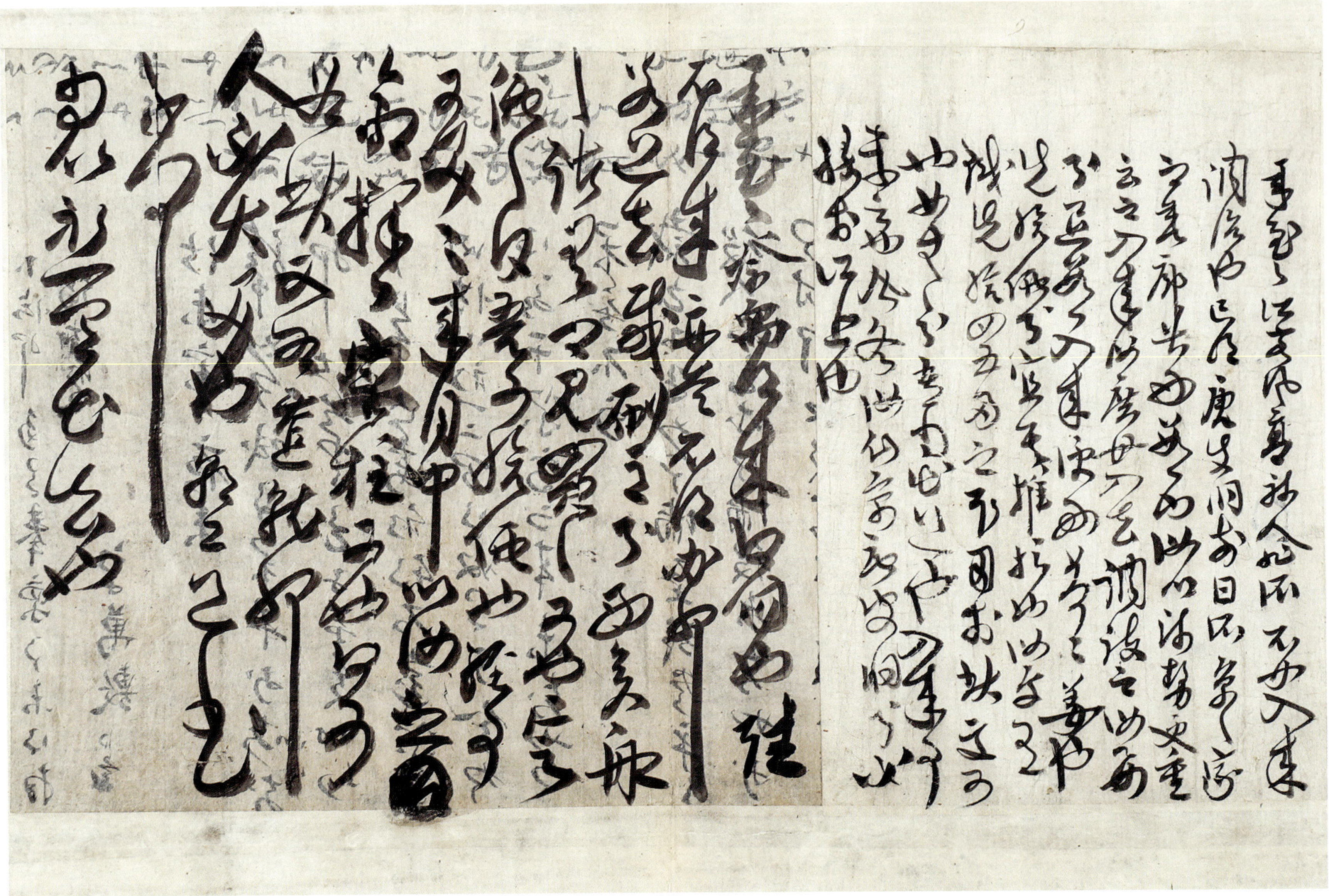

【釋文】承慰承慰. 祭需得來何傷也? 雖不得來, 亦曾不得辦耶? 若送去載刷馬, 則好矣. 船之諸具, 問見買之, 可也. 定價之後, 吾可給價也. 經事, 可笑可笑. 來月中, 以汝之因命, 擇日立柱可也. 何可爲此, 又爲遷就耶? 人必大父也. 朝已送書. 不具. 當以初一間出去也.

【國譯】편지를 받고서 위안이 되었다.

제수를 얻어오는 것을 어찌 상심하겠느냐? 비록 얻어오지 못한다하더라도 마련하지 않겠느냐? 만약 관용의 말에 실어서 떠나보낸다면 좋겠다. 배에 실을 제반 도구는 물어 보고 사는 것이 좋겠다. 값이 정해진 뒤에 내가 값을 지급할 것이다. 일을 처리하는 것이 우습구나. 다음 달 중에 네가 명을 받고 날짜를 잡아 기둥을 세우는 것이 좋겠다. 어떻게 이일을 하면서 또 시일만 끌겠느냐?[17] 사람은 대장부가 되기를 기필해야 한다. 아침에 이미 편지를 보냈다. 격식을 갖추지 않는다.

마땅히 초하루 날 사이에 나아갈 것이다.

17 시일만 끌겠느냐: 원문의 '遷就'는 시간을 끌며 지체하다는 의미이다. '遷延'이라고도 한다.

[春-5-右] 李沃의 간찰

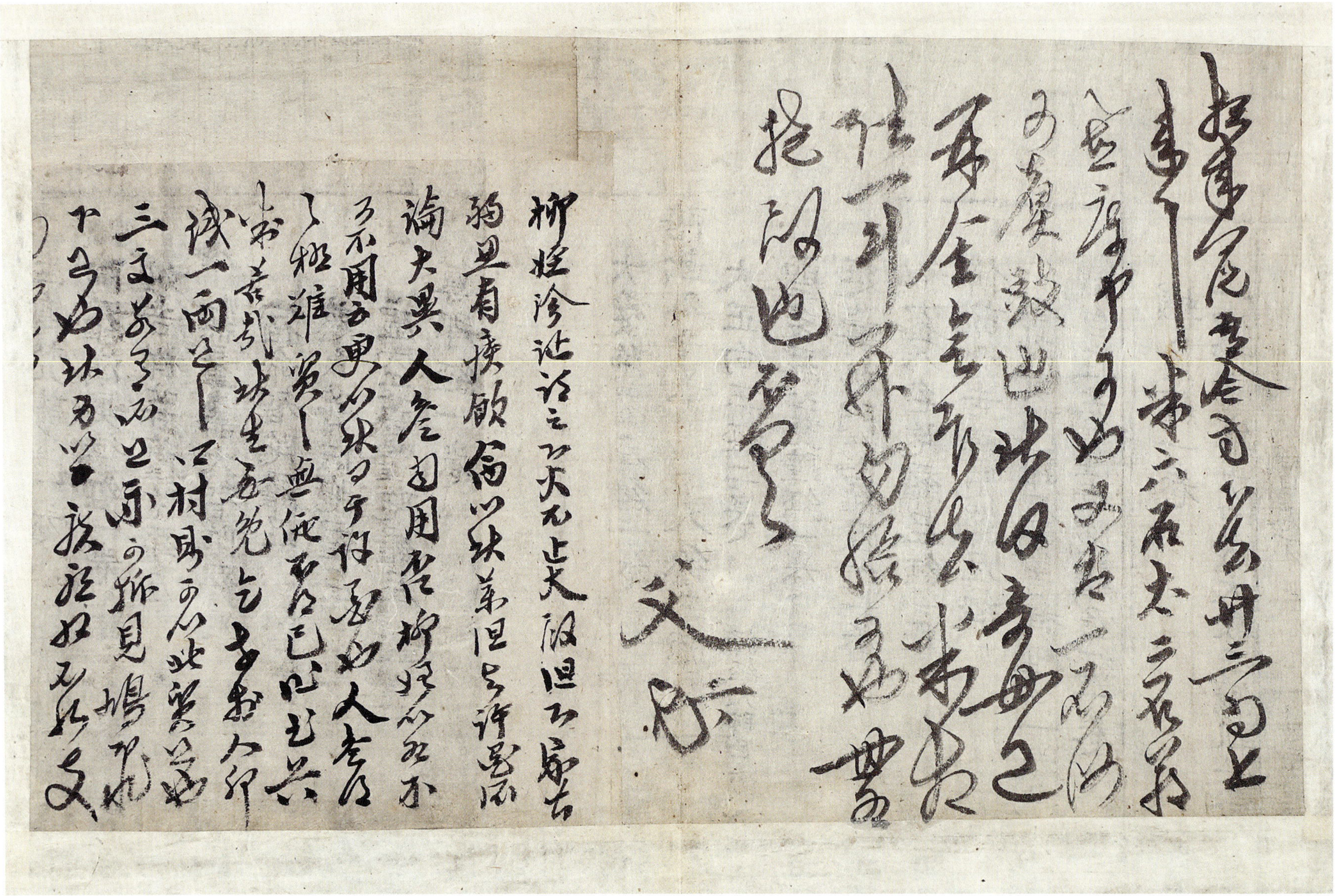

【釋文】 夜來問況. 吾今方下去, 卄三當上來耳. 米六石太二石, 藏置庫中可也. 又太一石, 汝可黃豉也. 此後, 奇母送開金, 欲取去米太, 雖一斗一升, 勿給可也. 毋爲撓致也. 不具. 父

【國譯】 밤사이에 근황을 묻는다.

나는 지금 내려갔다가 23일에 응당 올라올 것이다. 쌀 6섬과 콩 2섬을 창고에 보관하는 것이 좋겠다. 또 콩 한 섬으로 네가 메주[18]를 쓸 수 있을 것이다. 차후에 만기의 어미가 개금이를 보내서 쌀과 콩을 가지고 가려고 하니 비록 한말이나 한 되 일지라도 지급하지 않는 것이 좋겠다. 어지럽게 하지 말거라. 격식을 갖추지 않는다. 아버지

18 메주: 원문의 '黃豉'는 메주를 말한다.

[春-6-左] 李沃의 간찰

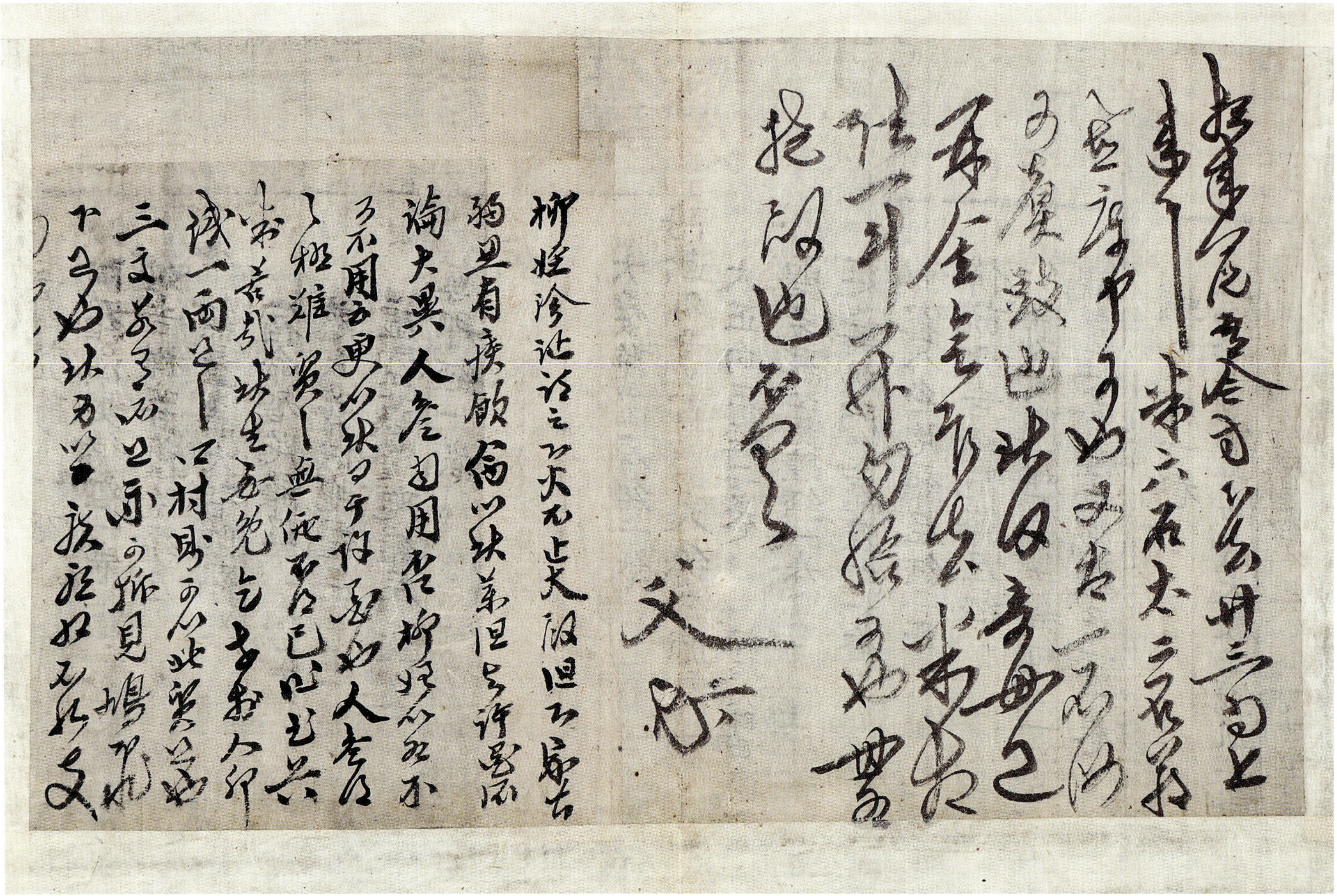

【釋文】柳姪診証謂之: “心火”, 不止大段. 但心家甚弱, 兼有痰飮, 命以此藥, 但與許醫所論大異, 人蔘當用否? 柳姪以爲不可不用云, 更以此問于許醫也. 人蔘得之極難, 貿之無價, 不得已作書兵判, 苦哉. 此生, 安免乞幸於人耶? 錢一兩送之, 鄕材, 則可以此貿送也. 三處若有所送, 亦可柝見, 鳩聚下送也. 此身以疾憂, 將不能支. ▣…▣

【國譯】유씨 조카의 증세를 진찰하니 “심장병”이라고 하니 증세가 대단치는 않다. 다만 심장이 너무 약한데다 아울러 가래마저 마시고 있어서 이 약을 복용하고 있다. 그러나 허의원이 논한 바와는 크게 다르니 인삼을 응당 써야 하느냐? 유씨 조카도 쓰지 않을 수 없다고 하니 다시 이를 허 의원에게 문의하여라. 인삼은 얻기가 지극히 어렵고 물건을 사도 값을 매길 수 없어서 부득이 병판에게 편지를 써야하니 괴롭구나. 내 삶이 어찌 남에게 빌어먹는 것을 면하겠느냐? 돈 1냥을 보내니 우리나라의 약재라면 이 돈으로 사서 보낼 수 있을 것이다. 세 곳에서 만약 보내는 바가 있다면 또한 열어 보고 한데 모아서 내려 보내라. 여기에 있는 나는 자식들의 병에 대한 근심으로 장차 버티지를 못할 것이다. ▣…▣

[春-7] 李浹의 간찰

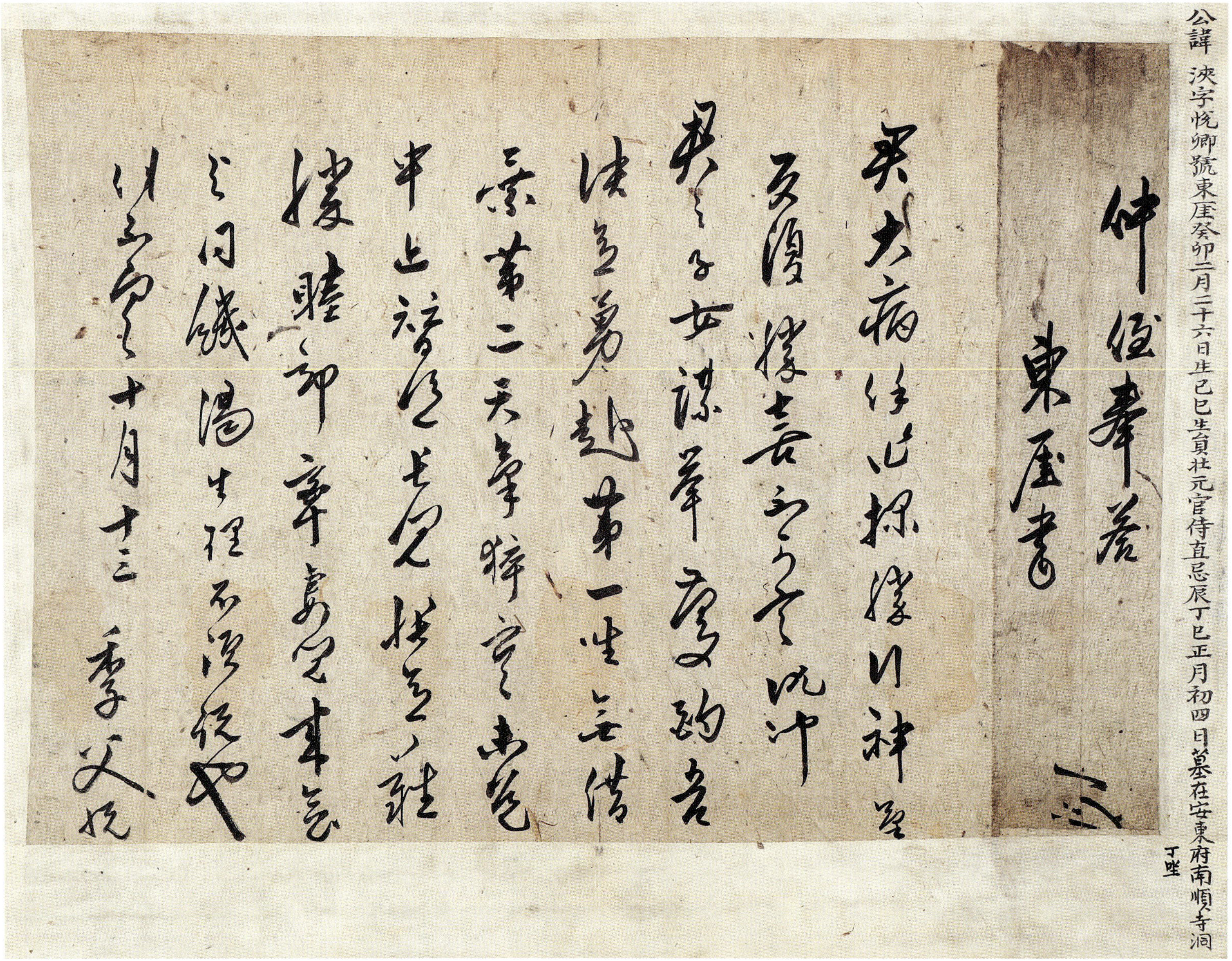

【釋文】仲姪奉答

東厓書

君大病餘，作探勝行，神量反復，勝喜不可言．況聞君之子女，謀擧慶，吾決意勇赴，第一，坐無借乘，第二，天氣猝寒，未免中止，替送長兒，悵意難勝．睦郎，率妻兒來會，與同饑渴，生理不須說也．餘不具．

十月 十三日 季父 悅

【國譯】둘째 조카에게 답장하다.

동애가 쓰다.

자네가 큰 병을 앓고 난 뒤로 승경지를 유람하며 정신이 그곳을 오갈 것이라 생각하니 기쁨을 이루 다 말할 수가 없다. 게다가 자네의 자녀가 혼인[19]을 치를 것을 도모한다는 소식에 내가 용감히 나가기로 마음을 먹었는데, 첫째는 탈 것을 빌릴 데가 없었고 두 번째는 날씨가 갑자기 추워져 중지하게 되어서 큰아이를 대신해서 보내니 슬픈 마음을 이기기가 어렵다. 목(睦)군이 처자를 데리고 와서 함께 주리며 지내고 있으니, 살아가는 이치를 굳이 말할 필요가 없다. 나머지는 이정도로만 하고 격식을 갖추지 않는다.

10월 13일 작은 아버지 열

19 혼인 : 원문의 '慶爵'은 경사스러운 잔으로 혼인을 말한다.

[春-8] 李浹의 간찰

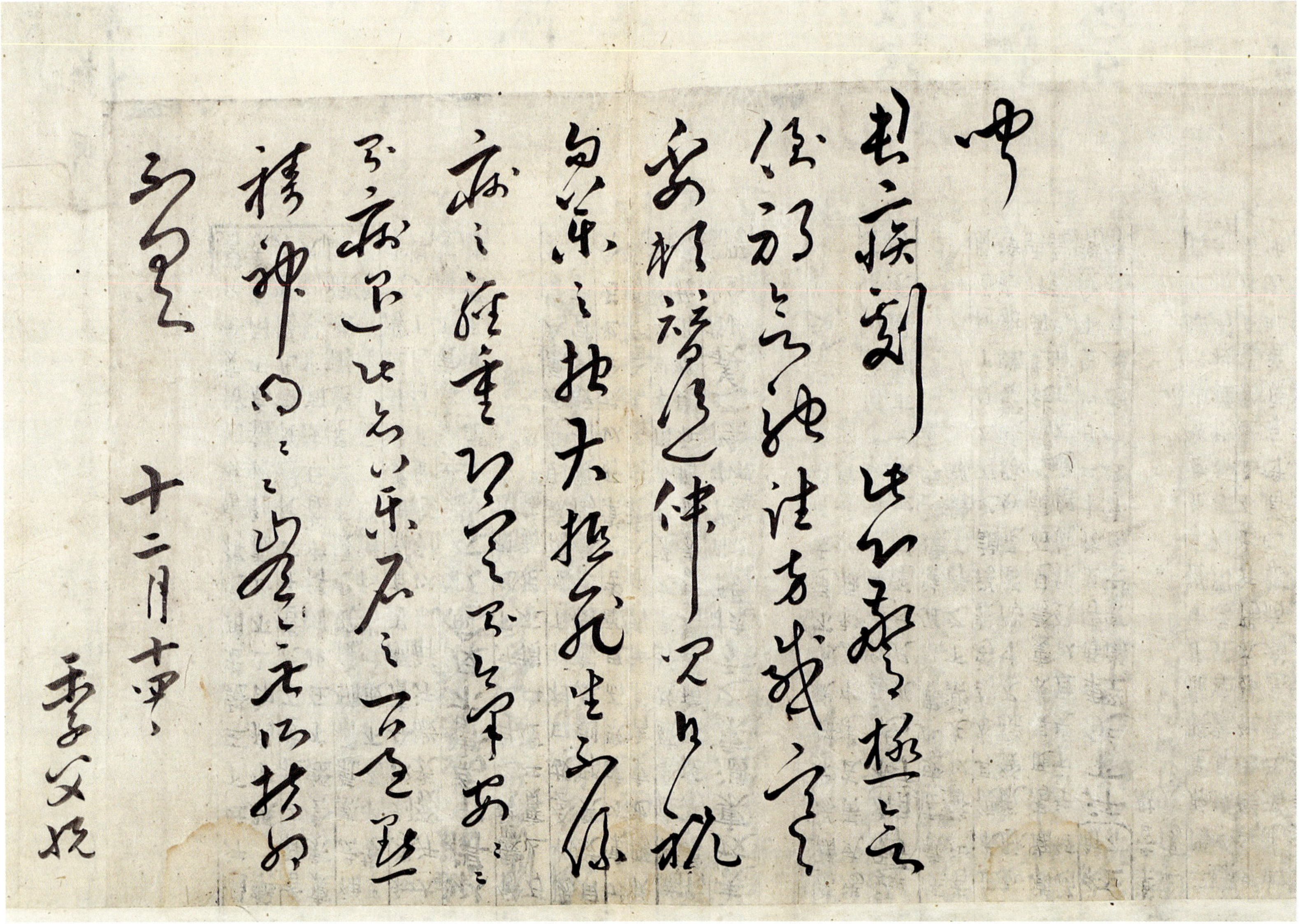

【釋文】聞君疾劇, 此心驚極欲倒, 躬欲馳往, 方感寒委頓, 替送仲兒. 日祝勿藥之報. 大抵死生, 不係病之輕重, 心定則氣安, 氣安則病退. 此亦藥石之一道, 默禱神明, 神明, 豈無所扶耶? 不具.
十二月 十四日 季父 悅

【國譯】자네가 병이 심하다고 하니 내 마음이 너무 놀라 쓰러질 것 같았는데, 몸소 달려가고 싶었지만 감기로 자리를 보존하고 있어서 둘째 아이를 대신해서 보낸다. 날마다 병이 나았다는 소식이 있기를 바란다. 대저 죽고 사는 것은 병의 경중에 달려있지 않으니 마음이 안정이 되면 기운이 편안할 것이고 기운이 편안하면 병이 물러갈 것이다. 이 또한 약이 되는 한 가지 방법이니 묵묵히 신명에게 기도한다면 어찌 돕지 않겠는가? 격식을 갖추지 않는다.
12월 14일 작은 아버지 열

[春-9] 李浹의 간찰

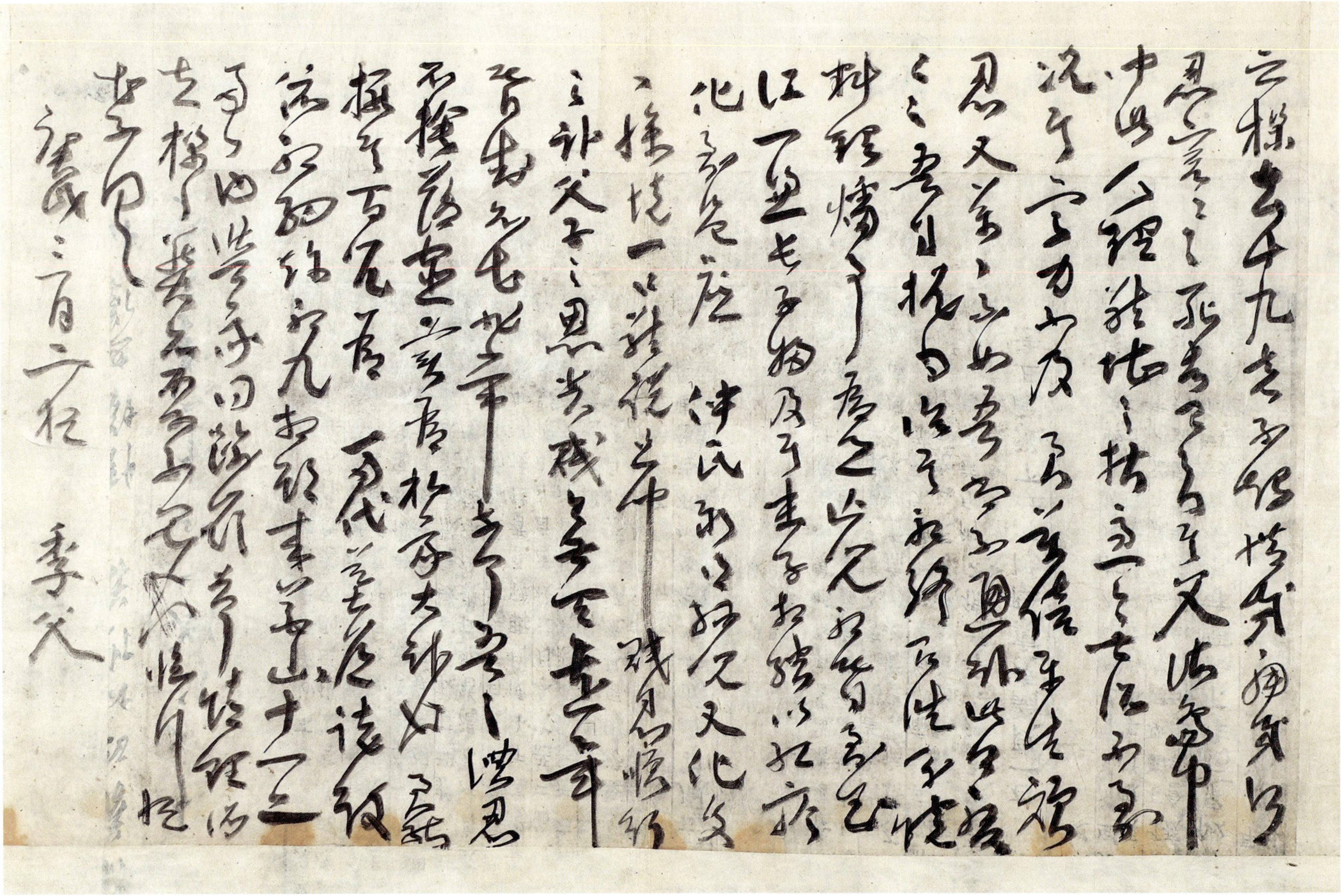

【釋文】之樸，去十九，竟不起．惜哉痛哉，何忍言何忍言？死者已矣．其父，海島中，聞此，人理難堪之報．慮無所不到，況其定力不及君萬倍？平生頑忍，又萬萬不如吾，尙不通訃，此何變何變？吾自挽，當治其初終，卽往分院，料理燔事，爲送亡兒，初昏到巴江，一兼長子婦及其末子，相繼以紅疹化，到邑底，仲氏，初得孫兒又化，處處慘境，一口難說．且聞賤息順行之訃，父子之恩，貴賤無間，連連耳．朞制亦甚非常奈何？吾之濊，忍不捨，落宦，實爲私家大計也．君能擺其百冗，爲兩代墓道誌役，依初約，趁初九，相期來華山，十一二兩日內，與我同踰嶺，如何？情理所在，樸之葬，亦不可不見也．臨行忙甚．不具．
庚戌 三月 二夜 季父

【國譯】지박(之樸)[20]이가 지난 19일 날 끝내 죽고 말았다. 애석하고 애통함을 어찌 차마 말하겠느냐? 죽은 자는 끝이로구나.

그 아버지가 섬에서[21] 이 소식을 듣는다면 사람의 정리 상 견디기 힘든 소식일 것이다. 염려가 이르지 않음이 없는데, 게다가 힘이 그에게 미치지 못하는 것이 만 배나 됨에 있어서 이겠느냐? 평생 동안 완악하고 잔인한 것이 또 매우 나와 같은 사람이 없었는데 오히려 부고마저 전달되지 아니하니 이 무슨 변괴란 말이냐? 내가 만사를 하고부터 응당 그의 초상과 종상을 다스리고 곧바로 분원(分院)[22]으로 가서 지석(砥石)을 굽고 죽은 아이를 보내기 위해 초저녁에 파강에 도착을 하였다.

한결같이 아울러 큰 며느리와 그의 막내아들이 서로 이어서 홍진을 겪다가 죽었는데, 고을에 도착해보니 중씨가 처음 얻은 손자 아이가 또 죽고 말았으니 곳곳마다 처참한 광경을 한입으로 말하기 어렵다. 게다가 자식들의 장례를 잘 치렀다는 부고를 들었다니 아비와 자식의 은혜가 귀천이라고 차이가 없이 서로 지속이 될 것이다. 기년복의 제도는 또한 매우 범상치 아니하니 어찌하겠느냐? 나에게 잘못 내려진 벼슬은 차마 버려두지는 못하지만 벼슬에서 물러나는 것은 실로 사가를 위한 큰 계책이다.

네가 온갖 바쁜 일들을 다 물리쳐두고 양대를 위한 묘도와 지석에 관한 일들은 처음 약속대로 초구일에 맞추어서 서로 기약해서 화산으로 와서 11일이나 12일 양일 안으로 나와 함께 새재를 넘어가는 것이 어떠하냐? 정리 상 지박이의 초상에도 또한 가보지 않을 수가 없다. 행차에 임하여 매우 바빠서 격식을 갖추지 않는다.

경술년 3월 2일 밤 작은 아버지

20 지박(之樸) : 李之樸(1708~1730)을 말한다. 호는 淳天이다. 李萬維의 아들이며, 이만부의 조카이고 발신자 이협의 從孫이다.

21 섬에서 : 원문의 '海島中'은 제주도를 가리킨다. 숙종 때 있었던 己巳換局을 두둔하다가 격노한 영조에 의해 제주도에 유배되었는데, 1732년 감형되어 出陸이 허용되었을 뿐 이만유의 석방을 요청한 상소는 영조로부터 거부되었다. "李萬維의 무리와 같은 경우는 내가 용서할 수 없어 지난번에 이미 처분하였다.[如李萬維輩, 予不饒貸, 頃已處分矣.]" 『朝鮮王朝實錄』, 卷35, 英祖 9년, 7월 24일.

22 분원(分院) : 사옹원에서 쓰는 사기그릇을 만들던 곳으로 廣州에 설치하였다.

[春-10] 李浹의 간찰

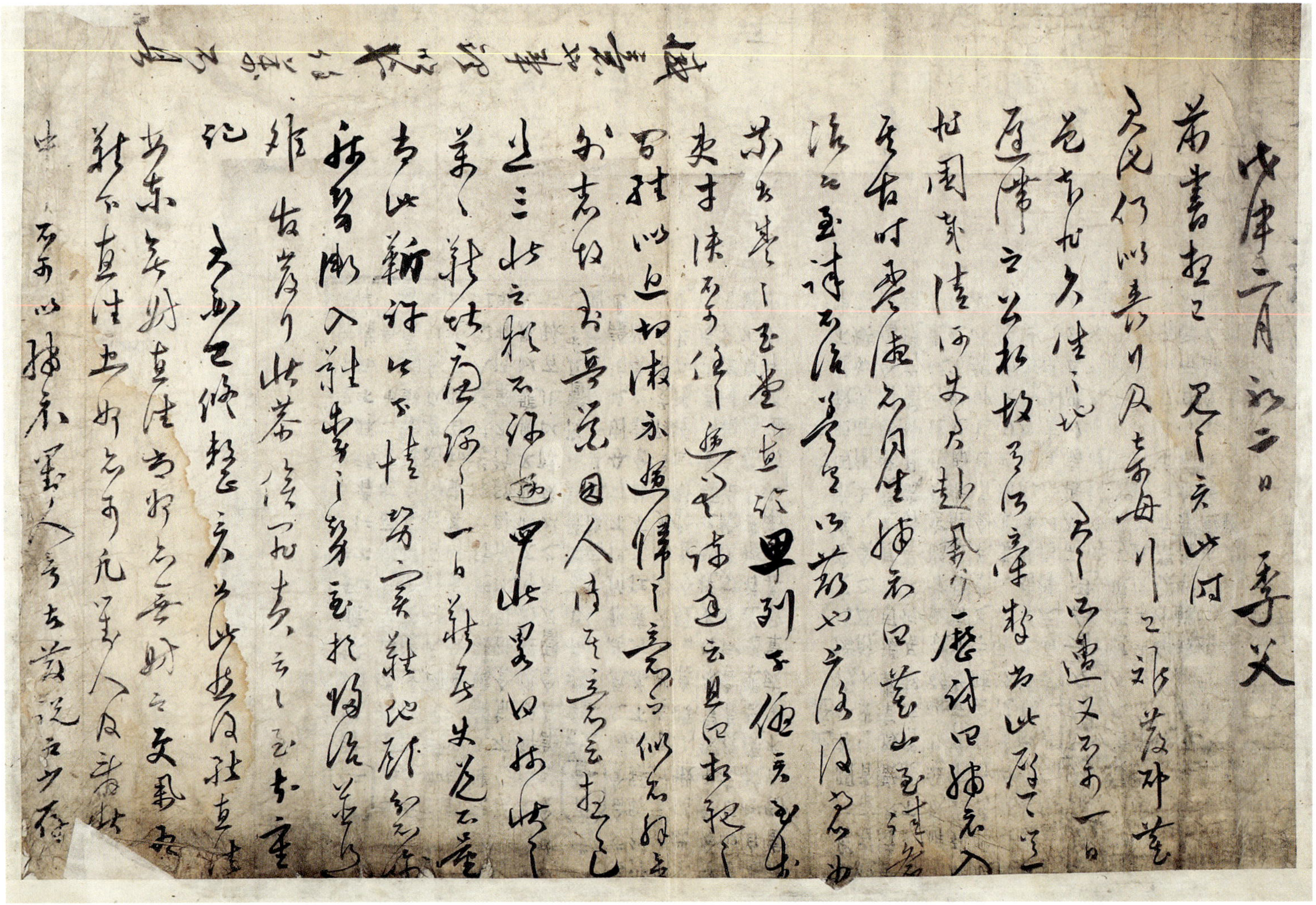

【釋文】前書, 想已見之矣. 此間君況何似? 喪行及奇母行, 已離發耶? 清河使君, 赴擧行歷訪曰: “繡衣入其官時, 盈德亦同坐繡衣曰: ‘蔚山, 至誠圖治, 而至誠不治, 益有所蔽也. 上洛後, 當以爲某者, 盛之玉堂, 置論思列, 則優矣, 至於吏, 才決不可任之遞差, 陳達’”云. 且曰: “相親之間, 雖似迫切, 微示遞歸之意, 而似不解意外志, 故到兵營, 因人傳其意”云. 想已送三狀, 而猶不許遞. 四狀署曰: “病狀之萬萬難堪, 廉隅之一日難居”, 使道不量, 尙此斬許. “今則情勢實難他顧分不喩, 病勢, 漸入難動之勢, 急於歸

治, 幷送離官發行狀, 恭俟罪責"云云. 至於重記, 君必已修整矣. 如此然後, 雖直往安東, 無妨, 直往尙州, 亦無妨, 而更擧爲難, 則直往忠州, 亦可. 凡對人及看狀中, 不可以繡衣對人言者, 發說, 而少存憾意也, 事理明也. 餘萬不具. 戊申 二月 初二日 季父

【國譯】 지난번 편지는 이미 보았을 것이라 생각한다. 요즈음 자네의 근황은 어떠하냐? 초상의 행차와 만기(萬奇)어미의 행차는 이미 떠났느냐? 울산 읍은 본래 오래 머물 자리가 아니다.[23] 네가 만난 바의 상황은 또 하루도 지체할 수 없지만 공사의 연고 때문에 일에 장애되는 바가 있어서 아직도 지체하고 있으니 어찌 곤란하지 않겠느냐? 청하현(淸河縣)[24]의 사또가 과거시험장에 가다가 들려서 말하기를, "암행어사[박문수]가 그 고을에 들어갈 때에 영덕의 현감이 또한 어사와 함께 앉아 말하기를, '울산은 지극한 정성으로 다스리기를 도모해야 되는데, 지극한 정성으로 다스리지 않으니 더욱 폐단이 되는 바가 있을 것입니다. 서울로 올라간 뒤에는 마땅히 아무개를 홍문관에 제수하여 논사(論思)[25]의 반열에 두는 것도 충분할 것이나 아전에 이르러서는 비로소 맡은 직임을 다른 사람으로 바꾸는 것은 불가하다고 결정을 하여 말씀드렸습니다.'"라고 하였다. (청하현의 사또가) 또 말하기를, "서로 친한 사이로 매우 절박하게, 체직되어 돌아가게 된다는 뜻을 은미하게 드러내 보이기는 했지만 뜻밖의 의지를 이해하지 못하는 듯하였기 때문에 병영에 도착해서 사람을 통해 그 뜻을 전하였습니다."라고 하였다. 이미 3번이나 장계를 보냈지만 아직도 체직을 허락받지 못하였을 것이라 생각을 한다.

4번째 장계에는 대략, "병든 상황을 매우 견디기 어려워서 염치 상 하루도 머무르기가 어렵다."고 말을 하였는데, 수의사또께서 나의 이러한 상황을 헤아리지 않으시고 오히려 이렇게 허락을 아끼고 있구나. "지금의 정세는 다른 것을 돌아보기가 실로 어려울 뿐만 아니라[26] 병세가 점점 거동하기 어려운 형세로 접어들어 돌아가 병구완에 급하고 아울러 벼슬을 떠나고 길을 나선다는 장계를 보내고서 공손히 죄를 기다리겠다."라고 말하였다. 인수인계 하는 문서[27]는 네가 반드시 이미 잘 정리하였을 것이다. 이와 같이 한 뒤에 비록 곧바로 안동으로 가는 것도 무방하고 곧바로 상주로 가는 것도 무방하지만 다시 행하기 어렵다면 곧바로 충주로 가는 것도 괜찮다.

무릇 사람을 대하거나 장계를 보는 중에는 암행어사로서 남에 대해서 말하는 것이 불가하나 발설하게 된다면 조금이나마 마음속에 서운한 감정이 남게 될 것이니 이것은 사리상 분명한 것이다. 나머지 할 말은 많지만 격식을 갖추지 않는다. 무신년 2월 2일 작은 아버지

23 울산 읍은……아니다 : 당시 이만유는 蔚山府使로 재직 중에 어사 朴文秀의 탄핵을 받아 파직되었다가 이듬해 사헌부집의에 제수된 일이 있었다. "울산부사 이만유는 혼미하여 일을 보살피지 못해 아전들이 그것을 빌미로 간사함을 부리니, 청컨대, 아울러 파직하소서.[蔚山府使李萬維, 昏不省事, 吏緣爲奸, 請幷罷職.]" 『朝鮮王朝實錄』, 卷16, 英祖 4년, 3월 11일.

24 청하현(淸河縣) : 지금의 경북 영일을 말한다.

25 논사(論思) : 학문이나 사물에 대한 견해나 사상 등에 관하여 논변하는 것으로, 논사의 직임은 흔히 홍문관 관원을 말한다.

26 뿐만 아니라 : 원문의 '分不喩'는 이두이다. '뿐만 아니라' 등의 의미이다.

27 인수인계 하는 문서 : 원문의 '重記'는 사무를 인수인계할 때 넘겨주는 문서를 말한다.

[春-11] 李鳳徵의 간찰

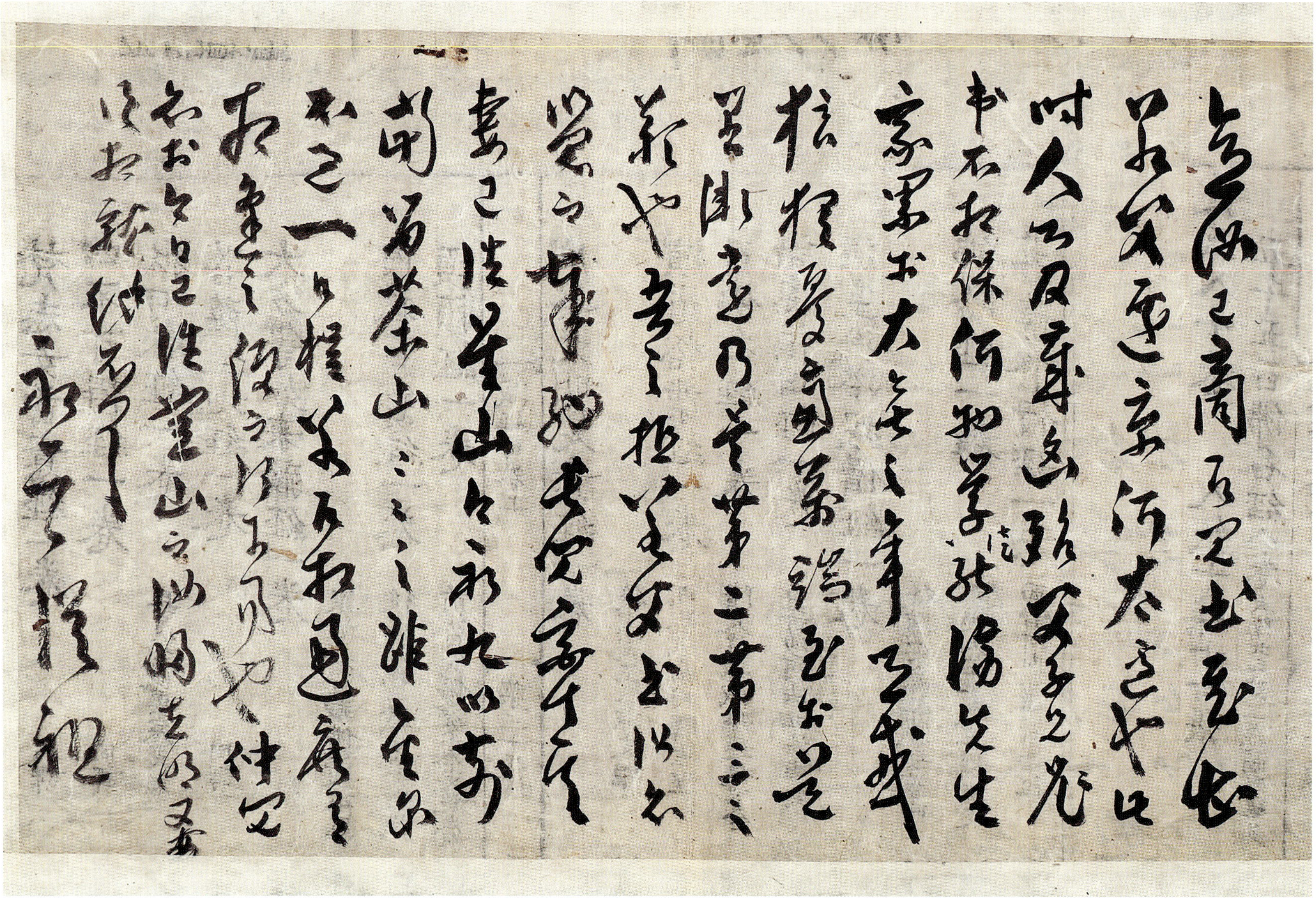

【釋文】意汝已商. 卽見書慰甚. 若父還京, 何太遽也? 此時, 人心及歲凶, 殆父子兄弟, 不相保, 何物學徒, 能濟先生? 家累於大無之年, 事或狼狽, 憂慮萬端, 至於道理漸遠, 乃是第二第三之歎也. 吾之抵若父書, 汝亦覽而奉納. 長兒率其妻, 已往星山, 今初九以前, 當留茶山, 茶山之距金泉, 不過一日程, 若卽相通, 庶有相逢之便, 而何可易也? 仲父亦於今日, 已往豐山, 而汝歸在明, 又安得相就? 餘不具.

初二日 從祖

【國譯】네가 이미 알았을 것이라 생각한다. 곧바로 너의 편지를 보고 매우 위안이 되었다. 너의 아비[28]가 서울로 돌아가는 것은 어찌 그리 지나치게 급하냐? 이러한 때의 인심이 흉년에 미쳐서 자못 부자 형제간에도 서로 돕지 못하는데, 어떤 학도가 능히 선생을 구제할 수 있겠느냐? 집안이 흉년에 걸려서 일이 혹 낭패가 되고 우려가 만 가지 단서로 일어나서 도리가 점점 멀어지는데 이르렀으니 이것은 바로 제2, 제3의 탄식이다.

내가 너의 아비의 편지를 받았는데, 너 또한 받아보았을 것이다. 큰아이는 제 처를 데리고 이미 성산으로 갔고 이달 9일 전에는 응당 다산에 머물 것이나 다산과 금천의 거리가 불과 하룻길이니 만약 곧바로 서로 소식을 주고받는 다면 서로 만나볼 방편이 있겠지만, 어찌 쉬운 일이겠느냐?

작은아비는 또한 오늘 이미 풍산(豐山)[29]으로 갔고 너는 내일에야 돌아올 것이니 또 어찌 서로 만날 수 있겠느냐? 격식을 갖추지 않는다.

2일 종조

28 너의 아비 : 원문의 '若父'는 이만부의 아버지 李沃을 말한다. 이옥의 자는 '文若'이다.

29 풍산(豐山) : 안동의 옛 이름이다.

[春-12] 李浹의 간찰

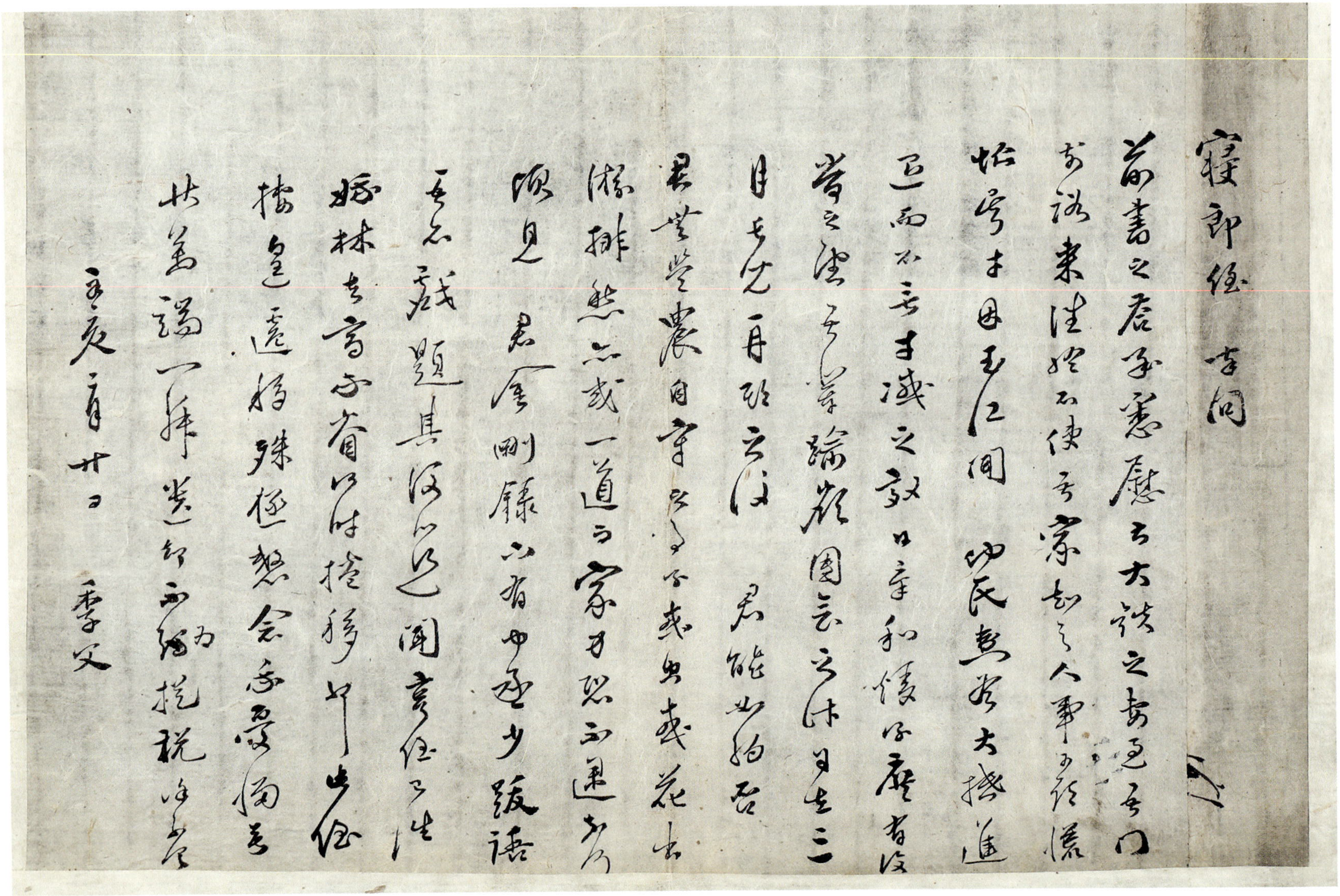

【釋文】寢郎姪 奉問

前書之答，承悉慰甚．大鐵之妻，過吾門前路來往，終不使吾家知之人事，可謂慌忙矣．才因玉江，聞仲氏患候，大抵進退，而不無寸減之效．日氣和煖，則庶有復常之望，吾輩踰嶺，團會之計，自在三月，長兒再期之後，君能如約否？君無監農自守之事，則或虫或花，出游排愁，亦或一道，而家力，恐不逮，奈何？頃見君「金剛錄」下有仲丞少跋語，吾亦戲題其後以送．聞亨姪已往娥林者，高家眷，何時捲移耶？此姪，棲遑遽移，殊極懸念．我憂惱無狀，萬端一並遺却，不爲提說．餘不具．

辛亥 二月 廿日 季父

【國譯】참봉조카[30]에게 문안하다

지난 편지의 답장은 받고서 사연을 다 알게 되어 매우 위안이 되었다. 대철의 처가 우리 집 문 앞길을 왕래하면서도 끝내 우리 집으로 하여금 인사를 알지 못하게 하였으니 황망하다 할 만하네. 비로소 옥강을 통하여 중씨의 환후가 대체로 병의 증세가 조금이나마 덜한 효과가 있다는 소식을 들었다. 날씨가 화창하고 따듯해지면 거의 평상을 회복하는 가망이 있을 것이나 우리들이 새재를 넘어 단란한 모임을 가질 계획은 절로 3월에나 있을 것이다. 큰 아이의 두 번째 기일을 지낸 뒤라면 너는 능히 약속대로 하겠느냐?

네가 농사를 감독하거나 스스로 지키는 일이 없다면, 혹 벌이 날고 혹 꽃이 필 때에 나가서 노는 것도 근심을 없애는 한 가지 방법일 것이나 집안의 형편이 아마도 미치지 못할 것이니 어찌하겠느냐?

지난번 너의 「금강록」 아래에 중승(仲丞)[31]의 짧은 발문이 있는 것을 보고서 나도 발문 뒤에 장난삼아 글을 지어 보낸다. 조카 형(亨)이 이미 아림(娥林)[32]으로 떠났다고 들었는데, 고씨 식구들은 언제 이사를 하느냐? 이곳의 조카는 서둘러 옮겼으니 매우 걱정이 된다. 나의 근심과 괴로움은 말로 할 수가 없으니 만 가지 단서들은 모두 남겨두고 제설하지 않는다. 이만 줄인다.

신해년 2월 20일 작은 아버지

30 참봉조카 : 원문의 '寢郎'은 조선시대, 종묘, 능침, 원의 영과 참봉 등을 통틀어 이르는 말이다. 1729년에 조카 李萬敷가 長陵參奉에 제수되었으나 벼슬에 나아가지 않았다. 이 때문에 참봉 조카라 칭하였다. "장릉참봉에 제수되었으나 선생은 세신의 집안으로서 은명에 사례하지 않는 것은 의리에 맞지 않다고하여 한번 숙배하고 돌아왔다.[除長陵寢郎, 先生以世臣之家, 義不合不謝恩命, 一肅而歸.]" 李萬敷, 『息山集』 附錄-上, 「行狀[李瀷]」, 179.

31 등승(仲丞) : 생몰년 및 인물에 대한 기록은 未詳.

32 아림(娥林) : 경상남도 거창군의 옛 별호이다.

[春-13] 李浹의 간찰

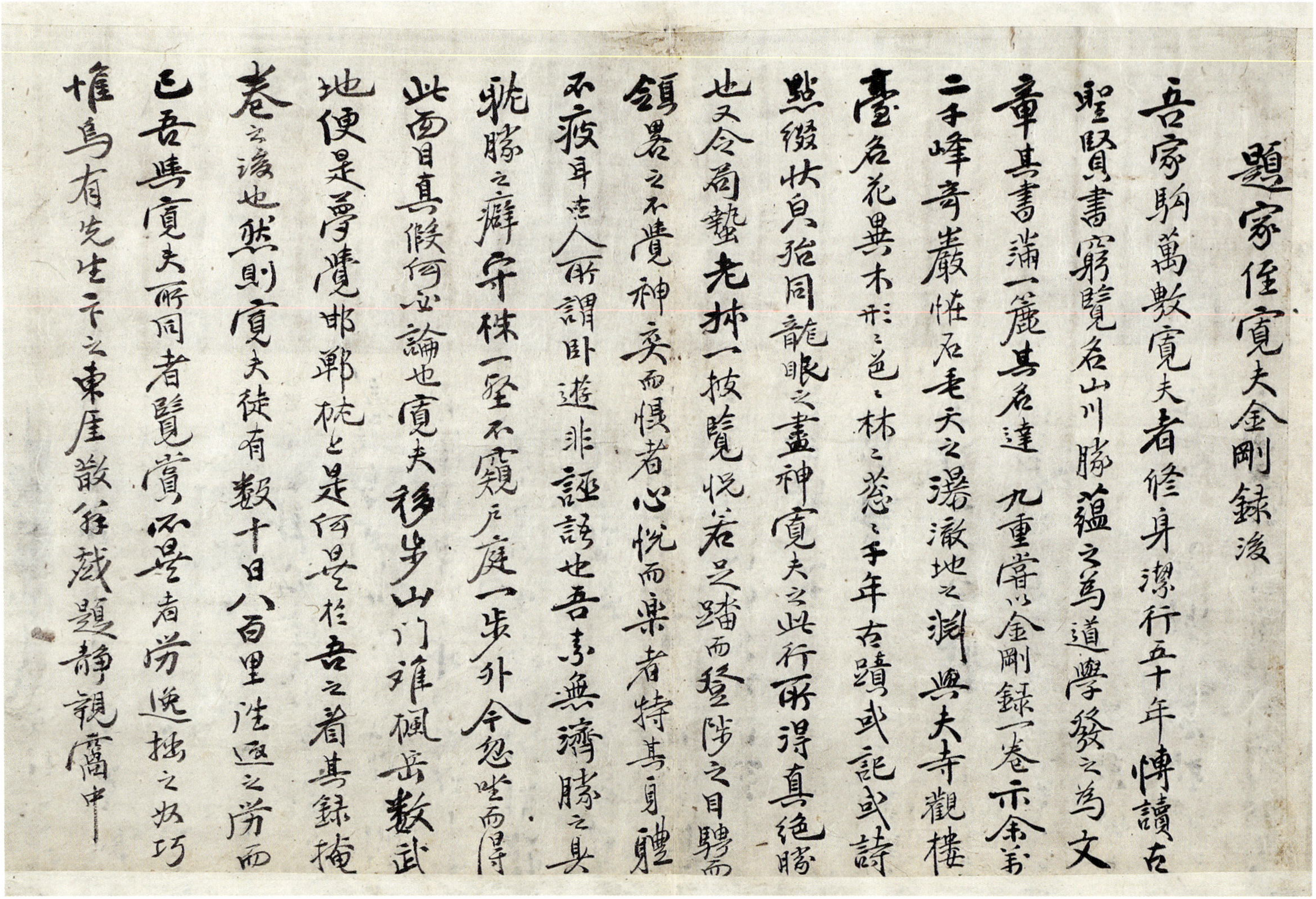

【釋文】 題家姪寬夫金剛錄後

吾家駒萬敷寬夫者, 修身潔行五十年. 博讀古聖賢書, 窮覽名山川勝, 蘊之爲道學, 發之爲文章. 其書滿一簏, 其名達九重. 嘗以「金剛錄」一卷示余, 萬二千峰奇巖怪石, 垂天之瀑, 澈地之淵, 興夫寺觀樓臺, 名花異木, 形形色色, 林林蔥蔥, 千年古蹟, 或記或詩, 點綴狀皃, 殆同龍眠之畵神. 寬夫之此行, 所得眞絶勝也. 又令局蟄老叔, 一披覽, 怳若足踏而登陟之, 目騁而領畧之, 不覺神爽而慴者, 心悅而樂者, 特其身體不疲耳. 古人所謂: "臥遊"非誣語也. 吾素無濟勝之具, 耽勝之癖, 守株一壑, 不窺戶庭一步外. 今忽坐而得此, 面目眞假, 何必論也? 寬夫移步山門, 觀楓岳數武地, 便是夢覺邯鄲枕上, 是何異於吾之看其錄掩券之後也? 然則寬夫, 徒有數十日, 八百里, 往返之勞而已. 吾與寬夫所同者覽賞, 所異者勞逸. 拙之奴巧, 惟烏有先生卞之.
東厓散翁 戱題靜觀窩中

【國譯】 집안 조카 관부의 「금강록」 뒤에 기록하다. 우리 집안의 천리마[33] 관부[만부의 자]는 심신을 수양하고 행실을 깨끗이 한 지 50년이 되었다. 옛 성현들의 책을 두루 읽고 명승산천을 다 유람하였으며, 온축하면 도학이 되었고 발현하면 문장이 되었다. 그가 쓴 글은 한 상자에 가득하였고 그의 명성은 임금에게까지 전해졌다. 일찍이 「금강록」 한권을 나에게 보여주었는데, 일만 이천 봉의 기암괴석과 하늘에서 드리운 폭포, 땅바닥까지 투명한 연못, 사찰과 누대, 이름난 화초와 기이한 초목들의 형형색색의 모양, 무성한 숲의 형태, 천년의 고적을 혹은 기문으로 표현하기도 하고 시로 읊기도 하여 형세와 모양을 하나하나 그려낸 것이 거의 용면(龍眠)[34]이 전신(傳神)[35]한 것과 흡사하였다. 관부는 이번 여행[36]에서 참으로 절경을 얻어 또 움츠려 칩거하는 늙은 숙부로 하여금 한번 펼쳐서 열람하게 하였는데, 마치 직접 발로 밟고 올라선 것과 같고 눈으로 치달리고 요령 있게 살피는 것 같아서, 나도 모르게 정신이 상쾌하면서 두려워지고 마음이 기쁘면서도 즐거워졌으나 그 몸이 피곤하지 않을 따름이었다. 옛사람이 말했던 '와유(臥遊)'[37]가 헛된 것이 아니었다. 나는 평소에 명승지를 유람할 도구와 명승을 탐하는 집착이 없어서, 한쪽 골짜기를 고집스럽게 지키면서 집 밖으로는 한걸음도 엿보지 않았다. 지금 홀연히 앉아서 이러한 경관을 얻었으니 눈에 보이는 진짜와 가짜를 어찌 굳이 논하겠는가? 관부가 산문(山門)에서 걸음을 옮겨 풍악(楓岳)의 몇 리 지역을 유람하니 이것이 바로 한단의 침상에서 꿈을 깬 것과 같으니 어찌 내가 그 기록을 보고 책을 덮는 것과 다르겠는가? 그렇다면 관부는 다만 수십 일 동안 팔 백리를 왕복하는 수고가 있었을 뿐이다. 나와 관부가 똑같은 것은 보고 감상하는 것이고, 다른 점은 수고로움과 편안함이다. 교자(巧者)가 졸자(拙者)의 종이 된다는 것은 오직 오유(烏有)[38]선생만이 판별할 것이다.
동애산옹은 장난삼아 정관와(靜觀窩)에서 발문을 짓다.

33 천리마 : 원문의 '千里駒'는 뛰어나게 잘난 자손을 일컫는 말이다.

34 용면(龍眠) : 중국 북송의 문인·화가인 李公麟(?~1106)을 말한다. 자는 伯時. 호는 龍眠山人이다.

35 전신(傳神) : 그림 속에 표현된 살아 있는 정신을 말한다. 晉나라의 화가 顧愷之가 초상화를 그리면서 몇 년 동안 눈동자를 찍지 않았는데, 그 이유에 대해 설명한데서 나온 말이다. "정신을 불어넣어 진실하게 묘사하는 것은 바로 눈동자에 있기 때문이다.[傳神寫照, 正在阿堵中.]" 『晉書』 卷92, 「顧愷之列傳」.

36 이번 여행 : 이만부가 금강산을 유람했던 시기는 1723년 8월의 일로 그의 나이 60세 때의 일이다. "계묘년, 8월에 상주를 떠나서 창랑의 창랑노인을 방문하여 함께 봉래에 들어가기로 하였다.[昭陽單閼桂月, 發商山, 訪滄老於滄浪, 同入蓬萊.]" 李萬敷, 『息山集』 別集-三 地行錄-六, 「關東」. 179.

37 와유(臥遊) : 누워서 유람하다는 뜻으로 집에서 명승고적을 그린 그림을 보며 즐김을 이르는 말이다.

38 오유(烏有) : 존재하지 않음을 이르는 말이다. 漢나라 司馬相如가 『子虛賦』에서 자허·오유선생·무무시공이라는 가상의 세 인물을 설정하여 문답을 전개했는데, 자허는 '빈말'이라는 뜻이고, 오유선생은 '무엇이 있느냐'는 뜻이고, 무시공은 '이 사람이 없다'는 뜻으로 실제로는 있지 않은 허구의 일이나 사람을 비유하는 말이다.

[春-14] 李渟의 간찰

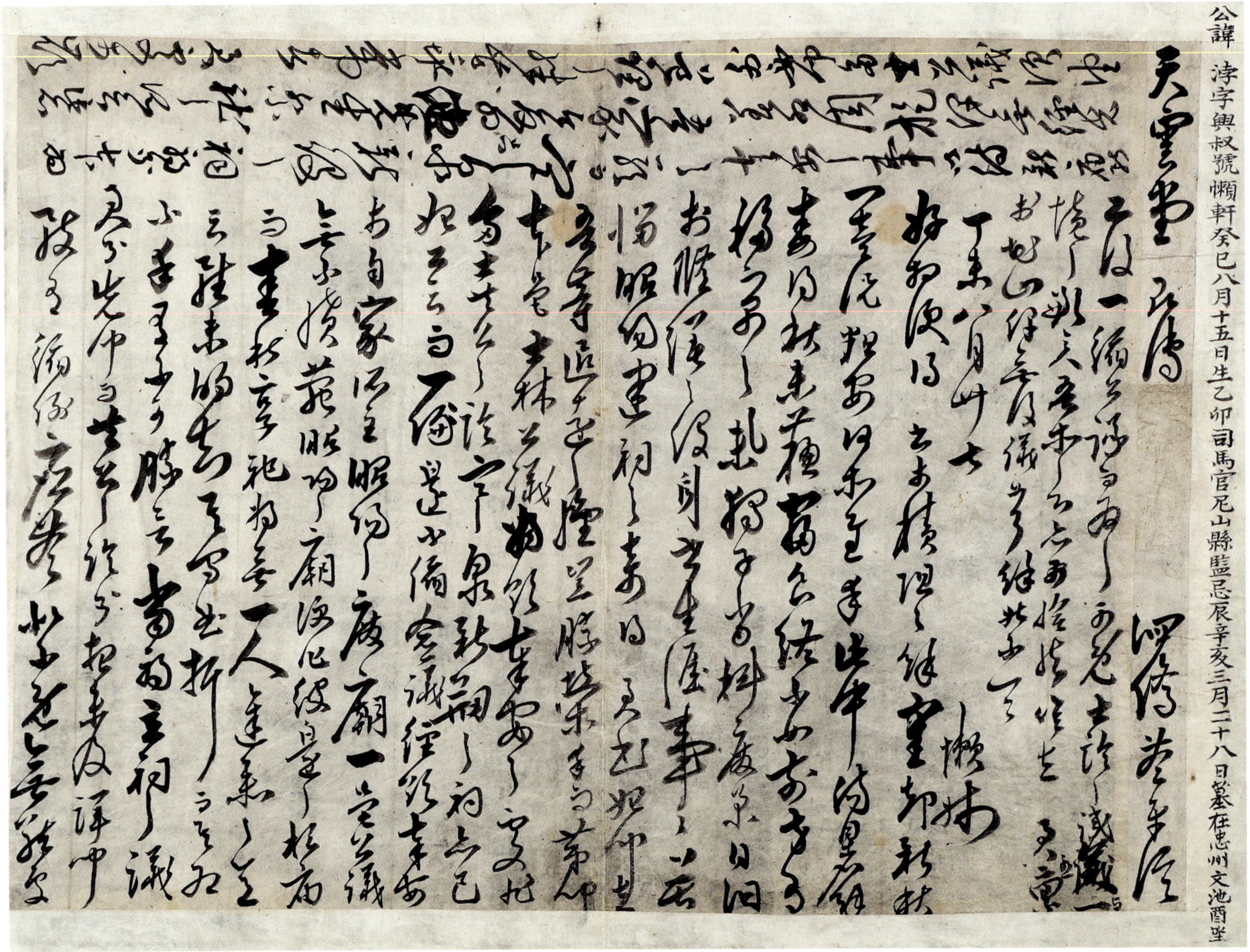

【釋文】 天雲堂 卽傳

泗僑 答平信

好相便，得書於積阻之餘，審却新秋，閤況粗安，何等慰幸．此中，傷暑餘毒，得秋未蘇，寢食，終不如前．方有移寓之擧，獨子當科廢業，日汨於修濶之役，身世生涯，事事苦惱．召陽建祠之奇，得君書始聞．在吾等追遠之懷，豈勝榮幸？而第聞本邑士林公議，將欲奉安之處，非多士共公之論，寒泉新創之祠，亦已始工云．而一邊不備僉議，經欲奉安於自家所主，召陽之廢廟 一邑公議，無不憤菀．昭陽之廟，便作彼邊之私廟，而春秋享祀，將無一人，進參之意云．雖未的知其間曲折，而其爲不幸，有不可勝言．當初立祠之議，君則先聞，而共公之論，則想未及詳聞．雖有循例應答，似不免無難處之歎．而寒泉新設之祠，初則本爲吾家，今反只爲他先生祭祉之所云．此亦道理之，殊甚乖常者，君處於嶺外，必聞多士公議，須望善爲周旋，俾無經先奉安之事，以待新廟．雖已後一循公議而爲之，可免士論之誠，與一境之嫌矣．吾等之心，亦可恰然．惟在君急稟於花山，俾無後議如何？餘姑不一一．丁未 八月 卄七 懶叔

【國譯】 전운당에 곧바로 전함. 사교에 답장함

호상 편에 오래도록 소식이 막힌 나머지에 편지를 받고서 새 가을에 집안의 안부가 그런대로 편안하다니 어떻게 이렇게 위안되고 다행스러운지 모르겠다. 나는 더위에 손상된 여독이 가을이 되었는데도 아직까지 낫지 않아 침식이 끝내 전과 같지 못하다. 지금 거처를 옮기려는 거조가 있는데 오직 너만이 과거시기를 당해 업을 폐하고서 날마다 수활하는 노역에 골몰하고 있으니 세상에 처한 신세가 일마다 고민스럽다. 소양에서 사우를 건립한다는 기별은 너의 편지를 통하여 비로소 알았다. 우리들에게 추원보본(追遠報本)[39]하는 마음이 될 것이니 어찌 영광스럽고 다행함을 이길 수 있겠느냐? 다만 이 고을 사림들의 공의를 들어보니 장차 봉안하려고 하는 곳에 많은 선비들의 공론이 한천에 사당을 짓는 것은 옳지 않다고 했는데도 이미 공사를 시작했다고 한다. 그러나 한편으로는 여러 사람의 논의가 갖춰지지 않아서 자기 집에서 주장하는 대로 미리 봉안하고자 하는데, 소양의 폐해진 묘당에 대해서 온 고을의 공의가 분개하고 답답해하지 않는 사람이 없다. 소양의 묘당은 다시 저쪽 편에서 사사로이 묘당을 지어서 봄가을 향사에는 장차 한사람도 참가할 생각이 없다고 한다. 비록 그 간의 곡절을 명확히 알지 못하지만 그 불행함을 이루 다 말할 수 없다. 당초 사당을 세우려고 했던 의논을 자네가 먼저 들었지만 공공의 의논은 아직 자세히 듣지 못하였을 것이다. 비록 례에 따라 응당 답을 하였으나 아마도 처신하기 어려운 탄식이 없는 것을 면치 못할 듯하다. 한천에 새로 세우는 사당은 애초에 본래 우리 집을 위한 것이었는데, 지금은 도리어 다만 다른 선생만을 위해 제사 드리는 곳이 되어 버렸다고 하니, 이 또한 도리에 매우 이상한 것이다. 그러나 네가 영 밖에 처해있지만 필시 많은 선비들의 공론은 들을 것이니, 모쪼록 잘 주선해서 먼저 봉안하는 일이 없도록 해서 새로 묘당을 짓기를 기다리도록 해야 할 것이다. 비록 그런 이후에는 한결같이 공의를 따라서 그것을 한다하더라도 사론의 정성과 한지역의 불만을 면할 수 있도록 해야 우리들의 마음도 흡족할 것이다. 바라건대 자네가 급히 안동에 여쭈어서 다시 차후의 논의가 없게 하는 것이 어떠하겠느냐? 나머지는 우선 이정도로만 하고 일일이 다하지 않는다. 정미년 8월 27일 나헌 숙부

39 추원보본(追遠報本) : 먼 조상을 추모하여 근본에 보답함을 말한다. 즉 선대 조상에게 해야 할 도리를 하는 것을 일컫는 말이다.

[春-15] 李渟의 간찰

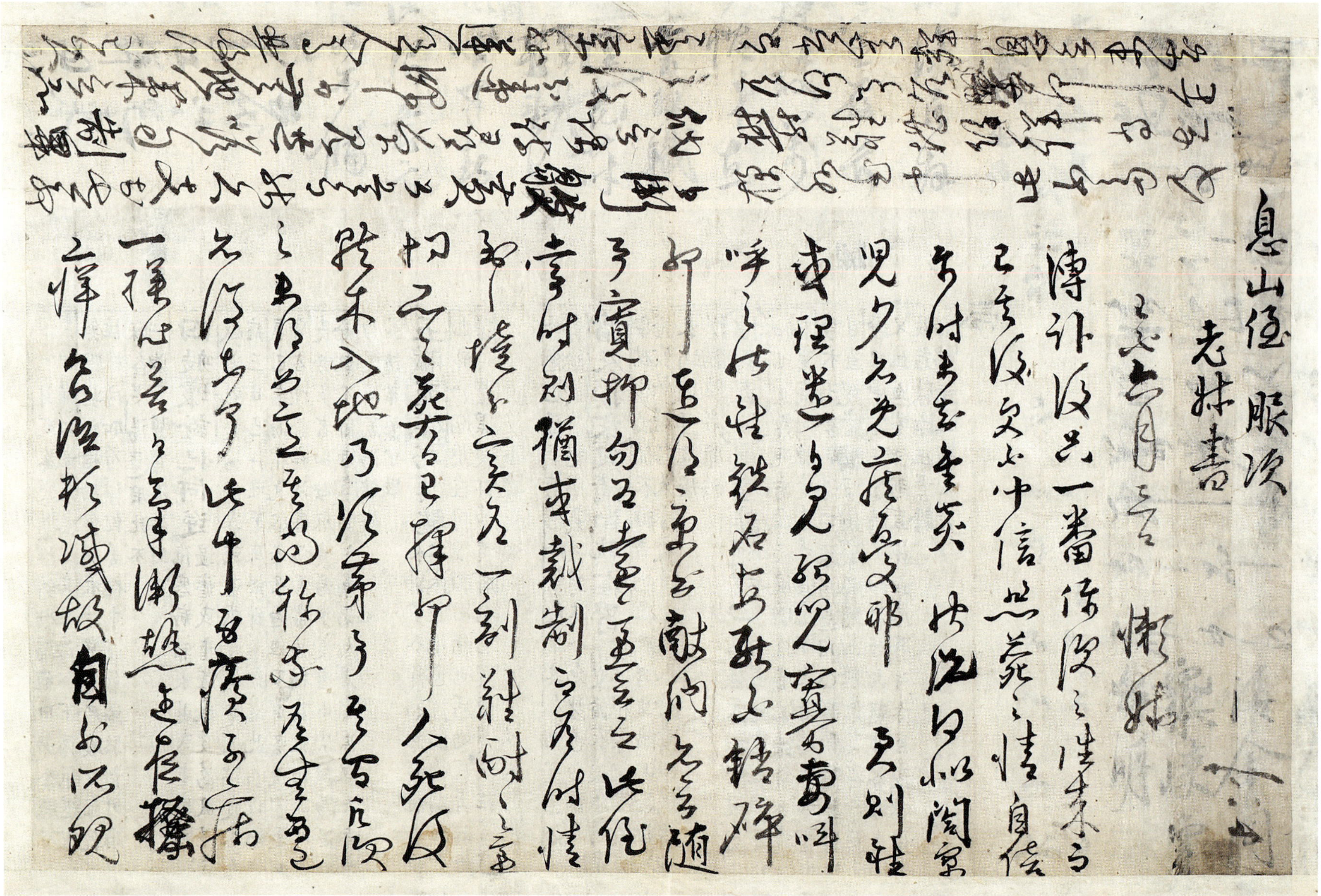

【釋文】息山姪 服次

老叔書

傳訃後, 只一番伻便之往來而已. 其後, 更不聞信, 悲菀之情, 自倍平時. 未知金炎, 服況何似? 閤寓兒少, 亦免疾憂耶? 君則雖或理遣, 自見孤兒寡妻, 叫呼之狀, 雖鐵石, 安能不鎖碎耶? 連得京書, 獻納亦云: "隨事寬抑, 勿爲遠慮云", 而此姪常時, 則猶或裁制, 而爲時情到之境, 則實爲一刻難耐之境, 忉悶忉悶. 葬日已擇耶? 人死後, 就木入地, 乃次第事, 其間, 凡須之未得如意, 其當稱我有無已, 亦復奈何? 此中, 身瘡子病, 一樣作苦, 日氣漸熱, 連夜搔痒, 食飮頓減. 故自外所觀, 日漸皺黃如是, 而能久支於世耶? 納言陳訴, 尋曾見遭喉司制畢之後, 則違牌之外, 無他策云, 悶慮. 宗孫, 逆送人馬發行已久, 而尙無聲息云, 未知爲何事. 如何耶? 企鬱難堪. 餘詳, 當在探候書中, 此不多及.

己酉 六月 三日 懶叔

【國譯】식산 조카의 상복 입은 자리에

늙은 숙부

부고를 전한 뒤에 다만 한번 인편이 왕래하였을 뿐이다. 그 뒤로는 다시 소식을 듣지 못해 슬프고 답답한 마음이 평시보다 절로 배가 된다. 무더위에 상복 입은 근황은 어떠하냐? 가족과 아이들도 질병의 근심을 면하였느냐? 네가 비록 이치에 따라 세월을 보낸다 하더라도 고아와 과부의 울부짖는 상황을 절로 보게 될 것이니, 비록 쇠와 돌이라 한들 어찌 능히 녹아내리지 않겠느냐? 연이어 서울편지를 받았는데 헌납(獻納)[40]이 또한 말하기를, "일마다 마음을 너그럽게 하고 슬픔을 억눌러 근심을 멀리하라" 하였다. 그러나 이곳의 조카가 평시에는 그래도 감정을 잘 추스르다가 때때로 감정이 이르는 상황이 되면 실로 한시각도 참기 어려운 지경이 되어 근심스럽고 안타깝다. 장례식은 이미 날을 잡았느냐? 사람이 죽고 나서 관에 넣어 매장을 하는 것은 차례가 정해진 일인데, 그 사이에 온갖 필요한 것들을 네 뜻대로 다하지 못하겠지만 응당 형편에 따라 걸맞게 하는 것이 어떠하겠느냐? 여기에 있는 나는 몸에 부스럼 병이 나고 아들도 병이 나서 줄곧 고생하고 있는데 날씨는 점점 더워져서 연일 밤마다 긁고 지내느라 입맛조차 전혀 없다. 이 때문에 외관상으로는 날로 점점 주름지고 피부가 노래지니 세상에 오래 살 수 있겠느냐? 납언과 상소는 곧이어 일찍이 승정원[41]의 견책을 당한 뒤라면 위패를 하는 것[42] 외에는 달리 대책이 없다고 하니 민망하고 염려된다. 종손이 (나를) 맞이하기 위하여 종과 말을 보냈다고 한 지가 이미 오래되었는데, 여태 소식이 없다하니 무슨 일인지 모르겠다. 어찌하겠느냐? 기다리고 답답한 마음을 견디기 어렵구나. 나머지 상세한 사연은 응당 편지를 통하여 살피기로 하고 이 정도로만 하며 많은 사연은 다 언급하지 않는다. 을유년 6월 3일 나헌 숙부

40 헌납(獻納): 사간원의 정5품 관직으로 諫官이다.

41 승정원: 원문의 '喉司'는 승정원의 별칭이다. 政院·喉啓·喉舌·喉院 등으로도 쓴다.

42 위패를 하는 것: 원문의 '違牌'는 임금의 명을 어기는 것을 말한다.

[春-16] 李淳의 간찰

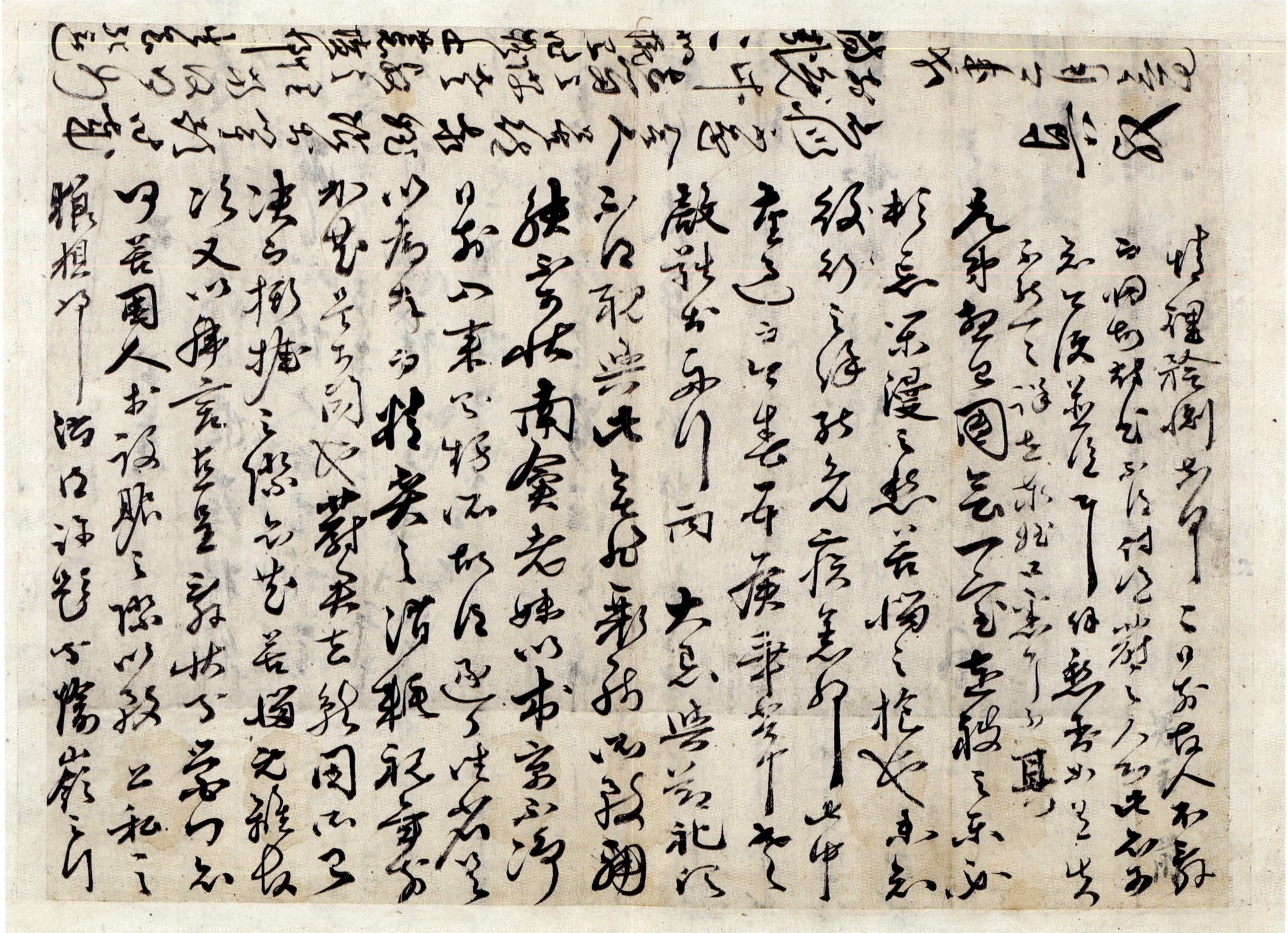

【釋文】兄弟，想已團會一室，連被之樂，必頓忘閑漫之愁，苦惱之抱也，未知行役之餘，能免疾恙耶．此中僅過，而今春吾候乖常，老殼，難於舟行，而大忌與節祀，俱不得親與．此無非衰病所致，痛觖不可狀．南倉老妹，以村寓不淨，日前入來．則甥所故，得逐日往省，差以爲幸，而精爽之消耗，視年前加甚，是可悶也．蔚君去就，固所已决，而撕捱之際，亦甚苦惱．旣離官次，又以遞言，直呈辭狀，則營門，亦何苦困人於設賑之際，以致公私之狼狽耶？倘得許題，則踰嶺之行，亦似不遠，令人苦待．泰姪阽於竿頭，作歲前免計，去留之際，老叔之懷，當復何如？傷哉傷哉．致櫬，已非路上荒墳耶？生去死環，情理矜惻，奈何奈何？日前，官人，不辭而歸故，封書不得付送，蔚蔚人心，此亦可知，今便並送耳．餘愁臥，如有失．不能一一．詳在泰姪口悉耳．不具．
戊申 二月 念一日 興叔

【國譯】형제가 이미 한집에 단란하게 모여 나란히 한 이불을 덮고 자는 즐거움으로 필시 한만한 근심과 안고 있는 고뇌를 문득 잊었을 것이라 생각을 하니 행역하는 나머지에 질병과 탈은 면하였는지 모르겠구나. 나는 근근이 지내고는 있지만 올 봄에 병을 얻어 늙은 몸으로 배를 타고 다니기 어려워서 대상(大祥)과 명절제사마저도 모두 직접 참여할 수가 없구나. 이렇게 쇠약하고 병든 소치가 아닌 것이 없으니 애통하고 서운함을 형용할 수 없구나.

남창의 늙은 누이는 촌에 기거하는 곳이 깨끗지 못해서 일전에 들어왔다. 생질이 연고가 있어서 날마다 문안을 드리니 이것은 조금이나마 다행스러운데, 정신이 소모되는 것이 작년에 비해 더욱 심하니 이것이 걱정이다. 울산의 사는 만유(萬維)의 거취는[43] 진실로 이미 결정이 나기는 했지만 이러지도 저러지도 못하는 사이에 또한 매우 골치가 아프다. 이미 관소를 떠났고 또 체직하는 내용으로 곧바로 사직상소를 드리면 영문에서도 어찌 진휼하는 즈음에 사람을 괴롭게 해서 공사 간에 낭패를 이루겠느냐? 혹시 허락하는 제사(題辭)[44]를 얻는다면 고개를 넘어갈 행차가 또한 머지않을 듯하니 사람으로 하여금 고대하게 하는구나.

조카 만태(萬泰)[45]는 백척간두의 위태로운 상황이니 연전에 면할 계획을 세워야 하는데, 떠나거나 머물 즈음에 늙은 숙부의 회포가 응당 다시 어떠하겠느냐? 슬프고 슬프다. 객지에서의 죽음은 이미 노상의 황폐한 무덤이 아니겠느냐? 살아서 갔다가 죽어서 돌아오니 정리의 긍휼과 측은함을 어찌하겠느냐? 며칠 전에 관인이 인사도 없이 돌아간 까닭에 봉해놓은 편지를 부쳐 보내지 못해 답답해 할 사람의 마음을 또한 알만해서 지금 인편에 아울러 보낸다. 나머지는 시름겹게 누워서 마치 잃어버린 것이 있는 것 같다. 일일이 다하지는 못한다. 상세한 것은 조카 만태의 입에 다 전달하겠다. 격식을 갖추지 못한다.

무신년 2월 21일 홍숙

43 울산의……거취는 : 李萬維는 1728년(영조 4)에 울산부사로 재임할 때 어사 朴文秀의 탄핵을 받아 파직되었다가 이듬해 사헌부집의에 제수되었다. 『朝鮮王朝實錄』, 卷16, 英祖 4년, 3월 11일.

44 제사(題辭) : 원문의 '許題'는 해당 관청에서 백성이 제출한 소장이나 원서에 대하여 판결, 명령한 것을 제사로써 허가하는 일을 이르던 말이다.

45 만태(萬泰) : 李淑의 장자 李萬泰(1682~1742)를 말한다.

[春-17] 李淳의 간찰

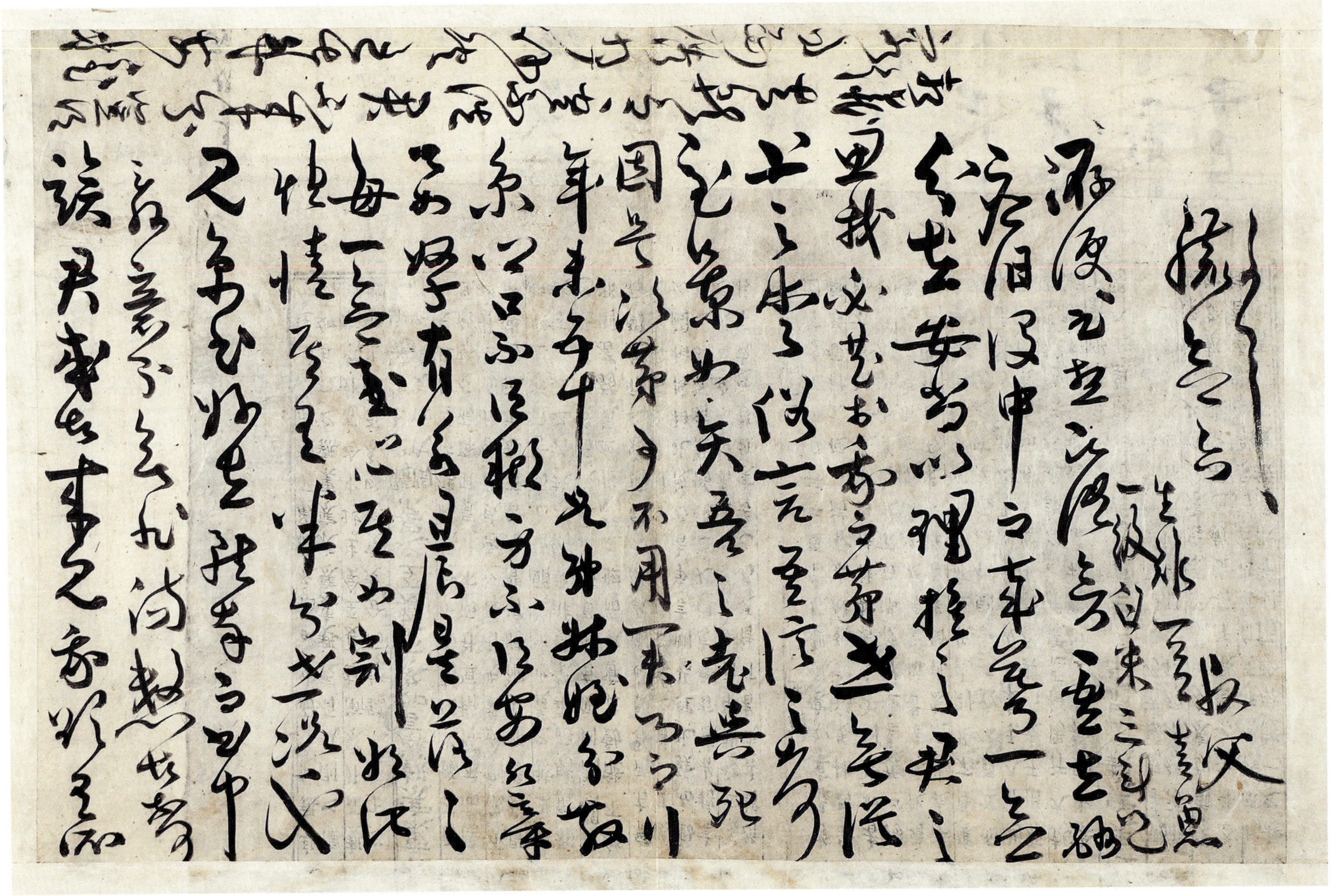

【釋文】洊便書, 想卽傳矣. 吾在酬應汨沒中, 而歲暮一念, 分在安. 尙以理推之, 君之思我, 必甚於我, 而第世無從上之愛, 俗言吾信之, 如何? 急景如矢, 吾之老與死, 固是次第事, 不用關心. 而行年未五十, 兄弟叔姪, 分散京鄕, 口不得糊, 身不得安, 所牽妻孥, 有若晨星落落. 每一念, 心其如割, 將此理情, 其有半分世況也. 見京書, 好在雖行, 而書中辭意, 則無非傷慚者, 奈何? 竢君, 或者來見我, 欲有所相議去就, 而吾不往, 君不來, 則豈得容易面展耶? 餘望爲歲安穩. 不具.
臘 念六 叔父
生雉一首, 靑魚一給, 白米三斗, 送.

【國譯】거듭 인편을 통해 보냈던 편지는 곧바로 전달되었을 것이라 생각한다.

나는 수응에 골몰하고는 있지만 세모에 한결같은 염려는 분수를 편안히 여기는데 달려있을 뿐이다. 도리어 이치로서 미루어 본다면 네가 나를 생각하는 것이 반드시 나보다 심하기야 하겠지만 세상에는 윗사람의 사랑을 따를 만한 것이 없다는 속언을 나는 믿고 있으니 어찌하겠느냐?

세월은 쏜살같이 빨라서 내가 늙고 죽는 것은 진실로 차례로 진행되는 일이기에 굳이 마음 쓸 일은 아니다. 그러나 세상을 살아온 나이가 오십이 되지도 못했는데, 형제와 조카삼촌이 서울과 시골로 흩어져서 입에 풀칠조차 못하고 몸도 편치 못하여 처와 자식에 이끌려 마치 새벽별이 떨어지는 것과 같다. 늘 한번 생각할 때면 마음이 쪼개지는 것 같으나 장차 이러한 정리는 세상의 반 푼어치일 뿐이다.

서울에서 온 편지에 잘 있다고 하니 비록 다행이기는 하지만 편지에서 말하는 뜻은 상심되고 부끄러운 것이 아닌 것이 없으니 어찌하겠느냐? 너를 기다리던 중에 어떤 이가 와서 나를 만나 거취에 대하여 서로 의논하려던 것이 있었는데, 나는 가지 못하고 자네는 오지 못하니 어찌 쉽게 만나서 이야기를 나누겠느냐?

나머지는 새해가 되어 편안하기를 바란다. 격식을 갖추지 않는다.

섣달 26일 숙부

산 꿩 한 마리, 청어 한 묶음, 백미 세 되를 보낸다.

[春-18] 李浡의 간찰

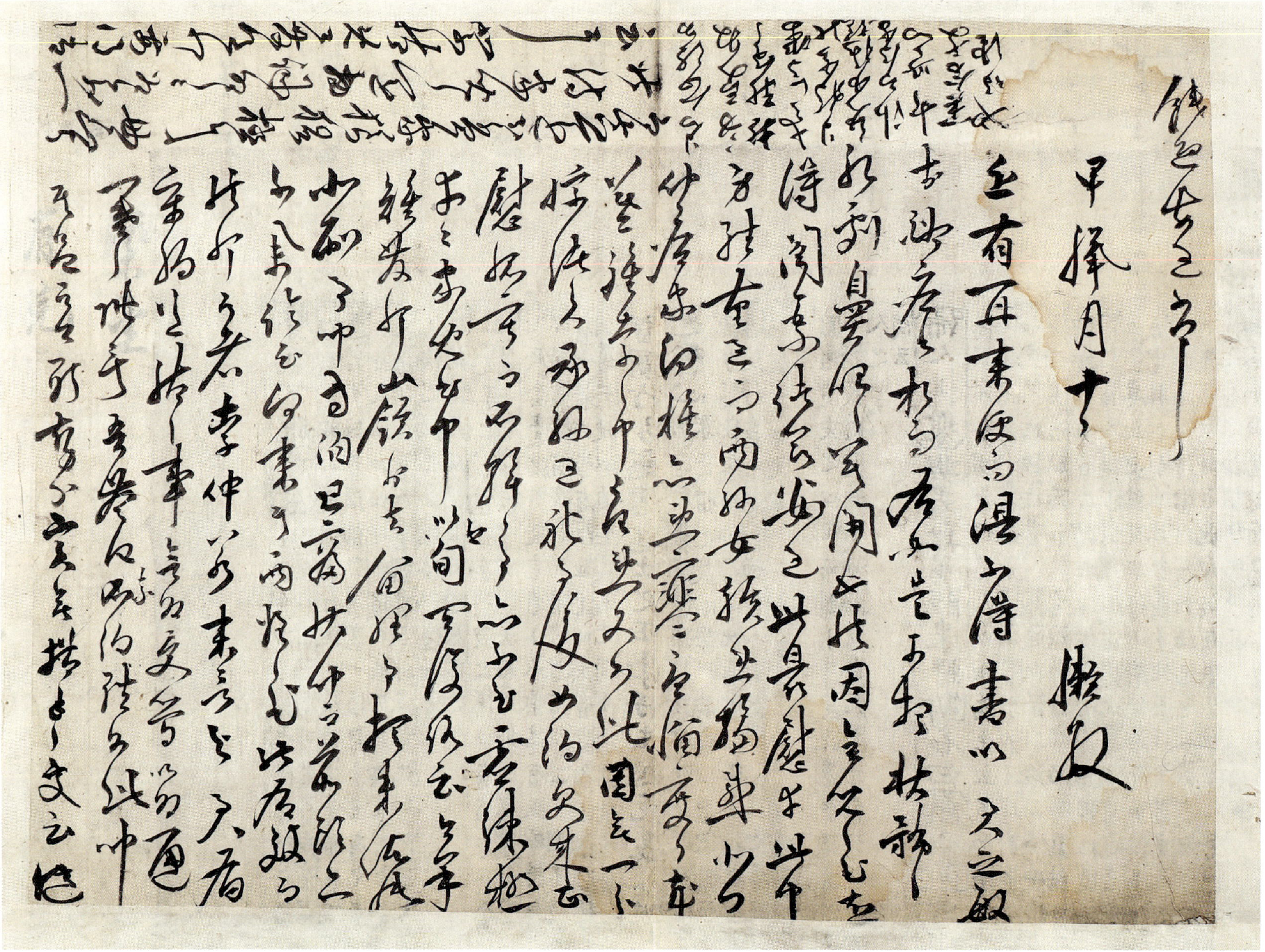

【釋文】 近有再來便，而俱不得書．以君之敏於酬應之札，而有如是，可想秋務之孔劇，鼻眼之莫開也．然因全兒之書，連得闔家諸節安過，此最慰幸．此中，身雖僅過，而兩孫女，損患移感，北門仲應家幼稚，亦患寒，憂惱度日，歲暮，離索之中，憂患又如此，固無一分悰緒矣．承孫，過秋而後，如約更來，甚慰孤寂，而所幹之事，亦不至虛疏，極幸極幸．家兒書中，以初旬間復路云，今果離發耶？嶺外去留經事，想未緖振，北刷事，聞方伯已寢狀聞，而前頭亦不擧論云．向來，其兩姪之書．能有效而然耶？ 卽者，“李仲若來言，與君有重約送馱之事，欲爲受簡，以爲通闔之諧乎？” 吾答曰：“素伯雖如此，聞其邑而已．形勢，則實無措手之處”云．送而空還，則貧家狼狽極耳，毋寧姑待家兒之還，相議爲之爲之爲愈云耳．祭馱旣已發送耶？ 要得消息企待爲勞．受奴持新差老馬，渠自獨去，能免中路轉仆而得幸耶？ 此亦關念處也．餘望餞迎安過．不具．

甲 臘月 十日 懶叔

【國譯】 근래에 두 번이나 인편이 왔었지만 모두 편지를 얻지 못하였다. 자네 같이 민첩한 사람도 수응하는 편지에 이러하니 가을걷이로 매우 바빠 눈코 뜰 새가 없음을 생각할 만하다. 그러나 전아의 편지를 통해 온 집안 식구들의 안부가 좋다고 하니 이것이 가장 위안이 되고 다행스럽다.

나는 몸은 비록 근근이 지내고는 있지만 두 손녀가 돌림감기[46]를 앓고 있고, 북문에 사는 중응의 집의 어린애도 감기를 앓고 있어서 근심과 고뇌로 날을 보내고 있으니 세모의 쓸쓸함에 우환도 이와 같으니 실로 조금의 즐거운 실마리조차 없구나. 손자 승연이 가을이 지나서 약속대로 다시 온다면 고적함에 매우 위안이 될 것이나 주관하는 일이 성근지경에는 이르지 않도록 한다면 지극히 다행이다.

집 아이의 편지에 이달 10일 즈음에 돌아온다고 하더니 지금은 과연 출발하였느냐? 영 밖으로 떠나거나 머물거나 하면서 경영하는 일은 아직도 실마리를 찾지 못하고 북쇄(北刷)[47]의 일은 방백이 이미 장문을 그만두었다는 소식을 들었으니 앞으로도 또한 거론해서는 안 된다고 한다. 지난번에 그 두 조카의 편지가 효과 있어서 그러한 것이냐? 지금 이중약(李仲若)[48]이 와서 말하기를, “자네와 더불어 나귀를 보내는 일을 거듭 약속하였는데, 허가를 받은 편지를 받고서 대궐문을 통과하려고 합의를 하였느냐?”라고 하기에, 내가 답하여 말하기를, “평소에 방백은 비록 이와 같이 말하였지만 그 읍에서 들었을 뿐이다. 형세로 본다면 실제로는 손 쓸 곳이 없다.”라고 하였다. 보냈는데 빈손으로 돌아온다면 가난한 집의 낭패가 심할 뿐이니, 차라리 우선은 집안 아이가 돌아오기를 기다렸다가 상의해서 그를 위해 그렇게 하는 것이 낫겠다. 라고 하였다. 제사 짐을 실은 말은 이미 출발했느냐? 반드시 소식을 듣기를 기대하는 마음 간절하다. 수노가 새로 보낼 늙은 말을 데리고 그가 스스로 홀로 떠나갔는데 중도에 다행히 전복을 면하였느냐? 이 또한 신경이 쓰인다.

나머지는 묵은해를 보내고 새해를 맞이하여 편이 지내기를 바란다. 격식을 갖추지 않는다. 甲○년 섣달 10일 나헌 숙부

46 돌림감기 : 원문의 ‘損患移感’은 ‘損疾患移輪感’의 준말로 유행성 감기를 이르는 말이다.

47 북쇄(北刷) : 함경도에 배치한 燕行에 필요한 官用馬를 관리하는 일을 말한다.

48 이중약(李仲若) : 생몰년 및 인물에 대한 기록은 未詳.

[春-19] 李萬敷의 간찰

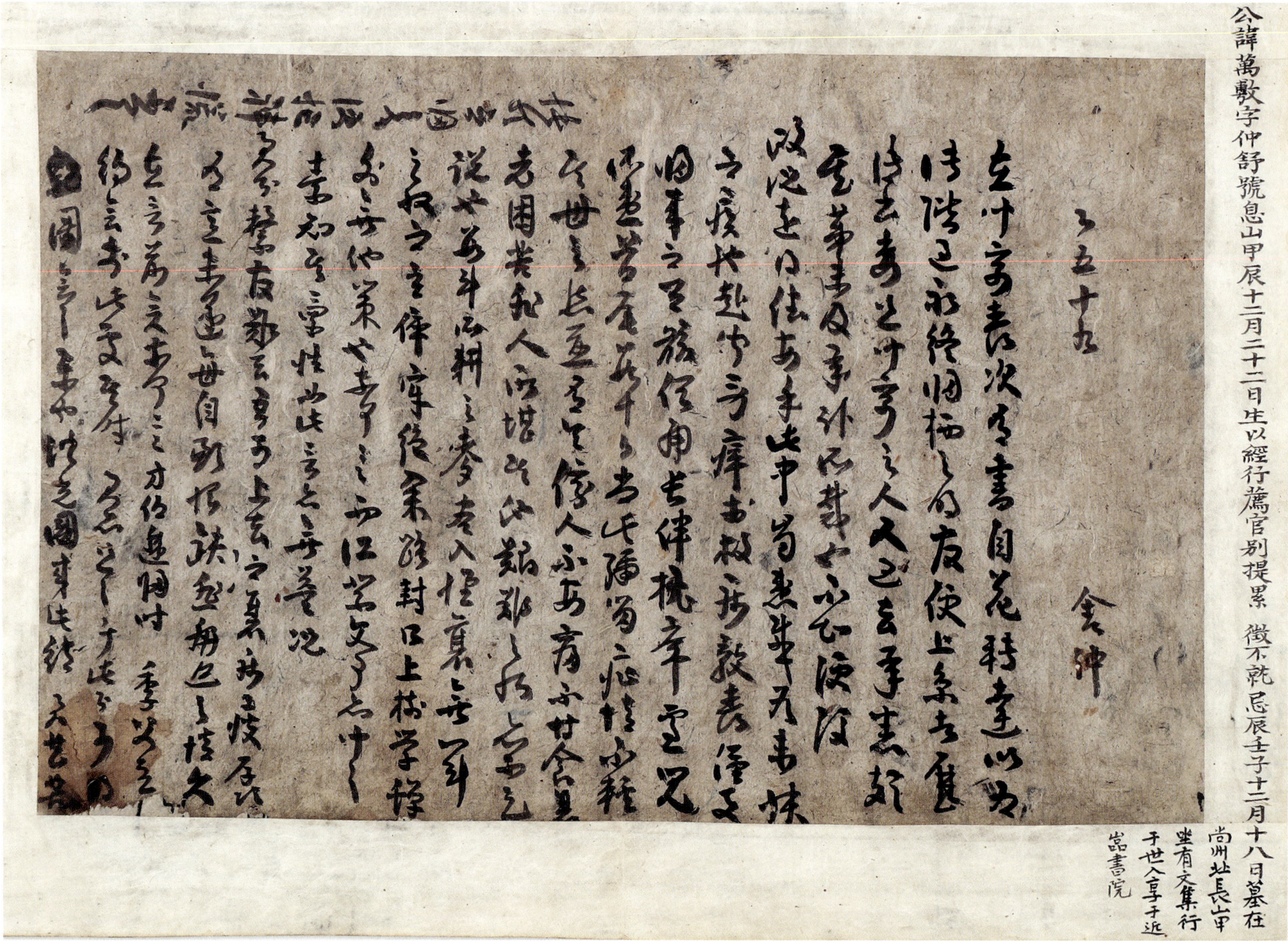
公諱萬敷字仲舒號息山甲辰十二月二十二日生以經行薦官别提累 徵不就 忌辰壬子十二月十八日墓在
尙州北長山甲
坐有文集行
于世入享于近
嵒書院

【釋文】在聞寄喪次有書, 自花轉達以爲傳階. 過初終歸栖之, 明發便上京者, 歷傳書委送. 聞寄之人, 又過去承悉, 頗慰. 第未及承訃所裁也, 不知便後政況, 連得佳安乎? 此中, 齒患感候未快, 而疾馳赴聞, 勞瘁於救病, 致喪僅支歸來, 而百骸俱痛, 長伴枕席. 室兒所患首尾, 數十日, 尙此彌留, 症情不輕. 其母之愁煎, 有令傍人, 不安寢, 不甘食, 衰老困苦, 非人所堪. 其他艱難之狀, 亦不足說也. 數斗所耕之麥, 盡入懷衰, 無一斗之收, 而主倅牢絶, 糴路封口, 上樹學蟬外, 無他策也, 奈何奈何? 西江祭文事, 亦聞之, 素知其稟性如此, 言亦無益. 況君, 則蟄官難去, 吾可上去, 而衰病疲孱, 有意未遂, 每自歎恨. 悲缺痛迫之情, 久在言前矣, 奈何奈何? 方伯遞歸時, 季父主約會於此處, 其時君亦送之于此, 則可得團會之樂也. 洪光國來此, 待君甚苦, 悵然之歸矣. 便忙神慌, 不具.

己 五 十九 舍仲

【國譯】거상하는 자리에 부친 편지가 있다고 들었는데, 안동에서 전해온 것은 집안에 전하였을 것이라 생각한다. 초상과 종상을 지내고 집으로 돌아왔는데, 내일 서울로 가는 인편이 출발할 것이니 지나면서 전하도록 편지를 맡겨 보낸다. 부친 사람에게 들으니 또 과거의 것은 모두 받아 보았다고 하니 자못 위안이 된다. 다만 미처 부고를 받지 못했는데, 인편 이후의 정사를 돌보는 근황은 연이어 편안하냐?

나는 치통과 감기가 낫지 않아서 빨리 부음에 달려 나가야 하지만 병구완에 초췌해서 상을 치루면서 근근이 지탱하여 돌아왔는데, 온몸이 모두 아파서 오래도록 병석에 누워서 지내고 있다. 집의 아이도 병을 앓은 지 수십 일이었으나 아직도 이렇게 낫지를 않고 있으니 병증이 가볍지 않다. 그 어미가 근심하고 애를 태우고 있어 곁에 있는 사람이 편히 자지도 달게 먹지도 못하게 하니 쇠약하고 늙은 사람으로서 고생스러움은 사람이 견딜 바가 아니다. 그 나머지 곤란한 상황도 족히 말할 수가 없구나.

몇 되의 경작한 보리는 모두 흉년이 되어 한 되도 거둔 것이 없는데, 고을 관아의 창고에 곡식도 끊어지고 쌀을 사올 길도 막혀서 나무 위의 매미를 배우는 것 외에는 다른 대책이 없으니 어찌하겠느냐?

서강의 제문을 짓는 일은, 듣건대 평소의 그 품부 받은 성품이 이와 같아서 말한들 아무런 보탬도 되지 못할 것이다. 더구나 자네는 관아에 칩거하고 있어서 떠나기 어렵고 나는 올라갈 수는 있지만 쇠약하고 병들어 지치고 잔약하니 마음은 있지만 이루지 못하니 늘 절로 서운하고 한스럽다. 슬프고 어그러지고 통박한 정리가 말하기 전부터 있어온 지 오래이니 어찌하겠느냐?

방백이 체직되어 돌아갈 때에 작은숙부님과 이곳에서 만나기로 약속 하였는데, 그때 자네도 이곳에서 그를 전송한다면 단란한 즐거움을 얻게 될 것이다. 홍광국이 이곳으로 와서 자네를 매우 고대하다가 서글피 돌아갔다. 인편이 바쁘고 정신이 황망하여 이만 줄인다.

근○년 5월 19일 둘째

[春-20] 李萬敷의 간찰

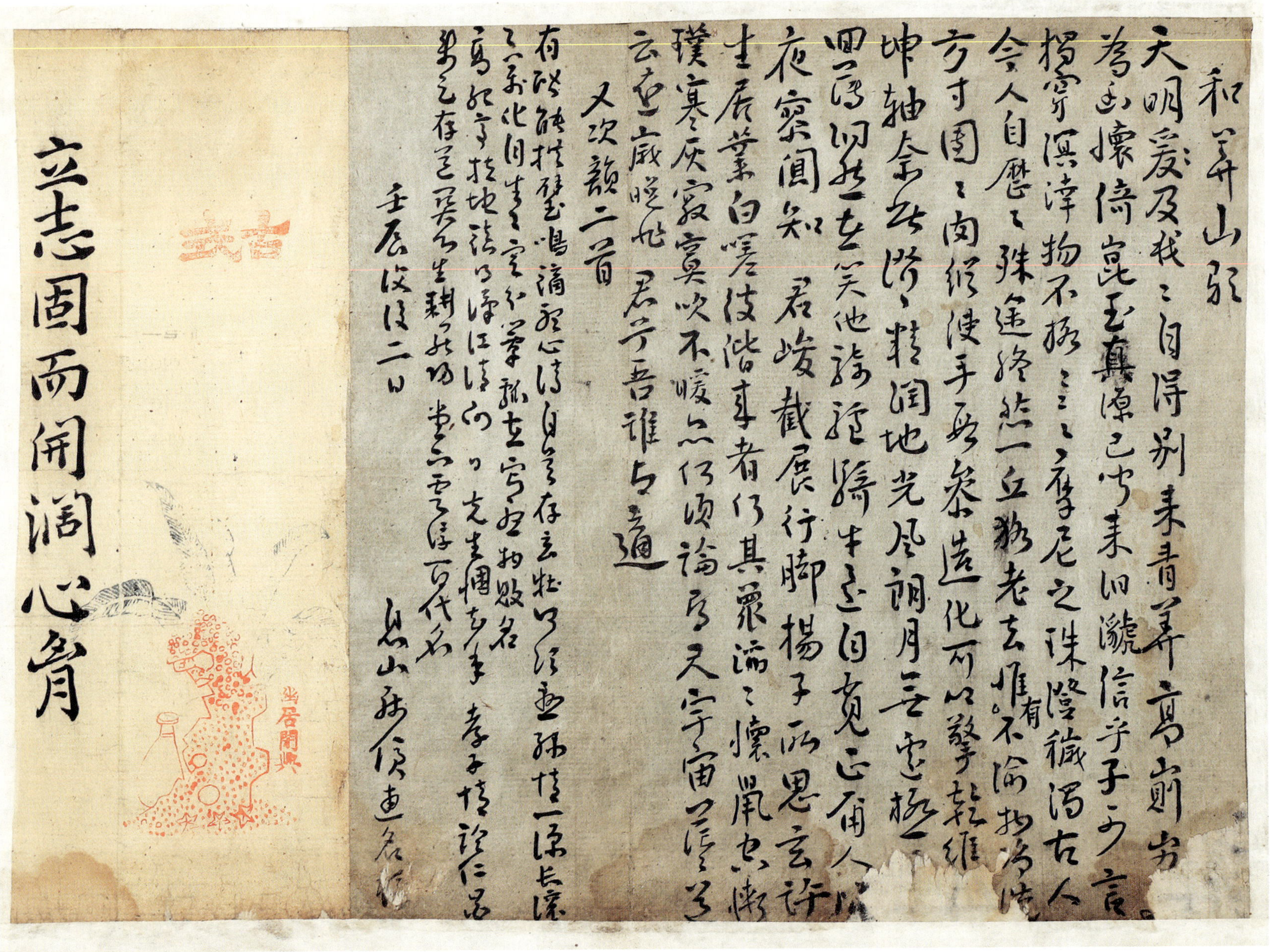

【釋文】和華山歌

天明及我我自得, 別來青華高崱屶.
▣爲幽懷倚崑玉, 眞源已聞來汨瀧.
信乎子可言獨穿, 溟涬物不格不格.
摩尼之珠澄穢濁, 古人今人自歷歷.
殊途終然一丘狢, 老去惟有不偸物.
淨洗方寸團團肉, 縱使手段參造化.
可以擎乾維坤軸, 奈此潑潑精潤地.
光風郎月無邊極, ▣▣回薄洞然在.
笑他騎驢騎牛還, 自覓正爾人▣夜.
寥闃知君峻截展, 行脚揚子所思玄.

許生居業白嗟彼, 偕來者何其衆? 滔滔懷竄, 空慚璞, 寒灰寂寞, 吹不暖. 亦何須論? 尋尺宇宙, 茫茫道云. 遠歲晩, 非君兮, 吾誰與適?

又次韻二首

有階能拱璧, 嗚滴憂心淸.
自是存玄牡, 何須懸祿情.
一源長滾滾, 萬化自生生.
定分簞瓢在, 寧憂物敗名.
高絶亭扶地, 鎭得漳江淸.
向日先生惆, 知承孝子情.
論仁徵來足, 存道關心生.
耕罷陽堂下, 雲浮百代名.

壬辰 復後 二日 息山 病僕 逋名 頓

【國譯】화산에 차운하여 노래하다

하늘의 밝음이 내게 미쳐서 내가 자득하였고, 푸른 화산 높은 산봉우리와 이별하였네.
■그윽한 회포 때문에 옥 같은 당신[49]에 의지하고, 진원에서 이미 세차게 흐르는 물소리 들려오네.

진실로 그대는 홀로 꿰뚫었다 말할만한데, 혼돈 속 사물의 이치를 궁구치는 못하였네.
마니의 구슬은 더러움 속에서도 빛이 나서, 옛사람과 지금사람이 절로 분명해지네.

길은 달라도 끝내는 우열을 가릴 수 없을 뿐,[50] 늙을수록 오직 물건을 탐내지 않는다네.
마음을 깨끗하게 하고 몸을 단단히 하여, 솜씨를 부려 조화에 참여하네.

하늘을 높이는 것은 땅에 우뚝하여, 축은 어찌 이렇게 정밀하고 깨끗함을 발발하는가?
땅 빛과 풍랑에도 달빛은 끝이 없고, ■■ 다시 洞然함에 이르렀네.

타인이 나귀를 타고 소를 타는 것을 비웃다가, 도리어 절로 ■남에게서 바른 것을 찾았네.
쓸쓸한 밤에 그대의 높음을 아니, 떠돌아다니는 것은 양자운의 생각하는 바이네.

허생의 거업을 백발이 되어 한탄하고 저들이 함께 온 것은 어찌 그리 많은가? 도도히 마음을 숨긴 것은 공연히 질박함에 부끄럽고 차가워진 재는 적막해서 불어도 따뜻해지지 않았네. 또 어찌 굳이 논하겠는가? 우주를 척량하니 아득한 길이라고 하였네. 멀리 세월이 늦은 것은 그대 때문이 아니니, 내가 누구와 더불어 가겠는가?

또 2수를 차운하다.
섬돌에는 한아름 구슬이 있고, 물방울 소리에 근심스런 마음이 맑아지네.
바로 이것이 현모(玄牡)[51]를 보존하는 것이니, 어찌 굳이 복록의 정에 매달리겠는가?

---

49 옥 같은 당신 : 원문의 '崑玉'은 崑崙山의 옥이라는 뜻으로 두 사람의 풍모가 워낙 현격하게 차이가 나서 도저히 미칠 수 없다는 뜻의 겸사이다. 삼국 시대 魏나라 明帝가 황후의 동생인 毛曾과 黃門侍郎 夏侯玄을 같은 자리에 앉게 하자, 하후현이 자신의 초라함을 매우 부끄러워하였는데, 당시 사람들이 이를 두고 평한 데서 나온 말이다. "억새풀이 옥 나무 옆에 기대어 있는 것과 같다.[蒹葭倚玉樹]" 『三國志』 卷9, 「魏書 · 夏侯玄傳」.

50 우열을……없을 뿐 : 원문의 '一丘貉'은 한 언덕에서 사는 오소리로, 서로 비슷하여 우열을 가릴 수 없음을 의미한다. "옛날과 지금이 마치 한 언덕의 오소리와 같다.[古與今, 如一丘之貉.]" 『漢書』 권66 「楊敞傳 楊惲」.

51 현모(玄牡) : 검은 황소를 의미하는데, 하나라에서 신에게 제사지내는 예법을 말한다. "나 소자 리는 검은 희생을 써서 감히 거룩한 상제께 밝게 고합니다.[予小

한 근원은 영원이 곤곤하게 흐르니, 온갖 변화들이 절로 생겨나네.
정해진 분수가 단표누항에 있는데, 어찌 사물에 근심하여 명예를 잃겠는가?

높은 절개는 땅에 우뚝한데, 鎭撫하여 장강의 맑음을 얻었네.
지난날 선생의 정성은, 효자의 마음을 계승하였음을 알았네.

인을 논하여 징험하기에 충분하고, 도를 보존하는 것은 관계된 마음에서 생겨나네.
밭갈이를 볕 좋은 당 아래서 마치니, 백대의 명예는 뜬구름과 같네.

임진년 11월 2일 식산 병든 사람, 이름을 생략하고 머리를 조아립니다.

子履, 敢用玄牡, 敢昭告于皇皇后帝.]" 『書經』, 「湯誥」.

[春-21] 李萬敷의 간찰

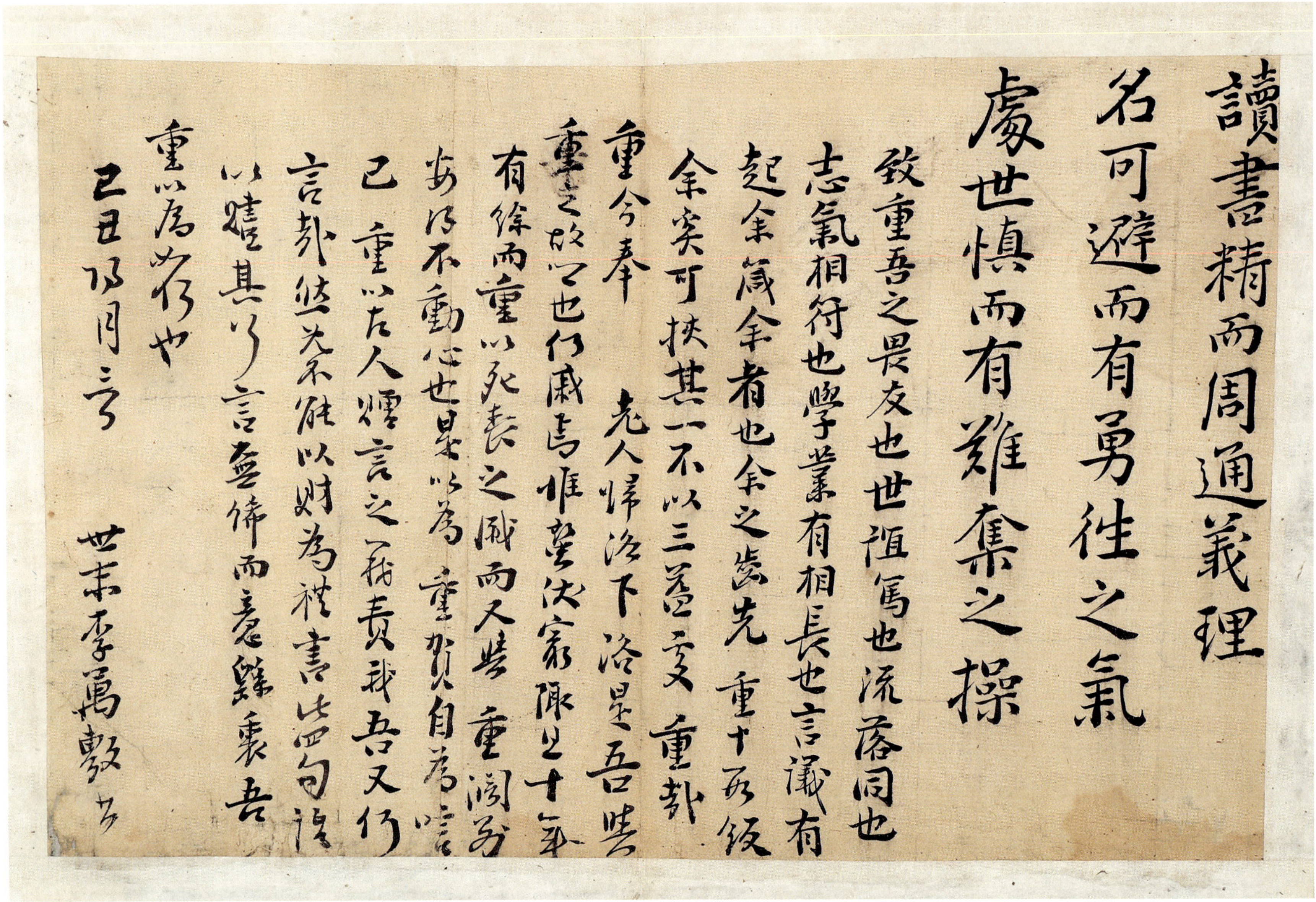
讀書精而周通義理
名可避而有勇往之氣
處世慎而有難奪之操
致重吾之畏友也世誼篤也流落同也
志氣相符也學業有相長也言議有
起余箴余者也余之齒先 重十歲綴
余實可扶其一不以三益交 重哉
重今春 先人歸洛下 洛是吾時
重之故心也何戚焉惟望汝家限以十年
有餘而重以死喪之戚而久惜 重渴矣
安得不動心也是以為 重賀自為喜
已 重以古人贈言之義責我吾又何
言哉然老不能以財為禮書此四句語
以贈其行言無修而意難裹吾
重以為如何也
己丑仲月 言
世末李萬敷 書

【釋文】 ↳立志固而開濶心胸.

讀書精而周通義理.

名可避而有勇往之氣.

處世愼而有難奪之操.

致重吾之畏友也. 世誼篤也, 流落同也, 志氣相符也, 學業有相長也. 言議, 有起余箴余者也, 余之齒先重十數飯, 余奚可挾其一不以三益處重哉? 重今奉老人, 歸洛下, 洛是吾與重之故鄕也. 何戚焉? 惟蟄伏窮陬, 且十年有餘, 而重以死喪之慽, 而又與重濶別, 安得不動心也? 是以爲重賀自爲唁已. 重以古人贈言之義, 責我, 吾又何言哉? 然旣不能以財爲禮, 書此四句語以賮其行, 言無飾而意繇衷. 吾重以爲如何也?

己丑 陽月 三日 世末 李萬敷 書

【國譯】 ↳입지는 견고히 하되 마음은 활짝 열어야 한다.

독서는 정밀히 하되 의리에 두루 통해야 한다.

명예는 피해야 하되 용기 있게 나아가는 기상이 있어야 한다.

처세는 신중히 하되 빼앗기 어려운 지조가 있어야 한다.

치중(致重)[52]은 나의 외우이다. 대대로 사귀어 온 정이 독실하고 타향을 떠도는 것도 같으며, 지기가 서로 부합되며 학업이 서로 간에 성장하였다.

언의에 나를 일으키고 나를 경계함이 있는데, 나의 나이가 치중보다 밥 수십 그릇을 더 먹었을 뿐이니 내가 어찌 그 하나만을 믿고서 삼익으로서 치중에게 처신하지 않겠는가?

치중은 지금 노인을 모시고 서울로 돌아갔는데 서울은 나와 치중의 고향이다.

어찌 슬퍼하겠는가? 오직 궁벽한 모퉁이에 칩거한 것이 십년 남짓한데, 거듭되는 상사의 슬픔으로 또 치중과 멀리 떨어져 있으니 어찌 마음이 움직이지 않겠는가? 이로서 치중에게 하례하고 나 자신을 위로할 뿐이다.

치중이 옛사람이 준 말의 뜻으로 나를 책망하니 내가 또 무슨 말을 하겠는가? 그러나 이미 재물로써 예물을 삼을 수 없어서 이 4글귀의 말을 써서 그 행차에 전별하니 말은 꾸밈이 없지만 뜻은 오히려 충성스럽다. 우리 치중은 어떻게 여기려는가?

기축년 10월 3일 세말 이만부 쓰다.

52 치중(致重) : 吳尙遠(?~1733)을 말한다. 자는 致重, 호는 竹厓이다. 부친은 吳始震, 조부는 吳挺一이다. 형 吳尙欽은 이만부의 初娶夫人 의성김씨 金爾樞의 딸과 인척관계이다.

[春-22] 李萬敷의 간찰

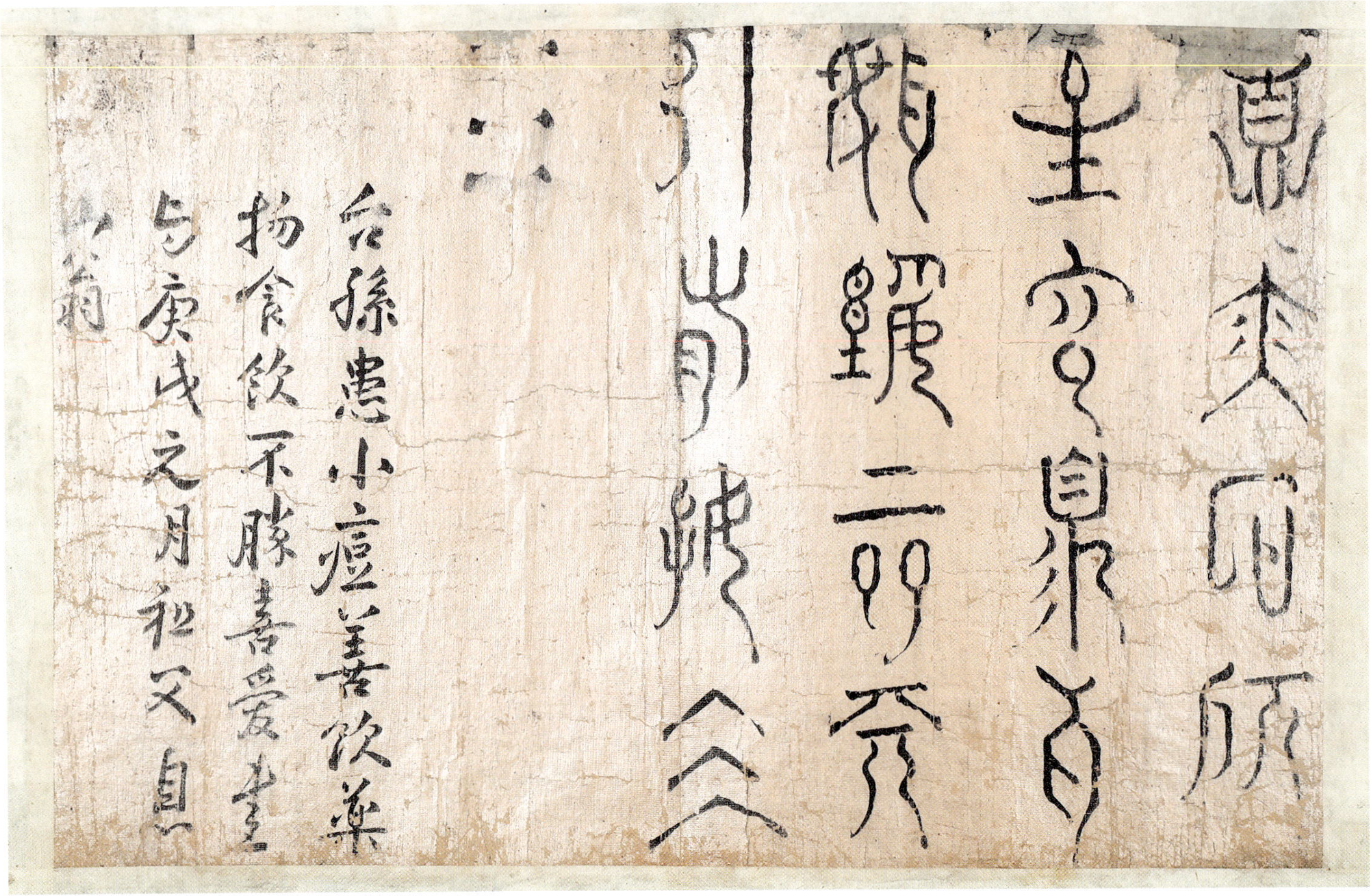

【釋文】「전서체 4언시」-판독불가.

台孫患小痘, 善飮藥物食飮, 不勝喜愛, 書與.

庚戌 元月 祖父 息山翁

【國譯】손자 승연이 작은 마마를 앓았지만 약물과 음식을 잘 먹으니 기쁨과 사랑을 이기지 못하여 글을 써준다.

경술년 정월 할아버지 식산

[春-23-右] 李萬敷의 遺墨

【釋文】 清明在躬

【國譯】 맑고 밝음을 몸에 간직하다.

[春-24-左] 李萬敷의 遺墨

【釋文】 節用愛民

【國譯】 절도 있게 쓰고 백성을 사랑한다.

[春-25-右] 李萬敷의 遺墨

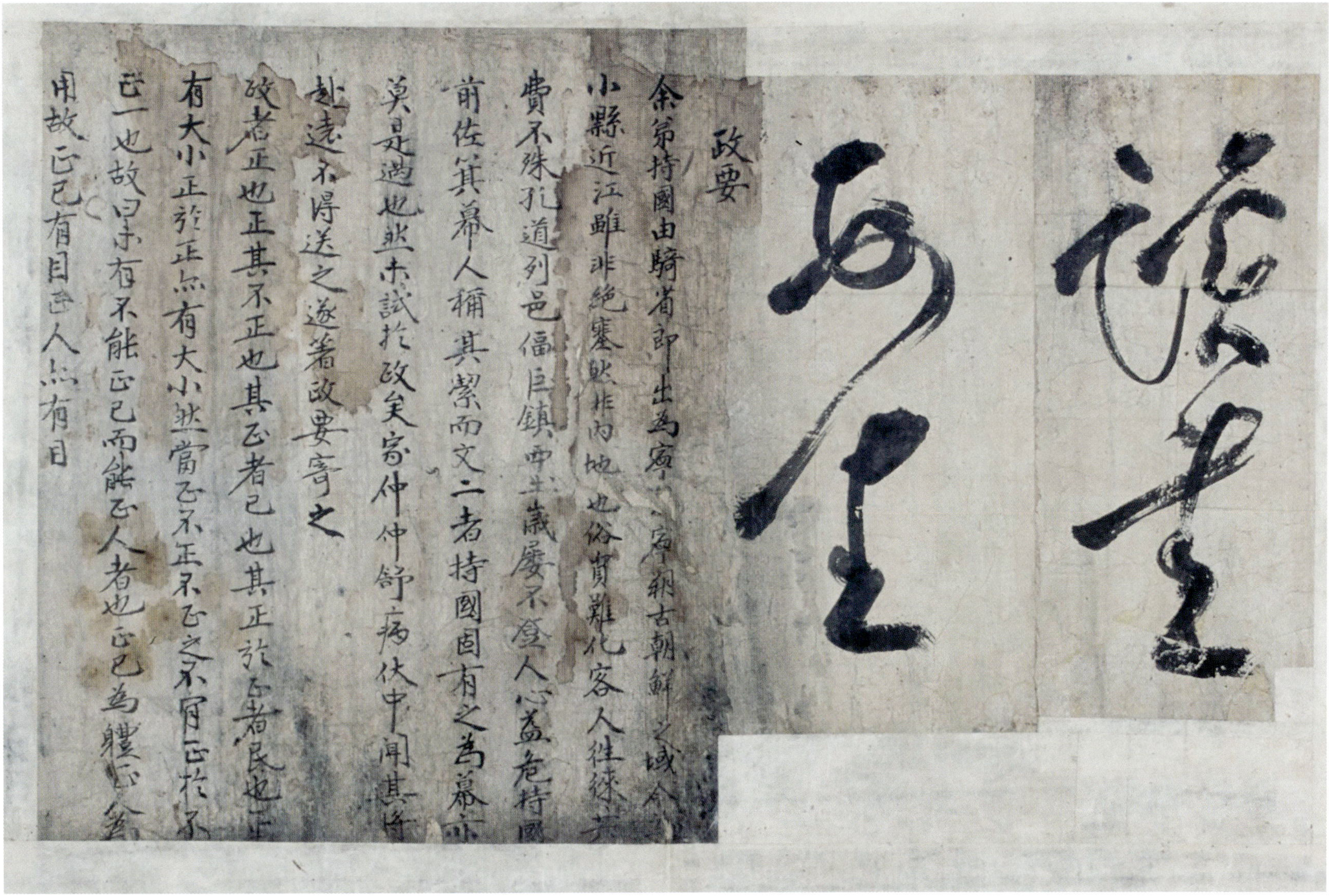

【釋文】 讀書正坐

【國譯】 바르게 앉아 글을 읽는다.

[春-26-1-左] 李萬敷의 說

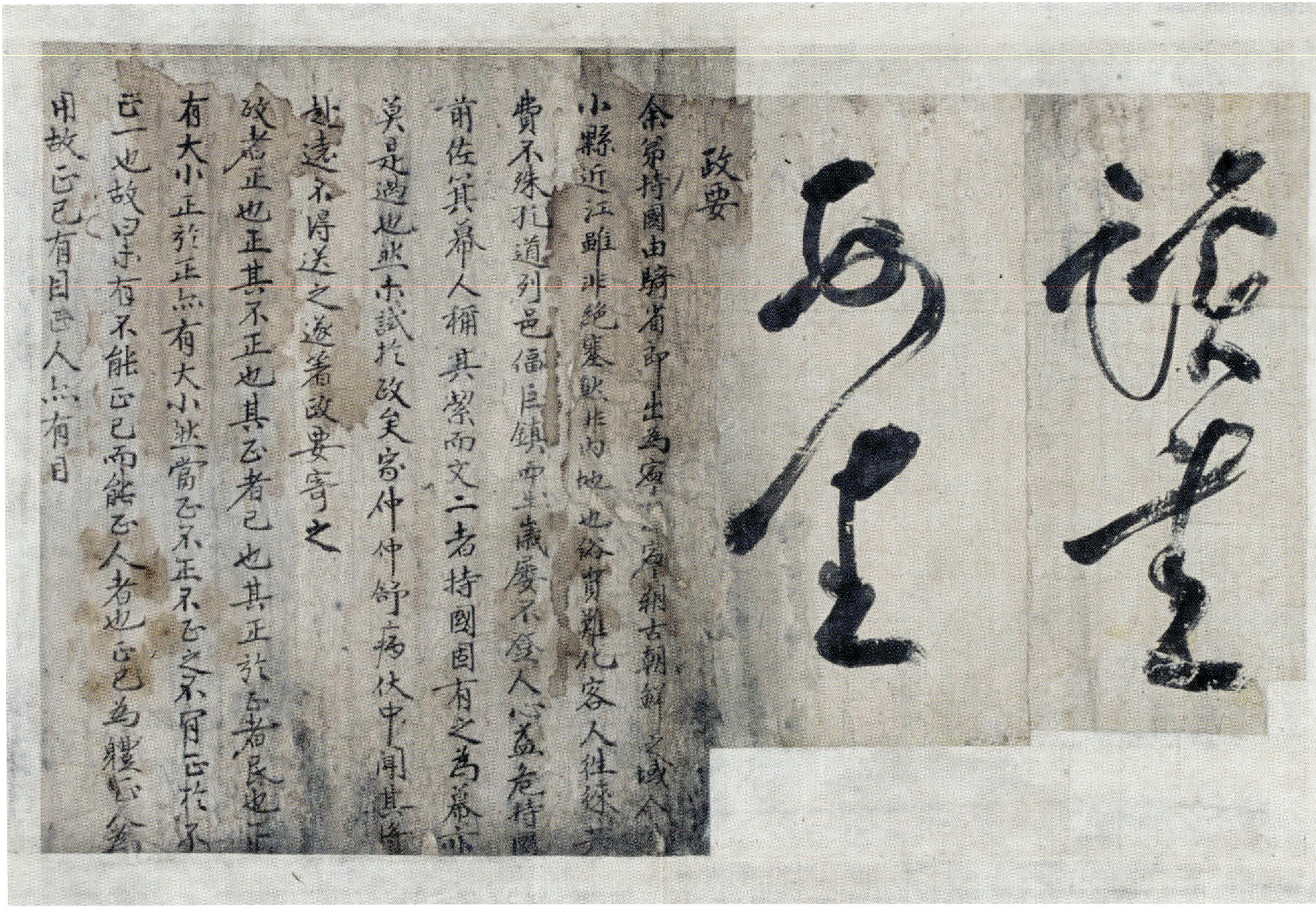

政要

余弟持國由騎省郎出爲寧寧卽古朝鮮之域今
小縣近江雖非絶塞然非内地也俗貴難化客人往來若
費不殊孔道列邑偏巨鎭兩年歲屢不登人心益危持國
前佐箕幕人稱其絜而文二者持國固有之爲幕亦
莫是過也然未試於政矣寄仲仲舒病伏中聞其將
赴遠不得送之遂著政要寄之
政者正也正其不正也其正者己也其正於正者民也正
有大小正於正亦有大小然當正不正不正之亦有正於不
正一也故亦有不能正己而能正人者也正己爲體正人爲
用故正己有目正人亦有目

【釋文】政要

余弟持國, 由騎省, 卽出爲寧朔, 寧朔古朝鮮之域. 今小縣近江, 雖非絶塞, 然非內地也. 俗貿難化, 客人往徠, 其費不殊. 孔道列邑, 偪巨鎭西土, 歲屢不登, 人心益危. 持國前佐箕幕, 人稱其潔而文. 二者, 持國固有之, 爲幕亦莫是過也. 然未試於政矣. 家仲仲舒, 病伏中, 聞其將赴, 遠不得送之, 遂著政要寄之. 政者正也, 正其不正也, 其正者己也, 其正於正者, 民也. 正有大小正, 於正亦有大小. 然當正不正, 不正之不肯, 正於不正, 一也. 故曰, 未有不能正己, 而能正人者也. 正己爲體, 正人爲用, 故正己有目, 正人亦有目.

【國譯】정사의 요체

나의 아우[持國][53] 이만유가 병마절도사로 제수되어 곧바로 영삭(寧朔)[54]으로 나아갔는데 영삭은 고조선의 지역이다. 지금은 조그만 고을로 강에 인접해 있어 비록 변방은 아니지만 그렇다고 내지도 아니다. 세속에서 무역하는 것은 교화되기 어려워서 객인들이 왕래해도 그 비용은 다르지 않았다. 큰길에 늘어선 고을들은 큰 진영의 서쪽 땅과 가까운데 여러 해 동안 흉년이 들어서 인심은 더욱 위태로웠다.

만유가 전에 평양의 막부를 보좌하였는데, 사람들이 그의 깨끗하고 문채 있는 것을 칭찬하였다. 이 두 가지는 만유가 본래 갖고 있는 것이었는데, 막부를 보좌한다하더라도 또한 이것은 지나친 것이 아니다. 그러나 정사에 대하여는 시험하지 못하였다.

집안의 둘째 형인 내가 병이 들어 엎드려 있던 가운데 그가 장차 부임한다는 소식을 들었지만 멀리 있어서 그를 전송할 수 없어 마침내 정요를 지어서 그에게 부친다.

'정(政)'이라는 것은 바로잡는 것이다. 그 바르지 못한 것을 바로잡고 바로잡아야할 대상은 자신이며 바른 자에게서 바로잡혀야할 대상은 백성이다.

바름에는 크고 작은 바름이 있고, 바로잡는데도 또한 크고 작은 것이 있다. 그러나 응당 바르지 못한 것을 바르게 해야 하되 바르지 못한 것을 긍정하지 않는 것은 바르지 못한 것을 바로잡는 것과 똑같다. 그러므로 자기를 바로잡지 못하고서 남을 바로잡을 사람은 있지 않다고 말한 것이다.

자기를 바로잡는 것을 본체로 삼고 남을 바로잡는 것을 작용으로 삼기 때문에 자기를 바로잡는데도 조목이 있고 남을 바로잡는데도 또한 조목이 있는 것이다.

53 아우[持國] : 이만부이 동생 이만유(1674~1736)를 말한다. 자는 持國, 호는 恩菴이다.

54 영삭(寧朔) : 지금의 평안북도 泰川, 泰州이다

[春-26-2] 李萬敷의 說

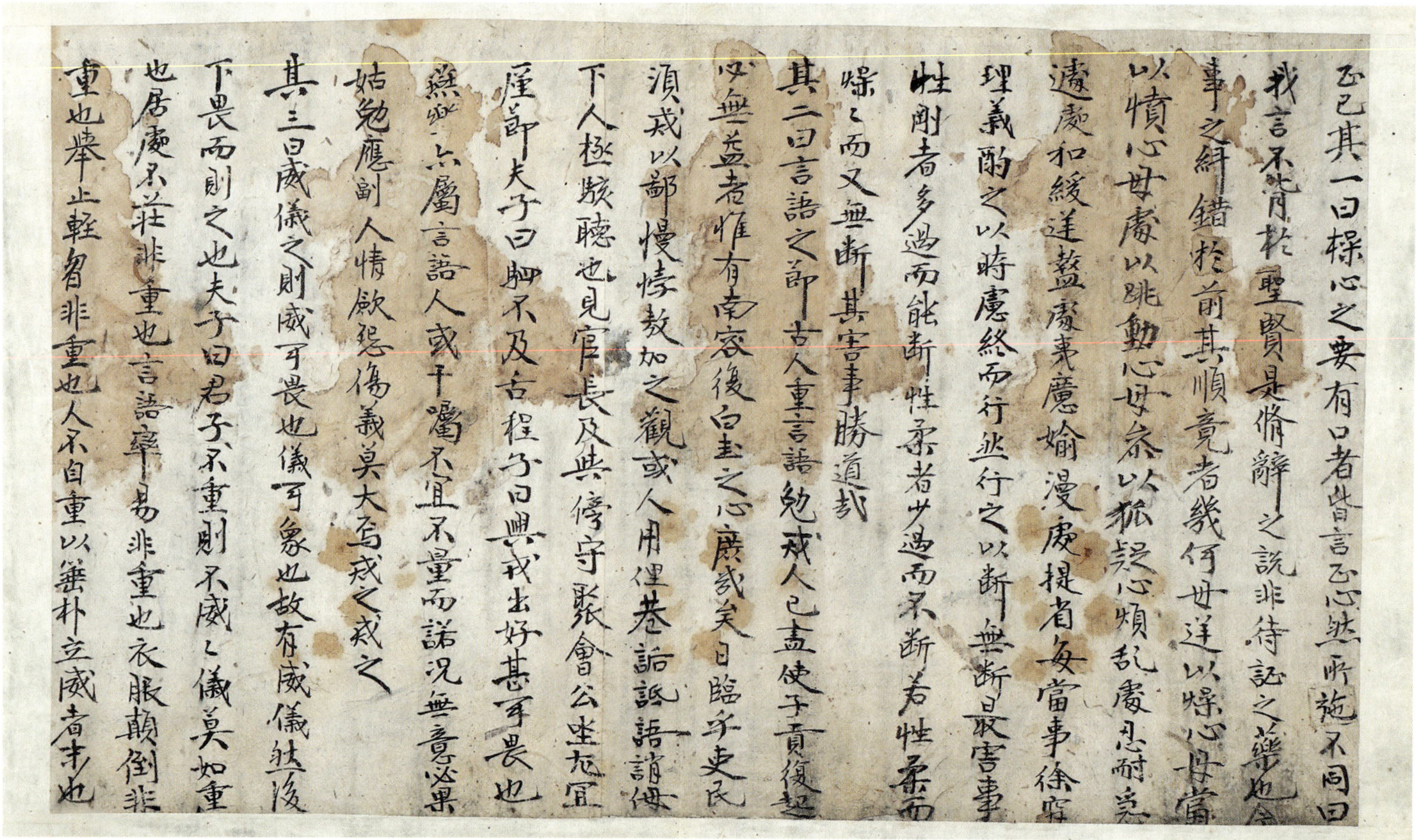

【釋文】正己. 其一曰: '操心之要'. 有口者, 皆言'正心'. 然所施不同曰: "我言不背於聖賢". 是修辭之說, 非待証之藥也. 今事之糾錯於前, 其順竟者幾何? 毋逆以操心, 毋當以憤心, 毋處以跳動心, 毋參以狐疑心. 煩亂處忍耐, 急遽處和緩, 逆盭處夷廣, 婾漫處提省, 每當事, 徐窮理義, 酌之以時, 慮終而行. 然行之以斷, 無斷最害事. 性剛者多過而能斷, 性柔者少過而不斷. 若性柔而燥燥, 而又無斷, 其害事勝道哉? 其二曰: '言語之節'. 古人, 重言語勉戒人, 已盡. 使子貢復起, 必無益者, 惟有南容復白圭之心, 庶哉矣. 日臨乎吏民, 須戒以鄙慢悖敖, 加之觀, 或人, 用俚巷詬詆語, 誚侮下人, 極駭聽也. 見官長及與傍守聚會公坐, 尤宜廑節. 燕樂亦屬言語. 人或干囑不宜, 不量而諾, 況無意必果, 姑勉應副人情, 歛怨傷義, 莫大焉, 戒之戒之. 夫子曰: "駟不及舌", 程子曰: "興戎出好甚可畏也". 其三曰: '威儀之則'. 威可畏也, 儀可象也. 故有威儀然後, 下畏而則之也. 夫子曰: "君子不重則不威". 威儀莫如重也, 居處不莊, 非重也, 言語率易非重也, 衣服顚倒非重也, 擧止輕忽非重也. 人不自重以華朴立威者, 末也.

【國譯】 자신을 바르게 하는 것.

첫째는, '마음을 잡는 요체'이다. 입이 있는 자는 모두 '정심'을 말하는데, 그러나 시행하는 바는 같지 않으면서 "나의 말은 성현에 위배되지 않는다."라고 하니 이것은 수사의 말이지 증세를 치료하는 적합한 약은 아니다. 오늘날의 일에 있어서 앞에서 잘못되었다가 끝을 잘 맺는 것이 몇이나 되겠는가? 조심함으로서 거스르지 말고, 분내는 마음으로서 감당치 말고, 뛰고 안정치 못하는 하는 마음으로 처신하지 말고, 의심하는 마음으로 참여치 말아라. 번잡하고 어지러운 상황에서는 인내하고, 급하고 서둘러야 할 곳에서는 조화롭고 느긋한 마음으로 하고, 마음에 거슬리는[55] 상황에서는 마음을 크고 넓게 하고[56] 안일하고 나태함[57]이 느껴지는 상황에서는 다잡아 반성하여 매번 일을 당할 때마다 천천히 의리를 궁구하고 때로서 그것을 참작하여 그 끝을 헤아려 행해야 할 것이다. 그러나 과단하게 행동을 해야 할 때 과단하게 행동하지 못하는 것은 일을 가장 해치는 것이다. 성품이 강직한 자는 허물은 많으나 과단성이 있고, 성품이 유약한 자는 허물은 적지만 과단성이 없다. 만약 성품이 유약하면서도 조급하고 게다가 과단성까지 없다면 일에 해가되는 것을 이루다 말할 수 있겠는가?

둘째는, '언어의 절도'이다. 옛사람이 언어를 중히 여기고 힘써 남을 경계한 것이 이미 곡진하였다. 자공으로 하여금 다시 일어나게 한다 하더라도 반드시 이보다 더 보탤 것이 없어 오직 남용이 백규지심을 반복하는데 있으니 거의 그러하다. 날마다 아전과 백성들에게 임해서는 모쪼록 업신여기고 패륜적이고 오만한 말들을 경계하고 게다가 어떤 사람이 길거리에서 욕지거리로 아래 사람을 꾸짖거나 업신여기는 것을 본다면 듣고 매우 놀랄 것이다. 관장(官長)과 방수(傍守)가 공공장소에 모였을 때 더욱이 의당 힘써 절도 있게 해야 한다. 연락도 또한 언어에 속한다. 사람들이 혹 마땅치 않은 것을 부탁하여 이것을 헤아려 보지도 않고 게다가 아무 생각 없이 과단성을 기필하면서 우선은 인정에 부응하기를 힘쓴다면 원망을 당하고 의리를 상하는 것이 이보다 큰 것이 없으니 경계하고 경계해야할 것이다. 공자께서는 "사마도 혀를 따라가지 못한다."라고 말씀하셨고, 정자께서는 "전쟁을 일으키기 좋아하는 것은 매우 두려운 일이다."라고 하셨다.

셋째는, '위의의 법칙'이다. 위는 두려워함이요 의는 형상이다. 그러므로 두려워하는 형상이 있은 연후에 아랫사람이 두려워하고 본받는 것이다. 공자께서 말씀하시기를, "군자가 무겁지 아니하면 위엄이 없다."라고 하였으니, 위의는 중함만 같은 것이 없고 거처가 장엄하지 아니하면 무겁지 않으며, 언어가 경솔하면 무겁지 않으며 의복이 전도되면 무겁지 아니하며 행동거지가 가벼우면 무겁지 아니하다. 사람이 스스로 무겁지 않고서 채찍이나 매질로 위의를 세우는 것은 말단적인 것이다.

55 마음에 거슬리는 : 원문의 '逆盭'는 마음에 거슬리는 불편한 상황을 말한다.
56 마음을 크고 넓게 하고 : 원문의 '夷廣'은 마음을 크고 넓게 갖는 모습을 말한다.
57 안일하고 나태함 : 원문의 '婾漫'은 안일하고 나태한 모습을 말한다.

[春-26-3] 李萬敷의 說

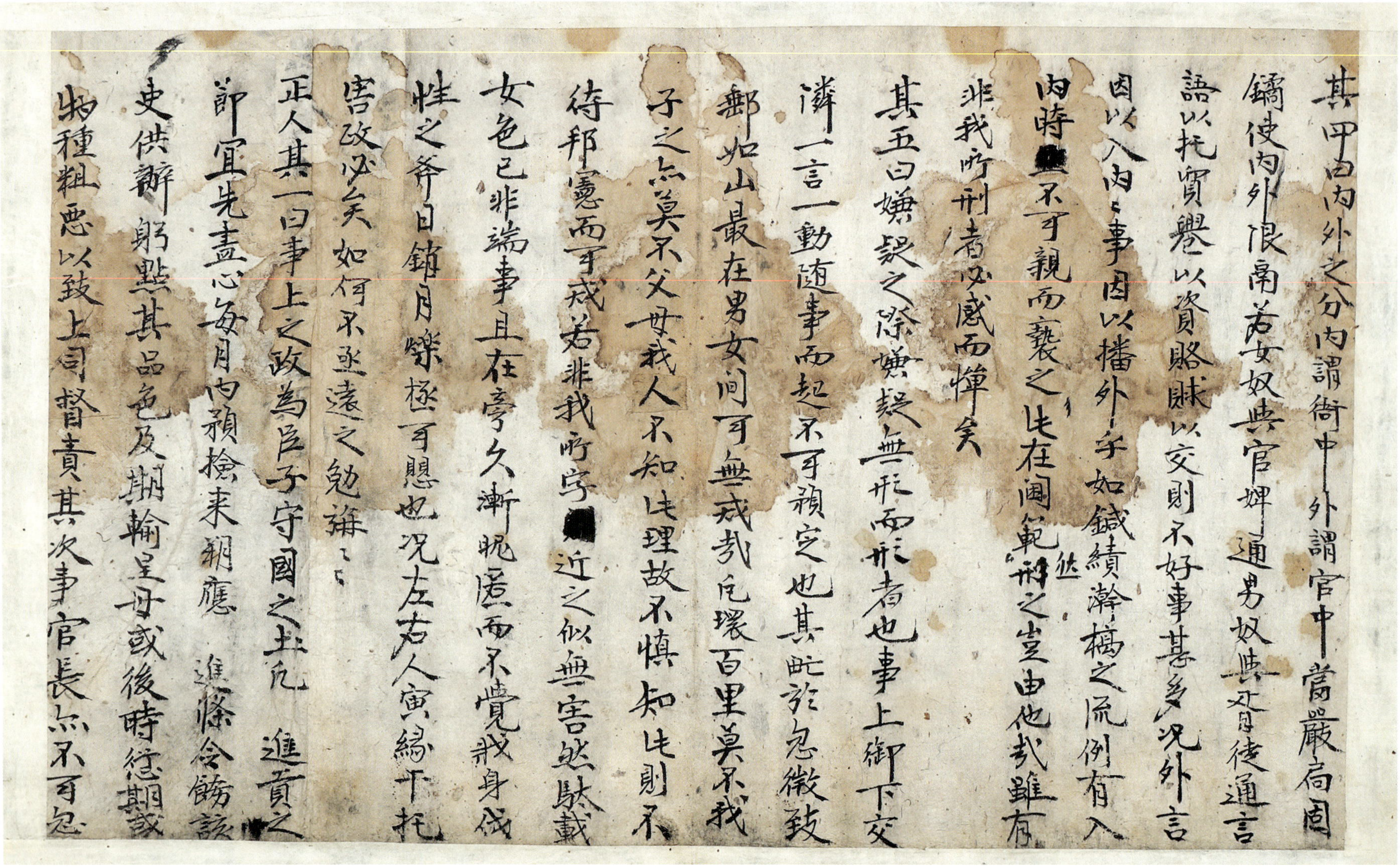

【釋文】其四曰:‘內外之分’. 內謂衙中, 外謂官中, 當嚴局固鐍, 使內外限鬲. 若女努與官婢, 通男奴與胥徒, 通言語, 以托貿遷, 以資賂賕, 以交則不好事, 甚多. 況外言, 因以入內, 內事, 因以播外乎? 如鍼績辯槀之流, 例有入內時, 然不可親而褻之. 多此在

閫範. 然刑之豈由他哉? 雖有非我所刑者, 必感而憚矣. 其五曰: '嫌疑之際'. 嫌疑無形而形者也, 事上御下交隣, 一言一動, 隨事而起, 不可預定也. 其吪於忽微, 致郵如山, 最在男女間, 可無戒哉? 凡環百里, 莫不我子之, 亦莫不父母, 我人不知此理, 故不愼. 知此, 則不待邦憲而可戒. 若非我所字, 近之似無害, 然馱載女色, 已非端事, 且在旁久, 漸昵匿, 而不覺戕身伐性之斧, 日銷月爍, 極可懼也. 況左右人, 寅緣干托, 害政必矣, 如何不亟遠之? 勉旃勉旃.

正人

其一曰: '事上之政'. 爲臣子守國之土, 凡進貢之節, 宜先盡心, 每月內預檢, 來朔應進條, 令飭, 該吏供辦, 躬點其品色, 及期輸呈. 毋或後時愆期, 或物種粗惡, 以致上司督責. 其次事官長, 亦不可忽.

【國譯】 넷째는, '안팎의 구분'이다. 안을 아중이라 하고, 밖을 관중이라 한다. 마땅히 엄히 굳게 걸쇠를 걸어서 안팎으로 하여금 구별 지어야 한다. 만약에 여노와 관비가 남노와 서리 무리들과 통하여 언어를 주고받아서 물건을 사는 것을 부탁하고, 뇌물을 취하는 것으로서 사귄다면 좋지 않은 일이 매우 많다. 더구나 바깥 말이 안으로 들어오고 안의 일이 바깥으로 소문이 퍼지는데 있어서이겠는가? 예컨대 바느질하고 길쌈하며 빨래하는 부류는 의례히 안으로 들여야 할 때가 있지만, 이들을 친압하거나 가까이 해서는 안 된다. 대체로 이것은 집안의 법칙이다. 그러나 본받는 것이 어찌 다른 것으로 말미암겠는가? 비록 내가 모범 삼는 바가 아님이 있다 하더라도 반드시 느끼고 거리낄 것이다.

다섯째는, '혐의의 사이'이다. 혐의는 형체가 없는데서 드러나는 것으로 위를 섬기거나 아래를 다스리거나 이웃과 사귈 때 한마디 말과 한 번의 행동이 일에 따라서 일어난 것을 예측할 수는 없다. 소홀이 여기는 작은 것에서 난 싹이 산처럼 허물을 초래할 것이니, 남녀 사이에 있어서 가장 경계하지 않을 수 있겠는가? 무릇 둘레가 백리이지만 내가 아들로 사랑하지 않을 사람이 없고 또 부모로 여기지 아니할 사람이 없으니 우리들이 이런 이치를 모르기 때문에 삼가지 아니한다. 이런 이치를 안다면 나라의 법도를 기다리지 않고도 경계로 삼을 것이다. 만약 나의 사랑하는 바가 아니라면 가까이해도 무해한 듯하지만, 수레에 실은 여색들이 이미 단정한 일은 아니지만 오랫동안 곁에 두고서 점점 더 친압하게 된다면 자신도 모르는 사이에 몸을 해치고 본성을 해치는 도끼가 되어 날로 달로 몸은 녹고 본성은 사라지게 되니 매우 두려워 할만하다. 하물며 곁에 있는 사람들이 인연을 통해서 간여하거나 부탁을 한다면 반드시 정사에 해가 될 것이니 어찌 서둘러 멀리 하지 않겠는가? 힘쓰고 힘쓸지어다.

남을 바르게 하는 것.

첫째는, '윗사람을 섬기는 정사'이다. 신하로서 국토를 지키고 무릇 진상하고 공납하는 절도에 있어서 의당 먼저 마음을 다하고 매월 안으로 미리 검속하여 내달 초하루에 응당 조목을 드리고 신칙을 하도록 하여 해당 아전에게 마련하도록 하고 몸소 그 품색을 점검하고 기약에 맞추어서 보내 올린다. 혹시라도 때가 늦어지거나 기일이 어긋나거나 혹은 물건들이 거칠고 나빠서 상사들의 독책을 불러오게 하지 말아야 할 것이다. 그 다음은 관장을 섬기는 일도 소홀히 해서는 안 된다.

[春-26-4] 李萬敷의 說

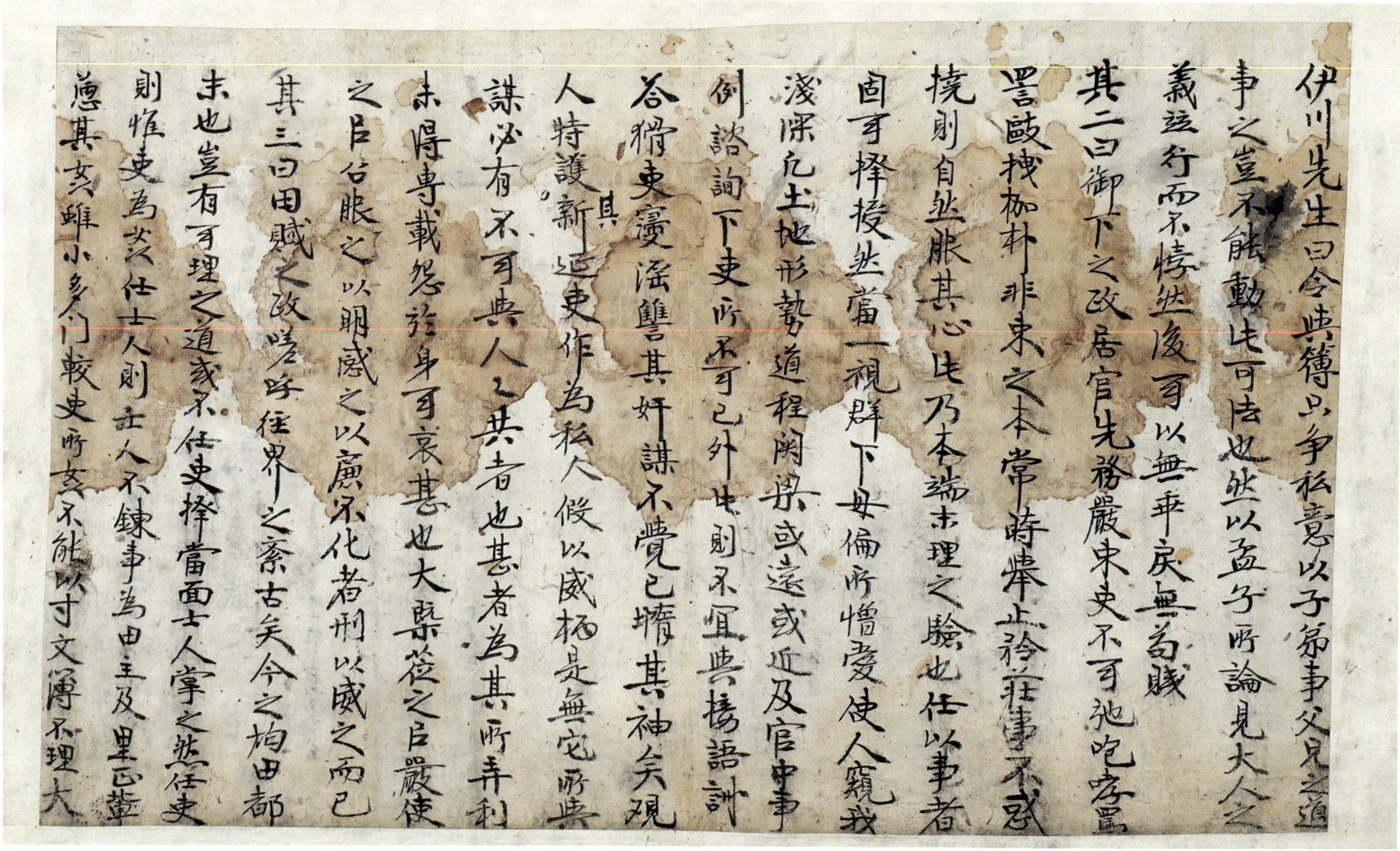

【釋文】伊川先生曰: “令與簿, 只爭私意, 以子弟事父兄之道, 事之, 豈不能動?” 此可法也. 然以孟子所論見大人之義, 竝行而不悖然後, 可以無乖戾, 無苟賤. 其二曰: ‘御下之政’. 居官, 先務嚴束吏, 不可施咆哮罵詈, 毆拽枷杻, 非束之本. 常時擧止矜莊, 事不惑撓, 則自然服其心, 此乃本端末理之驗也. 任以事者, 固可擇授. 然當一視群下, 毋偏所憎愛, 使人窺我淺深. 凡土地形勢·道程·關梁, 或遠或近, 及官中事, 例諮詢下吏, 所不可已. 外此, 則不宜與接語酬答. 猾吏浸淫, 讐其奸謀, 不覺已墮其縛矣. 觀人, 特護其新廷吏, 作爲私人, 假以威柄, 是無它, 所與謀, 必有不可與人人共者也. 甚者, 爲其所弄利未得, 專載怨於身, 可哀甚也. 大槪莅之以嚴, 使之以公, 服之以明, 感之以廉, 不化者, 刑以威之而已. 其三曰: ‘田賦之政’. 嗟呼, 經界之紊, 古矣.

今之均田都末也, 豈有可理之道? 或不任吏, 擇當面士人掌之. 然任吏, 則惟吏爲姦, 任士人, 則士人不鍊事, 爲田主及里正輩瞞. 其姦雖小多門, 較吏所姦, 不能以寸. 文簿不理, 大 ↳懸於任吏, 得失可見也.

【國譯】 이천선생이 말하였다. “현령(縣令)과 주부(主簿)가 불화하는 것은 다만 사의(私意)를 다투기 때문이니 자제가 부형을 섬기는 도로서 섬긴다면 어찌 감동시키지 못하겠는가?”[58]라고 하였으니 이는 법도로 삼을 만한 것이다. 그러나 맹자가 논한 바로 신분이 높은 사람을 뵙는 의리[59]를 아울러 행해서 어긋나지 않은 연후에야 괴려함이 없고 구차하고 천함이 없을 수 있다.

둘째는, ‘아랫사람을 거느리는 정사’이다. 관직에 있을 때는 먼저 힘써 아전들을 엄하게 단속하되 성내거나 꾸짖거나 때리거나 팽개치거나 매질하거나 하는 등을 해서는 안 된다. 이것은 단속의 근본이 아니다. 평상시에 행동거지는 조심성 있고 장엄하게 하고 일에 의혹되거나 흔들림이 없게 한다면 자연스럽게 (아전들이) 그 마음에 복종할 것이니 이것이 바로 근본을 단정히 하면 말단이 다스려지는 증험이다. 일을 맡길 자라면 진실로 가려서 전수할 수 있다. 그러나 아랫사람들을 동일한 시각으로 보아서 미워하거나 사랑하는 바에 치우쳐서 사람들로 하여금 나의 천심을 엿보도록 해서는 안 된다. 무릇 토지의 형세와 도로나 관문이 혹 멀거나 혹 가까워 관중의 일에 이르러서는 의례히 하리에게 자문하는 것은 그만둘 수가 없다. 이것 외에는 더불어 대화하거나 수답하는 것은 마땅치 않다. 교활한 관리들과 어울려 지내다가 그들의 간악한 꾀를 원수로 여기지만 자기도 모르는 사이에 이미 그들의 속박에 빠져들고 말 것이다. 사람을 볼 때 다만 새로운 아전들만 보호해서 아전을 사적인 사람으로 만든다면 또 그가 권세와 권력을 빌려서 행할 것이니 이것은 다름이 아니라 도모하는 바가 반드시 사람 사람마다와 더불어 함께하지 않는 바가 있어서이다. 심한경우에는 이익에 농간을 부리다가 얻지 못한다면 오로지 자신에게 원망이 실릴 것이니 매우 슬픈 것이다. 대개 엄하게 그들을 다스리고 공적인 일로 그들을 부리며 명철함으로 그들을 복종시키고 청렴함으로 그들을 감동케 해야 하지만 교화되지 않는 자에게는 형벌로써 그를 위협할 뿐이다.

셋째는, ‘전부(田賦)[60]의 정사’라 한다. 아, 경계가 문란한 지 오래되었다. 지금의 균전(均田)은 모두 말단이 되었으니 어찌 다스릴 수 있는 도리가 있겠는가? 혹시라도 아전에게 맡기지 않고 해당 면의 선비들을 가려서 그들에게 일을 관장하게 해야 한다. 그러나 아전에게 맡긴다면 오직 아전이 간사한 짓을 하게 되고, 선비들에게 맡긴다면 선비들이 일에 익숙하지 못해서 전주(田主)와 이장들에게 속임을 당하게 된다. 선비들의 간악한 짓은 비록 적지만 다양해서 아전들이 간악한 짓을 하는 것과는 비교해 보아도 적지가 않다. 장부도 다스리지 않고서 ↳아전에게 맡기는 것에만, 지나치게 매달린다면 그 득실을 알 수가 있다.

58 현령……못하겠는가? : 이천선생의 말은 『근사록』에서 인용한 것이다. [令與簿不和, 只是爭私意. … 若能以事父兄之道事之, … 豈有不動得人 ?] 『近思錄』 권10, 「政事 47조」.

59 맹자가 … 뵙는 의리 : 맹자가 신분이 높은 사람을 설득할 때의 자세를 말한 것이다. “지위가 높은 사람을 만나서 이야기할 때에는 그 지위를 하찮게 여기면서 그 부귀와 권세는 거들떠보지도 말아야 한다.[說大人則藐之, 勿視其巍巍然.]” 『孟子』, 「盡心下」.

60 전부(田賦) : 논과 밭에 부과하던 租稅를 말한다.

[春-26-5] 李萬敷의 說

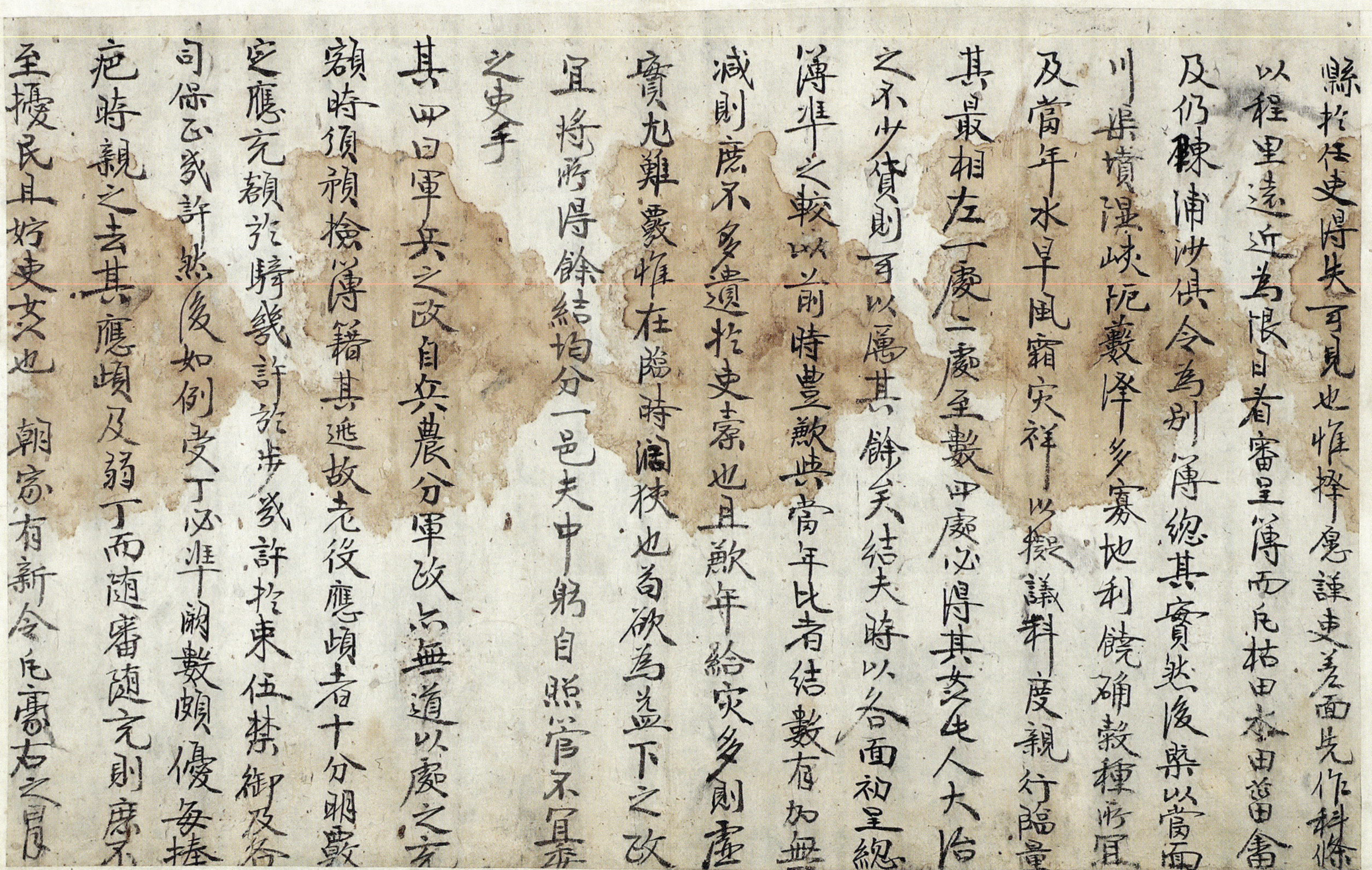

縣於任吏得失可見也惟擇懇謹吏差面先作科條
以程里遠近爲限日看審呈簿而民枯田本田畓畬
及仍陳浦沙俱令爲別簿總其實然後槩以當面
川渠墳堤峽阨藪澤多寡地利饒确穀種所宜
及當年水旱風霜災祥 以擬議料度親行臨量
其最相左一處二處至數四處必得其奸民人大治
之不少貸則可以懲其餘矣結夫時以各面初呈總
簿準之較以前時豊歉與當年比看結數有加無
減則庶不多遺於吏橐也且歉年給災多則虛
實尤難覈惟在臨時闊狹也苟欲爲益下之政
宜將所得餘結均分一邑夫中躬自照管不宜委
之吏手
其四曰軍兵之政自兵農分軍政亦無道以處之言
額時須預檢簿籍其逃故老役應頉者十分明覈
定應充額於騎錢許於步錢許於束伍禁御及各
司保正錢許然後如例定丁必準厥數頗優每捧
疤時親之去其應頉及弱丁而隨番隨充則庶不
至擾民且防吏奸也 朝家有新令民戶右之[illegible]

【釋文】懸於任吏, 得失可見也. 惟擇愿謹吏差面, 先作科條, 以程里遠近爲限, 日看審呈簿, 而凡枯田水田災畬, 及仍陳·浦沙, 俱令爲別簿, 總其實然後, 槪以當面川渠·墳隰·峽阨·藪澤多寡·地利饒确·穀種所宜, 及當年水·旱·風霜·灾祥, 以擬議料度, 親行臨量, 其最相左一處二處, 至數四處, 必得其姦, 此人大治之, 不少貸, 則可以厲其餘矣. 結夫時, 以各面初呈總簿準之, 較以前時, 豊歉與當年比者, 結數有加無減, 則庶不多遺於吏橐也. 且歉年給灾多, 則虛實尤難覈, 惟在臨時濶狹也. 苟欲爲益下之政, 宜將所得餘結, 均分一邑夫中, 躬自照管, 不宜委之吏手. 其四曰: '軍兵之政'. 自兵農分軍政, 亦無道以處之. 充額時, 須預檢簿藉, 其逃故老役應頉者, 十分明覈定應, 充額於騎幾許, 於步幾許, 於束伍禁御及各司保正幾許然後, 如例受丁, 必準闕數頗優, 每捧疤時, 親之去其應頉及弱丁, 而隨審隨充, 則庶不至擾民, 且妨吏姦也. 朝家有新令, 凡豪右之冒

【國譯】아전에게 맡기는 것에만, 지나치게 매달린다면 그 득실을 알 수가 있다. 오직 삼가는 관리를 가려서 면에 보내 우선 과조를 만들고 거리의 멀고 가까움으로써 한계를 짓되 날마다 살펴서 장부를 기록해 보고하게하고 마른논과 수해 입은 논, 재해 입은 토지와 묵은 땅과 모래땅을 모두 별도의 장부를 만들어서 그 실제를 총괄한 뒤에 해당 면의 천과 도랑, 제방과 습지, 골짜기와 못의 많고 적음, 토지의 비옥함과 척박함, 곡식을 심기에 마땅한 바와 그해의 수해와 한재, 풍상과 재해를 헤아려 미리 짐작하고, 직접 가서 임하여 확인하되 가장 어긋나는 한 두 곳이나 심지어는 4곳까지 반드시 그 간악한 실정을 얻어서 이 사람을 크게 다스리고 조금도 임대를 주지 않는다면 그 나머지 사람도 엄하게 다스릴 수 있다.

결부 시에 각 면의 처음 올린 장부를 표준으로 하되 이전 때의 풍년과 흉년을 당년과 비교한 것이 결부 수에 더함이 있고 감소됨이 없다면 아마 관리의 주머니 속으로 잃어버리는 것이 많지는 않을 것이다. 게다가 흉년에 재앙을 받은 것이 많다면 허실의 실상을 조사하기 더욱 어려우니 오직 그때마다 신축성 있게 운영해야할 때이다. 진실로 백성을 이롭게 하는 정사를 하려면 의당 장차 얻은 바의 남는 결부를 한 고을 사람들에 고르게 나누어서 몸소 직접 돌보아 관리하고 아전의 손에 맡겨서는 안 된다.

넷째는, '군병의 정사'이다. 병·농으로부터 군정을 나눌 때는 그것을 처리할 방법이 없다. 군병의 인원을 충원할 때 모쪼록 미리 장부를 검사하여 달아나거나 죽거나 노역으로 응당 탈이 있는 자는 충분히 명확히 조사해서 응당 기병이 몇 명인지 보병이 몇 명인지 속오군과 금어군 및 각 사의 보정이 몇 명인지를 충액한 연후에 관례대로 장정을 받고 반드시 빠진 수에 따라서 자못 넉넉하게 매번 봉파(신체검사)할 때에 직접 가서 탈이 난 인원과 약한 장정을 제외하고 그 속에서 살피는 대로 충원한다면 거의 백성을 분요케 하고 또 아전들의 간악한 짓 때문에 일에 방해가 되는 데는 이르지 않을 것이다. 조정에 새로운 명령이 있어 모든 호족들이 무릅쓰고서

[春-26-6] 李萬敷의 說

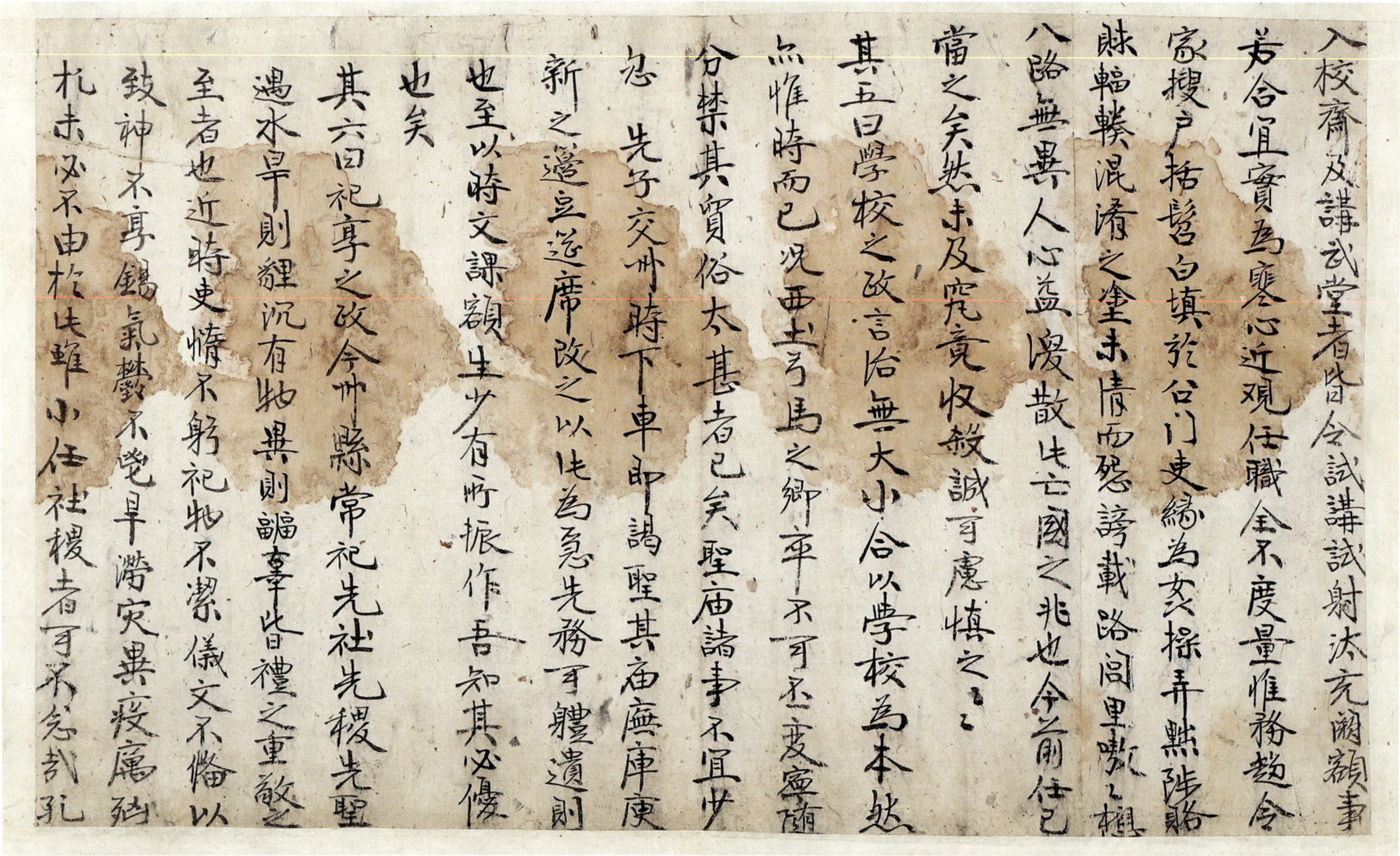

【釋文】 ↳朝家有新令, 凡豪右之冒入校齋, 及講武堂者, 皆令試講試射, 汰充闕額, 事若合宜. 實爲寒心, 近觀任職, 全不度量, 惟務趨令家, 搜戶括髻, 白塡於公門, 吏緣爲姦, 操弄黜陟, 賂賕輻輳, 混淆之塗未淸, 而怨謗載路, 閭里嗷嗷, 想八路無異, 人心益渙散, 此亡國之兆也. 今前任已當之矣, 然未及究竟收殺, 誠可慮. 愼之愼之. 其五曰: '學校之政'. 言治無大小, 合以學校爲本, 然亦惟時而已. 況西土弓馬之鄕, 卒不可丕變, 寧隨分禁其貿俗, 太甚者已矣. 聖廟諸事, 不宜少忽. 先子交州時, 下車卽謁

聖, 其廟廡庫庾新之, 籩豆筵席改之, 以此爲急先務, 可體遺則也. 至以時文課額生, 少有所振作, 吾知其必優也矣. 其六曰: '祀享之政'. 今州縣常祀先社·先稷·先聖, 遇水旱則貍沈, 有物異則疈辜, 皆禮之重, 敬之至者也. 近時吏惰不躬, 祀物不潔, 儀文不備, 以致神不享錫, 氣鬱不啓, 旱澇灾異, 疫厲兇札, 未必不由於此. 雖小任社稷者, 可不念哉? 孔

【國譯】 ↳조정에 새로운 명령이 있어 모든 호족들이 무릅쓰고서 학교와 강무당에 들어간 자는 모두 시강하고 시사토록 해서 빠진 수를 크게 충원한다면 일이 합당할 듯하다. 그러나 실로 한심한 것은 근래에 직책을 맡은 것을 보면 전혀 헤아리지도 않고 오직 세도가의 집만을 추종하고 (그 나머지) 집안은 샅샅이 뒤져 공문에다 거짓으로 채워 넣고 아전들이 간악한 짓을 하며 벼슬을 주기도 하고 뺏기도 해서 뇌물이 폭주하고 진흙이 뒤섞여 맑지 아니하니 원망과 비방이 길에 가득하고 마을이 시끄러우니 생각건대 팔도가 이와 다르지 않아서 인심은 더욱 흩어지니 이것은 망국의 조짐이다. 지금 전임이 이미 그런 일을 당하고 있으면서도 미처 끝내 수습하지 못하였으니 진실로 걱정이다. 삼가고 삼가라.

다섯째는, '학교의 정사'이다. 말하건대 다스림에 있어서는 크고 작음이 없이 합하여 학교로서 근본을 삼는다. 그러나 오직 때에 맞게 할 뿐이다. 하물며 서북지방은 활과 말의 고향[61]이라서 끝내 크게 변할 수가 없으니, 차라리 분수에 따를 뿐 무속을 금지시키는 것은 너무 지나치다. 성인의 사당과 여러 일들은 조금도 소홀해서는 마땅치 않다. 선친이 강원도 수령으로 갔을 때 부임하자마자 곧 성인에게 배알하였으며, 그 사당과 곳집을 새로 하고 제기와 자리 등을 바꾸며 이것으로서 급선무를 삼았으니 남겨 놓은 법을 본받을 만하다. 때대로 문과 유생[62]에 이르러서는 조금이나마 진작하는 바가 있다면 나는 그것이 반드시 넉넉하리라는 것을 안다.

여섯째는, '사향의 정사'이다. 지금 고을의 주와 현에는 항상 사직과 성인의 제사가 있는데 홍수와 가뭄을 만난다면 산림과 천택의 제사[63]를 하고 특이한 물건이 있으면 사방 온갖 물건들에게 제사를 지내는데[64] 모두 예의 중함이요 공경함의 지극함이다. 요즈음에 관리가 나태하여 직접 하지 않아 제사의 물건이 불결하고 의문이 준비되지 않아서 신에게 올려도 흠향하지 아니하고 기운이 답답하여 울창주를 붓지도 못하니, 가뭄과 장마와 재앙과 이변, 역병과 기근들이 반드시 이로 말미암지 않음이 없다. 비록 적더라도 사직의 제사를 맡은 자라면 염려하지 않을 수 있겠는가? 공

61 서북지방은……고향: 원문의 '西土弓馬之鄕'은 서북지방을 일컫는 말로서, '활쏘기와 말타기를 숭상하는 고장이다.'라고 하는 말이 실록에 보인다. "서북 지방은 활쏘기와 말타기를 숭상하는 고장이었는데, 풍습이 요즘은 옛날 같지 않아서…,[西北, 弓馬之鄕, 而俗習近不如舊…,]" 『朝鮮王朝實錄』, 정조 14년 12월 27일.

62 유생: 원문의 '額生'은 정원 내의 학생으로 廩饍생원과 增廣생원을 말한다.

63 산림과 천택의 제사: 원문의 '貍沈'은 산림과 천택의 제사를 말한다. "貍沉으로서 산림과 천택에 제사를 지낸다. 정현의 주석에 말하기를, 산림에 제사지내는 것을 貍라고 하고 천택에 제사지내는 것을沉이라 한다하였다.[以貍沉祭山川林澤. 鄭玄注云; '祭山林曰貍, 川澤曰沉.']" 『周禮』, 「春官·大宗伯」.

64 사방 온갖……지내는데: 원문의 '疈辜'는 사방의 온갖 물건을 의미한다. "벽고는 사방의 온갖 물건들에게 제사를 지낸다.[以疈辜祭四方百物.]" 『周禮』, 「春官·大宗伯」.

[春-26-7] 李萬敷의 說

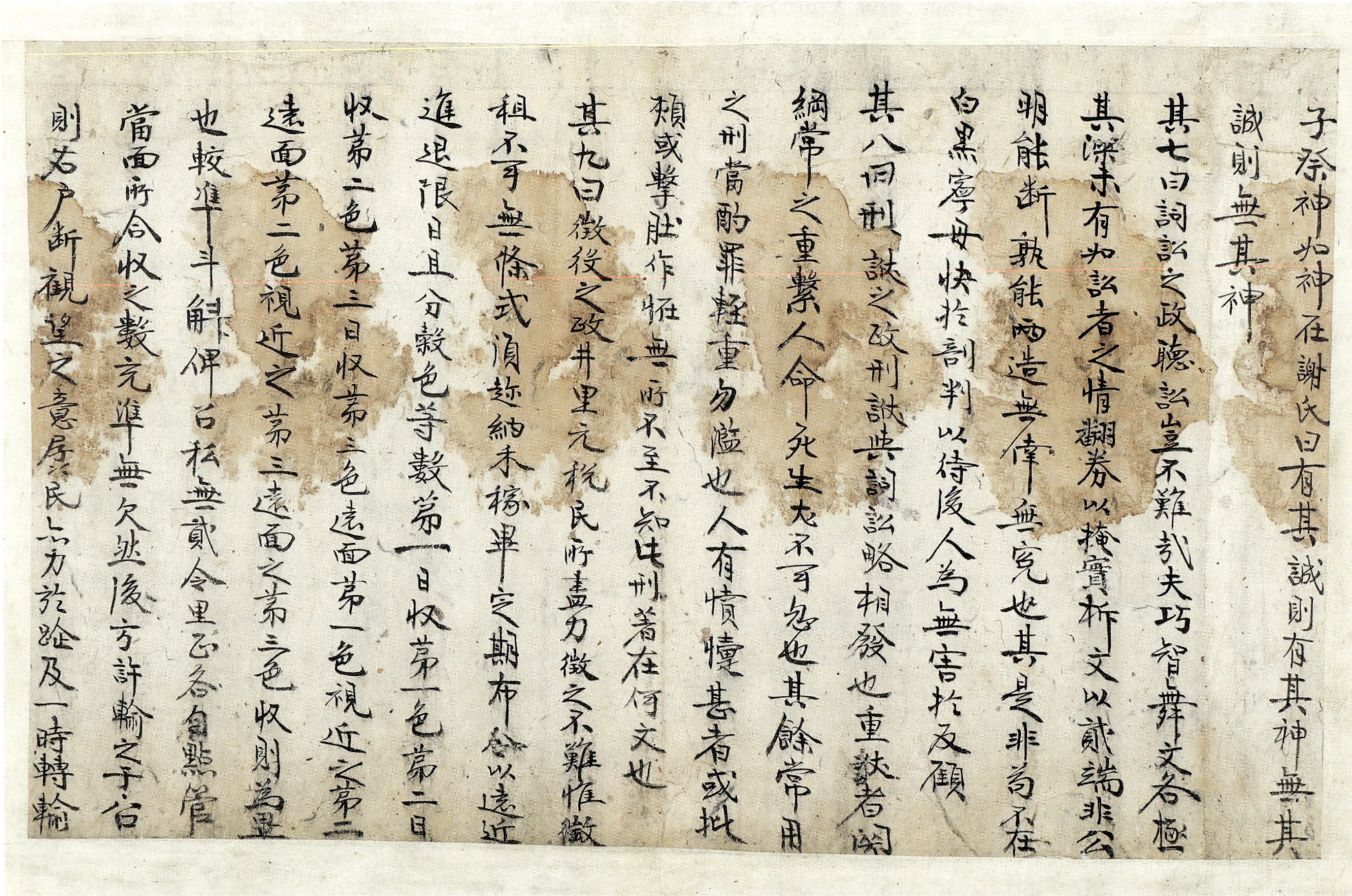
子孫神如神在謝氏曰有其誠則有其神無其
誠則無其神
其七曰詞訟之政聽訟豈不難哉夫巧智彝文各極
其深未有如訟者之情翻翻券以掩實析文以貳端非公
明能斷孰能兩造無偉無究也其是非苟不在
白黑寧毋快於剖判以待後人爲無害於反顧
其八曰刑獄之政刑獄與詞訟略相發也重獄者關
綱常之重繫人命死生尤不可忽也其餘常用
之刑當酌罪輕重勿濫也人有憤懥甚者或扺
頰或擊肚作粧無所不至不知此刑着在何文也
其九曰徵役之政井里元稅民所盡力徵之不難惟徵
租不可無條式須趁納禾稼畢定斛布令以遠近
進退限日且分穀色等數第一日收第一色第二日
收第二色第三日收第三色遠面第一色視近之第二
遠面第二色視近之第三遠面之第三色收則爲畢
也較準斗斛俾白私無貳令里正各自照管
當面所合收之數充準無欠然後方許輸之于台
則右戶斷視望之意辱之民亦力於從及一時轉輸

【釋文】 ↳孔子祭神如神在. 謝氏曰: “有其誠則有其神, 無其誠則無其神.” 其七曰: ‘詞訟之政’. 聽訟, 豈不難哉? 夫巧智舞文, 各極其深, 未有如訟者之情, 翻券以掩實, 析文以貳端. 非公明能斷, 孰能兩造無幸無寃也? 其是非, 苟不在白黑, 寧毋快於剖判, 以待後人爲無害於反顧. 其八曰: ‘刑獄之政’. 刑獄與詞訟, 略相發也. 重獄者, 關綱常之重, 繫人命死生, 尤不可忽也. 其餘常用之刑, 當酌罪輕重, 勿濫也. 人有憤懥甚者, 或批頰, 或擊肚, 作怪無所不至. 不知此刑著在何文也? 其九曰: ‘徵役之政’. 井里元稅, 民所盡力, 徵之不難, 惟徵租不可無條式. 須趁納禾稼畢, 定期布令, 以遠近·進退限日. 且分穀色等數, 第一日收第一色, 第二日收第二色, 第三日收第三色. 遠面第一色, 視近之第二, 遠面第二色, 視近之第三, 遠面之第三色, 收則爲異也. 較準斗斛, 俾公私無貳令. 里正各自點管當面所合收之數, 充準無欠, 然後方許輸之于公. 則右戶斷觀望之意, 孱民亦力於〔企〕. 及一時轉輸

【國譯】 ↳공자께서 ‘신에게 제사지내는 것은 마치 신이 계신 것처럼 해야 한다.’라고 한 말씀에 사씨가 말하였다. “정성이 있다면 신이 있는 것이요, 정성이 없다면 신도 없는 것이다.”

일곱째는, ‘사송의 정사’이다. 송사를 듣는 것이 어찌 어렵지 않겠는가? 무릇 공교로운 지혜와 춤추는 문장은 각각 그 깊이가 지극하나 송사하는 자의 정과 같음은 있지 아니하니 문서를 뒤집어서 진실을 가리고 문장을 쪼개서 단서를 둘로 한다. 공명함으로 능히 판단하지 않는다면 누가 능히 양쪽에 모두 요행이 없고 원망이 없게 만들 수 있겠는가? 그 시비는 진실로 흑백에 달려있지 않으니 차라리 명쾌하게 쪼개어 판단하지 말고 기다렸다가 뒷사람이 돌아보아 해가 됨이 없도록 하여야 할 것이다.

여덟째는, ‘형옥의 정사’이다. 형옥과 더불어 사송은 대략 서로 발생한다. 중옥자는 강상의 중함에 관계되고 인명의 생사에 매어 있으니 더욱 소홀히 해서는 안 된다. 그 나머지 항상 사용하는 형은 응당 죄의 경중을 참작하여 지나치지 말아야 한다. 사람이 심하게 분을 내는 자는 혹 뺨을 때리기도 하고, 혹 배를 치기도하여 온갖 괴이한 짓을 다하는데 이러한 형벌이 어떤 글에 지어져 있는지는 모른다.

아홉째는, ‘징역의 정사’이다. 고을의 원세(元稅)[65]는 백성이 힘을 다한바 여서 징수하는 것이 어렵지 않으나 오직 세금을 징수하는데 조례의 법식이 없어서는 안 된다. 모쪼록 납기에 맞춰 곡식 심기를 마치면 정한 기한의 령을 반포하고 원근·진퇴의 날짜를 한정해야 한다. 또 곡식의 종류의 등수를 나누어 제1일에는 제1색을 거두고, 제2일에는 제2색을 거두며, 제3일에는 제3색을 거둔다. 먼 고을의 첫 번째 색으로 가까운 고을의 두 번째 색을 간주하고 먼 고을의 두 번째 색으로 가까운 고을의 세 번째 색을 간주하며, 먼 고을의 세 번째 색은 수확하는 것을 달리 한다. 두(斗)와 곡(斛)을 비교하여 표준하고 공사로 하여금 명령을 다르게 하지 말아야 한다. 이장으로 하여금 각자 스스로 해당고을 면에서 수합한 바의 수를 살펴보게 해서 흠 없이 기준을 채운 연후에 바야흐로 공소로 옮기는 것을 허락한다. 그렇다면 위세를 부리는 토호(土豪)들의 관망하는 뜻을 끊게 되니 잔약한 백성들도 또한 기대에 힘써야 할 것이다. 일시에 곡식을 옮김에 미쳐서

65 원세(元稅) : ‘원세’는 토지세인 ‘田稅’를 말한다.

[春-26-8] 李萬敷의 說

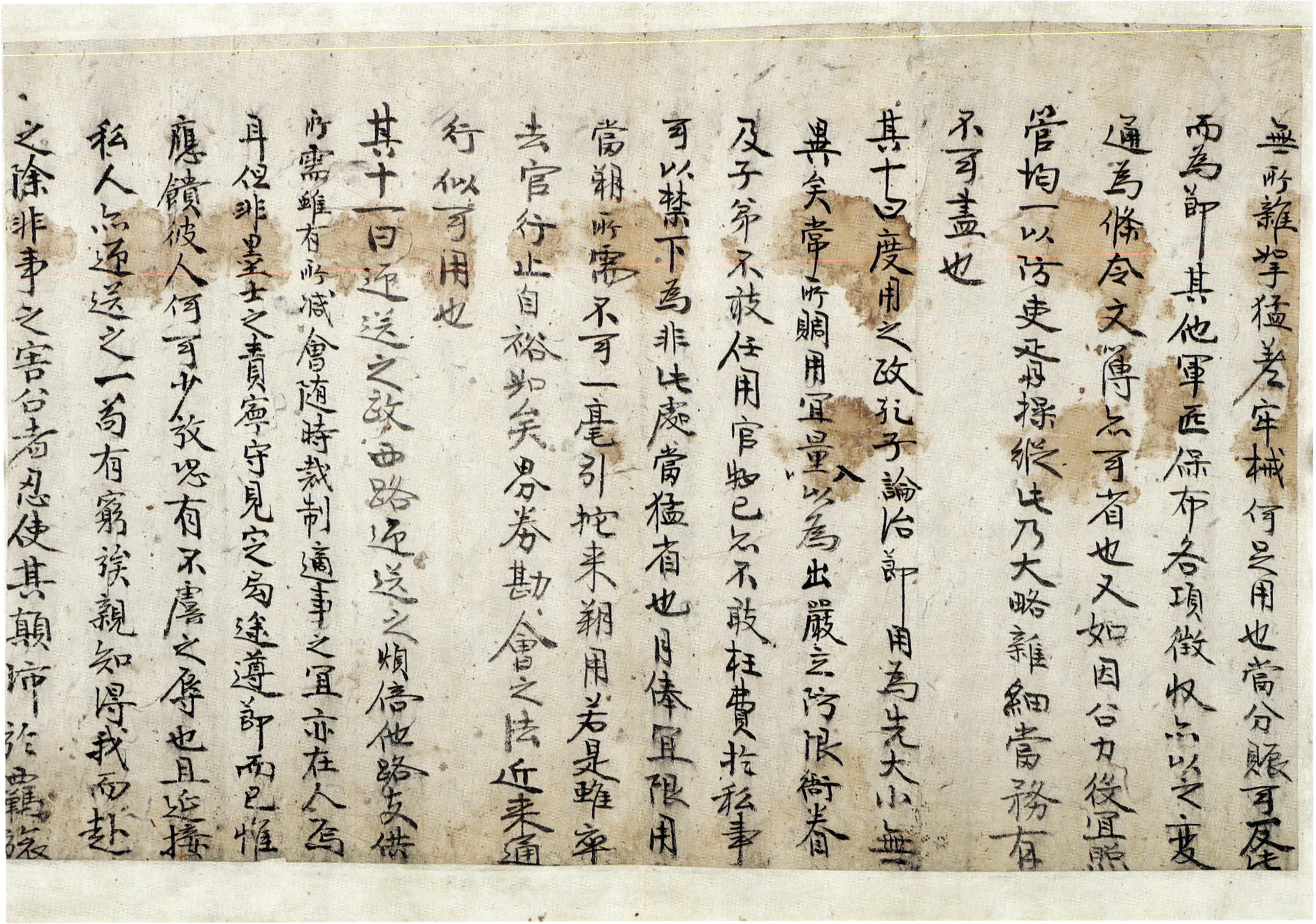

無所雜犛猛差牢械何足用也當分賑可居
而爲節其他軍匠保布各項徵收亦以之变
通爲條令文傳亦可省也又如因台力役宜照
管均一以防吏胥操縱此乃大略雜細當務有
不可盡也
其十曰度用之政孔子論治節用爲先大小無
異矣當所贍用宜量入以爲出嚴立防限衙眷
及子弟不敢任用官物已亦不敢枉費於私事
可以禁下爲非此處當猛省也月俸宜限用
當朔所需不可一毫引拕來朔用若是雖卒
去官行止自裕如矣界券勘會之法近來通
行似可用也
其十一曰迎送之政西路迎送之煩倍他路支供
所需雖有所減會隨時裁制適事之宜亦在人爲
耳但非豐士之責寧守見定焉遂遵節而已惟
廳饋彼人何可少致恐有不虞之辱也且近接
私人亦迎送之一切有窮族親知得我而赴
之除非事之害台者忽使其顛躓於西鞮旅

【釋文】 ↳及一時轉輸，無所雜挐，猛差牢械，何足用也？當分賑，可反此而爲節，其他軍匹保布，各項徵收，亦以之變通，爲條令，文簿亦可省也．又如因公力役，宜照管均一，以防吏胥操縱．此及大略雜細，當務有不可盡也．其十曰：‘度用之政’．孔子論治，節用爲先，大小無異矣．常所賙用，宜量入以爲出，嚴立防限．衙眷及子弟不敢任用．官物已亦不敢枉費，於私事可以禁下爲非，此處，當猛省也．月俸宜限用，當朔所需，不可一毫引拕來朔用，若是，雖卒去官，行止自裕如矣．界券勘會之法，近來通行，似可用也．其十一曰：‘迎送之政’．西路迎送之煩，倍他路支供所需，雖有所減會，隨時裁制，適事之宜，亦在人焉．但非墨土之責，寧守見定，局途遵節而已．惟應饋彼人，何可少放？恐有不虞之辱也．且延接私人，亦迎送之一．苟有窮族親知，得我而赴之，除非事之害公者，忍使其顚沛於羈旅 ↳乎？

【國譯】 ↳일시에 곡식을 옮김에 미쳐서 잡되게 끌어가는 바가 없다면, 사나운 형틀이 어찌 필요하겠는가? 진곡을 나눌 때를 당하여 이것을 돌이켜보아 절목으로 삼고, 그 나머지 군필과 보포 등의 각 항목 별로 징수함에 있어서 또한 변통한 것을 조령으로 삼는다면 문부 또한 줄일 수 있다. 또 만일 공적인 역에 힘씀으로 인하여 마땅히 균일하게 관리하여 이방과 서리들의 조종을 막아야한다. 이것은 대략 자질구레한 일을 언급한 것일 뿐 마땅히 힘써야 할 것은 다 말하지 못했다.

열째는, ‘탁용의 정사’이다. 공자께서 정치를 논할 때에 절도 있게 쓰는 것을 우선으로 삼았으니 크고 작은 것이라 하여 다르지 않다. 항상 진휼을 사용하는 바에 의당 수입을 헤아려 지출을 삼았으니 엄히 방한을 세워서 관아의 권속 및 자제들에게 감히 함부로 쓰지 못하게 하였다.

관물은 이미 또한 감히 헛되이 낭비해서는 안 되나 사적인 일에 대하여 아랫사람을 금지하는 것은 잘못된 것이니 이런 처신에 대하여서는 응당 맹렬히 반성해야 한다. 매달 녹봉은 의당 제한하여 사용하고 한 달에 쓰이는 바를 당하여서는 한 터럭이라도 내달의 것을 끌어당겨 사용해서는 안 된다. 만약 이렇게 한다면 비록 끝내 관직을 떠난다하더라도 그 행동거지가 절로 넉넉할 것이다. 회계하는 법을 요사이에 통용해서 시행한다면 아마도 쓸 수 있을 것이다.

열한째는, ‘영송의 정사’이다. 서쪽 길에서 영송하는 번거로움은 타로에서 지탱하며 이바지하는 쓰임에 배가 된다. 비록 모임을 줄이는 바가 있어도 때를 따라 제재하여 일에 맞게 마땅히 하는 것은 또한 사람에게 달려 있다. 다만 묵사의 책임일 뿐만이 아니니 차라리 현재 정해져 있는 것을 지켜서 한정된 길에서 절도를 따를 뿐이다.

오직 저 사람들을 응하고 접대함에 있어서는 어찌 조금이라도 소홀히 할 수 있겠는가? 뜻하지 않은 욕됨이 있을까 걱정이다. 게다가 사인을 맞이하여 만나는 것 또한 영송 가운데 하나이다. 진실로 궁핍한 친족과 친지들 중에 나를 만나기 위해 달려 나오되 일이 공적인 일에 해가 되는 일이 아니라면 차마 그들이 객지에서 낭패를 당하도록 ↳하겠느냐?

[春-26-9] 李萬敷의 說

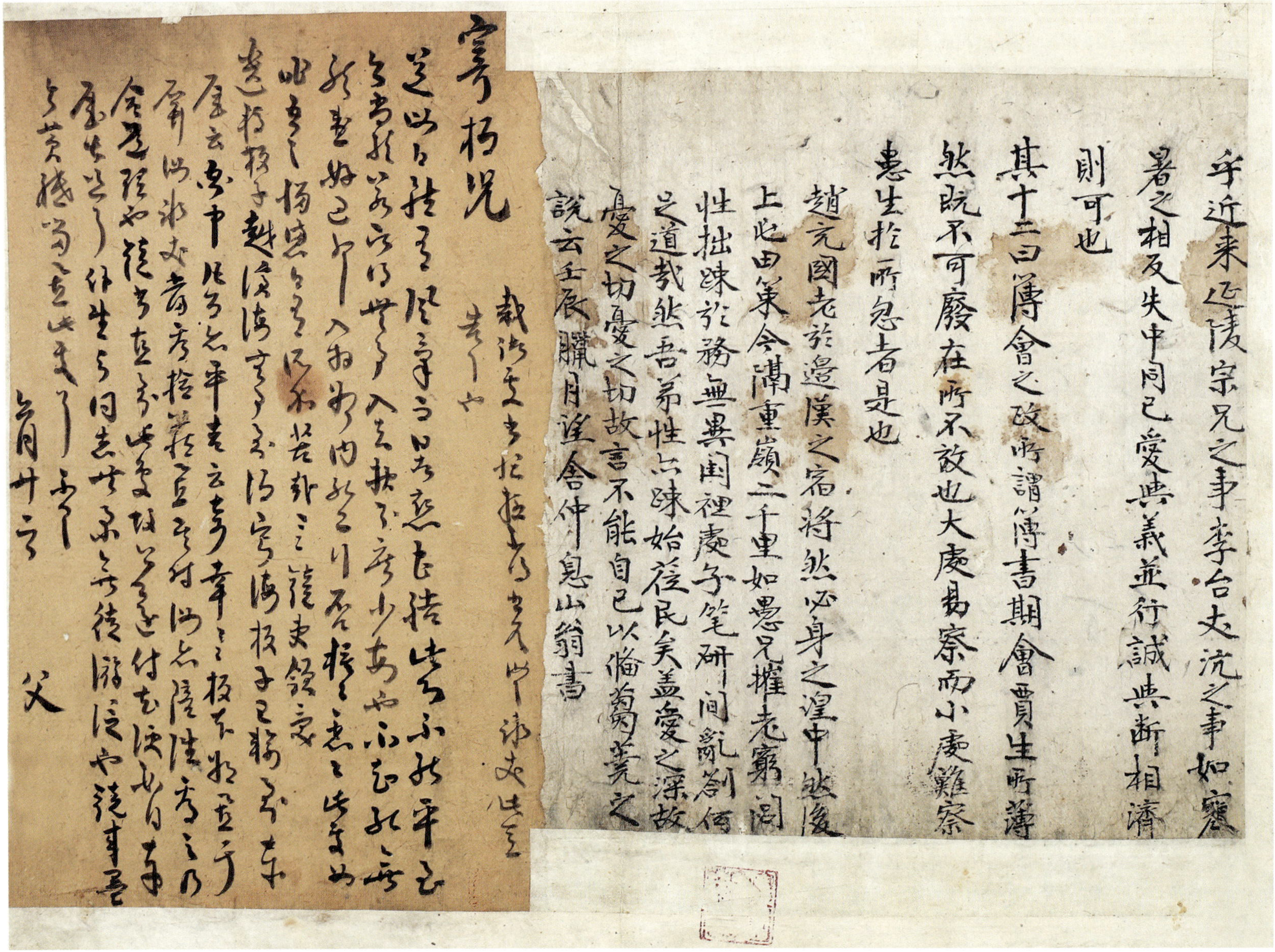

乎近來延陵宗兄之事李台丈流之事如寒
暑之相反失中同己愛無義並行誠無斷相濟
則可也
其十二曰博會之攻所謂博書期會賈生所講
然既不可廢在所不放也大處易察而小處難察
患生於所忽者是也
趙充國老於邊漢之宿將然必身之湟中然後
上屯田策今隔重嶺二千里如愚兄權老窮閭
性拙疎於務無異閨裡處子筆研間亂劄何
之道哉然吾弟性亦疎始從民矣蓋愛之深故
憂之切憂之切故言不能自已以備蒭蕘之
說云壬辰臘月送舍仲息山翁書

【釋文】乎 近來延陵宗兄之事, 李台丈沆之事, 如寒暑之相反, 失中同已 愛與義並行, 誠與斷, 相濟則可也. 其十二曰: '簿會之政'. 所謂簿書期會, 賈生所簿. 然旣不可廢, 在所不放也. 大處易察, 而小處難察, 患生於所忽者, 是也. 趙充國老於邊漢之宿將, 然必身之湟中, 然後上屯田策, 今隔重嶺二千里. 如愚兄摧老窮閭, 性拙疎於務, 無異閨裡處子, 筆硏間亂箚, 何足道哉? 然吾弟性亦疎, 始莅民矣. 盖愛之深, 故憂之切, 憂之切, 故言不能自已, 以備芻蕘之說云.
壬辰 臘月 望 舍仲 息山翁書

【國譯】하겠느냐? 근래의 연릉 종형의 일과 대감 어른 이항의 일은 마치 추위와 더위가 서로 반대가 되어중을 잃은 것과 같을 뿐이니 사랑과 의를 함께 행해야 하나 진실로 단언컨대 서로 구제해 주는 것이 옳다.

열두째는, '부회의 정사'이다. 이른바 문서를 정기적으로 정리하는 것은 가의가 장부한 바[66]이다. 그러나 이미 폐할 수도 없고 방치하지도 못하는 바에 있다. 큰 곳은 살피기 쉬우나 작은 곳은 살피기 어려우니 근심은 소홀히 하는 바에서 생겨나는 것이니 바로 이것이다.

조충국은 변방 한나라의 경험이 많은 장수로 늙었다 그러나 반드시 자신이 해자 가운데 있은 뒤에야 둔전 책을 올렸고 지금은 겹겹의 고개가 2천리나 떨어져 있다. 이는 마치 우형이 궁벽한 마을에 기가 꺾이고 늙어서 성품은 졸렬해서 힘쓰는데 소략하여 규방의 처자와 다름이 없으니 문장을 짓거나 글을 쓰는 사이에 어지럽게 차록하니 어찌 말할 만한 것이 있겠느냐? 그러나 나의 아우 또한 성품이 소략하여 비로소 백성들의 수령이 되었다. 대체로 사랑이 깊기 때문에 근심이 간절하고 근심이 간절하기 때문에 말을 능히 스스로 마지못하니 이로써 꼴 베고 땔감하는 식견 없는 말을 갖춘다.

임진년 섣달 보름 둘째 식산옹이 쓰다.

66 문서를……장부한 바 : 가의가 전한 '簿會의 정사'는 장부에 정기적으로 정리한 것을 보고하지 않는 행위를 말한다. "한나라는 진나라의 잘못된 습속을 이어서 예의를 폐하고 염치를 버렸다. 지금 심한 자들은 부형을 죽이고 도둑은 종묘의 제기를 취하였으나 대신들은 다만 장부에서 정기적으로 정리한 것을 보고하지 않았기 때문에 풍속이 흘러넘치는데 이르렀음에도 편히 하면서 괴이하게 여기지 않았고 적절한 듯이 여겼다.[漢承秦之敗俗, 廢禮義, 捐廉恥. 今其甚者殺父兄, 盜者取廟器, 而大臣特以簿書不報期會爲故, 至於風俗流溢, 恬而不怪, 以爲是適然耳.]" 『漢書』, 「賈誼傳」.

[春-27-左] 李萬敷의 간찰

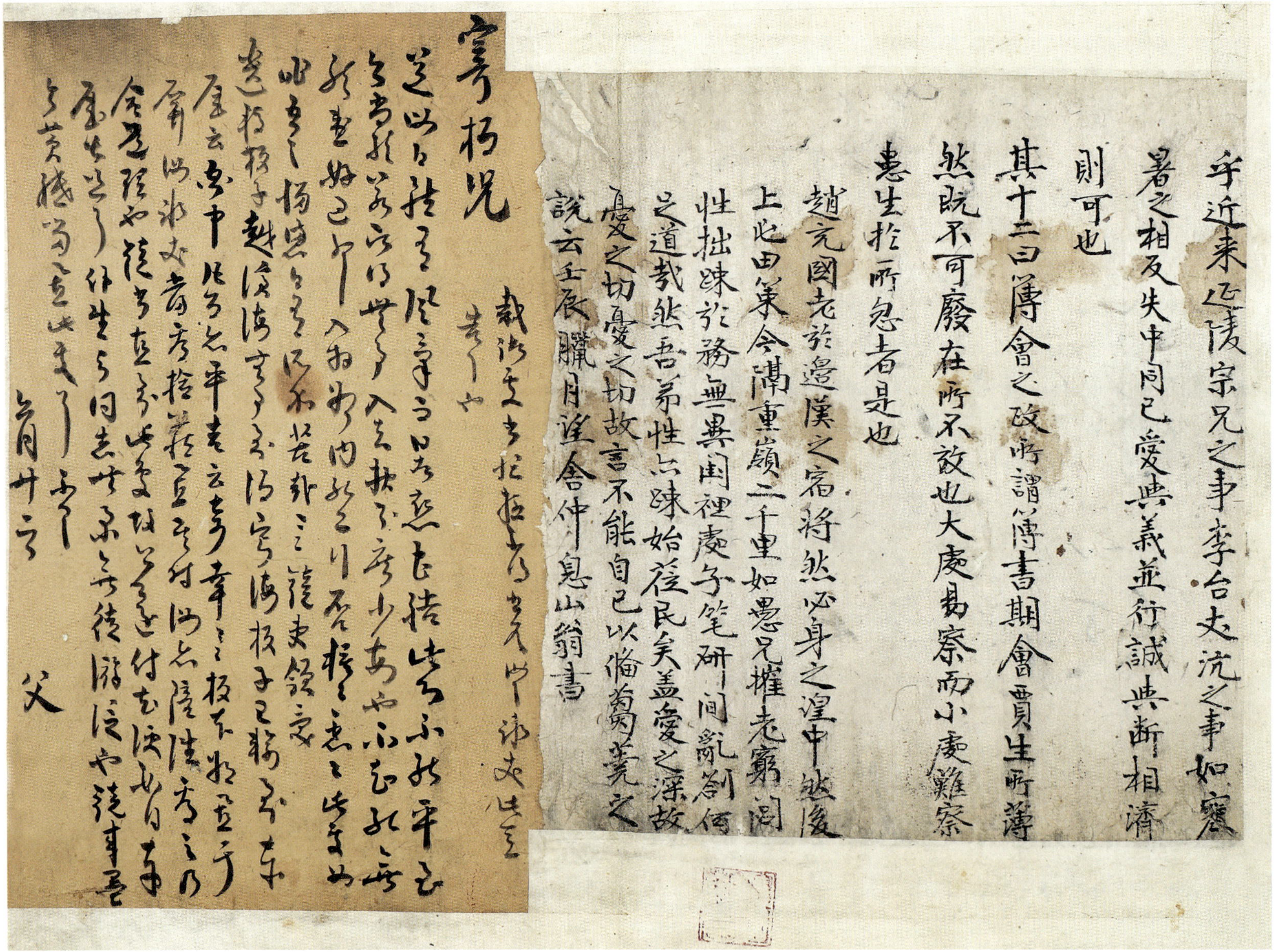

【釋文】寄栢兒

送汝日，雖有風氣，而暑熱甚酷，此心不能平．至今尙然？若其得無事，入去報，則庶少安也．不知能無疾患好過耶？入拜爲內能已行否？種種戀戀．此處如昨，吾之惱憊，日有所加，苦哉苦哉．鏡吏領受，遺稿板子，越滄海無事到得，寧海板子，已輸到東厓云．衙中凡百，亦平吉云，奇幸奇幸．板本將置于屛，汝氷丈，當看檢藏置，其時汝亦陪往看之，乃合道理也．鏡書直到此處，故今還付去便，必自東厓出送耳．餘望與同志共業，無徒游泛也．鏡來墨與黃紙，留置此處耳．不具．

六月 卄二日 父

裁諸處書，忙擾不得書候，汝之氷丈，此意告之也．

【國譯】지백에게 부친다.

너를 보내던 날 비록 (네가) 감기 기운이 있더니 더운 열기가 매우 혹독하여 내 마음이 편안하지 못했는데 지금에 이르도록 아직도 그러하냐? 만약 무사히 들어갔다는 소식을 알려온다면내 마음이 조금이나마 편안하겠다. 병 없이 잘 지내고 있는지 모르겠구나. 들어가서 만나고 내행은 이미 출발하였느냐? 갖가지 그립다.

나는 예전과 같이 지내고 있으나 나의 번뇌와 근심은 날로 더하는 바가 있으니 고민이다. 함경도 아전 편에 영수한 원고 판자는 푸른 바다를 넘어 무사히 도착하였고 영해의 판자도 이미 옮겨져서 동애에게 도착했다고 한다. 관아 가운데 온갖 일들은 또한 평길하다고 하니 기이하고 다행한 일이다. 판본은 병풍을 해두어 너의 장인이 응당 보고 검사하여 보관해둘 것이니 그때에 너도 모시고 가서 보는 것이 도리에 합당할 것이다.

함경도에서 판본한 책은 이곳에 곧바로 도착했기 때문에 지금 돌아가는 인편에 부쳐 보내니 반드시 동애로부터 내어 보낼 뿐이다.

나머지는 동지들과 더불어 학업을 함께하고 한갓 범범히 놀지 말기를 바란다. 함경도에서 보내온 먹과 황지는 이곳에 보관해 둔다. 격식을 갖추지 않는다.

6월 22일 아버지

여러 곳에 편지를 써야하나 바쁘고 번잡하여 편지로 문후하지 못하였으니 너의 장인에게도 이 뜻을 고하여라.

傳家寶墨

夏

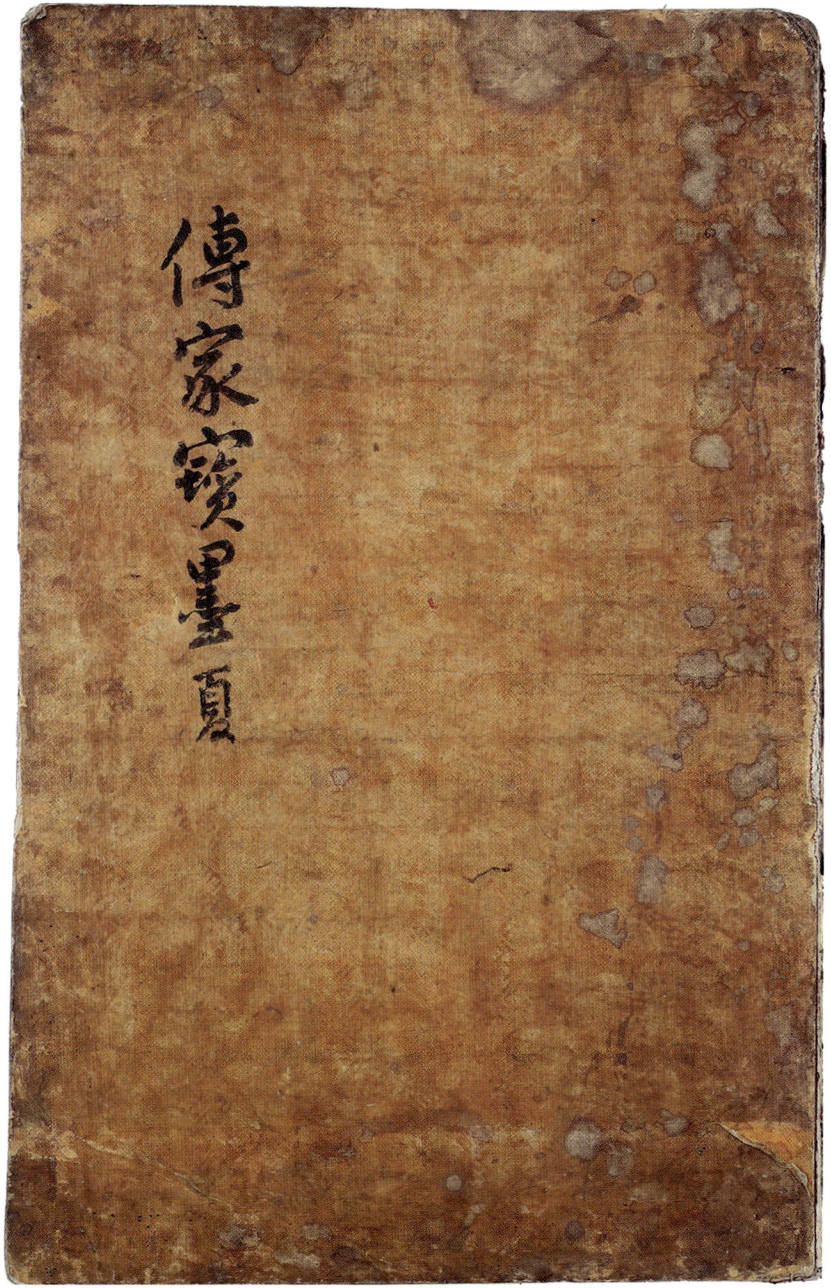

[夏-1] 李萬敷의 간찰

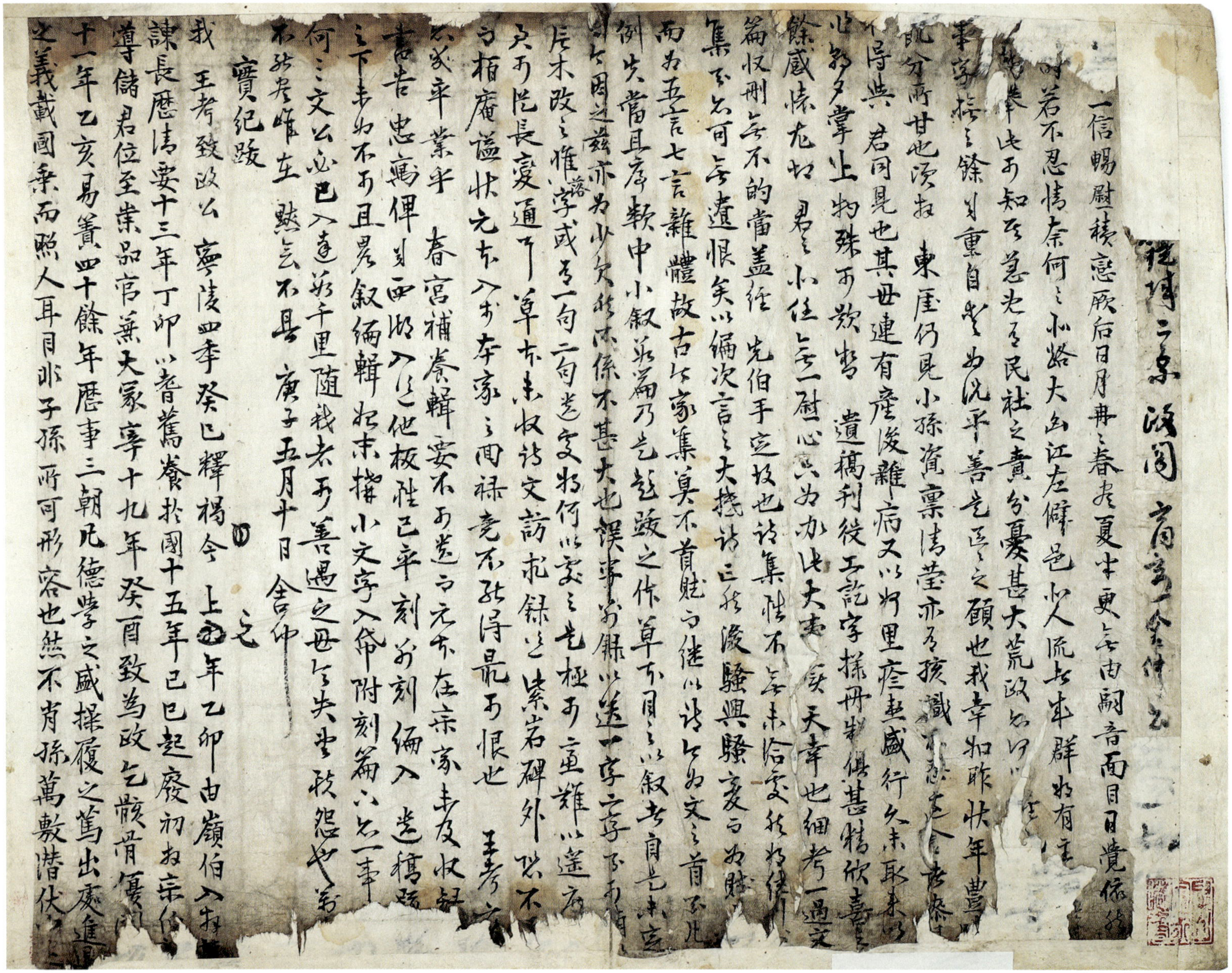

【釋文】▣…▣城 二衙政閣商寓 舍仲 書

▣▣一信, 暢慰積戀, 厥后日月冉冉, 春盡夏半, 更無由嗣音面目, 日覺依然, ▣▣若不忍情, 奈何奈何? 北路大凶, 江左僻邑, 北人流者成羣, 將有主客俱困之勢, 擧此可知其急. 旣有民社之責, 分憂甚大, 荒政亦何以▣……▣事字撫之餘, 自重自愛, 爲況平善, 是區區之願也. 我幸如昨狀, 年豐啼飢, 分所甘也. 頃拜東厓, 仍見小孫, 資稟淸瑩, 亦有孩識不能遽舍諸膝, 恨不得與君同見也. 其母連有産後雜病, 又以州里疹患盛行, 久未取來以作朝夕掌上物, 殊可歎鬱. 遺稿刊役工訖, 字樣冊制, 俱甚精, 欣喜之餘, 感懷尤切. 君之北任, 無一慰心, 只爲辦此大事, 實天幸也. 細考一過, 「文篇」收刪, 無不的當, 盖經先伯手定故也. 「詩集」雖不無未洽處, 然將繼刊「別集」, 則亦可無遺恨矣. 以編次言之, 大抵詩亡然後騷興, 騷變而爲賦, 賦變而爲五言七言雜體, 故古今家集, 莫不首賦而繼以詩, 今爲文之首, 則凡例失當, 且序類中小叙數篇, 乃是題跋之體, 草本目之以叙者, 自是未定, 而今因之, 玆亦爲少欠, 然所係不甚大也. 誤字, 別錄以送, 一字二字, 則可補以片木改之, 惟落字 或有一句二句遺處, 將何以處之, 是極可慮. 難以遙庶▣▣, 君可從長變通也. 草本未收詩文, 訪求錄送, 紫巖碑外, 恐不須刊, 而栢庵諡狀元本, 入於本家之回祿, 竟不能得, 最可恨也. 王考實紀, 亦幾卒業乎? 「春宮補養輯要」不可遺, 而元本在宗家, 未及收錄. 今書告忠寓, 俾自西湖入, 送他板, 雖已卒刻, 別刻編入遺稿疏箚之下, 未爲不可, 且略叙編輯始末, 構小文字入紙, 附刻篇下, 亦一事也, 如何如何. 文公必已入達, 數千里隨我者, 可善遇之, 毋令失望致怨也. 萬〔萬〕不能盡, 唯在默會, 不具.

庚子 五月 十日 舍仲

【國譯】 ■…■성, 이아정각에 상주에 사는 둘째형 쓰다.

■■ 한통의 편지는 쌓인 그리움에 위안이 되었다. 그 뒤에 세월이 흘러서, 봄이 다하고 여름도 반이 지나도록 다시 소식을 잇거나 만날 방법이 없으니 날마다 의연히 마음을 차마할 수 없을 듯하여 ■■을 깨달으니 어찌하겠느냐?

북로의 큰 흉년으로 궁벽한 안동과 같은 고을에도 북인들 가운데 유랑하는 자들이 무리를 이루어 장차 주객이 모두 곤고한 형세가 되어 있으니, 이것을 들어 그 급한 사정을 알만하다. 이미 백성과 사직의 책임을 둔 것은 수령이 매우 큰데, 황폐한 정사를 [또한 어떻게 다스릴 수 있겠느냐?] ■…■ 수령의 책무를 받은 나머지에 자중자애하고 근황이 평선하기를 간절히 바란다.

나는 다행히 옛날과 같이 지내고 농사가 풍년인데도 주려서 우니 분수 상 달게 여기는 바이다. 지난번에 동애 숙부를 뵙고 그로 인해 작은 손자를 만났는데, 이 아이의 자품이 맑고 빛나고 또 아이가 식견이 있어서 갑자기 무릎에서 떼어 놓을 수 없으니 자네와 함께 보지 못한 것이 한스럽다. 그 어미가 연이어 출산한 뒤에 여러 가지 병이 있는데다 또 마을에 홍역이 성행하여 오래도록 데리고 와서 조석으로 손바닥 위의 물건으로 삼지 못하니 자못 한탄스럽다.

유고집을 간행하는 일이 끝났으니 글자의 모양과 책의 제도가 모두 매우 정갈하니 기쁜 나머지에 감사한 마음이 더욱 간절하다. 네가 북쪽으로 직임을 맡은 것은 조금도 위안되는 마음이 없지만 다만 이렇게 큰일을 꾸려나가는 것이 실로 큰 다행이다. 세밀히 한번 살펴보니 「문집」편은 거두고 산정한 곳이 적당하지 않음이 없었으니 이것은 대개 돌아가신 큰 형의 손으로 바로 잡음을 거쳤기 때문이다. 「시집」편은 비록 미흡한 곳이 없지는 않지만 그러나 장차 「별집」을 이어서 간행한다면 남은 유감이 없을 것이다.

편차로서 말한다면 대저 시가 망한 연후에 소가 일어나고 소가 변해서 부가 되고 부가 변해서 오언 칠언의 잡체가 되었기 때문에 고금의 가집들 중에 부를 으뜸으로 하고 이어서 시로서 잇지 아니함이 없는데 지금 문을 수편으로 삼는다면 범례는 마땅함을 잃어버리고, 또 서류 가운데 소서 몇 편이 이에 제발의 체가 되니 초본의 서로서 조목 한 것은 절로 범례가 정해지지 않은 것이나 지금 그것을 따르고 있으니 또한 조금 흠결이 있는 것이다. 그러나 관계된 바가 매우 크지는 않다. 오자는 별도로 기록해 보내니 한 두 글자라면 편목을 덧대어서 고칠 수 있으나 글자가 결락되거나 혹은 한 두 구절 빠진 곳이 있다면 장차 어떻게 처리할지 이것이 지극히 염려된다.

멀리서 ■■ 일을 처리하기가 어려운데, 자네가 장점된 바를 따라서 통변할 수 있을 것이다. 초본에는 시문을 수습하지 못해서 방문해서 구하여 기록해 보내기는 하지만 자암의 비문 외에는 아마도 모름지기 간행하지 못할까 걱정이다. 그러나 백암의 시장의 원본은 본가의 회록에 들어가 있어서 끝내 얻지 못한 것이 가장 한스럽다. 할아버지의 「실기」는 거의 일을 마쳤느냐? 「춘궁보양집요」는 빠트릴 수가 없으나 원본이 종가에 있어서 아직은 수습해 기록하지 못했다. 지금 편지로 충주의 우소[1]에 말해서 서호로부터 들어가서 다른

1 충주의 우소: 원문의 '忠寓'는 李沃의 매제 閔昌道(1654~1725)가 사는 곳인 충주를 말한다.

판본을 보내도록 하고 비록 이미 판각을 마쳤더라도 별도로 새겨서 유고의 소차 아래에 편입을 시키되 불가하지 않다면 편집의 시말을 서술하고 짧은 문자를 엮어 종이에 기입해서 편 아래에 부쳐 새기는 것도 또한 하나의 일이니 어찌하겠느냐?

문공께는 반드시 이미 전달했느냐? 수 천리나 나를 따르는 자에게는 잘 대우해서 실망시켜서 원망을 이루게 하지 않도록 해라. 하고픈 말은 많지만 능히 다할 수 없으니 오직 묵묵히 이해하는데 남겨 둔다. 이만 줄인다.

경자년 5월 10일 둘째형

[夏-2-右] 李萬敷의 간찰

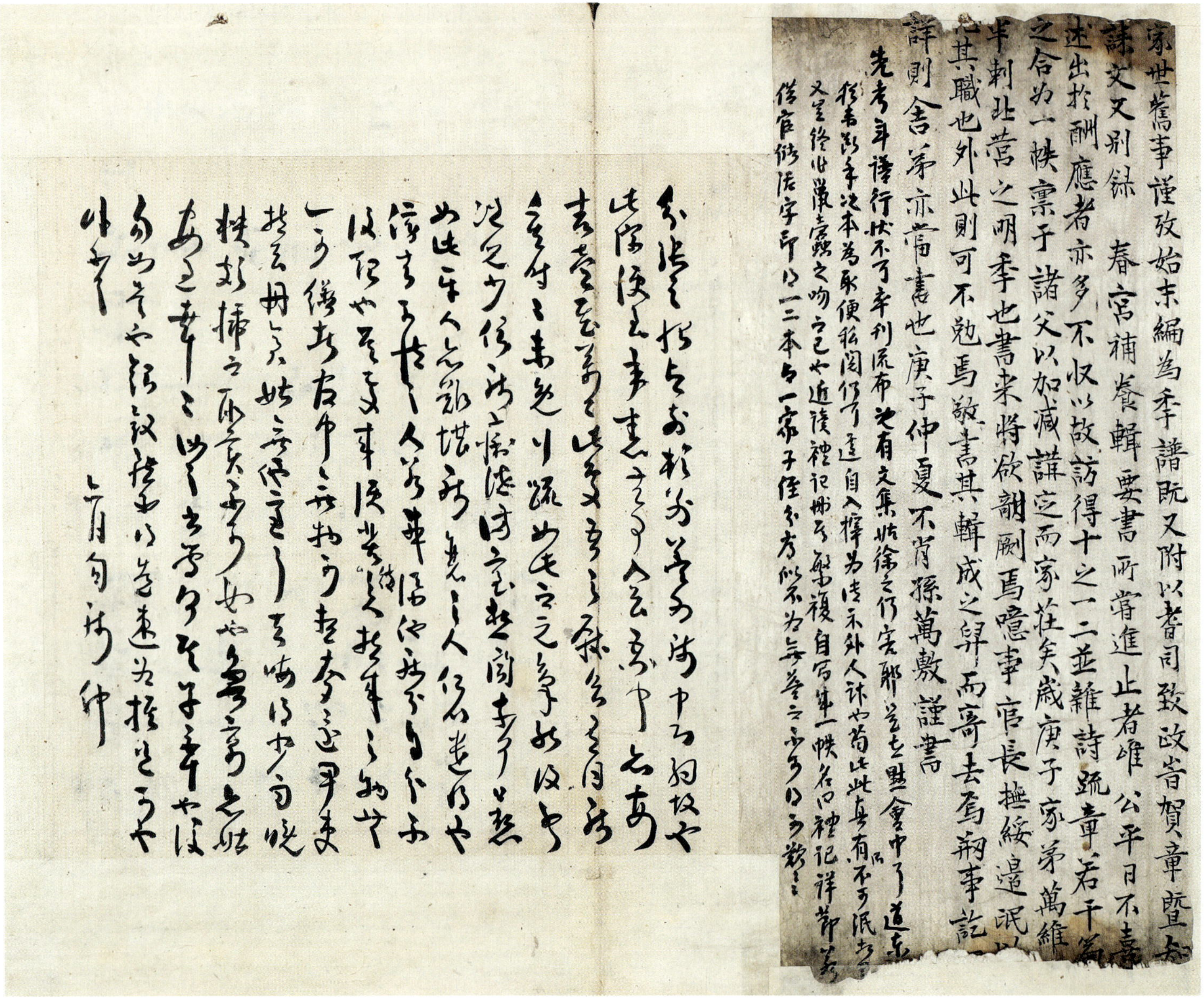

家世舊事謹攷始末編爲年譜旣又附以耆司致政旹賀章暨去
誄文又別錄 春宮補養輯要書所嘗進止者唯 公平日不喜
述出於酬應者亦多不收以故訪得十之一二並雜詩疏章若干篇
之合爲一帙稟于諸父以加減諱定而家在矣歲庚子家弟萬維
半刺北營之明年也書來將欲剞劂焉噫事官長撫綏邊氓以
其職也外此則可不勉焉敬書其輯成之髴而寄去爲剞事訖
詳則舍弟亦當書也庚子仲夏不肖孫萬敷謹書

【釋文】 ↳實紀跋

我王考致政公, 寧陵四季癸巳釋褐, 今上元年乙卯, 由嶺伯, 入拜■於諫長歷淸要. 十三年丁卯, 以耆舊, 養於國. 十五年己巳起廢初, 拜宗〔伯〕導儲君, 位至崇品官兼大冡宰. 十九年癸酉, 致爲政 乞骸骨. 優■■ 十一年乙亥, 易簀. 四十餘年, 歷事三朝. 凡德學之盛, 操履之篤, 出處進退之義, 載國乘, 而照人耳目, 非子孫所可形容也. 然不肖孫萬敷, 潛伏■■, 家世舊事, 謹攷始末, 編爲季譜, 旣又附以耆司致政呰賀章槪知誄文, 又別錄「春宮補養輯要書」. 所嘗進止者, 唯公平, 日不喜述, 出於酬應者, 亦多, 不收以故, 訪得十之一二. 並雜詩疏章, 若干篇之合爲一帙, 稟于諸父, 以加減講定, 而家莊矣. 歲庚子, 家弟萬維 半刺北營之明季也, 書來, 將欲剞劂焉. 噫, 事官長, 撫綏邊氓, ■■其職也. 外此, 則可不勉焉. 敬書其輯成之异, 而寄去焉. 刱事訖■詳, 則舍弟, 亦當書也.

庚子 仲夏 不肖孫 萬敷 謹書

【國譯】 ↳실기의 발문

나의 할아버지 치정공은 영릉4년 계사년에 벼슬을 하였고, 지금 임금의 원년 을묘년에 영백으로 있다가 사간원 장에 제수되어 청요직을 거쳤다. 13년 정묘년에 기로로서 나라에 봉양을 받았다. 15년 기사년에 파직된 사람을 다시 일으켰던 초기에 예조판서에 제수되어 동궁을 지도하여 지위가 숭품관 및 대총재에 이르렀다. 19년 계유년에 정사를 위하여 사직을 하였다. 우■■하고 11년 을해년에 별세하였다.

40여 년 동안 두루 세 임금을 섬겼다. 무릇 덕과 학문의 성대함과 조리의 독실함과 출처진퇴의 의리는 국가의 역사책에 실려 있어서 사람들의 이목에 밝게 드러났으니 자손으로서 형용할 수 있는 바가 아니다. 그러나 불초손자 만부는 ■■ 벼슬하지 못하고 있으면서 집안의 대대로 전하는 옛일에 대하여 삼가 시말을 상고하여 연보를 편찬하였으며, 이미 또 기사와 치정할 때 하장과 및 지뢰문을 붙이고 또 별록으로 「춘궁보양집요서」를 기록하였다.

일찍이 나아가고 물러나는 행동거지는 오직 공평하였고 날마다 기술하는 것을 좋아하지 않았지만 수응해서 나온 것이 또한 많은데, 수습하지 못하였기 때문에 방문해서 열에 한두 개쯤을 얻었다. 아울러 잡시와 소장 약간 편을 합해서 한질을 만들고 여러 숙부들에게 여쭈어서 가감하고 강론한 뒤 정하여 집안에 보관하였다.

경자년에 아우 만유가 북영의 보좌관이 된 다음해에 편지를 보내와서 장차 판각하려고 했다. 아! 장관을 섬기고 변방의 백성을 어루만지면서 자신의 직분을 ■■충실히 하였다. 여기에서 벗어난 것이라면 가히 힘쓰지 아니 하였다. 집성하는 예를 삼가 써서 부쳐 보낸다. 일을 시작하고 일을 마치는 자세한 내용들은 동생이 또한 마땅히 써야 할 것이다.

경자년 음력 오월 불초손 만부 삼가 쓰다.

[夏-3-中] 李萬敷의 간찰

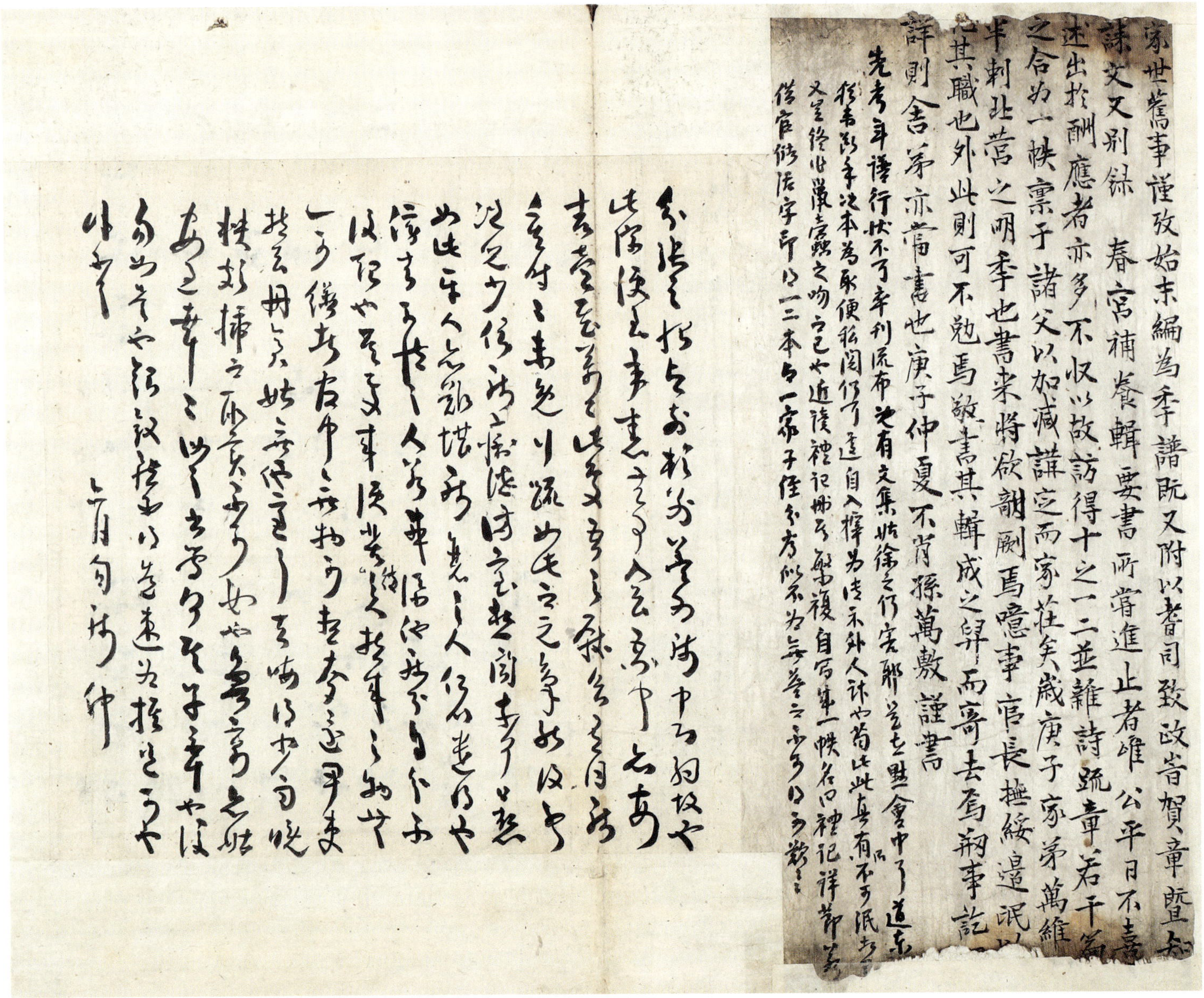

【釋文】 先考「年譜」「行狀」, 不可率刊流布, 旣有文集, 姑徐之, 何害耶, 是在默會中耳. 「道東編」, 猶未斷手, 况本爲取便私閱, 何可遽自入梓, 爲傳示外人計也? 苟此眞有所不可泯者, 又豈終作鼠蠹之吻而已也? 近讀「禮記」, 刪其繁複, 自寫成一帙, 名曰: 「禮記詳節」, 若借官儲活字, 印得一二本, 與一家子侄分看, 則似不爲無益, 而不可得, 可歎可歎.

【國譯】 부친의 「연보」와 「행장」은 경솔히 간행해서 유포할 수 없고 이미 문집이 있으니, 우선 천천히 해도 무슨 해가 되겠는가? 이는 묵묵히 이해하는 데에 둔다.

「도동편」은 아직 손을 놓지 않았는데 더구나 이 책을 취해서 곧바로 사적으로 살펴보고 어떻게 갑자기 스스로 판각을 해서 바깥사람들에게 전해서 보여줄 계획으로 삼겠느냐? 만일 이것이 참으로 민멸하지 못할 바의 것이 있다면 또 어찌 끝내 쥐나 좀의 먹이가 되게 할 뿐이겠느냐?

근래에 「예기」를 읽고 번잡한 것을 산삭하여 스스로 책 한질을 만들어서 「예기상절」이라고 이름을 지었다. 만약에 관에서 보관하고 있는 활자를 빌려서 한두 본을 인쇄해서 일가의 자식과 조카들에게 나누어 보게 한다면 아마도 이익이 없지는 아니할 듯한데, 그렇게 할 수 없으니 한탄스럽다.

[夏-4-左] 李萬敷의 간찰

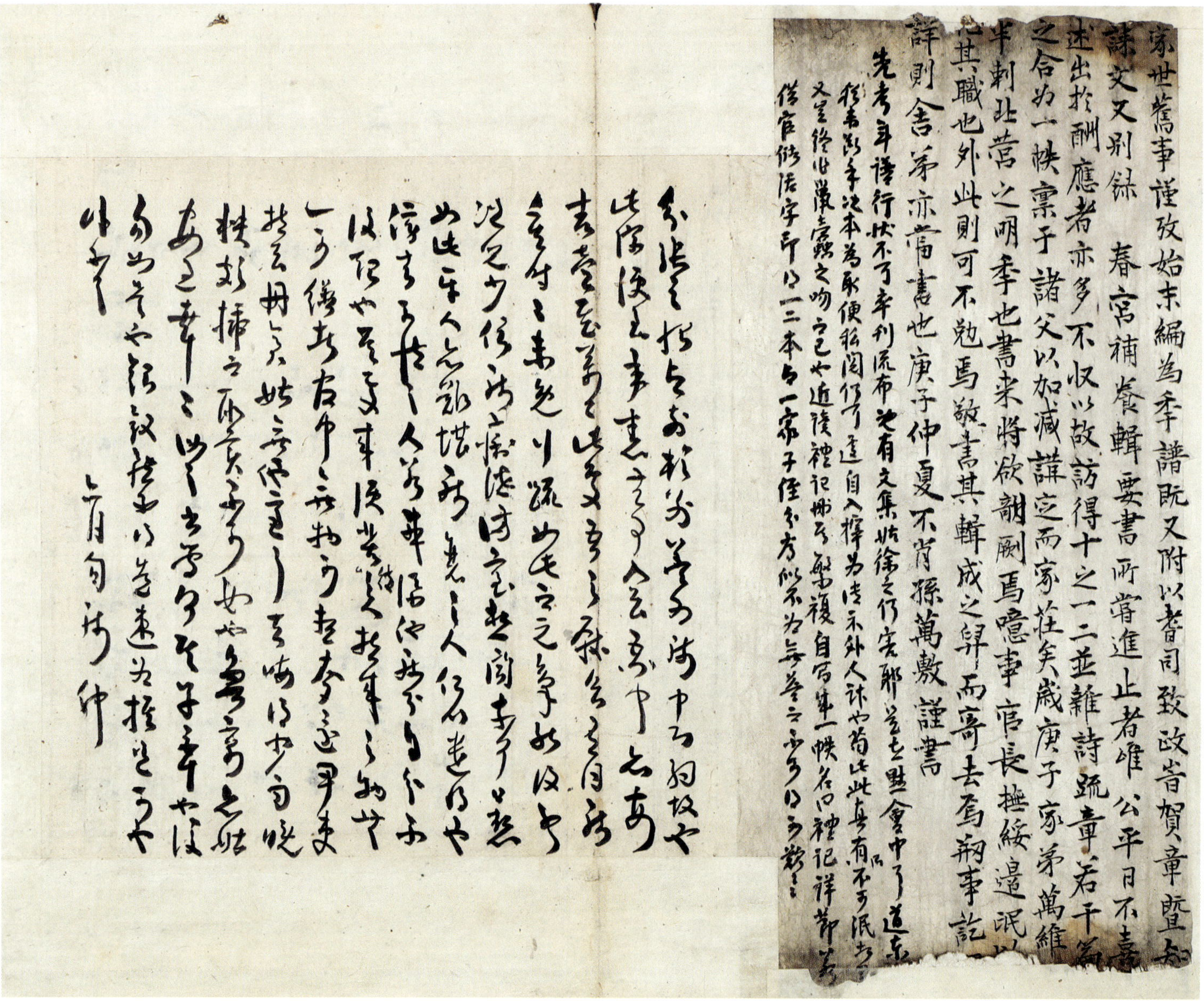

【釋文】分張之恨，與前頓別，盖爲病中心弱故也．此際，便至承悉無事入去，衙中亦安吉，憙慰萬萬．此處吾之厭食，有同病重，時時未免行疏如此，而元氣能復乎？况兒少，俱病痢泄滿室，愁悶奈何？日熱如此，平人亦難堪，病衰之人，何以遣得也？傍無可恃之人，若或添他病，則自分不復起也，其處來便苦待矣．持來之物，無一可饌者，官中無物，可想麥還，尹吏持去丹倉，姑無他慮耳．去晦得小雨，晩秧頗揷，而取實不可必也．魯寓亦姑安過幸幸．汝之書簡，何其草率也？復勿如是也．銀釵，雖不得，造速爲推送可也．餘不具．
六月 旬 病 仲

【國譯】이별의 한이 지난번 갑자기 헤어졌던 것과 함께 한스러우니 대체로 병중에 심약했기 때문이다. 요즈음에 인편이 이르러서 무사히 관아로 들어갔고 또 아중에 있는 식구들도 편안하다고 하니 매우 기쁘고 위안된다.

이곳의 나는 입맛이 없고 중병이 있는 사람과 같아서 때때로 이렇게 행동이 허술하니 원기를 능히 회복할 수 있겠느냐? 게다가 아이들이 모두 설사병에 걸려 집에 가득하니 근심스럽고 고민되는 마음을 어찌하겠느냐? 날씨가 이렇게 무더워 보통사람도 견디기 어려운데 병든 사람이 어떻게 견디겠느냐? 곁에 믿을 만한 사람이 없어서 만약 혹 다른 병이 든다면 스스로 분수 상 다시 일어나기 어려우니 그곳에서 인편이 오기를 괴롭게 기다린다.

가지고 온 물건은 반찬이 될 만한 것이 하나도 없고 관아에도 물건이 없는데, 보리 환곡을 아전 윤아무개가 단양 창고로 가지고 갔으리라 생각하니 우선 다른 걱정은 없다. 지난 그믐에 작은 비를 얻어서 이앙을 하고 꽤나 모내기를 했지만 결실을 얻을지는 기필할 수가 없다.

노곡에 우거하는 안부도 우선은 편히 지내고 있다고 하니 다행이다. 너의 편지는 어찌 그리 아무렇게나 쓰느냐? 다시는 이와 같이 하지 말거라.

은비녀는 비록 얻지 못했으나 조속히 미루어 보내는 것이 좋겠다. 나머지는 이만 줄인다.

6월 10일 병중에 있는 둘째형

[夏-5] 李萬敷의 간찰

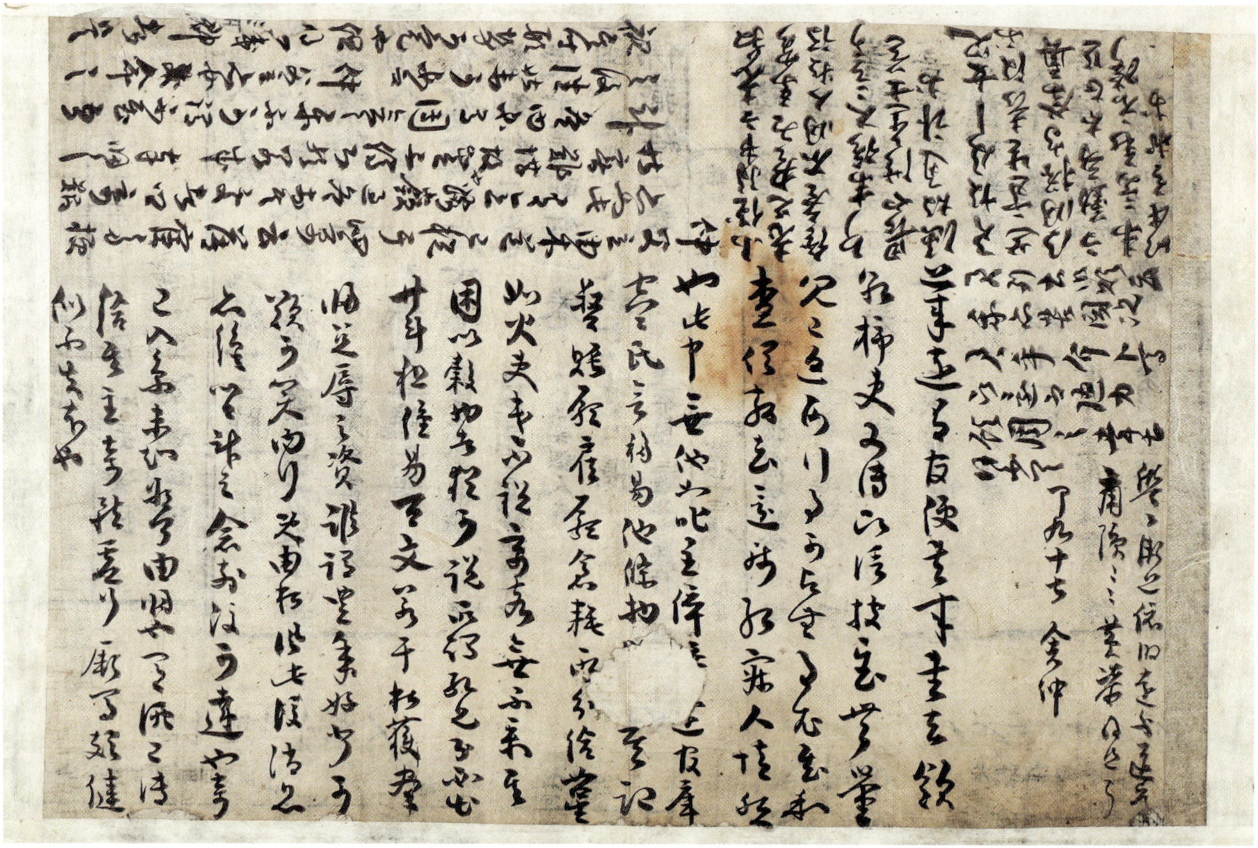

【釋文】近來連有官便，書來書去，領乾柿．吏又傳下信，披慰無量．兒已返西行事，可與無事，尤慰，和査俱散去，還病，孤寂人情然也．此中無他如昨，主倅▣▣，官庫空空，民欲移易他條物，▣▣其治，督賑廳，顧廳倉耗，所分給，如星如火，吏民不說，寓客無不到，其困以穀物者，猶可說，所謂："能送"，則必出卄斗租，僅易百文，若干私獲，盡歸免辱之資，誰謂豐年好耶？可歎可笑．內行旣由秋風，此後消息亦絶，留計之念前後可達也．奇已入京，未知將何由歸也．有價已傳給其主，奇雖虛行，厥馬頗健，似不失本也．仲父主，由木道已稅于泗寓云，薄宦多梗，亦如此．有意踰嶺過冬於其處者，鄕寓艱狀，實難堪故也，豈不傷心？然若成奉歸之計，冬內必有團會之樂，不可謂不慰，吾之復往，姑未可必，而仲父主，亦必命之，觀其時形勢，可定也．但得〔一淺〕郡者，是小侄弱弟，而老叔老兄，盡爲衙客 經冬不歸，人將謂何末路，人言可畏也．洪進士道涵故，通訃於君故及之，女兒遭盧生喪後，不得歸握．當祭奠，而勤勞太甚，且未受新衣跨，以此有求於君，別書以煩云，我亦苦悶，况君乎？介卜馬卽還，

而隨力顧周之幸甚. 餘不具. 甲 九 十七 舍仲
盥日漸近, 依舊遠外還候, 痛隕痛隕. 黃漆得送耳.

【國譯】 근래에 연속해 관아의 인편이 있어서 편지를 주고받았고 곶감도 잘 받았습니다. 아전이 또 편지를 전해주어 펼쳐보고 위안되는 마음 한량없습니다. 아이가 이미 서울에서 돌아온 일은 무사하니 더욱이 위안이 되고 화와 사가 모두 흩어져 돌아가고 난 뒤에 도리어 병이 났으니 외롭고 쓸쓸한 인정으로 그러한 것입니다.

이곳에 있는 나는 옛날이나 다름이 없는데 수령은 ■■하고 관아의 창고는 텅 비어서 백성들은 다른 조물로 바꾸고자 하나 ■■하는 그 다스림이 진휼청을 감독하여 관청 창고의 곡식을 돌아보고 나누어 주는 바가 마치 성화와 같아서 관리와 백성이 기뻐하지 않고 우거하는 나그네가 이르지 않음이 없어서 그 곡물에 곤한 자들이 오히려 기뻐하니 이른바 "보낼 수 있다."고 한다면 반드시 20말의 조곡을 내어야 겨우 백문과 바꿀 수 있어서 약간이라도 사사로이 얻는다면 모두 욕을 면하는 자본으로 삼아 돌아가고자 하니 누가 풍년을 좋아한다고 말하겠습니까? 한탄할 만하고 웃을 만합니다.

아내의 행차는 이미 추풍령을 경유하였고 이후의 소식은 끊어졌으나 머물러 있을 계획은 20일 전후에 전달 될 것입니다. 기가 이미 서울로 돌아갔지만 장차 무슨 연유로 돌아갔는지는 알 수 없는데 값은 이미 그 주인에게 전달하였으니 기가 비록 헛걸음을 했더라도 그 말이 자못 건장해서 근본은 잃어버리지 않을 듯합니다.

중부님은 목도로부터 이미 사천으로 돌아왔다고 하는데 박봉한 벼슬살이라 경색함이 많은 것이 또한 이와 같습니다. 고개를 넘어서 그 곳에서 겨울을 보낼 뜻이 있었는데 시골에 우거하는 어려운 상황은 실로 견디기 어렵기 때문이니 어찌 마음을 상하지 않겠습니까? 그러나 만약 만나 뵙고 돌아갈 계획을 이룬다면 겨울 안으로 반드시 단란히 모이는 즐거움이 있을 것이니 위안되지 않는다고는 생각할 수 없지만 내가 왕복할지는 아직 기필할 수 없고 중부님께서 또한 반드시 명하실 것이니 그때의 상황을 살펴보아야 정할 수 있을 것입니다. 다만 하나의 보잘 것 없는 고을을 얻은 자는 작은 조카와 연약한 아우[2]인데 늙은 숙부와 늙은 형[3]이 모두 관아의 나그네가 되어서 겨울을 지내고도 돌아가지 않으니 남들이 장차 이 무슨 말세냐 라고 할 것이니 남들의 말이 두려울 만합니다.

진사 홍도함이 죽어서 형님에게 부고를 통지하였기 때문에 언급하니 여아는 노생이가 죽은 이후로는 돌아가서 만나지를 못했습니다. 제사를 만나 수고로움이 매우 심한데다가 새 바지를 받지 못해서 이로써 형님에게 구하여 별도의 편지로 번거롭게 한다고 하니 나 또한 괴롭고 고민스러운데 하물며 형님은 어떠합니까? 심부름꾼과 짐 싣는 말은 곧 돌아갔으니 힘닿는 대로 돌보아주고 주선해 주시기를 매우 바랍니다. 나머지는 이만 줄입니다. 甲○년 9월 17일 둘째가

제삿날이 점점 가까워지는데 예나 다름없이 먼 밖에서 답장을 하니 애통합니다. 황옻을 얻어 보냅니다.

2 조카와 연약한 아우 : 조카는 李之樸이고 아우는 李萬維를 말한다.
3 늙은 숙부와 늙은 형 : 숙부는 李渟이며 형은 李萬敷 자신을 일컫는 말이다.

[夏-6] 李萬敷의 간찰

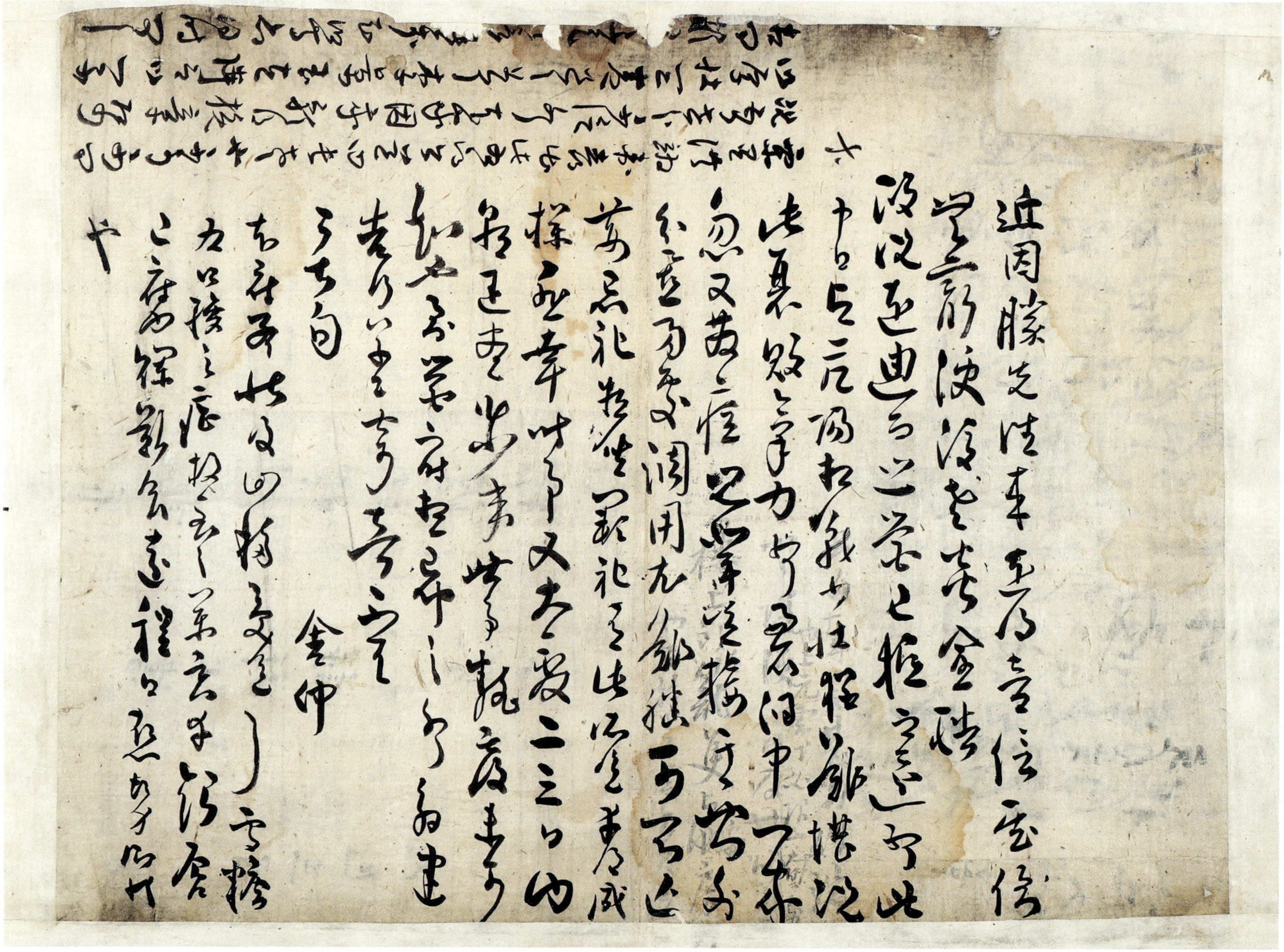

【釋文】近因勝先往來, 連得音信, 慰倒無窮, 便後老炎愈酷, 政況連迪, 而巡營已抵, 而還耶? 此中, 日與亢陽相戰, 少壯猶難堪, 況此衰敗氣力耶? 兼以洞中一家, 忽又發痘, 兒輩送接于西門外, 分置兩處, 調用尤難繼, 可悶. 亡荊忌祀, 特坐闕祀, 有此所送, 幸得成樣, 悲幸. 時事, 又大變, 二三日內, 朝廷盡蒙承, 此事, 飜覆未可知也. 到營下時, 想已聞之耶. 解建告行, 草草寄音, 不具.

己 七旬 舍仲

本府「事狀」及「回移」受送耳. 雪糖, 爲口酸之症, 救急之藥, 實幸. 銀脣已腐爛, 難食. 遠程日熱, 勢所然也. 栗里洪翊衛喪出, 此爲卽今道內長老也. 不可不問, 況吾世分不泛耶. 本家因我願, 得挽章紙, 以厚壯一二卷, 送之如何? 李景玉在隣, 而以一子相問 ■■■■於知舊間, 亦得時可耳.

【國譯】근래에 승선이 오고가는 인편에 연이어 편지를 받으니 위안됨이 끝이 없다. 인편이 다녀간 뒤로 늦더위가 더욱 심한데 정사를 돌보는 근황이 연이어 건승하며 순찰사의 영에는 이미 왔다가 갔느냐?

나는 날마다 늦더위와 더불어 싸우니 젊은 장정도 오히려 견디기가 어려운데, 하물며 이렇게 기력이 쇠한 나에게 있어서이겠느냐? 게다가 동네의 일가에서 갑자기 또 천연두가 발생하여 아이들을 서문 밖으로 피접을 보내고 두 곳으로 나누어서 조섭하는 것이 더욱 계속하기가 어려우니 고민스럽다.

죽은 처의 제사는 다만 제사에서 빠트릴 상황이 되었지만 네가 이렇게 제수를 보내는 바가 있어서 다행히 모양새라도 이루게 되었으니 슬픔 중에 다행이다.

시사가 또 크게 변해서 2,3일 안으로 조정에서 모두 승낙을 받기는 했으나 이일이 번복될지는 모르겠다. 순영에 내려왔을 때에 이미 들었으리라 생각한다. 해건이가 행차를 고해오기에 대략 쓰고 소식을 부친다. 이만 줄인다.

기○년 7월 10일 사중

본부의 「사장」과 「회이」는 받아서 보낸다. 설탕은 입에 신 증상에 구급약으로 쓴다면 실로 다행이다. 은어는 이미 부패해서 먹기가 어렵다. 먼 거리에 날이 더워서 상황이 그러한가보다.

율리의 홍익위가 초상이 났는데, 이 사람은 지금 도내의 장로이다. 문안하지 않을 수 없는데 하물며 우리 집안의 세교의 분수 상 범범히 할 수가 없을 것이다.

본가에서는 나의 바람대로 만장지와 후장지 한두 권을 얻어서 보내는 것이 어떠하냐? 이경옥은 이웃에 있으니 아들 하나를 보내서로 문안을 해서 친구 간에 ■■■■ 또한 때를 얻는 것이 좋겠다.

[夏-7] 李萬敷의 간찰

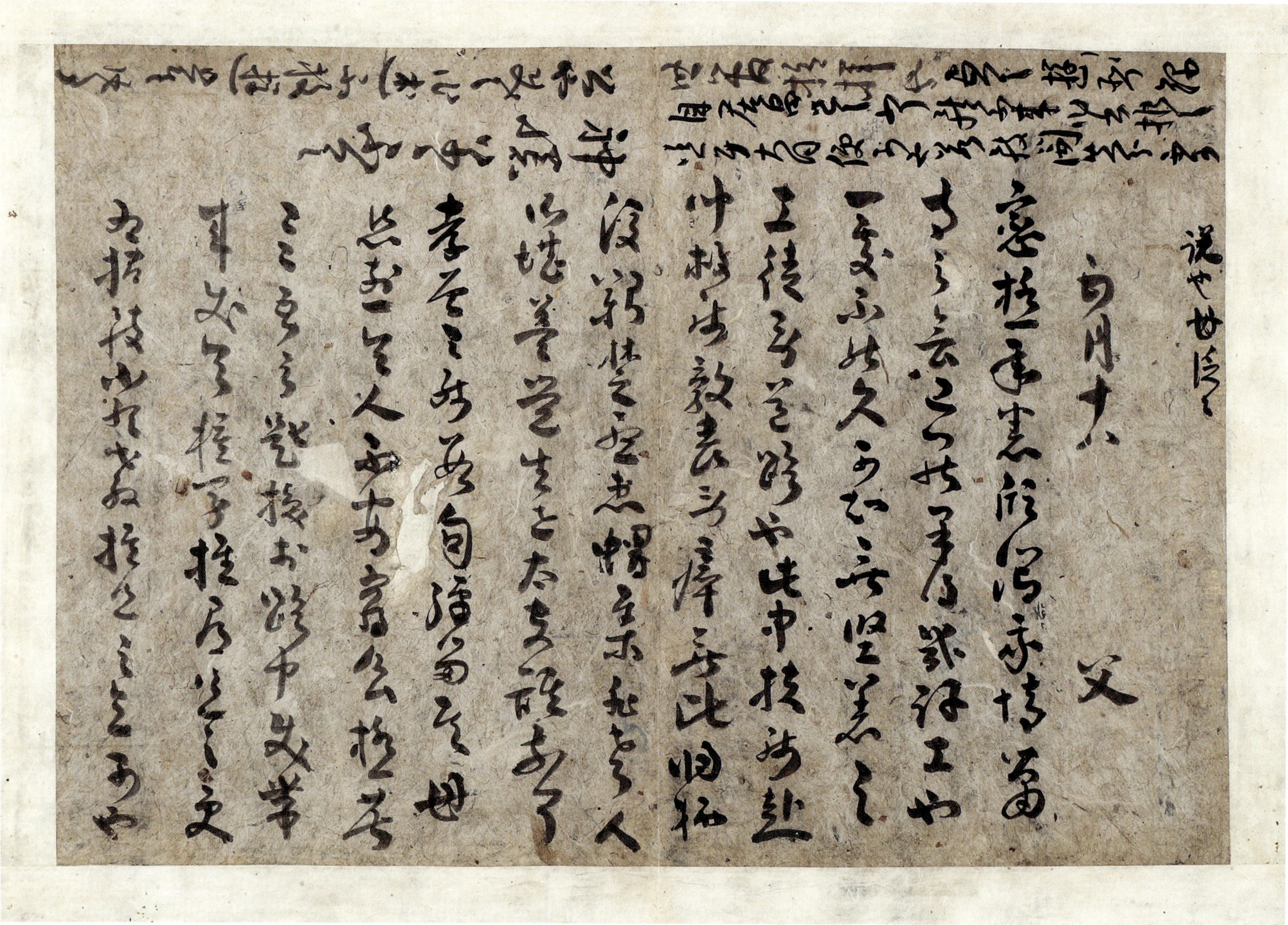

【釋文】戀極承悉, 欣瀉我情. 蕭寺之會, 已罷, 果得幾許工也? 一處不能久, 可知無堅着之工, 徒勞道路也. 此中, 扶病赴聞, 救病敦喪, 勞瘁無比. 歸栖後, 艱楚憂患, 蝟集, 非老人所堪, 益覺生世太支離, 奈何? 孝曾之病, 數旬綿留, 其母焦煎, 令人不安寢食, 極苦極苦. 吾之匙損於路中, 使帶來使令種男, 推尋送之, 更爲招致, 嚴敎推送之意可也. 神慌草草不具. 公也使之作述, 不放遊, 且其凡事, 照管指揮也. 吾之「臥遊錄」, 自居昌送之耶? 雖不來作書報之, 送于大同便可也. 若致闕失, 則不可說也. 毋泛毋泛.
正月 十八 父

【國譯】그리움이 지극하던 차에 편지를 받고서 모든 소식을 알게 되었으니 내 마음이 기쁘고 상쾌하였다. 절에서의 만남은 이미 끝났으니 과연 공부는 얼마나 하였느냐? 한 곳도 능히 오래하지 못하고 착실한 공부가 없으니, 한갓 도로에서만 수고롭다는 것을 알겠다.

나는 병든 몸을 부축하고 소문에 나아가 내 병든 몸을 구완하고 상을 도타이 치루니 피곤함이 비할 데가 없다. 집으로 돌아온 뒤에 어려움과 우환이 고슴도치 털처럼 모여들어 노인이 견딜 바가 아니어서 더욱이 세상사는 것이 너무 지리 하다는 것을 깨닫겠으니 어찌하겠느냐?

효증의 병은 수십 일 동안 낫지 않아 그 어미가 애를 태우니 사람으로 하여금 제대로 먹지도 자지도 못해 매우 고민이다. 나는 노중에 수저를 잃어버렸는데 데리고 온 사령 종남으로 하여금 찾아 보내게 하고 다시 불러와 엄한 말로 가르쳐서 추송하는 뜻으로 삼는 것이 좋겠다.

정신이 황폐해서 대략 쓰고 격식을 갖추지 못한다. 네가 공야에게 그로 하여금 글을 짓게 해서 함부로 놀러 다니지 못하게 하고 또 모든 일에 있어 살펴서 잘 가르쳐 주어라. 나의 「와유록」은 거창에서 보냈느냐? 비록 오지 않았다 하더라도 편지를 써서 알리고 대동 편에 보내는 것이 좋겠다. 만약 분실하게 된다면 말로 할 수가 없다. 범범히 하지 말거라.

정월 18일 아버지

[夏-8] 李萬敷의 간찰

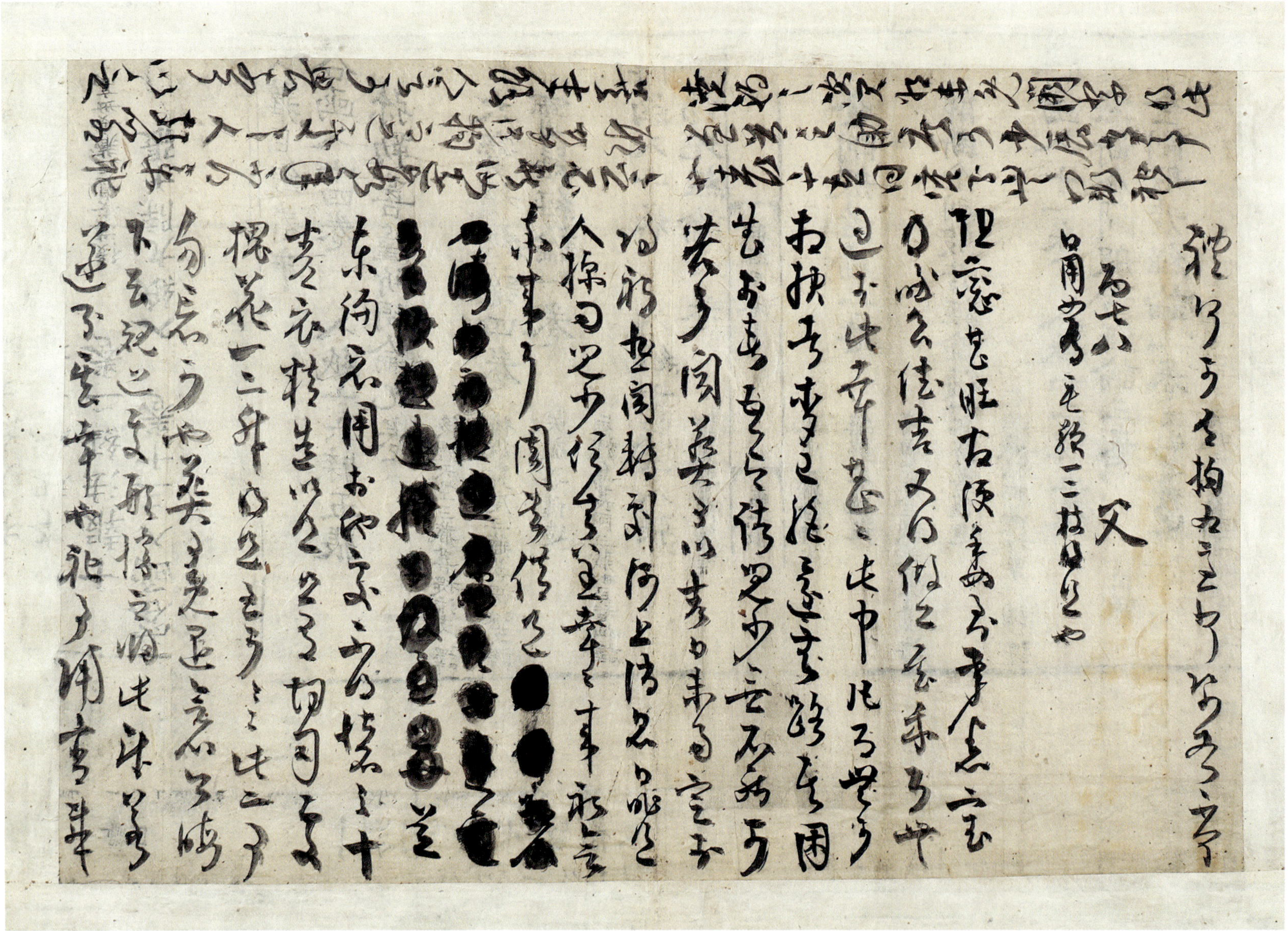

【釋文】阻戀甚旺, 官便委到, 承悉寶得, 眠食佳吉, 又得做工, 慰我心無過於此, 幸甚幸甚. 此中, 凡百無可相報者, 麥已絶還無路, 其困甚於春, 吾與諸兒少無不病, 可苦可悶. 葬事, 以吉日未易定於陽初, 悲悶轉劇. 河上消息, 日昨送人探問, 兒少俱無恙幸幸. 來初欲率來耳. 「周書」借送, ■……■ 「道東編」衣用於他處, 不得裝之, 十卷衣精造以送, 且有均司處, 槐花一二升得送, 至可至可. 此二事, 勿忘可也. 葬事旣退, 欲以今晦下, 云觀近處形勝而歸, 此計若遂, 則慰幸也. 祀事隔宵, 感念尤新, 汝連數年不得參祀, 形勢所拘, 而近處之人, 頗以爲異末路, 人言可畏, 奈何? 以乏燒酒之資, 將未免闕祭, 得此曾首之助者, 可少展常事也. 喪也在同客, 則無闕祀之禮, 何可有拘爲慮耶? 紙盡, 不具.

丙七八父

日用, 如有毛穎一二枝, 得送也.

【國譯】소식이 막혀 그리움이 매우 심하였는데, 관의 인편을 통해 특별히 보내신 편지를 받고 보배로운 소식을 얻어 안부가 좋고 또 공부도 잘하고 있다는 것을 알았으니 내 마음에 위안됨이 이보다 더한 것이 없어 매우 다행이다. 나는 온갖 일들이 서로 전할 만한 것이 없으나 보리가 이미 끊어져 환곡을 할 길이 없으니 그 곤궁함이 봄보다 심하여 나와 여러 아이들은 병이 없지 않아 괴롭고 고민이 된다.

장례의 일은 초일일에서 10월 초로 바꾸어 정하지 못하여서 슬프고 안타까운 마음 점점 심하다. 하상의 소식은 어제 사람을 보내어 알아보았으나 아이들이 모두 탈이 없으니 다행이다. 내달 초에 데리고 오고자 한다. 「주서」는 빌려 보냈는데▣……▣ 「도동편」의 책표지는 다른 곳에 사용하여 표지로 쓸 것을 얻지 못하였으니 10권의 표지를 정밀히 만들어서 보내고 또 균사, 성균, 사성처에 있는 괴화 12승을 얻어 보내는 것이 지극히 좋겠다. 이 두 가지 일은 잊지 말아야 한다.

장례의 일은 이미 물렸는데, 이달 그믐에 내려가면서 근처의 승경지를 구경하며 돌아오고 싶다고 하니 이 계획이 만약 이루어진다면 위안되고 다행이다. 제사가 하루 밤이 남아서 내 마음의 느낌이 더욱 새로운데 네가 연이어 수년 동안 제사에 참석하지 못하니, 형세에 구애된 바이나 근처의 사람들은 자못 기이한 말세라고 여길 것인데 남들의 말이 두려우니 어찌하겠느냐? 소주가 부족하여 장차 제사에 빠트림을 면하지 못하니 이렇게 증수의 도움을 얻는다면 조금이나마 떳떳한 일에 펼 수 있을 것이다. 상사의 일이란 함께하는 객에게 달려 있어서 제사의 예를 빠트릴 수 없으니, 어찌 구애됨이 있다고 해서 염려하겠느냐? 종이가 다하여 격식을 갖추지 못한다.

丙○년 7월 8일 아버지

날마다 쓰는 것 중에 만일 붓 한 두 자루가 있다면 얻어서 보내라.

[夏-9] 李萬秀의 간찰

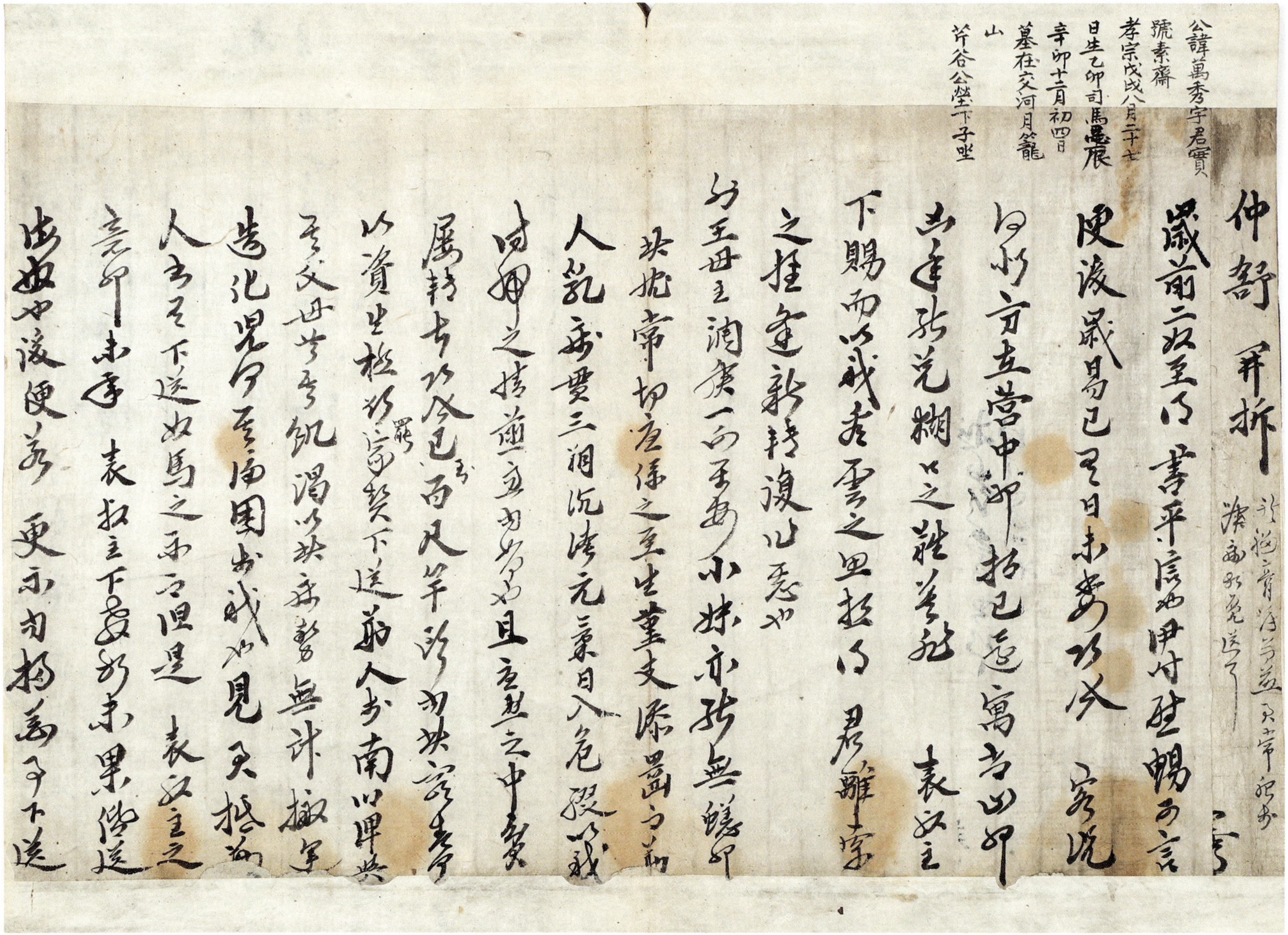

【釋文】仲舒 開拆

歲前二奴至, 得書平信也, 伊時慰暢可言. 便後歲易已有日, 未委卽今客况何似? 方在營中耶? 抑已還寓尙止耶? 凶年能免糊口之難, 莫非表叔主下賜, 而以我看雲之思, 想得君離索之懷, 逢新轉復作惡也. 外王母主, 調候一向萬安, 小妹亦能無恙耶? 此忱尙切憂傃之至. 生董支添齒, 而荊人乳病, 貫三朔沈淹, 元氣日入危綴, 以我傷虎之情, 煎慮當如何也? 且憂愁之中, 貧屢轉甚, 卽今已到百尺竿頭, 當此窮春, 何以資生? 極欲罷家契, 下送荊人於南鄉, 俾與其父母, 共其飢渴, 以此病勢, 無計搬運, 造化兒, 何其偏困於我也? 見君抵縣人書, 有下送奴馬之示, 而但是表叔主之意耶? 未承表叔主下敎, 故未果偕送海奴也. 後便若更示, 當掃萬事下送.

龍腦膏薄荷煎, 君常服於喉病, 故覓送耳.

【國譯】중서 열어 보아라.

지난해에 두 노비가 이르러 평안하다는 소식을 얻었으니 이때에 위안되고 후련하다고 말할 만하다. 인편이 다녀간 뒤로 해가 바뀐 것이 이미 여러 날인데, 지금은 객지의 상황이 어떠한지 모르겠다.

지금은 감영에 있느냐? 아니면 이미 우소로 돌아와서 아직도 거기에 머물고 있느냐? 흉년에 입에 풀칠하는 어려움은 능히 면하였으니 외숙님께서 하사하신 것이 아님이 없으나 나의 객지에서 고향을 그리워하는 마음으로 너와의 이별의 회포를 생각하니 새해를 만나 점점 다시 마음이 좋지 않다.

외할머님의 조섭하시는 체후는 한결같이 만안하시고 작은 누이도 또한 탈이 없느냐? 내 마음에 오히려 근심과 그리움이 매우 지극하다. 나는 근근이 지탱하며 나이를 더하고 아내는 젖병으로 석 달이 지나도록 누워서 지내고 있어서 원기가 날로 위태한 지경에 들어가니 나와 같은 경험을 한 심정으로 마음 졸이고 염려함이 응당 어떠하겠느냐? 또 근심과 시름 가운데 빈궁함이 더욱 심하여 지금 이미 백척간두에서 있으니 이러한 춘궁기를 당하여 무엇으로 살아갈 밑천을 삼겠느냐?

집 계약을 파기하고서 아내를 남쪽 고을로 내려 보내 그 부모와 함께 그 기갈을 함께하도록 했는데, 이러한 병세로서는 이사할 계획을 세울 수가 없으니 조물주가 어찌하여 나에게만 치우쳐 곤고하게 하는가? 네가 인편으로 보낸 편지를 보니 노비와 말을 내려 보내겠다고 하는 뜻이 있는데, 다만 이것이 외숙님의 뜻이냐? 외숙님의 하교하심을 받지 못하였기 때문에 해노를 함께 보내지 못하니 후편에 만약 다시 말씀하신다면 응당 만사를 제쳐 놓고 내려 보내겠다.

용뇌고와 박하전은 네가 인후병으로 항상 복용하기 때문에 찾아 보낸다.

[夏-10-右] 李萬秀의 간찰

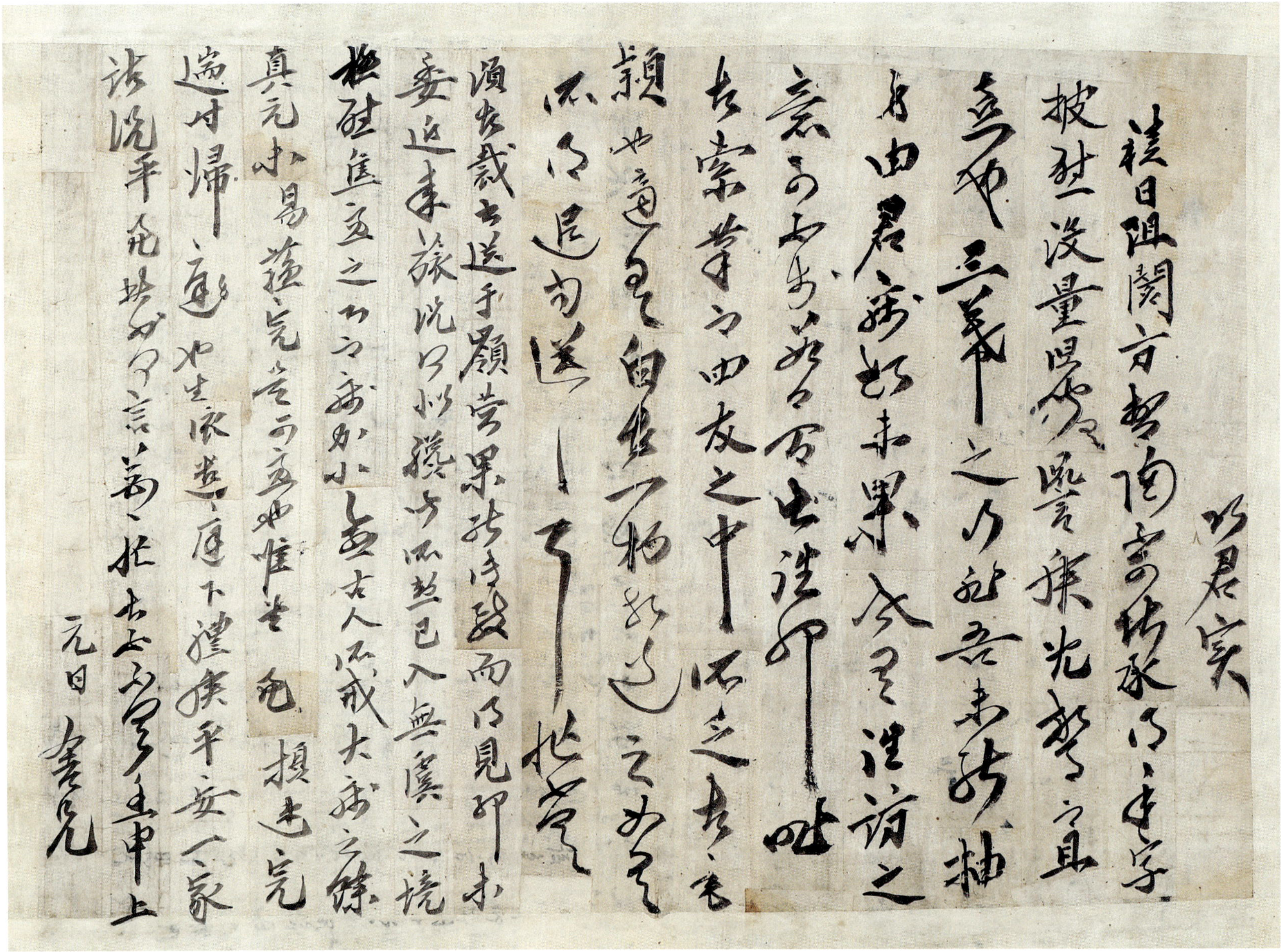

【釋文】積日阻閡, 方鬱陶不可堪, 承得手字, 披慰沒量. 但聞有彎候, 旣驚而且喜也. 三幕之行, 非吾未能抽身 由君病, 頓未果, 今有往訪之意, 可不於數日間出往耶? 昨者索筆, 而四友之中, 所乏者毛穎也. 適有白者一柄, 故送之, 如有所得, 追當送之耳. 忙不具.
卽 君實

【國譯】오랫동안 문을 닫고 여러 날 소식이 막혀 바야흐로 울도하여 견딜 수가 없었는데, 손수 쓰신 편지를 받고 후련하고 위안되는 마음 헤아릴 수 없습니다. 다만 편치 않은 체후가 있었다함을 들었는데 이미 놀랍고 또 기쁩니다.

삼막의 행차는 내가 아직까지 몸을 빼지 못한 것은 아니나 그대의 병으로 말미암아 갑자기 결행하지 못하였는데 지금 방문하고자 하는 마음이 있으니 수일간에 나가지 않을 수 있겠습니까?

어제 요구하신 붓은 문방사우 가운데에 모자란 것이 붓입니다. 마침 흰 것이 한 자루 있어서 보내니 만일 얻는 바가 있다면 추후에 응당 보내겠습니다. 바빠서 격식을 갖추지 않습니다.

당일 군실

[夏-11-左] 李萬秀의 간찰

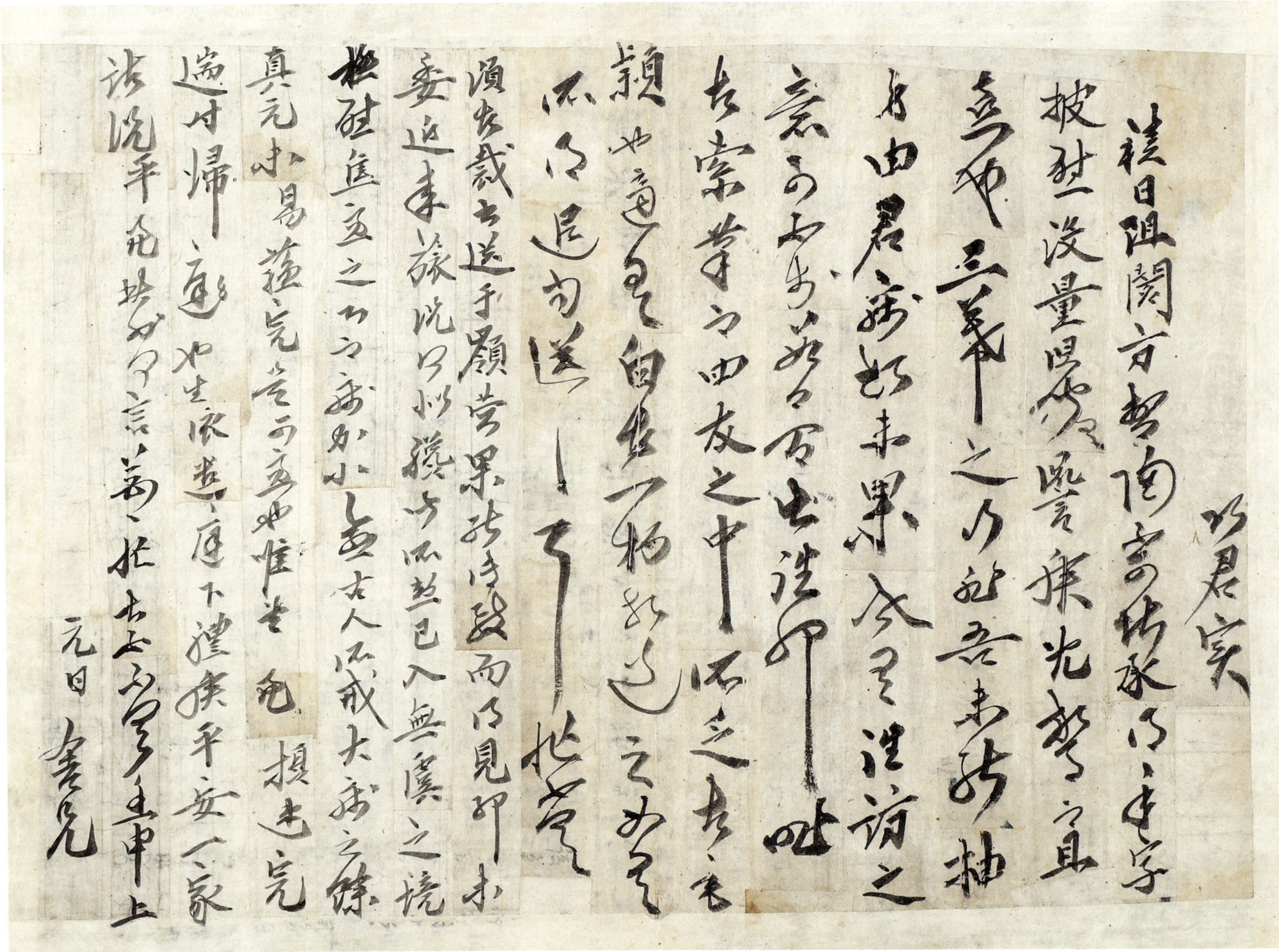

【釋文】頃者裁書，送于嶺營，果能傳致，而得見耶？未委近來旅况何似？纔聞所患已入無虞之境，極慰焦慮之心．而病加小愈．古人所戒，大病之餘，眞元未易蕆完，是可慮也．唯望善攝速完，遄時歸庭也．生依遣，庭下體候平安，一家諸況平善，此外何言．萬萬忙甚，不具．

壬申 上元日 舍兄

【國譯】지난번에 편지를 써서 영남의 관아로 보냈는데 과연 전달이 되어서 얻어 보았느냐? 근래에 객지의 근황은 어떠한지 모르겠다. 앓고 있는 병이 이미 나았다고 겨우 들었는데 초조하고 염려하던 마음에 지극히 위안된다.

그러나 조금 병이 낫기는 했지만 옛사람이 경계하는 바로는 큰 병을 앓았던 끝에는 원기를 완전히 회복하기에 쉽지 않다하니 이것이 걱정이다. 오직 잘 조섭하여 속히 완쾌되어 빠른 시간에 집으로 돌아오기를 바란다.

나는 그런대로 지내고 있으며 집안 식구들의 안부는 평안하고 일가의 여러 근황도 좋다고 하니 이 밖에 무엇을 말하겠느냐?

많은 사연은 매우 바빠서 격식을 갖추지 않는다.

임신년 정월 보름 형

[夏-12] 李萬秀의 간찰

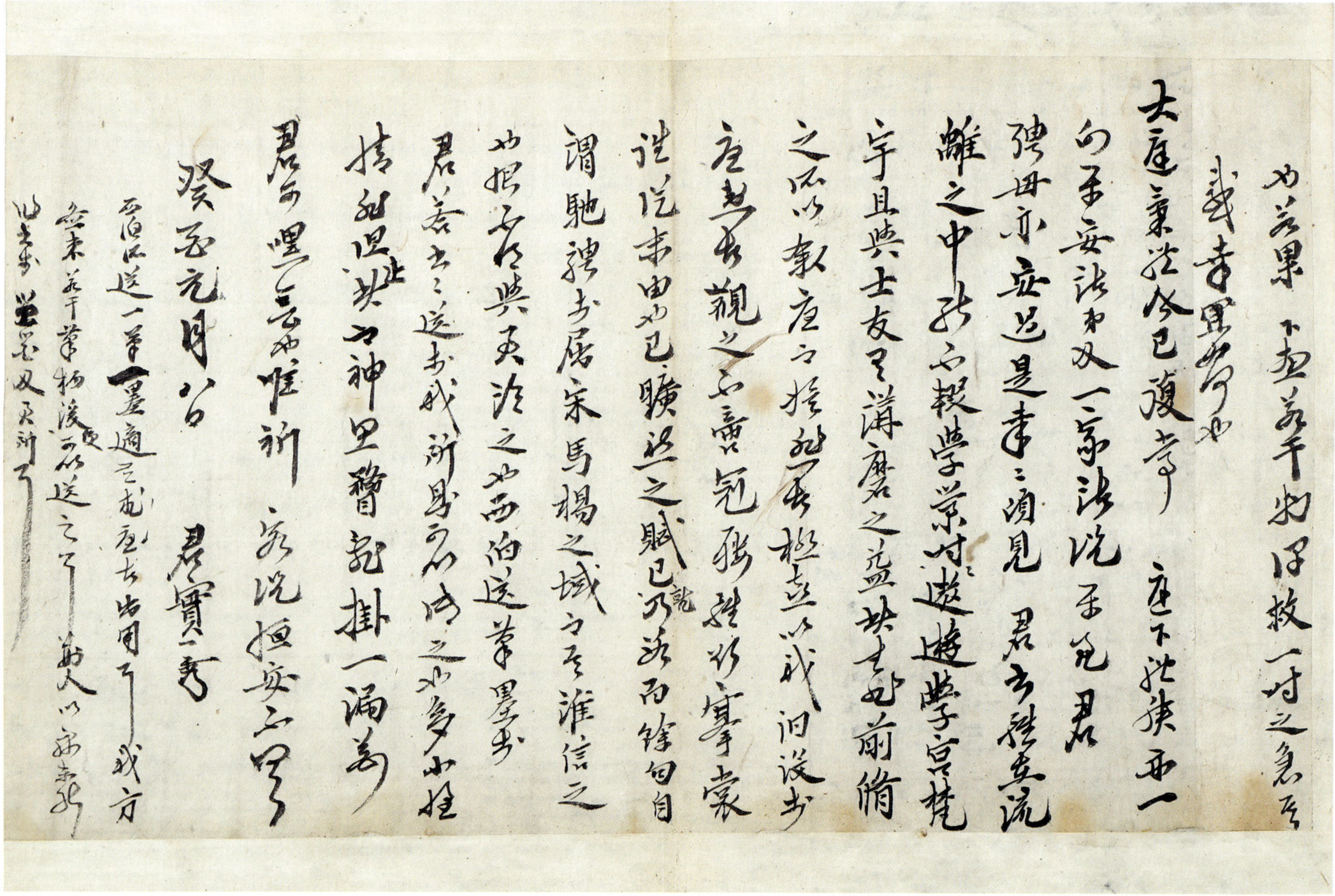

【釋文】 大庭氣體, 今已復常, 庭下體候, 亦一向平安, 諸弟及一家諸況平善, 君聘母, 亦安過, 是幸是幸. 頃見君書, 雖在流離之中, 能不輟學業, 時時遨遊學宮梵宇, 且與士友有講磨之益, 此無非前修之, 所以敍憂, 而娛悲者, 極喜. 以我汨沒於憂患者觀之, 不啻冠屨, 雖欲搴裳, 往從末由也已. 曠然之賦, 已就乃數百餘句, 自謂馳於屈宋馬揚之域, 而其誰信之也. 恨不得與君論之也. 西伯送筆墨於君, 答書之送於我所, 則可以傳之也. 多少懷情, 非但止此, 而神思瞀亂, 掛一漏萬, 君可默會也. 唯祈客況恒安, 不具.
癸酉 元月 八日 君實
西伯所送, 一筆一墨, 適有急求者, 出用耳. 我方圖束若干筆柄, 後便可以送之耳. 荊人以病, 未能作書於監營及君所耳.

【國譯】 임금님의 기체후가 지금 이미 평상을 회복하시고 아버님의 체후도 또한 한결같이 평안하시며 여러 동생 및 집안의 제반 근황이 평안하고 좋으며 너의 장모 또한 편히 지내고 있다고 하니 이것이 다행이다.

지난번에 너의 편지를 보니 비록 정처 없이 떠돌아다니는 가운데 있으면서도 학업을 그만두지 아니하고 때때로 학궁과 사찰에서 종유하며 또 사우들과 더불어 학문을 강마하는 유익이 있다고 하니, 이것은 지난번에 그 내용을 편지로 써서 근심을 펴고 슬픔을 위로한 것이 아님이 없으니 매우 기쁘다. 내가 우환에 골몰하는 것으로써 보건대 갓과 신발뿐만이 아니라 비록 옷을 걷어붙이고서라도 따라갈 방법이 없다.

광연한 시를 이미 수백여구를 만들었는데, 내 생각에는 굴원과 송옥과 사마천과 양웅의 지경을 치달릴 정도라고 생각하나 누가 믿겠느냐? 너와 더불어 논하지 못한 것이 한스럽다. 충청도 관찰사[4]가 너에게 붓과 먹을 보냈는데, 내가 있는 곳으로 답장을 보내준다면 전할 수 있을 것이다.

많은 회포의 정이 다만 여기에 그치지 않을 뿐만이 아니고 정신과 마음을 어지럽히어 한 가지만 걸어두고 만 가지를 빠트리니 네가 묵묵히 이해할 수 있을 것이다. 오직 객지에서의 근황이 항상 평안하기를 기원한다. 격식을 갖추지 않는다.

계유년 정월 8일 군실

충청도 관찰사가 보낸 한 자루의 붓과 한 개의 먹은 마침 급하게 구하는 사람이 있어서 내어 쓰게 하였다. 내가 바야흐로 속히 붓 몇 자루를 도모하였으니 뒤의 인편에 보낼 수 있을 것이다. 아내의 병 때문에 감영과 군소에는 편지를 쓰지 못하였다.

↳也若果, 下惠若干物, 俾救一時之急, 其感幸宜如何也.[5]
만약에 과연 은혜로이 약간의 물건을 내려 주셔서 한 때의 급함을 구제하게 한다면 그 감사하고 다행함을 의당 어찌하겠습니까?

4 충청도 관찰사: 본문의 '西伯'은 閔昌道(1654~1725)이다. 자는 士會, 호는 化隱이다. 李觀徵의 사위이다. 李沃의 매제이며, 발신자 君實 李萬秀에게는 고모부가 된다.

5 성첩하는 과정에 오류가 있어 잘못 삽입된 듯하다.

[夏-13] 李萬秀의 간찰

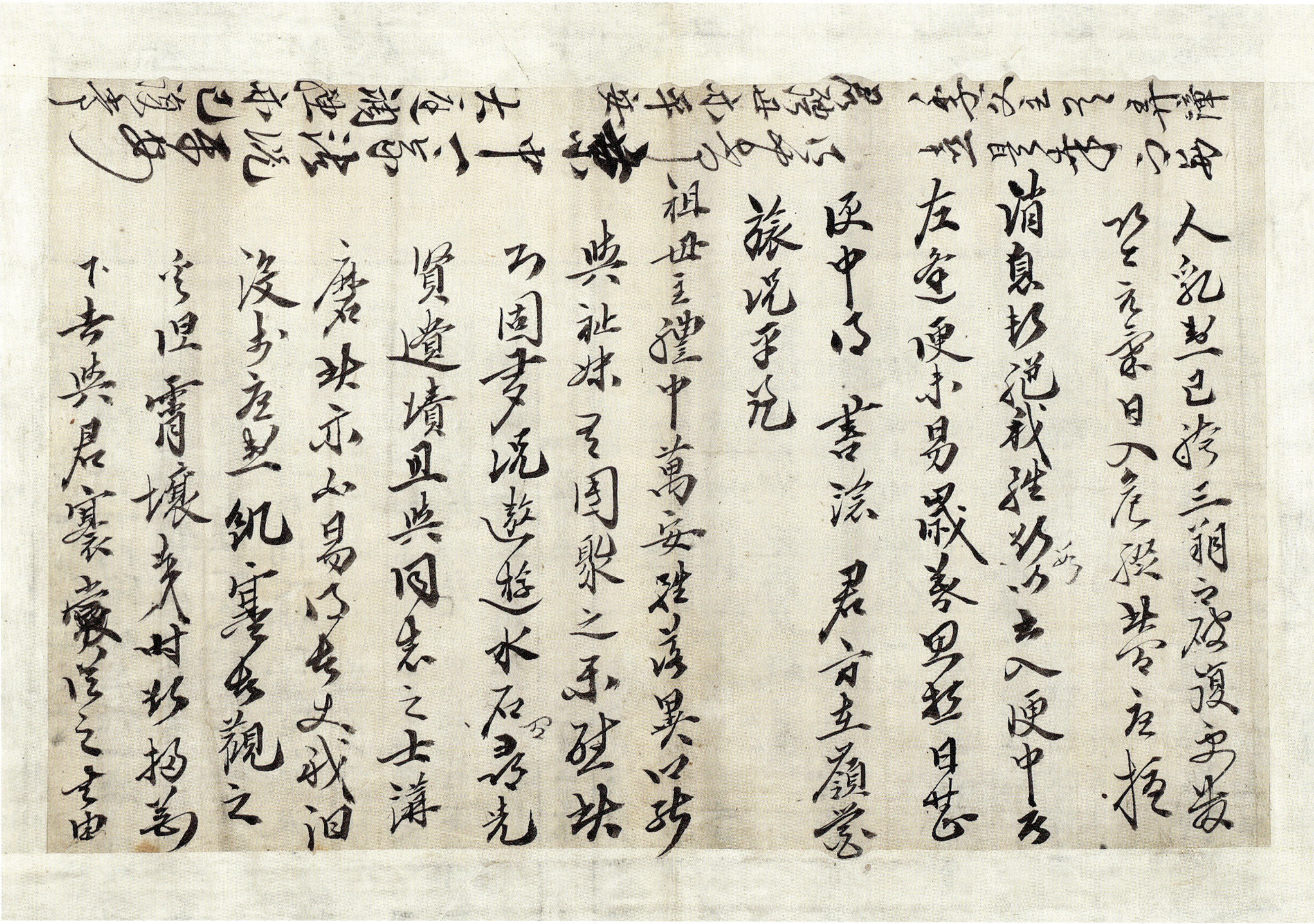

【釋文】消息頓絶, 我雖欲數以出入便中, 居左逢便未易, 歲暮思想日甚. 便中得書, 諗君方在嶺營, 旅況平善. 祖母主, 體中萬安, 雖落異鄕, 能與祉·妹有團聚之樂, 慰此心固多. 況遨遊水石間, 尋先賢遺蹟, 且與同志之士講磨, 此亦不易得者. 使我汨沒於憂患飢寒者, 覩之奚? 但霄壤哉. 時欲掃萬下去, 與君搴裳從之, 無由得也. 奈何? 京中一家諸況平安, 君聘母亦平安, 大庭調體, 亦已復常. 季父主, 有弄璋喜, 是幸, 而荊人乳患, 已跨三朔, 而破復更發, 卽今元氣, 日入危綴, 此間憂擾.

【國譯】소식이 갑자기 끊어져서 내가 비록 여러 번 인편을 통해 편지를 왕래하고자 하였으나 사는 곳이 멀어서 인편을 만나기가 쉽지 않으니 세모에 그리움이 날로 심하다. 인편 가운데에 편지를 얻어서 네가 바야흐로 영남의 감영에 있어서 여행하는 근황이 평안하고 좋다는 것을 알았다.

할머님은 체후가 만안하시며 비록 다른 고을에 떨어져 있으나 만지(萬祉)하고 누이와 더불어 단란하게 모이는 즐거움이 있으니 내 마음에 위안됨이 진실로 많다. 게다가 자연 속에 놀면서 선현이 남김 자취를 찾고 또 뜻을 함께하는 선비와 더불어 강학을 연마하니 이것은 또한 쉽게 얻지 못하는 것이다. 나로 하여금 우환과 기한에 골몰케 하니 무엇을 보겠느냐? 다만 하늘과 땅만 쳐다볼 뿐이다. 때때로 만사를 제쳐두고 내려가서 너와 더불어 옷을 걷어붙이고서라도 종유하고 싶지만 얻을 방법이 없으니 어찌하겠느냐?

서울에 있는 일가들의 여러 근황이 평안하고 너의 장모 또한 평안하며 임금님의 조섭하시는 체후도 또한 이미 평상을 회복하셨느냐? 막내 아버지는 다행히도 아들을 얻은 기쁨이 있지만 나의 아내가 이미 3개월이 넘도록 젖을 앓다가 다시 재발하니 지금의 원기는 날로 위태로워 나는 근심스럽고 마음이 어지럽다.

[夏-14] 李萬維의 오언율시

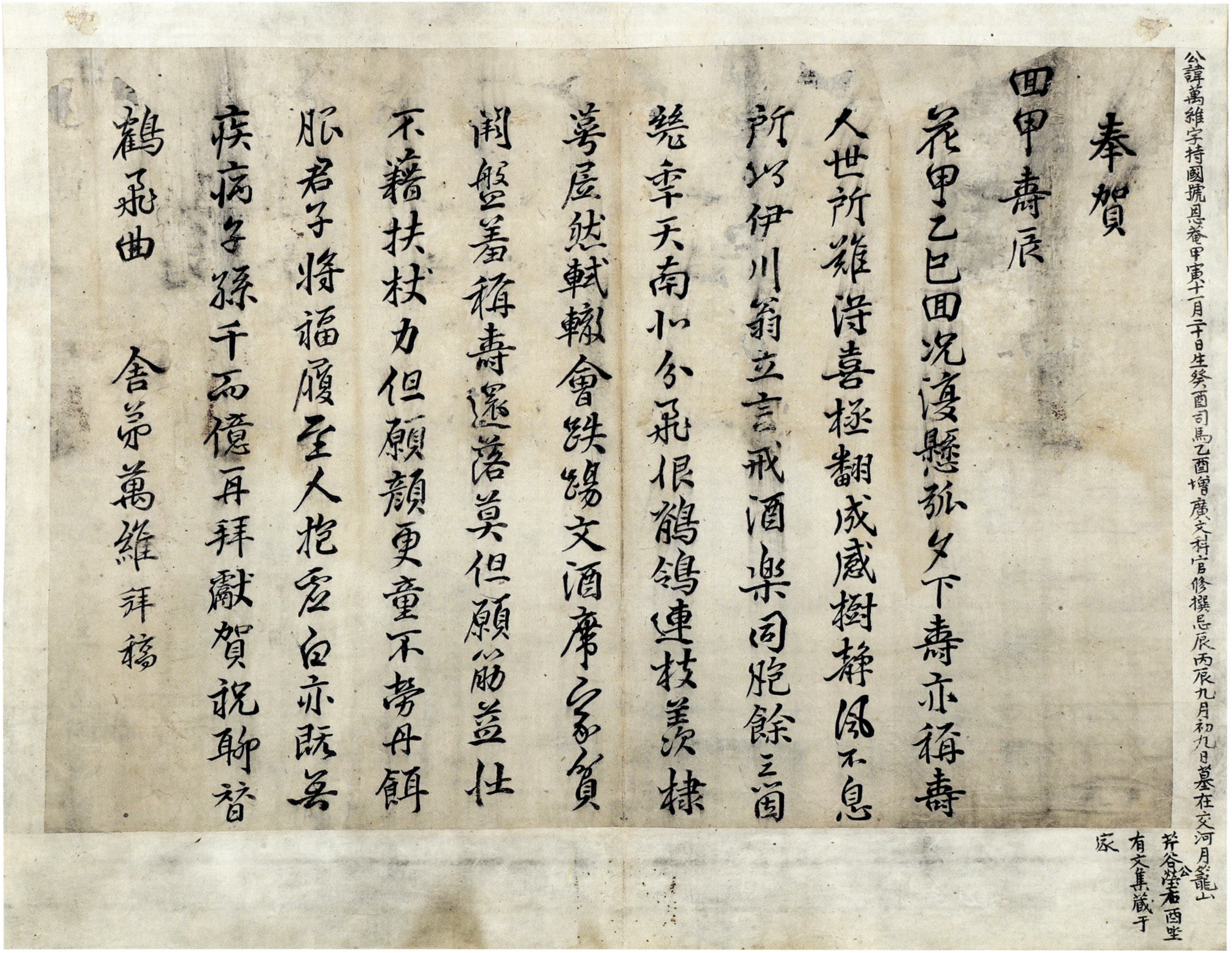

奉賀
回甲壽辰
花甲乙巳回况復懸弧夕下壽亦稱壽
人世所難得喜極翻成感樹靜風不息
所以伊川翁立言戒酒樂同胞餘三箇
幾年天南北兮飛恨鶺鴒連枝羨棣
萼居然軾轍會鉄錫文酒席之家貧
斟盤蓋稱壽還落莫但願筋益壯
不藉扶杖力但願顔更童不勞丹餌
服君子將福履至人抱虛白亦既吾
疾病子孫千百億再拜獻賀祝聊替
鶴飛曲
舍弟萬維拜稿

公諱萬維字持國號恳菴甲寅十一月二十日生癸酉司馬乙酉增廣文科官修撰忌辰丙辰九月初九日墓在交河月籠山
芹谷公塋右酉坐
有文集藏于家

【釋文】 奉賀 回甲 壽辰

花甲乙巳回，況復懸弧夕．下壽亦稱壽，人世所難得．喜極翻成感，樹靜風不息．所以伊川翁，立言戒酒樂．
同胞餘三箇，幾年天南北．分飛恨鶺鴒，連枝羨棣蕚．居然軾轍會，跌踼文酒席．家貧闕盤羞，稱壽還落莫．
但願筋益壯，不藉扶杖力．但願顔更童，不勞丹餌服．君子將福履，至人抱虛白．亦旣無疾病，子孫千而億．
再拜獻賀祝，聊替鶴飛曲．
舍弟 萬維 拜稿

【國譯】 회갑을 축하하며

을사년 회갑 날, 생일 저녁이다. 육십이면 장수라고 할 만한데, 인간 세상에 얻기 어려운 바이다.

기쁨이 지극하여 감사하지만, 나무는 고요하고자 하나 바람이 쉬지 않네. 정이천 옹은, 술 먹는 즐거움을 경계하라고 말을 하였지만,

나머지 세 형제는, 몇 년이나 남북으로 헤어졌던가? 형제[6]들의 헤어짐을 한스러워 하고, 함께 함을 부러워했는데,[7]

어느덧 수레를 타고 모여서, 글 짓고 술 마시는 자리에서 질탕하게 노네. 집안이 가난해서 상위에 음식이 부족하여, 회갑잔치가 도리어 낙막하여졌네.

그러나 근력이 좋아서, 지팡이의 힘을 빌리지 않길 바라네.

다만 얼굴이 다시 어린아이가 되어서, 단약을 먹는 수고가 없기를 바라네.

군자가 장차 복을 받고, 지인은 허백(虛白)[8]을 안고 있네.

또 병도 없고, 자손은 번성하네.

재배하고 하례하며, 학비곡(鶴飛曲)[9]을 대신하네.

동생 만유 절하고 시고를 올림[10]

---

6 형제 : 원문의 '鶺鴒'은 할미새인데, '鶺鴒在原'의 준말로, 우애 있는 형제를 뜻한다. "저 할미새가 들판에 있으니, 급한 때는 형제들이 서로 돕는 법이라오. 항상 좋은 벗이 있다고 해도, 그저 길게 탄식만을 늘어놓을 뿐이라오.[鶺鴒在原, 兄弟急難. 每有良朋, 況也永歎.]" 『詩經』, 「常棣」.

7 함께 함을 부러워했는데 : 원문의 '棣蕚'은 형제의 우애를 뜻하는 말이다. "활짝 핀 아가위 꽃, 얼마나 곱고 아름다운가. 이 세상에 누구라 해도, 형제만한 이가 없나니.[常棣之華, 鄂不韡韡, 凡今之人, 莫如兄弟.]" 『詩經』, 「常棣」.

8 허백(虛白) : 마음이 淸虛하여 욕심이 없으면 道心이 절로 생겨난다 함을 말한다. "빈 방 안에는 흰빛이 생기고 거기에는 좋은 징조가 깃든다.[虛室生白, 吉祥止止.]" 『莊子』, 「人間世」.

9 학비곡(鶴飛曲) : 漢나라 때 요동의 丁令威란 사람이 일찍이 靈虛山에 들어가 신선술을 배우고서 뒤에 鶴으로 변하여 고향 요동에 돌아와 城門의 華表柱에 앉았다는 고사에서 온 말이다. 『搜神後記』.

10 동생 만유……올림 : 상기의 시는 李萬敷, 『息山集』 卷2, 「和舍弟弧夕賀詩」, 71면에 실려 있다.

[夏-15] 李萬維의 간찰

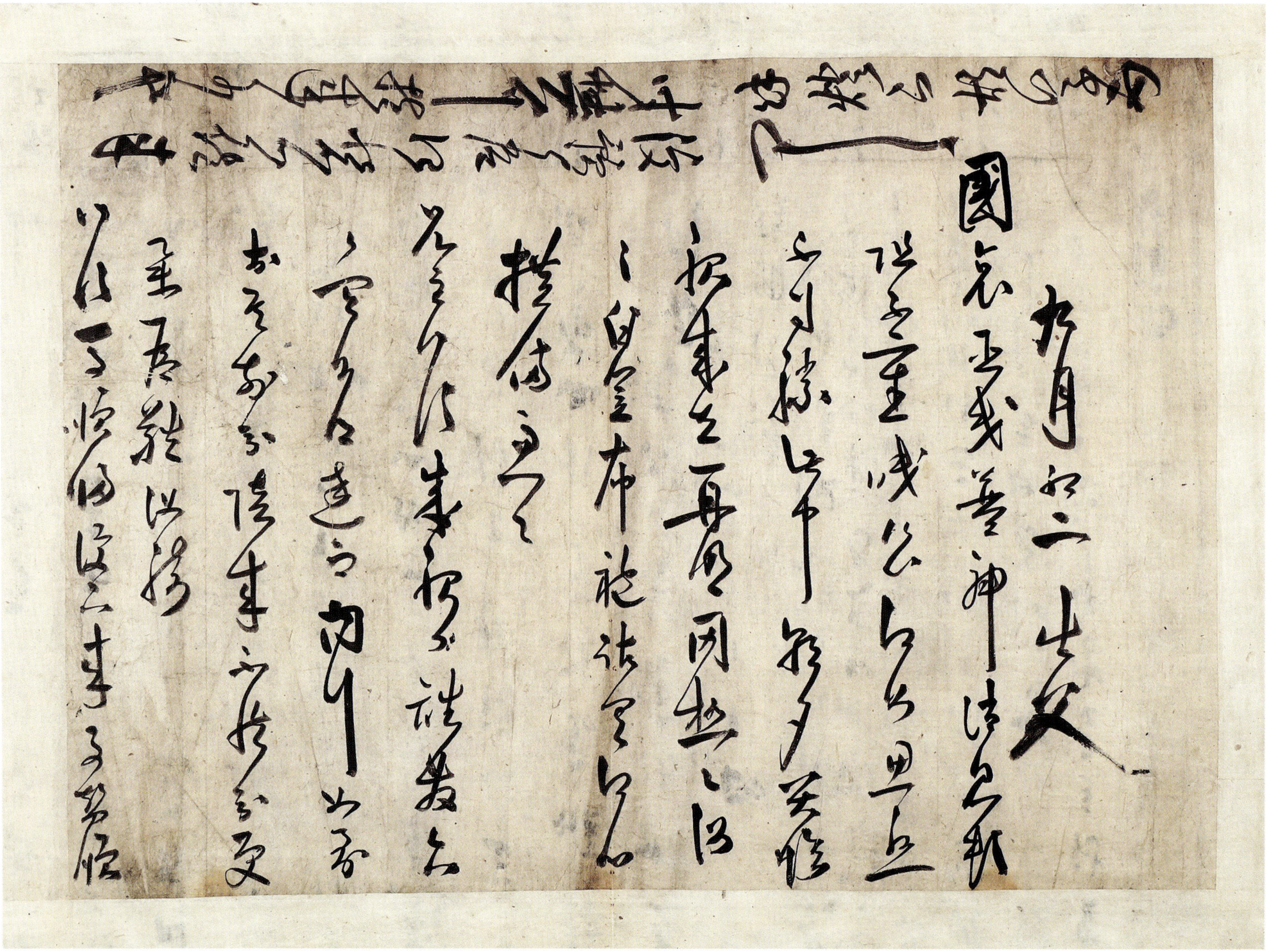

【釋文】 國哀, 臣民普痛, 消息頓阻, 不審眠食何如. 思戀不自勝. 此中, 朝夕哭臨, 服成在再明, 罔極罔極. 汝之白笠布袍諸具, 何以措備, 慮慮. 兄主行次, 成服日離發, 六日間可得達, 而內行如到於其前, 則陪來, 不然, 則更擧爲難. 汝騎行次馬, 順歸便下來, 事勢順便, 預爲治裝, 以待來時, 樊川持來可也. 餘燈下, 胡草不具.
九月 初六 生父

【國譯】 국상[11]으로 신민이 두루 애통해 하는데 소식이 갑자기 막혀서 안부가 어떠한지 알 수가 없으니 그리운 마음을 이길 수가 없구나. 나는 조석으로 곡에 임하여 복성이 내일 모레에 있을 것이니 망극하구나. 너의 백립과 무명옷 등의 제반도구는 어떻게 마련했는지 걱정이다.

형님의 행차는 성복하는 날 떠나 출발할 것이고 6일 즈음에 도달할 것인데, 아녀자들의 행차는 만일 그 전에 도착한다면 모시고 오고 그렇지 않다면 다시 거행하기는 어렵다. 네가 행차할 때 타고 온 말은 순이가 돌아가는 인편에 내려 보내고 일의 형편에 따라 순이 편에 미리 짐을 꾸려서 올 때를 기다렸다가 「두목의 시집」[12]을 가지고 오는 것이 좋겠다.

나머지는 등 아래 있어 어지러이 대강 쓰고 격식을 갖추지 않는다.

9월 6일 생부

11 국상 : 1720년에 있었던 숙종의 국상을 말한다.

12 두목의 시집 : 원문의 '樊川'은 唐나라의 시인 杜牧(803~852)의 별호이다. 그의 별장이 樊川에 있어 '杜樊川'이라고도 하며, 20권의 문집을 남겼다.

[夏-16] 李萬維의 간찰

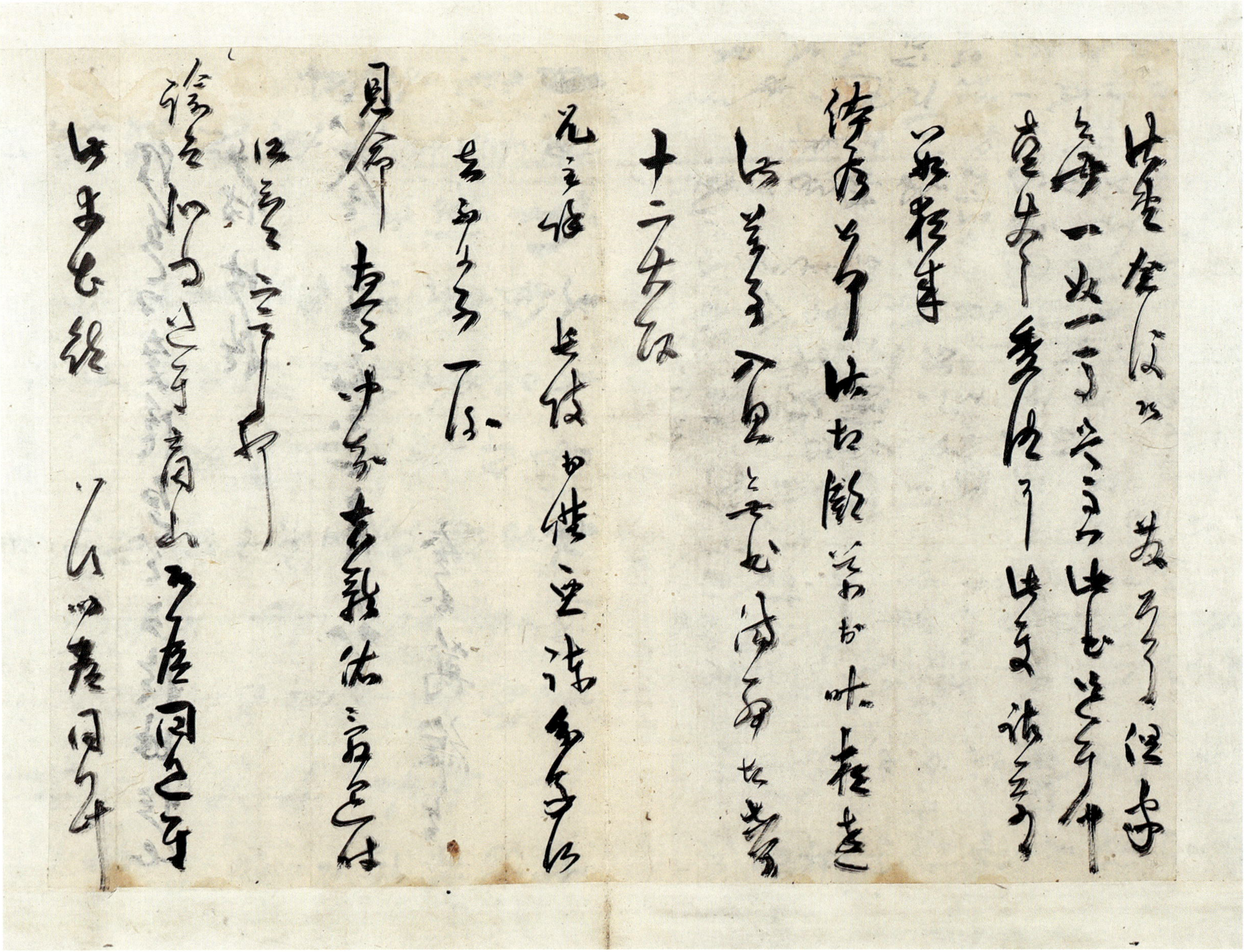

【釋文】數夜來, 體候如何? 伏切漸慕. 昨夜達此, 萬事入思, 無非傷痛者, 奈何? 十二大政, 兄主除長陵 弟陞亞諫, 分義所在, 不可不一謝恩命. 想已聞知去就, 依辭退時, 所云云定耶? 諭旨似當送于商山, 卽爲回送于此, 幸甚. 待行次以爲同行計, 伏望念後卽發, 如何? 但家無一奴一馬, 是慮. 此書, 送于聞喜, 使之委傳耳. 此處諸寄.

【國譯】며칠 밤 이래로 체후는 어떠하신지요? 삼가 사모하는 마음 간절합니다. 어제 밤에 여기에 도달하여 만사를 생각하면 슬프고 애통하지 않음이 없으니 어이하겠습니까?

12월 도목정사에 형님은 장릉참봉에 제수되시고 저는 사간에 승진하였으니[13] 분수와 의리에 있어서, 한결같이 은혜로운 명령에 감사하지 않을 수 없습니다. 이미 들어서 (저의) 거취는 아시겠지만, (형님의 거취는) 사직 상소대로 물러날 때가 말씀하신대로 정하여졌습니까?

유지는 응당 상주로 보낼 듯한데, 곧바로 저에게 돌려 보내주신다면 매우 다행이겠습니다. 행차를 기다려서 동행할 계획이니 삼가 바라건대 20일쯤 뒤에 곧바로 출발하는 것이 어떠합니까? 다만 집에 노비와 말이 하나도 없으니 이것이 염려 됩니다.

이 편지를 문경에 사는 아무개에게 보내니 그로 하여금 맡겨서 전하게 합니다. 이곳에서 모두 부칩니다.

13 형님은……승진하였으니 : 형 李萬敷는 1729년(英祖 5) 學行으로 長陵參奉과 氷庫別提에 임명되었으나 모두 사퇴하였으며, 동생 李萬維는 司諫에 제수되었다.

[夏-17] 李萬維의 간찰

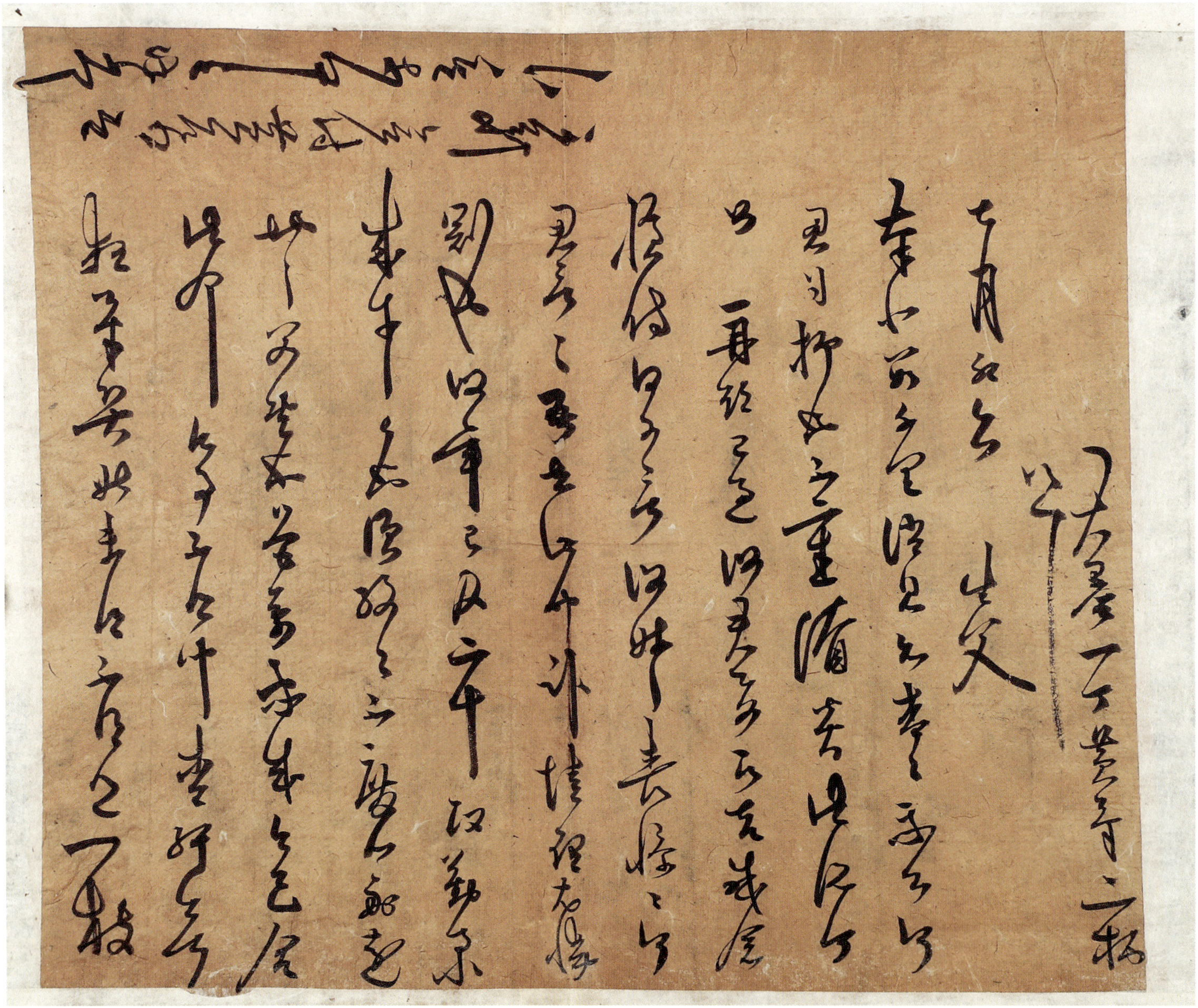

【釋文】南北數千里, 消息亦杳杳. 我心何忍自抑也. 不審潦炎, 侍況何如? 再期已過, 汝君妻卽吉, 感念愴傷, 何可言? 汝叔之喪慘, 慘何忍言, 何忍言? 吾在此聞訃, 情理尤慟割也. 汝年已及二十, 政勤業成可也. 須孜孜不廢, 以副遠地之父望也. 營萬家來, 今已合此耶? 今事不得聞, 鬱紆欲狂. 筆資, 姑未得不得送一枝, 可歎. 欲付黃紙, 而卜重奈何? 餘不具. 大墨一丁, 黃筆二柄, 送之.
七月 初六 生父

【國譯】남북으로 수 천리나 떨어져 있고 소식도 아득하니 내 마음을 어떻게 차마 스스로 억누를 수 있겠느냐? 무더위에 시봉하는 근황은 어떠하냐? 대상(大祥)이[14] 이미 지났는데, 너희 아내는 지금 잘 있는지 서글픈 감정을 어떻게 말로 할 수 있겠느냐?

너의 숙부가 상[15]을 당한 참담함은 어떻게 차마 말할 수 있겠느냐? 나는 이곳에서 부음을 들었는데 정리가 더욱 애통하였다. 너도 나이가 이미 20세가 되었으니 정이 부지런히 공부해서 학업이 이루어지도록 하는 것이 좋겠다. 모쪼록 학문을 폐하지 말고 부지런히 힘써 멀리 있는 아비의 바람에 부응하여라.

영만이가 집으로 왔는데, 지금 이미 이곳에서 만났느냐? 지금의 일을 듣지 못해서 답답하여 미칠 것 같다. 붓을 살돈을 아직 얻지 못하여 부득이 한 자루도 보내지 못하니 한탄스럽다. 황지를 부치고 싶지만 짐이 무거우니 어찌하겠느냐? 나머지는 격식을 갖추지 않는다.

큰 묵 한 자루와 황필 두 자루를 보낸다.

7월 6일 친아버지

14 대상: 원문의 '再期'는 喪期로 만 2년이 되는 때를 의미하며, 大祥을 말한다.
15 숙부가 상: 원문의 '叔之喪'은 庶叔의 상을 말하는 듯하다. 李萬秀(1658~1711)의 喪은 아님.

[夏-18] 李萬維의 간찰

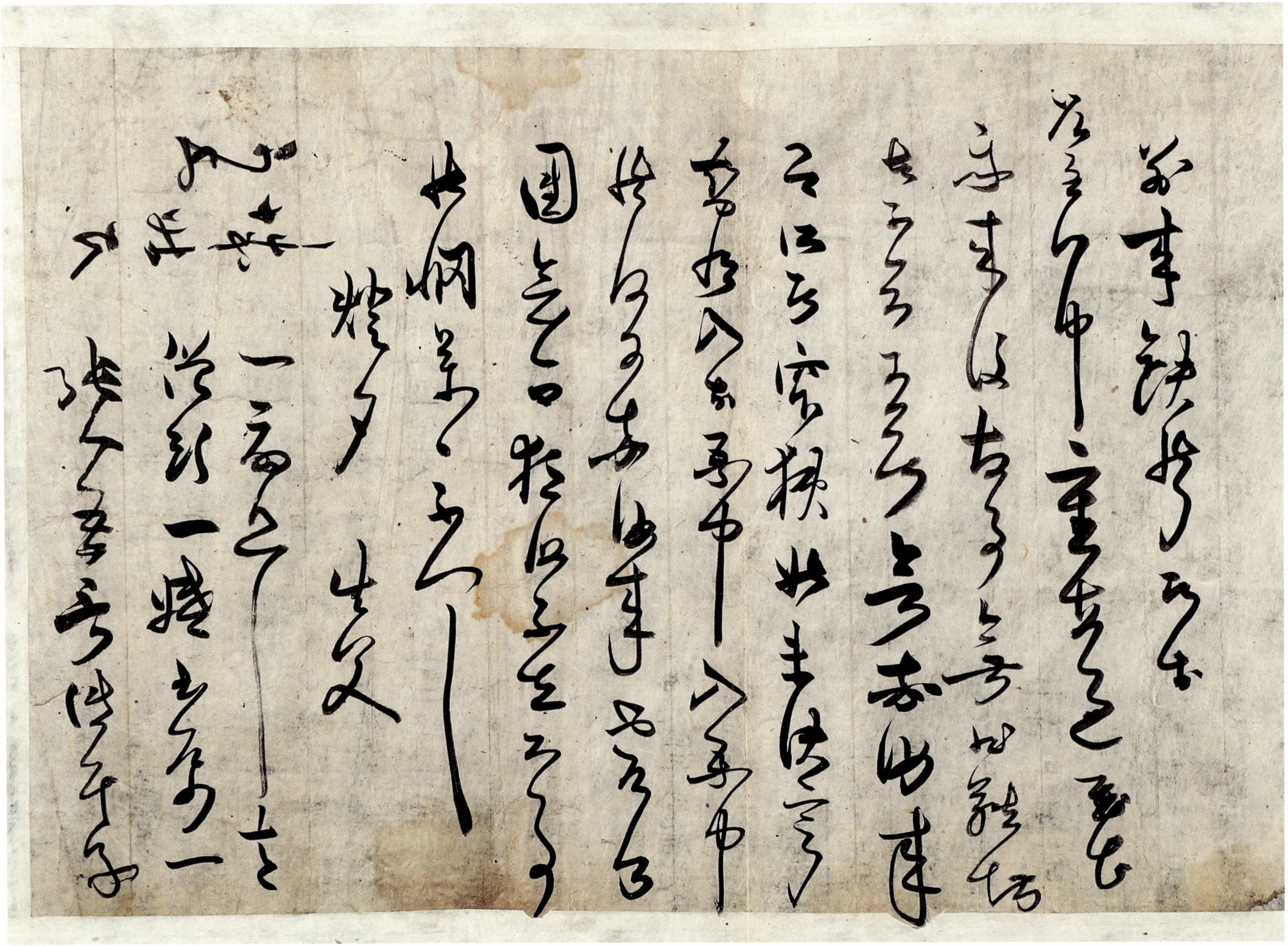

【釋文】別來缺然, 卽於兄主行中, 審安過, 慰甚. 我來後, 官事, 無非難堪者, 可悶可言? 欲率汝來, 而所居窄狹, 姑未決定. 勢將入於衙中, 入衙中然, 何可率汝來也? 卽今團會, 而獨汝不在, 心事悵惘萬萬. 不具.
燈夕 生父
一扇送之, 靑僧頭一, 婚書紙一張, 以吾言傳于義城叔氏可也.

【國譯】이별한 뒤로 마음이 서운하였는데, 지금 형님께서 여행 중에 편안히 지내고 계심을 알았으니 매우 위안된다.
내가 내려온 뒤로 관아의 일이 견디기 어렵지 않은 것이 없으니 민망함을 말할 수 있겠느냐? 너를 데리고 오고자 하였으나 거처하는 곳이 좁아 아직 결정하지 못했다. 형세가 장차 관아에 들어가게 될 것 같은데 관아에 들어가게 된다면 어떻게 너를 데려올 수 있겠느냐? 지금 단란히 모였는데 유독 네가 있지 않아서 심사가 매우 슬프고 망연하다. 격식을 갖추지 않는다.
촛불 켠 저녁에 친아버지
부채 하나를 보낸다. 푸른 승두 하나와 혼서지 한 장과 나의 말을 의성의 숙부에게 전하는 것이 좋겠다.

[夏-19] 李萬維의 간찰

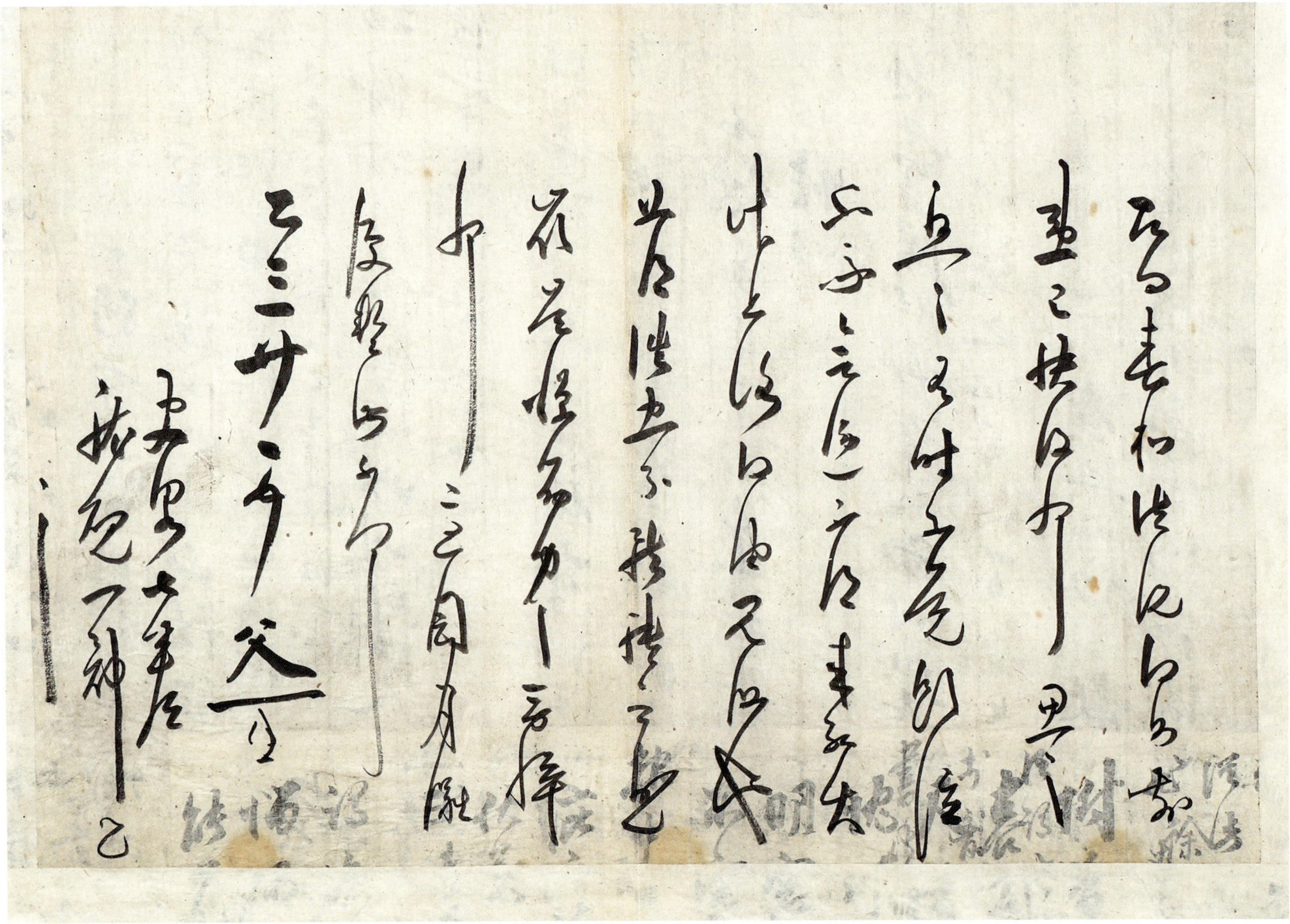

【釋文】卽問春和, 侍况何如? 前患已快復耶? 思之戀戀, 有時不覺飮泣也. 我欲遞不得來耶. 大計上洛, 何由見汝也? 如得往忠, 則雖疾而逾嶺 豈憚筋力之勞瘁耶? 適因月灘便, 暫此不具.

己 三 卄五 父

史略七卷, 龍硯一部送之.

【國譯】지금 묻건대 화창한 봄날에 시봉하는 근황은 어떠하냐? 지난번 병은 이미 쾌차하여 회복 되었느냐?

간절한 그리움에 때때로 나도 모르게 눈물이 난다. 나는 체직하고자 하는데 (네가) 올라올 수가 없겠느냐? 큰 계획으로 서울에 올라왔으니 무슨 방법으로 너를 보겠느냐? 만일 충주를 간다면 비록 아프더라도 고개를 넘을 것이니 어찌 근력의 수고와 고달픔을 두려워하겠느냐? 마침 월탄의 인편을 통하여 잠시 이정도로만 쓰고 격식을 갖추지 않는다.

己○년 3월 25일 아버지

사략 7권과 용연 1부를 보낸다.

[夏-20, 20-1, 20-2, 20-3] 李萬維의 간찰

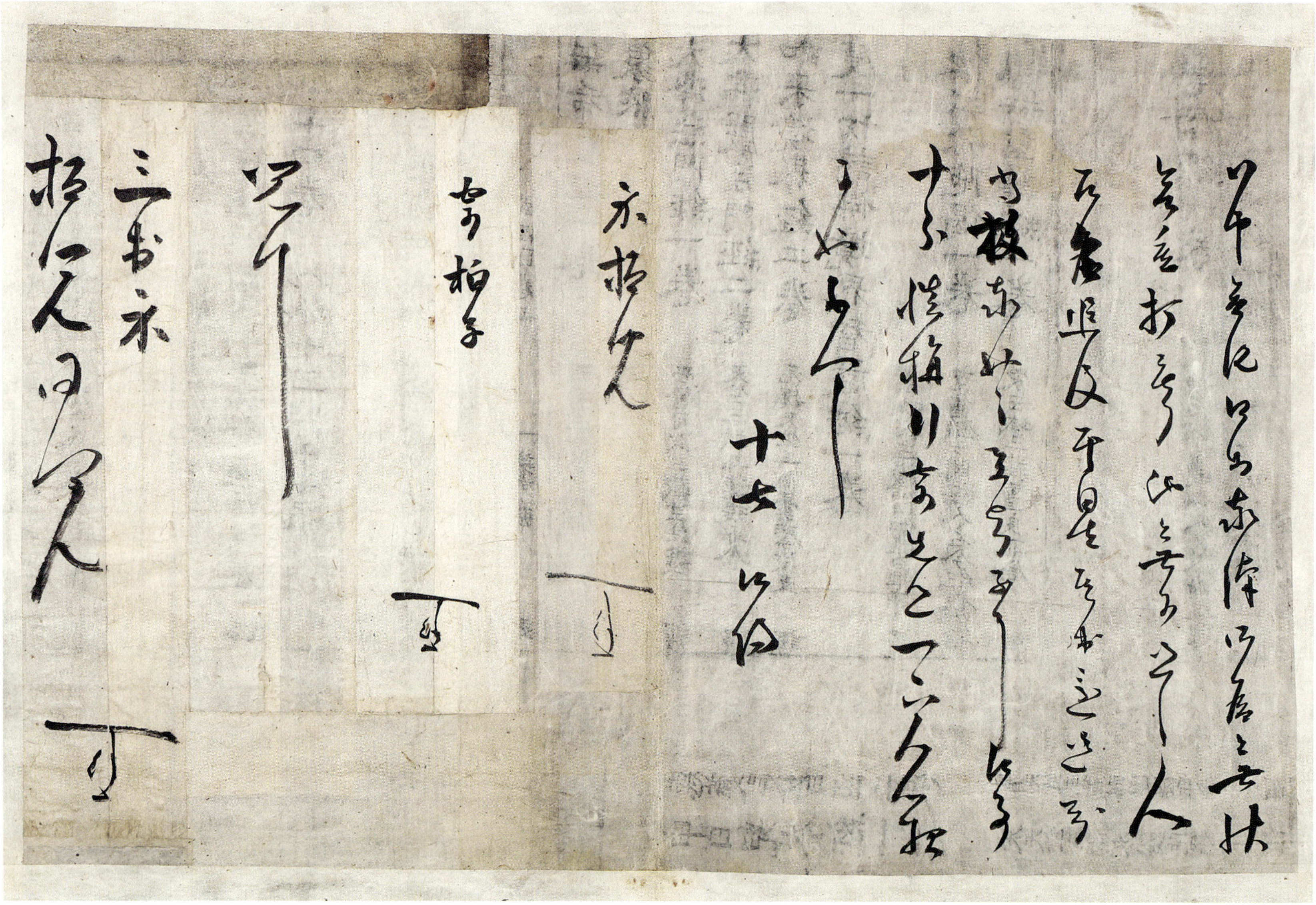

【釋文】 • 行中僉況何如? 泰漢所爲無狀, 欲重打矣. 他無可送之人, 卽今追及于星, 其弟還送, 則當放泰也之至與不耳. 此事十分愼旃行奇, 先送一下人以報可也. 不具.

十 七 伏陽

• 示栢兒

• 寄柏子

兒行

• 三弟示 栢兒 同見

【國譯】 • 여행 중의 여러 사람들의 근황은 어떠하냐? 태라는 놈의 하는 짓이 형편이 없으니 거듭 때려주고 싶다. 달리 보낼 만한 사람이 없으니 지금 곧바로 추적해서 성주에 도착해서 그 아우를 돌려보낸다면 응당 그 아우가 도착하든지 말든지 태야를 내쳐 보내라. 이일은 매우 삼가고 힘써서 기별해야 하니, 먼저 하인 한 사람을 보내어 알리는 것이 좋겠다.

시월 칠일

• 지백에게 보낸다.

• 아들 지백에게 부친다.

아이의 행차에

• 세 아우 보아라. 지백이도 함께 보아라.

[夏-21] 李萬維의 간찰

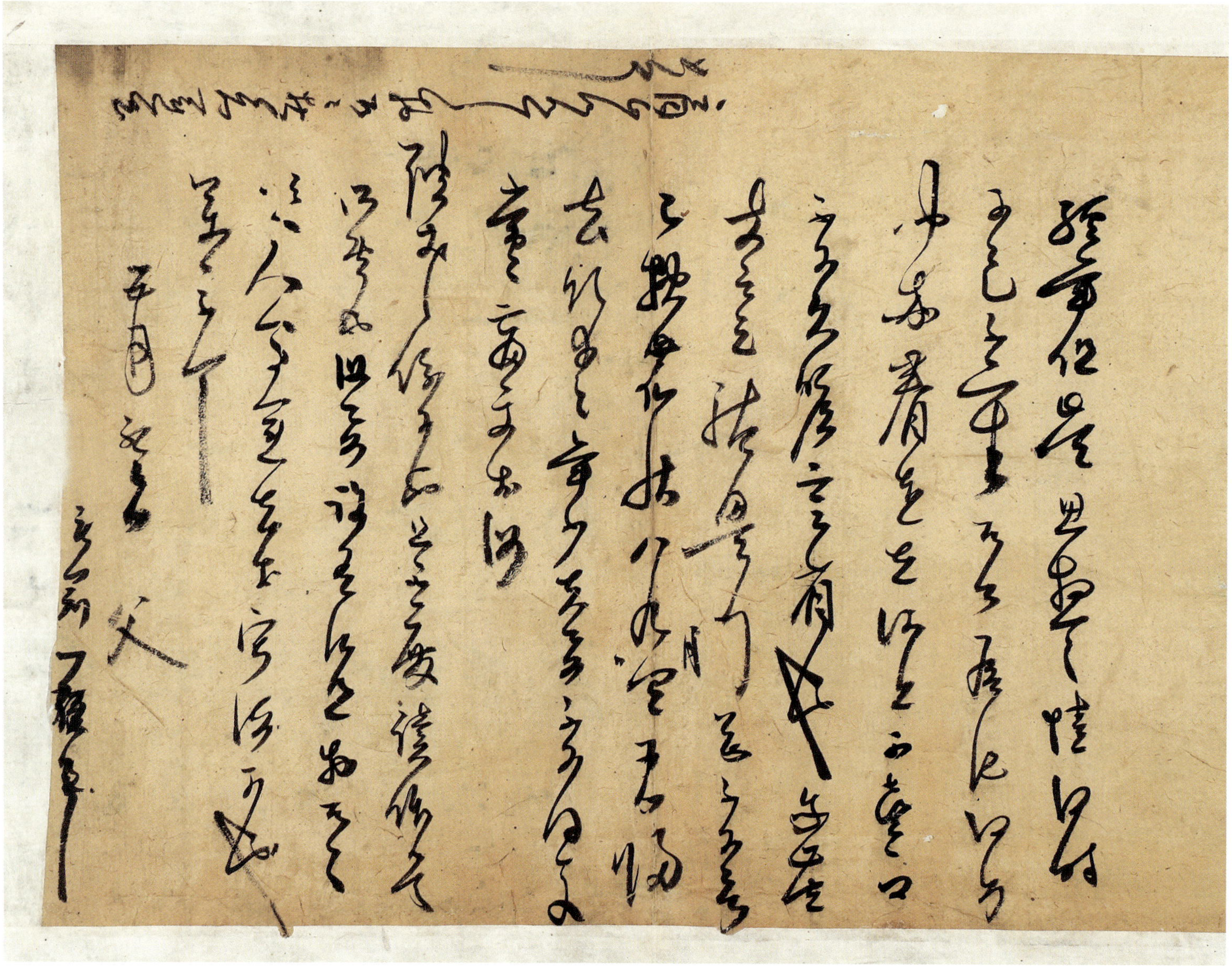

【釋文】經年阻音，思想之情，何時可已．不審卽今爲況何如？聞率眷連在河上，可喜，而不可久曠定省也．我董支，而乞骸骨，行苦不可言．已報花狀，八九月間，可以歸去，欣幸欣幸．年少夫妻，不可同處，常常寢處於汝聘丈之側可也．且不廢讀體，是所望也．汝妻許有所送物，其之送人馬，運去於寧海可也．萬萬不具．
五月 初六 父．
商山所送之物，卽日報知，運去如何？毛冠一■送之

【國譯】해를 보내고도 소식이 막혔으니 그리운 정이 어느 때에야 그치겠느냐? 지금 근황이 어떠하냐? 듣건대 식구들을 데리고 연이어 하상에서 지내고 있다고 하니 기쁘기야 하지만 혼정신성을 오래도록 비워서는 안 된다.

나는 근근이 버티고 있으나 체직을 요구하는 행차의 괴로움을 말할 수가 없다. 이미 편지로 말하였는데 8~9월 사이에 돌아갈 수 있을 것이니 매우 기쁘다. 젊은 부부가 함께 거처할 수 없어도 항상 너의 장인의 곁에서 거처하는 것이 좋겠다. 또 독서를 폐하지 말거라 이것이 바라는 바이다. 너의 처에게 얼마쯤 보낸 물건이 있는데 그 보낸 사람과 말을 영덕으로 옮겨 보내는 것이 좋겠다. 할 말이 많으나 이만 줄인다.

5월 6일 아버지

상주에서 보낸 바의 물건은 지금 보고해서 알리고 옮겨 보내는 것이 어떠하냐? 털모자 한 개를 보낸다.

[夏-22-右] 李萬維의 간찰

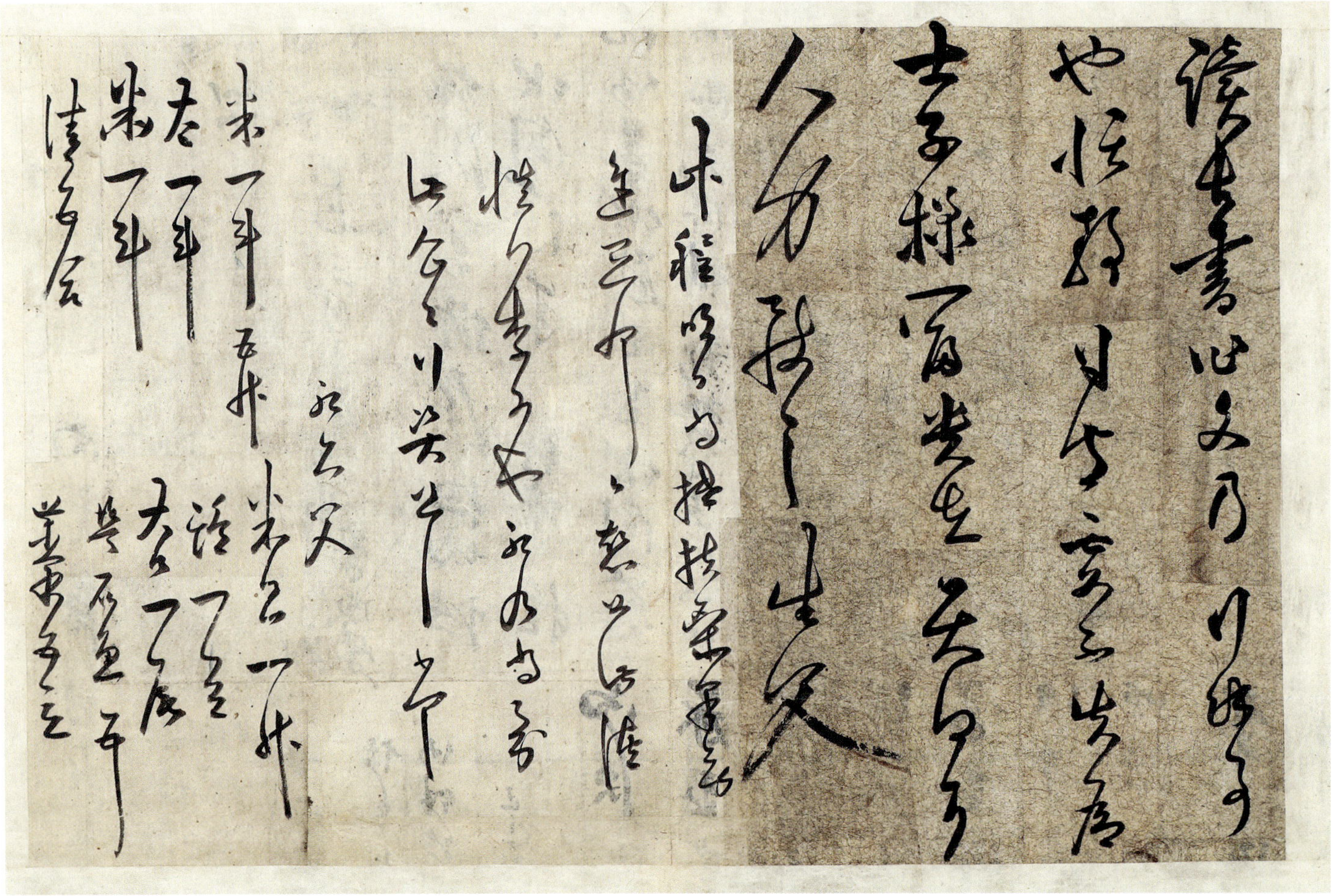

【釋文】 讀古書作文, 乃行餘事也. 恬靜自守, 要不失爲士子樣. 富貴在天, 何可人力致之? 生父

【國譯】 옛 책을 읽고 문장을 짓는 것은 (효도를 하고) 행한 나머지의 일이다. 편안하고 고요히 자기를 지켜서 반드시 선비의 모양을 잃어서는 안 된다. 부귀가 하늘에 달려 있으니 어찌 인력으로 이룰 수 있겠느냐? 친아버지

[夏-23-左] 李萬維의 간찰

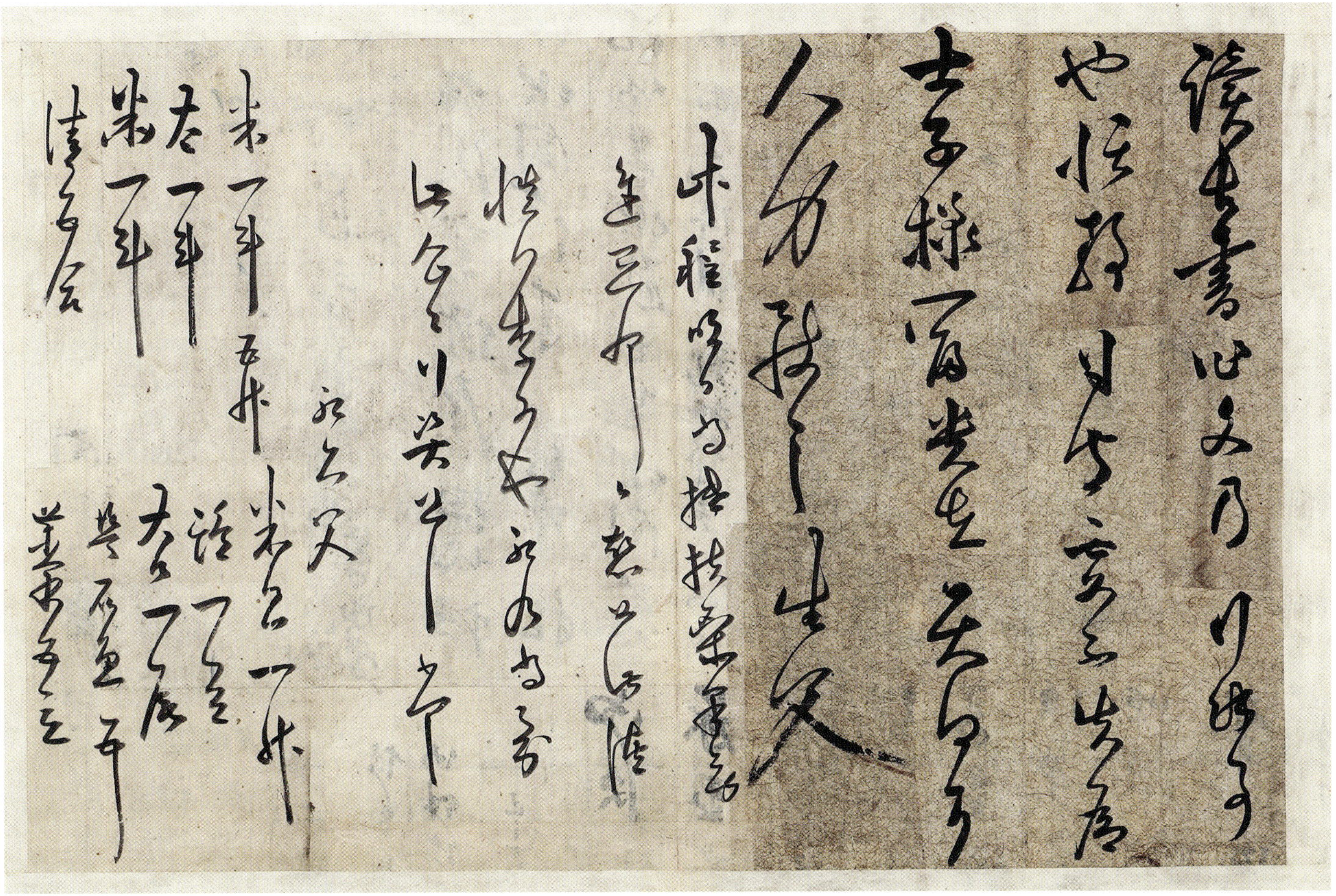

【釋文】 計程, 明日當抵扶桑, 果無進退耶? 日熱如此, 謹愼行李可也. 初乃當到此企企. 行資送之. 不具. 初六 父
米一斗五升, 太一斗, 粥一斗, 淸五合, 米食一升, 鷄一首, 大口一尾, 鹽石首魚五首, 藥果五立.

【國譯】 일정을 계산해보니 내일이면 동해에 도착할 것인데 과연 날짜에 변동은 없느냐? 이렇게 날이 더우니 삼가 여행을 신중히 하는 것이 좋겠다. 초순 즈음에 이곳에 도착하기를 기대한다. 노자를 보낸다. 이만 줄인다. 초육일 아버지
쌀 1말 5되, 콩 1말, 죽 1말, 꿀 5홉, 미숫가루 1되, 닭 1마리, 대구 1마리, 절인 조기 5마리 약과 5개.

[夏-24] 李萬維의 간찰

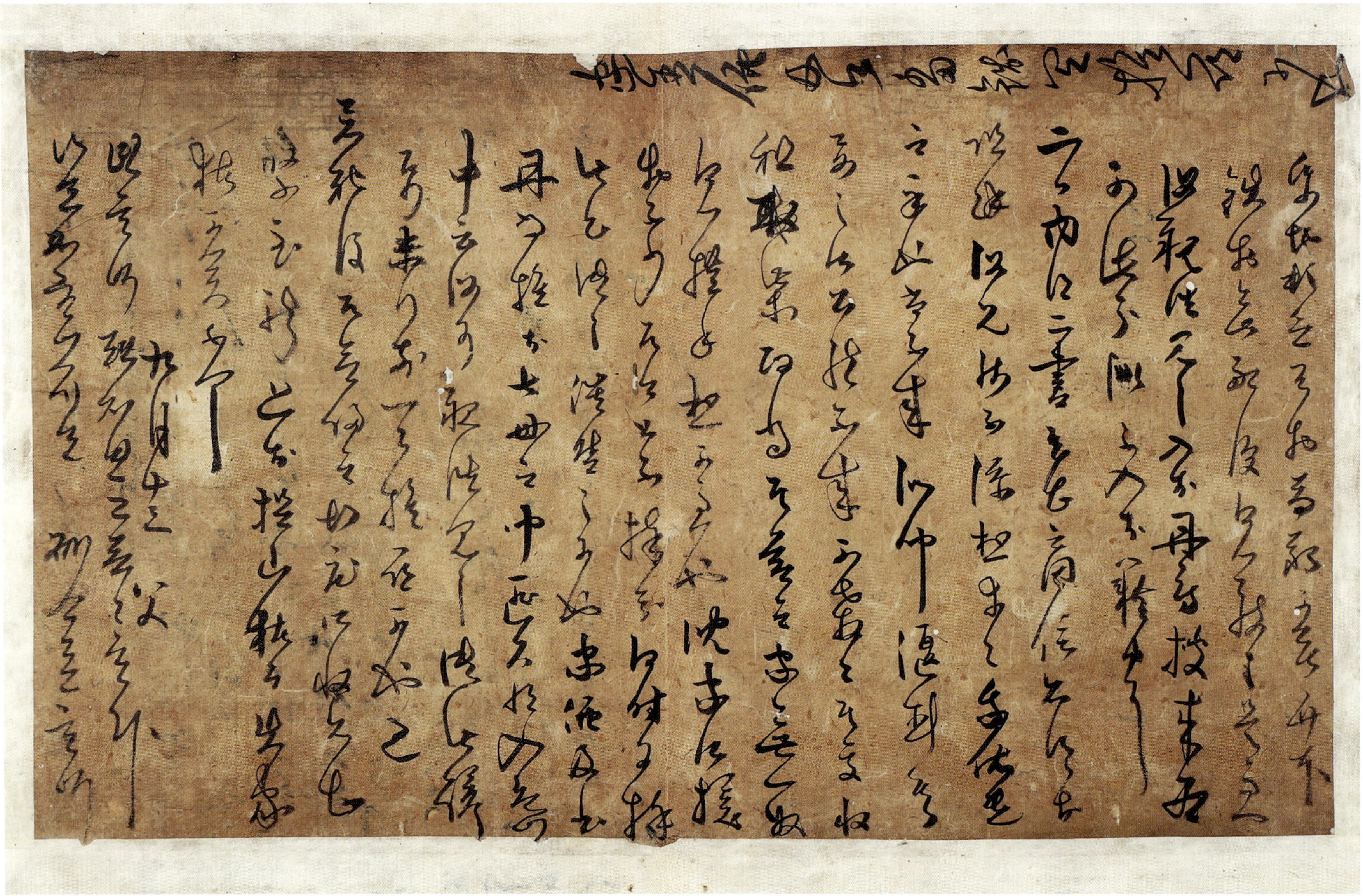

【釋文】二日內, 得二書, 慰甚. 商信亦得於阻餘, 汝兄病不添, 極幸極幸. 我依遣, 而辛也, 尙不來, 似聞偃臥, 其妻之今公然不來, 可敎可敎. 其處, 收租取柴, 政當其節, 而家無一奴, 何以措手, 極可慮也. 沈家所授物, 不少, 卽今不捧, 則何時可捧? 此書傳之, 催督之可也. 家價及書冊, 當推於七母, 而聞匪久將入島中云, 汝可親往見之, 傳此諺紙, 未行前, 一一推尋可也. 過忌祀後, 卽欲歸, 而故庄所收, 亦甚緊急, 然, 近於捉山猪, 而失家猪, 可笑, 不具.

九月 十三 父

紙地頓乏, 有物都苟艱可言? 竹本鐵物, 無船便, 何以致之? 是慮. 汝親往見之, 入於冊房, 搜來爲可. 此則似不入於籍中耳. 家舍價及水畓田, 宜推尋可.

【國譯】이틀 안에 두 통의 편지를 받고서 매우 위안되었다. 상주의 소식 또 막힌 끝에 얻었는데 너의 형의 병이 더 심해지지는 않는다고 하니 매우 다행이다.

나는 그런대로 지내고 있으나 신이가 아직 오지 않았는데, 얼핏 듣건대 (신이가) 넘어져 누워있는데도 그 처가 지금 공공연히 오지 않는다고 하니 가르치는 것이 좋겠다. 그곳에 조세를 걷고 땔감을 취하는 것은 정이 그 절목에 합당하지만 집에 노비가 하나도 없으니 어떻게 손을 빌리겠느냐? 지극히 염려 된다. 심가가 받은 바의 물건은 적지 않은데 만일 지금 받들지 않는다면 어느 때에 받들겠느냐? 이 편지를 전하여서 독촉하는 것이 좋겠다.

집값과 서책은 응당 칠모에게 추심을 하고 오래지 않아 장차 섬으로 들어간다고 들었는데 네가 직접 가서 만나보고 이 언문 편지를 전하되 떠나기 전에 일일이 다 받아 오는 것이 좋겠다. 기제사를 지낸 뒤에 곧바로 돌아오고 싶었지만 고향 장토에서 수확하는 것도 매우 긴급하다. 그러나 산돼지를 잡다가 집돼지를 잃는 꼴이니 우습다.

9월 13일 아버지

종이가 갑자기 떨어지고 물건도 모두 구차하고 어려운 점이 있으니 말로 할 수 있겠느냐? 대나무와 철물은 배편이 없다면 어떻게 전할 수 있겠느냐? 이것이 걱정이다. 네가 직접 가서 살펴보고 책방에 들어가서 찾아오는 것이 좋겠다. 이것은 아마도 장부 가운데 들어가지 않은 듯하다. 집값 및 논 값은 의당 받아 오는 것이 좋겠다.

[한글]

나도「구」하엇기로 제사를 하여

년하야 편지 보도록 하라.

[夏-25-右] 李之彬의 간찰

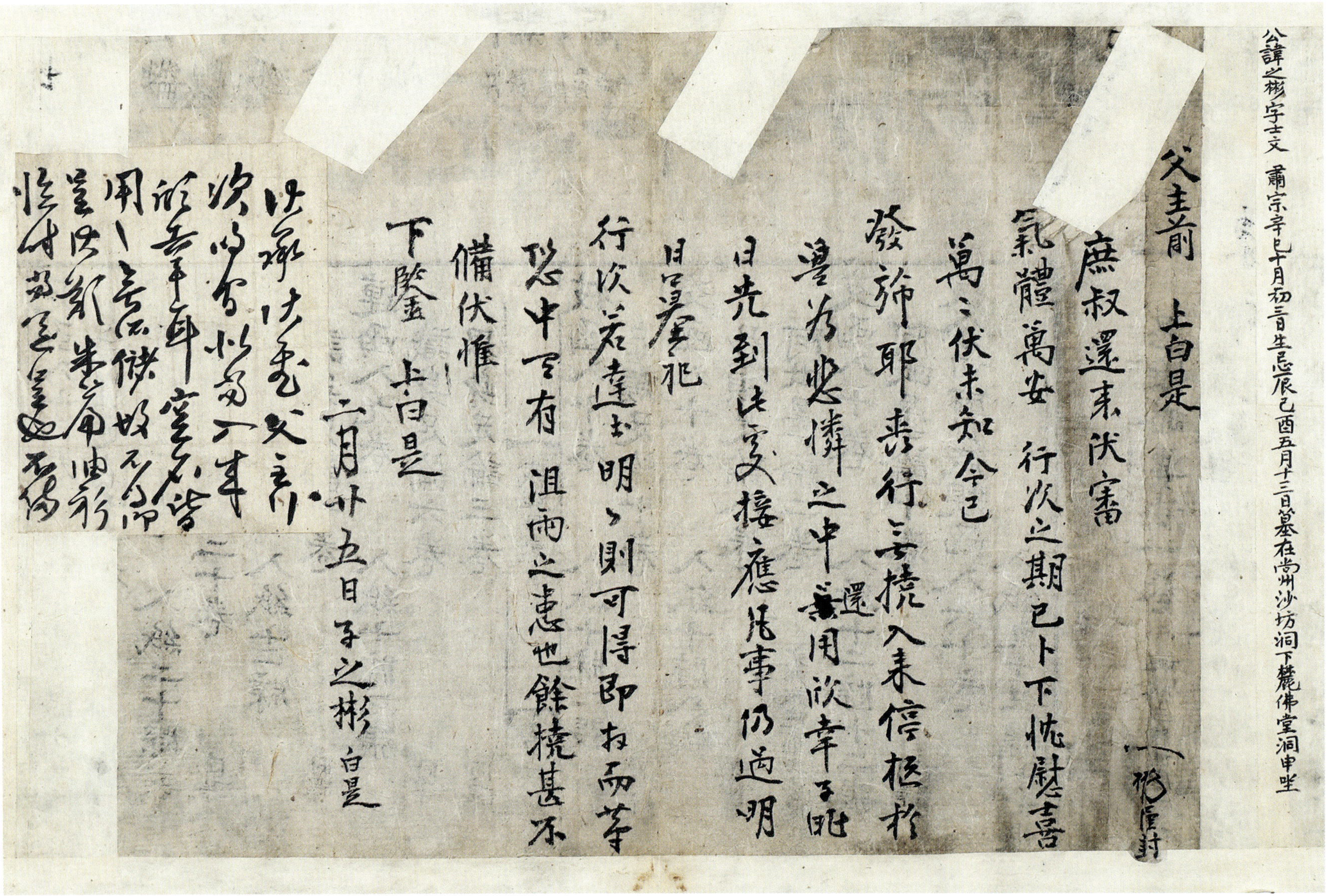

公諱之彬字士文 肅宗辛巳十月初三日生 忌辰己酉五月十三日 墓在尙州沙坊洞下麓佛堂洞申坐

父主前 上白是

庶叔還來伏審
氣體萬安 行次之期已卜 下悰慰喜
萬萬伏未知今已
發旆耶 吾行三撓入來 信於
邊方悲憐之中 還用欣幸 子昨
日先到此處接應凡事 仍過明
日還庵
行次若達於明明則可得即而第
恐中間有沮雨之患也 餘撓甚不
備伏惟
下鑒 上白是
二月卄五日 子之彬 白是

【釋文】 父主前 上白是

庶叔還來, 伏審氣體萬安, 行次之期已卜, 下忱慰喜萬萬. 伏未知今已發旆耶? 喪行無撓入來, 停柩於魯谷, 悲憐之中, 還用欣幸. 子, 昨日先到此處, 接應凡事, 仍過明日墓祀, 行次若達於明日, 則可得卽拜, 而第恐中間有阻雨之患也. 餘撓甚不備. 伏惟下鑑. 上白是.

二月 卄五日 子 之彬 白是

【國譯】 아버님께 아룁니다.

서숙이 돌아와서 삼가 기체가 만안하시고 행차의 기약이 이미 정해졌음을 알았으니 제 마음에 매우 위안되고 기뻤습니다. 지금 이미 출발하셨는지요?

상사의 행차[16]가 별 탈 없이 들어와서 노곡에 장사를 치렀으니 비통하고 가련한 가운데 도리어 기쁘고 다행스러웠습니다. 저는 어제 먼저 이곳에 도착하여 모든 일에 응접하고 내일 묘사를 지낼 것이니 행차가 만약 내일 도착을 한다면 곧바로 만나 뵐 수 있을 것입니다. 다만 두려운 것은 중간에 비 때문에 길이 막힐까 걱정입니다.

나머지는 번잡함이 심하여 격식을 갖추지 않습니다. 삼가 굽어 살펴 주시기 바라며 말씀 드립니다.

2월 25일 아들 지빈 아룁니다.

16 상사의 행차 : 원문의 '喪行'은 李萬敷의 부친 李沃의 喪을 말한다.

[夏-26-左] 李之彬의 간찰

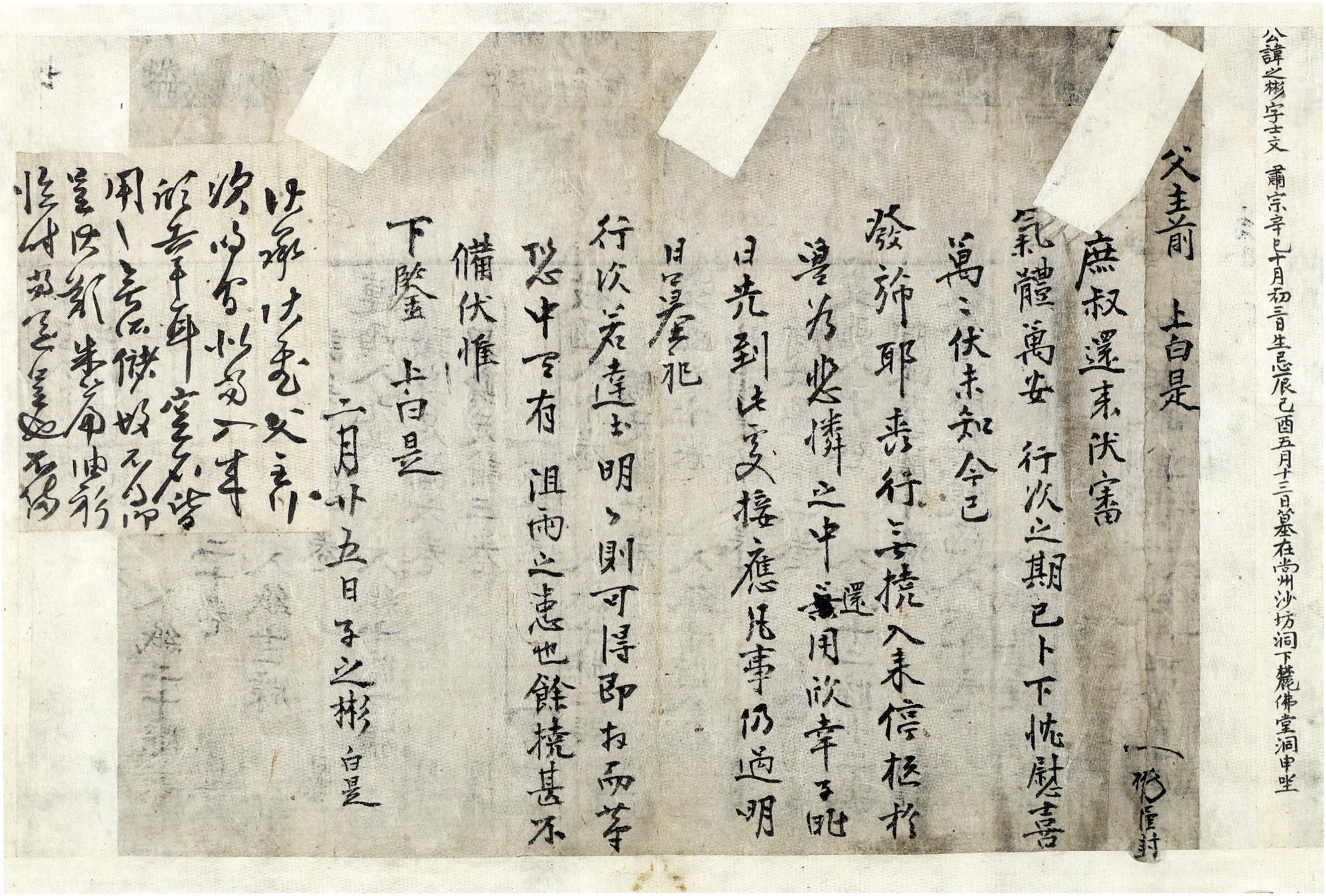
公諱之彬字士文 肅宗辛巳十月初三日生 忌辰己酉五月十三日 墓在尙州沙坊洞下麓佛堂洞申坐
父主前 上白是
庶叔還来伏審
氣體萬萬安 行次之期已卜下忱慰喜
下鑒 上白是
二月廿五日 子之彬 白是

【釋文】伏承伏慰. 父主行次, 明間似當入來, 欣幸耳. 空石皆用之, 無所儲, 故不得仰呈, 伏歎. 朱篇油衫, 臨時當送呈也. 不備.

【國譯】삼가 편지를 받고 위안이 되었습니다. 아버님의 행차가 내일 즈음에 마땅히 들어올 듯하여 기쁩니다.
빈가마니는 모두 사용해서, 보관하고 있는 것이 없어서 드리지 못해 한탄스럽습니다. 주편과 유삼은 때에 맞춰 응당 보내드리겠습니다. 격식을 갖추지 않습니다.

[夏-27] 李之柏의 간찰

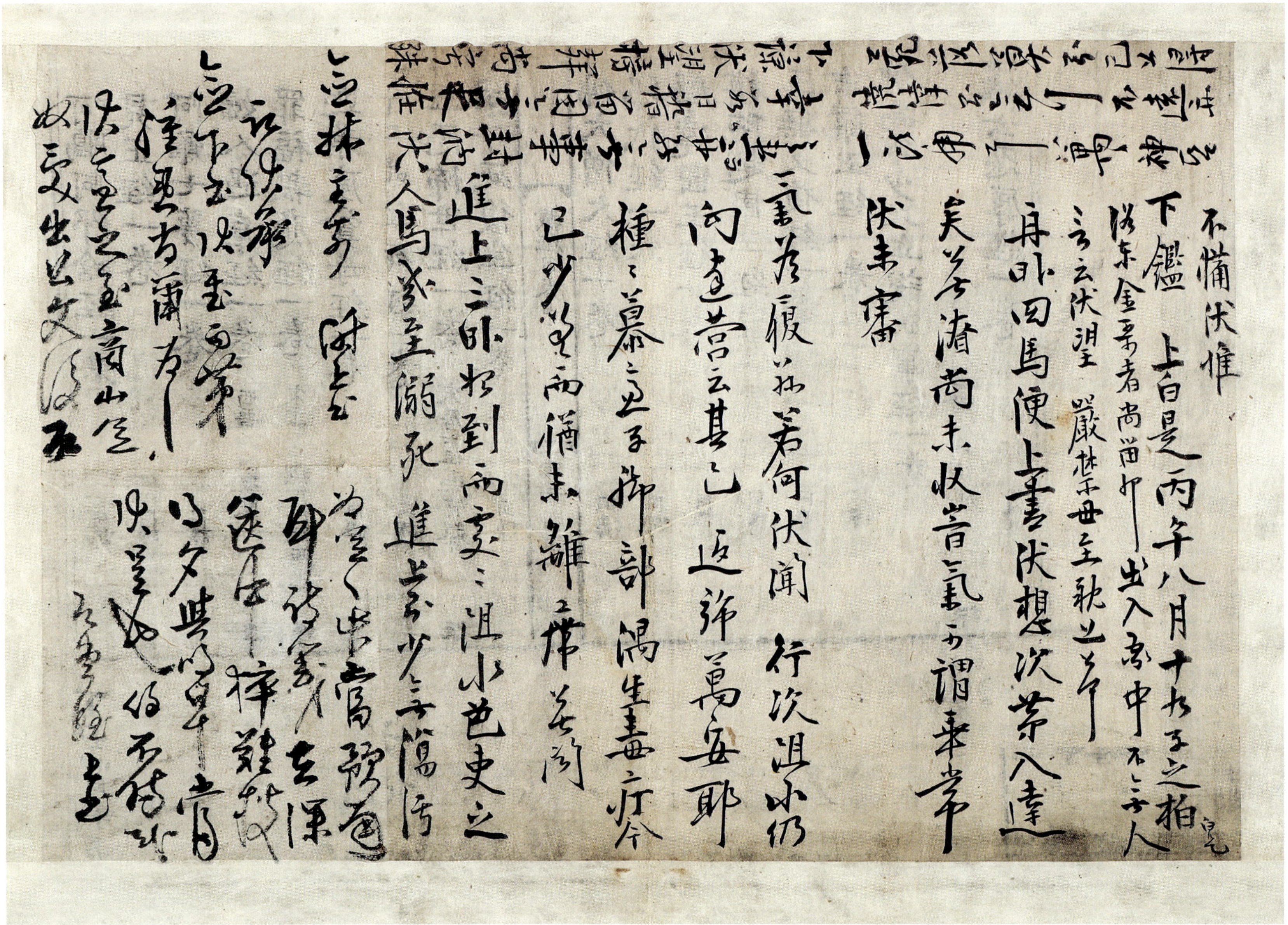

【釋文】再昨, 回馬便上書, 伏想次第入達矣. 苦潦尙未收時氣 可謂乖常, 伏未審氣候履玆若何?
伏聞行次阻水, 仍向云, 其已返旆萬安耶? 種種慕慮. 子, 脚部偶生毒疔, 今已少差, 而猶未離席, 苦悶. 進上三昨始到, 而處處阻水, 色吏之人馬, 幾至溺死, 進上, 則少無傷汚之患, 而亦能無事封納, 伏幸. 數日稽留, 固無足怪, 下諒伏望. 榜聲尙寂, 殊鬱落莫則已. 如得僥倖, 則會行不遠, 亦一頭痛耳. 萬萬神昏不備. 伏惟下鑑. 上白是.
丙午 八月 十九 子 之柏 白是
洛東金哥者, 尙留也? 出入衙中, 不無人言云. 伏望嚴禁, 毋至親近, 如何?

【國譯】그저께 돌아가는 말 편에 올린 편지는 삼가 차례대로 도착하였으리라 생각합니다. 괴로운 장마가 아직도 때의 기운을 거두어들이지 않아서 평소의 날씨가 어그러졌다고 할 만하니 삼가 기체후가 이때에 어떠하신지요?

삼가 듣건대 행차가 물에 막혔는데도, 달영으로 향하고 있다는 소식을 들었는데, 이미 돌아와 편안하신지요? 가지가지로 사모하고 염려됩니다. 저는 다리에 악성 종기가 생겼다가 지금은 이미 조금 차도가 있는데 아직까지 누워 지내고 있으니 고민입니다.

진상한 것이 그 그저께 비로소 도착하였으나 곳곳이 물에 막혀 아전의 종과 말이 거의 익사할 지경이지만, 진상품은 조금도 상하고 오염될 염려가 없고 무사히 봉납할 수 있어서 삼가 다행입니다. 며칠 동안 머물러 있다한들 진실로 괴이할 것이 없으니 헤아려 주시기를 바랍니다. 합격소식은 아직 조용하여 자못 답답하고 낙막할 뿐입니다. 만일 요행히 합격을 한다면 머지않아 행차할 것이니 이 또한 한결같이 머리가 아플 뿐입니다.

사연이 많으나 정신이 혼미하여 격식을 갖추지 않습니다. 삼가 굽어 살펴 주시기 바라며 말씀드립니다.

병오년 8월 19일 아들 지백 아뢰옵니다.

상주의 김가는 아직까지 머물러 있습니까? 관아에 드나들어 남의 말이 없을 수 없다고 하니 삼가 바라건대 엄히 금하여 가까이 하지 않는 것이 어떻습니까?

[夏-28-左上] 李之彬의 간찰

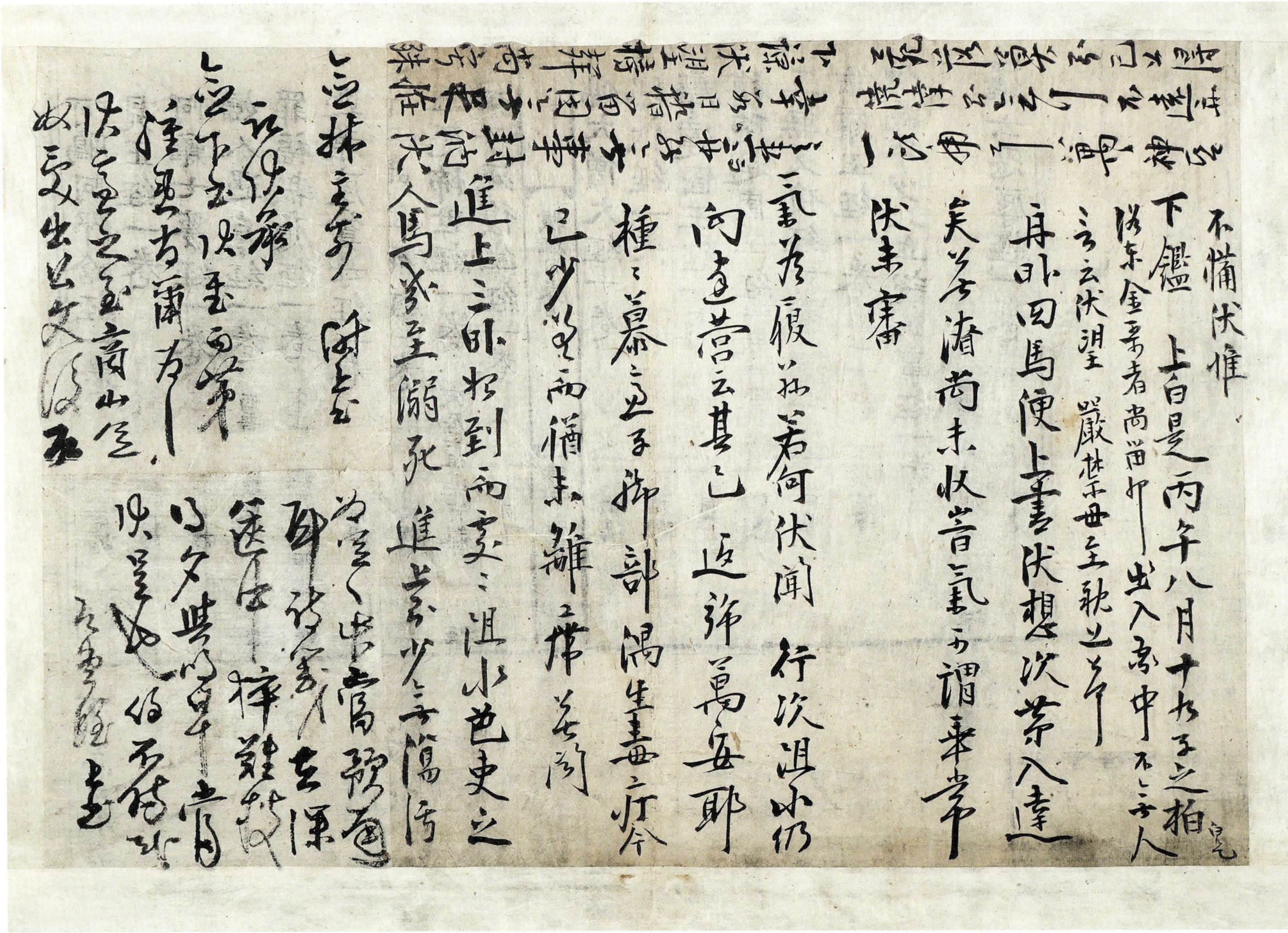

【釋文】僉叔主前 謝上書
卽伏承僉下書, 伏慰, 而第腫患, 尙爾爲之, 伏慮之至. 商山送奴, 受出公文後, 卽爲送之計. 此當預通耳. 詩箋在深匧中, 猝難披得, 夕與明早 當伏呈也. 餘不備式.
卽 堂姪 上書

【國譯】여러 숙부님께 답장을 올립니다.
지금 삼가 숙부님들의 편지를 받고 위안이 되었지만, 앓고 있는 종기가 아직도 낳지를 않아 매우 걱정입니다.
상주에서 보낸 노비가 공문서를 받아 왔는데 지금 보낼 계획입니다. 이에 마땅히 미리 통지합니다. 시전은 깊은 상자 안에 있어서 갑자기 찾기가 어려우니 저녁이나 내일 아침에 마땅히 드리겠습니다. 나머지는 격식을 갖추지 않습니다.
당일 조카 올림

[夏-29] 李之栢의 간찰

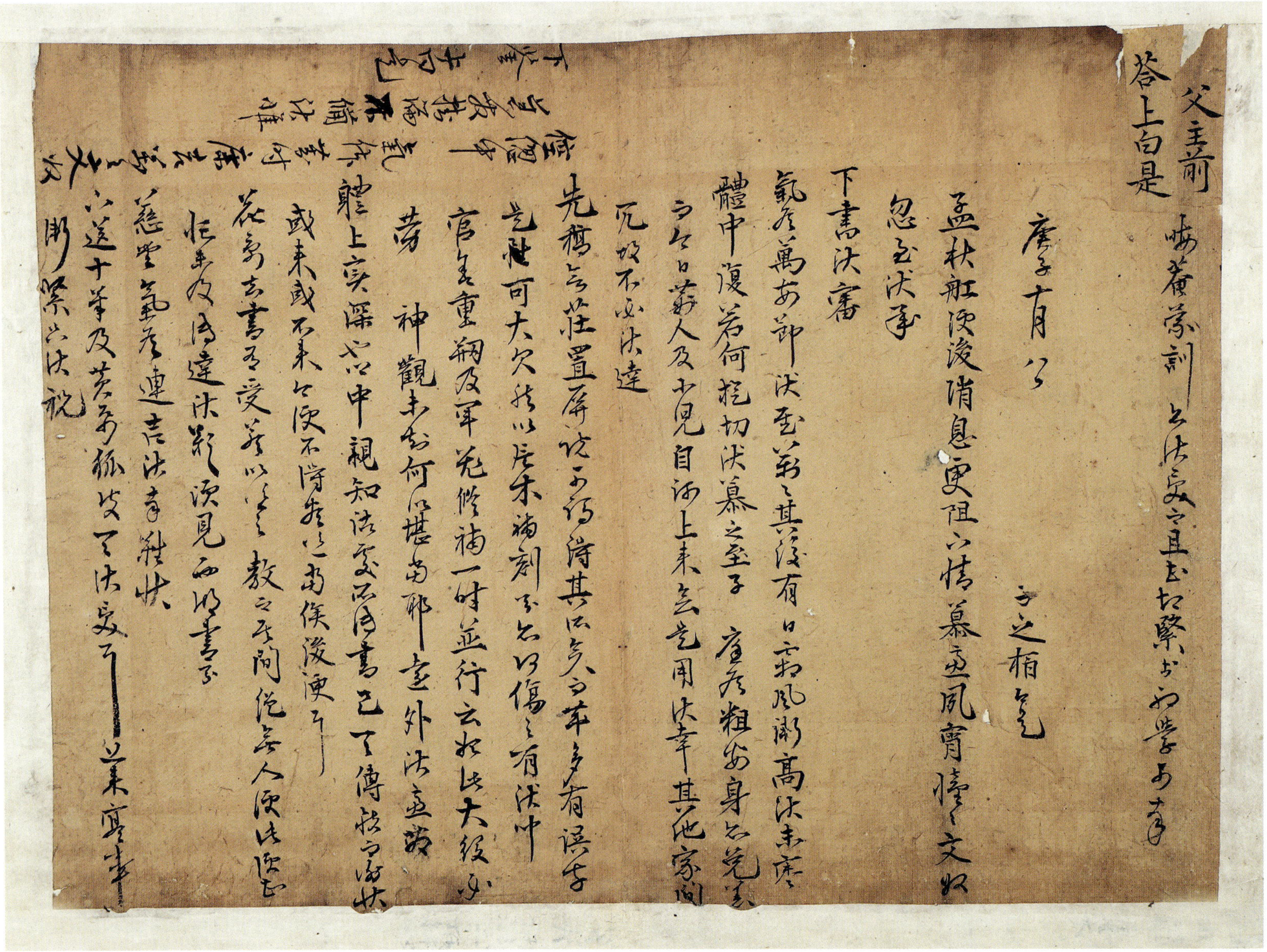

【釋文】父主前 答上白是

孟秋船便後, 消息更阻, 下情慕慮, 夙宵憧憧. 文奴忽至, 伏承下書, 伏審氣候萬安節, 伏慰萬萬. 其後有日, 霜風漸高, 伏未審體中復若何. 旋切伏慕之至. 子, 庭候粗安, 身亦免恙, 而今日, 荊人及小兒, 自河上來會, 是用伏幸. 其他家間冗故, 不必伏達. 先稿欲藏置屛院, 可謂得其所矣. 而第多有誤字, 是可大欠. 然以片木補刻, 則亦何傷之有? 伏聞官舍, 重剏創及軍器修補, 一時竝行云, 始此大役, 必勞神觀, 未知何以堪當耶? 遠外伏慮, 爲體上實深也. 鄕中親知諸處所傳書, 已一一傳致, 而謝狀, 或來, 或不來, 今便不得盡送, 當俟後便耳. 花京去書, 有受答以送之敎, 而其間, 絶無人便, 此便甚忙, 未及傳達, 伏歎伏歎. 頃見西湖書, 則慈堂氣候連吉, 伏幸難狀. 下送十筆及黃紙狐皮, 一一伏受耳. 近來寒事漸緊, 只伏祝倥偬中氣體, 對時康吉萬萬. 文奴急發掛漏, 不備. 伏惟下鑒. 上白是. 「晦庵蒙訓」, 亦伏受, 而且甚切緊於初學, 可幸.

庚子 十月 八日 子 之栢 白是

【國譯】아버님께 답장 드립니다.

초가을 배편이 다녀간 이후로 소식이 다시 막혀 제 마음의 사모하고 염려함이 아침저녁으로 끊이지 않습니다. 문노가 갑자기 이르러서 삼가 내려주신 편지를 받고 기체후가 만안하심을 알았으니 삼가 매우 위안됩니다. 그 후로 여러 날이 지나 서리와 바람이 점점 높아지니 삼가 체후가 다시 어떠하신지 모르겠습니다. 도리어 매우 사모합니다.

저는 어머니의 안부가 그런대로 편안하고 저 또한 탈을 면하였으나 오늘 아내와 작은 아이가 하상으로부터 올라왔으니 이 때문에 삼가 다행입니다. 그 나머지 집안의 자잘한 일들은 굳이 말씀드리지 않습니다.

선조의 판각을 병산서원에 보관하고자 하였는데 제자리를 얻었다고 할 만합니다. 다만 오자가 많이 있으니 이것이 큰 결점입니다. 그러나 편목으로 보충하여 새긴다면 어찌 근심할 것이 있겠습니까? 삼가 듣건대 관사의 창고 및 군기의 보수를 한꺼번에 병행한다고 하니 이러한 대역사가 시작되어 반드시 정신을 수고롭게 할 것이니 어떻게 감당하시려는지요? 먼 외지에서 삼가 염려되어 체도를 위하는 마음이 실로 깊습니다. 향중의 친지와 여러 곳에 전한 바의 편지가 이미 일일이 전달되었으나 답장 편지가 혹 오기도 하고 혹 안 오기도 하였는데 이번 인편에는 모두 보내지 못하였으니 응당 뒷날의 인편을 기다립니다. 화경에게 보낸 편지는 답장을 받아서 말씀하신 뜻을 전했으나 그 사이에 인편이 아주 없었고 이곳의 인편도 매우 바빠서 미처 전달하지 못했으니 한탄스럽습니다. 지난번에 서호에서 보낸 편지를 보고서 서호에 있는 어머니의 체후가 연이어 길하다고 하니 삼가 다행스러움을 말로하기 어렵습니다. 내려 보내주신 붓 열 자루와 황지와 호피는 하나하나 삼가 받았습니다.

요즈음에 추위가 점점 매서워지는데 다만 바쁜 가운데의 체후가 철을 따라 매우 강길 하시기를 축원합니다. 문노가 급히 출발하느라 할 말은 많지만 한 가지만 쓰고 나머지는 줄입니다. 격식을 갖추지 않습니다. 삼가 굽어 살펴 주시기를 바랍니다. 「회암몽훈」은 또한 삼가 받았고 초학에게 매우 긴절한 것이니 다행입니다. 경자년 10월 8일 아들 지백 아룁니다.

[夏-30] 李之彬의 간찰

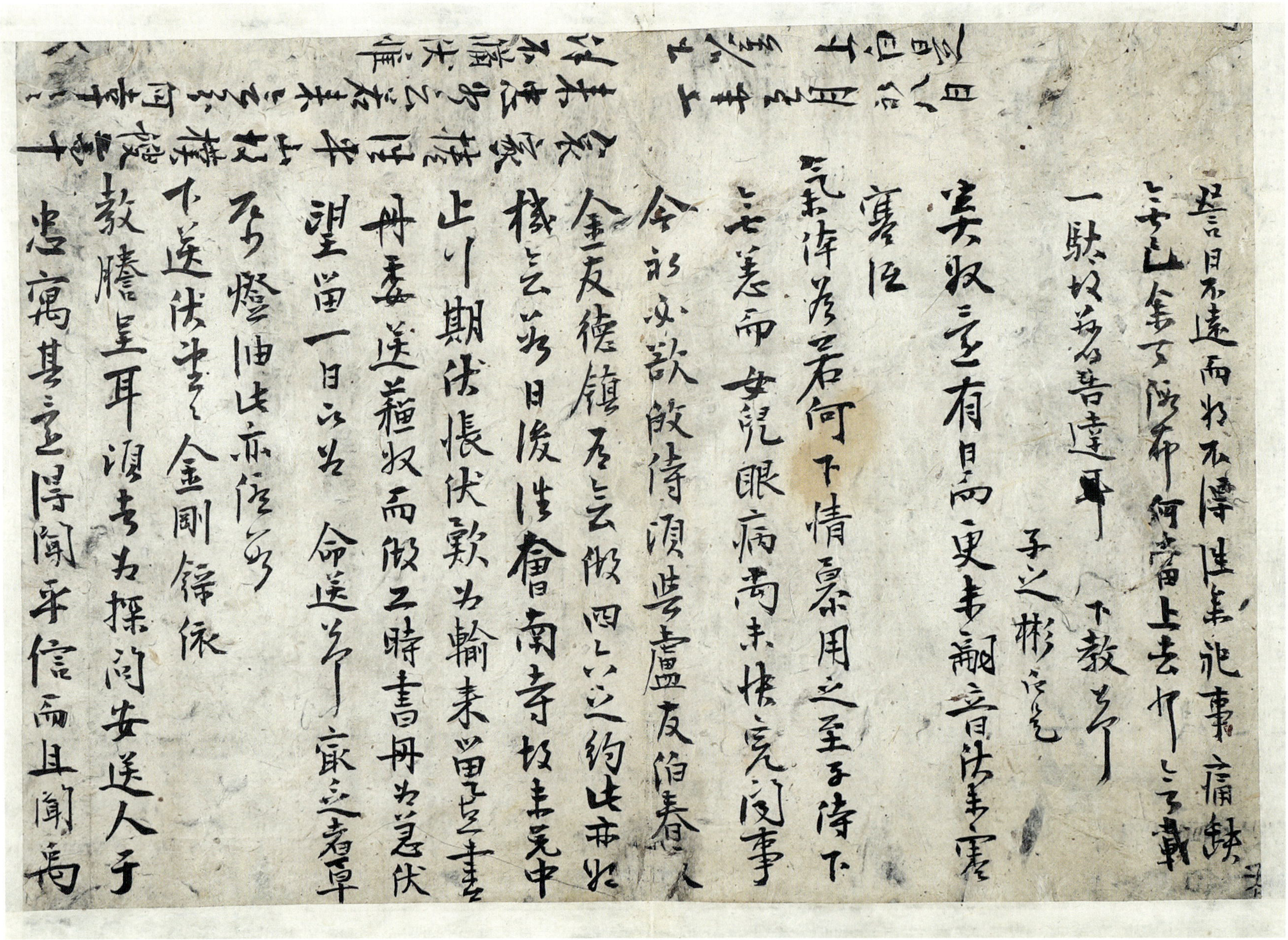

【釋文】奚奴還有日，而更未嗣音，伏未審寒冱，氣體候若何？下情慕用之至．子，侍下無恙，而女兒眼病，尙未快完，悶事．今初必欲歸侍，頃與盧友伯春及金德鎭，有會做四六之約，此亦始機會．數日後，往會南寺，故未免中止行期，伏悵伏歎．爲輪來留置書冊，委送蘇奴，而做工時書冊爲急，伏望留一日，卽爲命送如何？最乏者草紙燈油，此亦優數下送，伏望伏望．「金剛錄」，依教謄呈耳．頃者爲探問安，送人于忠寓，其還得聞平信，而且聞禹哀家，捲往平山故．樸嫂率來忠州云，若來會則，何幸何幸？餘不備，伏惟下鑒．上白是．

丁未 至月 初八日 子 之彬 白是

祭日不遠，而將不得往參祀事，痛缺無已．余一一假布，何當上去耶？欲載一駄，故玆以告達．下教如何？

【國譯】종이 돌아간 지 여러 날이 되었는데 다시 소식이 없으니 삼가 추운계절에 기체후가 어떠하신지요? 제 마음이 지극히 사모합니다.

저는 시봉하며 탈이 없으나 여아의 눈병이 아직까지 완쾌되지 않은 것이 안타까운 일입니다. 이달 초에 반드시 돌아가 부모님을 모시고자 하였는데 지난번 노백춘·김덕진 등과 함께 4~6명이 모이기로 약속을 하였으니 이 또한 처음 있는 기회입니다. 수일 뒤에는 회남사에 가기 때문에 행차의 약속을 중지할 수 없으니 삼가 슬프고 한탄스럽습니다. 실어오기 위해서 남겨두었던 책은 소노에게 특별히 보냈으나 공부할 때에 서책은 시급하기 때문에 삼가 하루를 머물러두었다가 곧바로 보내는 것이 어떠합니까? 가장 부족한 것은 초지와 등유이니 이 또한 넉넉한 수로 내려 보내 주시기를 삼가 바랍니다. 「금강록」은 수대로 베껴서 올립니다.

지난번에 안부를 탐문하기 위하여 충주의 우거지에 사람을 보냈는데, 그가 돌아와서 소식을 들었고 또 상을 당한 우씨의 집이 평산 고향으로 간다는 소식을 들었습니다. 지박의 처가 충주의 사람을 데리고 온다고 하니 와서 만난다면 얼마나 다행이겠습니까?

나머지는 격식을 갖추지 않습니다. 삼가 굽어 살펴 주시기를 바랍니다. 편지를 올립니다.

정미년 11월 초8일 아들 지빈 아룁니다.

제삿날이 머지않았는데 장차 가서 제사에 참석할 수가 없으니 통결하기 그지없습니다. 제가 일일이 임시방편으로 말씀을 드려서 어떻게 마땅히 올라가겠습니까? 한 짐을 싣고자하기 때문에 이에 말씀드립니다. 하교하여 주시는 것이 어떠합니까?

[夏-31] 李之柏의 간찰

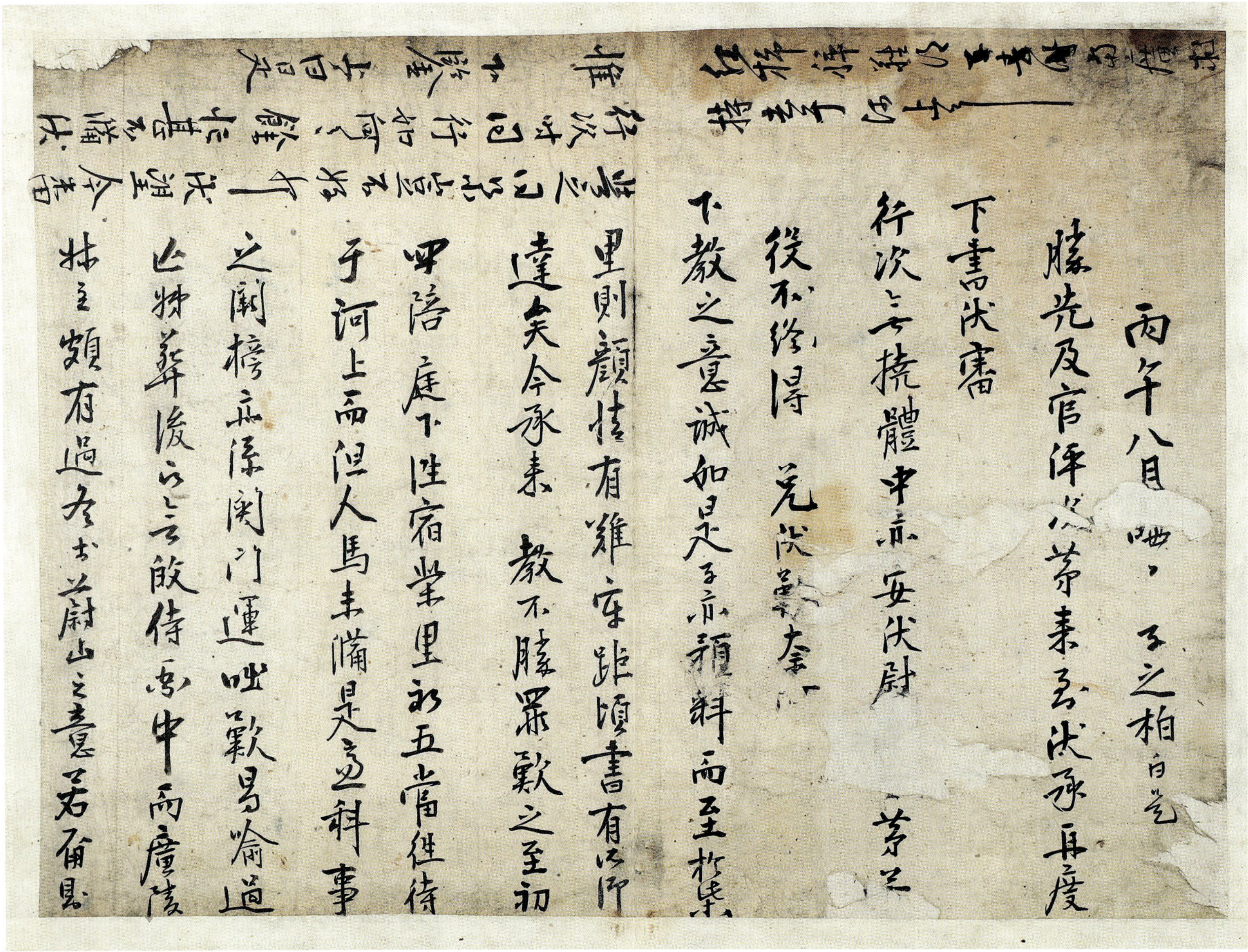

【釋文】勝先及官伻，次第來到，伏承再度下書，伏審行次無撓，體中亦安，伏慰伏慰. 第▣役終不得免，伏歎奈何? 下敎之意，誠如是. 子亦預料，而至於柴里，則顔情有難牢距，頃書有所仰達矣. 今承來敎，不勝罪歎之至. 初四陪庭下往，宿柴里，初五當往待于河上，而但人馬未備是慮. 科事之闕榜，亦係關門運，咄歎曷喩? 過亡姊葬後，卽欲歸侍衙中，而廣陵叔主，頗有過冬於蔚山之意若爾，則與之同業，豈不好耶? 伏望今番行次時，同行如何如何? 餘忙甚不備. 伏惟下鑒. 上白是. 紅柿猝難得，當廣求持去于河上耳.
丙午 八月 子 之柏 白是

【國譯】승선과 관의 인편이 차례대로 도착하여 삼가 두 번이나 내려주신 편지를 받고서 행차에 별탈이 없고 안부도 편안하심을 알았으니 삼가 위안 됩니다. 다만 ▣역을 끝내 면하지 못하였으니 한탄스러움을 어찌하겠습니까?

말씀하신 뜻은 참으로 이와 같습니다. 저 또한 미리 생각하고 있었으나 시리에 도착한다면 얼굴로 보나 정으로 보나 굳게 거리를 두기 어려울 것이니 지난번 편지에 이러한 사정을 전달한 바가 있습니다. 지금 내려주신 편지를 받고 지극히 죄송스러움을 이길 수 없습니다. 초사일에 어머니를 모시고 내려가서 시리에서 숙박하고 초오일에는 응당 하상으로 모시고 갈 것이나 다만 종과 말이 준비되지 않았으니 이것이 염려됩니다.

과거는 낙방하였으니 가문의 운수에 관계된 것이라 한탄스러움을 어떻게 말하겠습니까? 죽은 누이의 장례를 지낸 뒤로 지금 관아로 모시고 가고자 하는데 광릉의 숙부님이 자못 울산에서 겨울을 지내고자 하는 뜻이 있으니 만약 그러하다면 더불어 업을 함께하는 것이 어찌 좋지 않겠습니까? 삼가 바라건대 이번 행차 때에 동행하는 것이 어떻습니까?

나머지는 매우 바빠서 격식을 갖추지 않습니다. 삼가 굽어 살펴주시기를 바랍니다. 홍시는 갑자기 구하기 어려워 하상에서 널리 구하여 가지고 갑니다.

병오년 8월 아들 지백 아룁니다.

[夏-32-右] 李之彬의 오언배율

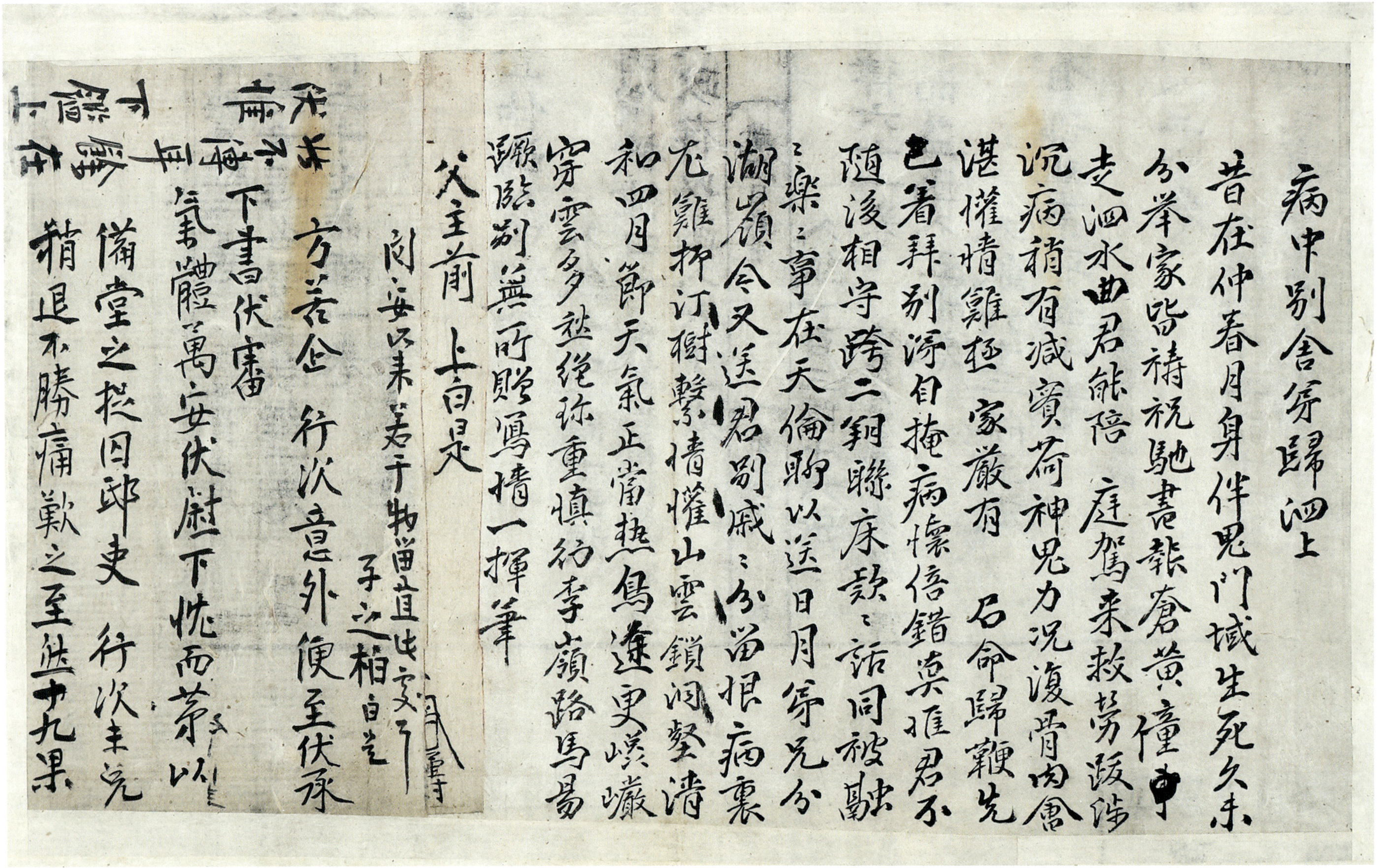
病中別舍弟歸泗上

昔在仲春月 身伴兒門域 生死久未分 舉家皆禱祝 馳書報倉黃 憧憧走泗水 曲君能陪庭駕 來救勞疲隨 沉病稍有減 實荷神兒力 況復骨肉會 湛懽情雖極 家嚴有召命 歸鞭先已着 拜別淚自掩 病懷倍錯莫 推君不隨後 相守跨二朔 聯床款款話 同被融融樂 樂事在天倫 聊以送日月 舍兄今湖嶺 今又送君別 戚戚分留根 病裏尤難抑 汀樹繫情懽 山雲鎖洞壑 清和四月節 天氣正當熱 鳥逢更巇巇 穿雲多杜絶 珍重慎行李 嶺路馬易蹶 臨別無所贈 寫情一揮筆

父主前 上白是

問安以未 若干物留置此 [illegible] 子之栢白是

[illegible] 方苦企 行次意外便至 伏承 下書伏審 氣體萬安 伏慰下忱 而第以 [illegible] 備堂之摠 因郎吏 行次未完 稍退 不勝痛歎之至 然十九果 [illegible] 下鑑 上

【釋文】 病中別舍弟歸泗上

昔在仲春月，身伴鬼門域．生死久未分，擧家皆禱祝．馳書報倉黃，僮走泗水曲．君能陪庭駕，來救勞跋涉．沈病梢有減，實荷神鬼力．況復骨肉會，潭懽情難極．家嚴有召命，歸鞭先已着．拜別涕自掩，病懷倍錯莫．惟君不隨後，相守跨二朔．聯床款款話，同被融融樂．樂事在天倫，聊以送日月．弟兄分湖嶺，今又送君別．戚戚分留恨，病裏尤難抑．汀樹縶情懽，山雲鎖洞壑．清和四月節，天氣正堂熱．鳥途更巉巖，穿雲多愁絶．珍重愼行李，嶺路馬易蹶．臨別無所贈，寫情一揮筆．

【國譯】 병중에 동생과 작별하고 사상으로 돌아오다.

지난 이월 달에 몸이 귀신의 지역에 있었다.
생사가 오래도록 분명치 않아 온 집안 식구들이 모두 기도하였다.
급히 편지를 써서 하인 편에 사수로 급히 보냈다.
네가 아버지를 모시고서 와서 구하느라 먼 길을 마다않고 수고로웠다
깊었던 병이 조금 나았으니 실로 귀신의 힘을 입은 것이다.
더구나 다시 형제가 모였으니 깊은 정이 끝이 없구나.
아버지께서 조정의 부름이 있어서 이미 먼저 돌아가셨다.
이별의 눈물이 앞을 가리고 병든 회포는 배로 가눌 길이 없다.
오직 너만이 뒤를 따르지 않았고 두 달이 넘도록 나를 지키고 있었다.
상을 이어 다정히 정담을 나누고 함께 다정히 잠을 잤다.
천륜의 즐거운 일로 애오라지 세월을 보냈다.
형제들이 호서와 영남으로 헤어지고 지금 또 그대와 작별하였다.
슬픈 분수가 한으로 남아서 병든 회포를 억누르기 어려웠다.
물가나무에 정을 묶어 두고 산속 구름은 골짜기를 에워 쌓다.
맑고 화창한 4월이 되어서 날씨가 정이 더워졌다.
조령은 더욱 가팔라 구름을 뚫고 지날 것이니 근심이 많다.
몸을 잘 보중해서 가는 길을 삼가고 고갯길이라 말이 쉬이 넘어질 것이다.
작별에 임하여 줄 것이 없어서 붓을 놀려 내 마음을 적는다.

[夏-33-右] 李之柏의 간찰

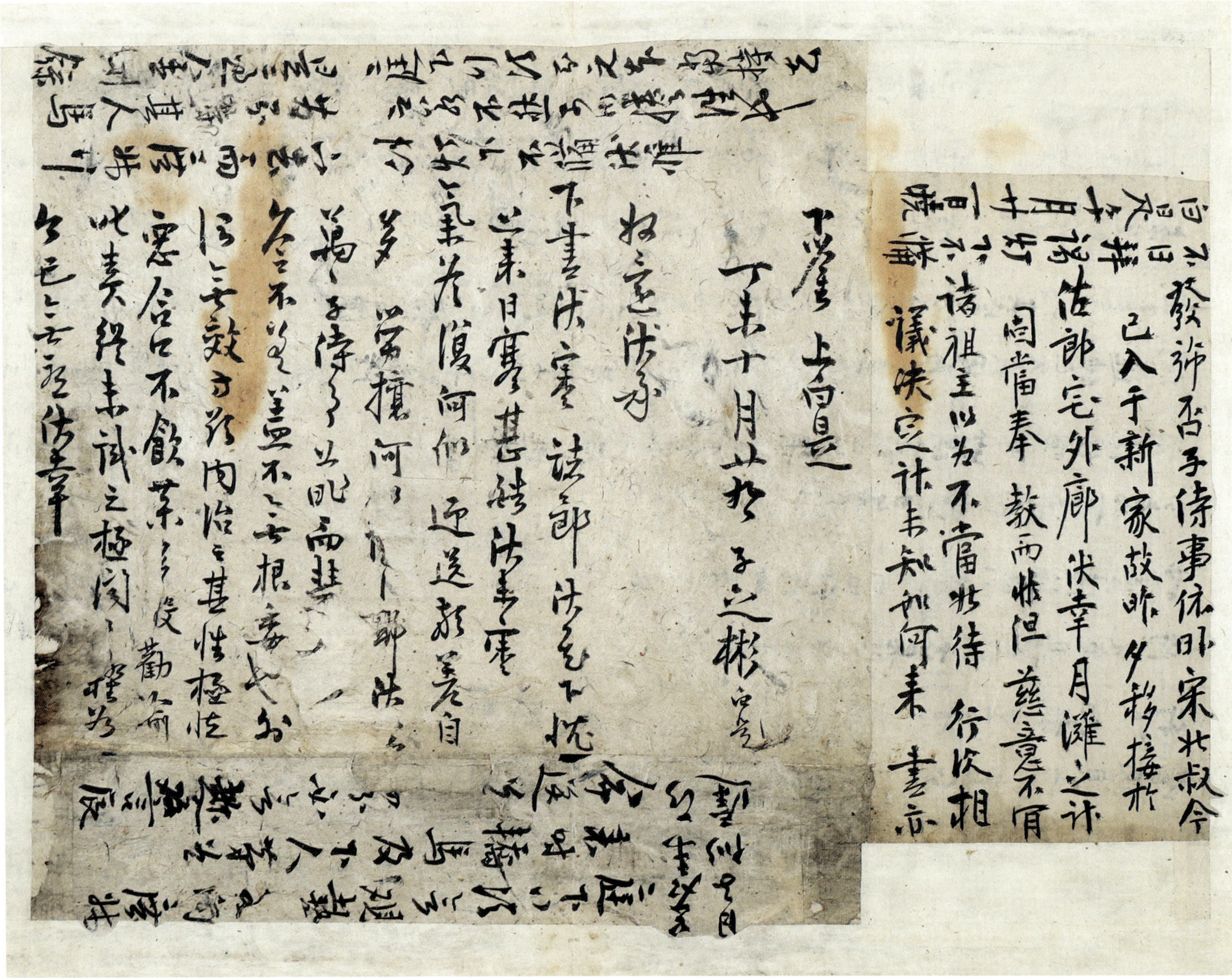

【釋文】 ↳父主前 上白是

方苦企行次，意外便至，伏承下書，伏審氣體萬安，伏慰下忱．而第以備堂之捉囚邸吏，行次未免梢退，不勝痛歎之至．然十九，果發旆否？子，侍事依昨，宋姑叔，今已入于新家，故昨夕移接於佐郎宅外廊．伏幸月灘之計，固當奉敎，而非但慈意不肯，諸祖主以爲不當，姑待行次，相議決定計，未知如何？來書，亦姑不傳耳．餘在不日拜謁．燈下不備．伏惟下鑑．白是．

〔五月 卄一日 曉〕子 之柏 白是

問安所來，若干物，留置此處耳．

【國譯】 ↳아버님께 올립니다.

바야흐로 행차를 고대하였는데 뜻밖에 인편이 이르러서 삼가 내려주신 편지를 받고 기체후가 만안하심을 알았으니 제 마음에 위안이 됩니다. 다만 비변사 당상관이 저리를 잡아 가두어 아버지의 행차가 조금 뒤로 늦추어졌으니 지극히 통탄스러움을 이기지 못하겠습니다. 그러나 19일에 과연 행차를 출발하시는지요?

저는 시봉하는 일이 옛날과 같고 송씨 고숙은 지금 이미 새집으로 들어 왔기 때문에 어제 저녁 좌랑 댁 바깥사랑채로 옮겨서 살고 있습니다. 삼가 바라건대 월탄의 계획은 진실로 응당 가르침을 받들어야 하지만 다만 어머님의 생각은 달갑지 않게 여길 뿐만이 아니라 여러 할아버님들도 부당하게 여기므로 우선 행차를 기다렸다가 서로 상의하여 결정할 계획인데 어찌할지 모르겠습니다.

보내온 편지는 아직 전하지 못했습니다. 나머지는 하루가 안 되어 찾아뵙고 말씀드리겠습니다. 등 아래에서 쓰느라 격식을 갖추지 않습니다. 삼가 굽어 살펴 주시기를 바라고 편지를 드립니다.

[5월 21일 새벽] 아들 지백 아룁니다.

문안 보내온 약간의 물건은 이곳에 머물러 둡니다.

[夏-34-左] 李之彬의 간찰

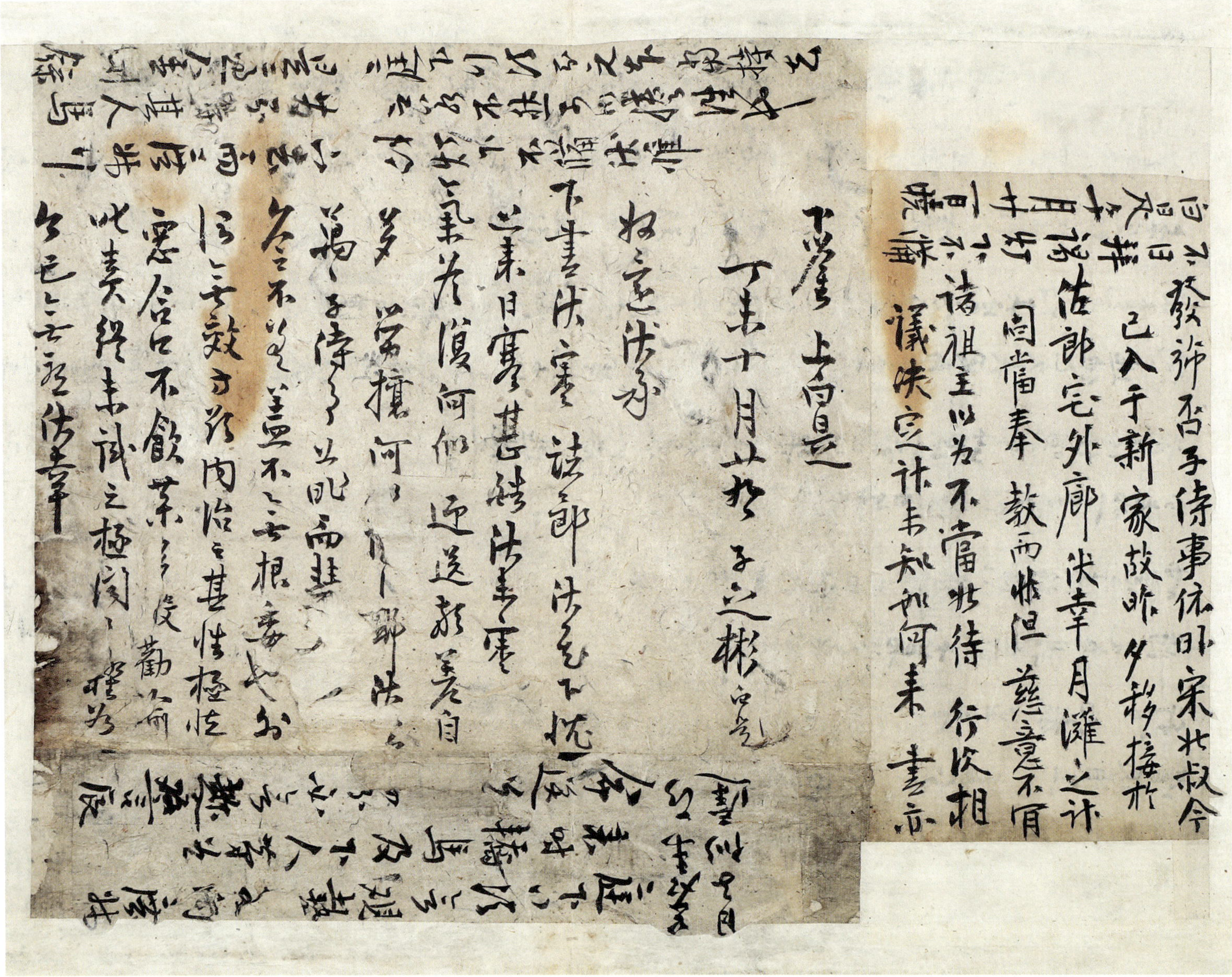

【釋文】奴還, 伏承下書, 伏審諸節, 伏慰下忱. 近來日寒甚酷, 伏未審氣候, 復何似? 迎送敬差, 自多勞擾, 何〔以堪之〕耶? 伏〔悶〕萬萬. 子, 侍事如昨, 而■……■ 久而不差, 盖不無根委也, 外治無效. 方欲內治, 而其性極怪惡, 合口不飮藥, 〔多般〕勸諭叱責, 終未試之, 極悶極悶. ■爲, 今已無憂, 伏幸. 庭下行次, 欲觀勢■, 向庶叔來時, 轎馬及下人, 第爲命送■■〔如何〕? 則必欲趁祭辰下去, 而庶叔行發, 則■待其人馬, 是慮. 「金剛錄」, 若未即日子, 似遲庭下行次, 則元本當持去, 而若不然, 可以謄往也. 餘燈下不備. 伏惟下鑒, 上白是.
丁未 十月 卄九日 子 之彬 白是

【國譯】노비가 돌아와서 삼가 내려주신 편지를 받고 여러분의 안부를 알았으니 제 마음에 위안이 됩니다. 요즈음 날로 추위가 혹심한 이때에 삼가 기체후는 다시 어떠하신지요? 맞이하고 보내는 일에 삼가 차정되어 절로 수고로움이 많을 듯한데, 어떻게 견디시는지요? 삼가 매우 안타깝습니다.

저는 시봉하는 일이 옛날과 같으나 ■……■ 오래도록 차도가 없으니, 대체로 병의 뿌리가 있어서 외면만 치료하는 것은 효과가 없습니다.

바야흐로 내면을 치료하고자 하였으나 그 성품이 지극히 괴악하여 입을 닫고 약을 마시지 않아 온갖 수단으로 타이르고 꾸짖어도 끝내 시험해보지 못하여 지극히 고민입니다. ■위하여 지금은 이미 근심이 없으니 삼가 다행입니다. 아버지의 행차가 형세를 보고서 ■■하였으나 지난번 서숙이 올 때에 가마와 하인들을 다만 명하여 보내는 것이 어떠합니까? 반드시 제삿날에 꼭 맞추어 내려가고자 하나 서숙의 행차가 출발한다면■ 종과 말을 기다려야할 것이니 이것이 염려됩니다. 「금강록」은 만약 날짜에 맞추지 못하여 아버지의 행차로 더디게 된다면 원본을 응당 가지고 가고 만약 그렇지 않다면 베껴가는 것이 좋을 것입니다.

나머지는 등 아래에서 쓰느라 격식을 갖추지 않습니다. 삼가 살펴주시기 바라며 아룁니다.

정미년 10월 29일 아들 지빈 올립니다.

[夏-35] 投壺式

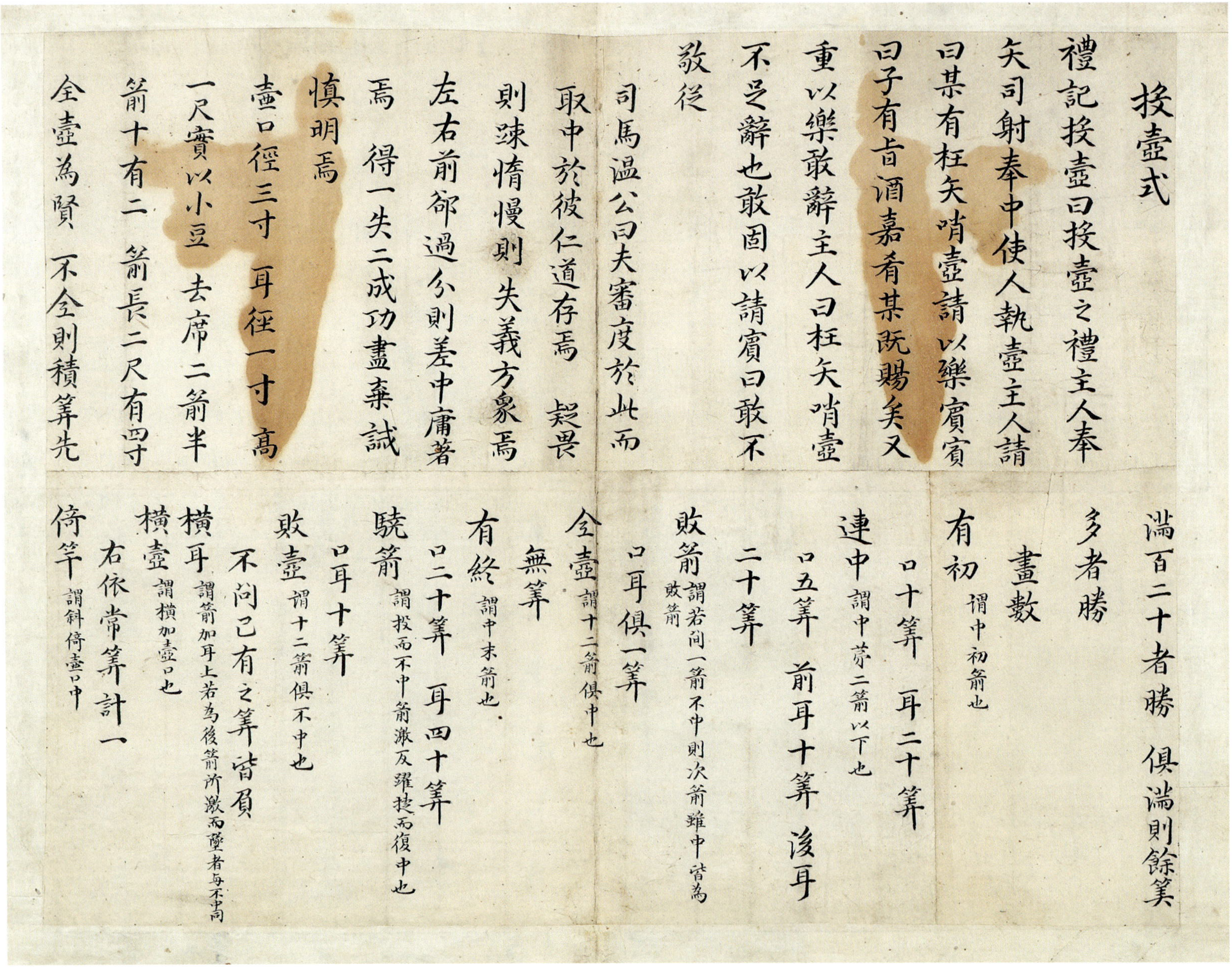
投壺式

禮記投壺曰投壺之禮主人奉矢司射奉中使人執壺主人請曰某有枉矢哨壺請以樂賓賓曰子有旨酒嘉肴某旣賜矣又重以樂敢辭主人曰枉矢哨壺不足辭也敢固以請賓曰敢不敬從

司馬温公曰夫審度於此而取中於彼仁道存焉 疑畏則踈惰慢則失義方象焉 左右前卻過分則差中庸著焉 得一失二成功盡棄誠愼明焉

壺口徑三寸 耳徑一寸 高一尺實以小豆 去席二箭半 箭十有二 箭長二尺有四寸

全壺爲賢 不全則積筭先滿百二十者勝 俱滿則餘筭多者勝

畫數

有初 謂中初箭也

口十筭 耳二十筭

連中 謂中第二箭以下也

口五筭 前耳十筭 後耳二十筭

敗箭 謂若間一箭不中則次箭雖中皆爲敗箭

口耳俱一筭

全壺 謂十二箭俱中也

無筭

有終 謂中末箭也

口二十筭 耳四十筭

驍箭 謂投而不中箭激反躍捷而復中也

口耳十筭

敗壺 謂十二箭俱不中也

不問已有之筭皆負

橫耳 謂箭加耳上若爲後箭所激而墜者亦不問

橫壺 謂橫加壺口也

右依常筭計一

倚竿 謂斜倚壺口中

【釋文】投壺式

「禮記」, 投壺曰: “投壺之禮 主人奉矢 司射奉中 使人執壺” 主人請曰: “某有枉矢哨壺 請以樂賓.” 賓曰: “子有旨酒嘉肴 某旣賜矣, 又重以樂, 敢固辭” 主人曰: “枉矢哨壺, 不足辭也, 敢固以請.” 賓曰: “敢不敬從” 司馬溫公曰; “夫審度於此, 而取中於彼”, 仁道存焉. 疑畏則疏, 惰慢則失, 義方象焉. 左右前卻, 過分則差, 中庸著焉. 得一失二, 成功, 盡棄, 誠愼明焉. 壺口, 徑三寸, 耳徑一寸, 高一尺, 實以小豆, 去席二箭半, 箭十有二, 箭長二尺有四寸. 全壺爲賢, 不全則積筭, 先滿百二十者勝. 俱滿則餘筭多者勝.

畫數

有初; 謂中初箭也. 口十筭 耳二十筭. 連中; 謂中第二箭以下也. 口五筭, 前耳十筭, 後耳二十筭. 敗箭; 謂若間一箭不中, 則次箭, 雖中皆爲敗. 箭口耳俱一筭. 全壺; 謂十二箭俱中也.

無筭

有終; 謂中末箭也. 口二十筭, 耳四十筭. 驍箭; 謂投而不中箭, 激反躍捷而復中也. 口耳十筭. 敗壺; 謂十二箭俱不中也. 不問已有之筭, 皆負. 橫耳; 謂箭加耳上, 若爲後箭所激而墜者與不中同. 橫壺; 謂橫加壺口也. 右依常筭計一. 倚竿; 謂斜倚壺口中. 龍首; 謂倚竿而箭首向己者. 龍尾; 謂倚竿而箭羽向己者. 狼壺; 謂轉旋口上而成倚竿者. 帶劍; 謂貫耳不至地者. 倒中; 謂箭倒入口. 耳倚竿; 謂斜倚耳中. 右廢其筭不計. 倒耳; 謂箭倒入耳. 右壺中之筭盡廢.

【國譯】 투호식

『예기』에 투호를 말하기를, "투호의 예는 주인이 화살을 받들고 사사는 가운데 그릇에 담겨 있는 화살을 받들고 사람으로 하여금 호를 잡게 한다." 하였다.

주인이 손님에게 청하여 말하기를, "저에게는 굽은 화살과 입이 삐뚤어진 병이 있으니 청컨대 손님을 즐겁게 하렵니다." 하였다. 손님이 말하기를, "그대에게 맛있는 술과 좋은 안주가 있어 이미 주셨으며 또 풍류를 거듭하셨는데, 감히 굳게 사양합니다." 하였다.

주인이 말하기를, "구부러진 화살과 입이 비뚤어진 항아리를 사양할 것이 못되니 꼭 청합니다." 하였다. 손님이 말하기를, "감히 공경히 좇지 않을 수 있겠습니까?" 하였다.

사마온공이 말하기를, "여기에서 법도를 헤아려서 저기에서 중을 취한다." 하였으니 인도가 여기에 있는 것이다. 의심하거나 두려워하면 소원해지고 나태하고 게으르면 실수를 하니 의방이 여기에서 본뜬 것이다. 좌나 우나 앞으로 가거나 물러나서 분수에 지나치면 어긋나게 되니 중용이 여기에서 드러나게 된다. 하나를 얻고 둘을 잃어서 공을 이루었다 하더라도 다 버리는 것이 되니 경계하고 삼가는 것을 여기에서 밝게 할 수 있다.

호의 주둥이는 지름이 3촌이고 귀의 지름은 1촌이고 높이는 1자이니 실로 작은 콩으로 채울 만하다. 자리와의 거리는 3전 반이고 화살의 개수는 12개이고 화살의 길이는 2자 4촌이다.

호를 다 채우는 사람을 현이라 하고 다 채우지 못하면 화살을 누적해서 계산하여 먼저 120개를 채우는 자가 우승이다. 다 채우고 나면 나머지를 계산해서 많은 자가 우승이다.

획수

유초: 첫 번째 화살을 넣은 것을 이른다. 입은 10개의 화살이고 귀는 20개의 화살이다.

연중: 두 번째 이하의 화살을 적중시키는 것이다. 입은 5개로 계산하고 앞귀는 10개로 계산하고 뒷귀는 20개로 계산한다.

패전: 만약 살짝 사이가 떠서 첫 번째 화살이 적중하지 않는다면 다음 화살이 비록 모두 적중한다 해도 패자가 된다. 화살은 구와 귀를 모두 하나로 계산한다.

전호: 20개의 화살을 모두 적중시키는 것을 말한다.

무산

유종: 마지막 화살을 적중시키는 것을 말한다. 구는 12개로 계산하고 귀는 40개로 계산한다.

요전: 던져서 적중하지 못한 화살이 부딪혀 뛰어올라 다시 적중하는 것을 말한다. 구와 귀를 열 개로 계산한다.

패호: 12개의 화살이 모두 적중하지 못한 것을 말한다. 자기가 가지고 있는 화살의 계산을 묻지 않고 모두 졌다라고 한다.

횡이: 화살이 귀 위에 더해져서 만약에 뒤에 던지는 화살이 부딪혀서 앞에 있는 화살이 떨어지면 맞추지 못한 것과 동일하다.

횡호: 호구에 가로로 걸쳐 있는 것을 말한다. 위에 말한 바는 일상의 계산대로 한 개만을 계산한다.

의간: 호구 가운데 비스듬히 걸쳐 있는 것을 말한다.

용수: 옆으로 비스듬히 있으면서 화살 머리가 자기에게로 향해 있는 것을 말한다.

용미: 옆으로 비스듬히 있으면서 화살 깃이 가기를 향하는 것을 말한다.

낭호: 호구 위에서 화살이 돌아서 난간에 기대고 있는 것을 말한다.

대검: 귀를 꿰뚫었으나 땅에 떨어지지 않은 것을 말한다.

이의간: 귀 가운데 비스듬히 걸쳐 있는 것을 말한다. 위는 그 화살의 계산을 폐하여 따지지 않는다.

도중: 화살이 호구로 거꾸로 들어간 것을 말한다.

도이: 화살이 귀로 거꾸로 들어간 것을 말한다. 위는 병 가운데 계산을 다 폐한다.

[夏-36] 李之彬의 간찰

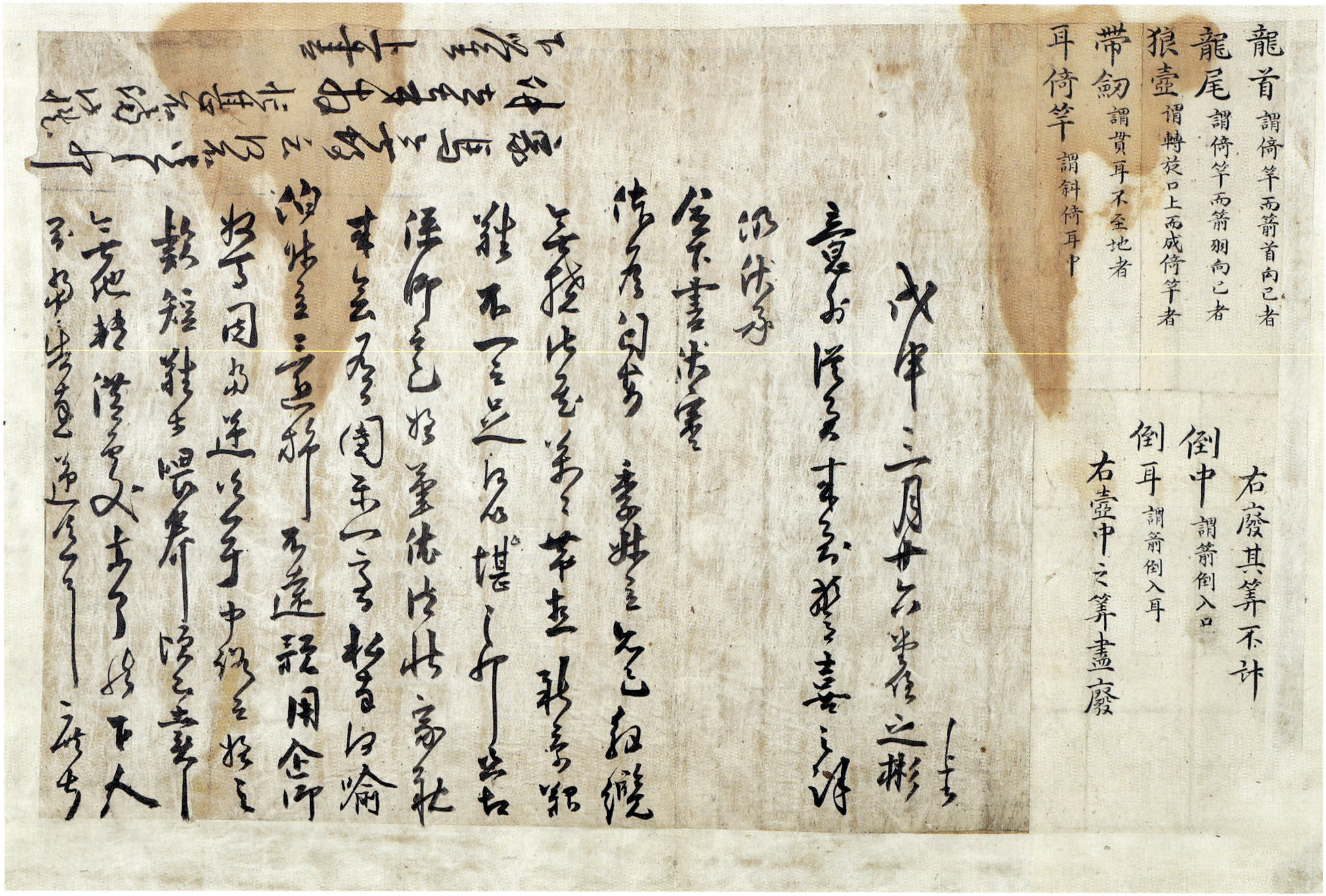
龍首 謂倚竿而箭首向己者
龍尾 謂倚竿而箭羽向己者
狼壺 謂轉旋口上而成倚竿者
帶劍 謂貫耳不至地者
耳倚竿 謂斜倚耳中
右廢其筭不許
倒中 謂箭倒入口
倒耳 謂箭倒入耳
右壺中之筭盡廢

【釋文】意外從君來到，驚喜之餘，仍伏承僉下書，伏審體候匀安．季叔主，亦已解纜無撓，伏慰萬萬．第想新寓艱難，不一 伯叔主，還旆不遠，豫用企仰．奴馬固當逆送于中路，而姪之款短，難於喂養，頃已賣之，無他轉借處，奈何？而足何以堪之耶？只切溸仰而已．姪，僅依侍狀，家親來會，有可團欒一室，私幸何喩？然下人，則當告達迎送耳．庶叔家馬無故云，何不送之耶？餘在奉拜，忙甚不備．伏惟下鑒．上書．

戊申 三月 十六 堂侄 之彬

【國譯】뜻밖에 사촌형제가 내려와서 놀랍고 기쁜 나머지에 삼가 숙부들의 편지를 받고 체후가 모두 다 편안하심을 알았습니다. 막내숙부 또한 벼슬에서 풀려나 별탈이 없음을 알았으니 매우 위안됩니다. 다만 생각건대 새로운 거처에서의 어려움이 한두 가지가 아닐 것인데 어떻게 견디고 계십니까? 다만 우러러 매우 그리울 뿐입니다.

저는 근근이 시봉하고 있으며 가친이 와서 모이게 되어 한집에서 단란한 즐거움이 있게 되었으니 사사로운 다행함을 어떻게 말하겠습니까?

큰 숙부님께서 돌아오시는 행차가 머지않았으니 미리 이 때문에 발 돋음하고 우러릅니다. 노비와 말로써 실로 마땅히 길에서 맞이하도록 보내야하지만 저의 정성이 부족하고 말을 먹이기도 어려워 지난번에 이미 팔아버리고 난 뒤에 달리 빌릴 곳도 없으니 어찌합니까? 그러나 하인은 응당 맞이하여 보낸다는 것을 말씀드릴 뿐입니다. 서숙의 집의 말은 다른 연고가 없다고 하면서 어찌 보내지 않습니까?

나머지는 뵙고 말씀드리기로 하고 매우 바빠서 격식을 갖추지 않습니다. 삼가 살펴 주시기 바랍니다.

무신년 3월 16일 조카 지빈

[夏-37] 李之栢의 간찰

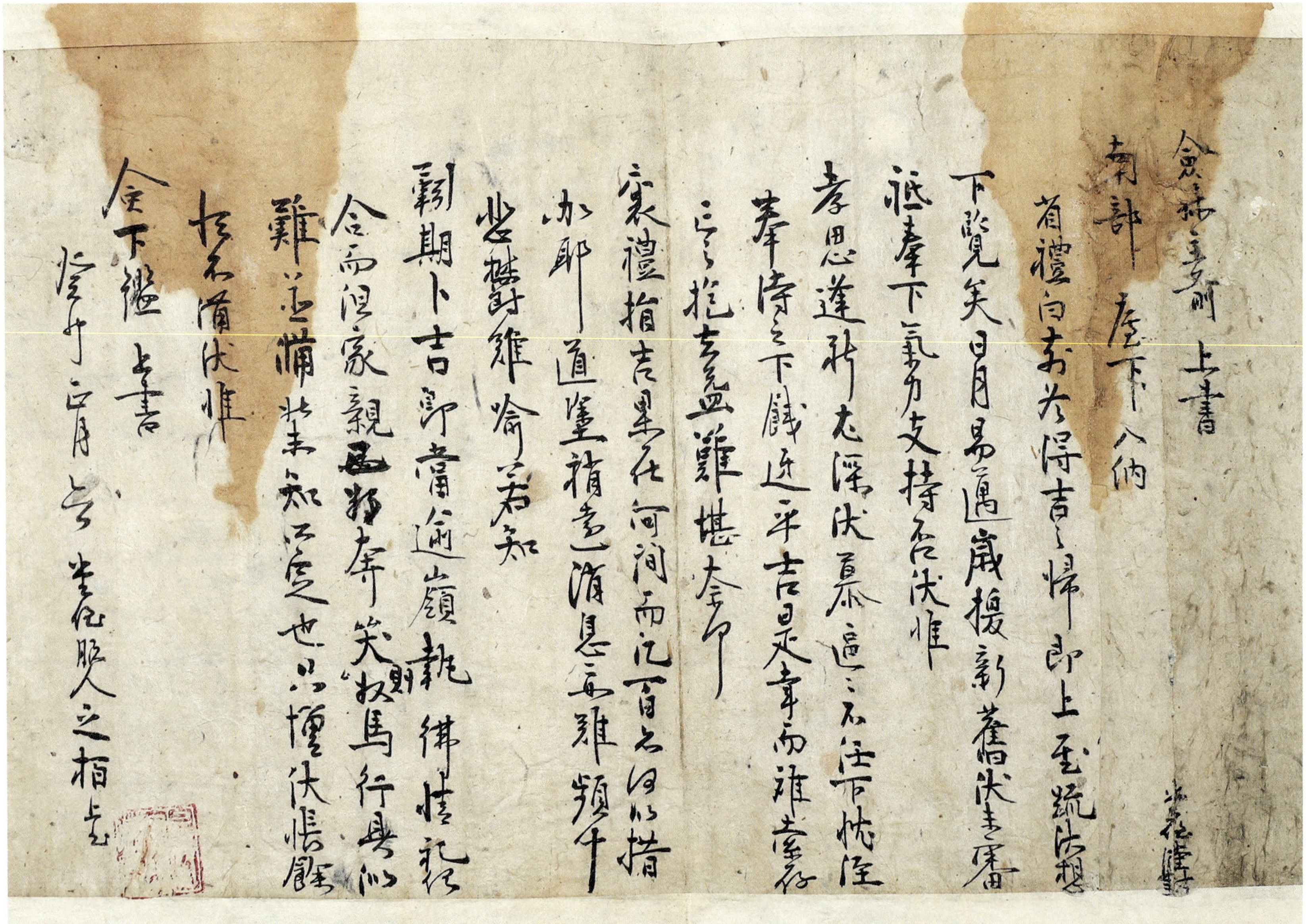

【釋文】 僉叔主前 上書

南部 廬下 入納

省禮白, 前冬得吉之歸, 卽上慰疏, 伏想下覽矣. 日月易邁, 歲換新舊. 伏未審祗奉下, 氣力支持否? 伏惟孝思, 逢新尤深, 伏慕區區, 不任下忱. 姪, 奉侍之下, 餞迓平吉, 是幸, 而離索存亡之抱, 去益難堪, 奈何? 襄禮捐吉, 果在何間? 而凡百, 亦何以措辦耶? 道塗梢遠, 消息亦難頻聞, 悲鬱難喩. 若知靷期卜吉, 卽當逾嶺執紼, 情禮俱合, 而但家親奔哭, 則奴馬行具, 似難並備, 姑未知所定也. 只增伏悵, 餘忙不備. 伏惟僉下鑑. 上書.

癸卯 正月 六日 堂姪 服人 之栢 上書

【國譯】 여러 숙부님께 올립니다.

남부의 집 아래 드림.

예를 생략하고 말씀드립니다. 지난겨울 길일을 얻어서 돌아가시어 지금 위문편지를 올리니 삼가 굽어보셨을 것이라 생각합니다. 세월이 쉽게 가서 묵은해가 가고 새해가 바뀌었습니다. 다만 부모를 모시는 아래에서 기력은 지탱하고 계신지요? 상주의 그리움이 새해를 맞이하여 더욱 깊으리라 생각하니 사모하는 마음 간절하여 제 마음을 견딜 수 없습니다.

저는 시봉하는 아래에서 묵은해를 보내고 새해를 맞이하여 평안하고 길하니 이는 다행이나 이군삭거(離群索居)[17]하여 죽고 사는 회포가 갈수록 더욱 감당하기 어려우니 어찌합니까?

상례의 택일은 과연 언제쯤에 있습니까? 온갖 일들을 또한 어떻게 마련하고 계십니까? 길이 조금 멀어서 소식을 또한 자주 듣기가 어려우니 슬프고 답답한 마음을 말하기 어렵습니다. 만약 정해진 발인의 날짜를 안다면 즉시 마땅히 새재를 넘어서라도 인끈을 잡아야 정으로나 예로나 모두 합당할 것인데, 다만 가친이 분곡하신다면 노와 말과 행구를 아울러 갖추기가 어려울듯해서 우선 약속을 정할 바를 모르겠습니다.

이다만 더욱 엎드려 슬퍼하니 나머지는 바빠서 격식을 갖추지 않습니다. 삼가 여러 숙부께서 굽어 살펴 주시기를 바랍니다.

계묘년 정월 6일 상복 입은 조카 지백 올림

17 이군삭거(離群索居): 子夏가 벗을 떠나 홀로 있을 때의 심정을 전한 말로써, 『禮記』에 나오는 말이다. “내가 벗을 떠나 쓸쓸히 홀로 산지가 오래이다.[吾離群而索居, 亦已久矣.]” 『禮記』, 「檀弓」.

傳家寶墨

秋

[秋-1-右] 李之栢의 간찰

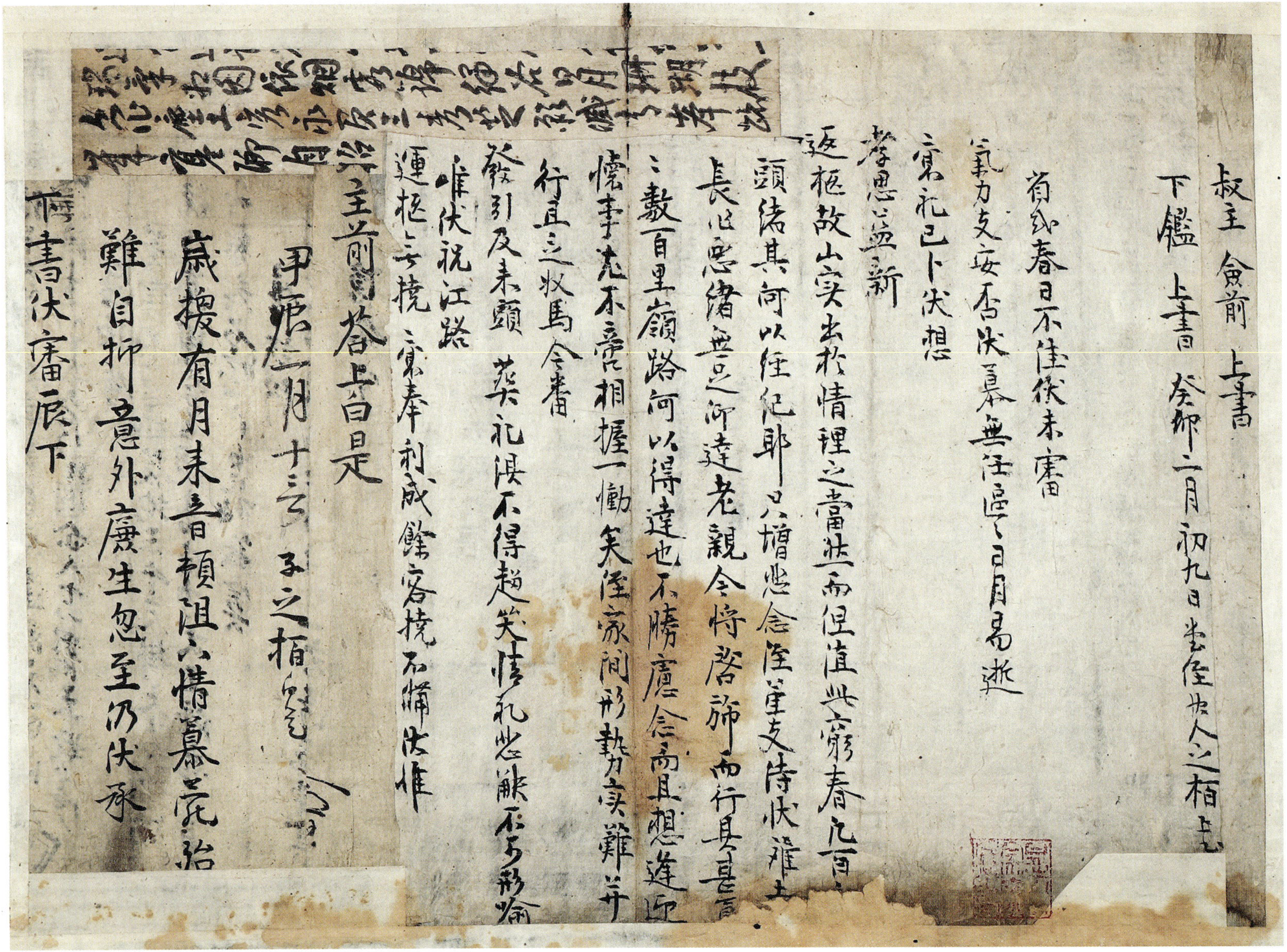

【釋文】 叔主 僉前 上書

省式. 春日不佳, 伏未審氣力支安否? 伏慕無任區區. 日月易逝, 襄禮已卜, 伏想孝思益新, 返柩故山, 實出於情理之當然, 而但値此窮春, 凡百■頭緖, 其何以經紀耶? 只增悲念. 姪僅支, 侍狀難■〔老〕, 長作惡緖, 無足仰達. 老親, 今將啓旆, 而行具甚■■, 數百里嶺路, 何以得達也? 不勝慮念. 而且想逢迎懷事, 尤不啻相握一慟矣. 侄家間形勢, 實難幷行, 且乏奴馬. 今番發引及來頭葬禮, 俱不得趨哭, 情禮悲缺, 不可形喩. 唯伏祝江路運柩, 無撓襄奉順成. 餘客撓不備. 伏惟下鑑. 上書.

癸卯 二月 初九日 堂侄 服人 之栢 上書

【國譯】 격식을 생략합니다. 봄 날씨가 좋지 않은데 삼가 기력은 지탱하며 편안하신지요? 삼가 사모하여 보잘 것 없는 제 마음을 견딜 수 없습니다. 세월이 쉽게 흘러 장례의 날은 이미 정하여 졌으니 삼가 상주의 그리움이 더욱 새로울 것이라 생각합니다. 고향으로 운구하는 것은 실로 정리의 당연함에서 나온 것이긴 하지만 이러한 춘궁기를 만나서 온갖 ■두서를 어떻게 처리하고 계시는지요? 다만 슬픔과 염려만 더할 뿐입니다.

저는 근근이 지탱하며 장수하는 부모님을 모시는 상황이 오래도록 나쁜 실마리만 만들고 있으니 족히 드릴 말씀이 없습니다. 늙은 부친께서는 지금 장차 행차를 출발하려는데 행차의 도구가 매우 ■■하니 수 백리 고개 길을 어떻게 도착할 수 있겠습니까? 염려를 이기지 못하겠습니다. 게다가 서로 만나는 마음은 더욱 서로 손을 잡고 한결같이 애통해 할뿐만이 아닐 것이라 생각합니다.

저의 집안의 사정으로 보아 참으로 함께 행차하기 어렵고 또 노비와 말도 없습니다. 이번 발인과 오는 장례에 모두 달려가 곡을 할 수 없으니 정으로나 예로나 슬프고 서운한 마음을 말로 할 수가 없습니다. 오직 강 길로 운구해서 별 탈 없이 장례를 잘 치루시기를 바랍니다. 나머지는 객으로 번잡하여 격식을 갖추지 않습니다. 삼가 살펴 주시기 바랍니다. 편지를 올립니다.

계묘년 2월 9일 조카 복인 지백 올림

[秋-2-左] 李之栢의 간찰

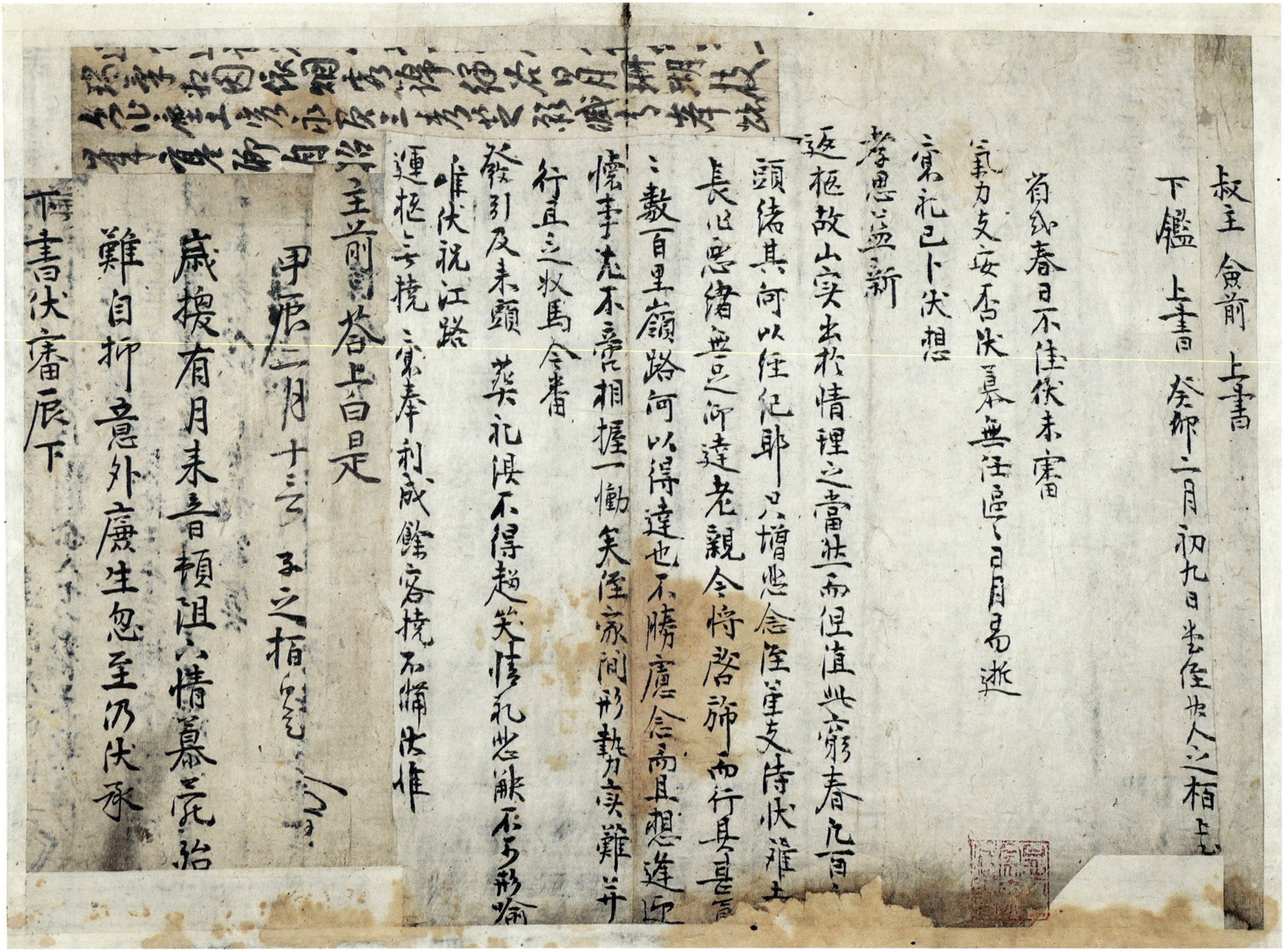

【釋文】 ↳父主前 答上白是

歲換有月, 來音頓阻, 下情慕菀, 殆難自抑. 意外, 廉生忽至, 仍伏承下書, 伏審辰下, 氣候萬安, 伏慰何達? 調度之艱辛, 亦將任之而已, 奈何? 子眠食依昔, 學業姑不全廢, 伏幸. 庭下新除, 頃已辭遞, 而一枯碁, 無路得之, 伏歎. 日氣稍和, 離側且久, 歸意如水, 而第舍弟親事, 已定於故禹參判昌績氏之家, 擇吉於今卄一. 勢將觀成禮, 來月望前發行, 而人馬不一, 是可慮也. 廉生員所幹, 何可恝視耶? 今方從長指揮, 使之速圖耳. 日者, 往訪李司諫, 有眷眷不忘之意, 亦無所怪者也. 餘忙擾不備. 伏惟.

甲辰 二月 十三日 子 之栢 白是

「瑞氣相因, 依烟霞錦繡谷, 日月珊瑚枝, 久作塵土, 客永負三都, 芝願滅青峯跡, 歲寒聊自招.」[1]

【國譯】 ↳해가 바뀐 지 여러 달이 되었는데 오던 소식이 갑자기 막히니 제 마음의 사모하고 답답한 마음을 자못 스스로 억누르기 어렵습니다. 뜻밖에 염씨가 갑자기 이르러서 편지를 받고서 요사이 안부가 좋으시다고 하니 삼가 위안됨을 어떻게 말하겠습니까? 조섭하시는 안부로 고생을 하고 있다고 하나 또한 분수에 맡겨 둘 뿐이니 어찌하겠습니까?

저는 자고 먹는 생활은 예나 다름없고 학업은 아직 전폐하지 않고 있으니 다행입니다. 가친께서 새로 제수[2]된 벼슬을 지난번에 이미 사직하였으나 길이 정해져 벗어날 수 없으니 삼가 한탄스럽습니다. 일기가 점차 화창한데 부모님[3]을 떠난 지가 또한 오래 되어 돌아가고픈 마음이 물과 같습니다. 다만 동생의 혼사[4]가 이미 돌아가신 참판 우창적[5] 씨의 집으로 정해져서 이달 21일로 길일을 택하였습니다. 형세가 장차 혼례가 이루어지는 것을 볼 것인데 내달 보름 전에 길을 나서고자 하나 종과 말이 하나도 갖추어지지 않아 이것이 염려가 됩니다.

염생원의 주관하는 바를 어찌 괄시하겠습니까? 지금 바야흐로 어른의 지휘를 따라서 그로 하여금 속히 도모하게 할 따름입니다. 일전에 지나다 들리신 이 사간께서 돌보아주시고 잊지 아니하는 뜻이 있으니 괴이하게 여길 바는 아닙니다. 나머지는 바쁘고 번요하여 격식을 갖추지 않습니다. 삼가 바랍니다.

갑신년 2월 13일 아들 지백 아뢰니다.

---

1 성첩 과정의 오류로 잘못 편집이 된 듯하다.

2 가친께서……제수 : 養父 李萬敷(1664~1732)를 말한다. 章陵參奉에 제수 되었으나 고사하였다.

3 부모님 : 生父 李萬維(1674~1736)를 말한다.

4 동생의 혼사 : 李之樸(1708~1736)을 말한다.

5 참판 우창적 : 禹昌績(1623~1693). 본관은 丹陽. 자는 子懋. 예조참판을 지냈다.

[秋-3] 李之栢의 간찰

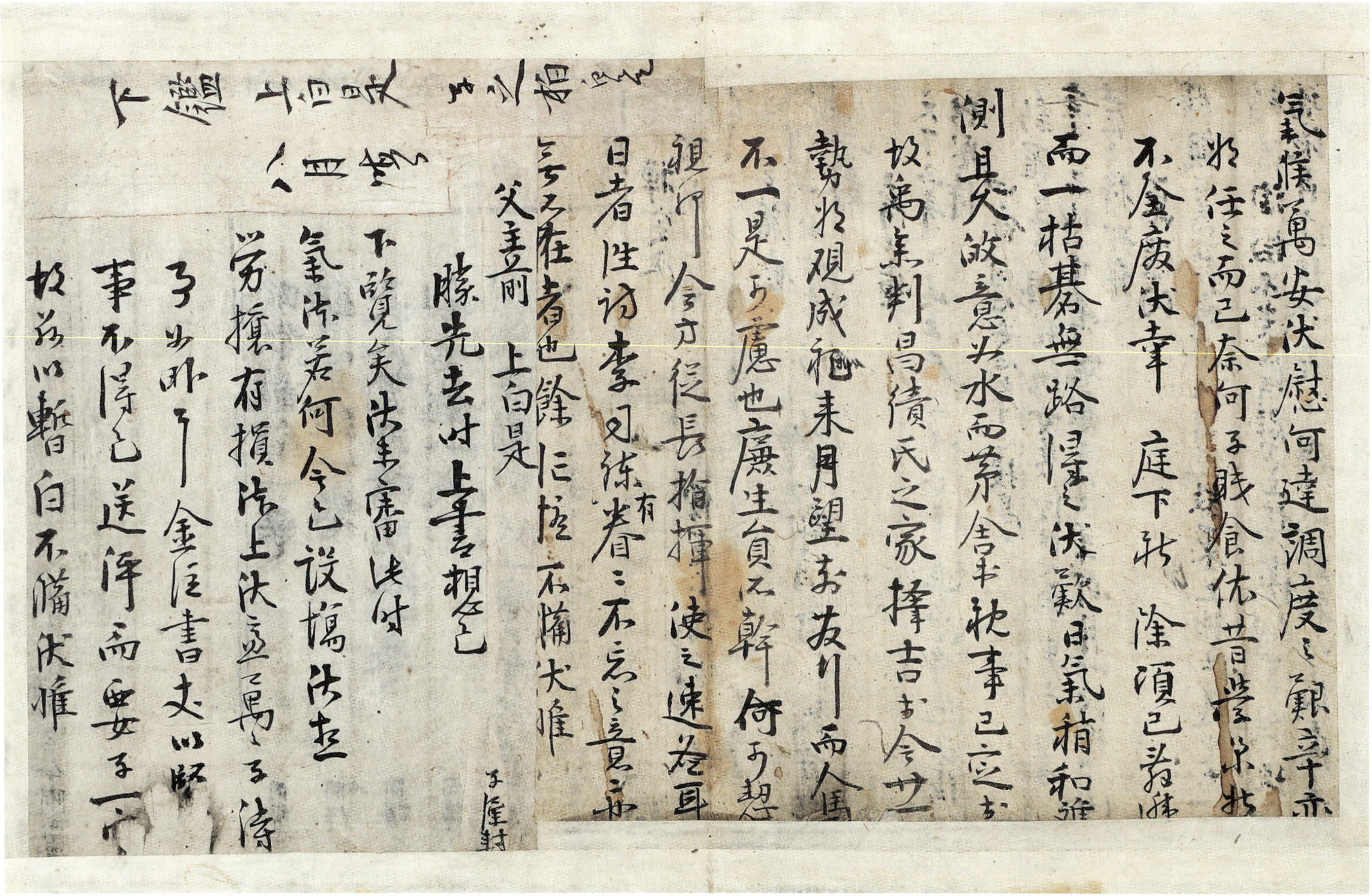

【釋文】 父主前 上白是 子謹封

勝先去時, 上書, 想已下覽矣. 伏未審此時, 氣體若何? 今已設場, 伏想勞攘有損體上, 伏慮萬萬. 子侍事如昨耳. 金注書丈, 以緊切事, 不得已送伻而要, 子一冗, 故玆以暫白. 不備. 伏惟下鑑, 上白是.

八月 晦日 子 之栢 白是

【國譯】 아버님께 아룁니다.

승선이 떠날 때에 올린 편지는 이미 받아보셨으리라 생각합니다. 삼가 이러한 때에 안부는 어떠신지요? 지금 이미 장을 설비하느라 수고로움으로 몸에 손상은 없으신지 삼가 매우 염려됩니다.

저는 어머니 모시고 예나 다름없이 지내고 있습니다. 김주서 어른이 긴절한 일로 부득이 인편을 보내 요구하였으나 제가 한결같이 바빴기 때문에 이렇게 잠시 말씀드립니다. 이만 줄입니다. 삼가 굽어 살펴 주시기 바라며 아룁니다.

8월 30일 아들 지백 아룁니다.

[秋-4] 李之彬의 간찰

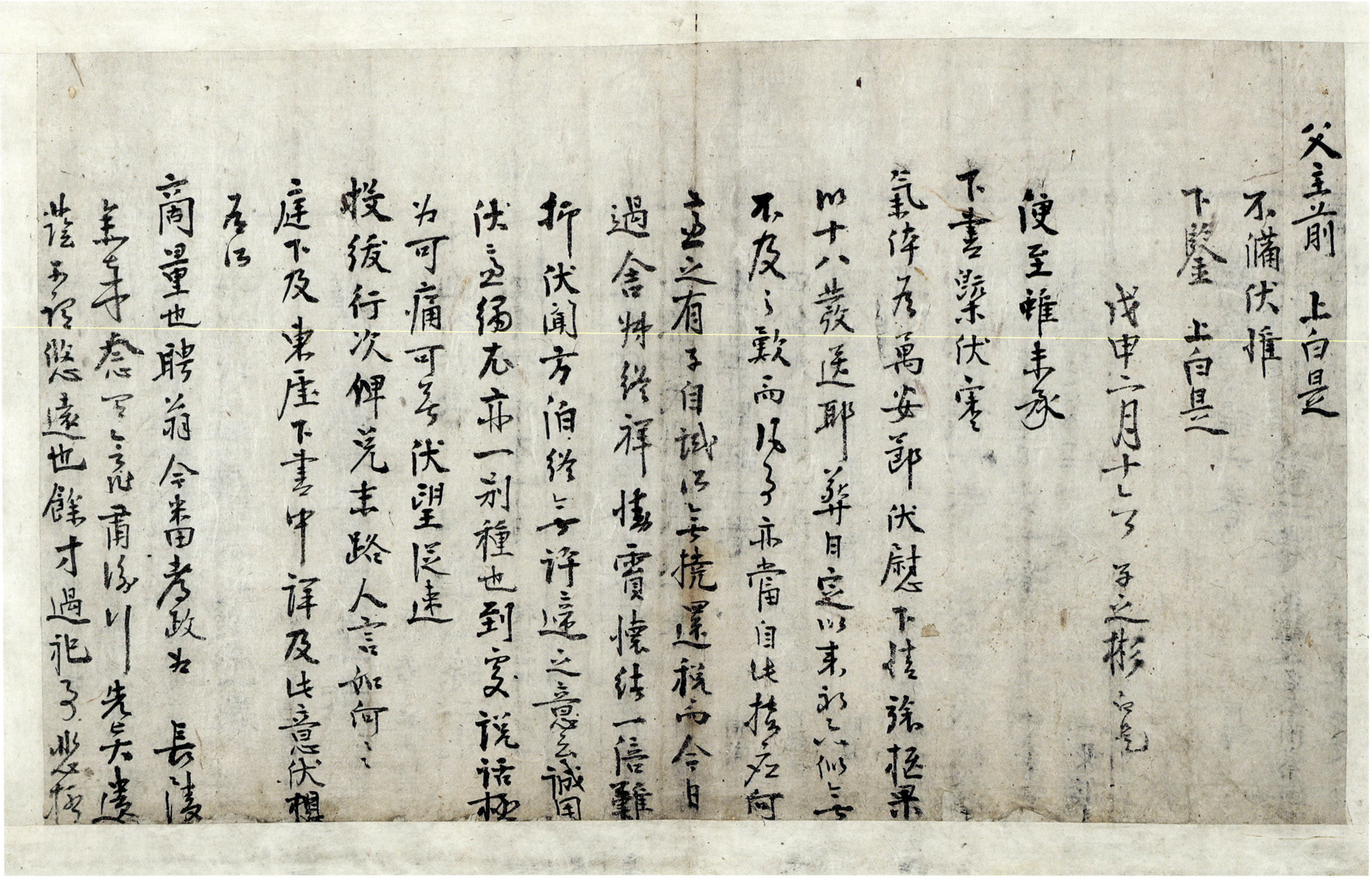

【釋文】父主前上白是

便至, 雖未承下書, 槪伏審氣體, 爲萬安節, 伏慰下情. 旅柩, 果以十八發送耶? 葬日, 定以來初六, 似無不及之歎, 而凡事, 亦當自此接應, 何慮之有? 子自試所, 無撓還稅, 而今日, 過舍叔終祥, 慟霣懷緖, 一倍難抑. 伏聞方伯, 終無許遞之意云, 誠用伏慮. 繡衣, 亦一別種也, 到處說話, 極爲可痛可苦. 伏望從速, 投紱行次, 俾免末路人言, 如何如何? 庭下及東厓, 下書中, 詳及此意, 伏想爲所商量也. 聘翁, 今番都政, 爲長陵參奉, 念間欲作肅謝行, 先賢遺蔭, 可謂悠遠也. 餘才過祀事, 悲擾不備. 伏惟下鑑, 上白是.

戊申 二月 十六日 子 之彬 白是

【國譯】인편이 도착해서 비록 편지를 받지 못하였지만 대체로 안부가 두루 편안하시다니 제 마음에 위안이 됩니다. 객지의 관은 과연 18일 날 발송하였습니까? 장례는 내달 6일로 정하여져서 미치지 못하는 탄식은 없을 듯한데, 범사가 또한 이로부터 응접할 것이니 무슨 염려가 있겠습니까?

저는 시험장에서 탈 없이 집으로 돌아왔고 오늘 숙부의 종상을 치렀으니 애통하는 마음을 배나 억누르기가 어렵습니다. 삼가 듣건대 방백이 끝내 체직을 허락할 뜻이 없다고 하니 진실로 이 때문에 삼가 염려됩니다. 숙의사또 또한 하나의 별종이니 도처의 설화가 지극히 고통스럽고 괴롭습니다. 삼가 바라건대 속히 벼슬을 그만두고 행차하여 말로의 구설수를 면하도록 하는 것이 어떠합니까?[6] 아버지[7]와 작은 할아버지[8]께서 주신 편지 가운데 이 뜻을 상세히 언급하였으니 삼가 헤아려 주실 것으로 생각합니다.

장인어른[9]은 이번 도목정사에 장릉 참봉에 제수되어 20일 즈음에 숙배를 하는 행차를 하고자 하니 선현의 유음이 아득히 멀리에까지 이르렀다고 할 만합니다. 나머지는 겨우 제사를 지내고 슬프고 번요하여 이만 줄입니다. 삼가 살펴 주시기 바라며 아룁니다.

무신년 3월 16일 아들 지빈 아룁니다.

6 생부 李萬維(1674~1736)가 1728년(英祖 4)에 蔚山府使로 재임할 때, 어사 朴文秀의 탄핵을 받아 파직된 일이 있는데, 이때의 일을 말한다.

7 아버지 : 養父 李萬敷(1664~1732)를 말한다.

8 작은 할아버지 : 원문의 '東厓'는 李浹(1663~1737)을 말한다.

9 장인어른 : 柳聖和(1668~1748)이다. 자는 介仲, 호는 西湖, 본관은 풍산, 음보로 산음현감을 지냈고, 豊陽君에 봉해졌다. 저서에 西湖遺稿가 전한다.

[秋-5-右] 李之樸의 賦와 고시

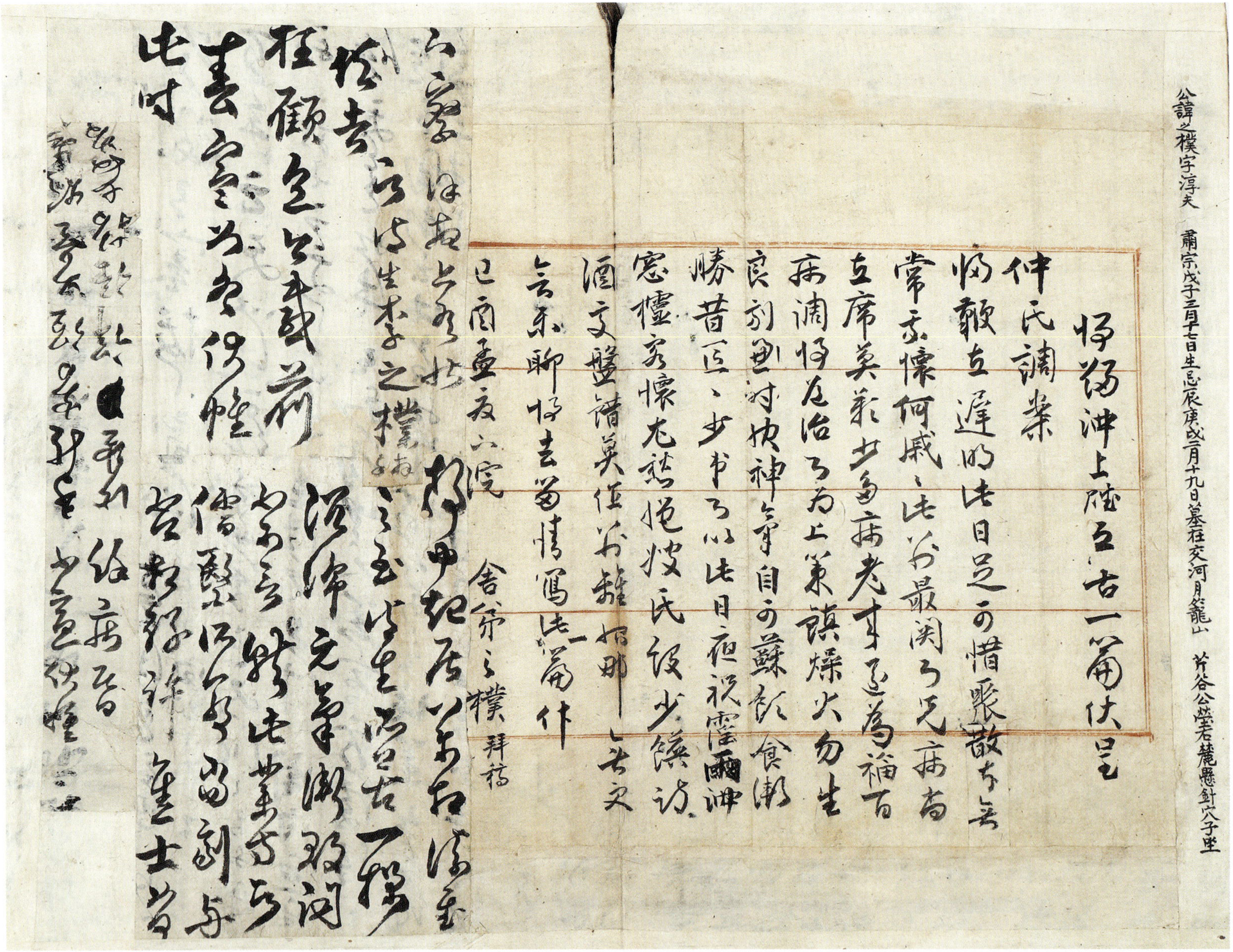

【釋文】將歸灑上，賦五古一篇，伏呈仲氏調案.
歸鞭在遲明，此日足可惜．聚散本無常，我懷何戚戚．此別最關心，兄病尙在席．莫歎少多病，老來還爲福．
百病調歸道，治心爲上策．鎭操火勿生，良劑兼時服．神氣自可蘇，飮食漸勝昔．區區少弟心，以此日夜祝．
霪雨灑窓欞，客懷尤愁悒．嫂氏設少饌，詩酒交盤錯．莫作別離恨，那無更會樂．聊歸去留情，寫此一篇什．
己酉 孟夏 下浣 舍弟 之樸 拜 稿

【國譯】장차 쇄상으로 돌아가면서 5언 고시 한 편을 지어 둘째 형의 조섭하는 책상에 올립니다.

돌아가는 행차가 내일로 늦추어졌으니, 이날은 애석할 만합니다.
만나고 헤어지는 일이 본래 무상한데, 저의 회포가 어찌 이렇게 서글픈지요?
이번 작별에 가장 마음이 쓰이는 것은, 형께서 병으로 아직까지 자리를 보존하고 있는 것이라오.
병이 많은 것을 탄식하지 말 것이니, 늙음이 오는 것이 도리어 복된 것입니다.

온갖 병을 조섭하여 돌리는 방법은, 마음을 다스리는 것이 상책입니다.
화를 진정시켜 나지 않게 하고, 좋은 약을 겸하여 때로 복용한다면
정신과 기운이 절로 소생하여, 음식이 점점 더 예전보다 나을 것입니다.
보잘 것 없는 제 마음은 이로써 밤낮으로 기원합니다.

장마 비가 창 난간에 뿌려대니, 나그네의 회포는 더욱 서럽습니다.
형수께서 작은 음식을 베풀어 주시니, 시와 술이 뒤 섞입니다.
이별의 한을 짓지 마오. 어찌 다시 모여 즐거움이 없겠습니까?
애오라지 돌아가 남은 정을 이 한 편의 시로 짓습니다.

기유년 4월 하순 동생 지박 시고

[秋-6-左] 李之樸의 간찰

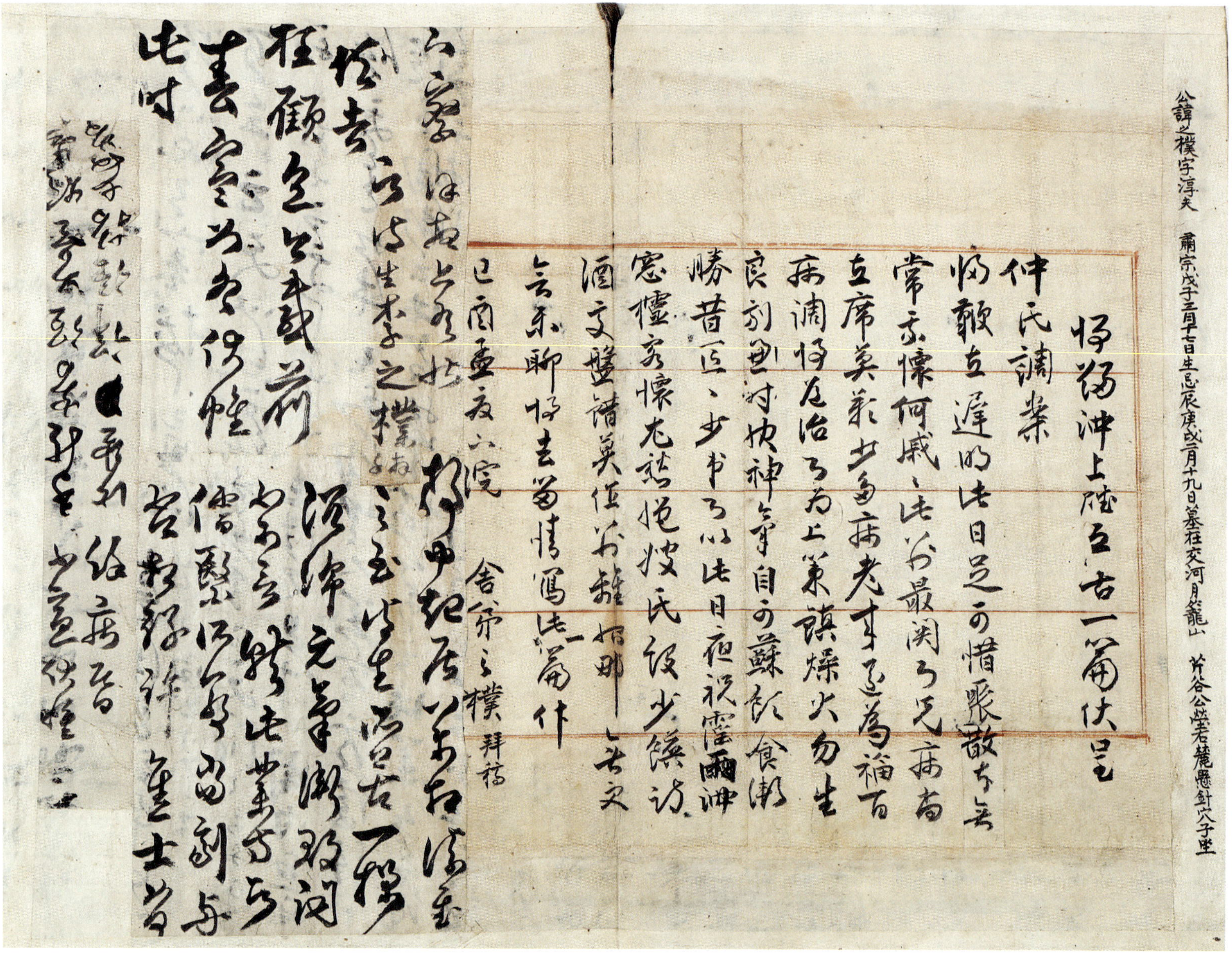

公諱之樸字淳夫 肅宗戊子三月十七日生 忌辰庚戌三月十九日 墓在交河月籠山 竹谷公塋右麓懸針穴子坐

【釋文】 頃者枉顧, 迄今感荷. 春寒如冬, 伏惟此時, 靜中起居萬相, 傃慰之至. 侍生, 所苦一樣沈綿, 元氣漸敗, 悶不可言. 就此藥方, 卽儒醫所命, 當劑與否, 相議許進士, 如何? 專恃眷誼, 如是煩告, 伏望詳諒指教, 如何? 餘病昏不宣. 伏惟下察. 拜想亦有狀.
卽 侍生 李之樸 拜手

【國譯】 지난번에 왕림해 주신 것은 지금까지 매우 감사합니다. 봄추위가 겨울과 같은데 삼가 이러한 때에 정양하시는 기거가 만상 할 것이라 생각하니 우러러 위안 되는 마음 지극합니다. 시생은 괴로운 바가 한결같이 병이 낫지 않고 원기는 점점 더 달려만 가니 민망함을 말할 수가 없습니다.

드릴 말씀은 약방문은 바로 유생의원이 명한 바이니 해당 약제의 여부는 허진사와 서로 의논하는 것이 어떠합니까? 오로지 돌보아 주시는 정의만 믿고서 이렇게 번거롭게 말씀을 드리니 삼가 바라건대 상세히 알려주시는 것이 어떠합니까? 나머지는 병으로 혼미하여 이만 줄입니다. 삼가 살펴 주시기 바랍니다. 삼가 절하고 안부를 올립니다.

당일 시생 이지박 절하고 올림

[秋-7] 李之樸의 간찰

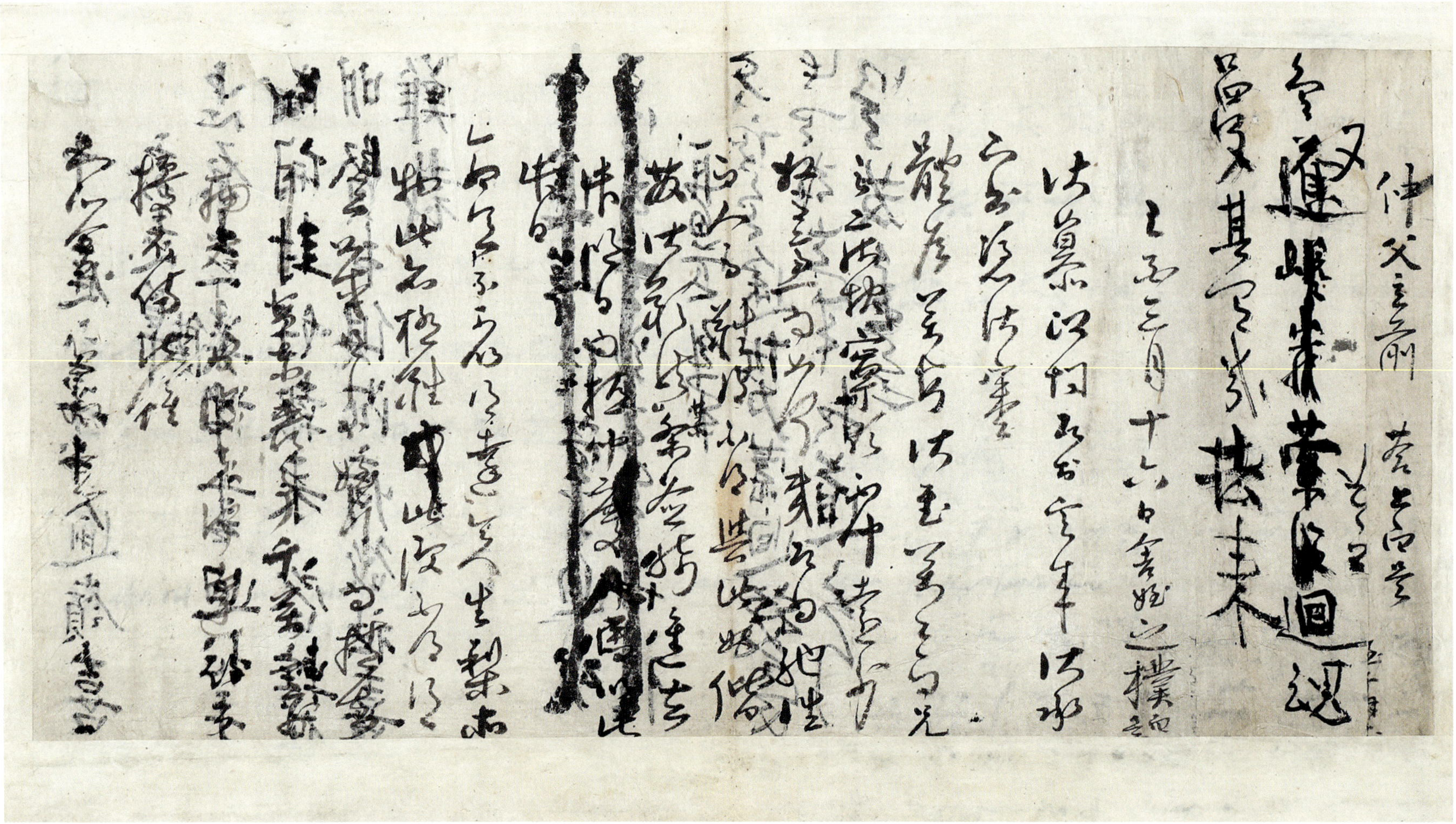

【釋文】仲父主前 答上白是

伏慕政切, 卽於雲來, 伏承下書, 憑伏審體候萬安, 伏慰萬萬. 而兄之病報, 寧欲不聞, 遠外驚慮, 當如何哉? 卽當馳往, 而人馬難得, 不得與此奴偕發, 伏歎. 然, 某條圖騎進去計, 明日當抵聞慶, 人馬以此計日, 命送, 則可似得達矣. 生梨等物, 此亦極難, 此便不得送去, 如或得之, 則姪行當持去耳. 安東喪事, 千萬■痛, ■……■ 擾不備. 伏惟下鑑. ■■■ 曾又廻魂夢, 其間幾去來.

己酉 三月 十六日 舍姪 之樸 白是

【國譯】중부님께 답장 올립니다.

삼가 사모하는 마음 정말로 간절한데 지금 운이가 와서 내려주신 편지를 받고 체후가 만안 하심을 알았으니 매우 위안 됩니다. 형의 병에 대한 소식은 차라리 듣고 싶지 않으나 먼 외지에서 놀랍고 염려되는 마음을 응당 어찌하겠습니까? 곧바로 마땅히 달려 가야하나 종과 말을 얻기가 어려워 이 노비와 함께 출발하지 못하니 한탄스럽습니다.

그러나 모쪼록 말을 타고 나아갈 계획을 도모한다면 내일이면 마땅히 문경에 도착할 것이니 종과 말을 이 계획한 날로 명하여 보내시면 도달할 수 있을 듯합니다. 생배 등의 물건은 이것은 지극히 얻기가 어려워서 이편에 보내지 못하니 만일 혹 얻는다면 조카의 행차에 응당 가지고 갈 것입니다.

안동의 초상이 난 일은 매우 ■애통합니다. ■……■ 번잡하여 격식을 갖추지 못합니다. 삼가 굽어 살펴 주시기 바랍니다.

■■■ 일찍이 또 꿈속에 맴돌면서 몇 번이나 그 사이를 오고 갔습니다.

을유년 3월 16일 조카 지박 아뢰니다.

[秋-8] 李絅延의 간찰

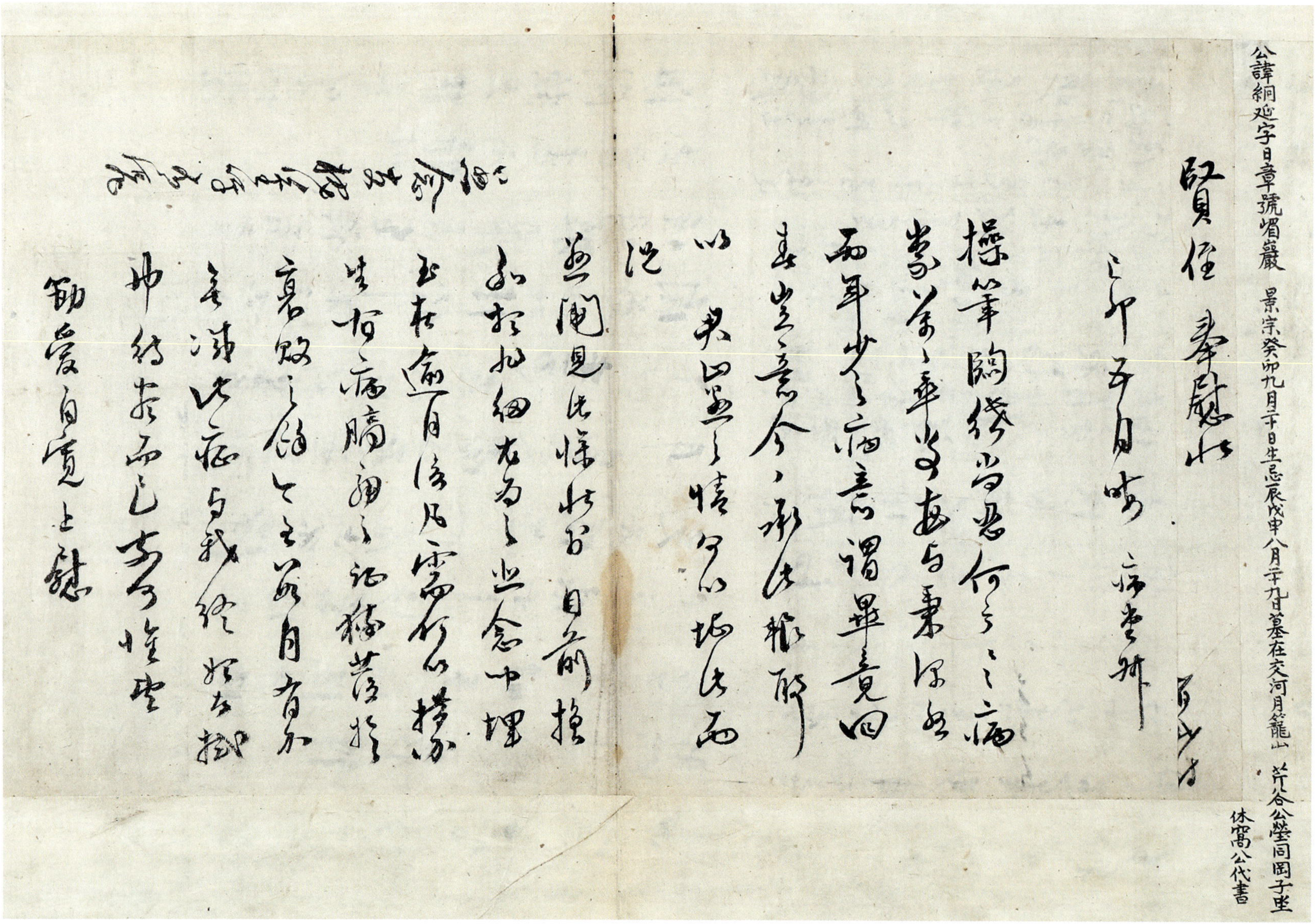

【釋文】賢侄 奉慰狀省式 封

操筆臨紙, 尙忍何言何言? 病祟萬萬乖常, 每與秉深憂, 而年少之病, 意謂畢竟回春, 豈意今日承此報耶? 以君止懸之情, 何以堪此, 而况慈闈, 見此慘狀於目前, 損和想非細, 尤爲之悲念. 聞埋玉在逾月後, 凡需何以措辦? 生宿病膈痛之症, 猝發於衰敗之餘, 今至數月, 有加無減, 此症, 與我終始者, 拭巾待盡而已, 奈何? 惟望節愛自寬. 上慰慈念, 支枕僅呼, 不究.

己卯 五月 晦 病堂叔

【國譯】조카에게 보내는 위문장

붓을 잡고 편지에 임하니 오히려 차마 무슨 말을 하겠느냐? 병의 빌미가 매우 괴상해서 매양 秉이와 더불어 매우 염려하였으나 젊은 사람들의 병이라 끝내는 회복할 것이라고 생각을 했는데, 오늘 이러한 소식을 받을 것이라고는 어찌 생각이나 했겠느냐? 자네를 그리워하는 정으로 어떻게 이것을 감당하겠으며 게다가 어머니께서 이와 같은 참혹한 상황을 목전에서 당하여 손상됨이 적지 않을 것으로 생각하니 더욱 슬프고 염려가 된다.

듣건대 재능 있는 이를 땅에 묻는 것이 다음 달에 있을 것이라 하니 모든 제수는 어떻게 마련하겠느냐? 나는 오래토록 앓고 있던 가슴통증의 증세가 갑자기 쇠폐한 나머지에 발병하여 지금 수개월에 이르도록 더함만 있고 덜한 바가 없는데, 이 증세는 종시를 나와 함께 할 것이니 수건을 준비해서 죽기만을 기다릴 뿐이니 어찌하겠느냐?

오직 절제하고 자애하여 스스로에게 너그럽게 하기를 바란다. 너의 어머니의 염려에 위로를 올린다. 베개에 기대어 겨우 대필케 하고 이만 줄인다.

을묘년 5월 31일 병든 당숙

[秋-9] 李承延의 간찰

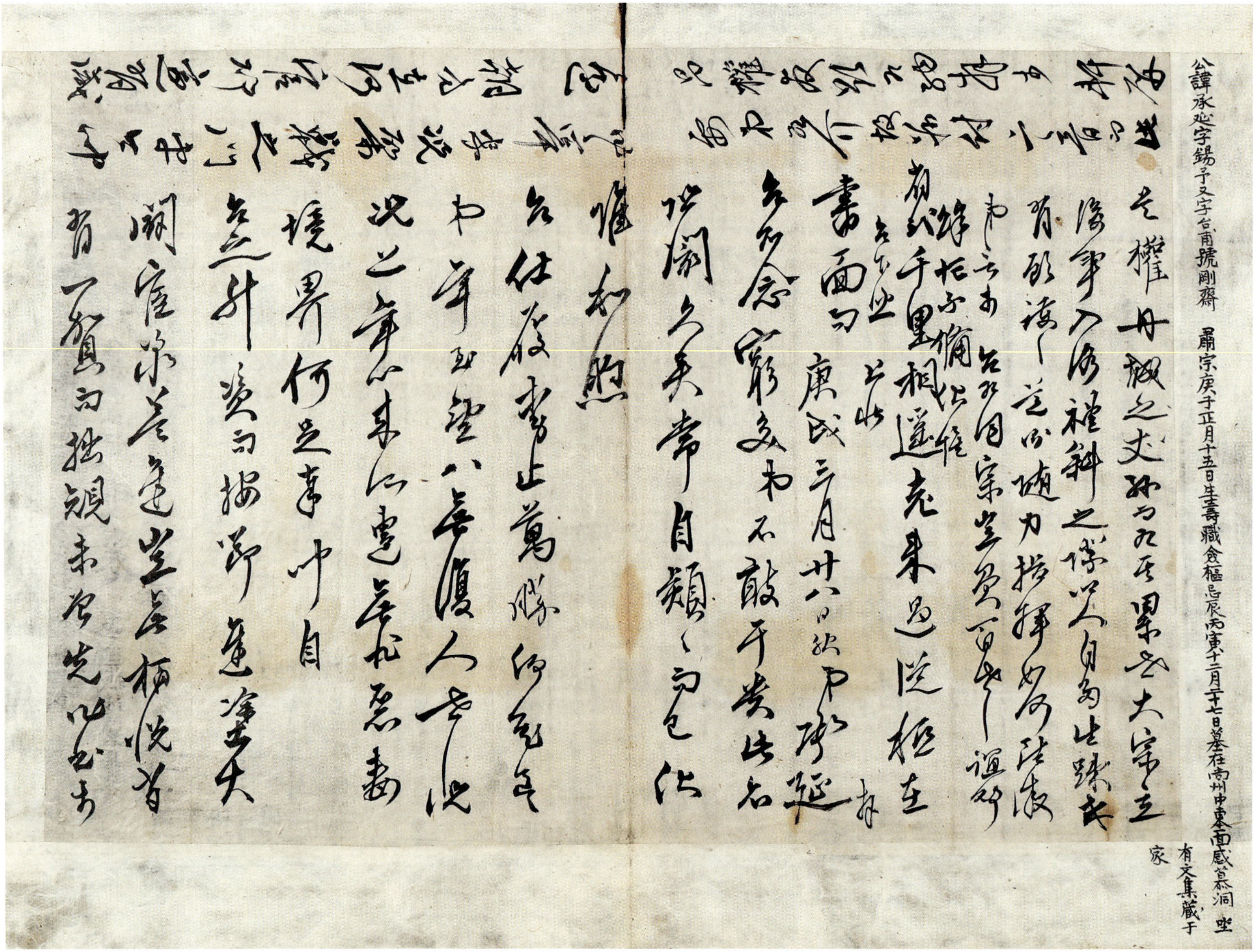
公諱承延字錫予又字台甫號剛齋
肅宗庚子正月十五日生壽職僉樞忌辰丙寅十二月二十七日墓在南州中東面
有文集藏于家

【釋文】省式. 千里相遙, 老來過從, 祗在書面. 而台不念窮交, 弟不敢于貴, 此亦阻閡久矣, 常自顒顒而已. 伏惟和煦, 台仕履動止萬勝, 仰慰區區. 弟, 年至望八, 無復人世之況, 況近年以來, 所遭無非惡毒境界, 何足奉? 聞自台之升資, 而按節進塗, 大闢宦業益進, 豈無栢悅, 尙有一賀? 而拙規, 未曾先作書於作宰家, 況棨戟之門乎? 今聞還朝, 方在何官耶? 適有咸昌權友, 欲爲納拜於軒屛, 要弟爲介, 故玆付二音. 而此是權, 丹城丈之孫, 而爲其累世大宗立後事, 入洛禮斜之際, 鄕人, 自多生疎, 或有顧護之道, 則隨力指揮, 如何? 雖微弟, 言於台爲同宗, 豈負百世之誼耶? 餘忙不備. 伏惟台下照. 上狀.
庚戌 三月 卄八日 服弟 承延拜

【國譯】격식을 생략합니다. 천리나 서로가 멀어 늙어서 종유하는 것이 다만 종이에만 있을 뿐입니다. 대감께서는 궁핍한 사람과 사귀는 것을 염려하지 않으시나 저는 귀한 그대에게 감히 함부로 할 수 없었기 때문에 이것이 또한 오래도록 소식이 막혀 항상 절로 그리워만 할 뿐입니다. 삼가 온화한 날씨에 대감의 벼슬하는 안부가 만승 할 것이라 생각하니 우러러 위안되는 마음 간절합니다.

저는 나이가 71세에 이르고 보니 다시 인간 세상의 좋은 경황이라고는 없는데 더구나 근년 이래로 만난 바라고는 악독한 상황이 아닌 것이 없으니 무엇을 족히 말씀드리겠습니까? 듣건대 대감께서 승자하심으로 관찰사로 장도에 나아가서 벼슬길이 크게 열려 더욱 진전하신다고 하니 어찌 송무백열(松茂栢悅)하는 마음이 없다면 오히려 한번 축하하는 마음이 있을 수 있겠습니까? 보잘 것 없는 분수로 일찍이 먼저 읍재가 된 집안에도 편지를 쓰지 못했었는데 하물며 안찰사의 집안에 있어서는 어떠하겠습니까? 지금 듣기에 조정으로 돌아왔다고 하는데 지금은 무슨 관직에 있는지요? 마침 함창에 있는 권 아무개라는 친구가 관찰사가 있는 자리로 찾아뵙고 싶어서 저에게 소개를 해달라고 요구하였기 때문에 이렇게 안부 편지를 부칩니다.

이 권씨는 단성 어른의 손자인데 여러 대의 대종에 후사를 세우는 일로서 서울에 들어가 예조에서 양자를 허락하는 문서를 발급할 즈음에 시골사람이라 절로 생소함이 많을 것이니 혹시라도 돌보아 주실 방법이 있으시다면 힘닿는 대로 지휘해 주시는 것이 어떠합니까? 비록 한미한 동생이지만 대감께 말씀드리는 것은 같은 집안이기 때문이니 어찌 백세의 정의를 저버리겠습니까? 나머지는 바빠서 격식을 갖추지 못합니다. 삼가 대감께서 살펴주시기를 바랍니다. 편지를 올립니다.

경술 3월 28일 상복 입은 제 승연 배

[秋-10] 李承延의 간찰

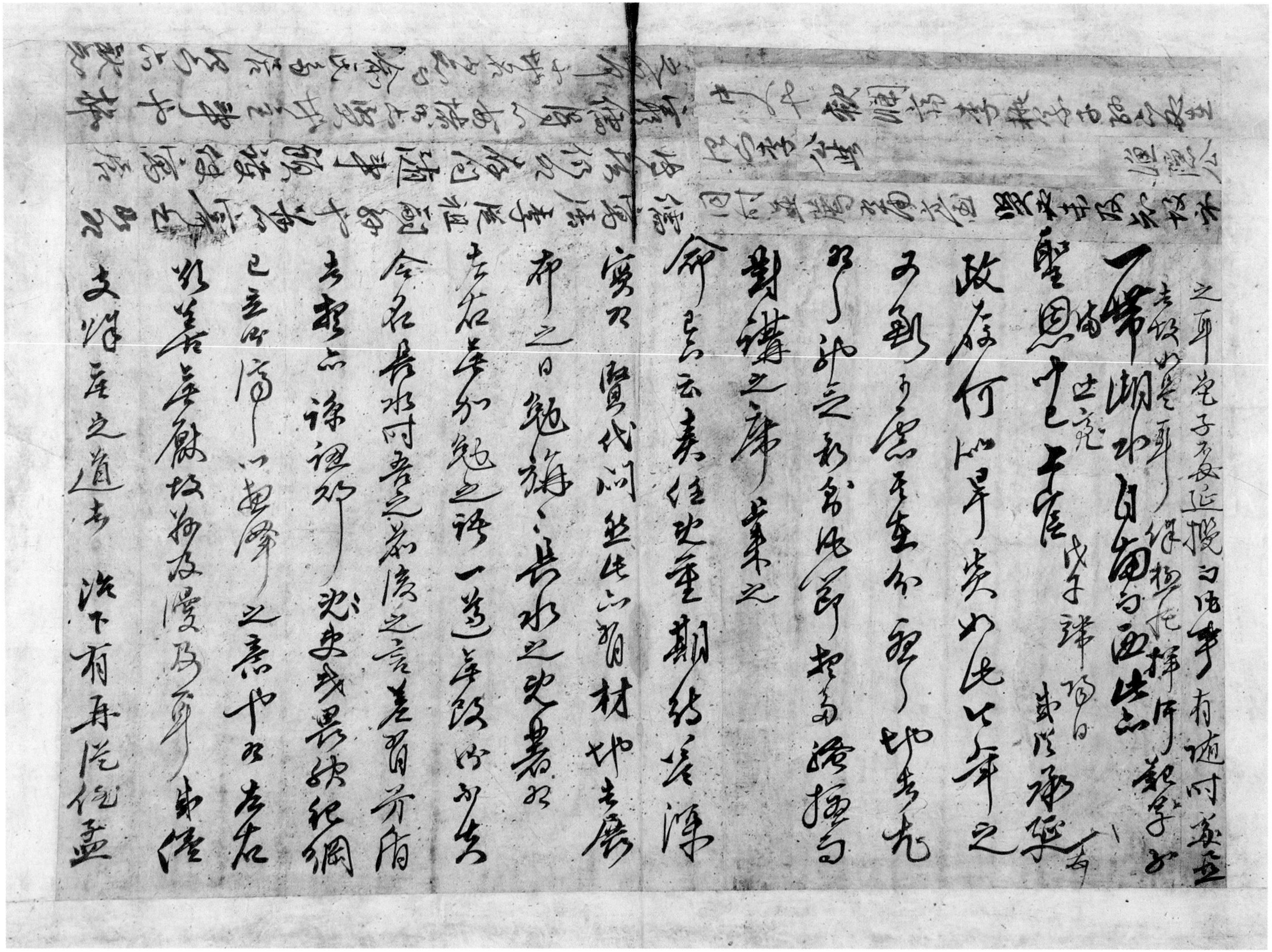

【釋文】一帶湖水，自南而西，此亦聖恩．聞已上宦，政履何似？旱炎如此，今年之又歉，可慮．其在分憂之地者，尤爲之馳念．新到凡節，想多騷擾，而對講之席，上來之命，已下云，責任旣重，期待益深，實爲賢代悶．然此亦有材地者，展布之日，勉旃勉旃．長水之旣著，爲左右無加勉之語，一遵無改，則不失令名，長水時，吾之前後之言，差有矛盾者，想亦諒認耶？旣吏民畏服，紀綱已立，則濟之以惠澤之意也．爲左右欲善無厭，故玆及漫及耳．弟僅支，餘無足道者．治下有再從侄孟儒寓居，季從祖嗣孫也．玆以寄書，卽爲傳致，仍爲存問，隨事顧護，使寓居窮儒，得以安堵，則亦賢地主事也，施之如何？小地名不知，而兪氏多居治下，亦親知中人也．觀瀾齋，李執義子孫，亦必在治下，李公與漁隱公，同時幷薦爲南臺，賢必未及知，故示之耳．邑子，不必延攬，而凡事，有隨時處置者，故如是耳．餘極忙，揮汗艱草．不備．照亮．
戊午 端陽日 戚從 承延 頓

【國譯】한결같이 호수를 띠고서 남쪽에서 서쪽으로 가니 이것 또한 성은일 뿐입니다. 이미 올라와서 벼슬하신다는 소식을 들었는데, 정사를 돌보시는 안부는 어떠하신지요? 가뭄과 폭염이 이와 같으니 올해농사가 또 흉년이 될까 염려됩니다. 지방 수령으로 있는 자로서 더욱 그 때문에 염려가 됩니다. 새로 부임한 여러 가지 절차들로 소란스러움이 많을 것이라 생각되는데 임금께서 대강하는 자리로 올라오라는 명령이 이미 내려졌다고 하니, 책임은 무겁고 기대는 더욱 깊을 것이니 실로 그대를 위하여 대신 걱정이 됩니다. 그러나 이 또한 재주가 있는 처지이니 그 솜씨나 기량을 발휘하기를 힘쓰십시오.

장수에서 이미 그대의 명성이 드러나 그대에게 더욱 힘쓰라고 해야 할 말은 없지만 한결같이 이를 따라서 고치지 않는다면 그대의 아름다운 명성을 잃지 않을 것이니 장수의 수령으로 있을 때 제가 앞뒤로 했던 말에 조금이나마 모순이 있었던 것은 생각건대 또한 헤아려 주시겠지요? 아전들과 백성들이 두려워 복종하여 기강이 이미 세워진다면 은혜와 은택으로 그들을 구제하려는 뜻입니다. 좌우께서 선을 행하려고 하는 것을 싫어하지 않기 때문에 이렇게 부질없이 말씀드릴 뿐입니다.

저는 근근이 지탱하고 있으니 나머지는 말할 만한 것이 없습니다. 그대가 다스리는 고을에 재종 조카인 선비 李挺儒[10]가 우거하고 있는데 막내종조부의 사손입니다. 이에 편지를 부치니 즉시 전달해서 존문을 해주시고 일마다 보호해 주셔서 우거하는 궁벽한 선비가 안도하게 된다면 또한 어진 수령의 일일 것이니 베풀어 주시는 것이 어떠합니까? 작은 지명까지는 알지 못하나 유 씨들이 많이 거주하는 치하 또한 친지 가운데 한사람입니다.

관란재의 이집의 자손도 필시 그대의 치하에 있고 이공과 어은공이 동시에 아울러 남대[어사대; 중앙관청]에 천거 되었지만 그대가 미처 알지 못하겠기에 이렇게 말씀드립니다. 읍자는 굳이 불러들일 필요는 없으나 모든 일들은 때를 따라 처리해야 되기 때문에 이와 같이 할 뿐입니다. 나머지는 매우 바빠서 땀을 흘리며 간신히 씁니다. 격식을 갖추지 않습니다. 살펴 주십시오.

무오년 5월 5일 척종 승연 돈

10 재종 조카인 선비 李挺儒 : 원문의 '再從侄孟儒'는 재종 조카 李挺儒(1758~1860)를 말한다.

[秋-11] 李承延의 칠언율시

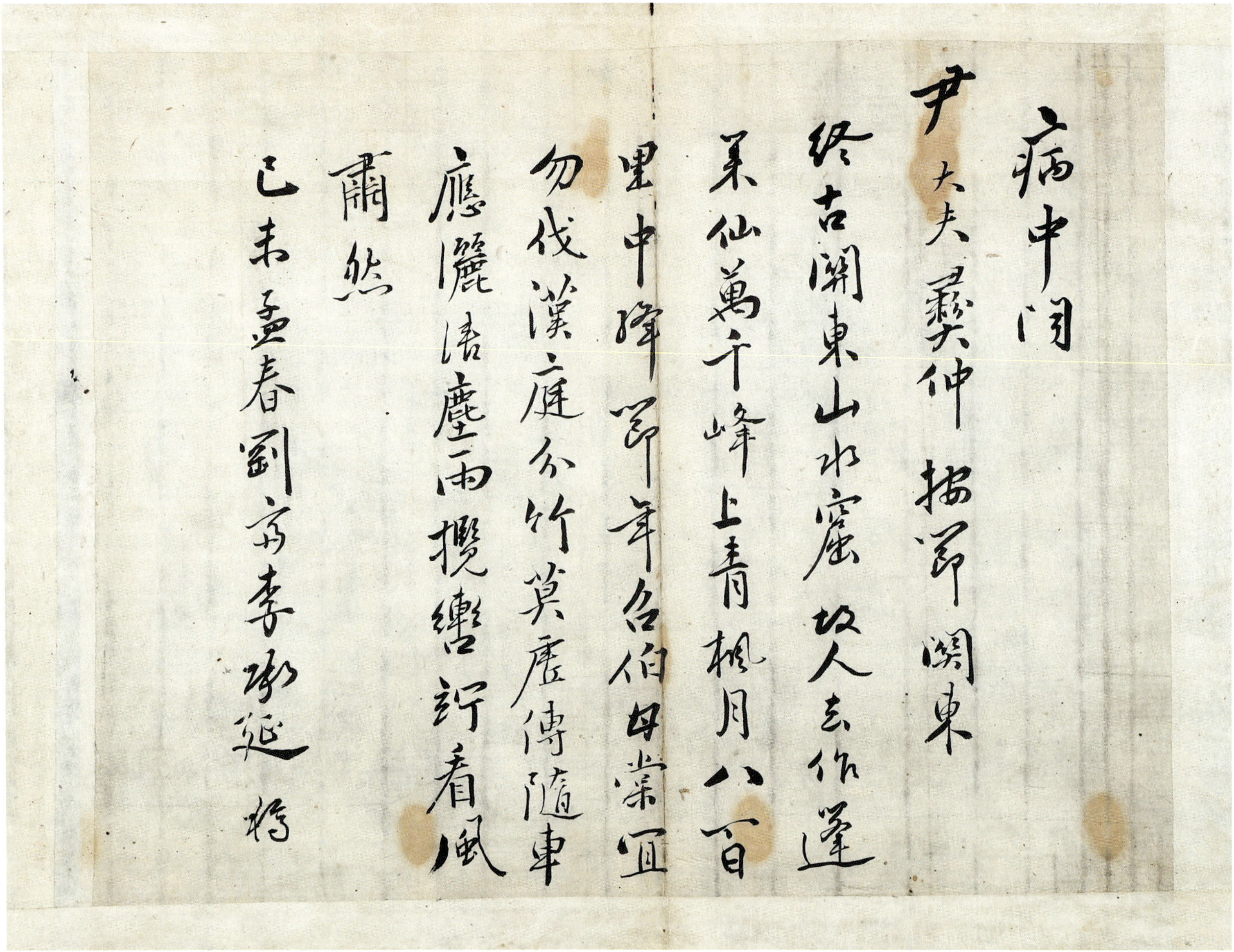

病中聞
尹大夫彛仲按節關東
終古關東山水窟 故人去作蓬
萊仙 萬千峰上青楓月 八百
里中按節年 召伯甘棠宜
勿伐 漢庭分竹莫虛傳 隨車
應灑淸塵雨 攬轡行看風
肅然
己未孟春劉齋李承延稿

【釋文】病中, 聞尹大夫彝仲, 按節關東.
終古關東山水窟, 故人去作蓬萊仙.
萬千峰上青楓月, 八百里中絳節年.
召伯甘棠宜勿伐, 漢庭分竹莫虛傳.
隨車應灑淸塵雨, 攬轡竚看風肅然.
己未 孟春 剛齋 李承延 稿

【國譯】병중에 윤이중이 관동에 안찰사로 간다는 소식을 듣고
예로부터 관동은 경치가 좋은 곳이라, 친구가 떠나 봉래산 신선이 되었다.
일만 천여 봉우리 위로는 청풍의 달이 뜨고, 팔 백리 중에서 부절을 받은 해이네.
소백 감당은 의당 베어서는 안 되니, 한나라 조정의 지방수령은 헛되이 전하는 것이 아니네.
수레를 따라 먼지를 맑게 하는 비가 뿌리니, 고삐를 잡고 우두커니 쓸쓸히 부는 바람 바라보네.
기미 정월 강재 이승연 시고

[秋-12] 李承延의 오언율시

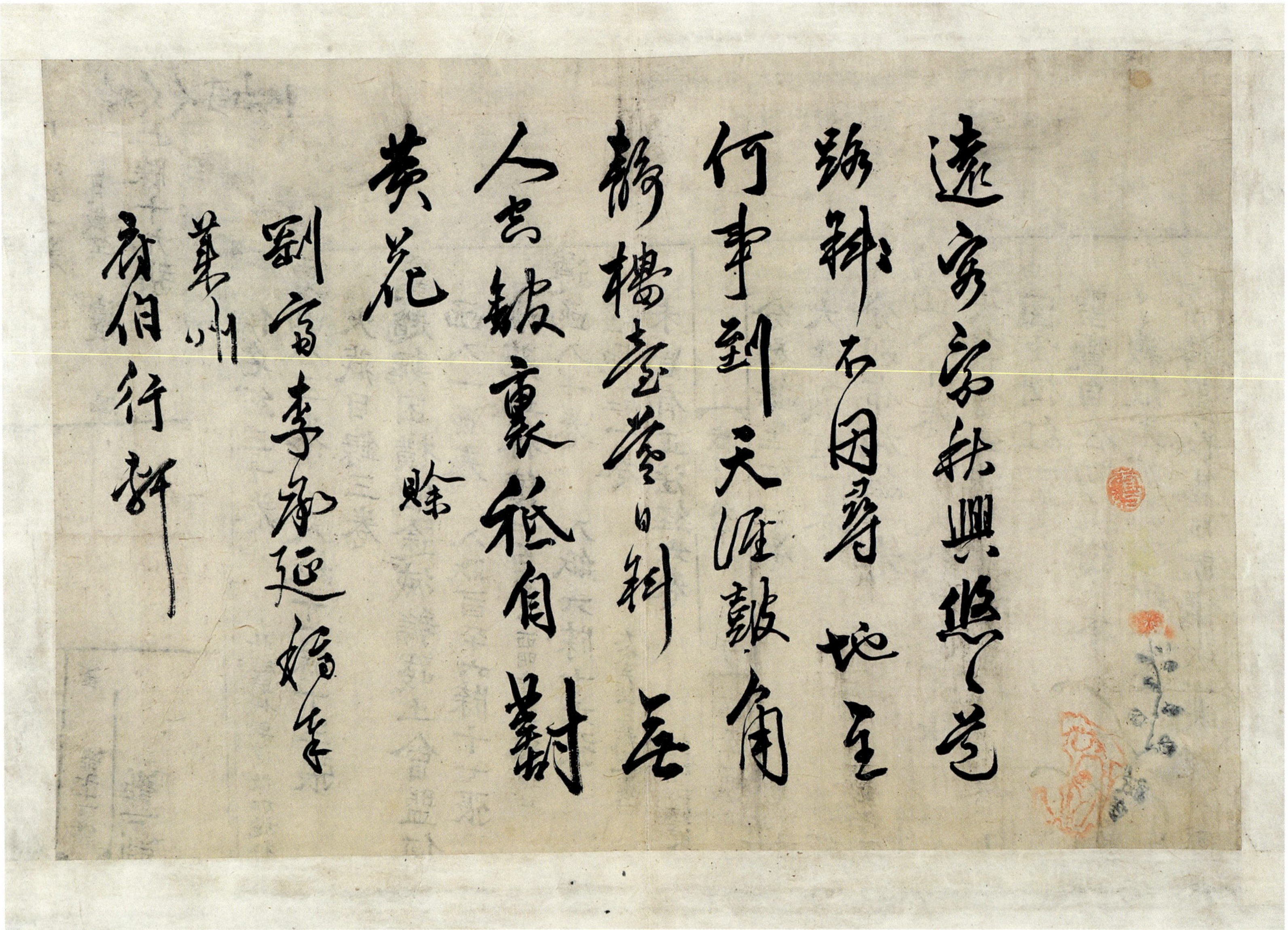

【釋文】 遠客乘秋興, 悠悠道路賒.
不因尋地主, 何事到天涯.
鼓角靜樓臺, 〔樓臺〕暮日斜.
無人空館裏, 秪自對黃花.

剛齋 李承延 稿奉萊州府伯行軒

【國譯】 먼 객지에서 가을의 흥취를 타니, 아득히 길은 멀기만 하네.
길이 아득하여 땅주인을 만날 수가 없는데, 무슨 일로 하늘 끝에 이르렀는가?
고요한 누대에 고각이 울리니, 누대[11]에 해가 저물어가네.
텅 빈 공관에는 사람이 없고, 단지 절로 노란 국화만 마주하네.

강제 이승연이 짓고 래주 관찰사의 행차에 올리다.

11 누대 : 원문에는 '樓臺'라는 두 글자가 기록되어 있지 않으나 중복부호('=') 표시가 빠진 듯하다. 시 전반의 운자와 문리를 추론하여 필자가 가필하였다.

[秋-13] 李承延의 간찰

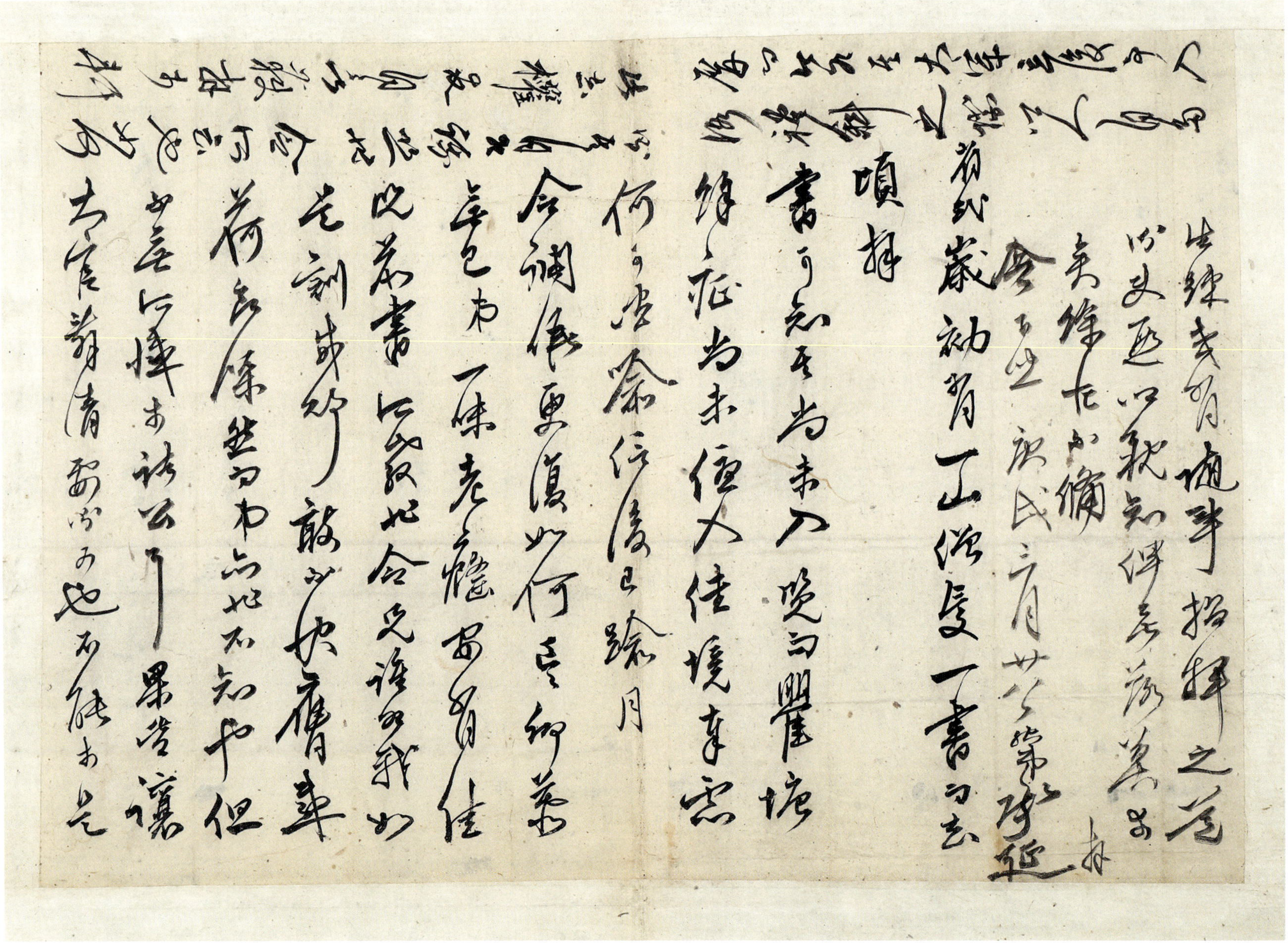

【釋文】省式. 歲初有一山僧, 受一書而去, 頃拜書, 可知其尙未入覽. 而瞿塘餘症, 尙未優入佳境, 奉慮何可盡喩? 信後, 已踰月, 令調候更復如何? 區區仰慕無已. 弟, 一味老癃, 安有佳況? 前書所敎, 非令兄誰爲我, 如是訓戒耶? 敢不服膺? 感荷良深. 然, 而弟亦非不知也, 但不無所憾於諸公耳. 果皆讓大官辭淸要, 則可也, 不能於是, 則其日爲議, 恐非令所云也, 如何? 此去, 權友自言, 獲拜於軒屛, 而今爲其大宗立後事, 入洛禮斜之際, 鄕人自多生疎, 或有隨事指揮之道, 則使遐鄕親知, 俾無落莫幸矣. 餘忙不備. 令下照.

庚戌 三月 卄八日 服弟 承延 拜

【國譯】격식을 생략합니다. 세초에 어떤 한 산승이 편지 한통을 주고서 떠났는데, 지난번에 보낸 편지를 아직도 열어보지 못했음을 알았습니다. 그러나 구당이 앓고 있는 남은 증세가 아직도 넉넉히 좋은 상황으로는 들어가지 않았으니 삼가 염려됨을 어떻게 다 말씀드리겠습니까? 소식이 있은 뒤에 이미 한 달이 넘었는데, 영감의 조섭하시는 체후는 다시 어떠하신지요? 보잘 것 없는 저의 우러러 사모하는 마음 그지없습니다.

저는 한결같이 늙어 쇠약한데 어떻게 좋은 상황이 있겠습니까? 지난번 편지에 말씀하신 것은 영형이 아니라면 누가 저를 위해 이렇게까지 훈계하겠습니까? 감히 가슴에 받들지 않을 수 있겠습니까? 감사한 마음 진실로 깊습니다. 그러나 저 또한 모르는 것은 아니나 제공들께 서운한 바가 없지 않습니다. 과연 모두 높은 관직과 청요직을 사양한다면 옳겠지만, 이렇게 하지 못한다면 그날 의논했던 것은 영감이 말한 바가 아닐까 걱정이니 어떠하신지요?

이번에 떠나는 권씨 친구가 스스로 말하기를 그대를 만나 뵙게 된다면 지금 대종과의 후사를 세우는 일로 서울에 들어가 예조의 허락을 얻을 즈음에 시골사람이라서 절로 생소함이 많을 것이니 혹시라도 일마다 지휘해주실 길이 있어서 먼 시골의 친지들로 하여금 낙막함이 없도록 하게 해주신다면 다행이겠습니다. 나머지는 바빠서 격식을 갖추니 않습니다. 영감께서 살펴주십시오.

경술년 3월 28일 복제 승연 절하고 올림

[秋-14] 李承延의 「警弦齋集」 序文

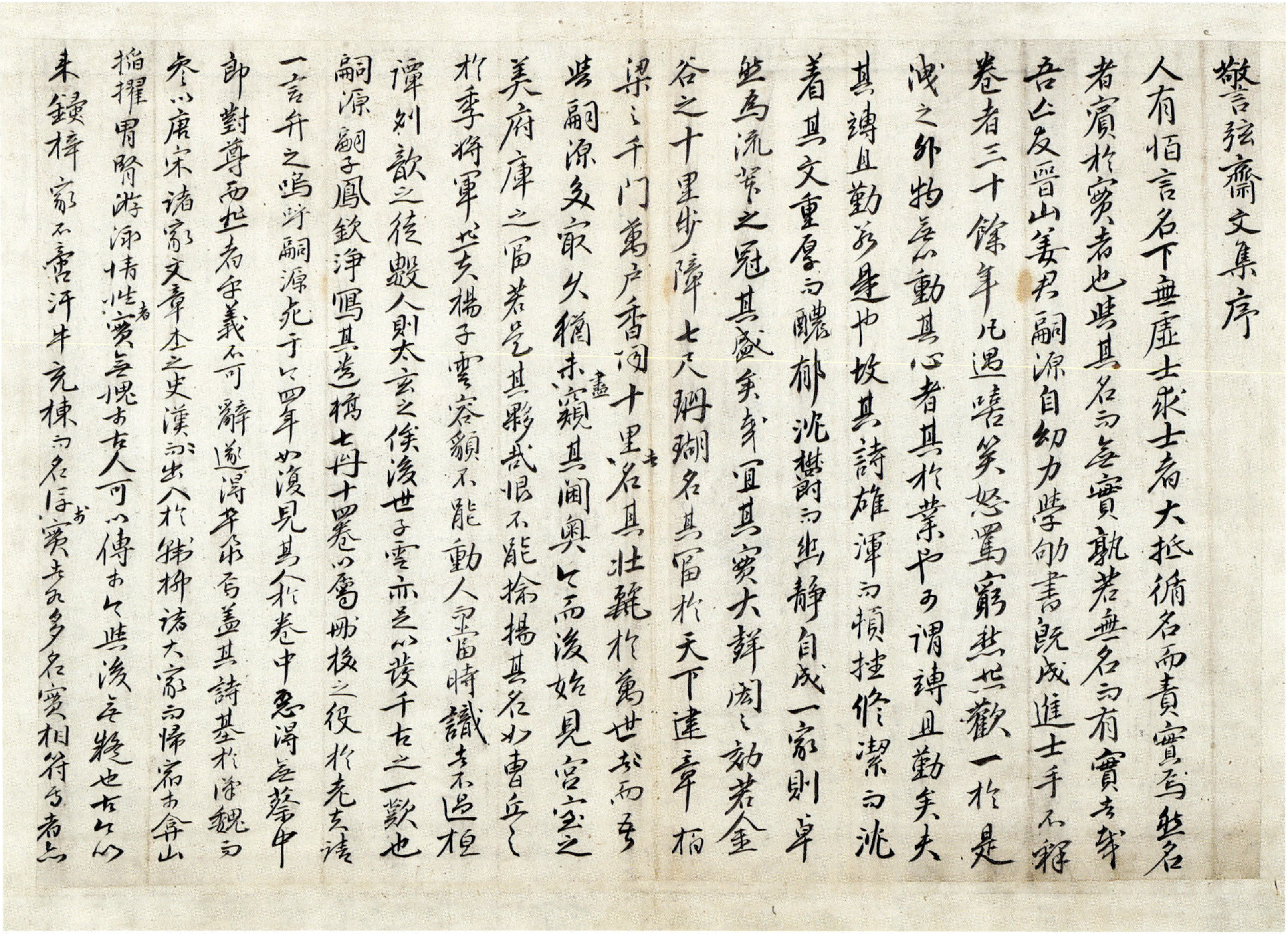

【釋文】 警弦齋文集序

人有恒言, '名下無虛士'. 求士者, 大抵循名而責實焉. 然名者, 賓於實者也, 與其名而無實, 孰若無名而有實者哉? 吾亡友晉山姜君嗣源, 自幼力學劬書, 旣成進士, 手不釋卷者, 三十餘年. 凡遇嘻笑怒罵, 窮愁悲歡, 一於是洩之, 外物無以動其心者, 其於業也, 可謂專且勤矣. 夫其專且勤若是也, 故其詩雄渾而頓挫, 修潔而沈着; 其文重厚而醲郁, 沈鬱而幽靜, 自成一家, 則卓然爲流輩之冠, 其盛矣哉. 宜其實大聲宏之效, 若金谷之十里步障, 七尺珊瑚, 名其富於天下建章栢梁之千門萬戶. 香聞十里者, 名其壯麗於萬世. 而吾與嗣源交最久, 猶未盡窺其閫奧, 今而後始見宮室之美. 府庫之富, 若是其夥哉? 恨不能揄揚其名, 如曺丘之於季將軍. 悲夫, 楊子雲容貌不能動人, 而當時識者不過桓譚・劉歆之徒數人, 則太玄之俟後世子雲, 亦足以發千古之一歎也. 嗣源嗣子鳳欽, 淨寫其遺稿七冊十四卷, 以屬删校之役於老夫, 請一言弁之. 嗚呼, 嗣源死于今四年, 如復見其人於卷中, 惡得無蔡中郎對樽而悲者乎? 義不可辭, 遂得卒業焉. 蓋其詩基於漢魏而參以唐宋諸家文章, 本之史漢, 而出入於韓柳諸大家, 而歸宿於弇山. 掐擢胃腎. 游泳情性者, 實無愧於古人, 可以傳於今與後, 無疑也. 古今以來, 鋟梓家不啻汗牛充棟, 而名浮於實者爲多, 名實相符焉者亦↳鮮矣. 獨於是集, 竊有所感焉, 書此而歸之.

上之十三年 己酉 夏 延城 李承延 序

【國譯】 경현재[12] 문집 서문

사람들이 늘 상 하는 말에 "명성 아래 헛된 선비는 없다."고 하니, 선비를 구하는 자는 대체로 이름을 따르고 실제를 따지는 법이다. 그러나 명성이란 실체에 대한 객체이다. 명성은 있으나 실체가 없는 것보다 명성은 없고 실체가 있는 것이 낫지 않겠는가? 나의 죽은 친구 진산의 강사원 군은 어려서부터 학문에 힘쓰고 글쓰기를 수고롭게 하였는데 이미 진사를 이루었어도 손에서 책을 놓지 않은 것이 30여년 이었다.

무릇 즐겁고, 우습고, 노하고, 꾸짖는 것과 가난, 근심, 슬픔, 기쁨 등의 감정을 만나면 여기에 바로 표현해 버려서 외물이 그 사람의 마음을 움직이게 할 수는 없었으니, 그가 학업에 대하여는 집중하고 또 부지런히 하였다고 할만하다. 집중하고 또 부지런히 한다고 하는 것은 이와 같다. 그러므로 그의 시는 웅혼하면서도 돈좌하고 수결하면서도 침착하며, 그의 문장은 중후하면서도 농욱하고 침울하면서도 유정하여 절로 일가를 이루었으니 탁연히 그 무리의 으뜸이 되어 훌륭하다. 실로 크게 성굉한 효과의 마땅함은 마치 금곡 십리의 보장과 칠 척 산호와 같으며 그 부귀는 건장과 백량궁의 천문만호와 같다고 이름 할만하다. 그 향기는 십리에서도 맡을 수 있는 것이 만세에 장려하다고 이름 지을 만하다. 그러나 내가 사원과 친교한지가 가장 오래 되었지만 아직도 그 신묘함을 다 엿보지 못하였는데,

12 경현재 : 警弦齋는 姜世晋(1717~1786)의 호이다. 字는 嗣源, 본관은 晋州이다. 掌令 姜必愼(號 慕軒)의 아들이다. 어려서 蕙圃(菊圃)姜樸, 寄軒 姜楷 등에게 가르침 을 받았다. 1753년에 司馬試에 합격했으나 벼슬은 하지 않았다. 저서로는 『警弦齋集』이 전한다.

警弦齋文集序

人有恒言名下無虛士衆士者大抵循名而責實焉然名者賓於實者也與其名而無實孰若無名而有實者哉吾友晉山姜君嗣源自幼力學叨書既成進士手不釋卷者三十餘年凡遇嘻笑怒罵窮愁歡一於是洩之外物無以動其心者其於業也可謂專且勤矣夫其專且勤如是也故其詩雄渾而頓挫修潔而沈着其文重厚而醲郁沈欝而幽靜自成一家則卓然爲流輩之冠其盛矣哉宜其實大聲閎閎訇若金谷之十里步障七尺珊瑚名其富於天下建章栢梁之千門萬戶香阿十里者名其壯麗於萬世者而乎惟嗣源友最久猶未盡窺其閫奧七七而後始見宮室之美府庫之富若是其彬彬而恨不能揄揚其名如曹丘之於季將軍也又揚子雲容貌不能動人又富時識者不過桓譚劉歆之徒毀人則太玄之候後世子雲亦是以發千古之一歎也嗣源嗣子鳳欽淨寫其遺稿七冊十四卷以屬刪校之役於老夫請一言弁之嗚呼嗣源亮于今四年如復見其人於卷中思得無黍中郎對尊而共者乎義不可辭遂得卒業而盡其詩基於浮魏而參以唐宋諸家文章本之史漢而出入於韓柳諸大家而歸宿於弇山指擢胃腎游涵情性實無愧於古人可以傳於今與後無疑也古人以采鏝梓家不一辭汗牛充棟而名浮於實者亦多名實相符者亦

지금 이후에야 비로소 궁실의 아름다움과 부고의 풍성함을 보게 되었다.

부귀가 이와 같이 많단 말인가? 한스럽게도 그 이름을 선양하지 못한 것이 마치 조구가 계장군[13]에 있어서와 같다. 슬프다. 양자운의 용모는 사람을 감동시키지 못하였는데 당시에 식자들은 불과 환담과 유흠 등 몇 사람에 불과하였을 뿐인데 태현경이 후세의 자운을 기다려서 또한 천고의 감탄을 드러내기에 충분하였다. 사원의 사자 봉흠이 그의 유고 칠책 십사 권을 깨끗이 필사한 뒤에 이를 노부인 나에게 수정과 교정의 일을 부탁하고 한마디의 서문을 써달라고 청하였다.

오호라! 사원이 죽은 지 지금 4년이 되었는데 책에서 그 사람을 다시 만난 듯하니 어찌 채중랑이 술잔을 들고서 슬퍼하는 것이 없겠는가? 의리상 사양할 수 없어서 마침내 서문을 마쳤다. 대개 그 시는 한·위를 바탕으로 하면서도 당송 여러 사람의 문장을 참고하였으며 사기와 한서에 근본을 두면서 한유와 유종원 같은 문장가에 출입하였고 엄산에 귀숙하였다. 신위에 도탁하고 성정에 유영했던 것들은 실로 옛사람에게도 부끄러움이 없었으니 지금과 후세에 전할 만한 것임은 의심할 바가 없다.

옛날부터 지금까지 책을 출판한 사람은 한우충동(汗牛充棟)할 뿐만이 아니지만 실체보다 명성이 지나치는 자가 많고 명실이 상부한 자는 또한 ↳드물다. 오직 이 문집에서 내가 느끼는 바가 있으니 이 서문을 써서 돌려준다.

금상 13년 기유년 여름 연성 이승연이 서하다.

13 조구가 계장군: 사람들에게 두터운 신망을 받음을 말한다. 曹丘가 季布에게 말하기를 “초나라 사람의 속어에 ‘황금 100근을 얻는 것이 계포의 승낙을 한 번 얻는 것만 못하다.[得黃金百斤 不如得季布一諾]’라고 한 데서 온 말이다. 『史記』, 「季布列傳」.

[秋-15] 李承延의 칠언율시

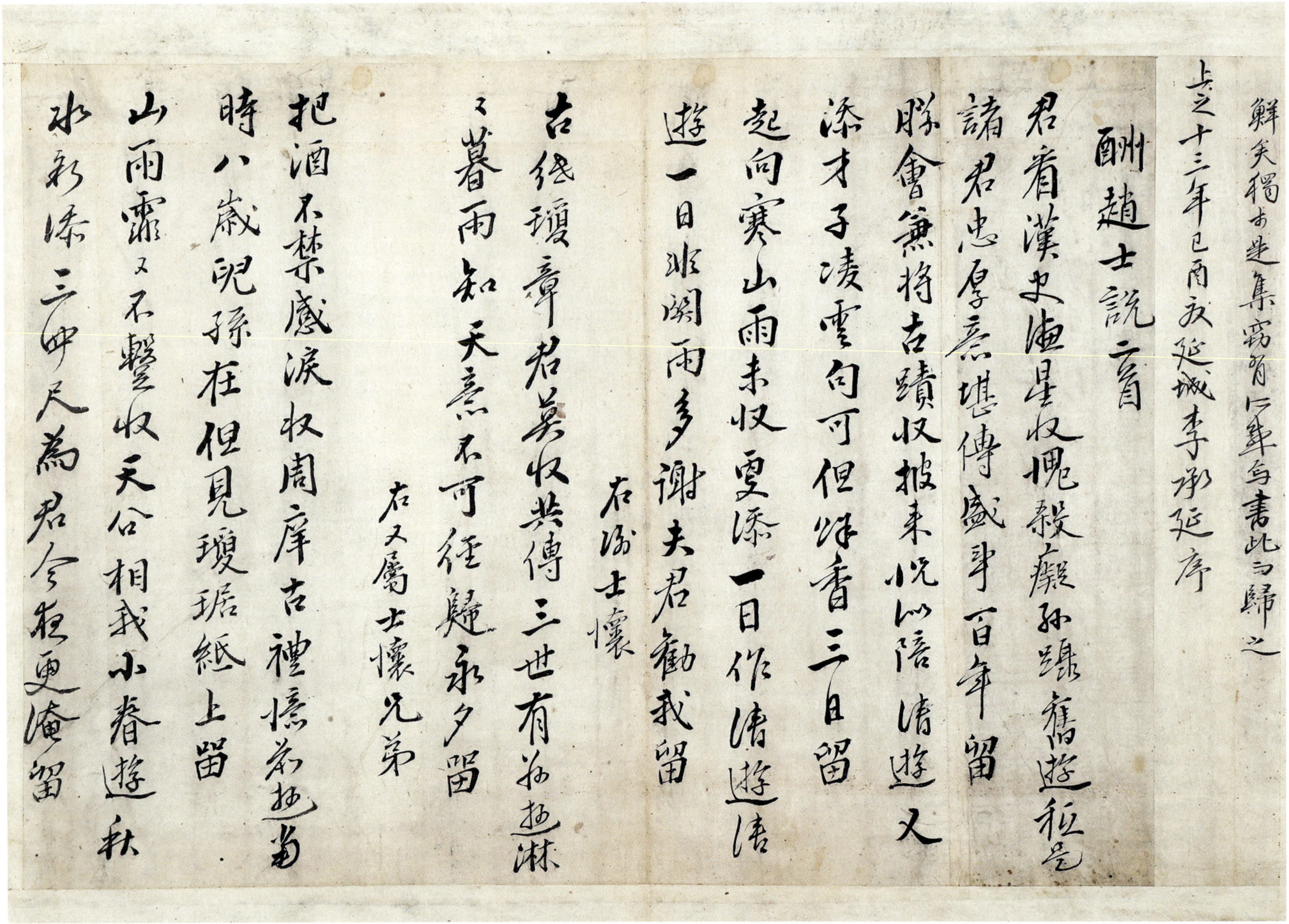

鮮矣獨古迹集[illegible]留[illegible]年[illegible]書此以歸之
上之十三年己酉夏延城李承延序

酬趙士說二首

君看漢史渔星收 慨殺癡孫踵舊遊 秖是諸君忠厚意 堪傳盛事百年留

勝會兼將古蹟收 披來悅似陪清遊 又添才子凌雲句 可但俳香三日留

起向寒山雨未收 更添一日作清遊 清遊一日[illegible]闌雨 多謝夫君勸我留

右酬士懷

古綠瓊章君莫收 共傳三世有[illegible] 又暮雨知天意 不可徑[illegible]乘夕留

右又屬士懷兄弟

把酒不禁感淚收 周庠古禮憶[illegible] 當時八歲兒孫在 但見瓊琚紙上留

山雨霏又不豎收 天公相我小春遊 秋水彩[illegible]三[illegible]尺 為君今夜更淹留

【釋文】酬趙士說二首

君看漢史德星收，愧殺痴孫躡舊遊.
秖是諸君忠厚意，堪傳盛事百年留.

勝會兼將古蹟收，披來怳似陪清遊.
又添才子凌雲句，可但餘香三日留.

起向寒山雨未收，更添一日作淸遊.
淸遊一日非關雨，多謝夫君勸我留. 右謝士懷

古紙瓊章君莫收，共傳三世有玆遊.
淋淋暮雨知天意，不可徑歸永夕留. 右又屬士懷兄弟

把酒不禁感淚收，周庠古禮憶前遊.
當時八歲兒孫在，但見瓊琚紙上留.

山雨霏霏不蹔收，天公相我小春遊.
秋水新添三四尺，爲君今夜更淹留. ↳右屬座上諸君

絃歌鬧咽未曾收，更作良宵秉燭遊.
黃花滿揷山翁首，爲是年光不蹔留.

今日西風雨欲收，歌絃莫住侑吾遊.
明朔相別靑山外，縱有絃歌誰更留. 右屬琹師

剛齋 七十七歲 翁 書

【國譯】 조사설에게 수응하는 두 수

그대는 덕성(德性)[14]이 모인 것을 본 일이 있는가? 글 배우는 어린 손자[15]가 옛사람의 자취를 밟으려는 것이 부끄럽다.
제군들의 충후한 뜻은 훌륭한 일을 전하여 백년 뒤에도 남으리라.

훌륭한 모임에서 옛 자취를 거두고, 마음을 풀고 나오니 마치 청유를 모시는 듯하네.
또 제자들의 뛰어난 시를 더하니, 남은 향은 삼일 뿐만이 아니네.

한산을 향해 일어난 비는 그치지 않건만, 다시 하루를 더 맑은 유람을 하네.
청유의 1일은 비로 관계된 것이 아니니, 그대가 나에게 머물라 권한 것이 감사하네.
위는 사회에게 답함.

옛날 종이의 시문을 그대는 거두지 말라, 함께 삼세토록 이번 유람이 있었다는 것을 전하리.
부슬부슬 내리는 저녁비로 하늘의 뜻을 알았으니, 지름길로 돌아갈 수 없어 오래 머문다.
위는 또 사회형제에게 부탁을 받아서 쓰다.

술잔을 쥐고 감격스런 눈물을 금할 수 없으니, 학교에서 옛 유람을 추억하네.
당시 8살의 어린 손자가 있고, 다만 그대의 시문이 종이에 남아 있음을 보네.

산비는 부슬 부슬 잠시도 그치지 않고, 하늘이 나를 도우니 초봄을 노니네.
가을비는 새로 삼사 척을 더하고, 그대 위해 오늘 저녁 다시 머무르네.
↳위는 좌상 제군들의 부탁을 받아 지은 것이다.

14 덕성(德性) : 景星의 별칭으로, 도덕이 있는 사람을 비유하는 말이다. 후한 때 陳寔이 일찍이 子姪들을 데리고 함께 荀淑의 집에 가서 토론을 하는데, 이때 덕성이 한 자리에 모였으므로, 太史가 아뢰기를 "오백 리 안에 반드시 현인이 모였을 것이다.[五百里內有賢人聚]"라고 했던 데서 온 말이다. 『後漢書』, 「荀淑列傳」.

15 글 배우는 어린 손자 : 원문의 '痴孫'은 '癡孫學字'의 준말로 글을 배우는 어린 손자라는 의미이다.

거문고의 울음소리는 일찍이 거두어지지 않았고, 다시 아름다운 밤에 촛불을 쥐고 노니네.
국화를 산옹의 머리에 가득 꽂고, 세월은 잠시도 머무르지 않네.
오늘 부는 가을바람에 비가 그치려하니, 음악소리는 나의 유람을 머물지 못하게 하네.
내일 아침이면 청산 밖으로 서로 이별하니, 비록 현가가 있다한들 누가 다시 머물게 하겠는가?
위는 금사의 부탁을 받아 지은 것이다.

강재 77세노인 쓰다.

[秋-16] 李承延의 간찰

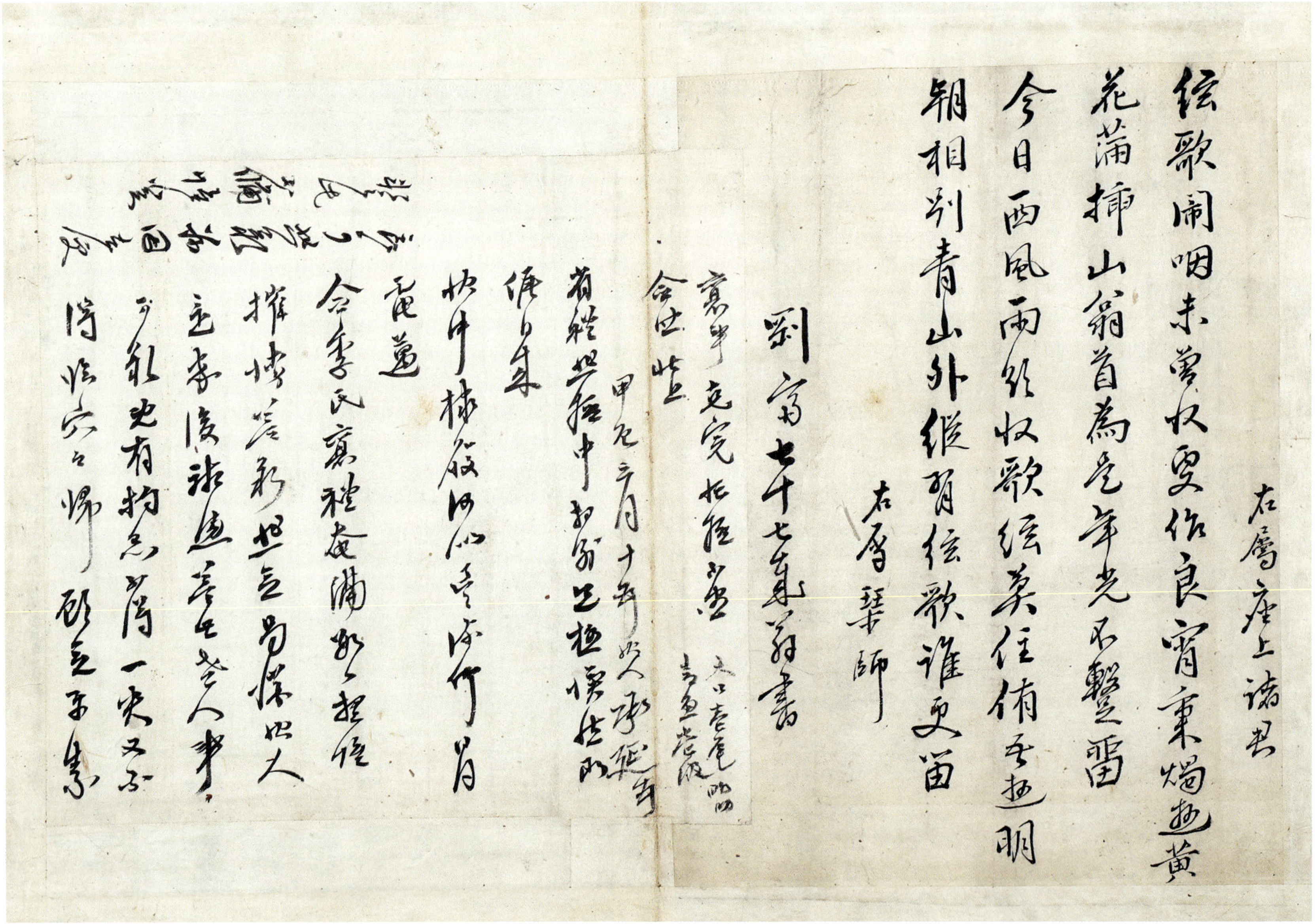

【釋文】省禮，悲擾中相別，迨極愴然，卽候日來，服中棣履，何似？區區傃仰．日月電邁，令季氏襄禮，奄隔數日，想惟摧慟益新，悲念曷勝？服人還家後，病憊益甚，老人事可歎．旣有拘忌，不得一哭，又不得臨穴而歸．顧念平素，卽可悲新，玆因去便，蹔此不備，惟冀襄事克完，忙極不盡，僉照狀上．

甲辰 三月 十五 服人 承延 頓

大口壹尾，青魚壹級，略叨．

【國譯】격식을 생략합니다. 슬프고 번잡한 가운데 서로 작별하여 아직까지도 지극히 서글픈데, 요즈음에 상중에 형제들의 안부는 어떠하신지요? 간절히 우러러 그립습니다. 세월이 번개처럼 지나가서 당신의 막내 동생의 상례가 문득 수일밖에 남지 않았는데, 무너지고 애통하는 마음 더욱 새로울 것이라 생각이 되니 어떻게 이기고 계시는지요?

저는 집으로 돌아온 뒤로 병과 고달픔이 더욱 심하니 늙은 사람의 일이라 한탄스럽습니다. 이미 기일에 구애되어 한 번도 곡을 하지 못하고 또 매장에 임하지 못하고 돌아갑니다. 평소의 정을 돌아보니 지금 슬픔이 새로워 이에 가는 인편을 통하여 잠시 이렇게 쓰고 격식을 갖추니 않습니다. 오직 상사를 능히 이루시기를 바랍니다. 매우 바빠서 다하지 못합니다. 여러 분께서 살펴 주시기를 바랍니다.

갑진년 3월 15일 복인 승연 돈

대구 한 마리와 청어 한 두릅은 소략해서 외람됩니다.

[秋-17-1] 李承延의 제문

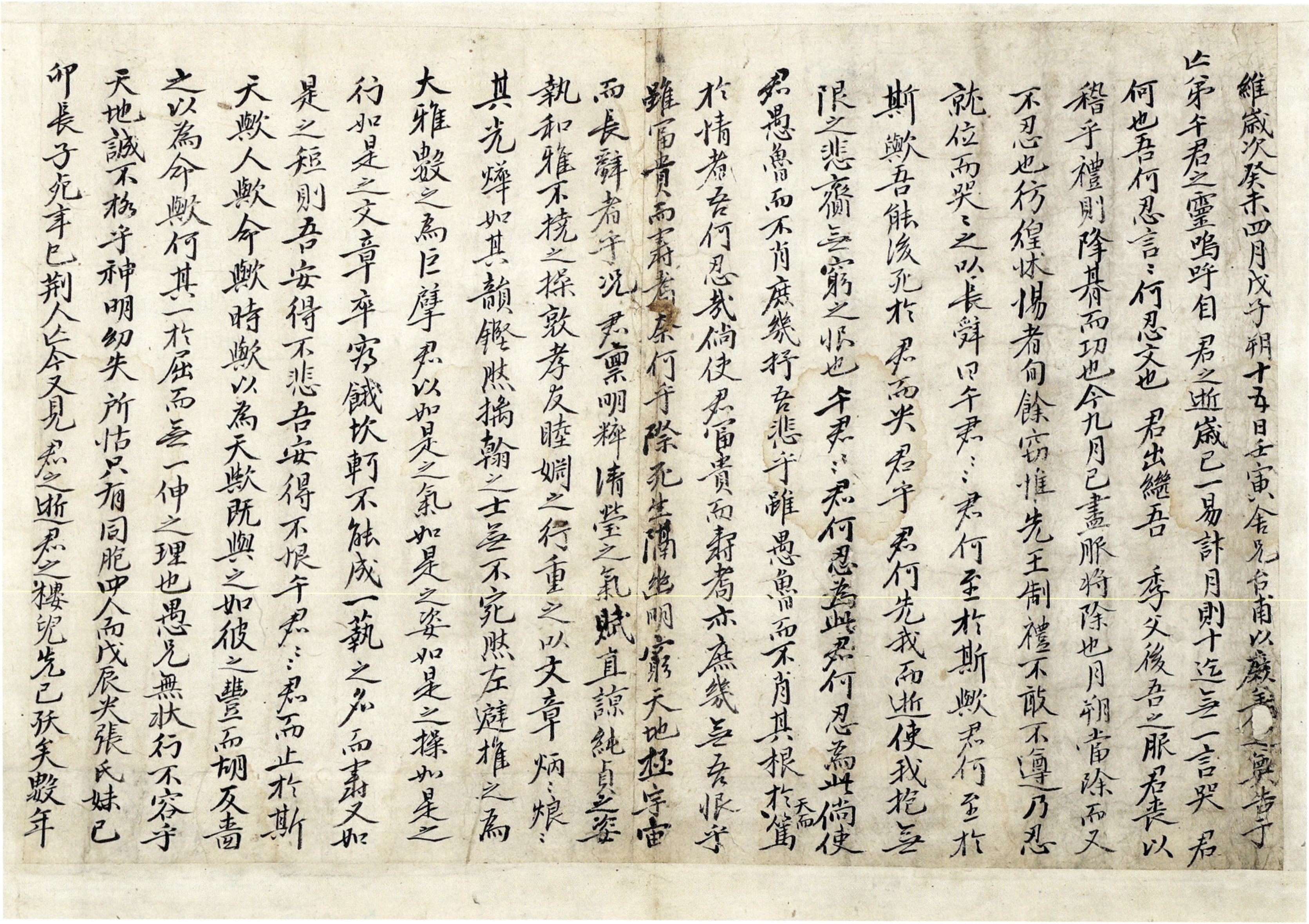

維歲次癸未四月戊子朔十五日壬寅舍兄台甫以蔬果之奠告于
亡弟千君之靈嗚呼自君之逝歲已一易許月則十近無一言哭君
何也吾何忍言之何忍文也 君出繼吾季父後吾之服君衰以
稽乎禮則降朞而功也今九月已盡服將除也月朔當除而又
不忍也彷徨怵惕者旬餘竊惟先王制禮不敢不遵乃忍
就位而哭之之以長辭曰千君千君君何至於斯歟君何至於
斯歟吾能淚死於君而先君乎君何先我而逝使我抱無
限之悲齎無窮之恨也千君千君君何忍為此君何忍為此倘使
君愚魯而不肖庶幾紓吾悲乎雖愚魯而不肖其根於天而
於情者吾何忍哉倘使君富貴而壽考亦庶幾無吾恨乎
雖富貴而壽考奈何乎際死生渺然明窮天地極宇宙
而長辭者乎況君稟明粹清瑩之氣賦直諒純貞之姿
執和雅不撓之操敦孝友睦姻之行重之以文章炳炳烺烺
其光燁如其韻鏗然搞翰之士無不究然左旋推之為
大雅數之為巨擘君以如是之氣如是之姿如是之操如是之
行如是之文章卒窮餓坎軻不能成一執之名而壽又如
是之短則吾安得不悲吾安得不恨乎君君君而止於斯
天歟人歟命歟時歟以為天歟既與之如彼之豐而嗇反嗇
之以為命歟何其一於屈而無一伸之理也愚兄無狀行不容乎
天地誠不格乎神明幼失所怙只有同胞四人而戊辰先張氏妹已
卯長子先未已荊人亡今又見君之逝君之孀兒先已殀矣數年

【釋文】 維歲次, 癸未四月戊子朔十五日壬寅, 舍兄台甫以庶羞■〔之〕奠, 告于亡弟午君之靈. 嗚呼! 自君之逝, 歲已一易, 計月則十, 迄無一言哭君, 何也? 吾何忍言, 吾何忍文也? 君出繼吾季父後, 吾之服君喪以稽乎? 禮則降朞而功也, 今九月已盡服, 將除也. 月朔當除, 而又不忍也, 彷徨怵惕者, 旬餘. 竊惟先王制禮, 不敢不遵, 乃忍就位而哭, 哭之以長辭曰: "午君午君! 君何至於斯歟? 君何至於斯歟? 吾能後死於君, 而哭君乎? 君何先我而逝, 使我抱無限之悲, 齎無窮之恨也? 午君午君! 君何忍爲此? 君何忍爲此? 倘使君愚魯而不肖, 庶幾抒吾悲乎? 雖愚魯而不肖, 其根於天而篤於情者, 吾何忍哉? 倘使君富貴而壽耉, 亦庶幾無吾恨乎? 雖富貴而壽耉, 奈何乎際死生隔幽明, 窮天地極宇宙, 而長辭者乎? 况君稟明粹淸瑩之氣, 賦直諒純貞之姿, 執和雅不撓之操, 敦孝友睦婣之行, 重之以文章炳炳烺烺, 其光燁如其韻鏗, 然摛翰之士, 無不宛然左避, 推之爲大雅, 數之爲巨擘. 君以如是之氣, 如是之姿, 如是之操, 如是之行, 如是之文章, 卒窮餓坎軻, 不能成一藝藝之名, 而壽又如是之短, 則吾安得不悲? 吾安得不恨? 午君午君! 君而止於斯, 天歟? 人歟? 命歟? 時歟? 以爲天歟! 旣與之如彼之豐, 而胡反嗇之? 以爲命歟! 何其一於屈而無一伸之理也? 愚兄無狀, 行不容乎天地, 誠不格乎神明. 幼失所怙, 只有同胞四人, 而戊辰哭張氏妹, 己卯長子死, 年已荊人亡, 今又見君之逝, 君之樓兒先已殀矣. 數年

【國譯】 유세차 계미년 4월 무자 삭 15일 임인 일에 사형인 태보가 여러 가지 제수로 제사를 올려 죽은 아우 오군[16]의 영전에 고한다.

오호라 그대가 죽고 나서 해가 이미 1년이 바뀌었는데, 달로 계산하면 10개월이니 여태 한마디 말로 군을 위하여 곡하지 못한 것은 무슨 까닭인가? 내가 어찌 차마 말하지 아니하고, 내가 어찌 차마 글을 짓지 않겠느냐? 네가 우리 작은 아버지의 후사로 출계되었다고 하여 내가 너의 상에 복 입는 것을 느슨히 할 수 있겠느냐? 예의 복제로 본다면 강기를 입어서 공복을 해야 하나 지금 9월이면 이미 복이 다해서 장차 탈복을 해야 한다. 이달 초하루 날에 마땅히 탈복을 해야 하지만 또 차마하지 못하여 방황하고 두려워한지가 열흘 남짓 되었다.

생각건대 선왕께서 제작한 예를 감히 따르지 않을 수가 없어서 이에 잔인하게 자리에 나아가 곡을 하고, 곡을 하여 영원히 이별하며 말하기를, "오군아! 오군아! 네가 어찌하여 이 지경에 이르렀느냐? 내가 너보다 늦게 죽어서 너를 곡한단 말이냐? 네가 어찌하여 나보다 먼저 가서 나로 하여금 무한한 슬픔을 안고 끝없는 한스러움을 갖도록 하느냐? 오군아! 오군아! 너는 어찌 차마 이렇게 되었느냐? 혹시라도 만약 네가 어리석고 불초했다면 나의 슬픔을 위로될 수 있었겠느냐? 비록 어리석고 불초하더라도 하늘로부터 근본한 것이고 정에 독실한 것이니 내가 어찌 차마 그러하겠느냐? 혹시라도 만약 부귀하고 장수하였다면 또한 내가 한이 없었겠느냐? 비록 부귀하고 장수한다 하더라도 어찌 죽고 사는 사이에서 유명으로 갈리고, 천지의 끝과 우주의 지극함으로 영원히 이별함에 있어서야 어찌하겠느냐?

16 죽은 아우 오군: 원문의 '亡弟午君'은 李午君을 말한다. 李秉延(1726~1762)의 초명이다. 이승연의 동생으로 숙부 李之樸의 양자로 입적되었다.

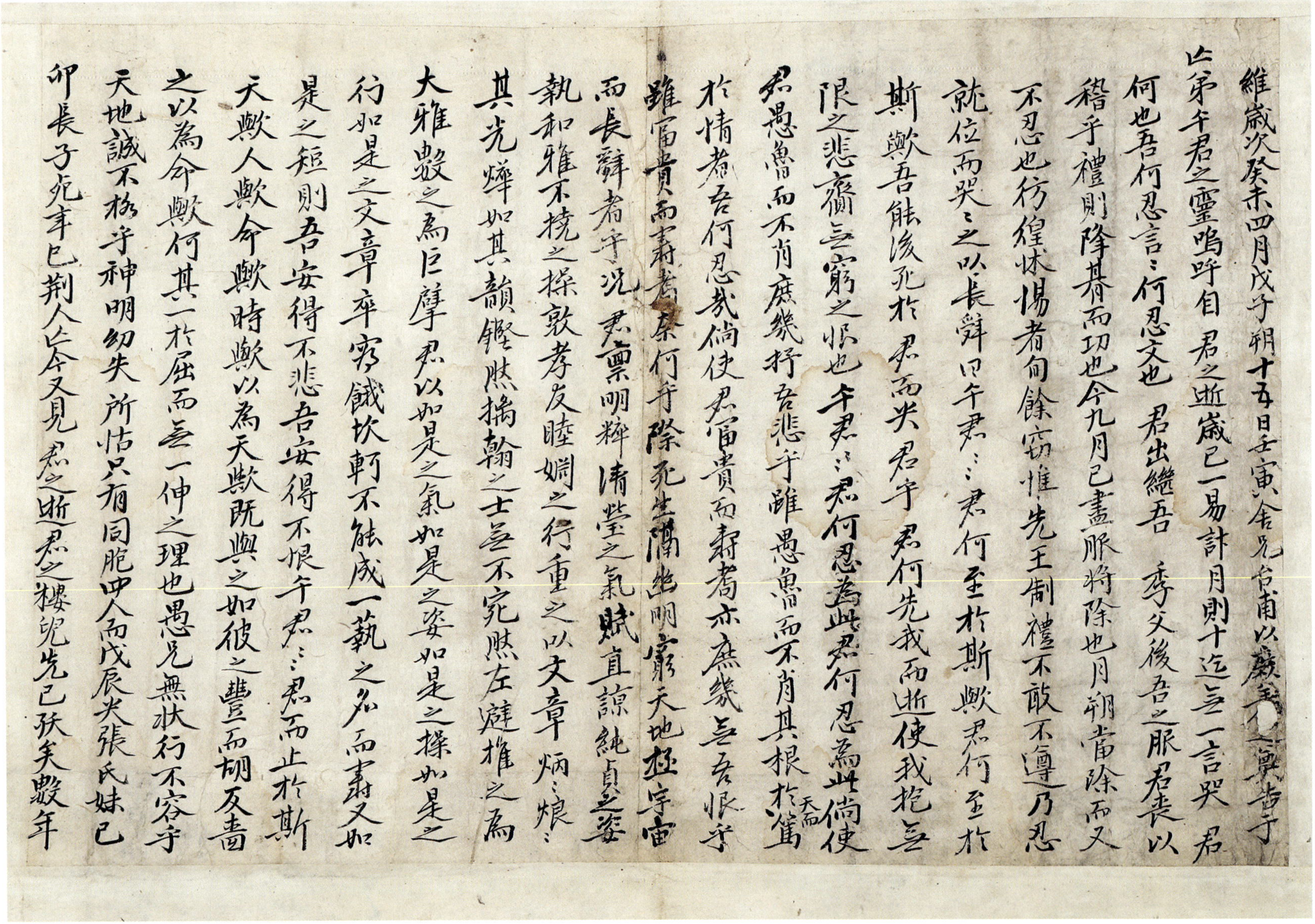
維歲次癸未四月戊子朔十五日壬寅舍兄台甫以[illegible]奠告于
亡弟午君之靈嗚呼自君之逝歲已一易計月則十迄無一言哭君
何也吾何忍言言何忍文也 君出繼吾季父後吾之服君喪以
稽乎禮則降朞而功也今九月已盡服將除也月朔當除而又
不忍也彷徨怵惕者旬餘竊惟先王制禮不敢不遵乃忍
就位而哭哭之以長辭曰午君午君君何至於斯歟君何至於
斯歟吾能後死於君而先君乎君何先我而逝使我抱無
限之悲齎無窮之恨也午君午君君何忍爲此君何忍爲此倘使
君愚魯而不肖庶幾抒吾悲乎雖愚魯而不肖其根於天而篤
於情者吾何忍哉倘使君富貴而壽考者亦庶幾無吾恨乎
雖富貴而壽考者奈何乎際死生隔幽明窮天地極宇宙
而長辭者乎況君禀明粹清瑩之氣賦直諒純貞之姿
執和雅不撓之操敦孝友睦婣之行重之以文章炳炳烺烺
其光燁如其韻鏗然摛翰之士莫不究然左避推之爲
大雅敭之爲巨擘君以如是之氣如是之姿如是之操如是之
行如是之文章卒窮餓坎軻不能成一執之名而壽又如
是之短則吾安得不悲吾安得不恨乎君君君而止於斯
天歟人歟命歟時歟以爲天歟既與之如彼之豐而[illegible]反嗇
之以爲命歟何其一於屈而無一伸之理也愚兄無狀行不容乎
天地誠不格乎神明幼失所怙只有同胞四人而戊辰失張氏妹已
卯長子兒死年已荊人亡今又見君之逝君之嫂姪先已歿矣數年

하물며 네가 밝고 순수하며 맑고 빛나는 기상을 타고 태어났으며 곧고 진실하며 순수하고 정갈한 자질을 품부 받고 화하고 아름다우며 흔들림 없는 지조를 잡아 효도하고 우애하며 화목한 행실을 돈독히 한데다 여기에 더하여 문장도 빛나서 그 빛이 거문고를 타는 소리와 같았다. 그래서 글을 짓는 선비가 왼쪽으로 피하지[17] 않는 사람이 없었고 큰 선비로 추숭하여 으뜸으로 인정하였다. 너는 이러한 기상과 이러한 자태와 이러한 몸가짐과 이러한 행실과 이러한 문장으로 끝내 궁하고 굶주려서 종신토록 하나의 예술적 이름도 이루지 못했고 목숨도 이와 같이 짧았으니 내 어찌 슬프지 않으며 내 어찌 한이 되지 않겠느냐? 오군아! 오군아! 네가 이에 그친 것이 하늘이냐 사람이냐 운명이냐 시류이냐? 하늘이여! 이미 저와 같이 풍부하게 주어놓고 어찌해서 도리어 인색하게 하십니까? 명이시여! 어찌 한결같이 굽히기 만하고 한 번도 펴는 이치는 없단 말입니까?

나는 보잘 것이 없어서 행실은 천지에 용납되지 못하고, 정성은 신명에 이르지 못하였다. 어려서 아버지께서 돌아가시고 다만 형제 넷만 남아있었는데, 무진년에 장씨에게 시집간 누이를 잃었고, 기묘년에 장자를 잃었고, 올해 이미 처가 죽었고, 지금 또 너의 죽음을 보고 있는데, 너의 아들[18]마저 이미 먼저 죽었다. 수년 안에

17 왼쪽으로 피하지 : 원문의 '左避'는 상대를 높이어 왼쪽으로 자리를 피한다는 의미이다.

18 너의 아들 : 원문의 '樓兒'는 사내아이를 낮추어 이르는 말이다.

[秋-17-2] 李承延의 제문

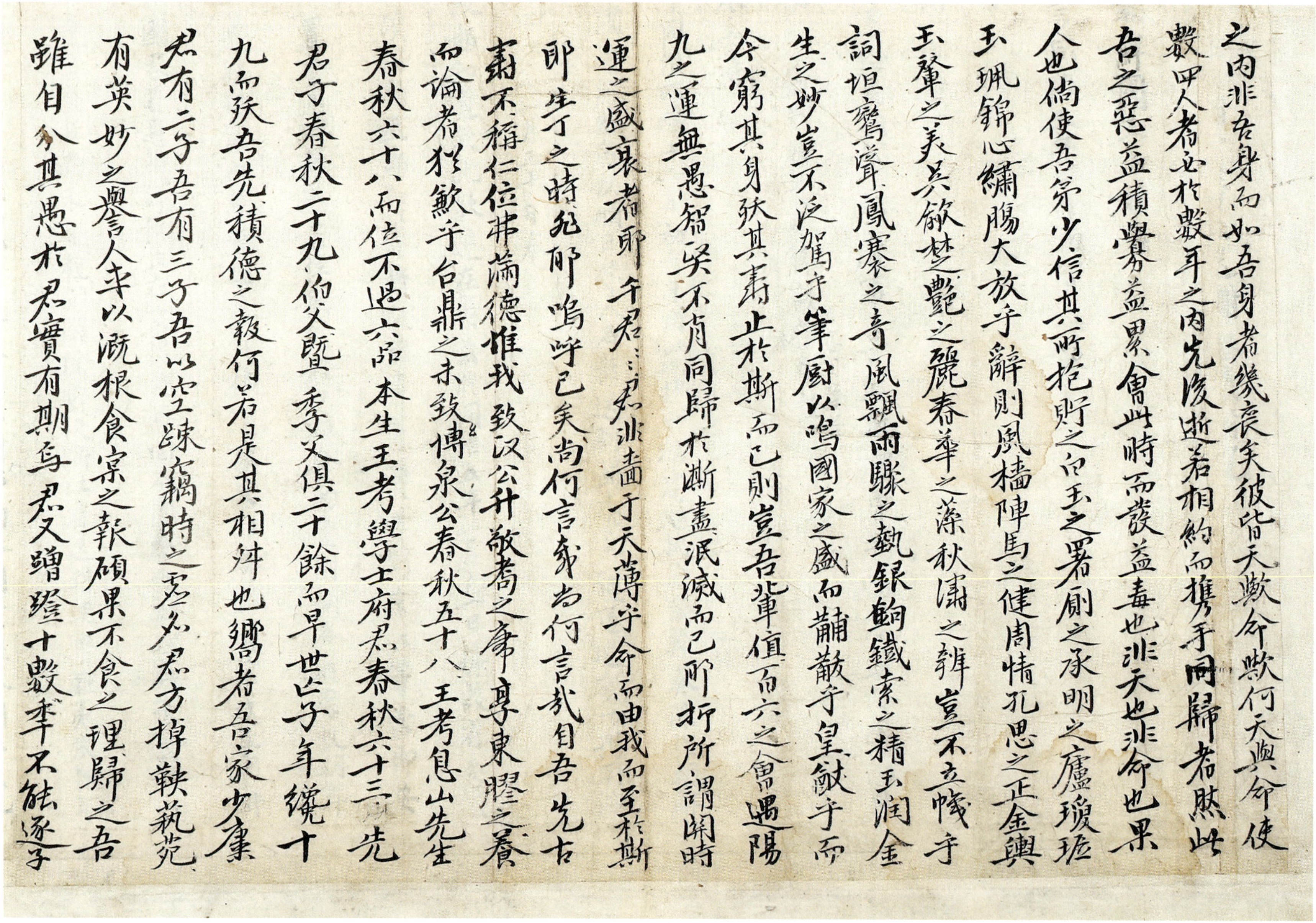

之內非吾身而如吾身者幾哀矣彼皆天歟命歟何天與命使
數四人者必於數年之內先後逝若相約而携手同歸者然此
吾之惡益積釁益累會此時而發益毒也非天也非命也果
人也倘使吾身少信其所抱負之白玉之署廁之承明之廬璵琚
玉珮錦心繡腸大放乎辭則鳳檣陣馬之健周情孔思之正金輿
玉輦之美吳歈楚艷之麗春華之藻秋濤之雜豈不立幟乎
詞垣鸞濤鳳褰之奇風飄雨驟之勢銀鉤鐵索之精玉潤金
生之妙豈不泛駕乎筆廚以鳴國家之盛而黼黻乎皇猷乎而
今窮其身殀其壽止於斯而已則豈吾輩值百六之會遇陽
九之運無愚智賢不肖同歸於澌盡泯滅而已所折所謂闌時
運之盛衰者耶 今君 君非啻于天薄乎命而由我而至於斯
耶 生子之時允耶 嗚呼已矣尚何言哉尚何言哉自吾先古
肅不稱仁位非滿德惟我 致汉公升敬者之年享東膠之養
而論者猶歉乎台鼎之未致 傳泉公春秋五十八 王考息山先生
春秋六十八而位不過六品 本生王考學士府君春秋六十三 先
君子春秋二十九 伯父監 季父俱二十餘而早世亡子年纔十
九而殀吾先積德之報何若是其相舛也 鄉者吾家少康
君有二子吾有三子吾以空疎竊時之名 君方掉鞅藝苑
有英妙之譽人半以溯根食宗之報碩果不食之理歸之吾
雖自分其愚於君實有期焉 君又蹭蹬十數年不能遂子

【釋文】↳數年之內，非吾身而如吾身者幾喪矣，彼皆天歟？命歟？何天與命，使數四人者，必於數年之內先後逝，若相約而携手同歸者？然此吾之惡益積，釁益累，會此時而發，益毒也．非天也，非命也，果人也．倘使吾弟，少信其所抱，貯之白玉之署，厠之承明之廬，瓊琚玉珮，錦心繡腸，大放乎辭，則風檣陣馬之健，周情孔思之正，金輿玉輦之美，吳娃楚艷之麗，春華之藻，秋瀟之辨，豈不立幟乎詞垣？鸞聳鳳褰之奇，風颺雨驟之勢，銀鉤鐵索之精，玉潤金生之妙，豈不泛駕乎筆廚？以鳴國家之盛，而黼黻乎皇猷乎，而今窮其身，殀其壽，止於斯而已．則豈吾輩値百六之會，遇陽九之運，無愚智賢不肖，同歸於澌盡泯滅而已耶？抑所謂關時運之盛衰者耶？午君午君！君非嗇于天薄乎命，而由我而至於斯耶？生丁之時非耶？嗚呼已矣，尙何言哉？尙何言哉？自吾先古壽不稱仁，位弗滿德，惟我致政公升敬耆之席，享東膠之養，而論者猶歉乎台鼎之未致．博泉公春秋五十八，王考息山先生春秋六十八，而位不過六品．本生王考學士府君春秋六十三，先君子春秋二十九，伯父曁季父俱二十餘而早世，亡子年纔十九而殀．吾先積德之報，何若是其相舛也？嚮者吾家少康，君有二子，吾有三子，吾以空疎，竊時之虛名，君方掉鞅藝苑，有英妙之譽．人或以溉根食實之報，碩果不食之理歸之，吾雖自分其愚，於君實有期焉．君又蹭蹬十數季，不能遂子

【國譯】↳수년 안에 내 자신은 아니지만 내 자신과 같은 자들이 거의 다 죽었으니, 그것이 모두 하늘의 뜻이냐 운명이냐? 어찌 하늘과 명이 네 사람으로 하여금 반드시 몇 년 안에 차례로 가게 하니, 마치 서로 약속이나 한 듯 손을 맞잡고 함께 돌아간단 말이냐?

그러나 이것은 나의 악이 더욱 쌓이고 틈이 더욱 많아져서 이때를 즈음해서 발한 것이 더욱 독해진 것이다. 하늘의 뜻도 아니고 운명도 아니니, 과연 사람 때문이다. 혹시라도 나의 동생이 안고 있던 것을 조금이라도 펴서 한림원(翰林院)[19]에 저장하고, 승명려(承明廬)[20] 곁에 두어서 아름다운 시[21]와 빼어난 말솜씨[22]로 이별의 말씀에 놓았다면, 굳센 필체[23]와 주공의 뜻과 공자의 생각[24]과 같은 바른 생각과 임금의 수레[25]와 같은 아름다움과 미인들[26]의 화려함과 봄꽃 같은 글 솜씨와 가을기운과 같은 변론으로 어찌 문장에 기치를 세워두지 못하였단 말인가?

19 한림원(翰林院) : 원문의 '白玉之署'는 한림원을 의미한다.

20 승명려(承明廬) : 원문의 '承明之廬'는 한 나라 때 시종신이 숙직하던 거소의 이름을 가리키는 것으로서 관청의 숙직실을 의미한다.

21 아름다운 시 : 원문의 '瓊琚'와 '玉佩'는 모두 아름다운 玉을 뜻하는 말로, 흔히 아름다운 꽃이나 詩文을 뜻하는 말로 쓰인다.

22 빼어난 말솜씨 : 원문의 '錦心繡腸'은 비단에 수놓은 것 같은 말솜씨나 빼어난 문장을 짓는 재주를 의미한다.

23 굳센 필체 : 원문의 '風檣陣馬'는 글이나 글씨가 힘이 있음을 비유하는 말로서 杜牧이 李賀의 시를 평하면서 "바람의 돛대나 군진의 말도 그 용맹을 표현하기에 부족하다.[風檣陣馬, 不足爲其勇也.]"라고 하였다. 『山谷集』, 「李長吉歌詩原序」.

24 주공의 뜻과 공자의 생각 : 원문의 '周情孔思'는 唐나라 李漢이 "태양처럼 빛나고 옥같이 깨끗하며, 주공의 뜻이요 공자의 생각이다.[日光玉潔, 周情孔思.]"라고 한 데서 온 말이다. 「韓昌黎集序」.

25 임금의 수레 : 원문의 '金輿'와 '玉輦'은 모두 제왕이 타는 수레를 의미한다.

26 미인들 : 원문의 '吳娃'와 '楚艷'은 모두 吳나라 지방의 미녀와 楚나라 지방의 미녀를 특별히 일컫는 관용어이다.

之內非吾身而如吾身者幾喪矣彼皆天歟命歟何天與命使
數四人者必於數年之內先後逝若相約而携手同歸者然此
吾之惡益積釁益累會此時而發益毒也非天也非命也果
人也倘使吾窮少信其所抱負之白玉之署廁之承明之廬瑣瑝
玉珮錦心繡腸大放乎辭則鳳檣陣馬之健周情孔思之正金輿
玉輦之美吳歈楚艷之麗春華之藻秋肅之雜豈不立幟乎
詞垣鸞翔鳳騫之奇風飄雨驟之埶銀鉤鐵索之精玉潤金
生之妙豈不浚駕乎筆廚以鳴國家之盛而黼黻乎皇猷乎而
今窮其身殀其壽止於斯而已則豈吾輩值百六之會遇陽
九之運無愚智賢不肖同歸於澌盡泯滅而已所謂關時
運之盛衰者耶 午君午君非盡于天薄乎命而由我而至於斯
耶生丁之時兆耶嗚呼已矣尚何言哉為何言哉自吾先古
壽不稱仁位弗滿德惟我 致漢公升敬者之庠享東膠之養
而論者猶歉乎台鼎之未致 傅泉公春秋五十八 王考息山先生
春秋六十八而位不過六品 本生王考學士府君春秋六十三 先
君子春秋二十九 伯父暨 季父俱二十餘而早世亡子年纔十
九而殀吾先積德之報何若是其相舛也嚮者吾家少康
君有二子吾有三子吾以空疎竊時之名 君方掉鞅藝苑
有英妙之譽人率以泝根食宗之報頑果不食之理歸之吾
雖自分其愚於君實有期與君又蹭蹬十數年不能遂子

난새와 봉황이 나는 것 같은 기이함과 회오리바람이 몰아치고 비가 쏟아지는 듯한 형세와 갈고리와 쇠사슬[27] 같은 정밀함과 옥돌같이 윤기 나고 금빛 나는 오묘함으로 어찌 당대의 필력을 능가하지 못하였겠느냐? 국가의 성대함을 울리고 임금의 지혜를 도왔으나 지금은 그 몸이 죽고 목숨이 요절해서 이 지경에 이르렀을 뿐이다. 어찌 우리 무리가 횡액을 당하고 곤액[28]을 만났으니 어리석거나 지혜롭거나 불초한 사람을 막론하고 모두 다 함께 시진하고 민멸한데 돌아갈 뿐이란 말인가? 아니면 이른바 시운의 성쇠에 관계된 것이란 말인가? 오군아! 오군아! 너는 하늘에 인색하고 운명에 박한 것도 아닌데, 나로 말미암아 이 지경에 이르렀느냐? 좋지 않은 때에 태어난 것이 아니겠느냐? 오호라 끝이로구나! 내가 무슨 말을 하겠느냐?

우리 선대로부터 목숨은 인에 걸맞지 않고 지위는 덕에 차지 않았으며, 오직 치정공이 경구의 자리에 올라서 동교의 양에 제향 되었고 논하는 자들이 오히려 정승에 미치지 못한 것을 안타깝게 생각하였다. 박천공의 나이가 58세이고 죽은 할아버지 식산 선생의 나이가 68세였을 때 지위가 6품에 지나지 않았다. 본래 친정 죽은 할아버지는 나이가 63세이고 죽은 아버지는 29세이고 큰아버지와 작은 아버지는 모두 20여세에 일찍 죽었으며 죽은 아들은 겨우 19세에 요절하였다. 우리 선조께서 쌓은 덕에 대한 보답이 어찌 이와 같이 서로 어긋나느냐?

지난번에 우리 집이 조금 안락할 때에 너는 두 아들을 두었고 나는 세 아들을 두었는데, 내가 별 재주가 없었는데도 당시의 헛된 명예를 훔쳤고 너는 바야흐로 예원에서 바빠 영묘한 명예가 있었다. 사람들은 혹 뿌리에 물을 대어 열매를 먹는 보답과 석과불식의 이치로서 귀결을 삼지만, 나는 비록 그 어리석음을 스스로 분수로 여겼고 너에게는 실로 기대하는 바가 있었다. 너는 또 10수년 동안 차질이 생겨서

27 갈고리와 쇠사슬 : 원문의 '銀鉤鐵索'은 書法이 勁折하여 筆力이 넘치는 것을 의미한다.

28 횡액……곤액 : 원문의 '百六之會'와 '陽九之運'은 모두 횡액을 만나는 것을 의미한다. "1元에 해당하는 4617년 중에는 아홉 번의 횡액이 있는데, 陽厄 다섯 번이 旱害가 되고, 陰厄 네 번이 水害가 된다. 처음 元에 들어가는 106년에 액이 있으니, 이전 원의 餘氣이다. 그러므로 무릇 災異를 말할 경우에는 혹은 '世際陽九'라고하기도 하고, 혹은 '百六之會'라고도 한다." 하였다. 『名義考』, 「百六陽九」.

[秋-17-3] 李承延의 제문

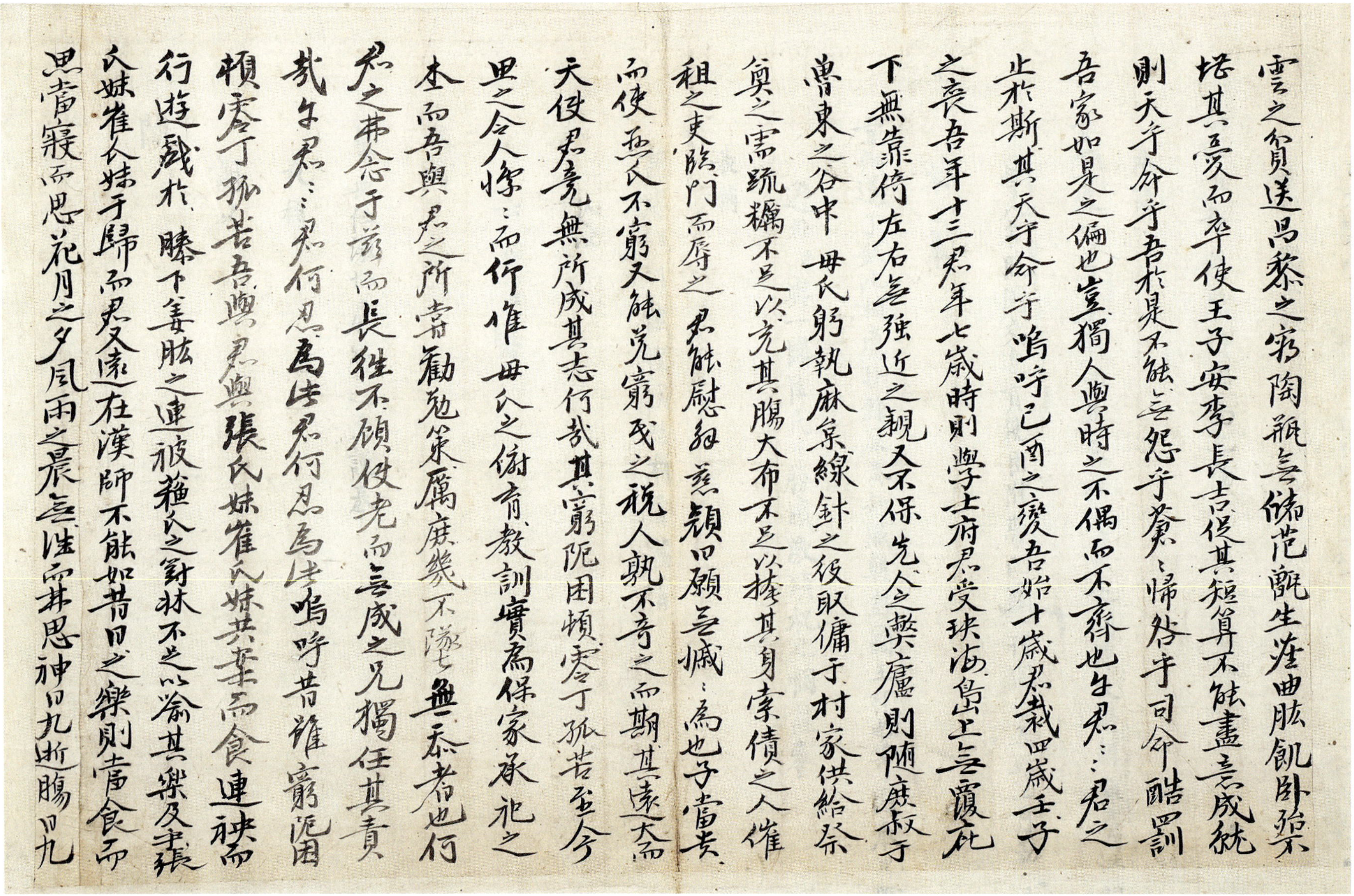
雲之貿送昌黎之窮陶甁無儲芘甑生塵曲肱飢卧殆不
堪其憂而卒使王子安李長吉促其短算不能盡言成就
則天乎命乎吾於是不能無怨乎蒼蒼歸咎乎司命酷罰
吾家如是之偏也豈獨人與時之不偶而不齊也乎君乎君乎君之
止於斯其天乎命乎嗚呼己酉之變吾始十歲君纔四歲壬子
之喪吾年十三君年七歲時則學士府君受玦海島上無覆庇
下無叢倚左右無强近之親又不保先人之弊廬則隨庶叔于
豊東之谷中 母氏躬執麻枲線針之役取傭于村家供給粢
奠之需疏糲不足以充其腸大布不足以掩其身索債之人催
租之吏臨門而辱之 君能慰解慈顔曰願無慽慽爲也子當長
而使吾氏不窮又能光寵門戶之貌人孰不奇之而期其遠大而
天使君竟無所成其志何哉其窮阨困頓零丁孤苦至今
思之令人慘慘而何惟母氏之鞠育教訓實爲保家承祀之
本而吾與君之所當勸勉策厲庶幾不隳[illegible]無忝者也何
君之弗念于茲而長往不顧使老而無成之兄獨任其責
哉乎君乎君乎君何忍爲此君何忍爲此嗚呼昔雖窮阨困
頓零丁孤苦吾與君與張氏妹崔氏妹共案而食連袂而
行遊戲於膝下母肱之連被褥之對牀不足以喩其樂及乎張
氏妹崔氏妹于歸而君又遠在漢師不能如昔日之樂則當食而
思當寢而思花月之夕風雨之晨無時而非思神日九逝腸日九

【釋文】 ↳君又蹭蹬十數季, 不能逐子雲之貧, 送昌黎之窮, 陶甁無儲, 范甑生塵, 曲肱飢臥, 殆不堪其憂而卒. 使王子安李長吉促其短算, 不能盡意成就, 則天乎? 命乎? 吾於是不能無怨乎蒼蒼, 歸咎乎司命酷罰? 吾家如是之偏也, 豈獨人與時不偶而不齊也? 午君午君! 君之止於斯, 其天乎? 命乎? 嗚呼! 己酉之變, 吾始十歲, 君纔四歲, 壬子之喪, 吾年十三, 君年七歲, 時則學士府君受玦海島. 上無覆庇, 下無靠倚, 左右無强近之親, 又不保先人之弊廬, 則隨庶叔于魯東之谷中, 母氏躬執麻枲線針之役, 取傭于村家, 供給祭奠之需. 疏糲不足以充其腸, 大布不足以捧其身, 索債之人, 催租之吏, 臨門而辱之, 君能慰解慈顔曰: "願無慼慼爲也." 子當貴而使慈氏不窮, 又能免窮民之稅, 人孰不奇之而期其遠大, 而天使君竟無所成, 其志何哉? 其窮阨困頓, 零丁孤苦, 至今思之, 令人懍懍. 而仰惟母氏之俯育敎訓, 實爲保家承祀之本, 而吾與君之所嘗勸勉策厲, 庶幾不墜無忝者也. 何君之弗念于玆, 而長往不顧, 使老而無成之兄, 獨任其責哉? 午君午君! 君何忍爲此? 君何忍爲此? 嗚呼! 昔雖窮阨困頓, 零丁孤苦, 吾與君與張氏妹·崔氏妹共案而食, 連袂而行, 遊戱於膝下, 姜肱之連被, 蘓氏之對牀, 不足以喩其樂. 及乎張氏妹·崔氏妹于歸, 而君又遠在漢師, 不能如昔日之樂. 則當食而思, 當寢而思, 花月之夕, 風雨之晨, 無往而弗思. 神日九逝, 腸日九

【國譯】 ↳너는 또 10수년 동안 차질이 생겨서 양자운의 가난을 좇지도 못하였고, 한창려의 궁핍함을 전송하지 못하였으니 도잠의 술병에는 쌓인 것이 없었고, 범증의 독안에는 먼지가 났으며, 안연이 팔을 베고 굶주리고 누운 것처럼 자못 그런 근심을 감당하지 못하고 죽었다. 왕자안과 이장길로 하여금 단명을 재촉하게 해서 능히 뜻을 다하여 성취하지 못하게 하였다면, 하늘의 뜻이냐? 운명이냐? 내가 여기에 대하여 하늘에 원망하지 않을 수 없고 운명을 맡아서 혹독하게 벌주는 이에게 허물을 돌리지 않을 수 있겠느냐? 우리 집안에만 이렇게 치우치니, 어찌 다만 사람과 시기가 짝을 이루지 못하고 가지런하지 못하단 말이냐?

오군아! 오군아! 네가 이 지경에 이른 것이 하늘의 뜻이냐? 운명이냐? 오호라 기유년의 변고가 나는 비로소 열 살이었고, 너는 겨우 4살이었으며 임자년의 상에는 내 나이 열세 살이었고 너의 나이는 일곱 살로 이때는 돌아가신 학사부군께서 바닷가 섬에서 결옥(玦玉)[29]을 받았다. 위로는 보호해주는 사람도 없고 아래로는 의지하는 사람도 없었으며 주변에는 억지로 가까이 할 만 한 친척조차 없는데다 또 선인의 초막도 보존하지 못해서 노동의 골짜기로 서숙을 따라가서 어머니는 길쌈하고 바느질하는 일을 몸소 하셨고 시골집에서 품팔이 하며 제전의 제수를 마련하였다. 거친 밥으로는 배를 채우기에 부족하고, 굵은 베옷으로는 자신의 몸을 가릴 수 없어서, 빚을 요구하는 사람이나 세금을 독촉하는 관리들이 문에 다다라 욕을 해도 너는 능히 어머니의 얼굴을 위로하고 풀어 주면서 말하기를 "너무 슬퍼하지 마십시오."라고 하였다. 아들이 응당 귀하게 되면 어머니로 하여금 궁하지 않게 하고, 또한 능히 궁한 백성의 세금을 면하게 되니, 사람들이 누구나 다 그를 기특하게 여기고 그가 원대해지기를 기대하였지만 하늘이 너로 하여금 끝내 이루지 못하도록 하였으니

29 결옥(玦玉) : '玦玉'은 용서를 받지 못함을 의미하고 '環玉'은 용서를 받았음을 의미한다.

雲之貿送昌黎之窮陶瓶無儲苞甑生塵曲肱飢卧殆不
堪其憂而卒使王子安李長吉促其短算不能盡其成就
則天乎命乎吾於是不能無怨乎蒼蒼歸咎乎司命酷罰
吾家如是之偏也豈獨人與時之不偶而不齊也乎君君之
止於斯其天乎命乎嗚呼己酉之變吾始十歲君纔四歲壬子
之喪吾年十三君年七歲時則學士府君受玦海島上無覆庇
下無靠倚左右無強近之親又不保先人之弊廬則隨庶叔于
曾東之谷中 母氏躬執麻枲線針之役取傭于村家供給粢
奠之需蔬糲不足以充其腸大布不足以掩其身索債之人催
租之吏臨門而辱之 君能慰毋慈顔曰願無慼慼焉也子當長
而使吾氏不窮又能光窮戹之祝人孰不奇之而期其遠大而
天使君竟無所成其志何哉其窮阨困頓零丁孤苦至今
思之令人悽悽而何惟 母氏之撫育敎訓實爲保家承祀之
本而吾與君之所當勸勉策厲庶幾不墜 無忝者也何
君之弗念于茲而長往不顧使老而無成之兄獨任其責
哉今君君君何忍爲此君何忍爲此嗚呼昔雖窮阨困
頓零丁孤苦吾與君與張氏妹崔氏妹共案而食連袂而
行遊戲於膝下姜肱之連被稚公之對林不足以喻其樂及夫張
氏妹崔氏妹于歸而君又遠在漢師不能如昔日之樂則當食而
思當寢而思花月之夕風雨之晨無往而非思神日九逝腸日九

그 뜻이 무엇이란 말이냐? 그 궁액하고 곤돈하며 영정하고 고고한 것이 지금에 이르러 생각해 보면 사람으로 하여금 두려워하게 한다. 그러나 우러러 생각해보면 어머니가 굽어 길러주시고 교훈해주신 것이 실로 집안을 보호하고 제사를 받드는 근본이 되었으며, 내가 너와 더불어 일찍이 부지런히 책려하였던 바이니 거의 욕된 데에 떨어지지는 않을 것이다. 어찌하여 네가 이것을 돌아보지도 않고 멀리 떠나서 늙어서 이룬 것이 없는 형으로 하여금 홀로 그 책임을 지도록 한단 말이냐?

오군아! 오군아! 너는 어찌하여 차마 이렇게 한단 말이냐? 오호라! 옛날에 비록 궁액하고 곤돈하며, 영정하고 고고하여서 내가 너와 함께 장씨에게 시집간 누이와 최씨에게 시집간 누이로 더불어 상을 같이 하여 밥을 먹었고 소매를 연하여 다녔고 슬하에서 장난치고 놀았으며 강굉의 이불을 덮었고 소씨의 상을 대하였으니 그 즐거움을 족히 말할 수가 없다. 장씨에게 시집간 누이와 최씨에게 시집간 누이에 이르러 너는 또 멀리 서울에 있어서 능히 옛날의 즐거움과 같지 못하였다. 먹을 때도 그리워하고 잠잘 때도 그리워하였으며, 꽃피고 달뜨는 저녁이나 바람 불고 비가 오는 새벽에는 어디를 가도 그리워하지 않음이 없었다. 정신이 날마다 아홉 번을 떠나고 애간장이 날마다 아홉

[秋-17-4] 李承延의 제문

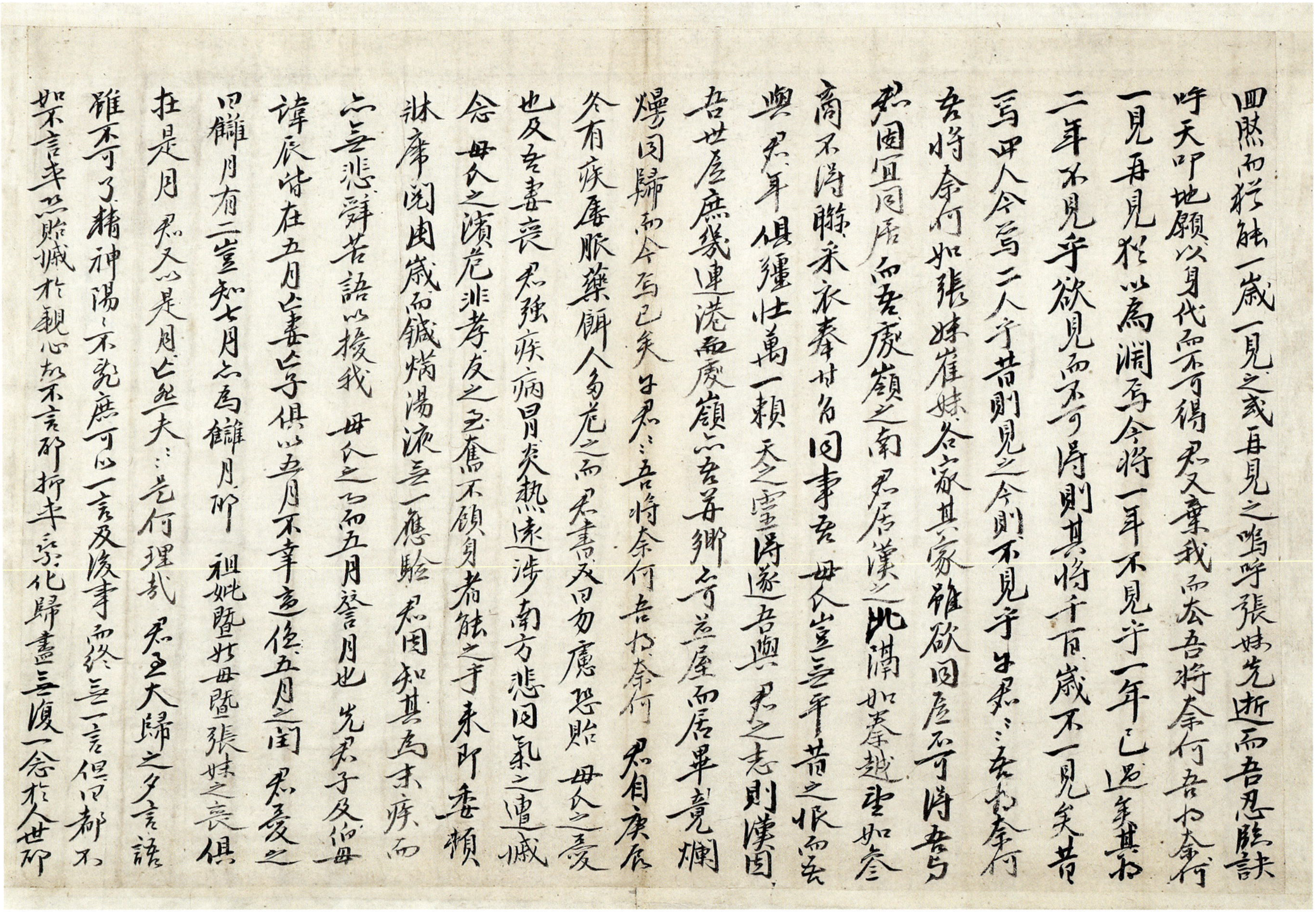

四然而猶能一歲一見之或再見之嗚呼張妹先逝而吾忍臨訣
呼天叩地願以身代而不可得 君又棄我而去吾將奈何吾將奈何
一見再見猶以爲濶焉今將一年不見乎一年已過矣其將
二年不見乎欲見而不可得則其將千百歲不一見矣昔
曷日人今曷二人乎昔則見之今則不見乎 君君吾將奈何
吾將奈何如張妹崔妹各家其家雖欲同居不可得吾與
君固宜同居而吾在嶺之南 君居漢之北濶如秦越望如參
商不得聯綵衣奉甘旨同事吾 母氏豈無平昔之恨而吾
與 君年俱纏壯萬一頼天之靈得遂吾與 君之志則漢固
吾世居庶幾連港而嶺亦吾吾鄉亦無屋而居畢竟爛
熳同歸而今焉已矣 君君吾將奈何吾將奈何 君自庚辰
冬有疾屢服藥餌人多危之而 君書及回勿慮恐貽 母氏之憂
也及吾妻喪 君強疾病冒炎熱遠涉南方悲回氣之遭戚
念 母氏之潰危非孝友之至篤不顧身者能之乎來即委頓
淋漓閱歲而鍼焫湯液無一應驗 君固知其爲末疾而
亦無悲辭苦語以擾我 母氏之心而五月答月見也 先君子及伯母
諱辰皆在五月亦妻亦子俱以五月不幸意後五月之間 君憂之
日饑月有二豈知七月亦爲饑月耶 祖妣暨妣母暨張妹之喪俱
在是月 君又以是月亡然夫夫亦何理哉 君之大歸之夕言語
雖不可了精神陽陽不亂庶可以一言及後事而終無一言但口都不
辨不言而亡貽戚於親心而不言耶抑亦委化歸盡無復一念於人世耶

【釋文】 ↳神日九逝, 腸日九回, 然而猶能一歲一見之, 或再見之. 嗚呼! 張妹先逝, 而吾忍臨訣, 呼天叩地, 願以身代而不可得, 君又棄我而去, 吾將奈何? 吾將奈何? 一見再見, 猶以爲闊焉. 今將一年不見乎? 一年已過矣, 其將二年不見乎? 欲見而不可得, 則其將千百歲不一見矣. 昔焉四人, 今焉二人乎? 昔則見之, 今則不見乎? 午君午君! 吾將奈何? 吾將奈何? 如張妹·崔妹, 各家其家, 雖欲同居不可得, 吾與君固宜同居, 而吾處嶺之南, 君居漢之北, 隔如秦越, 望如參商, 不得聯采衣, 奉甘旨, 同事吾母氏, 豈無平昔之恨? 而吾與君年俱彊壯, 萬一賴天之靈, 得遂吾與君之志, 則漢固吾世居, 庶幾連港而處嶺, 亦吾幷鄕, 亦可並屋而居, 畢竟爛熳同歸, 而今焉已矣. 午君午君! 吾將奈何? 吾將奈何? 君自庚辰冬有疾, 屢服藥餌, 人多危之, 而君書必曰勿慮, 恐貽母氏之憂也. 及吾妻喪, 君强疾病, 冒炎熱, 遠涉南方, 悲同氣之遭慼, 念母氏之濱危, 非孝友之至, 奮不顧身者, 能之乎? 來卽委頓牀席, 閱周歲, 而鍼焫湯液, 無一應驗, 君固知其爲末疾, 而亦無悲辭苦語, 以擾我母氏之心. 而五月祭月也, 先君子及伯母諱辰, 皆在五月, 亡妻·亡子, 俱以五月不幸. 適値五月之閏, 君憂之曰: '䨴月有二, 豈知七月亦爲䨴月耶?' 祖妣曁姑母曁張妹之喪, 俱在是月, 君又以是月亡. 悲夫悲夫, 是何理哉? 君至大歸之夕, 言語雖不可了, 精神陽陽不亂, 庶可以一言及後事, 而終無一言. 但曰: '都不如不言', 或恐貽慼於親心, 故不言耶? 抑或乘化歸盡, 無復一念於人世耶? ↳

【國譯】 ↳정신이 날마다 아홉 번을 떠나고 애간장이 날마다 아홉 번 뒤집히는데도 오히려 한 해에 한번이나 보고 혹은 두 번 정도 볼 뿐이다.

오호라! 장씨에게 시집간 누이가 먼저 죽었으나 내 차마 임종에 임하여 하늘에 부르짖고 땅을 치며, '원컨대 나를 대신하소서.'라고 해도 그리할 수 없는데, 네가 또한 나를 버리고 갔으니 나는 장차 어찌하겠느냐? 한번 보고 두 번 본 것이 오히려 멀다고 여겼는데, 지금 장차 일 년 동안 보지도 못한단 말이냐? 일 년은 이미 지나갔으니, 장차 이년이 되었는데도 볼 수 없단 말이냐? 보고 싶어도 볼 수 없다면, 장차 천 백세가 되어도 한 번도 볼 수가 없겠구나. 옛날에는 네 사람이었는데 지금은 어찌하여 두 사람이란 말인가? 옛날에는 만났지만 지금은 볼 수 없단 말이냐?

오군아! 오군아! 내 장차 어찌하겠느냐? 장씨에게 시집간 누이와 최씨에게 시집간 누이는 각각 그 집으로 시집가서 비록 같이 살고 싶어도 그럴 수 없지만 나는 너와 더불어 진실로 마땅히 함께 살아야 하는데, 나는 영남에 살고 너는 서울 북쪽에 살고 있어서 떨어진 것이 마치 진나라와 월나라 같고 바라보는 것이 참성과 상성 같아서 채색 옷을 입고 맛있는 것을 드리면서 함께 우리 어머니를 모시지도 못했으니 어찌 평소의 한이 없었겠느냐? 나는 너와 더불어 나이가 모두 강장해서 만에 하나라도 하늘의 신령함을 힘입어 내가 너와 함께 뜻을 이룰 수가 있었다면, 도성은 진실로 우리 집안이 대대로 살던 곳인지라 서울에 살든 시골에 살든 나와 고을을 함께하며 또한 집을 나란히 해 살면서 끝내 난만하게 함께 죽을 수 있었는데 이제는 끝이로구나.

四然而於能一歲一見之或再見之嗚呼張妹先逝而吾忍能訣
呼天叩地願以身代而不可得君又棄我而去吾將奈何吾將奈何
一見再見於以爲潤焉今將一年不見乎一年已過年其將
二年不見乎欲見而不可得則其將千百歲不一見矣昔
焉四人今焉二人乎昔則見之今則不見乎嗚呼君君吾將奈何
吾將奈何如張妹崔妹各家其家雖欲同居不可得吾與
君固宜同居而吾處嶺之南君居漢之北渺如秦越望如參
商不得聯袂衣奉甘旨同事吾母氏豈無平昔之恨而去
與君年俱彊壯萬一賴天之靈得遂吾與君之志則漢固
吾世居庶幾連港而處嶺亦吾故鄉亦可並屋而居畢竟爛
熳同歸而今焉已矣嗚呼君君吾將奈何吾將奈何 君自庚辰
冬有疾屢服藥餌人多危之而君書又曰勿慮恐貽 母氏之憂
也及吾妻喪君強疾病冒炎熱遠涉南方悲因氣之鬱憾
念 母氏之濱危非孝友之至篤不顧身者能之乎未即委頓
淋席閱四歲而鍼焫湯液無一應驗君固知其爲末疾而
亦無悲辭苦語以撓我 母氏之心而五月登月也 先君子及伯母
諱辰皆在五月亡妻亡子俱以五月不幸適值五月之閏 君憂之
曰餘月有二豈知七月亦爲餘月耶 祖妣暨姑母暨張妹之喪俱
在是月君又以是月亡然夫夫豈何理哉 君至大歸之夕言語
雖不可了精神陽陽不亂庶可以一言及後事而終無一言但曰都不
然不言者恐貽憾於親心故不言耶抑其氣化歸盡無復一念於人世耶

오군아! 오군아! 내가 장차 어찌하겠느냐? 너는 경진년 겨울로부터 병이 있어서 자주 약을 복용하였는데, 사람들이 위태롭게 여기는 것이 많았으나 너는 편지에 반드시 염려하지 말라고하더니 이것은 아마도 어머니께 근심을 끼칠까 염려해서였다. 내가 처상을 당하였을 때에 너는 억지로 병이 있는 몸을 끌고서 뜨거운 열기를 무릅쓰고 멀리 남방에 까지 와서 형제간에 상을 당하는 것을 슬퍼하였고 어머니의 위태로움을 염려하였으니, 효우의 지극함으로 발분하여 몸을 돌보지 않는 자가 아니라면 능히 할 수 있겠느냐? 집에 온 즉시 병석에 쓰러져 누워서 한해가 지나도록 침과 뜸을 뜨고 탕약을 해도 조금도 효험이 없으니 네가 진실로 그것이 죽을병이라는 것을 알면서도 슬픈 말이나 괴로운 말로서 어머니의 마음을 어지럽게 하지 않았다. 오월 제사 달은 죽은 아버지 및 큰 어머니 제삿날이 모두 5월에 있었는데, 죽은 처와 죽은 아들도 모두 5월에 불행해졌구나. 마침 윤오월을 만나서 네가 염려하며 말하기를, "제사 달이 두 번이나 있는데, 어찌 7월에도 원수의 달이 될 줄 알았겠느냐?" 하였다. 죽은 할머니와 고모와 장 씨에게 시집간 누이의 상이 모두 이달에 있는데, 너도 또한 이달에 죽으니 슬프고 슬프다. 이것이 무슨 이치란 말이냐? 네가 죽던 날 저녁에 말이 비록 명료하지는 못하였지만, 정신이 또렷하고 어지럽지 않아서 한마디 말로서 뒷일을 언급해 주기를 바랐었는데, 끝내 한마디 말이 없었다. 다만 말하기를, "모두 말하지 않는 것만 못하다."라고 하였으니 혹 어버이의 마음에 걱정을 끼칠까 염려되기 때문에 말하지 않은 것이냐? 아니면 다 죽어가면서 다시는 조금도 인간 세상에 염려가 없어서이더냐?

[秋-17-5] 李承延의 제문

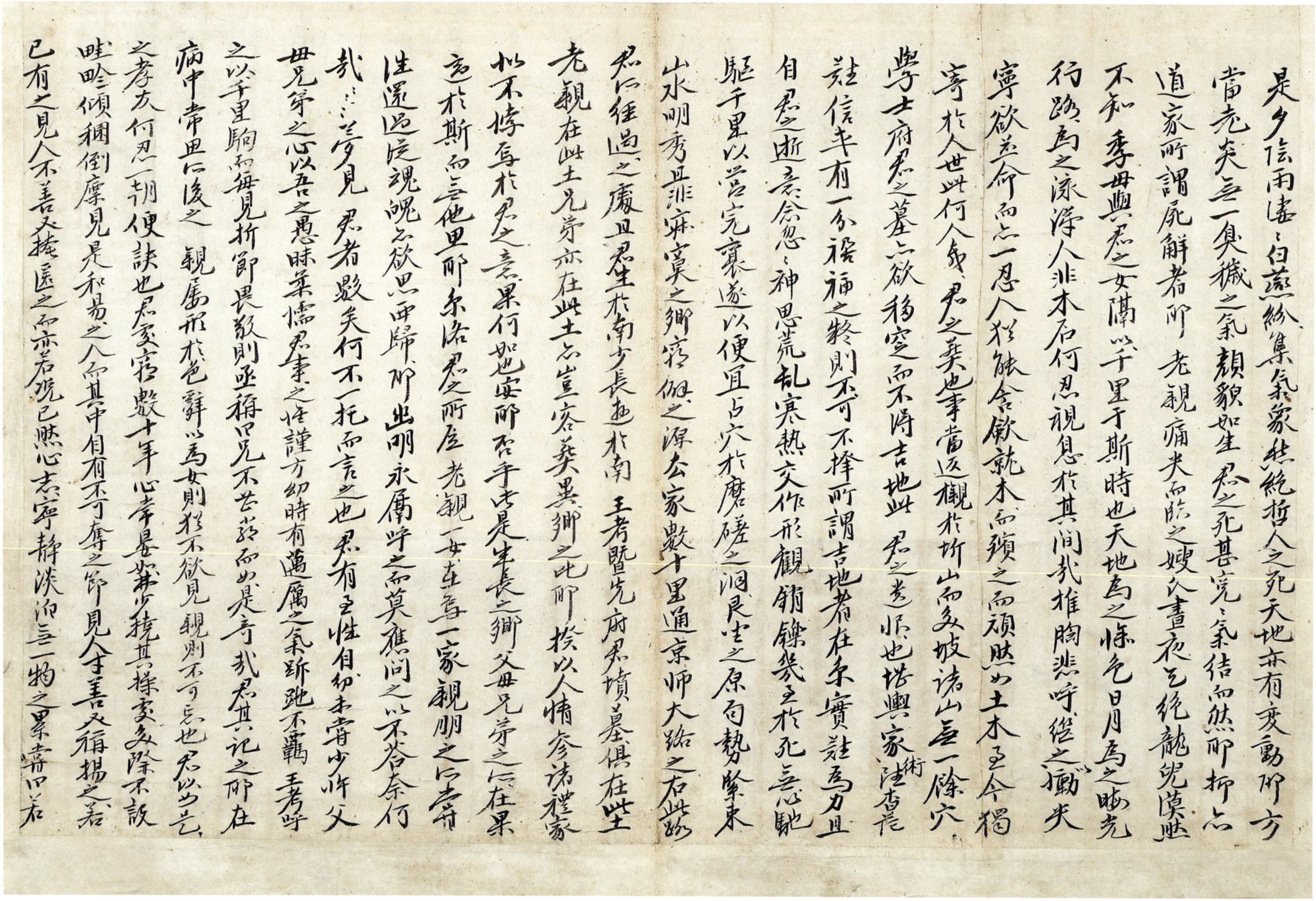

是夕陰雨凄凄白露紛集氣象悲絶哲人之死天地亦有変動耶方
當危矣無一臭穢之氣顔貌如生 君之死甚完完氣佶而然耶抑亦
道家所謂尸解者耶 老親痛哭而臨之嫂氏晝夜号絶龍兒漠然
不知 季母與君之女隔以千里于斯時也天地爲之慘色日月爲之晦光
行路爲之流涕人非木石何忍視息於其間哉推胸悲呼從之瘉失
寧欲並命而亡一忍人獨能含歛就木而殯之而殯然如土木至今獨
寄於人世此何人哉 君之葬也事當返櫬於圻山而多坡諸山無一條穴
學士府君之墓亦欲移窆而不得吉地此 君之遺[illegible]也[illegible]家術[illegible]
雖信牛有一分福禍之驗則不可不擇所謂吉地者在朱實雖爲力且
自君之逝哀念忽忽神思荒亂寒熱交作形觀銷鑠幾至於死無心馳
驅千里以營窀穸遂以便宜占穴於磨磋之洞良生之原旬勢緊束
山水明秀且非寂寞之鄕寢側之源去家數十里通京師大路之右此路
君之經過之處且君生於南少長遊於南 王考暨先府君墳墓俱在此
老親在此土兄弟亦在此土而豈容葬異鄕之此耶 揆以人情参諸禮家
似不悖焉於君之意果何如也安所否乎此是生長之鄕父母兄弟之所在果
適於斯而安他里耶永洛君之所居 老親一女在焉一家親朋之所萃
往還過從魂魄亦欲思而歸耶幽明永隔呼之而莫應問之以不答奈何
哉哉吾見 君者毅矣何不一托而言之也君有至性自幼未嘗少忤父
母兄弟之心以吾之愚昧策懦君素之性謹方幼時有邁厲之氣跡跳不羈 王考呼
之以千里駒而每見折節畏敬則亟稱曰兄不若弟而如是哉君其記之耶在
病中常曰吾後之 親屬那於色辭以爲女則獨不欲見親則不可忘也 君以此豈
之孝友何忍一朝便訣也君病[illegible]數十年心常[illegible]然少撓其操変多除不設
吐吟傾稠倒麾見是和易之人而其中自有不可奪之節見人之善又稱揚之若
己有之見人不善又掩匿之而亦若恍己然心志寧靜淡泊無一物之累嘗曰吾

【釋文】是夕陰雨凄凄，白燕紛集，氣象愁絶，哲人之死，天地亦有變動耶？方當老炎，無一臭穢之氣，顔貌如生，君之死甚冤，冤氣結而然耶？抑亦道家所謂屍解者耶？老親痛哭而臨之，嫂氏晝夜乞絶，龍兒漠然不知，季母與君之女，隔以千里．于斯時也，天地爲之慘色，日月爲之晦光，行路爲之流涕，人非木石，何忍視息於其間哉？推胸悲呼，繼之以慟哭，寧欲玆命，而亦一忍人，猶能含斂就木而殯之，而頑然如土木，至今獨寄於人世，此何人哉？君之葬也，事當返櫬於圻山，而交坡諸山無一餘穴，學士府君之墓，亦欲移窆而不得吉地，此君之遺恨也．堪輿家術雖杳茫難信，或有一分禍福之疑，則不可不擇所謂吉地者，在京實難爲力．且自君之逝，意念忽忽，神思荒亂，寒熱交作，形觀銷鑠，幾至於死，無以馳驅千里，以營完襄．遂以便宜，占穴於磨蹉之洞，艮坐之原．局勢緊束，山水明秀，且非寂寞之鄕，窮僻之源，去家數十里，通京師大路之右，此路君所經過之處．且君生於南，少長遊於南，王考暨先府君墳墓俱在此土，老親在此土，兄弟亦在此土，亦豈客葬異鄕之比耶？揆以人情，參諸禮家，似不悖焉．於君之意，果何如也，安耶否乎？此是生長之鄕，父母兄弟之所在，果適於斯而無他思耶？京洛君之所居，老親一女在焉，一家親朋之，所嘗往還過從，魂魄亦欲思西歸耶？幽明永隔，呼之而莫應，問之以不答，奈何哉？奈何哉？夢見君者數矣，何不一托而言之也？君有至性，自幼未嘗少忤父母兄弟之心，以吾之愚昧柔儒，君事之惟謹．方幼時，有邁厲之氣，跅弛不羈，王考呼之以千里駒，而每見折節畏敬，則亟稱曰‘兄不甚嚴而如是奇哉’．君其記之耶？在病中常思所後之親，屢形於色，辭以爲女，則猶不欲見親，則不可忘也．君以如是之孝友，何忍一朝便訣也？君處窮數十年，心常晏如，弗少撓其操處，交際不設畦畛，傾稛倒廩，見是和易之人，而其中自有不可奪之節．見人寸善，必稱揚之，若己有之，見人不善，必掩匿之，而亦若浼己然．心志寧靜淡泊，無一物之累．嘗曰，“若

【國譯】이날 저녁 쓸쓸한 비가 처량하게 내리고 흰 제비가 날아서 모여들고 기상이 수절하니, 철인이 죽어서 천지가 또한 변동함이 있는 것인가? 바야흐로 늦더위를 당했지만 조금도 냄새나고 더러운 기운은 없었는데, 얼굴 모습은 살아있는 것 같아서 너의 죽음은 매우 원통하고, 원통한 기운이 맺혀서 그런 것이냐? 아니면 도가에서 말하는 이른바 신선이 되어 그런 것이냐? 노친은 통곡하면서 임하였고, 형수는 밤낮으로 목숨이 끊어지기를 빌었고, 용아는 막연히 알지 못하였으며, 막내 어머니와 너의 딸은 더불어 천리나 떨어져 있었다. 이때에 천지도 그를 위해 참혹한 빛을 띠고, 일월도 그를 위해 빛을 잃었으며, 길가는 사람도 그를 위하여 눈물을 흘렸으니, 사람이 목석이 아닌 다음에야 어찌 차마 그 사이에서 숨을 쉬고 살아갈 수 있겠느냐? 가슴을 밀치고 슬프게 부르짖으며, 이어서 통곡하면서 차라리 이 목숨을 대신하고 싶어 하나 또한 하나의 잔인한 사람으로 오히려 능히 염을 하고 관에 넣어서 빈소를 차리고도 완연히 토목과 같아서 지금까지 이 세상에 홀로 붙어 있으니 이 무슨 사람이란 말이냐?

너의 장사는 일이 응당 기산으로 널을 옮겨야 하는데, 교하 파주의 모든 산들이 하나도 남은 혈 자리가 없어서 학사부군의 묘도 또한 이장을 하고 싶지만 길지를 얻지 못하니 이것이 너의 남은 한이다. 풍수가의 재주가 비록 아득해서 믿기는 어렵지만, 혹 조금이라도 화복의 의심이 있다면 이른바 길지를 택하지 않을 수 없으니, 서울에 있어서는 실제로 힘을 쓰기 어렵다. 또한 네가 죽고 나서 생각이 바쁘고 정신이 어지러우며, 추위와 더위가 고르지 않으며 형체가 쇠삭하여 거의 죽음에 이를 지경이니 천리를 내달릴 수가 없어서

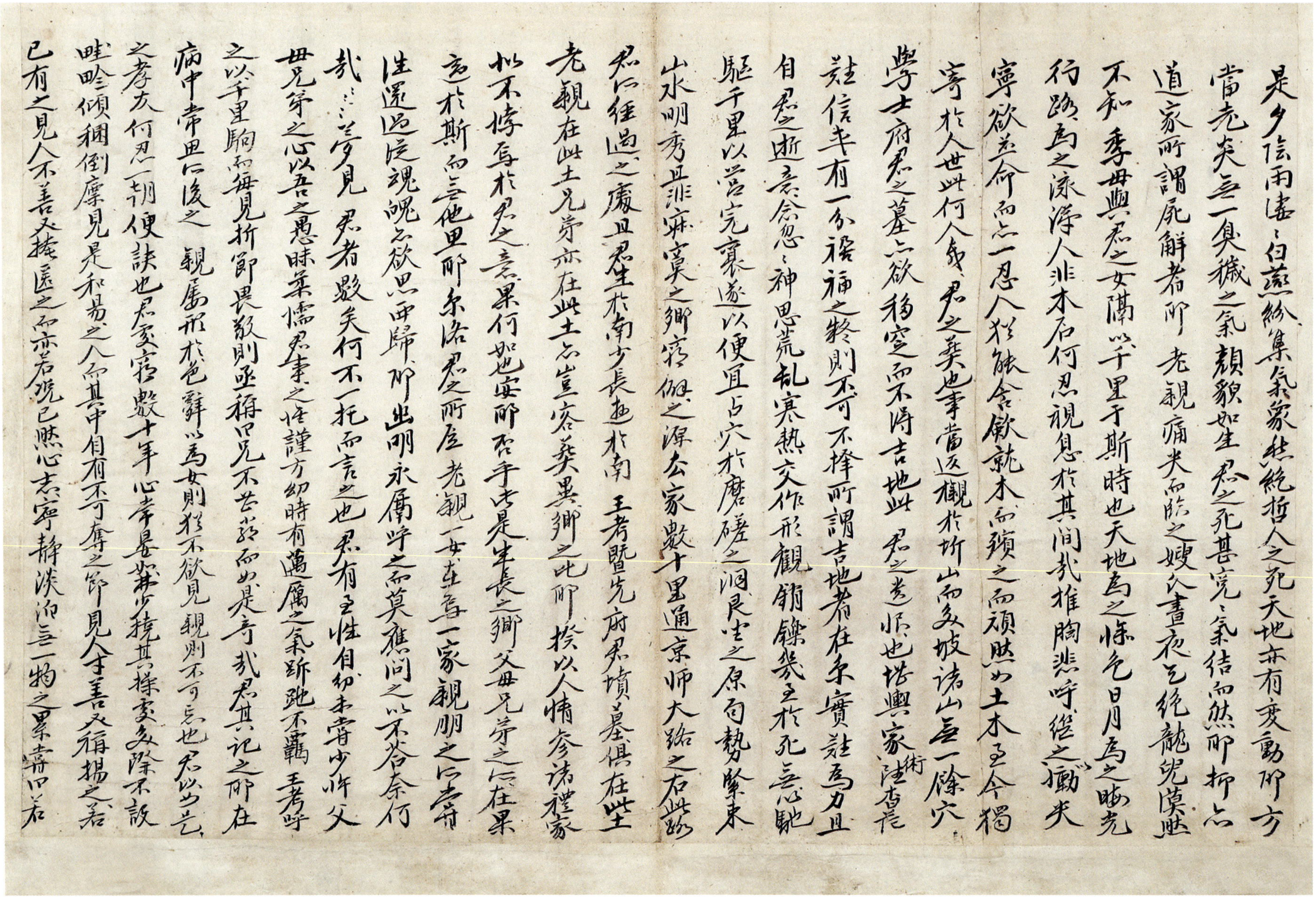

是夕陰雨凄凄白霧紛紛集氣聚然絶哲人之死天地亦有變動耶方
當危疾無一臭穢之氣顏貌如生君之死甚完氣結而然耶抑亦
道家所謂尸解者耶　老親痛哭而府之嫂氏晝夜之絶龍況漠然
不知季毋與君之女隔千里于斯時也天地為之晦冥
行路為之流涕人非木石何忍視息於其間哉推胸悲呼從之慟矣
寧欲無命而亡一思人抬骸含斂就木而殯之而顧然如土木至今獨
存於人世此何人哉君之葬也事當返櫬於圻山而多坡諸山無一條穴
學士府君之墓亦欲移窆而不得吉地此　君之遺恨也堪輿家陰陽術
雖信未有一分禍福之驗則不可不擇所謂吉地者在於寶雖為力且
自君之逝哀念忽忽神思荒亂寒熱交作形觀銷鑠然之於死無心馳
驅千里以營兆襄遂以便宜占穴於磨礎之洞艮坐之原局勢緊束
山水明秀且非麻冥之鄉窮僻之源去家數十里通京師大路之右然
君亦經過之處且君生於南少長遊於南　王考暨先府君墳墓俱在此
老親在此土兄弟亦在此土亦豈客葬異鄉之比耶　揆以人情參諸禮家
似不悖焉於君之意果何如也安耶否乎此是生長之鄉父母兄弟之所在果
違於斯而之他里耶京洛君之所居　老親一女在焉一家親朋之所會奇
往還過從魂魄亦欲思而歸耶幽明永隔呼之而莫應問之以不答奈何
哉哉哉吾見君者數矣何不一托而言之也君有至性自幼未嘗少忤父
母兄弟之心以吾之愚昧策懦君事之惟謹方幼時有邁厲之氣踔跑不羈王考呼
之以千里駒而每見折節畏敬則丕稱曰兄不若弟而如是奇哉君其記之耶在
病中常曰仁後之　親屬形於色辭以為女則猶不欲見親則不可忘也君以如是
之孝友何忍一朝便訣也君交遊數十年心常是未少稜其操處多隙不說
嗤唫傾倒摩見是和易之人而其中自有不可奪之節見人之善及稱揚之若
己有之見人不善又掩匿之而亦若浣己然心志寧靜淡泊無一物之累嘗曰若

감영에서 장사를 이루었다. 마침내 편리한대로 마차의 골짜기 간좌의 언덕에 터를 잡았다. 자리의 형세가 구속이 되지만 산수가 빼어난데다 또 적막한 시골이거나 궁벽한 물줄기는 아니지만 집과의 거리가 수십 리가 되어 서울과 통하는 큰 길의 오른 쪽이니 이 길은 네가 지나다니던 곳이다.

또 너는 남쪽에서 태어나 젊어서는 남쪽에서 자라고 놀았으며, 할아버지 및 아버지의 묘가 모두 이 땅에 있어서 노친이 이 땅에 있고 형제가 또한 이 땅에 있으니 또한 어찌 객지에서 다른 고을에 장사지내는 것과 비교하겠느냐? 인정에 헤아려 보고 가례를 참고해 봐도 어긋나지 않은 듯한데, 너의 생각에는 과연 어떠하냐? 편안하냐? 그렇지 않으냐? 이곳은 나고 자란 고을이어서 부모형제가 계신 곳이니 과연 이곳이 적합한데 다른 생각은 없느냐? 서울은 네가 살던 곳으로 늙은 어버이와 한 딸이 여기에 있어서 일가와 친구들이 일찍이 오가며 과종하던 곳이니 영혼도 또한 서쪽으로 돌아가고자 하느냐? 유명이 영원히 분리되어 불러도 응답이 없고 물어도 대답이 없으니 어찌하겠느냐? 꿈에 너를 본 것이 여러 번 인데, 어찌 한마디 부탁의 말도 없느냐?

너는 지극한 성품이 있어서 어려서부터 일찍이 조금도 부모형제의 마음을 거스른 적이 없었다. 나는 어리석고 어둡고 부드럽고 나약하였지만 너는 섬기기를 오직 삼갔다. 바야흐로 어릴 때에 굳센 기운이 있고 얽매인 곳이 없어서 할아버지가 부르기를 천리마라고 불렀다. 볼 때마다 예를 다하여 두려워하고 공경하였다. 자주 칭찬하기를, "형이 매우 엄히 하지 않았는데도 이와 같이 기특하다." 하였으니 너는 그것을 기억하느냐? 병중에 있을 때도 항상 후사를 이을 친족을 생각하였는데, 자주 얼굴빛에 나타내어 딸로서 후사를 잇는 것을 사양하여 잊을 수가 없었다. 네가 이와 같은 효우로서 어찌 하루아침에 죽을 수 있단 말이냐?

너는 궁함에 처한 것이 수십 년이 되었어도 마음이 항상 편안하였으며, 조금도 지조에 흔들리지 않았고 교제하는 것에 한계를 두지 않았으며, 창고와 곳간을 다 기울였으니 이러한 화목한 사람은 볼 수가 있으나 그 가운데 빼앗지 못할 절개가 있었다. 다른 사람의 작은 선을 보면 반드시 칭찬하여 드러내주고 마치 자기에게 있는 듯했으며, 남의 불선을 보면 반드시 은닉해주고 또한 마치 자기를 더럽힐 듯이 여겼으니, 심지가 편안하고 고요하며 담박하여 한 물건의 누도 없었다. 일찍이 말하기를,

[秋-17-6] 李承延의 제문

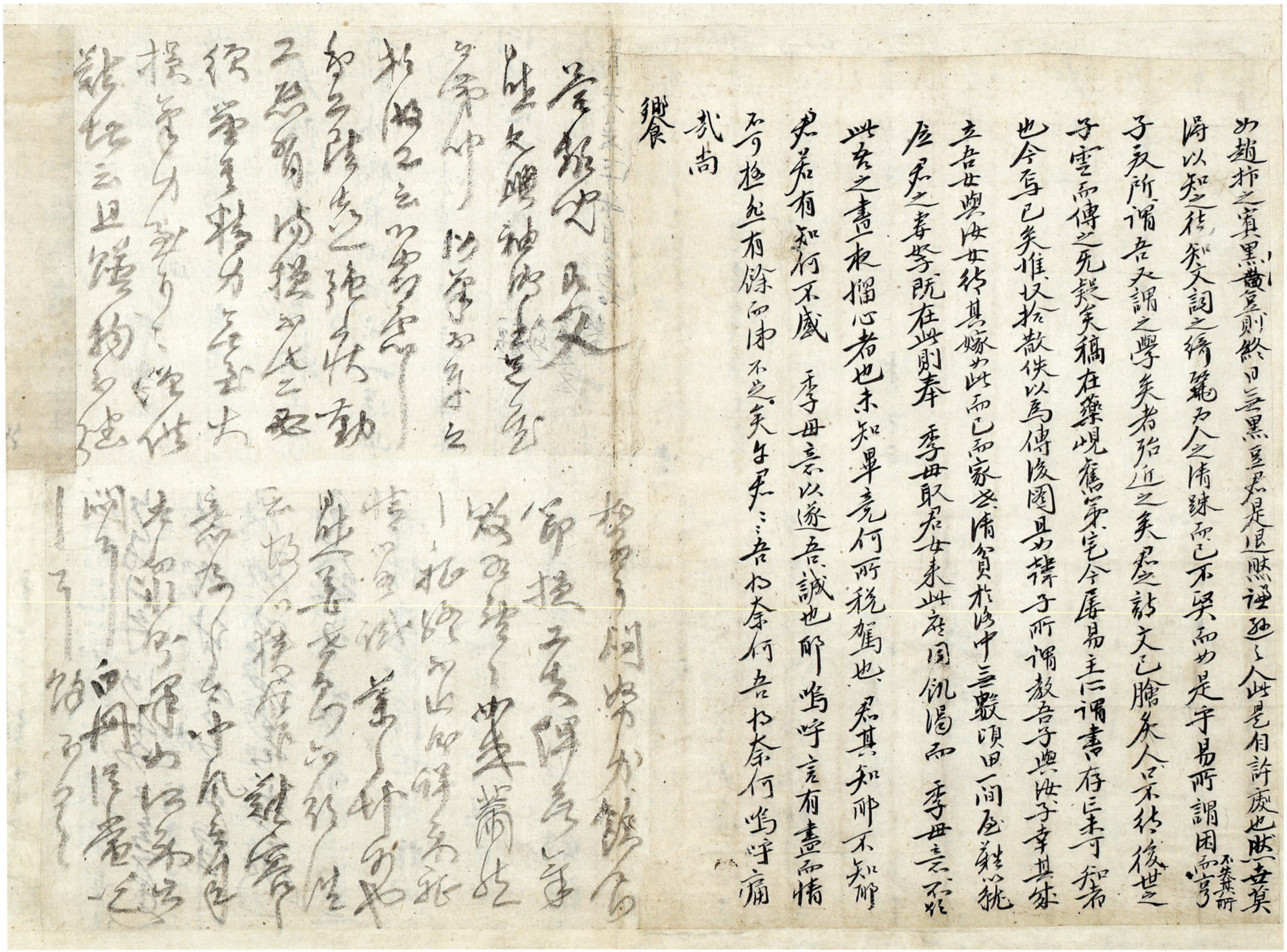

如趙孫之眞黑[illegible]則終日無黑[illegible]君是退然[illegible][illegible]之人此是自許處也然無莫
得以知之往[illegible]文詞之緒[illegible][illegible]人之情跡而已不哭而如是守易所謂困而亨不失其所
子友所謂吾又謂之學矣者殆近之矣君之詩文已膾炙人口不待後世之
子雲而傳之无疑矣稿在藥峴舊第宅今屬易主仁謂書存[illegible]未可知者
也今焉已矣惟收拾散佚以爲傳後圖是如[illegible]子所謂教吾子與汝子幸其來
立吾女與汝女待其嫁如此而已而家甚清貧於洛中無數頃田一間屋雖以挑
屋君之妻孥既在此則奉 季母取君女來此存周飢渴而 季母亦不能
世者之盡衣獨心者也未知畢竟何所稅駕也 君其知耶不知耶
君若有知何不感 季母亦以遂吾誠也耶 嗚呼言有盡而情
不可極然有餘而淚不乏矣年哭哭吾將奈何吾將奈何嗚呼痛
哉尚
饗

【釋文】 ↳嘗曰, "若如趙抃之寘黃黑豆, 則終日無黑豆." 君是退然謙遜之人, 此是自許處也. 然世莫得以知之, 徒知文詞之綺麗, 爲人之淸疎而已. 不賢而如是乎? 易所謂: '困而不失其所亨', 子夏所謂: '吾必謂之學矣者', 殆近之矣. 君之詩文, 已膾炙人口, 不待後世之子雲而傳之, 无疑矣. 稿在藥峴舊第宅, 今屢易主, 所謂書存亡未可知者也. 今焉已矣, 惟收拾散佚, 以爲傳後圖, 且如韓子所謂: "敎吾子與汝子, 幸其成立. 吾女與汝女, 待其嫁." 如此而已. 而家世淸貧, 於洛中, 無數頃田一間屋, 難以就居, 君之妻孥旣在此, 則奉季母, 取君女來此, 庶同飢渴, 而季母意, 不欲此, 吾之晝夜擂心者也, 未知畢竟, 何所稅駕也. 君其知耶? 不知耶? 君若有知, 何不感季母意, 以遂吾誠也耶? 嗚呼, 言有盡而情不可極, 悲有餘而涕不足矣. 午君午君! 君將奈何? 吾將奈何? 嗚呼痛哉. 尙饗."

【國譯】 ↳일찍이 말하기를, "예컨대 만일 조변(趙抃)[30]이 노란 콩이나 검은콩을 헤아린다면 종일토록 검은 콩은 없을 것이다."라고 하였다. 너는 온화하고 겸손한 사람이니 이것은 네 스스로 인정한 부분이다. 그러나 세상에서는 알아주지 않아서 한갓 문사가 화려하고 사람됨이 청소하다는 것만 알뿐이니, 어질지 않고서야 이와 같이 할 수 있겠느냐?

주역에 이르기를, "곤궁하면서도 누리는 바를 잃지 않았다."라고 하는 것과 자하가 이른 바 "나는 반드시 배운 사람이라고 말하겠다."라고 하는 것에 거의 가깝다. 너의 시문은 이미 남의 입에 오르내렸으니, 후세의 자운을 기다리지 않아도 전해질 것임은 의심할 것이 없다. 약현의 옛집에 원고가 있지만 지금은 주인이 여러 번 바뀌어 이른바 글의 존망에 대해서는 알지 못한다. 지금은 이미 끝이로구나. 오직 흩어진 것을 수습해서 후세에 전해지기를 도모한다.

또 한유가 이른바는 "내 아들과 너의 자식을 가르쳐서 그것이 성립하기를 바라고 나의 딸과 너의 딸이 시집가기를 기다린다."라고 하였으니 이와 같이 할 뿐이다. 집이 대대로 청빈하여 서울 가운데 몇이랑 밭과 한 칸의 집이 없어서 나아가 살기가 어려웠는데, 너의 처와 자식이 이미 여기에 있어서 季母를 받들고 너의 딸을 여기에 데려와서 함께 굶주리고 있었으나 계모의 생각에는 이것을 하고자 하지 않았는데, 내가 주야로 마음을 거둔 것이 끝내는 어느 곳에 머물지를 모르겠다. 너는 아느냐? 모르느냐? 네가 만약 아는 것이 있다면 어찌 계모의 뜻에 감동해서 나의 정성을 이루지 않겠느냐? 오호라! 말은 다함이 있어도 정은 다하지 못하겠구나. 슬픔은 남음이 있어도 눈물은 부족하구나.

오군아! 오군아! 너는 장차 어찌하고? 나는 장차 어찌하느냐? 오호 통재라. 흠향하소서."

30 조변(趙抃) : 송나라의 청렴한 관리 趙抃을 말한다. 그가 중년에 항상 책상 사이에 누런 콩[黃豆]과 검은 콩[黑豆]을 두고 아침부터 헤아리다가, 한 번 선한 생각이 일어날 때마다 황두 한 개를 던지고, 한 번 악한 생각이 일어날 때마다 흑두 한 개를 던져, 저녁에 펴서 보았다는 고사에서 나온 말로 악한 생각이 없음을 비유하는 말이다.

[秋-18] 李承延의 간찰

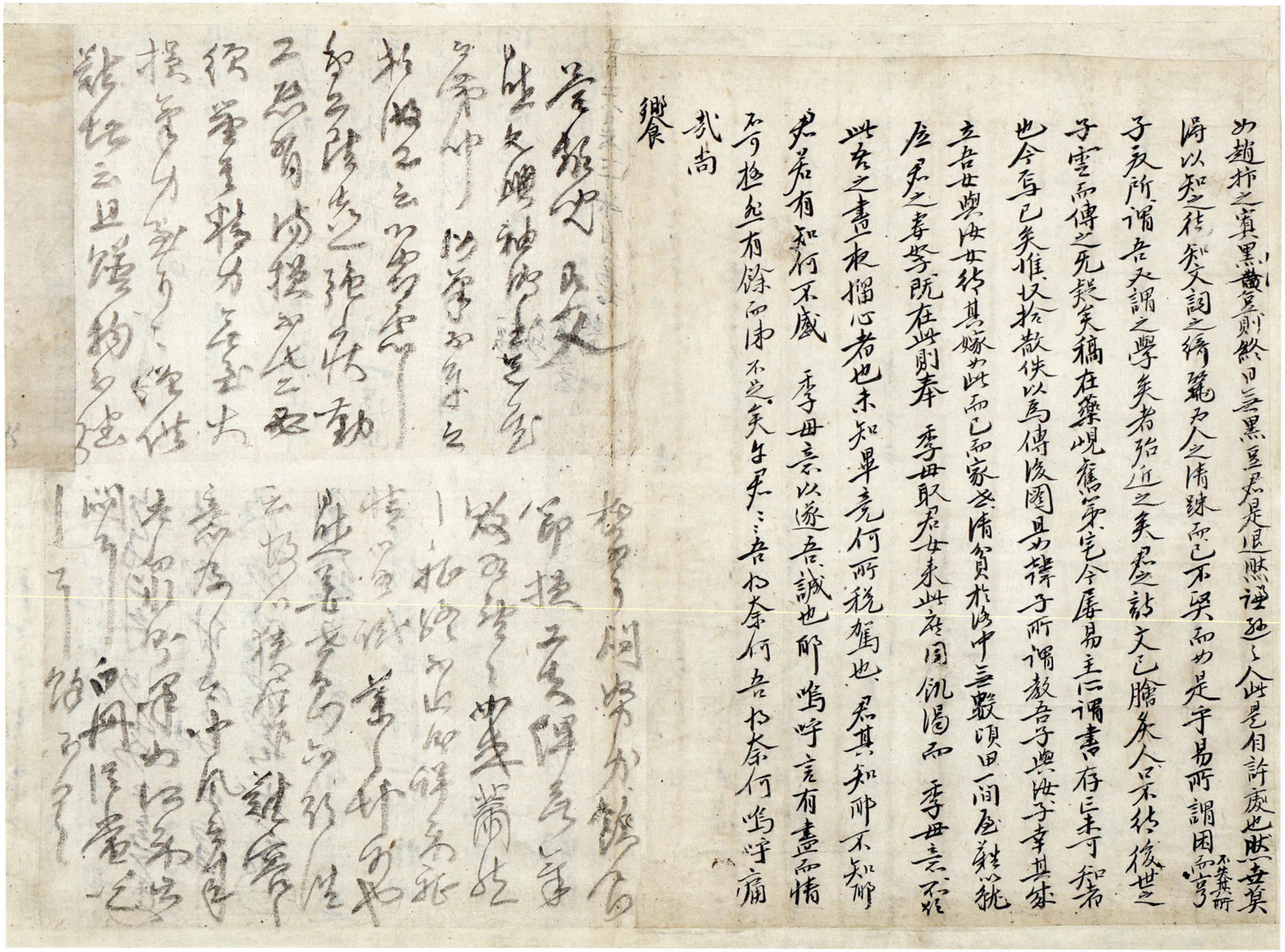

【釋文】 答敬兒 卽父

日昨, 見興袖傳書, 區慰. 而第聞汝氣不平, 而猶做工云, 心竊慮之. 專工雖喜 强疾勤工, 恐有傷損不些. 必須量其精力, 無至大損氣力, 至可至可. 贈供難堪云, 且饌物不繼, 極爲可悶. 努力飮食, 節損工夫, 俾無氣敗, 爲望爲望. 如或薾然之症, 終不止, 則詳示症情, 以爲試藥之地, 可也. 日昨, 姜世魯, 亦欲往云故, 以〔狹窄〕難容之意, 及之, 而聞風之來者衆, 則果如所示, 甚悶耳. 白冊, 從當送之耳. 餘不具.

【國譯】 경아에게 답한다. 지금 아버지가

어저께 흥이의 소매에서 전해준 편지를 보고서 매우 위안이 되었다. 다만 듣기에 너의 기운이 편치 않은데도 여전히 공부한다고 하니 마음에 적이 염려가 된다. 공부에 전념을 하는 것이 비록 기쁘기는 하지만 병을 무릅쓰고 힘써 공부하다가 건강이 손상됨이 적지 않을까 염려되니 반드시 모쪼록 자신의 정력을 헤아려서 크게 기력을 잃는데 이르지 않게 하는 것이 지극히 옳다.

물건을 이바지하기가 난감하다고 하니 장차 반찬도 이어지지 않을 것이라 지극히 안타깝다. 공부를 줄이더라도 먹고 마시는데 노력해서 기력이 폐하지 않기를 바란다. 만일 혹 피곤한 증세가 끝내 멈추지 않는다면 병증을 상세히 살펴서 약으로 시험하여 보는 것이 좋겠다.

어저께 강세노도 가고 싶다고 했지만 [집이 좁아서] 용납하기 어려운 뜻으로 그에게 언급하였는데, 풍문으로 듣기에 오는 자가 많다하니 과연 말한바 대로라면 매우 고민이다.

백책[空冊]은 조만간에 보내겠다. 나머지는 격식을 갖추지 않는다.

[秋-19-1] 李承延의 간찰

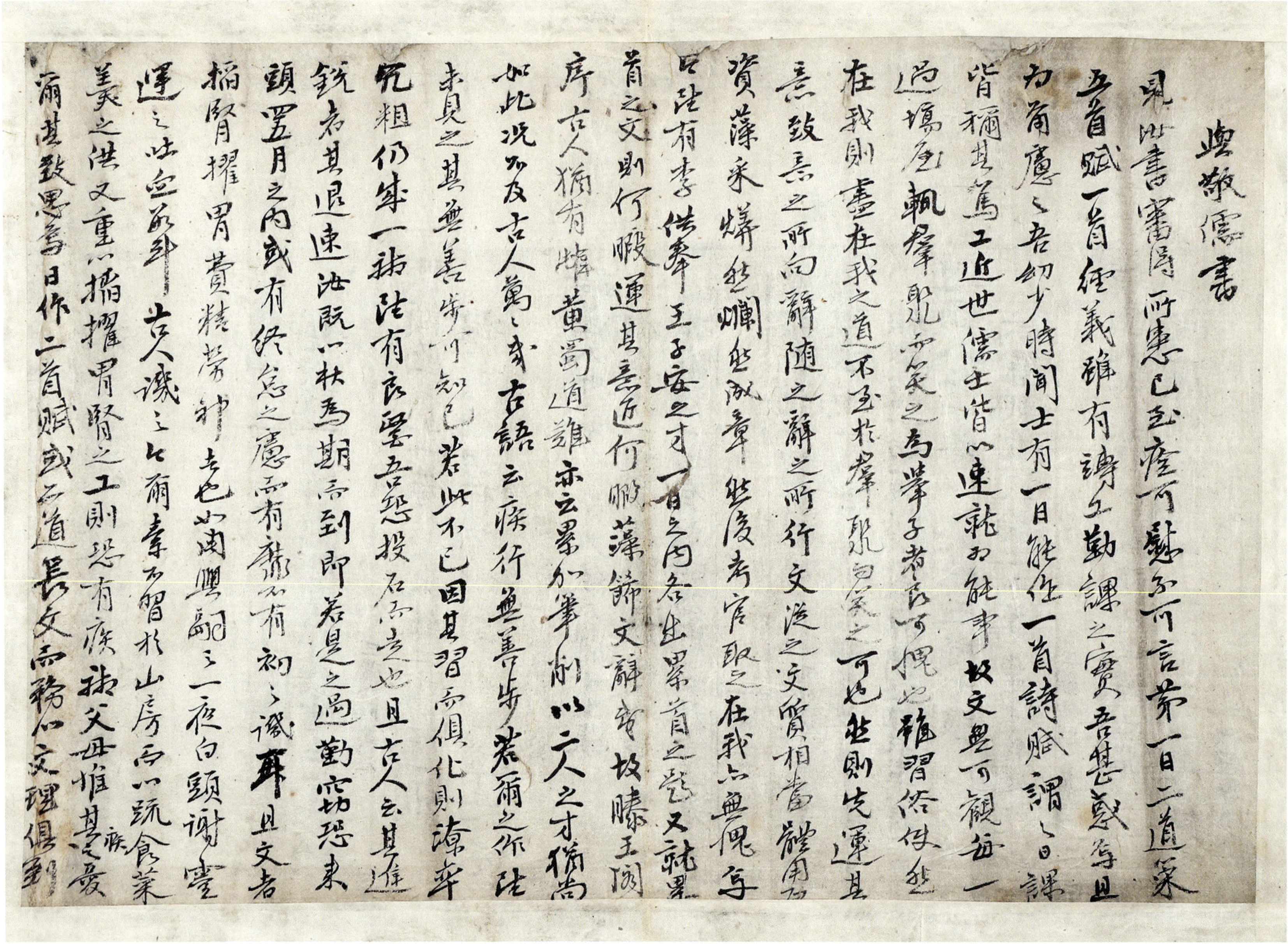

【釋文】與敬儒書

見汝書, 審得所患已至痊, 可慰, 不可言. 第一日二道策, 五首賦 一首經義, 雖有竱工,勤課之實, 吾甚惑焉, 且爲爾慮之. 吾幼少時, 聞士有一日能作一首詩賦, 謂之日課皆稱其篤工. 近世儒士, 皆以速就爲能事, 故文無可觀. 每一過場屋, 輒群聚而笑之, 爲擧子者, 良可愧也. 雖習俗使然, 在我則盡在我之道, 不至於群聚而笑之, 可也. 然則先運其意致, 意之所向, 辭隨之, 辭之所行, 文從之, 文質相當, 體用互資, 藻采燁然, 爛然成章, 然後考官取之, 在我亦無愧焉. 今雖有李供奉·王子安之才, 一日之內, 各出累首之題, 又就累首之文, 則何暇運其意匠, 何暇藻飾文辭哉? 故「滕王閣序」, 古人猶有雌黃, 「蜀道難」, 亦云累加筆削, 以二人之才, 猶尙如此, 況不及古人萬萬哉? 古語云: '疾行無善步', 若爾之作, 雖未見之, 其無善步可知. 已若此不已, 因其習而俱化, 則潦率冗粗, 仍成一病, 雖有良醫, 吾恐投石而走也. 且古人云: '其進銳者, 其退速', 汝旣以秋爲期, 而到卽若是之過勤, 竊恐來頭四五月之內, 或有終怠之慮, 而有靡不有初之譏耳. 且文者, 掐腎擢胃, 費精勞神者也, 如周興嗣之一夜白頭, 謝靈運之吐血數斗, 古人譏之. 今爾素不習於山房, 而以疏食菜羹之供, 又重以掐擢胃腎之工, 則恐有疾病, 父母惟其疾之憂, 爾其致思焉. 日作二首賦, 或亦道長文, 而務以文理具到, ↳毋使有潦率冗粗之病.

【國譯】경유에게 답하는 편지

너의 편지를 보고서 병이 이미 나은 것을 알았으니 위안됨을 말로 할 수가 없구나. 다만 하루에 두 편의 책문과 5수의 부와 1수의 경의를 공부하여 비록 오로지 공부하고 부지런히 공부하는 실상이 있지만 나는 매우 의심스러우니 장차 너를 위하여 염려가 된다.

내가 어렸을 때 '선비는 하루에 능히 시 한수와 부 한수를 지어야 한다.'는 말을 듣고서 날마다의 공부가 모두 거기에 걸맞게 열심히 공부를 해야 한다고 생각하였다. 그런데 근세의 선비들은 모두 속히 이루는 것을 능사로 삼기 때문에 지어 놓은 글은 볼만한 것이 없다. 매양 한 번 장옥을 지나가면 번번이 무리지어 모여서 비웃으니 거자가 된 자 들은 진실로 부끄러워할 만하다. 비록 습속이 그렇게 한 것이지만 나에게 있어서는 나의 도리가 있으니, 무리지어 모여서 비웃는데 이르지 않도록 하는 것이 옳다.

그렇다면 먼저 그 의취를 운용해서 뜻이 향하는 바에 말이 그것을 따르고 말이 행하는 바대로 문이 그것을 따르고 문과 질이 서로 합당하고 체와 용이 서로 도와주어서 이루게 하고 조체가 화연해져서 찬란히 그 문장을 이룬 뒤에 시험관이 그 문장을 취한다면 나에게 있어서도 부끄러움이 없을 것이다.

지금 비록 이백(李伯)[31]과 왕발(王勃)[32]의 재주가 있다하더라도 하루 안에 각각 여러 수의 제목을 내고 또 여러 수의 글을 짓는다면

31 이백(李伯) : 원문의 '李供奉'은 唐나라 시인 李白을 말한다. 이백이 일찍이 翰林供奉에 임명된 적이 있어 이렇게 말한 것이다

32 왕발(王勃) : 원문의 '王子安'은 「滕王閣序」를 지은 王勃(650~676)을 말한다. 자안은 그의 字이다.

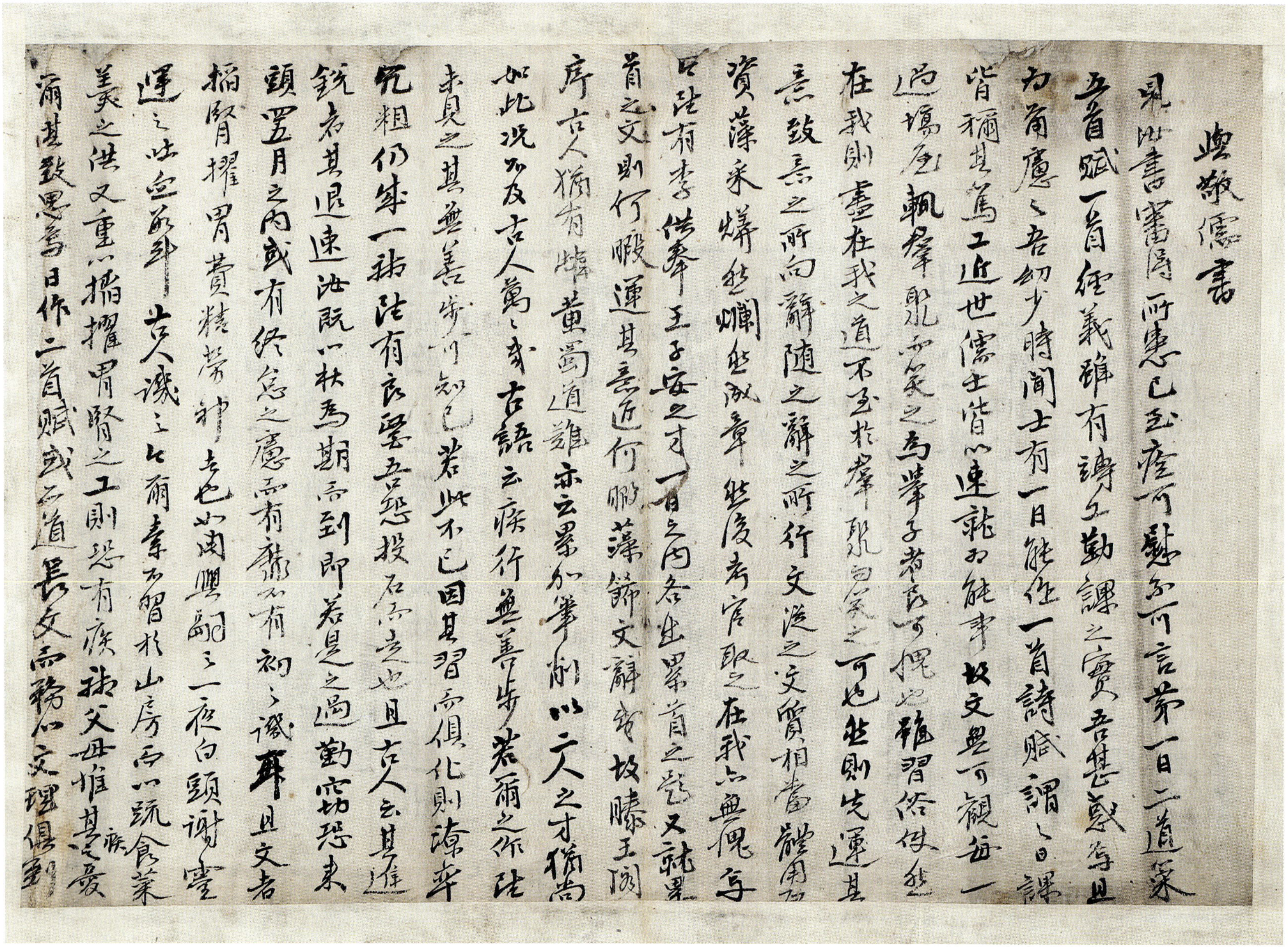
與敬儒書

見此書審問所患已至痊可慰不可言第一日二道策
五首賦一首經義雖有謝工勤課之實吾甚慰焉且
有所慮焉吾幼少時聞士有一日能作一首詩賦謂之日課
皆稱其篤工近世儒士皆以速就不能事故文無可觀每一
過場屋輒群聚而衆之爲輩子者亦可愧也雖習俗使然
在我則盡在我之道不至於群聚而衆之可也然則先運其
意致意之所向辭隨之辭之所行文從之文質相當體用如
資藻采燁然爛然文章然後考官取之在我亦無愧焉
昔有李(?)任奉王子安之才一日之内各出累首之藝又就累
首之文則何暇運其意近何暇藻飾文辭也故滕王閣
序古人猶有誚黃蜀道難亦云累加筆削以之人之才猶尚
如此況不及古人萬萬者古語云疾行無善步若爾之作雖
求其善無善步可知已若此不已因其習而俱化則源本
究粗仍坐一途雖有良醫吾恐投石而莫之也且古人云其進
銳者其退速汝既以秋爲期而到即若是之過勤吾恐未
頭置五月之内或有終怠之慮而有靡不有初之識耳且文者
搯腎擢胃費精勞神者也以肉與嗣之一夜白頭謝
運之吐血殞斗 古人譏之今爾居留於山房而以疏食菜
羹之供又重以搯擢胃腎之工則恐有疾病父母惟其疾之憂
爾其熟思焉日作二首賦或三道長文而務以文理俱到

어느 겨를에 뜻을 운용을 하고 어느 겨를에 문사를 꾸미겠는가? 그러므로 「등왕각서」에도 옛사람들이 오히려 수정한 것이 있고 「촉도난」에도 가필한 것이 있으니 두 사람의 재주로도 오히려 이러한데 하물며 고인의 사람에 미치지 못하는 사람에게서야 어떠하겠는가?

고인이 이르기를 '빨리 가는 것은 잘 걷는 것이 아니다.'라 하였으니 만약 너의 작품을 비록 보지는 못했지만 선보가 아니라는 것은 알겠다. 이미 이러한데도 그치지 않아서 그 습관으로 인하여 모두 변해버린다면 성글고 거칠어서 하나의 병통을 이룰 것이니 아무리 훌륭한 의원이 있다 하더라도 나는 (의원이) 침을 던져버리고 달아날까 두렵다.

또 옛 사람이 이르기를 '나아가는 것이 예리한 자는 그 물러나는 것도 빠르다'라고 하였으니 네가 이미 가을로서 기약을 삼아서 도착하는 것이 이와 같이 지나치게 부지런하니 내달 5~6일 안에 혹 게으른 염려가 마침이 있다면 애초에 기롱함이 있지 않을 것이다. 또 글이라는 것은 신장과 위에 속을 끓이고 정신을 수고롭게 하는 것이다. 주홍사가 하룻밤에 흰머리가 되고 사령운이 몇 말의 피를 토한 것도 옛사람들이 기롱을 하였다.

지금 네가 산방생활에 익숙지 않은 데다 거친 음식과 나물국을 먹으면서도 거듭 속을 끓이면서 공부를 한다면 병이 있을까 염려되니 부모는 오직 네가 병이 들까 만을 걱정할 뿐이다. 너는 그것을 생각하라.

날마다 두 수의 부를 짓거나 혹은 또 두 편의 장문을 지으면서 문리가 모두 이르게 되기를 힘써서 ↳성글거나 거친 병통이 있게 하지는 말아야 할 것이다.

[秋-19-2] 李承延의 간찰

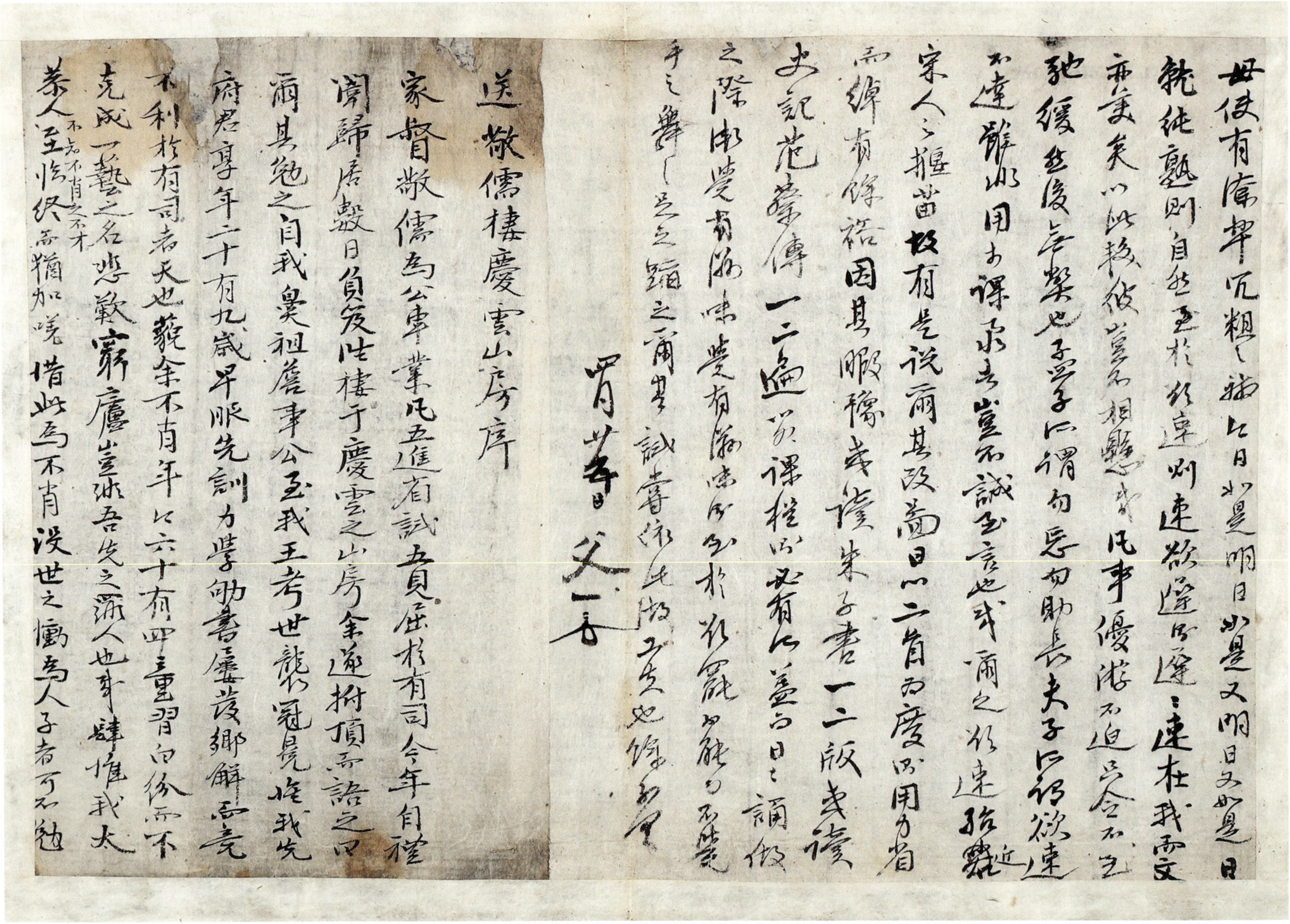
送敬儒棲慶雲山房序
家督敬儒爲公車業凡五進省試五負屈於有司今年自權
闈歸居數日負笈陟棲于慶雲之山房余送㫋頂而語之曰
爾其勉之自我昊祖詹事公至我王考世能[illegible]冠冕我先
府君享年二十有九歲早服先訓力學勉書屢發鄉解而竟
不利於有司者天也藐余不肖年已六十有四重習白紛而不
克成一藝之名悲歎窮廬豈非吾先之罪人也哉肆惟我太
恭人至臨終而猶加嗟惜此爲不肖沒世之慟爲人子者可不勉

【釋文】 ↳今日如是, 明日如是, 又明日又如是, 日就純熟, 則自然至於欲速則速, 欲遲則遲, 遲速在我, 而文亦美矣. 以此較彼, 豈不相懸哉? 凡事優游不迫, 只令不至弛緩然後, 無弊也. 孟子所謂: ‘勿忘勿助長’, 夫子所謂: ‘欲速不達’, 雖非用於課業者, 豈不誠至言也哉? 爾之欲速, 殆近宋人之揠苗, 故有是說. 爾其改圖, 日以二首爲度, 則用力省而綽有餘裕. 因起暇豫, 或讀「朱子書」一二版, 或讀史記范蔡傳一二遍, 以爲課程, 則必有所益. 而日日誦做之際, 漸覺有滋味, 覺有滋味, 則至於欲罷不能, 而不覺手之舞之, 足之蹈之. 爾其試嘗, 依此做工夫也, 餘不具.
四月 卄五日 父

【國譯】 ↳오늘 이렇게 하고 내일 이렇게 하며, 또 내일 또 이렇게 해서 날마다 성취하는 것이 순수하고 익숙해진다면 자연이 빠르게 하고자 하면 빠르게 하고 더디게 하고자 하면 더디게 하는 지경에까지 이를 것이니 더디고 빠르게 하는 것은 나에게 있고 문장 또한 아름답게 될 것이다. 이것으로써 저것을 비교하면 어찌 서로 현격한 차이가 나지 않겠는가? 모든 일이 넉넉히 유영하여 서두르지 않되 다만 너무 느슨한 지경에까지 이르지 않도록 한 뒤에라야 폐단이 없을 것이다.

맹자가 이른 바 ‘잊지 말고 조장하지 말라’고 한 것과 공자께서 이른 바 ‘서두르면 도달하지 못한다.’고 한 것은 비록 과업에 쓰는 말은 아니지만 어찌 진실로 지극한 말이 아니겠는가? 네가 빨리 하려고 하는 것은 자못 송나라 사람이 싹을 뽑는 것과 같으니 그러므로 이러한 말을 두는 것이다. 네가 이 계획을 고쳐서 날마다 2수로써 법도를 삼는다면 쓰는 힘이 줄어들고 넉넉히 여유가 있을 것이다.

이러한 여가를 통하여 혹 「주자서」 1~2편을 읽기도 하고 혹 『사기』 「범채전」 한두 편을 읽기도 해서 일과 공부의 과정을 삼는다면 반드시 이익이 되는 바가 있을 것이다. 날마다 시를 읊조리고 공부하는 사이에 점점 재미가 있는 것을 깨닫게 될 것이니 재미가 있는 것을 깨닫게 된다면 그만두려고 해도 그러하지 못할 것이고, 나도 모르게 손이 춤추고 발이 춤추게 될 것이다. 너는 시험 삼아 이대로 공부를 해 보아라. 나머지는 격식을 갖추지 않는다.

4월 25일 아버지

[秋-20-1] 李承延의 간찰

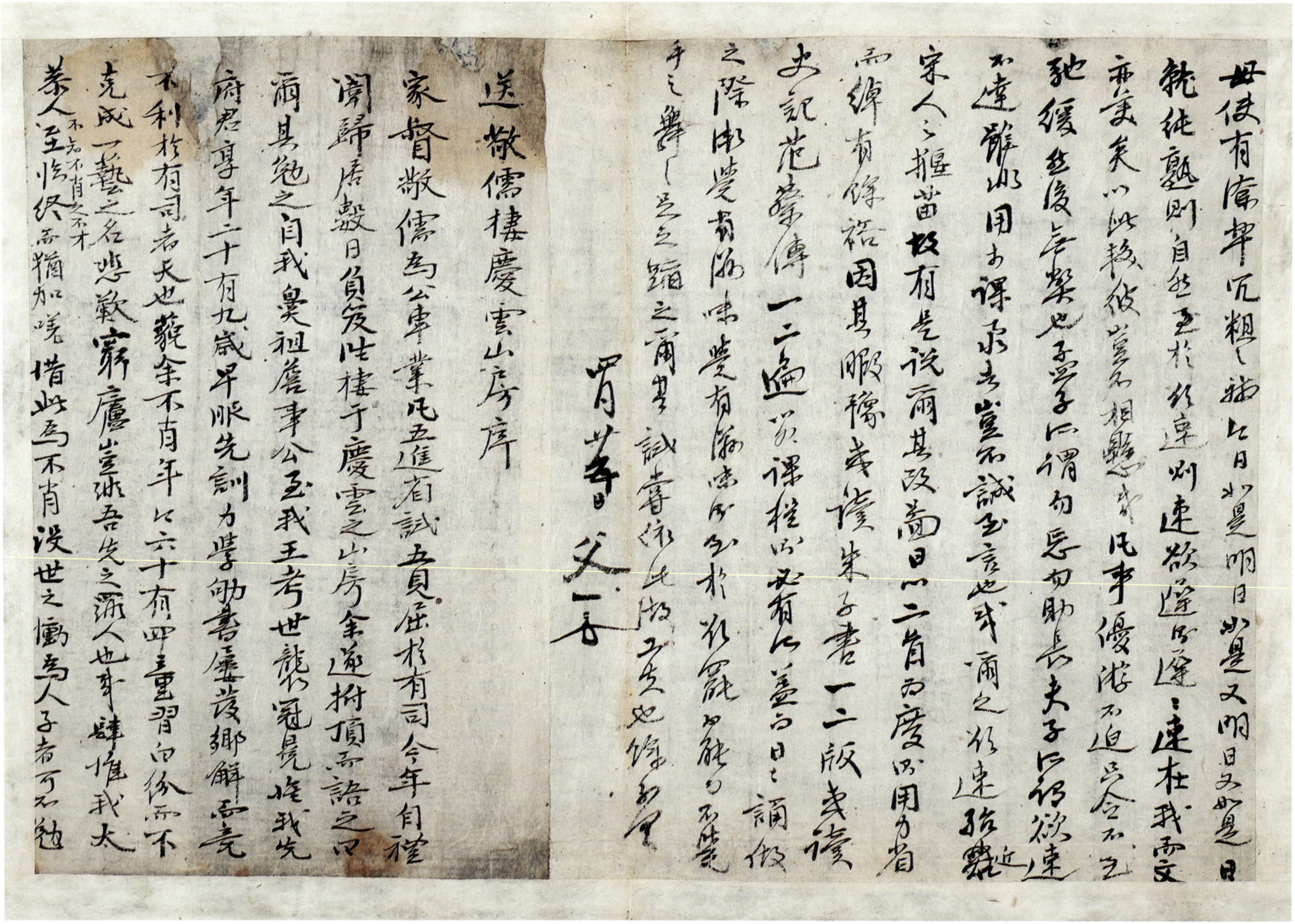

【釋文】 送敬儒棲慶雲山房序

家督敬儒爲公車業, 凡五進省試, 五見屈於有司. 今年自禮闈, 歸居數日, 負笈往棲于慶雲之山房. 余遂拊頂而語之曰: "爾其勉之. 自我鼻祖詹事公至我王考, 世襲冠冕, 惟我先府君享年二十有九歲. 早服先訓, 力學劬書, 屢發鄉解, 而竟不利於有司者, 天也藐. 余不肖, 年今六十有四, 童習白紛, 而不克成一藝之名, 悲歎窮廬, 豈非吾先之罪人也哉? 肆惟我太恭人, 不知不肖之不才, 臨終而猶加嗟. 惜此爲不肖沒世之慟, 爲人子者, 可不勉 ↳哉?

【國譯】 경운산방에서 지내고 있는 경유에게 보내는 서문

맏아들 경유는 과거 공부를 하여[33] 무릇 다섯 번 진사시(進士試)[34]에 나아갔다가 다섯 번 유사에게 굴욕을 당하였다. 올해는 회시(會試)[35] 때부터 며칠을 돌아가 거처하였는데, 책 상자를 지고 경운산방에 가서 머물렀다.

내가 마침내 정수리를 어루만지며 말하기를, "너는 그 일에 힘써라. 우리 시조 첨사공으로부터 우리 할아버지에 이르기까지 대대로 관직을 전수하였는데 오직 나의 선친께서는 29세에 돌아가셨다.[36] 일찍이 선대의 훈계에 복종하여 학문에 힘쓰고 서책에 수고하였으며 누차 고향을 벗어나 출발하였으나 마침내 유사에게 불리하였으니 하늘이 아득하였다.

나는 불초하여 금년에 64세인데, 어릴 때부터 익혔으나 백발이 되어서도 분명히 알지 못하고[37] 한 가지 재주로 이름을 능히 이루지도 못하고, 궁벽한 집에서 탄식[38]하니 어찌 우리 선조에게 죄인이 아니겠느냐? 오직 나의 할머니께서 나의 재주가 없음을 알지 못하시고 임종하시면서 오히려 탄식을 더하셨다. 이것이 내가 몰세의 애통함이 되니 사람의 자식 된 자가 힘쓰지 않을 수 ↳있겠느냐?

33 과거 공부를 하여 : 원문의 '公車業'은 科擧·仕宦을 위한 공부를 말한다.

34 진사시(進士試) : 원문의 '省試'는 進士試를 의미한다. 동의어로는 監試·南省試·南宮試·司馬試 등이 있다.

35 회시(會試) : 원문의 '禮圍'는 科擧의 會試 또는 그 회시를 보이는 장소를 지칭한다. 禮曹에서 주관하기 때문에 붙여진 이름이다. '禮闈'라고도 한다.

36 선친께서……돌아가셨다. : 李承延의 생부가 아닌 숙부 李之樸(1708~1730)을 말한다.

37 어릴 때부터……못하고 : 한나라 揚雄의 『法言』「吾子」에 "어려서부터 익혔는데도 늙을 때까지 익숙하지 못해 분란하다.[童而習之, 白紛如也.]"라고 하였다.

38 궁벽한 집에서 탄식 : 원문의 '悲歎窮廬'는 허송세월을 한 데 대한 비탄을 말한다. 諸葛亮이 아들에게 경계하기를 "나이는 시절과 함께 내달리고 뜻은 세월과 함께 떠나가 마침내 시들어버리면 궁색한 오두막에서 비탄에 잠긴들 다시 무슨 수로 되돌리겠느냐.[年與時馳 意與歲去 遂成枯落 悲歎窮廬 將復何及也]"라고 하였다. 『小學集註』, 「嘉言」.

[秋-20-2] 李承延의 간찰

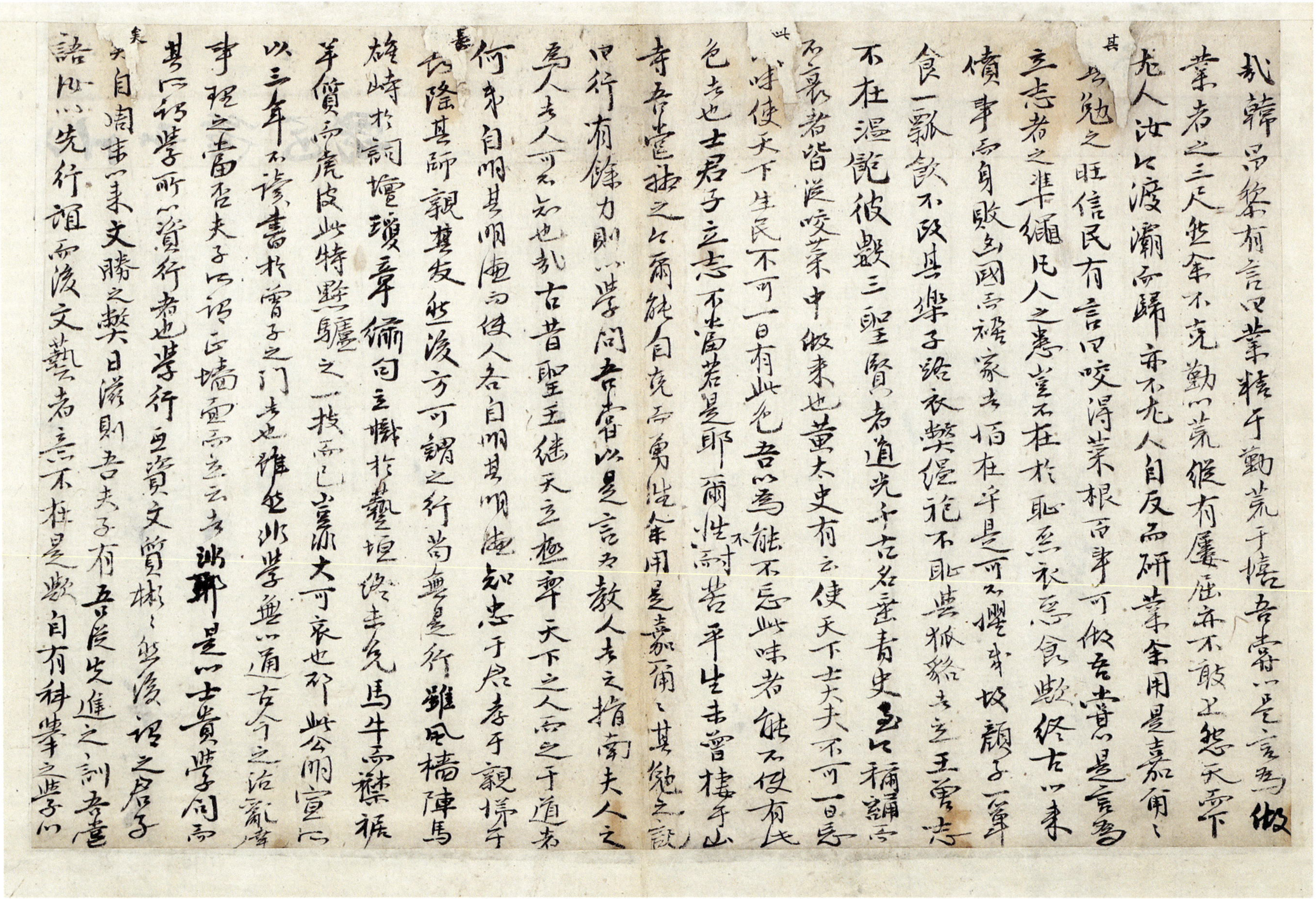
哉韓昌黎有言曰業精于勤荒于嬉吾嘗以是言爲儆
業者之三尺然余不克勤以荒縱有屢屈亦不敢尤怨天亦不
尤人汝又渡瀛而歸亦不尤人自反而研業余用是嘉爾爾
其勉之旺信民有言曰咬得菜根百事可做吾嘗以是言爲
立志者之準繩凡人之患豈不在於恥惡衣惡食然終古以來
僨事而身敗爲國而禍家者恒在乎是可不懼哉顏子一簞
食一瓢飮不改其樂子路衣弊縕袍不恥與狐貉者立王曾志
不在溫飽彼數三聖賢以者追光千古名垂青史至今稱誦而
不衰者皆從咬菜中做來也黃太史有云使天下士大夫不可一日忘
此味使天下生民不可一日有此色吾以爲能不忘此味者能不使有民
色者也士君子立志不如若是耶爾性不討苦平生未嘗棲乎山
寺吾甚拙之以爾能自克而勇往余用是嘉爾爾其勉之試
曰行有餘力則以學問吾嘗以是言爲教人者之指南夫人之
爲人者人可不知也哉古昔聖王繼天立極率天下之人而之于道者
何也自明其明德而使人各自明其明德知忠于君孝于親悌于
長隆其師親其友然後方可謂之行苟無是行雖風檣陣馬
旋峙於詞壇瓊章繡句主斷於藝垣終未免馬牛而襟裾
羊質而虎皮此特黔驢之一技而已豈非大可哀也耶此公明宣以
以三年不讀書於曾子之門者也雖然非學無以通古今之治亂
事理之當否夫子以謂正墻面而立云者此非是以士貴學問而
其所以學所以資行者也學行互資文質彬彬然後謂之君子
矣自周末以來文勝之弊日滋則吾夫子有吾從先進之訓吾意
語以先行誼而後文藝者豈不在是歟自有科業之學以

【釋文】哉? 韓昌黎有言, 曰: '業精于勤荒于嬉.' 吾嘗以是言爲做業者之三尺. 然余不克勤以荒, 縱有屢屈, 亦不敢上怨天而下尤人. 汝今渡灞而歸, 亦不尤人, 自反而硏業, 余用是嘉爾. 爾其勉之. 汪信民有言曰: '咬得菜根, 百事可做.' 吾嘗以是言爲立志者之準繩. 凡人之患, 豈不在於恥惡衣惡食歟? 終古以來, 僨事而身敗, 凶國而禍家者, 恒在乎是, 可不懼哉? 故顔子一簞食一瓢飮, 不改其樂; 子路衣弊縕袍, 不恥與狐貉者立; 王曾志不在溫飽. 彼數三聖賢者, 道光千古, 名垂靑史, 至今稱誦而不衰者, 皆從咬菜中做來也. 黃太史有云: '使下士大夫不可一日忘此味, 使天下生民不可一日有此色.' 吾以爲能不忘此味者, 能不使有此色者也, 士君子立志, 不當若是耶? 爾性不耐苦, 平生未曾棲于山寺, 吾嘗病之, 今爾能自克而勇往, 余用是嘉爾. 爾其勉之. 論語曰: '行有餘力, 則以學問.' 吾嘗以是言爲敎人者之指南, 夫人之爲人者, 人可不知也哉? 古昔聖王繼天立極, 率天下之人而之于道者, 何哉? 自明其明德, 而使人各自明其明德, 知忠于君, 孝于親, 悌于長, 隆其師, 親其友, 然後方可謂之行. 苟無是行, 雖風檣陣馬雄峙於詞壇, 瓊章繡句立幟於藝垣, 終未免馬牛而襟裾, 羊質而虎皮, 此特黔驢之一技而已, 豈非大可哀也耶? 此公明宣所以三年不讀書於曾子之門者也. 雖然非學無以通古今之治亂, 達事理之當否? 夫子所謂: '正墻面而立云者'非耶? 是以士貴學問, 而其所謂學, 所以資行者也, 學行互資, 文質彬彬, 然後謂之君子矣. 自周末以來, 文勝之弊日滋, 則吾夫子有吾從先進之訓, 吾嘗語汝以先行誼, 而後文藝者, 意不在是歟? 自有科學之學以

【國譯】있겠느냐? 한창려의 말에 "업은 근면함에서 정밀해지고 즐겨 노는데서 황폐해진다." 하였다. 나는 일찍이 이 말로서 학업을 하는 법도로 삼았다. 그러나 나는 부지런하지 못하여 황폐하였고 방종하여 여러 번 좌절하였으니 또한 감히 위로는 하늘을 원망하고 아래로는 사람을 탓할 수 없었다.

네가 지금 과거에 급제하지 못하고[39] 돌아왔으나 또한 남을 탓하지 아니하고 스스로 돌아보고 학업을 연마하니 나는 이 때문에 기쁘다. 너는 그것을 힘써라. 왕신민(汪信民)[40]의 말에 "나물 뿌리만 씹을 수 있을 정도만 되면 어떤 일이라도 할 수 있다." 하였으니[41] 내가 일찍이 이 말로서 뜻을 세우는 표준으로 삼았다.

무릇 사람의 병통이 어찌 나쁜 옷과 나쁜 음식을 부끄러워함에 있지 않겠느냐? 예로부터 일에 실패하여 몸을 망치며 나라를 흉하게 하고 집에 화를 입게 하는 것은 항상 여기에 있으니 두려워하지 않을 수 있겠느냐? 그러므로 안자가 한 소쿠리의 밥과 한 표주박의

39 과거에 급제하지 못하고: 원문의 '渡灞'는 관직에 진출하지 못함을 말한다. 파교는 서안 동쪽 灞河 기슭에 있다. "서책을 품고 황도를 떠나, 눈물을 머금고 푸른 파수 건너네.[懷書出皇都 銜淚渡淸灞]"라고 읊은 구절이 있다. 韓愈, 「縣齋有懷」.
이 시는 한유가 貞元 11년 博學宏詞試에 급제하였으나 등용되지 못하고 京師를 떠나 洛陽으로 간 사실을 읊은 것이다. 이후 보편적으로 과거에 급제하지 못하거나 관직에 진출하지 못한 것을 '파교를 건넌다[渡灞]'라고 표현한다.

40 왕신민(汪信民): 宋나라 사람으로 이름은 革이며 臨川人이다.

41 목숨을 연명할 정도의 식량만 있으면 어떠한 일도 할 수 있는 자질, 곧 안빈낙도를 지향하는 선비의 자질을 말한다. 汪信民은 "사람은 항상 나물 뿌리를 씹을 수 있는 정도만 되면 어떤 일이라도 할 수 있다.[人常咬得菜根 則百事可做]"라고 하였다. 『小學』, 「善行」.

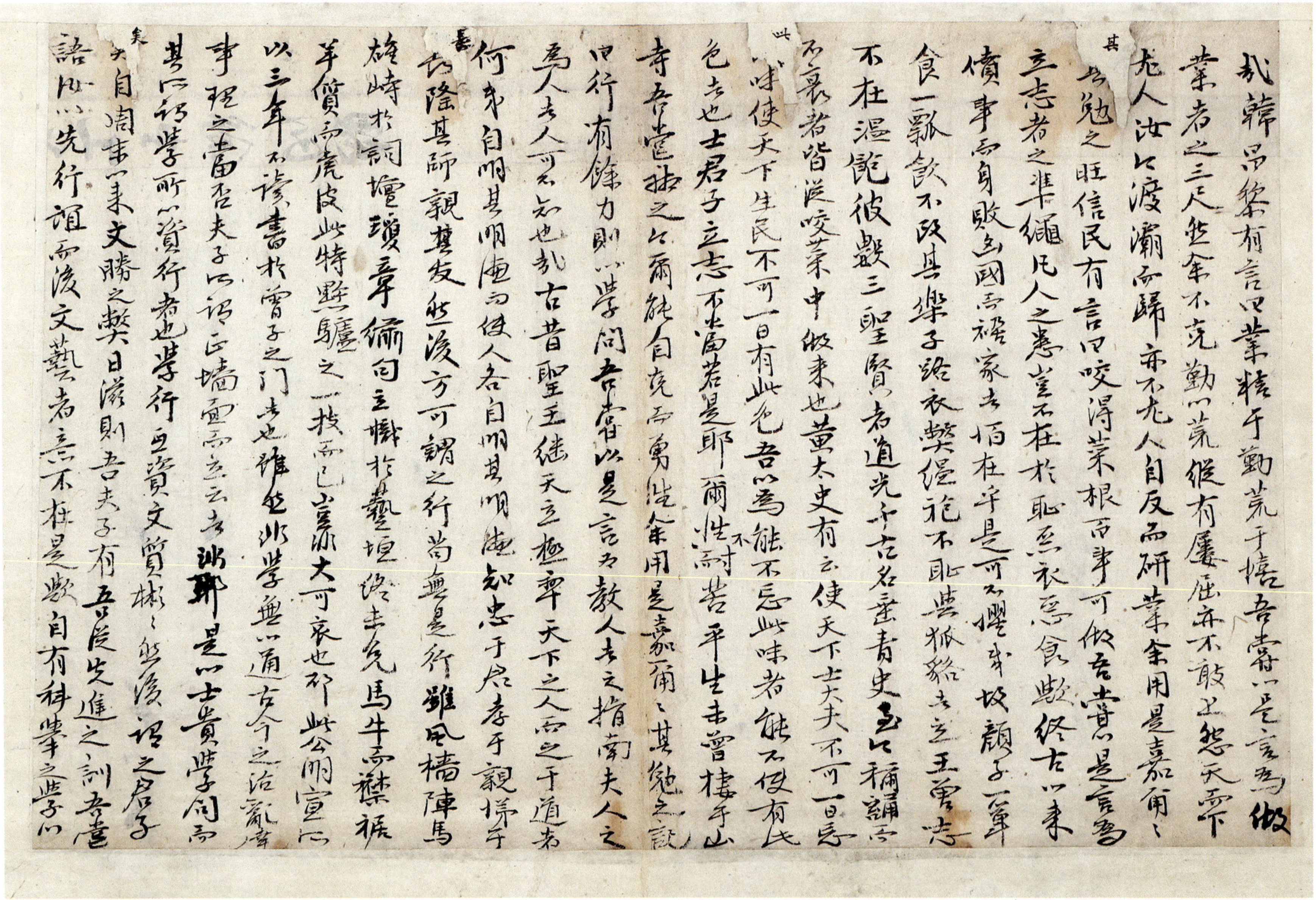
然韓昌黎有言曰業精于勤荒于嬉吾嘗以是言爲做
業者之三尺然余不克勤以荒縱有屢屈亦不敢上怨天下
尤人汝以渡灞而歸亦不尤人自反而研業余用是嘉爾爾
其勉之汪信民有言曰咬得菜根百事可做吾嘗以是言爲
立志者之準繩凡人之患豈不在於恥惡衣惡食歟終古以來
僨事而身敗亡國而禍家者何在乎是可不懼哉顏子一簞
食一瓢飲不改其樂子路衣敝縕袍不恥與狐貉者立王曾志
不在溫飽彼數三聖賢者追光千古名垂青史至以稱誦而
不衰者皆從咬菜中做來也黃太史有云使天下士大夫不可一日忘
此味使天下生民不可一日有此色吾以爲能不忘此味者能不使有民
色者也士君子立志不當若是耶爾性不耐苦平生未嘗棲乎山
寺而虛抛之以爾能自克而勇往余用是嘉爾爾其勉之諺
曰行有餘力則以學問吾嘗以是言爲教人者之指南夫人之
爲人者人可不知也哉古昔聖王繼天立極率天下之人而之于道者
何嘗不自明其明德而使人各自明其明德知忠于君孝于親悌于
長隆其師親其友然後方可謂之行苟無是行雖風檣陣馬
雄峙於詞壇瑣章摘句立幟於藝垣終未免馬牛而襟裾
羊質而虎皮此特騃騽之一技而已豈不大可哀也耶此公明宣以
以三年不讀書於曾子之門者也雖然非學無以通古今之治亂府
事理之當否夫子以謂正墻面而立云者此耶是以士貴學問而
其以謂學所以資行者也學行旣資文質彬彬然後謂之君子
矣自周末以來文勝之弊日滋則吾夫子有吾從先進之訓吾嘗
語你以先行誼而後文藝者豈不於是歟自有科業之學以

음료를 가지고도 그 즐거움을 바꾸지 않았으며, 자로가 헤진 솜옷을 입고도 여우나 담비 가죽 옷을 입은 자와 함께 서있어도 부끄러워하지 않았으며, 왕증은 뜻이 따듯하고 배부른데 있지 않았다. 저 세 성현이 도가 천년에 빛나고 이름이 청사에 드리워 지금에 이르도록 칭송하여 쇠하지 않은 것이니 대체로 나물을 씹는 가운데 이루어 온 것이다.

황태사가 말하기를, “아래로 사대부로 하여금 하루라도 이 맛을 잊지 않게 하며, 천하 백성들로 하여금 하루라도 이 모습이 있게 해서는 안 된다.” 하였다. 나는 능히 이 맛을 잊을 수 없었고 능히 이러한 모습이 있게 하지 아니 하였으니 선비와 군자가 뜻을 세움에 이와 같은 것이 마땅하지 않겠느냐?

너의 성품은 괴로움을 견디지 못하니 평소에 일찍이 산사에서 머문 적이 없었는데, 나는 일찍이 병이 들었고 지금 너는 능히 용감히 가니 나는 이 때문에 네가 기쁘다. 너는 그것을 힘써라 논어에 이르기를, “행하고 남는 힘이 있거든 학문을 한다.” 하였으니 나는 일찍이 이 말로서 남을 가르치는 지남으로 삼았는데 무릇 사람이, 사람이 된 것을 남들이 알지 못하겠느냐?

옛날에 성왕이 하늘의 뜻을 이어 지극한 뜻을 세울 때에 천하의 사람을 인솔하고 도에 가게 한 것은 무엇이냐? 스스로 그 밝은 덕을 밝히고 사람으로 하여금 제각기 스스로 그 밝은 덕을 밝혀서 임금에게 충성하고 어버이에게 효도하며, 어른에게 공손하고 그 스승을 흥융케 하며 벗에게 친근히 할 줄을 안 연후에야 바야흐로 그것을 일러 ‘행’이라고 할만하다.

만일 이러한 행함이 없다면 비록 바람의 돛대나 군진의 말[42]과 같은 용맹함이 있어 문인의 세계에서 우뚝 치솟아 구슬 같은 문장, 비단 같은 구절이 예원의 표지로 서있는 다고 하여도 끝내 옷 입은 마소의 처지[43]를 면치 못할 것이니 양의 바탕에 호랑이 가죽을 하였으나 이것은 특별한 검은 나귀의 한 재주일 뿐이니 어찌 크게 슬퍼하지 않을 수 있겠느냐?

이것은 공명선이 증자의 문하에서 3년 동안 책을 읽지 않은 까닭인 것이다. 비록 그러하여도 배우지 않는다면 고금의 어지러움을 다스림에 통할 수 없으니 사리의 온당함에 통달할 수 있겠느냐? 부자께서 이른바 “담장을 얼굴에 바로하고 서있는 것과 같다.”라고 하는 것이 아니겠느냐? 이 때문에 선비는 학문을 귀하게 여기고 이른바 배운다는 것은 행동에 바탕으로 삼는 것이다. 학문과 행실이 서로 바탕이 되고 문과 질이 빛난 연후에 군자라고 말하는 것이다.

주나라 말 이래로 문이 이기는 폐단이 날로 넘쳐나니 우리 부자께서 ‘우리는 선진의 가르침을 좇아야 한다.’라고 하였으니 내가 일찍이 너에게 행동을 마땅히 하는 것을 우선으로 삼고 문예를 뒤로하여야 한다고 했던 뜻이 여기에 있지 않겠느냐? 과거의 학문이 있은 이래로

42 바람의 돛대나 군진의 말 : 원문의 ‘風檣陣馬’는 杜牧이 李賀의 시를 평하면서 “바람의 돛대나 군진의 말도 그 용맹을 표현하기에 부족하다.[風檣陣馬, 不足爲其勇也.]”라고 하였다. 『山谷集』, 「李長吉歌詩原序」.

43 옷 입은 마소의 처지 : 원문의 ‘馬牛襟裾’는 韓愈가 “사람이 못 배워서 고금을 통하지 못하면, 마소에 사람 옷 입혀 놓은 것과 같다.[人不通古今, 馬牛而襟裾.]”라고 한 데서 온 말이다. 「符讀書城南」.

[秋-20-3] 李承延의 간찰

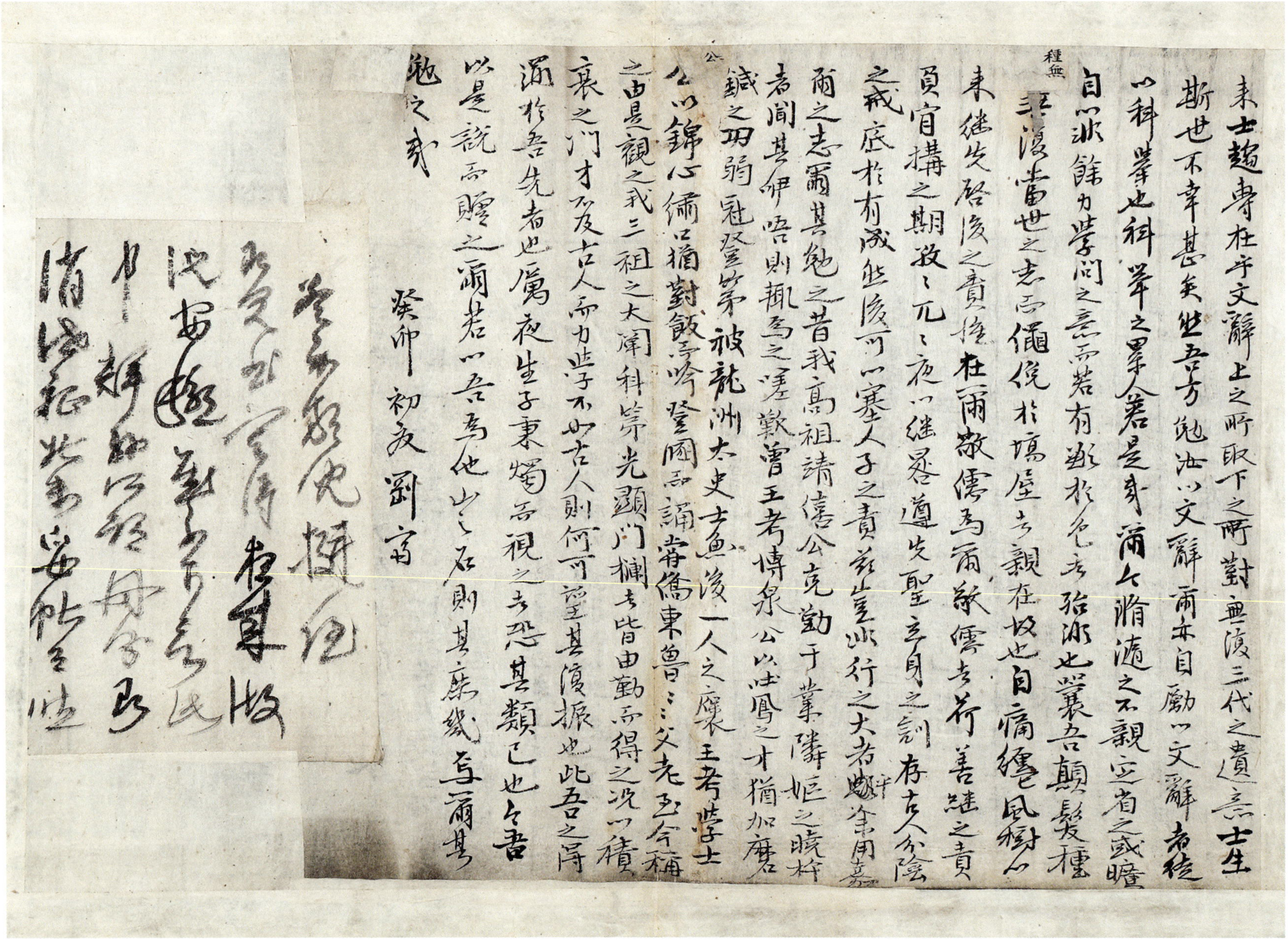

【釋文】↳自有科擧之學以來，士趨專在乎文辭，上之所取，下之所對，無復三代之遺意．士生斯世，不幸甚矣．然，吾方勉汝以文辭，爾亦自勵以文辭者，徒以科擧也．科擧之累人，若是哉．爾今瀡隨之不親，定省之或曠，自以非餘力學問之意，而若有歉於色者，殆非也．曩吾顚髮，種種無復當世之志，而僶俛於場屋者，親在故也．自痛纒風樹以來，繼先啓後之責，惟在爾敬儒．爲爾敬儒者，荷善繼之責，負肯構之期，孜孜兀兀，夜以繼晷，遵先聖立身之訓，存古人分陰之戒，底於有成，然後，可以塞人子之責，玆豈非行之大者乎？余用嘉爾之志，爾其勉之．昔我高祖靖僖公克勤于業，隣嫗之曉杵者，聞其咿唔，則輒爲之嗟歎．曾王考博泉公以吐鳳之才，猶加磨鍼之功，弱冠登第，被龍洲太史士衡後一人之褒．王考學士公以錦心繡口，猶對飯而吟，登溷而誦，嘗僑東魯，東魯父老至今稱之．由是觀之，我三祖之大闡科第，光顯文欄者，皆由勤而得之．况以積衰之門，才不及古人，而力學不如古人，則何可望其復振也？此吾之得罪於吾先者也．'厲夜生子，秉燭而視之者'，恐其類已也．今吾以是說而贈之，爾若以吾爲他山之石，則其庶幾焉．爾其勉之哉．"

癸卯 初夏 剛齋

【國譯】↳과거의 학문이 있은 이래로 선비들이 좇은 것이 오로지 문사에 있고, 조정에서 인재를 취하는 바와 아래에서 거기에 대응하는 바가 다시는 삼대의 남긴 뜻이 없어졌으니 선비가 이 세상에 나서 불행이 심하였다. 그러나 내가 지금 문사를 너에게 부지런히 하라고 하니 너도 스스로 문사에 힘쓴 것은 한갓 과거 때문이다. 과거에 묶여있는 사람들도 이와 같을 것이다.

네가 지금 부모 봉양[44]에 친히 하지 못하였고 혼정신정도 혹 못하여서 '행유여력, 즉이학문.'의 뜻이 아니라고 스스로 여겨서 만약 낯빛에 불편한 마음이 있다면 거의 잘못이다. 지난번 내가 쓰러져서 이따금씩 다시는 세상에 살고 싶은 생각이 없었지만 과거에 힘쓴 것은 부모가 계셨기 때문이다. 몸에 병이 있고 풍수지탄이 있은 이래로 선친을 잇고 후대를 열어주는 책임이 오직 너 경유에게 있다.

너 경유가 된 자는 (위로) 선조를 잘 잇는 책임이 있고 긍구지책을 지고 있어서 부지런히 밤새 공부해서 선대 성인의 입신하신 가르침을 좇고 옛사람들의 시간을 아꼈던 경계를 보존해서 이름을 완성한 연후에야 가히 사람의 자식이 된 책임을 메울 수가 있을 것이니 이것이 어찌 행실의 큼이 아니겠는가? 내가 너의 뜻을 가상히 여기니 너는 그것을 힘쓸 지어다.

옛날에 우리고조 정희공[45]은 학업에 부지런해서 새벽에 절구질을 하는 이웃의 아낙네들이 그의 책 읽는 소리를 듣고는 번번이 감탄을 하였다고 한다. 증조할아버지 박천공[46]께서는 토봉의 재주를 가지고도 오히려 끊임없이 공부하여 약관에 과거에 급제하여 용주태사사형 이후에 한사람 이라는 칭찬을 들었다. 할아버지 학사공[47]은 훌륭한 재주를 가지고도 오히려 밥을 먹으면서도 글을 읊조리고 화장실에

44 부모봉양: 원문의 '瀡隨'는 쌀뜨물을 말하는데, 맛있는 음식으로 부모를 봉양하는 것을 의미한다.

45 우리고조 정희공: 李觀徵을 의미한다.

46 증조할아버지 박천공: 李沃을 의미한다.

47 할아버지 학사공: 李萬敷를 의미한다.

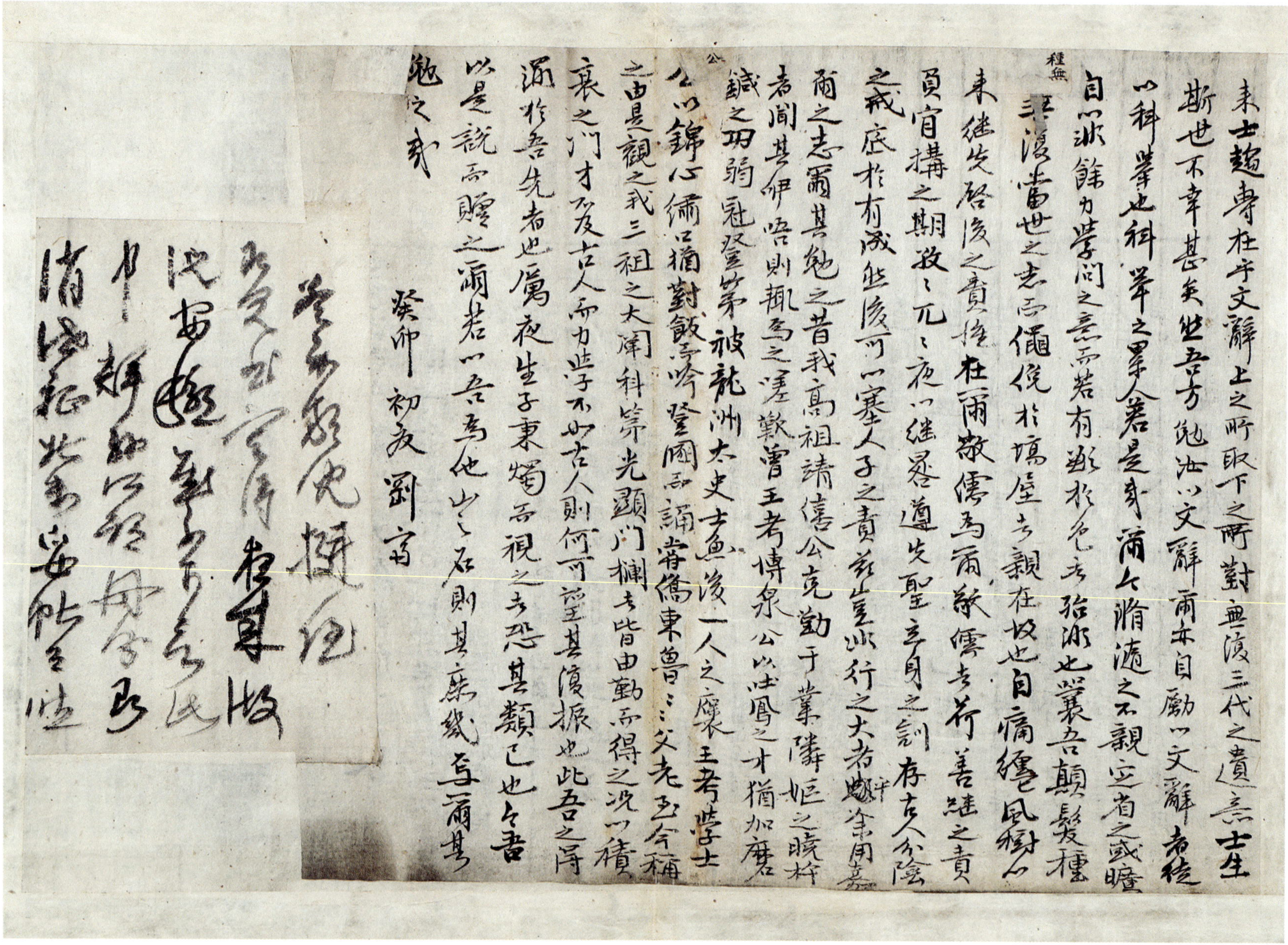

가서도 글을 외웠는데 일찍이 동노에 우거를 하여서 동노의 부로들이 지금까지도 그를 칭찬 하였다.

이로 말미암아 본다면 우리 세분의 조상들께서 크게 과거에 합격을 하고 집안을 빛냈던 것들은 모두 부지런함을 통해서 이룬 것이다. 하물며 오랫동안 쇠락해진 집안에다 재주는 옛사람에게 미치지 못하는데 학문에 힘쓰는 것이 옛사람만 못하다면 어떻게 다시 떨칠 수 있기를 바랄 수 있겠느냐? 이것이 우리가 우리 선조에게 죄를 지은 것이다. '문둥이가 밤에 자식을 낳고 촛불을 쥐고서 살펴본다는 것'이 아마도 이러한 류일 것이다.

지금 내가 이 말을 너에게 주니 네가 만약에 나로써 타산지석을 삼는다면 거의 이룰 수가 있을 것이다. 너는 힘쓸 지어다."

계묘년 초여름 강재

[秋-21-右] 李承延의 간찰

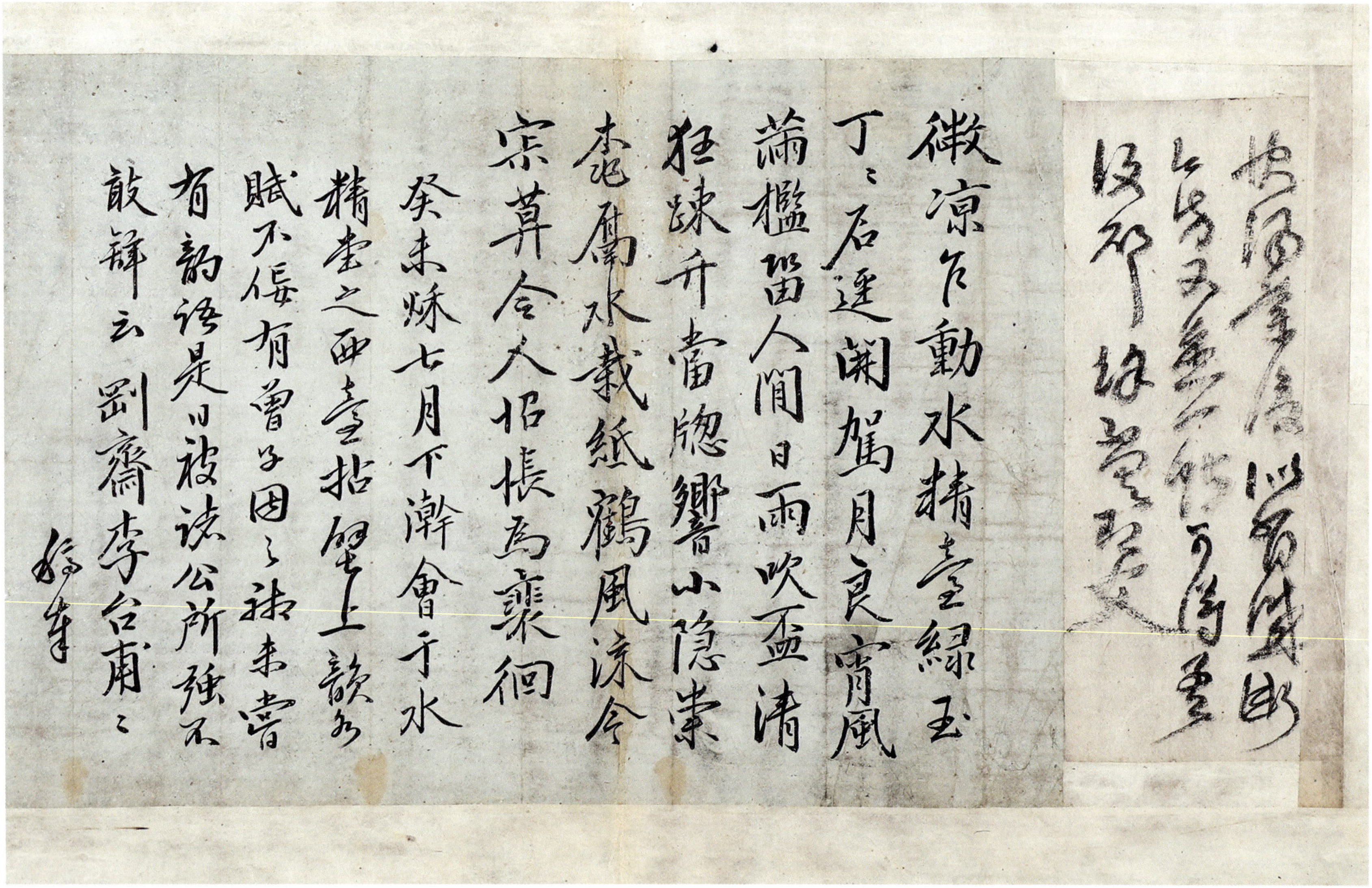

【釋文】 答示敬兒挺侄

卽受書, 審得夜來, 做況安穩, 慰不可言. 此中, 煇孫所謂: '丹, 則卽消泄症', 姑未妥帖, 而昨 ↳服湯藥後, 似有減漸. 今方又煎一帖, 可得差復耶? 餘不具.

卽父

【國譯】 경유와 정유 조카에게 답하는 편지

지금 편지를 보고서 밤새 공부하는 근황이 안온함을 알았으니 위안되는 마음 말할 수가 없구나.

나는 손자 휘가 말한 대로 '단약이 곧바로 설사증세를 없앨 수 있다'고 했는데 아직은 편안치 않고 어제 ↳탕약을 복용한 뒤로 조금은 나아지는 듯하다. 지금 막 또 한 첩을 달이니 조금이라도 차도가 가능하지 않겠느냐? 나머지는 격식을 갖추지 않는다.

당일 아버지

[秋-22-左] 李承延의 칠언율시

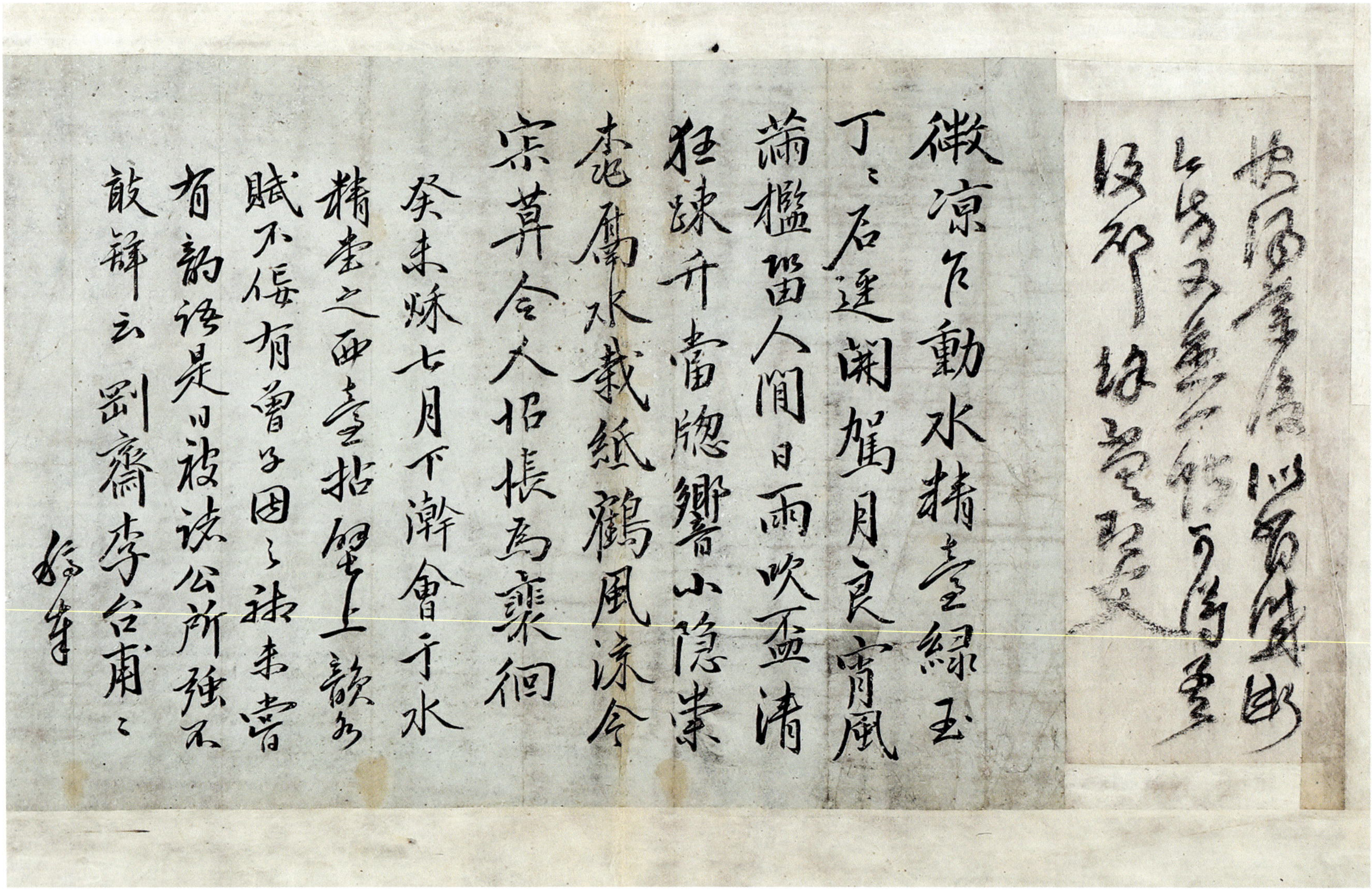

【釋文】微凉乍動水精臺，綠玉丁丁石逕開.
駕月良宵風滿檻，留人閒日雨吹盃.
淸狂踈竹當牕響，小隱祟桃隔水栽.
紙鶴風流今寂寞，令人招悵爲裵徊.
癸未 秌七月 下澣，
會于水精堂之西臺，拈壁上韻各賦. 不佞有曾子固之病，未嘗有韻語，是日被諸公所强，不敢辭云.
剛齋 李台甫 稿奉

【國譯】조금 서늘한 기운이 수정대에서 잠깐 일어나고,
푸른 옥이 정정하게 돌 지름길을 열었네.
달빛을 탄 아름다운 밤에 바람은 난간에 가득하고,
사람을 머물게 하는 한가한 낮에 비는 잔에 뿌리네.

성근 대나무에 미친 듯 불어오는 바람은 창가에 들려오고,
살짝 숨은 듯한 복숭아는 물 너머에 심어졌네.
종이학의 풍류는 지금 적막하여,
사람으로 하여 근심스레 배회하게 하네.

계미년 가을 7월 하순에

수정당 서쪽 대에 모여서 벽 위에 있는 운자를 골라 각각 시를 지었다. 내가 증자고처럼 시에 능치 못한 병통이 있어서 일찍이 시를 짓지 않았는데, 이날 여러 친구들의 강권이 있어서 감히 사양치 못하였다.
강재 이태보 시

[秋-23] 李承延의 간찰

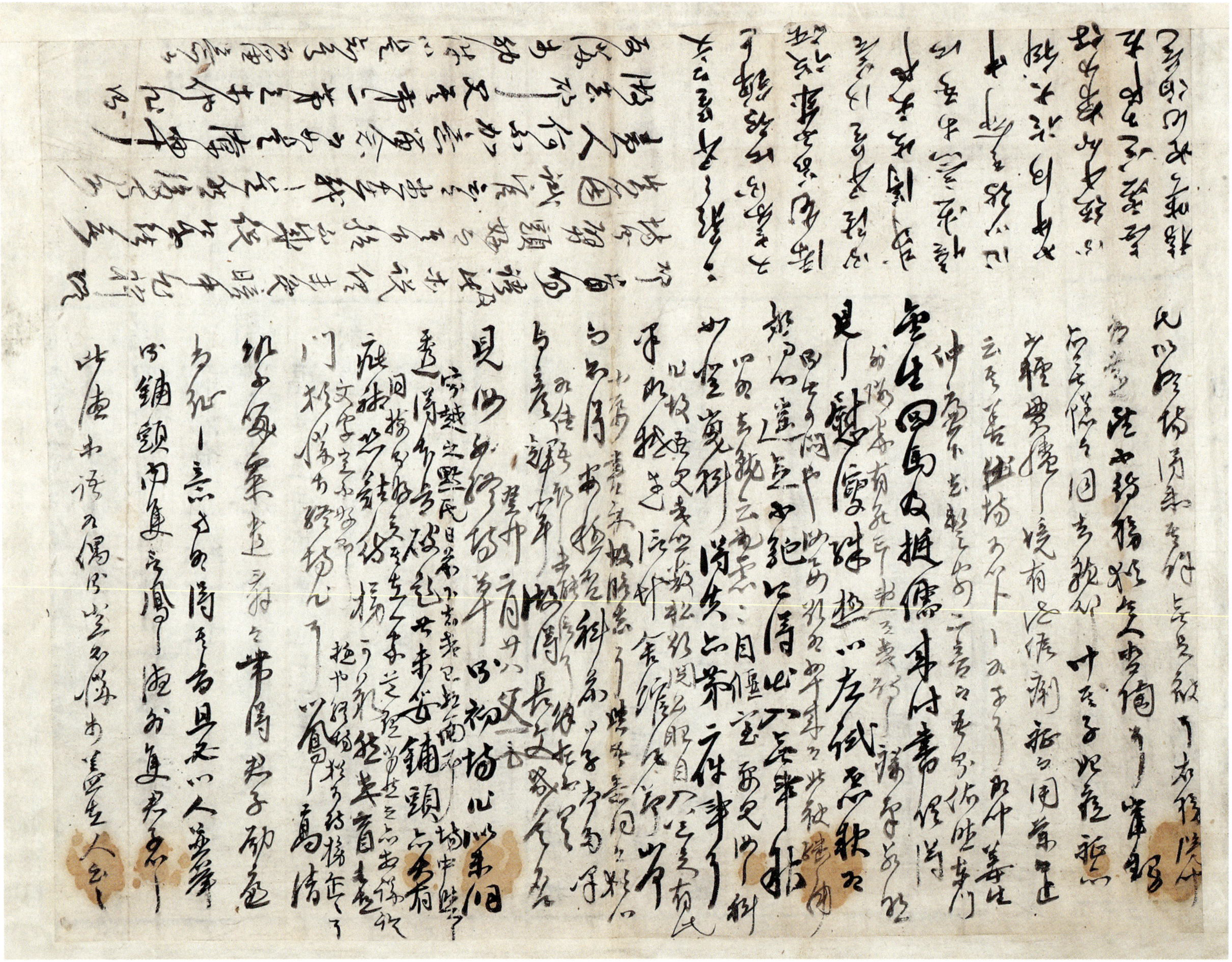

【釋文】金生回馬及挺儒來時書, 俱得見之, 慰瀉殊極. 以左試惡報爲驚心, 遙念不弛. 今得出入無事, 秋如登嵬科, 得失亦第二件事耳. 果卽抵達信地, 舍館凡節如何, 而亦得安穩否? 科前日子尙多, 果與彦輝輩, 做得長文幾首否? 見汝不終場草, 則初場作似未洞透, 得本旨, 破題甚未安, 鋪頭亦大有疵病, 恐難待榜, 可歎. 然或盲者遊門, 猶勝於終場作耳. 以鳳之高淸, 飢不啄粟, 遣辭而帶得君子勵廉尙恥之意, 方爲得其旨, 且必以人竝擧, 則鋪頭, 內隻言鳳之德, 外隻君子以之此德等語爲偶, 則豈不勝於盖在人云云耶? 旨明語及此等說, 俱未免暗中作杵, 終場則劈頭好, 而其下殆不成說. 今世雖無眞箇試官云, 而盡在我之道然後, 方可責人, 何不加意留念, 爲如是潦率做去耶? 見其第二第三等他作, 則反勝於別件, 以是知其不留意, 又可歎可歎. 早呈而文又嘉, 則所謂錦上添花, 若不成說話, 則雖早呈, 何益哉? 得失天也, 惟盡意於吾所作, 以待其命, 中不中, 何論? 大科, 則十分努力, 俾無虛送可也. 左榜昨日始出, 伯道氏以終場得參, 其餘無足被耳. 右榜得聞尙遠, 雖不待榜, 猶令人鬱陶耳. 崔甥亦無恙而同去就耶? 聞“其子始痘症, 亦不輕貫膿之境, 有泄候痢症, 而用藥今止”云, 其善出場可以卜之爲幸耳. 卽聞姜生仲廉下去, 蹔寄二音. 而吾則依昨, 東門外隣家有死亡之患, 而或謂之癘乎? 若然, 則甚可悶也. 汝妻欲爲率來, 而姑被繼痛, 以爲去就云, 是慮是慮. 自偃室, 要見汝之科作, 故吾見或恐蔽私, 欲閱公眼目入送矣. 有此小紙書示, 故胎去耳. 與吾意同, 而猶以爲傳吾耶? 未能信耳. 餘忙不具.

癸卯 二月 卄八 父

寧越之默氏, 日前下者, 或已相面耶? 場中與之同接, 則好矣.

其在一家道理當然之, 亦相議論文字, 豈不好耶? 挺也終場, 猶可待榜企之耳.

【國譯】김생이 돌아오는 말과 정유가 올 때의 편지를 모두 보고서 위안되고 후련한 마음 자못 지극하였다. 본도 좌시의 불합격 소식은 놀라워서 멀리서 염려하는 마음 그치지 않는다. 지금 출입이 무사하니 가을에 만약 높은 성적으로 급제 한다면 (높은 성적의) 득실은 또한 다만 두 번째의 일일 것이다. 과연 당일에 목적지에 도착을 하였고 사관의 모든 절후는 어떠하며 또한 안온하냐? 과거 볼 날자가 아직 많이 남아 있으니 과연 언휘 무리와 더불어 몇 수의 장문을 지었느냐? 네가 종장을 초략하지 못한다면 초장에 지은 것은 통찰하여 본래의 뜻을 얻지 못할 듯하니 파제(破題)[48]한 것이 매우 온당치 못하고 4째 구 또한 크게 병통이 있어서 아마도 합격하기는 어려울 듯하니 한탄스럽다. 그러나 혹 앞 못 보는 사람이 문 앞에서 노닌다 하더라도 종장의 지은 것보다는 나을 것이다. 봉황의 높고 청아한 기품으로는 아무리 배가 고파도 좁쌀을 쪼아 먹지 않으니 문자를 배열함에 있어 군자다운 청렴함을 힘쓰고 부끄러움을 숭상하는 뜻을 띠고 있어야 하는데, 바야흐로 그 뜻을 얻는다면 장차 반드시 사람들이 아울러 그를 천거할 것이니 4연에서 안쪽은 봉황의 덕을 말하는 것으로 하고, 바깥은 군자의 이러한 덕 등의 말로서 대구를 삼는다면, 어찌 '대개 사람에게 있다.'라고 운운한 것보다는 낫지 않을

48 파제(破題) : 과거를 볼 때 詩의 첫머리에서 그 글제의 뜻을 들추어내는 것으로서 첫머리 곧 발단의 두 句 혹은 세 구에 개괄적인 글의 대지를 설파하는 것이다. 대개 대구를 이루는 데 가장 중요한 부분이다. 그 巧拙에 따라 全文의 가치를 정한다.

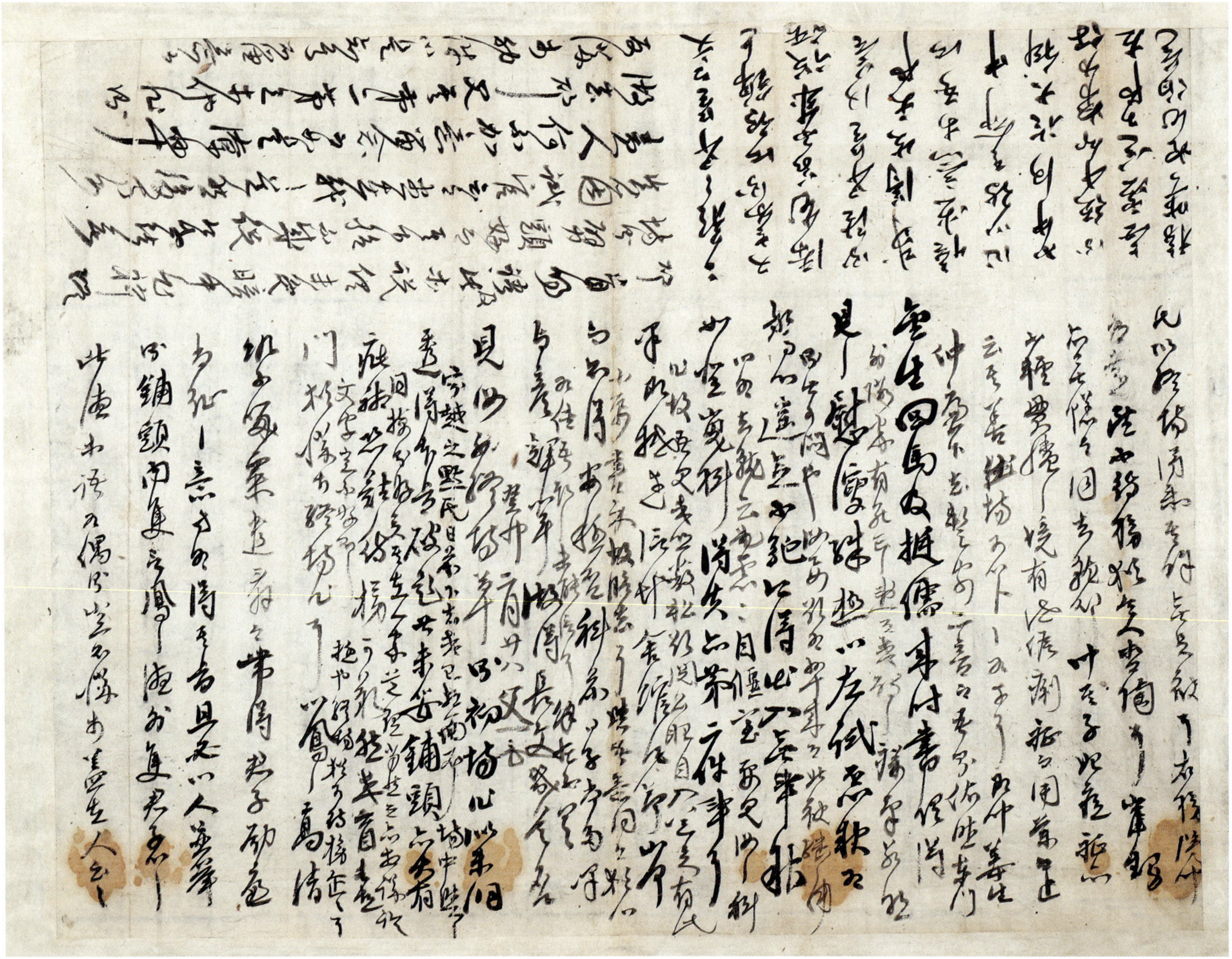

수 있겠느냐? 뜻이 분명해야 할 말과 이러한 말들은 모두 한 밤중에 절구질 하는 것을 면치 못하니 종장은 머리를 잘라 버리는 것이 좋고 그 아래는 거의 말이 되지 못한다. 금세에 비록 진실된 시관이 없다하더라도 나에게 있는 도를 다한 연후에라야 바야흐로 남을 책할 수 있으니 어떻게 더욱더 뜻을 두어 유념하지 아니하고 이렇게 어설프게 글을 짓는단 말이냐? 제2와 제3의 다른 작품을 본다면 도리어 별건보다 나은데, 이로써 유의하지 않았음을 알 수 있으니 또 한탄스럽다. 일찍 제출하고 또 문장이 아름답다면 금상첨화이지만 만약 말이 되지 않는다면 비록 일찍 제출한다한들 무슨 이익이 있겠느냐? 득실은 천명이다. 오직 내가 짓는 바의 뜻을 다하고서 그 명을 기다릴 뿐이니 당락을 어찌 논하겠느냐? 대과는 충분히 노력해서 허송세월하지 않는 것이 좋겠다. 좌도의 합격자명단은 어제 비로소 발표가 되었는데 백도씨는 종장에 합격을 하였고 그 나머지는 합격한 자가 없다. 우도의 합격자명단은 아직 멀었다는 소식을 들었는데, 비록 합격소식은 기다리지 않으나 사람을 답답하게 한다.

최생 또한 탈 없이 함께 거취를 하느냐? 듣건대 그 아들이 천연두를 앓기 시작했고 피부를 펜 듯한 가볍지 않은 지경이어서 설사와 이질 증세가 있지만 약을 써서 지금은 그쳤다고 하는데, 병이 잘 나을 것으로 점쳐지니 다행이다. 지금 강중렴이 내려간다는 소식을 듣고서 잠시 편지를 부친다. 나는 어제와 다름없이 지내고 있는데, 동문 바깥의 이웃의 집에 사망의 우환은 혹시 천연두라고 생각을 하느냐? 만약 그렇다면 매우 고민이다. 너의 처를 데려오고 싶지만 우선 연속되는 고통을 당하고 있는 것으로 거취를 삼는다고 하니 이것이 걱정이다.

수령이 너의 과거 답안지를 보고 싶어 하는데, 나의 견해가 혹시라도 사사로움에 가려졌을까 싶어서 공적인 안목으로 보게 하고자 보낸다. 여기에 편지로 써서 보인 것이 있기 때문에 속지로 보낸다. 내 생각과 같은데도 (너의 답안지를) 오히려 나에게 전하겠느냐? 아직은 믿을 수 없다. 나머지는 바빠서 이만 줄인다.

계묘년 2월 28일 아버지

영월의 묵씨는 일전에 내려갔는데, 혹 이미 서로 만났느냐? 과장에서 그와 함께 만난다면 좋겠다. 일가의 도리에 있어 마땅하니 또한 서로 문자를 의논하는 것이 어찌 좋지 않겠느냐? 정유는 종장에서도 오히려 합격을 기대할만 하다.

[秋-24] 李承延의 간찰

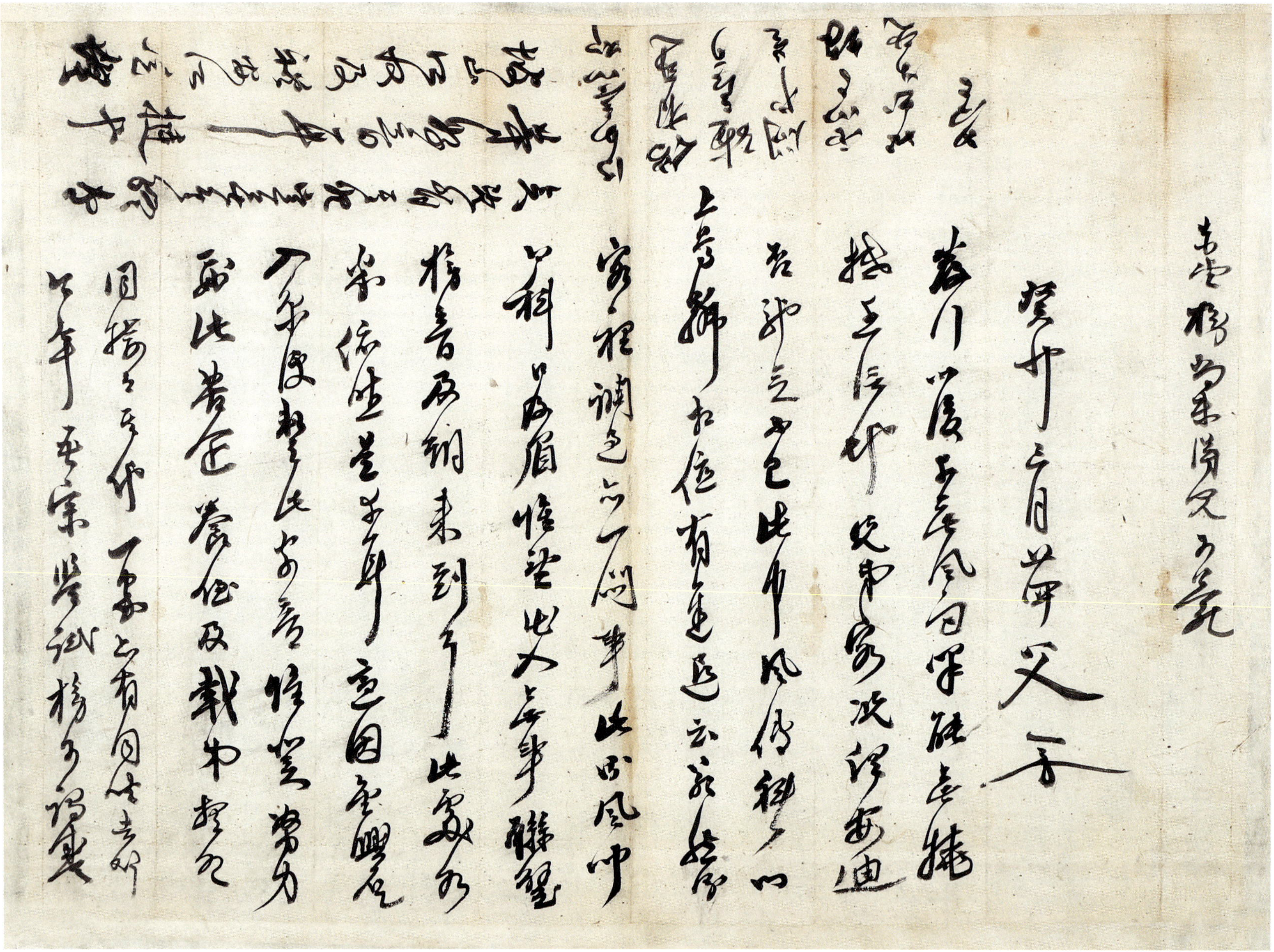

【釋文】發行以後, 幸無風雨, 果能無撓, 抵達信地? 兄弟客況, 俱安適否, 馳念不已. 此中, 風傳科日, 以上尊號相値, 有進退云, 若然, 則客裡調過, 亦一悶事. 此則風聞, 而科日及眉? 惟望出入無事, 聯璧榜音及期來到耳. 此處各家依昨, 是幸耳. 適因金興乭入京便, 蹔此寄音, 惟冀努力副此苦企. 養侄及載弟, 想爲同接, 而其他一家, 亦有同坐者耶? 今年, 吾宗監試榜, 可謂盛矣. 旣有其始, 豈無其終? 專等好音耳. 挺也坡山所收及禮安所送, 俱得如意耶? 倘有違聽之, 何可悶也? 是慮是慮. 餘非書可旣, 不具. 東堂榜, 尙未得見, 可菀.
癸卯 三月 卄四 父

【國譯】이길 떠난 뒤에 다행히 풍우가 없어서 과연 번요함이 없이 목적지에 도달하였느냐? 형제들의 객지의 근황은 모두 편안하느냐? 그리움이 그지없다.

나는 과거 날짜를 풍문에 듣건대 임금의 존호를 올리는 날과 서로 상치가 되어 날짜를 변경한다는 소식을 들었는데, 만약 그렇게 된다면 객지에서 조리하고 보내는 것도 또한 하나의 고민스러운 일일 것이다. 이곳에는 풍문으로 듣기에 과거날짜가 눈앞에 닥쳐왔으니, 오직 무사히 출입을 하여 벽에 합격 소식이 전해오기를 바란다. 이곳의 각자의 집은 옛날 그대로이니 이것은 다행이다. 마침 김흥돌이 서울로 가는 편을 인하여 잠시 이렇게 소식을 부치니 오직 노력하여 이러한 고대에 부응하기를 바란다. 양 조카와 재 아우는 함께 있을 것이라 생각이 되고, 그 나머지 일가도 또한 함께 자리하는 자가 있느냐?

올해는 우리 집안에 감시에 합격한 자들이 많다고 할만하다. 이미 그 시작이 있으니 어찌 그 마침이 없겠느냐? 오직 좋은 소식을 기다릴 뿐이다. 정유는 파주에서 거둔 바와 예안에서 보낸 바가 모두 뜻대로 되었느냐? 혹시라도 내가 듣는 것과 어긋남이 있다면 얼마나 안타깝겠느냐? 이것이 염려된다.

나머지는 편지로 다할 수 있는 것이 아니니 이만 줄인다. 동당의 합격자 명단은 아직 보지 못하였으니 답답하다.

계묘년 3월 24일 아버지

[秋-25-1] 李承延의 옥성서원 記文

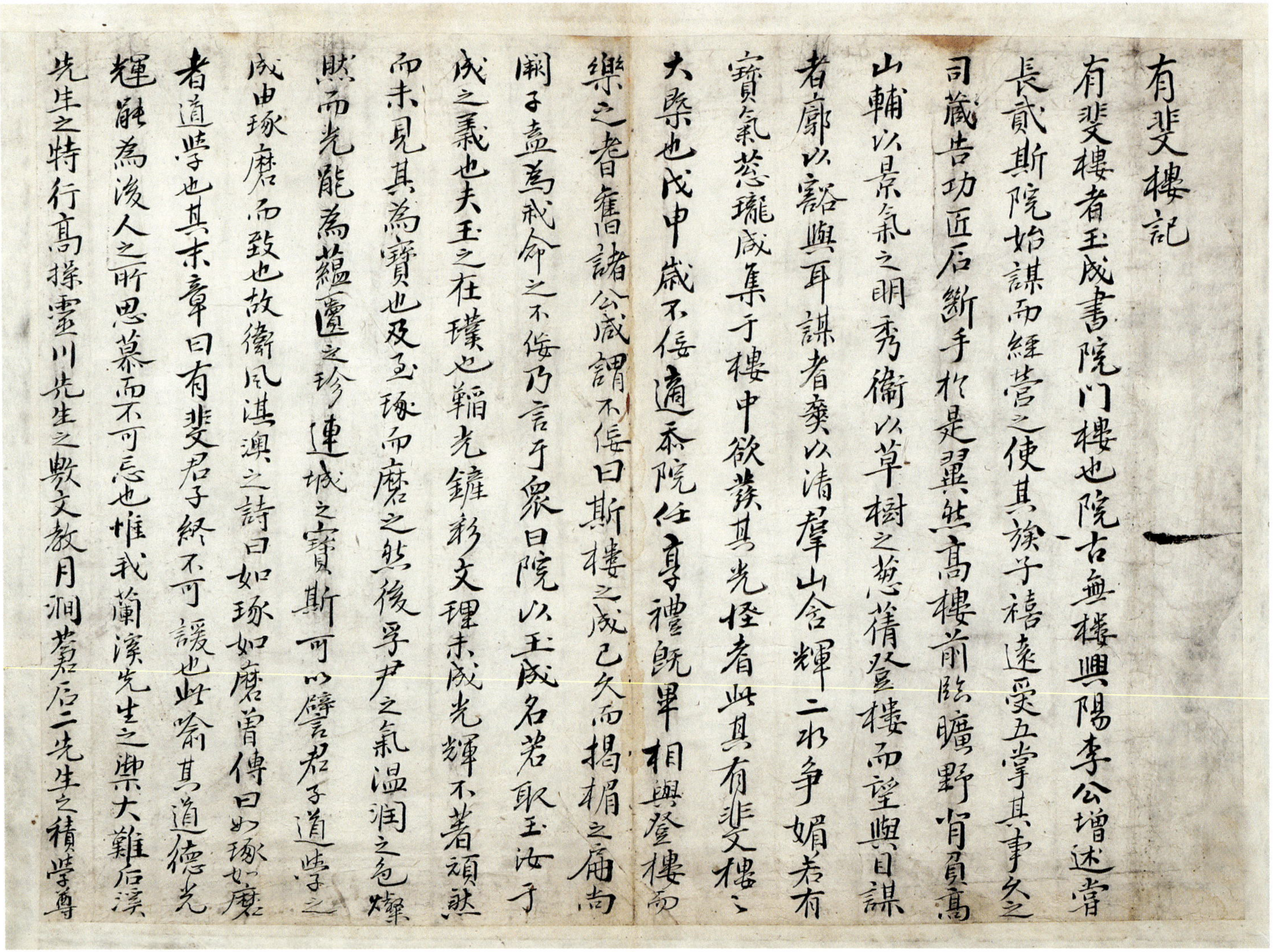

有斐樓記
有斐樓者玉成書院门樓也院古無樓興陽李公增述嘗
長貳斯院始謀而經營之使其族子禧遠受五掌其事久之
司藏告功匠石斷手於是翼然高樓前臨曠野背負高
山輔以景氣之明秀衛以草樹之葱蒨登樓而望與目謀
者廓以豁與耳謀者爽以清羣山含輝二水爭媚若有
寶氣葱瓏咸集于樓中欲發其光怪者此其有斐樓之
大槩也戊申歲不佞適忝院任享禮既畢相與登樓而
樂之者舊諸公咸謂不佞曰斯樓之成已久而揭楣之扁尚
闕子盍爲我命之不佞乃言于衆曰院以玉成名若取玉汝于
成之義也夫玉之在璞也韜光鏟彩文理未成光輝不著頑然
而未見其爲寶也及玉琢而磨之然後孚尹之氣温潤之色燦
然而光能爲韞匱之珍連城之寶斯可以譬君子道學之
成由琢磨而致也故衛風淇澳之詩曰如琢如磨曾傳曰如琢如磨
者道學也其末章曰有斐君子終不可諼也此喻其道德光
輝離爲後人之所思慕而不可忘也惟我蘭溪先生之樂大難后溪
先生之特行高操靈川先生之數文敎月澗葛巖二先生之精學尊

【釋文】有斐樓記

有斐樓者, 玉成書院門樓也. 院古無樓, 興陽李公增述, 嘗長貳斯院, 始謀而經營之. 使其族子禧遠受五, 掌其事久之. 司藏告功, 匠石斷手. 於是, 翼然高樓, 前臨曠野, 背負高山, 輔以景氣之明秀, 衛以草樹之葱蒨, 登樓而望. 與目謀者, 廓以豁, 與耳謀者,爽以淸. 群山含輝, 二水爭媚, 若有寶氣葱瓏, 咸集于樓中, 欲發其光怪者. 此其有斐樓之大槪也. 戊申歲, 不佞適忝院任, 享禮既畢, 相與登樓而樂之, 耆舊諸公, 咸謂不佞曰: “斯樓之成已久, 而揭楣之扁尙闕, 子盍爲我名之?” 不佞乃言于衆曰: “院以玉成名, 若取玉汝于成之義也. 夫玉之在璞也, 韜光鏟彩, 文理未成, 光輝不著, 頑然而未見其爲寶也. 及至琢而磨之然後, 孚尹之氣, 溫潤之色, 燦然而光, 能爲蘊匵之珍, 連城之寶, 斯可以譬君子道學之成, 由琢磨而致也. 故「衛風淇澳」之『詩』曰: “如琢如磨” 曾傳曰: “如琢如磨者道學也.” 其末章曰: “有斐君子終不可諼也.” 此喩其道德光輝, 能爲後人之所思慕, 而不可忘也. 惟我蘭溪先生之禦大難, 后溪先生之特行高操, 靈川先生之敷文敎, 月澗蒼石二先生之積學尊 ↳道

【國譯】 옥성서원의 유비루에 관해서 쓴 기문이다.

유비루는 옥성서원의 문루이다. 원은 오래되고 누각이 없었는데 흥양 이증술 공이 일찍이 이 서원의 원장이 되어 비로소 도모하여 경영하였다. 그 집안사람인 희원과 수오가 그 일을 맡은 지 오래 되었는데, 사장이 일을 마무리 했다고 알려오고 장석도 그 일을 마쳤다. 이에 날 듯 한 높은 누각이 앞으로는 넓은 들을 마주하고 뒤로는 높은 산을 지고 있으면서 맑고 빼어난 경치를 돕고 있고, 푸른 나무들이 호위를 하고 있어서 문루에 올라 멀리 바라볼만 하였다. 눈으로 보고서 도모하는 것들은 시야가 확 트이고, 귀로 도모하는 것들은 귀가 상쾌하였다. 여러 산들은 푸른빛을 머금고 있고 두 물줄기는 눈앞에서 아름다움을 다투고 있어서 마치 보배로운 기운이 영롱하게 문루에 다 모여서 그 빛의 괴이함을 드러내고자 하는 것 같았다. 이것이 바로 유비루의 대개이다.

무신년[49]에 내가 외람되이 원임을 맡아서 향례를 지내고 서로 더불어 누각에 올라서 즐겼는데, 늙은 여러 공들이 모두 나에게 이르기를 “이 누각이 이루어진 것이 이미 오래되었으나 편액조차 걸고 있지 않고 있으니 그대는 어찌 우리를 위하여 이름을 짓지 않는가?”라고 하였다. 내가 마침내 여러 사람들에게 말하기를, “원을 옥성이라 이름 한 것은 마치 옥여우성(玉汝于成)[50]이라는 뜻에서 가져 온 것이다. 무릇 옥은 재련하지 않은 박옥일 경우에는 그 빛을 숨기고, 문리가 이루어지지 않았을 경우에는 빛이 드러나지 아니해서 완연히 그 보배됨을 볼 수가 없다. 그 옥을 쪼고 간 연후에라야 부윤의 기운과 온유한 빛깔이 환히 빛이 나서 능히 상자에 보관할 만한 보배가 되고 연성의 보배가 되니 ‘이것이 군자가 도학을 완성함은 절차탁마함으로 말미암아서 이루는 것’에 비유할 수 있다. 그러므로 『시경』, 「위풍, 기욱」의 시에 이르기를, “쪼는 듯하고 가는 듯하다.”라고 하였고 증자의 대학에 이르기를, “쪼는 듯하고 가는 듯 하는 것은 도학이다.” 그 말장에 말하기를, “문채 나는 군자여 끝내 잊을 수 없도다.”라고 하였다. 이것이 그 군자의 도덕광휘를 능히 후인들이 사모하여 잊지 못하는 것에 비유한 것이다. 오직 우리 난계선생의 대난을 막았던 것과 후계선생의 남다른 행실과 높은 지조와 영천선생의 문교를 펼쳤던 것과 월간 창석 두 선생께서 학문을 쌓고 ↳도를 높여서

49 무신년 : 1788년(正祖 12년) 때의 일이다.

50 옥여우성(玉汝于成) : 宋나라 張載의 말에서 인용되었다. “부귀와 복택은 나의 삶을 두텁게 해 주고, 빈천과 우척은 너를 도와 성취시켜 주는 것이다.[富貴福澤, 將厚吾之生也, 貧賤憂戚, 庸玉女於成也.]” 「西銘」.

[秋-25-2-右] 李承延의 간찰

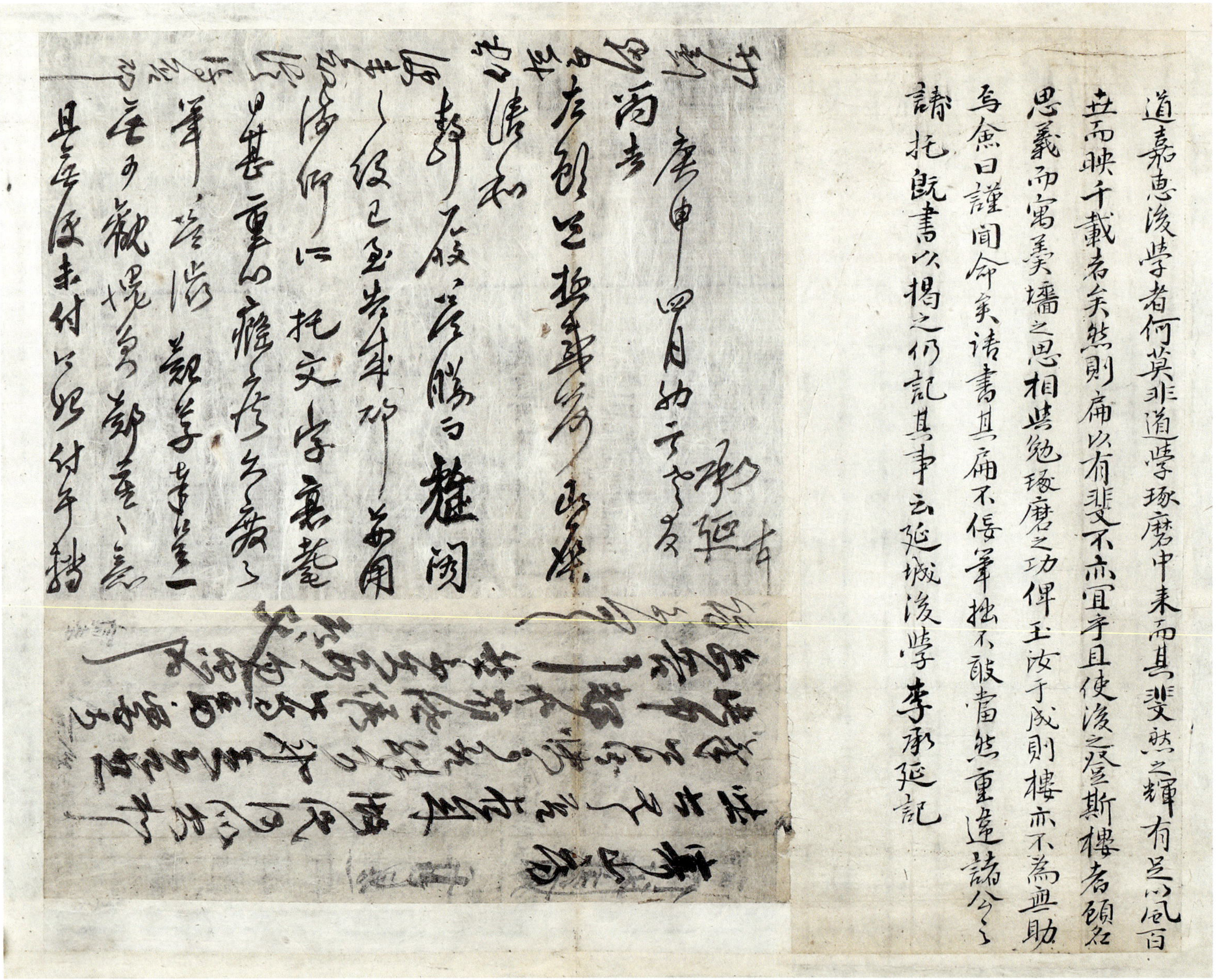

道嘉惠後學者何莫非道學琢磨中來而其斐然之輝有足以風百世而映千載者矣然則扁以有斐不亦宜乎且使後之登斯樓者顧名思義而寓羹墻之思相與勉琢磨之功俾玉汝于成則樓亦不爲無助焉僉曰謹聞命矣請書其扁不佞筆拙不敢當然重違諸公之請托既書以揭之仍記其事云 延城後學 李承延記

【釋文】道嘉惠後學者, 何莫非道學琢磨中來, 而其斐然之輝, 有足以風百世而映千載者矣. 然則扁以有斐, 不亦宜乎? 且使後之登斯樓者, 顧名思義, 而寓羹墻之思, 相與勉琢磨之功, 俾玉汝于成, 則樓亦不爲無助焉. 僉曰, 謹聞命矣, 請書其篇, 不佞筆拙, 不敢當. 然重違諸公之托, 旣書以揭之, 仍記其事云.

延城 後學 李承延 記

【國譯】도를 높여서 후학들에게 아름다운 은혜를 끼친 것이 어찌 도학을 갈고 닦는 가운데, 그 화려한 빛이 백세에 소문이 나고 천년을 빛내기에 충분치 아니한 것이 아니겠는가? 그러하니 유비라는 이름으로써 편액을 다는 것이 또한 마땅치 않겠는가? 장차 후에 이 누각에 오르는 자들로 하여금 이름을 돌아보고 그 뜻을 생각하게 해서 앙모의 정성[51]을 붙이도록해서 서로 더불어 탁마의 공에 힘써서 '옥여우성'을 이루게 한다면 누각이 또한 도움이 없지는 않을 것이다.

여러 사람들이 말하기를, 삼가 내가 명명한 것을 말씀드리자 그 편액을 쓸 것을 청하였지만 내 필력이 보잘 것 없어서 감당하지 못하였다. 그러나 거듭 여러 공들의 부탁을 어기게 되어 써서 편액을 걸고 그 일에 시말을 기록하였다.

연성 후학 이승연이 쓰다.

51 앙모의 정성 : 원문의 '羹墻之思'는 국그릇과 담장을 보고 그리워한다는 말로, 仰慕의 정성이 지극함을 의미한다. 堯임금이 죽은 뒤에 舜임금이 그리워하여 자리에 앉으면 요임금이 담장에서 보이는 것 같고, 밥을 먹으면 국에 요임금이 어른거리는 것 같았다는 고사에서 유래하였다.

[秋-26-左上] 李承延의 간찰

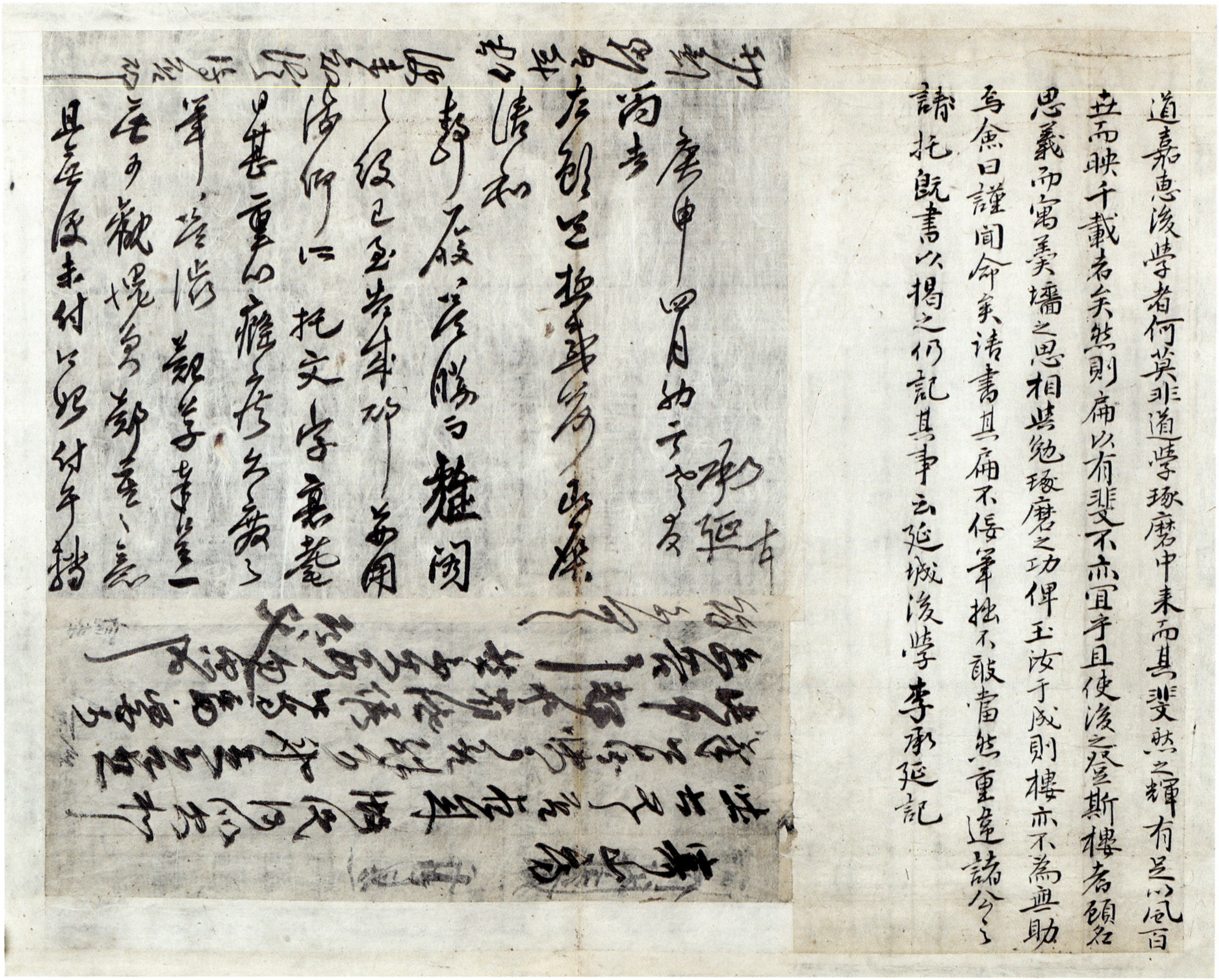

道嘉惠後學者何莫非道學琢磨中來而其斐然之輝有足以風百
世而映千載者矣然則扁以有斐不亦宜乎且使後之登斯樓者顧名
思義而寓羹墻之思相與勉琢磨之功俾玉汝于成則樓亦不爲無助
焉僉曰謹聞命矣請書其扁不佞筆拙不敢當然重違諸公之
請托旣書以揭之仍記其事云延城後學李承延記

【釋文】 嚮者左顧，迨極盛荷．卽候淸和，靜履益勝，而旌閣之役，已至告成耶？并用傃仰．所托文字，衰耄日甚，重以癃疾，久癈之筆，益澁艱草奉呈，一無可觀，愧負鄭重之意．且無便未付，今始付于轉便，未知信傳否耶？餘忙不備．謹狀．
庚申 四月 初二日 老友 承延 頓

【國譯】 지난번에 멀리에서 저를 찾아와 주셔서 지금까지 매우 감사하였습니다. 요즘 날씨가 맑고 화창한데 정양하시는 체후가 더욱 건승하고 정려의 역은 이미 완성이 되었습니까? 아울러 그립습니다.

부탁한 바의 문자는 제가 쇠약함이 날로 심한데다 깊은 병이 들어 오래도록 붓을 들지도 못하고 있다가 더욱 난삽하여 어렵게 대강 쓰고 올리기는 하였는데, 조금도 볼만한 것이 없어서 정중한 뜻을 저버린 것이 부끄럽습니다. 게다가 인편이 없어서 아직까지 부치지 못하고 있다가 지금에야 비로소 둘러가는 인편에 부치니 편지를 받으셨는지 모르겠습니다.

나머지는 바빠서 격식을 갖추지 않습니다. 삼가 편지 합니다.

경신년 4월 초2일 노우 승연 돈

[秋-27-左下] 李承延의 간찰

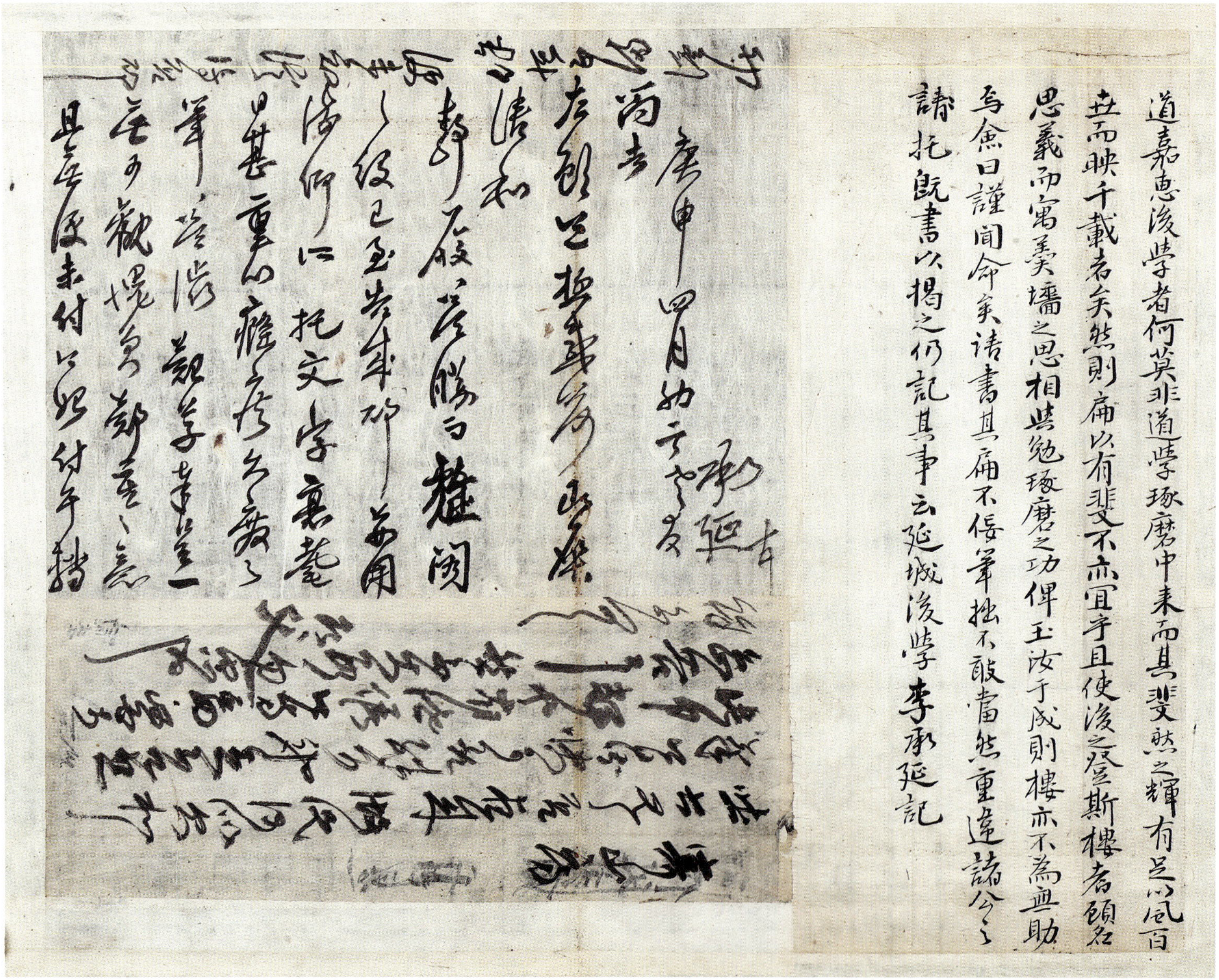

道嘉惠後學者何莫非道學琢磨中來而其斐然之輝有足以風百世而映千載者矣然則扁以有斐不亦宜乎且使後之登斯樓者顧名思義而寓羹墻之思相與勉琢磨之功俾玉汝于成則樓亦不爲無助焉僉曰謹聞命矣請書其扁不佞筆拙不敢當然重違諸公之請托旣書以揭之仍記其事云延城後學 李承延記

【釋文】寄山房

昨書見之否？夜來做況何似？欠和之氣，今日則快可否？殊可馳念不已．想此中輝也，有泄候，今方要醫於魯谷耳．然不大段，勿慮也．餘不具．

卽父．

【國譯】산방에 부친다.

어제 보낸 편지는 보았느냐? 밤사이에 공부하는 근황은 어떠하냐? 건강이 좋지 않다더니 오늘은 괜찮으냐? 매우 걱정이다. 생각건대 여기에 있는 휘는 설사의 증후가 있어 지금 막 노곡에 의원을 요청하였다. 그러나 대단한 것이 아니니 염려하지 말거라. 나머지는 격식을 갖추지 않는다.

즉일 아버지가

[秋-28] 李秉延의 간찰

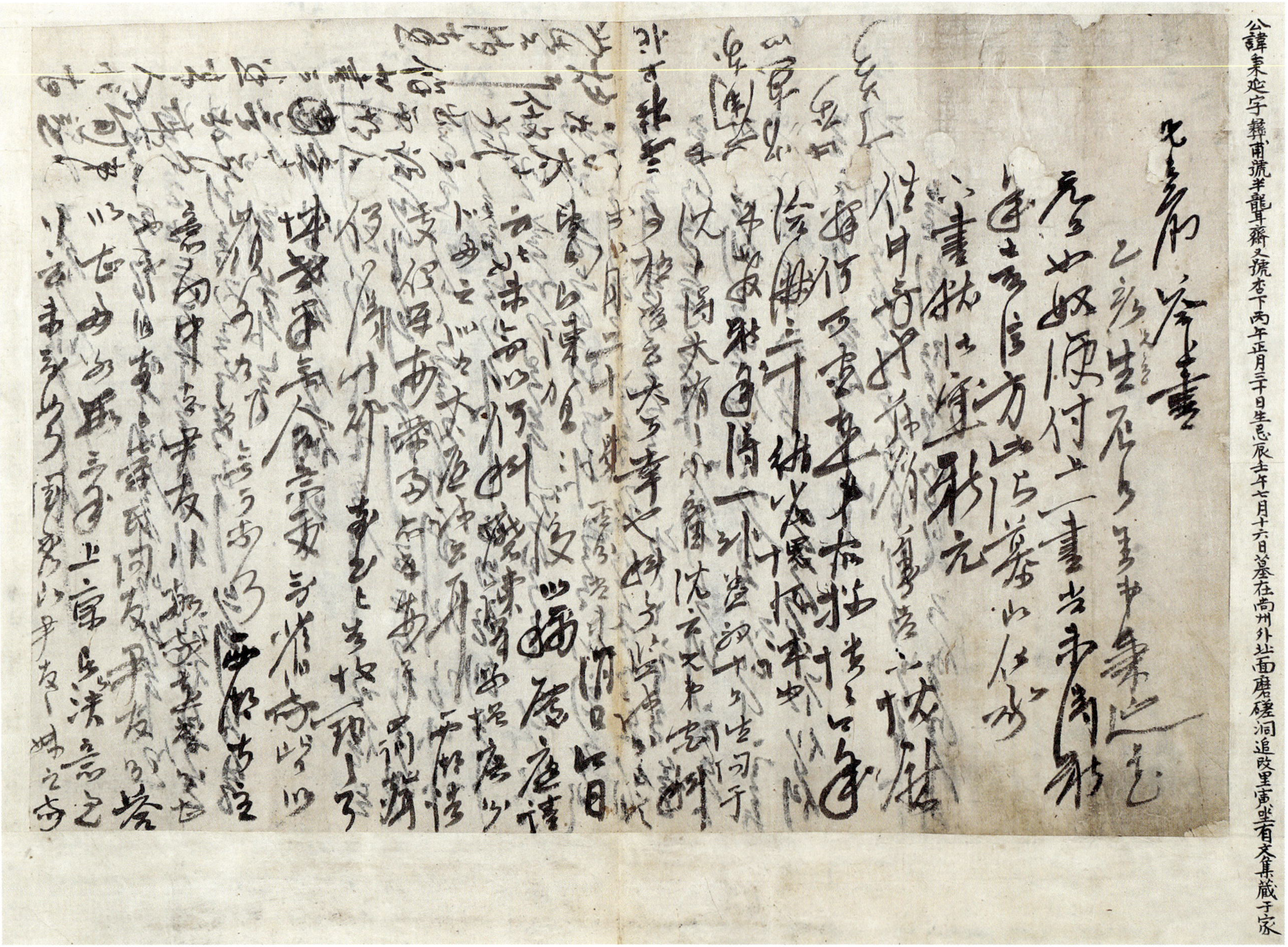
公諱秉延字彝甫號半龍耳齋又號杏下丙午年正月三十日生忌辰壬午七月十六日墓在尙州外北面磨磴洞追改里寅坐有文集藏于家

【釋文】 兄主前 答上書

元日，如奴便付上一書，尙未得新年音信，方此伏慕．卽伏承下書，就伏審新元，侍中氣體候，茂膺萬吉，下忱慰釋，何可進達？弟宿樣憒憒，今年洽〔滿〕三十縮劣愧恨．試如來敎，新年得一卦，蓋初十日往，問于沈之，得‘大有之小畜’，沈云：“兄弟營科事，極吉”云，大可幸也．科事監試，則已定於八月二十日，〔謁〕聖則尙未涓日，今〔月〕望日，卽陳賀．陳賀後，以稱慶庭請云，姑未知以何科磨鍊耳．若增廣則似好，而似爲大庭試云耳．西湖諸處俱平安，恭齋亦平安耳．罰聲何以得聞耶？前書已告，故闕之耳．城昏果無合意處？知舊家，皆以嶺外爲難，無可奈何？西湖叔主意向中，與尹友行敬家，連昏則甚好云，▣……▣ 閔友尹友，則答以甚好，若數三年上京居，則決意過行云，未知如何？閨秀，卽尹友之妹，而家勢太饒，可謂合意，未知如何？弟，近日爲做事，出西湖，欲於來旬還歸耳．餘非書可悉，來人忙甚，姑此不備達．無楮且忙甚，閤闈前背達，以此紙一一如何？

乙亥 兄主 生辰日 舍弟 秉延 上書

【國譯】 형님께 답장 올리는 편지

정월 초하루 날 노비가 가는 편에 한 통의 편지를 부쳤는데 아직까지 신년의 소식을 받지 못하여 바야흐로 이렇게 삼가 그립습니다. 지금 내려주신 편지를 받고 삼가 새해에 시봉하는 체후가 만 가지로 길하심을 무성히 받으셨음을 알았으니 제 마음에 위안되고 후련함을 어떻게 말씀드리겠습니까? 저는 옛 모습대로 심란하게 지내고 있는데 금년은 [나이가 30이나 되어] 위축되고 보잘 것 없어서 부끄럽고 한스럽습니다. 시험 삼아 보내오신 말씀대로 신년에 한 괘를 얻어서 대체로 초10일 날에 심씨에게 가서 물어 ‘대유지소축(大有之小畜)’ 괘를 얻으니 심씨가 이르기를, “형제가 과거시험을 경영하는 일에 있어서는 지극히 길하다.”고 하니 매우 다행입니다.

감시를 치르는 과거의 일이 이미 8월 20일로 정해졌고 [알성시]는 아직도 날짜가 정해지지 않아서 [이달 보름]은 나아가 신년하례를 드려야 합니다. 신년하례를 드리고 나서 ‘경정(慶庭)’이라고 일컫기를 청하였다고 하는데 아직은 무슨 이름의 과거로 마련될지는 모르겠습니다. 만약 증광시이면 좋을 듯하나 아마도 대정시가 될 듯합니다.

서호의 여러 곳에 있는 사람들도 평안하고 공재도 또한 평안합니다. 처벌에 대한 소식은 어떻게 들으셨는지요? 지난 편지에 이미 말씀드렸기 때문에 말씀드리지 않습니다. 서울의 혼사는 과연 뜻에 맞는 곳이 없습니까? 친구들의 집이 모두 영밖에 있어서 난처하지만 어찌하겠습니까? 서호의 숙부님의 생각에는 친구 윤행경과 더불어 혼사를 한다면 매우 좋다고 하는데, ▣……▣ 친구 민 씨와 친구 윤 씨라면 매우 좋다고 답할 것이니 만약 수 3년 안에 서울에 올라가 거처할 것이라면 뜻을 결정하여 결행한다고 하는데 어찌 될지는 모르겠습니다. 규수는 친구 윤 씨의 누이로 가세가 크게 넉넉해서 뜻에 합당하다고 하는데 어떨지는 모르겠습니다. 저는 요사이 일 때문에 서호를 나갔다가 오는 10일 날이나 되어야 돌아올 것 같습니다.

나머지는 편지로 다 말씀드릴 수 없습니다. 인편이 매우 바빠서 우선 이정도로만 하고 다 말씀 드리지 않습니다. 종이가 없고 또 매우 바빠서 합위께는 전하지 못하니 이 편지로 자세히 말씀드려 주시는 것이 어떠합니까?

[秋-29] 李秉延의 간찰

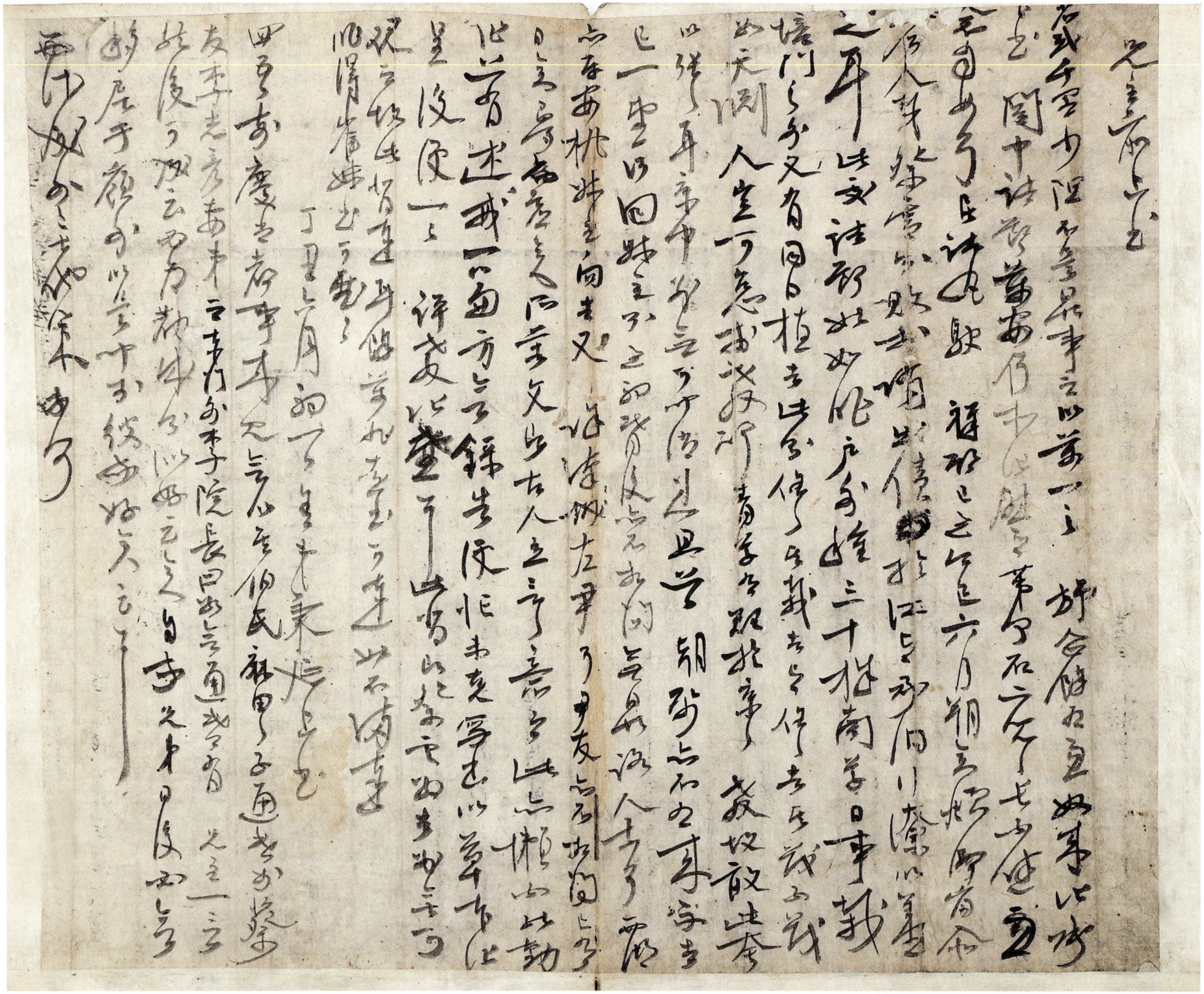

【釋文】兄主前 上書

省式. 千里少阻, 不是異事, 而以萬一之旆, 企餘爲慮. 奴來, 伏承下書, 闔中諸節萬安, 何等伏慰. 而第聞石二兒之長不健, 慮念當如何? 居諸丸駛, 祥期已過, 今已六月朔矣. 頫仰■慕■人哉. 祭需, 則敗於消, 出債於江與承洞, 行潦以羞之耳. 此處諸節, 姑如昨, 戶外種三十株南草, 日事栽培, 門之外, 又有同日植者, 此則任之其栽者, 與任之者, 其茂不茂? 如天淵, 人豈可怠於教耶? 靑草有觀於京之敎, 故敢此夸以張之耳. 京中, 則無可聞消息, 且近日朝紙, 亦不爲來示者, 已一望, 河回叔主, 則過初朞後亦不相聞, 無異路人, 奈何? 西湖亦平安, 柳叔主, 向者, 又除漢城左尹耳. 尹友, 亦不相問已有日矣. 夢亦虛矣. 所營文, 卽古人立言之意, 而此亦懶不能勤作. 近有「述戒」一篇, 方欲錄告, 便忙, 未克寫書, 以草本伏呈, 後便一一評敎, 伏望耳. 此背, 卽祭需者, 別無可觀, 而故此背達耳. 餘萬非遠書可達. 姑不備達. 昨得崔妹書, 可慰可慰.

丁丑 六月 初一日 舍弟 秉延 上書

四五日前, 慶尙都事來見, 欲以其伯氏痲田之子, 通昏於蔡友李志彦妻弟, 而東門外李院長曰: "若欲通昏, 有兄主一言然後, 可成"云, "必爲勸成, 則似好"云矣. 自家兄弟, 日後, 必欲移居于嶺外, 以是聞於彼家好矣云耳. 西計成外, 無他策, 奈何?

【國譯】형님께 올리는 편지

격식을 생략합니다. 천리 길이라 소식이 잠시 막힌 것은 이상한 일이 아니지만 만에 하나 찾아오시기를 기대하던 나머지에 염려가 됩니다. 노비가 와서 삼가 내려주신 편지를 받고 모든 식구들의 안부가 만안하심을 알았으니 얼마나 위안이 되는지요? 다만 석의 두 아이가 오래도록 건강하지 못하다는 소식을 들으니 염려가 응당 어떠하겠습니까? 세월이 쏜 살처럼 빨라서[52] 상기가 이미 지난 지 지금 이미 여섯 달이 되었습니다. 땅을 굽어보고 하늘을 우러러 보아도 ■慕■人입니다.

제수는 소비해서 낭패가 났으니 강동과 승동에서 빚을 내어 간단한 제수만 올릴 뿐입니다. 이곳의 모든 절후는 우선 예전과 같고 집밖에 30그루의 남초를 심고서 날마다 재배를 일삼고문밖에 또 같은 날 심은 것이 있어서 이것은 재배하는 사람들에게 맡겨두었는데, 무성하냐? 무성치 않으냐? 하는 것은 하늘에 달려 있는 것이니 사람이 어찌 가르침에 게을리 할 수 있겠습니까? 풋 담배는 서울의 말씀에 볼만한 것이 있기 때문에 감히 이렇게 자랑삼아 떠벌이는 것입니다.

서울소식은 따로 들려드릴 만한 소식이 없는데다 요사이 조보도 보내오지 않은 지가 벌써 보름이 되었고 하회 숙부님과는 초기를 지내고 나서 서로 소식을 들을 수가 없어 길가는 사람과 다름이 없을 뿐이니 어찌하겠습니까? 서호 또한 평안하고 유숙부님은 지난번에 또 한성좌윤에 제수되었습니다. 친구윤씨 와도 서로 문안하지 못한 것이 이미 여러 날입니다. 꿈에서도 소식이 없었습니다.

52 세월이 쏜 살처럼 빨라서: 원문의 '居諸'는 '日居月諸'의 준말로 세월이 흘러가는 것을 말한다. "해와 달이 하토를 굽어본다.[日居月諸 照臨下土]"고 한 말에서 나왔다. 『詩經』.

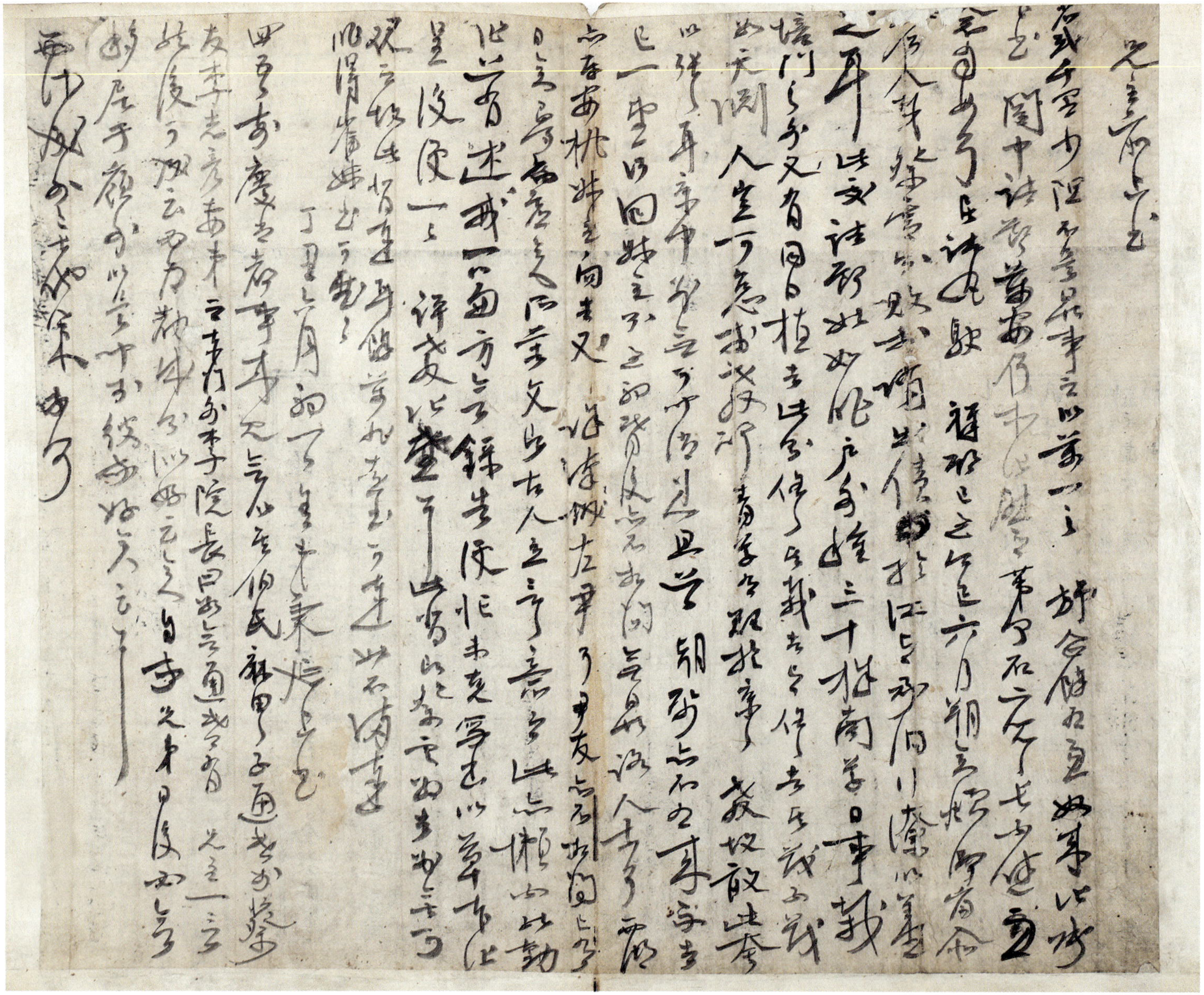

짓고 있는 바의 글은 곧 옛사람들이 입언하려는 뜻이었는데, 이 또한 게을러서 능히 부지런히 짓지도 못하고 있습니다. 요사이 「술계」 한 편을 지었는데, 바야흐로 기록해서 말씀드리려고 하였으나 인편이 바빠서 능히 베껴 쓰지 못해 초본을 보내드리니, 뒤의 인편에 일일이 평론의 말씀을 삼가 바랍니다. 이 뒤에 지금 제사에 쓰이는 것은 별다른 볼만한 것이 없기 때문에 이 뒤로 전달하겠습니다.

나머지 많은 것들은 멀리서 편지로 다 전달할 수 없습니다. 우선 이정도로만 하고 격식을 갖추지 못하고 전달해 드립니다. 어제 받은 최 누이의 편지는 위안이 됩니다.

정축년 6월 1일 동생 병연 올림

4~5일 전에 경상도사가 와서 만나 보았는데 그의 백씨 마전의 자식이 친구 채씨 이지언의 처제와 통혼을 하고자 한다하니 동문 밖 이원장이 말하기를, "만약에 통혼하고 싶다면 형님의 한마디 말씀이 있은 뒤라야 성사가 가능할 것이다."라고 하고 "반드시 권해서 성사가 된다면 좋을 듯하다."라고 하였습니다.

집안의 형과 동생은 일후에 반드시 영남 밖으로 이사를 해서 살고자 하니 이 뜻을 저쪽 집에 전해주면 좋겠습니다. 서호의 계책이 이루어지는 것 외에는 달리 대책이 없으니 어찌하겠습니까?

[秋-30] 李行儒의 간찰

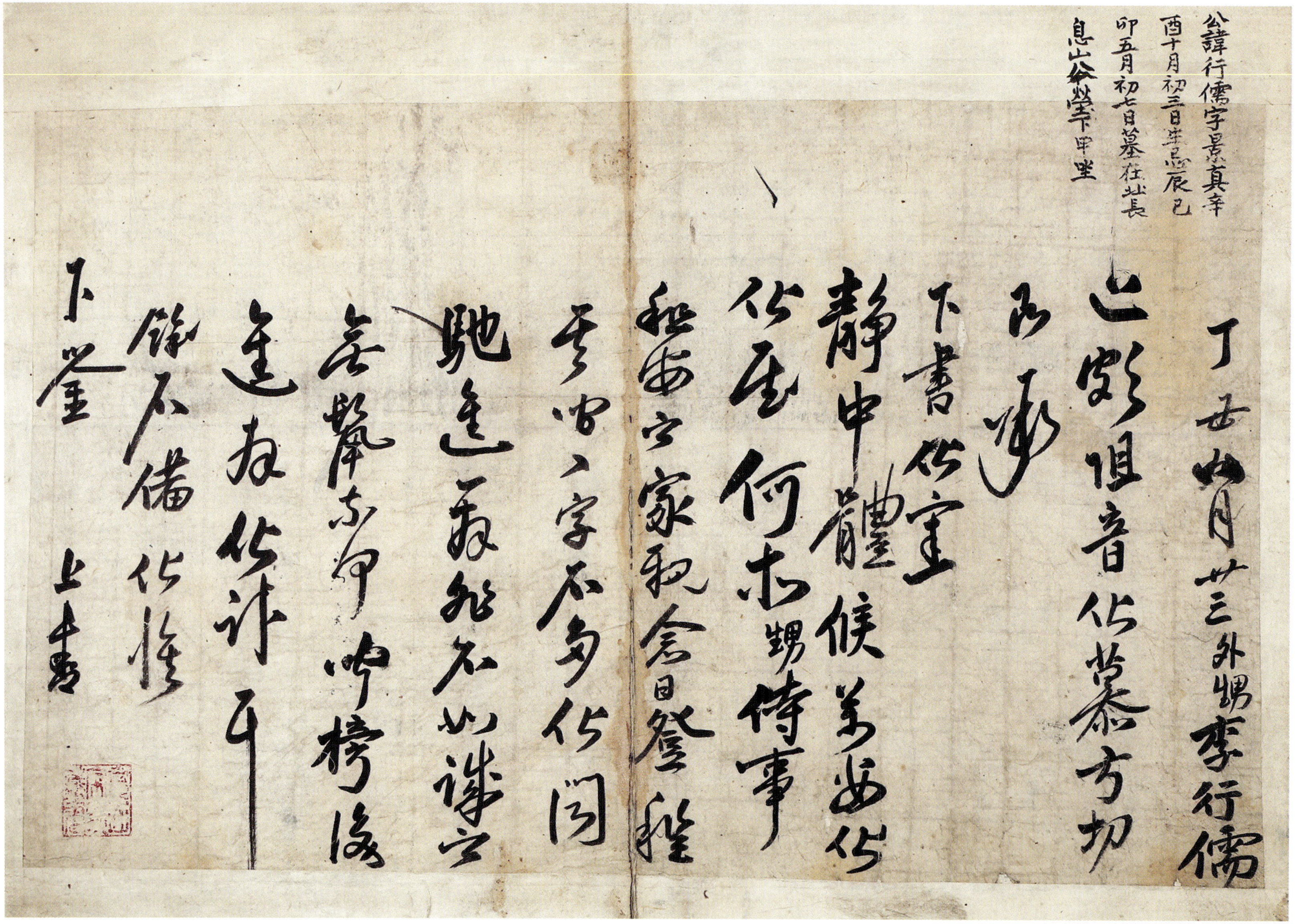

【釋文】 近頗阻音, 伏慕方切, 卽承下書, 伏審靜中體候萬安, 伏慰何等? 甥, 侍事粗安, 而家親念日登程, 其間日字不多, 伏悶. 馳進一拜, 非不如誠, 而無鬣奈何. 聞榜後, 進拜伏計耳. 餘不備. 伏惟下監. 上書.
丁丑 九月 卄三 外甥 李行儒

【國譯】 근래에 자못 소식이 막혀 삼가 사모함이 바야흐로 간절하였는데, 지금 내려주신 편지를 받고서 정양하는 가운데 체후가 만안하심을 알았으니 삼가 얼마나 위안이 되는지요?

저는 시봉하는 일이 그런대로 편안하고 가친이 20일에 길을 나서는데, 그 사이에 날짜가 많지 않아 삼가 고민스럽습니다. 달려나가 한번 뵙고 싶은데, 제 마음과 같지 않은 것은 아니나 타고 갈 말이 없으니 어찌하겠습니까?

합격 소식을 들은 뒤에 찾아뵐 계획입니다. 나머지는 격식을 갖추지 않습니다. 삼가 살펴 주시기 바랍니다.

정축년 9월 23일 외 조카 이행유

傳家寶墨

冬

[冬-1] 李建基의 간찰

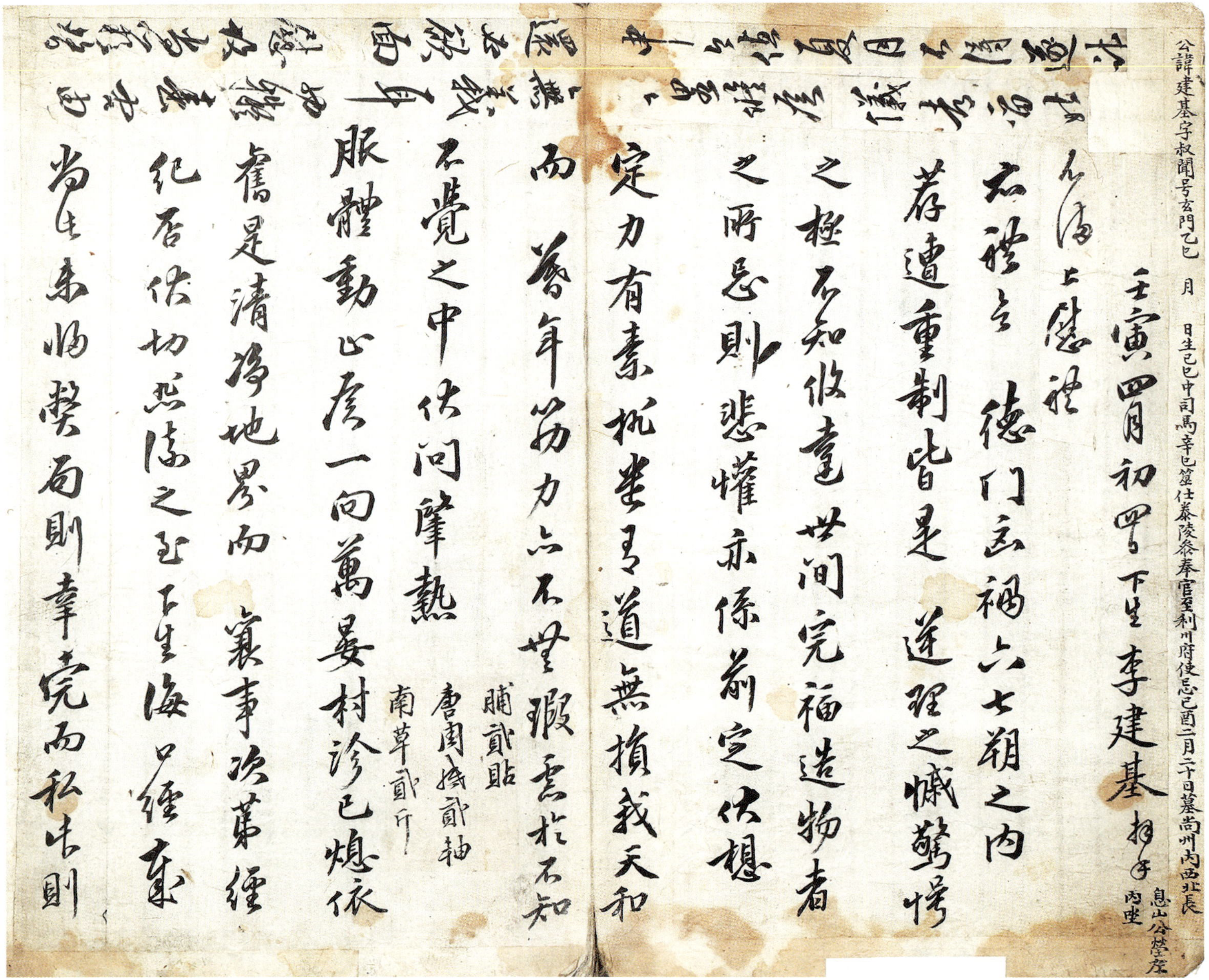

【釋文】省禮言. 德門凶禍, 六七朔之內, 荐遭重制, 皆是逆理之慼, 驚愕之極, 不知攸達. 世間完福, 造物者之所忌, 則悲懽, 亦係前定. 伏想定力有素, 排遣有道, 無損我天和, 而暮年筋力, 亦不無瑕慮於不知不覺之中. 伏問肇熱, 服體動止候, 一向萬晏? 村沴已熄, 依舊是淸淨地界, 而襄事次第經紀否? 伏切悲溸之至. 下生海口經歲, 尙此未歸, 弊局則幸完, 而私計則無義耳. 初擬春間由還, 必欲面慰, 故尙闕替申, 今値夏月, 不得遂計▣〔矣〕, 略修候儀. 都留姑. 不備. 上慰禮.

壬寅 四月 初四日 下生 李建基 拜手

脯貳貼, 唐周紙貳軸, 南草貳斤.

【國譯】예를 생략하고 말씀드립니다. 덕이 있는 가문의 흉화가 여섯 일곱 달 사이에 거듭 상제를 만났으니 모두 이것은 자식이 죽은 슬픔[1]은 지극히 경악스러운 일로서 어떻게 말씀드려야 할지 모르겠습니다. 세상에 완전한 복은 조물주가 꺼리는 것이니 슬픔과 기쁨 또한 이미 정해진 바에 달린 것입니다. 삼가 생각건대 힘을 안정시키는데도 바탕이 있고 슬픔을 보내는데도 방법이 있어서 나의 건강을 손상시키지 말아야 할 것이나 노년의 근력이 또한 부지불각 중에 허물이 없지는 않을 수 없습니다.

삼가 문안컨대 이른 더위에 상복을 입은 체후가 한결같이 만안하신지요? 마을에 퍼진 역병은 이미 그쳐서 옛 모습대로 청정한 지경이고 상사는 차례대로 지냈는지요? 삼가 매우 슬프고 그리운 마음 지극합니다. 저는 해구에서 한해를 보내고도 아직까지 이렇게 돌아가지 못하고 있는데 폐국은 다행히 완비가 되었으나 사적인 저의 계획은 뜻대로 되지 않았습니다.

애초에 봄 사이에 말미를 얻어서 돌아가 반드시 뵙고서 위문하고자 했기 때문에 오히려 편지를 빠트리고 있었는데, 지금 여름달이 되어서도 계획을 이루지 못하여 간략하게 안부편지를 올립니다. 모두 남겨두고 우선 이정도로만 하고 격식을 갖추지 않습니다. 위문하는 예를 올립니다.

임인년 4월 4일 하생 이건기 배수

저민 고기 2첩, 당주지 2축, 담배 2근을 보냅니다.

1 자식이 죽은 슬픔: 원문의 '逆理之慼'은 자식의 죽음을 말한다. 이치를 거스른다는 말로서 자기보다 어린 사람이 죽었다는 말이다.

[冬-2] 李建基의 간찰

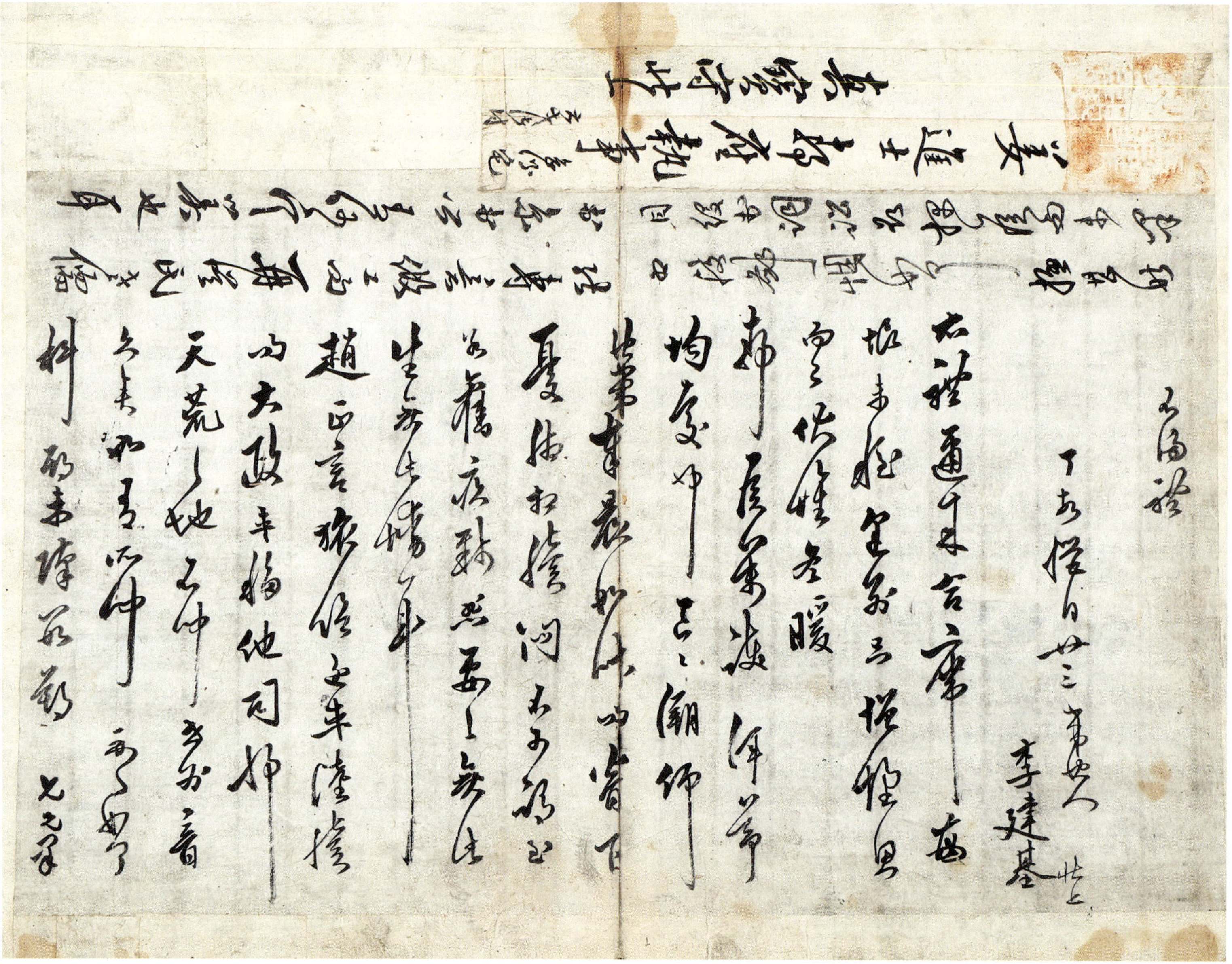

【釋文】姜進士 靜座 執事「魯淵宅」
眞寶守 狀上生式謹封
省禮. 邇來合席, 每恨未穩奉別, 只增懷思而已. 伏惟冬暖, 靜候萬護, 渾節均慶耶? 區區溯仰. 服弟, 奉晨如昨, 而眷下憂病相續, 悶不可謂. 至若舊疾新悲, 要之無此生, 無此慟耳. 趙正言旅信, 近或陸續, 而大政, 或移他司耶? 天荒之地, 不聞世外之音久矣. 如有所聞, 示之如何? 科期未隔數朔, 允兄果能專意做工, 而再從氏, 老儒於京, 於鄕, 何定算也. 耳目役於詞訟, 欲探候而未果, 爲致鄙悃如何? 擾甚, 姑不備禮.
丁亥 臘月 卄三日 朞服人 李建基 狀上

【國譯】강 진사 정양하는 자리의 집사에게
진보 수령[2]께 올림
예를 생략합니다. 근래에 함께 자리하고도 매번 한스럽게 다정히 정담을 나누지 못하고 헤어졌으니, 다만 그리운 마음만 더할 뿐입니다. 삼가 따듯한 겨울에 정양하시는 체후가 만호하시고 온 집안 식구도 고르게 경사스러운지요? 간절히 우러러 그립습니다.
상복을 입은 저는 시봉하는 것은 옛날과 같으나 식구들의 근심과 병이 끊이지 않으니 안타까움을 말할 수 없습니다. 오래 묵은 질병과 새로운 슬픔에 이르러서는, 이러한 삶이 없고 이러한 애통함이 없고자 할 뿐입니다.
정언 조여신은 요사이 혹 계속 직임을 맡고 있는지, 혹 도목정사로 다른 부서로 옮겼는지요? 변방이라 세상 밖의 소식을 오래도록 듣지 못하였습니다. 만일 듣는 바가 있다면 말씀해 주시는 것이 어떠합니까? 과거는 몇 달 밖에 남지 않았는데 윤형은 과연 공부에 전념하고 있으며, 재종씨는 서울에서나 시골에서나 노련한 선비이니 어떤 정해진 계획이 있는지요? 이목이 사송에 부림을 받아서 문후를 여쭙고 싶었지만 결행하지 못하였으니 저의 보잘 것 없는 정성을 전달해 주는 것이 어떠합니까?
번잡함이 심하여 우선 이정도로만 하고 예를 갖추지 않습니다.
정해년 12월 23일 기복인 이건기 올림

2 진보 수령 : 진보는 경북 문경과 영주를 말한다.

[冬-3-下右] 李建基의 간찰

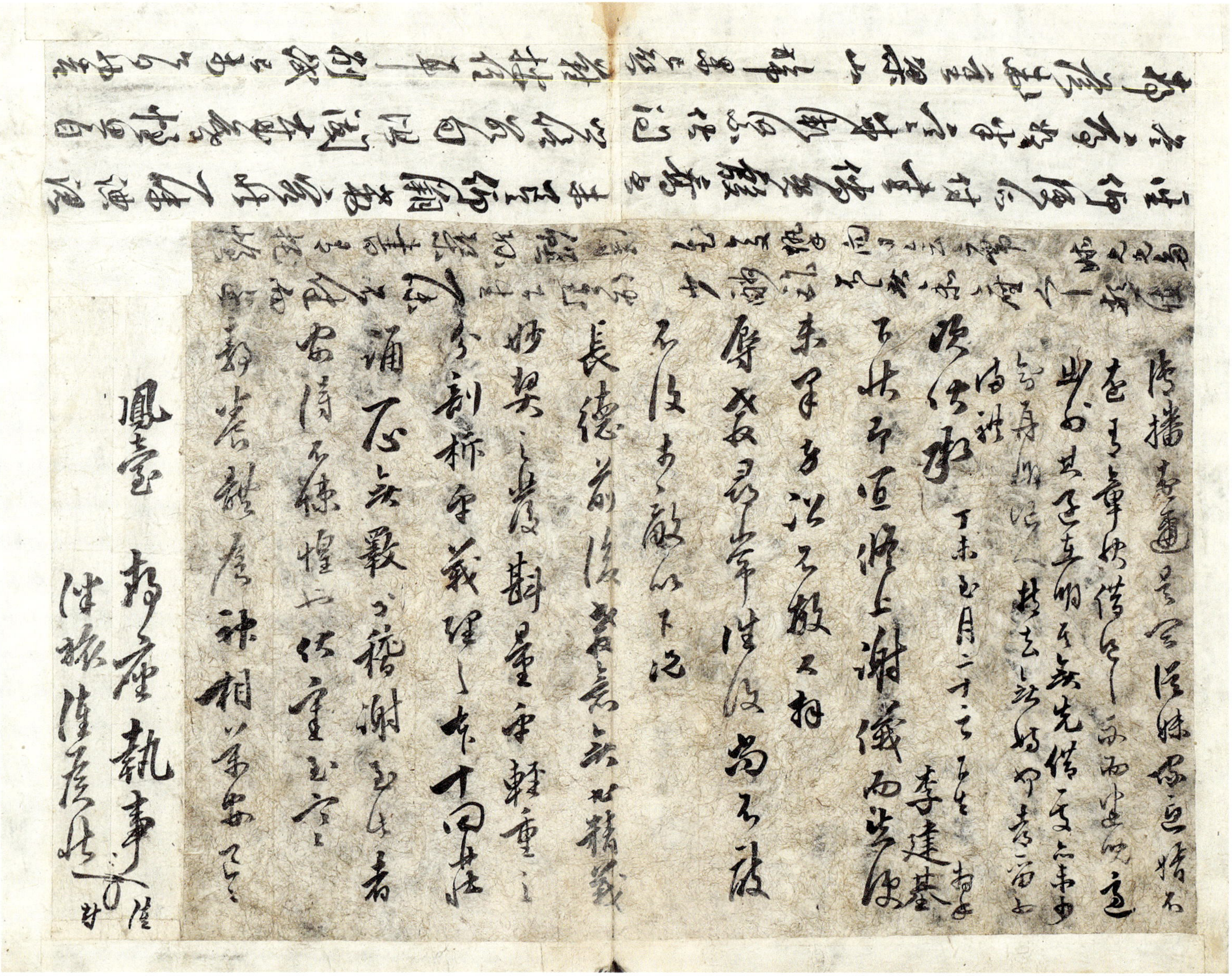

【釋文】頃伏承下狀，卽宜修上謝儀，而失便未果，方訟不敏．卽拜辱敎，尋常往復，尙不敢不復於敵以下，況長德前後敎意，無非精義妙契之發，斟量乎輕重之分，剖析乎義理之本，十回莊誦，一心無斁，則稽謝至此者，安得不悚惶也．伏審至寒，靜養體候，神相萬安，區區伏慰．下生一味不健，而近得螟孫，琹書有托，愴慰交摯．向日會席，叔允兄多少酬酢，不無參座人之驚怪，傳播遠邇是悶．從叔家迎婿不遠，有章服借送之示，而迷兒，適出外，其還在明，其無先借處，亦未可知，再明送人持去無妨耶？都留，不備禮．
丁未 至月 二十二日 下生 李建基 拜手

【國譯】지난번에 삼가 내려주신 편지를 받고 곧바로 마땅히 답장을 써야하지만 인편이 없어 그렇게 하지 못하여 저의 불민함을 자책합니다.

지금 욕되이 보내주신 편지를 받았으나 늘 주고받는 편지에 대해서도 오히려 감히 아랫사람으로서 그 편지에 답장하지 않을 수 없는데, 하물며 나이 많고 덕이 있는 사람이 앞뒤로 편지에서 말씀하신 뜻이 정밀한 의리와 묘한 계책으로 말씀하지 않은 것이 없어서 경중의 분수에 헤아려보고 의리의 근본에 분석해 보며 수없이 외우고 한마음도 싫어함이 없는데도 답장을 늦춘 것이 여기에 이르렀으니 어찌 황송하지 않겠습니까? 삼가 동지 추위에 정양하시는 체후가 신의 도움으로 만안하심을 알았으니 보잘 것 없는 제 마음에 삼가 위안이 됩니다.

저는 한결같이 건강치 못하나 근래에 명손[養孫]을 얻어서 거문고와 책[3]에 내 마음을 맡기니 슬픔과 위안이 교대로 지극합니다. 지난번 자리에 모였을 때 숙부와 윤형들과 다소 술잔을 나누었는데, 자리에 참석한 사람들이 놀랍고 괴이해하지 않은 사람이 없어서 멀리까지 이러한 안타까움이 전파되었습니다. 종숙의 집에 사위를 맞이하는 날이 머지않아서 장복을 빌려서 보내라고 하는 말이 있었는데, 저의 집 아이가 마침 밖에 나가 있어서 내일에서야 돌아올 것인데 먼저 빌릴 곳도 없고 또한 알지도 못하니 내일 모레 사람을 보내서 가지고 가도 무방한지요?

모두 남겨두고 예를 갖추지 않습니다.

정미년 11월 22일 하생 이건기 배수

3 거문고와 책 : 원문의 '琹書'는 陶潛이 「歸去來辭」에서 "거문고와 책을 즐기면서 시름을 녹인다.[樂琴書以消憂]"라고 한 데서 온 말이다.

[冬-4-1-左上] 李建基의 간찰

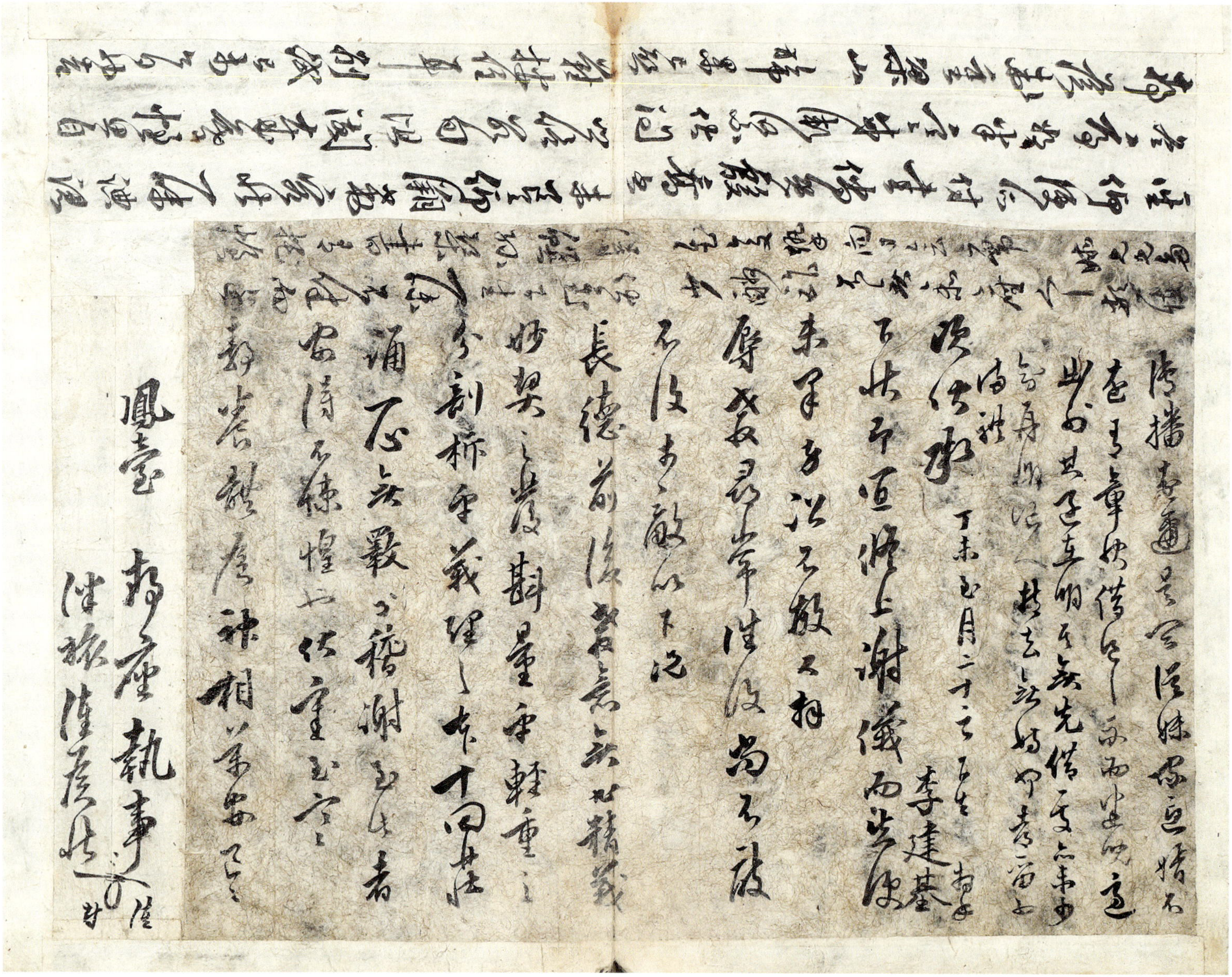

【釋文】鳳臺 靜座 執事

伴旅謹候狀謹封

聖仰便所付書，倘免殷喬否？冬序將半，寒威漸緊．伏問靜候衛重，梁山旆，果已啓未？區區仰溯．第客狀一味澳涊，鄉信數旬阻閡，歲暮懷思，自難按住耳．別試，已於今月初吉

【國譯】봉대(鳳臺)[4]의 정양하는 자리에

함께 간 사람이 삼가 문후 편지를 올립니다.

성앙(聖仰)[5]편에 부친 편지는 혹 유실되지는 않았는지요? 겨울이 반쯤 지나가는데 추위의 위세가 점점 매서워집니다. 삼가 묻건대 정양하시는 체후가 거듭 보위되시고 양산의 행차는 과연 이미 출발하였는지요? 보잘 것 없는 제 마음에 우러러 그립습니다.

이다만 타관살이가 한결같이 고달픈데, 고향소식이 수십일간이나 막혀서 세모의 그리운 생각이 절로 안주하기가 어렵습니다. 별시는 이미 이번 달 1일로 결정되었고

4 봉대(鳳臺) : 봉대는 姜世綸(1761~1842)을 말한다. 자는 文擧이고, 호는 芝園·芝圃이다. 본관은 晋州이고, 출신지는 경상북도 尙州이다. 저서로 『北征錄』이 있다.

5 성앙(聖仰) : 성앙은 趙泰錫(1803~1873)의 자이다.

[冬-4-2] 李建基의 간찰

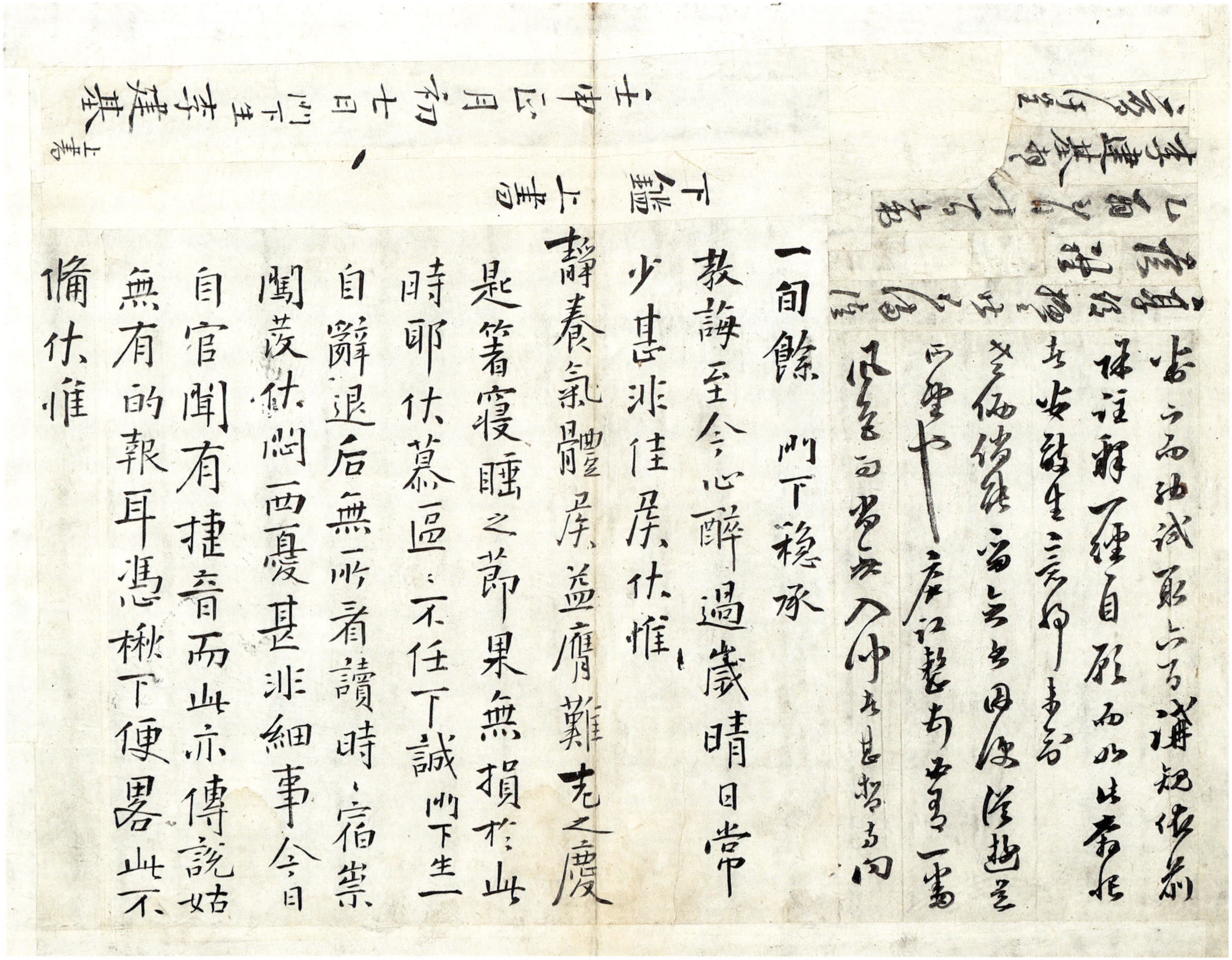

一旬餘 門下穩承
敎誨至今心醉過歲晴日常
少甚非佳戾伏惟
靜養氣體戾益膺難老之慶
是箸寢睡之節果無損於此
時耶伏慕區區不任下誠 門下生一
自辭退后無一所着讀時宿祟
闖苃伏悶西憂甚非細事今日
自官聞有捷音而此亦傳說姑
無有的報耳憑悤楸下便畧此不
備伏惟
下鑑 上書
壬申正月
初七日 門下生
李建基 上書

【釋文】 ↳別試, 已於今月初吉判下, 而初試, 取六百講規, 依前除註釋. 一經自顧, 而如此奔忙者, 安敢生意耶? 未知老儒倘能留念否? 因便從遊, 是所望也. 廬江整頓, 必有一番風色, 而尙無入聞者, 甚烠. 方向享役擾擾, 故不備謹候禮.
乙酉 至月 十一日 少弟 李建基 拜拜
二曆汗呈.

【國譯】 ↳별시는 이미 이번 달 1일로 결정되었고 초시에는 6백의 강규(講規)[6]에서 취하되, 전례대로 주석은 제외합니다. 한번이라도 제 스스로 돌아보건대 이처럼 바쁜 사람이 어찌 감히 뜻을 내겠습니까? 노유께서 혹시라도 능히 유념하시려는지요? 편안대로 종유하시기를 바랍니다.

여강서원이 정돈되어서 반드시 한 번의 풍색이 있을 것인데, 아직도 소문이 들려오지 않으니 매우 답답합니다.

바야흐로 지난번 제사 때문에 번잡하므로 삼가 문후하는 예를 갖추지 않습니다.

을유년 11월 11일 소제 이건기 재배

책력 두 개를 부끄럽게 올립니다.

6 강규(講規) : 明經科의 규약을 말한다.

[冬-5-左] 李建基의 간찰

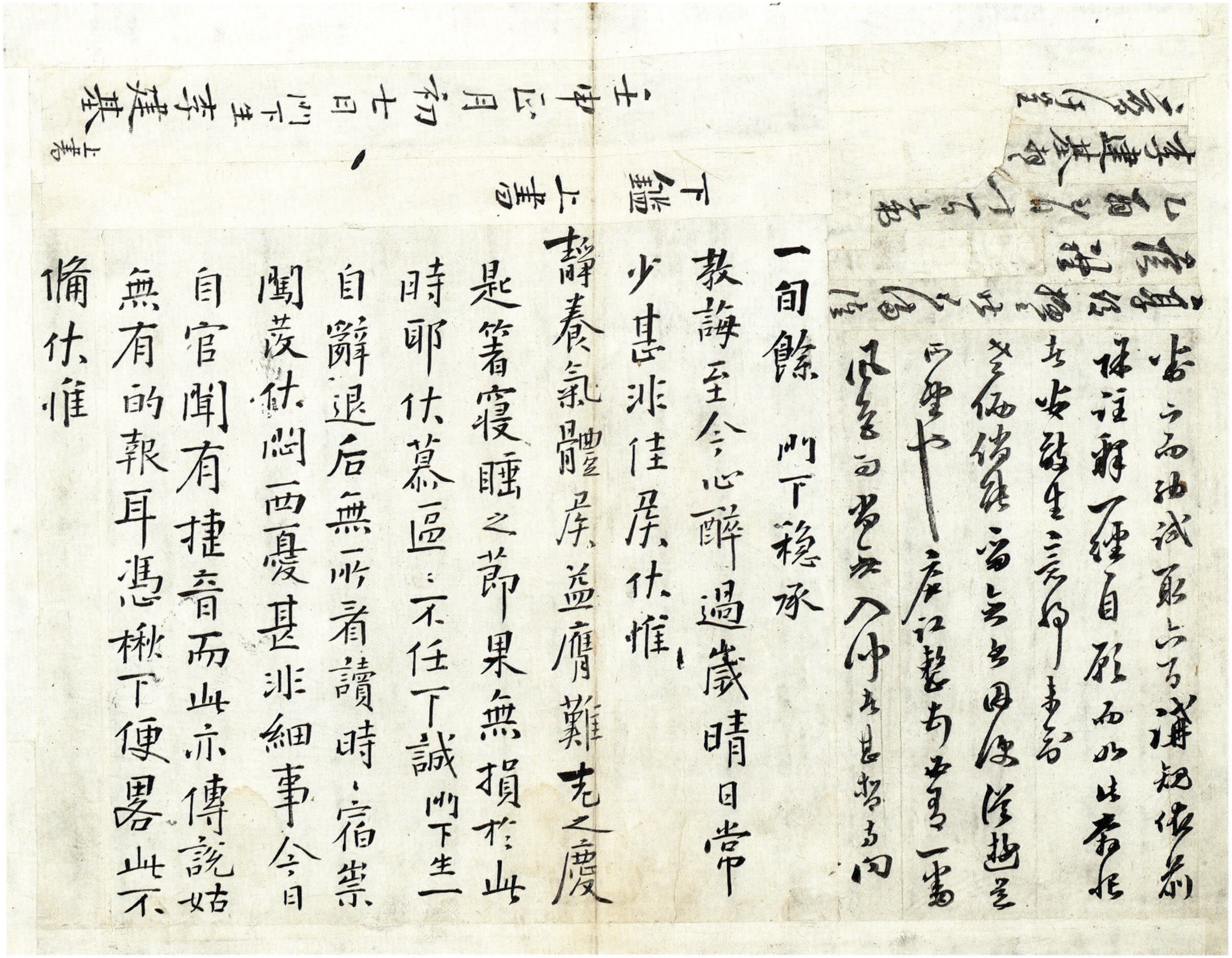

一旬餘 門下穩承
教誨至今心醉過歲晴日常
少甚非佳度伏惟
靜養氣體度益膺難老之慶
是箸寢睡之節果無損於此
時耶伏慕區區不任下誠 門下生一
自辭退后無一所着讀時宿祟
閑蔑伏悶西憂甚非細事今日
自官聞有捷音而此亦傳說姑
無有的報耳憑悉楸下便畧此不
備伏惟
下鑑 上書
壬申正月初七日 門下生 李建基 上書

【釋文】一旬餘, 門下穩承教誨, 至今心醉. 過歲晴日常少, 甚非佳候. 伏惟靜養氣體候, 益膺難老之慶, 匙箸寢睡之節, 果無損於此時耶? 伏慕區區, 不任下誠. 門下生一自辭退后, 無所看讀, 時時宿祟闖發伏悶. 西憂甚非細事, 今日自官, 聞有捷音, 而此亦傳說, 姑無有的報耳. 憑楸下便, 略此不備. 伏惟下鑑. 上書.

壬申 正月 初七日 門下生 李建基 上書

【國譯】열흘 남짓 문하에서 다정히 당신의 가르침을 받고 지금에 이르도록 마음에 도취되었습니다. 한해가 지나도록 갠 날이 항상 적으니 매우 좋은 날씨가 아닙니다. 삼가 정양하시는 체후는 더욱 장수하시는 경사가 있으시며, 일상의 절후는 이러한 때에 과연 손상은 없으신지요? 삼가 사모하는 마음 간절하여 제 마음을 견딜 수 없습니다.

저는 한번 물러난 뒤로 읽은 책이라고는 없고 때때로 묵은 빌미가 틈을 타서 간간이 발병을 하니 삼가 안타깝습니다. 서쪽 지방의 근심이 심한 것이 작은 일이 아닌데, 오늘 관으로부터 승전의 소식이 있음을 들었으나 이 또한 전하는 말이니 우선은 정확한 소식은 없습니다.

고향으로[7] 내려가는 인편을 통하여 대략 이정도로만 하고 격식을 갖추지 않습니다. 삼가 굽어 살펴주시기 바랍니다. 편지를 올립니다.

임신년 정월 7일 문하생 이건기 올림

7 고향으로: 원문의 '楸'는 조상의 산소가 있는 곳을 말한다.

[冬-6] 李建基의 간찰

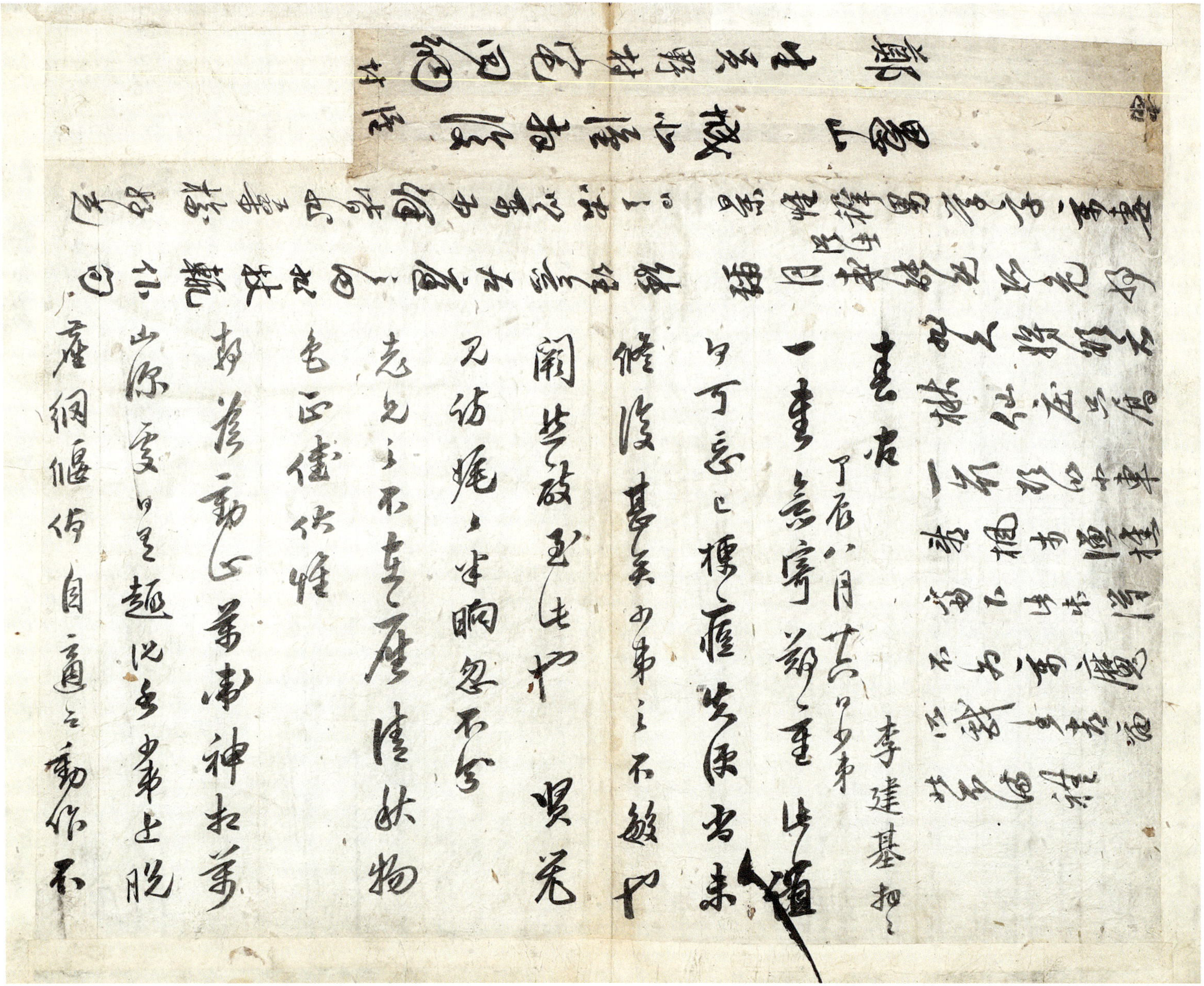

【釋文】愚山，城北謹拜復.
鄭 生員野村宅 回納 謹封
春間，一書意寄鄭重，此誼，何可忘已？梗疸失便，尙未修復甚矣. 少弟之不敏也，闕然敢至此也. 賢器見訪，娓娓半晑，忽不知老兄之不在座. 淸秋物色正佳. 伏惟靜候動止，萬衛神相，萬山深處，日有趣况否？少弟近脫塵網，偃仰自適，而動作不能任意，戶庭之內，非杖輒仆，旬日之間，以病爲課，皆非桑楡好光景. 惟穉男學字，病妻彌月，從此或能免孤老耶？非久將欲省楸，仙庄只隔一嶺，欲以小車，看楓於漁樵齋下，此計得不爲病魔少戲否？都留，姑不備禮.
甲辰 八月 卄六日 少弟 李建基 拜拜

【國譯】봄 사이에 한통의 편지는 부쳐주신 뜻이 정중하니 이와 같은 정의를 어찌 잊을 수 있겠습니까? 두역으로 길이 막히고 인편을 잃어서 아직까지 답장을 쓰지 못한 것이 심합니다. 저의 민첩하지 못함으로 소식을 빠트린 것이 감히 이 지경에 이르렀습니다. 당신의 자제가 나를 찾아와 반나절 동안 끊임없이 다정히 이야기를 나누느라 홀연히 노형께서 자리에 계시지 않다는 것도 몰랐습니다. 맑은 가을 날씨의 물색은 정말 아름답습니다. 삼가 정양하시는 안부가 신의 도움으로 만위하시고, 만산의 깊은 곳에서 날마다 흥취가 있으신지요?

저는 근래에 속세의 그물에서 벗어나 일상생활이 유유자적하나, 내 마음대로 몸을 움직일 수가 없어서 집 안에서도 지팡이가 아니면 번번이 넘어지고 열흘 사이에도 병으로 일과를 삼고 있으니 모두가 노년의 좋은 광경이 아닙니다. 오직 어린 애는 문자를 배우고 병든 아내는 여러 달 동안 병이 낫지 않고 있으니, 이로부터 혹 고독한 늙은이나 면할 수 있겠습니까?

머지않아 성묘를 가고자 하는데 그대의 집과는 고개 하나만 떨어져 있을 뿐이니 작은 수레로 어초재 아래에서 단풍을 구경하고 싶지만 이 생각이 병마에 희롱을 당하지는 않겠는지요?

모든 것을 남겨두고 우선 이정도로만 하고 예를 갖추지 않습니다.

갑진년 8월 26일 소제 이건기 재배

[冬-7] 李建基의 간찰

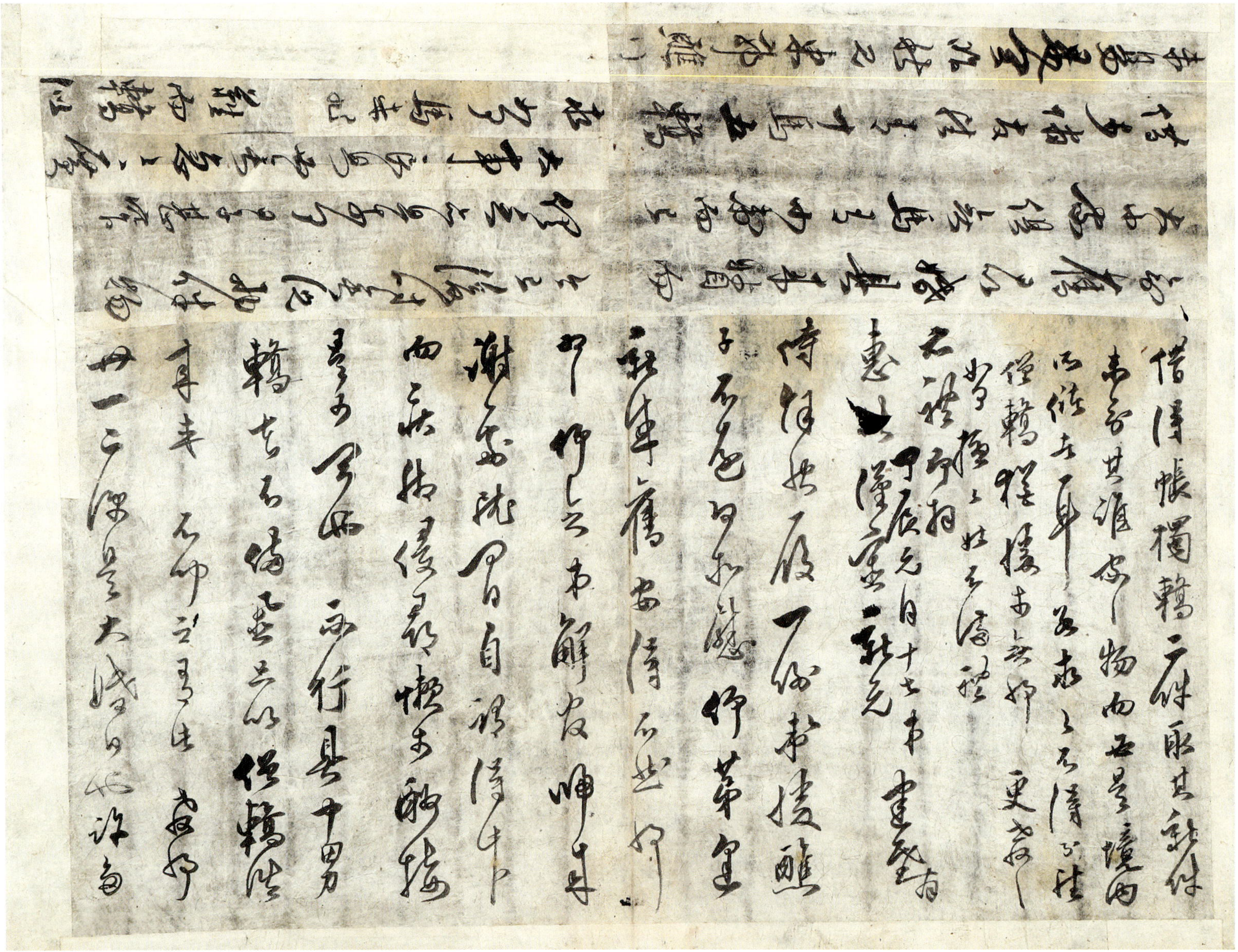

【釋文】省禮. 卽拜惠狀, 謹審新元, 侍餘服履, 一例衛勝. 醮子不遠, 何等慰仰? 第逢新感舊, 安得不然耶? 爲之仰念. 弟解官歸來, 謝劇就閒, 自謂得計, 而疾病侵尋, 懶於酬接, 是可悶也. 示行具中男轎, 本不備置, 只以僧轎往來, 或不聞而有此敎耶? 卄一二, 便是大婚日也. 許多知舊, 日以婚具來督, 而大小家俱無馬, 有少衛而已. 借於隣友, 雖有十馬五轎, 未易是悶. 昨秋見東郊醮行, 今已後時矣. 況兩件物俱乏, 亦且奈何? 日子甚窄, 大事良貝必矣. 急急廣求如何? 馬或非難而轎似借得, 帳獨轎二件, 取其新件, 未知其誰家之物, 而必是境內所儲者耳. 若求之不得, 則雖僧轎猶勝於無耶? 更敎之如何? 擾擾, 姑不備禮.
甲辰 元月 十七日 弟 建基 拜

【國譯】예를 생략합니다. 지금 은혜로이 보내주신 편지를 받고 삼가 새해에 시봉하는 나머지의 상복 입은 체후가 한결같이 보위되고 건승하심을 알았습니다. 초례하는 날이 머지않았으니 얼마나 우러러 위안 되는지요? 다만 새해를 맞은 묵은 감흥이 어찌 그렇지 않겠습니까? 이 때문에 우러러 염려됩니다.

저는 관직에서 해직되어 돌아와 번다한 직책을 사양하고 한직에 나아가 제 스스로 계책을 얻었다고 생각했지만 질병이 끊이지 않아 수응에 게을러지니 이것이 걱정입니다. 말씀하신 행구 가운데 남자의 교자는 본래 비치해 두지 않아 다만 승려의 교자로만 왕래하는데, 혹시라도 저에 대한 소문을 듣지 못하여 이 같은 말씀이 있으신 것인지요? 21, 22일은 곧 국혼일입니다. 많은 친구들이 날마다 혼구를 빌려달라고 독촉하는데 대소가에는 모두 말은 없고 작은 가마만 있을 뿐입니다. 이웃 친구에게 빌린 것이 비록 10마와 5교가 있다하더라도 쉽지 않을 것이니 이것이 안타깝습니다. 지난 가을에 동교의 초행에서 보기는 했지만 지금은 이미 때가 늦었습니다. 하물며 두 물건이 모두 모자라니 또한 어찌하겠습니까? 날자가 매우 촉박하여 대사가 반드시 낭패일 것입니다. 급한 대로 널리 구하는 것이 어떠합니까? 말은 혹 어렵지 않으나 교자는 아마도 빌릴 수 없을 듯하고 장막과 독교 두건은 새 것을 취하여야 하는데, 누구집의 것인지 모르지만 반드시 이것은 경내 사람이 보관하고 있을 것입니다. 만약 구하여도 얻지 못한다면, 비록 승려의 교자라도 없는 것보다는 낫지 않겠습니까?

다시 말씀해 주시는 것이 어떠합니까? 번잡하여 우선 이정도로만 하고 예를 갖추지 않습니다.

갑진년 1월 17일 제 건기 배

[冬-8] 李建基의 간찰

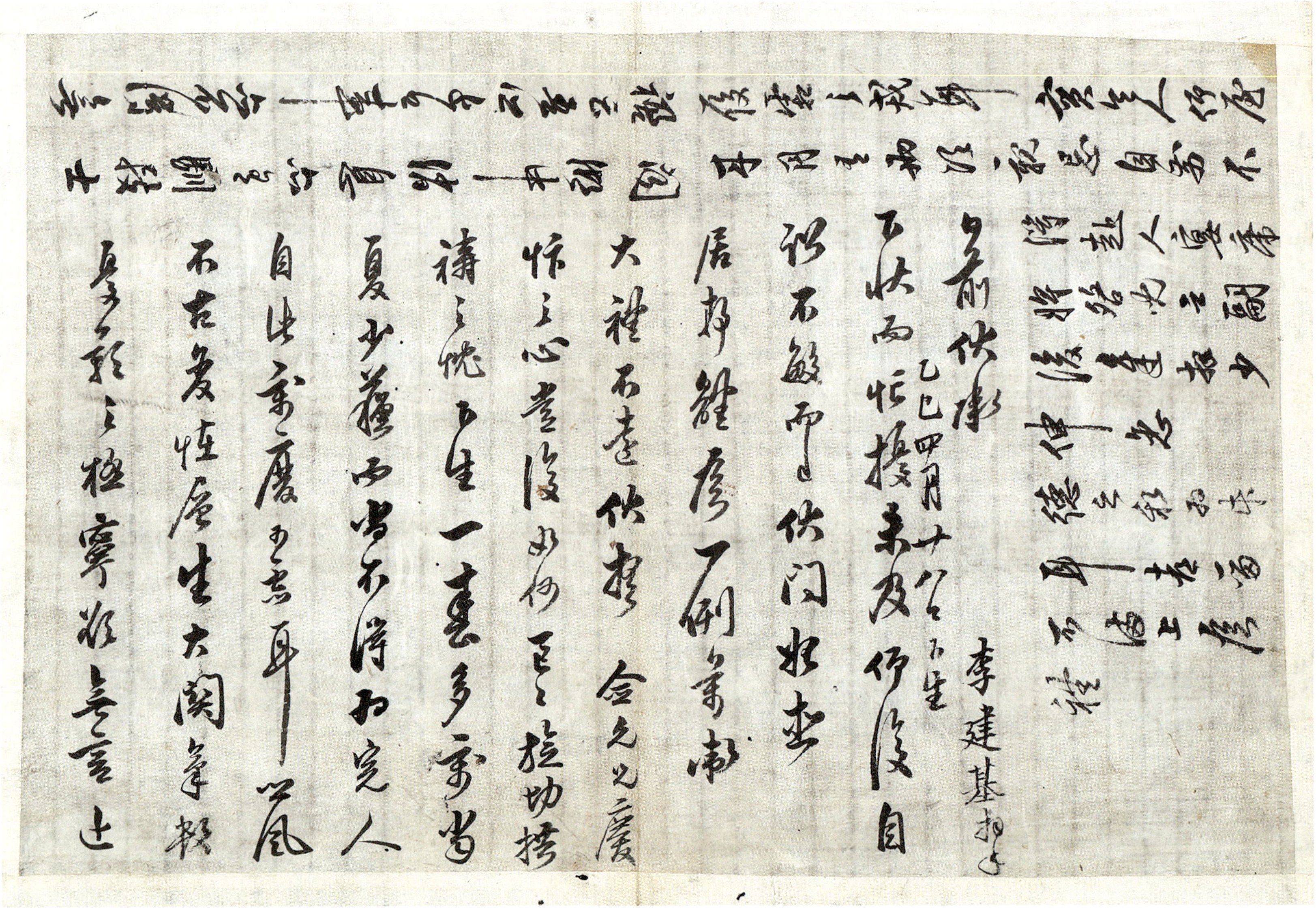

【釋文】日前, 伏承下狀, 而忙擾未及仰復, 自訟不敏而已. 伏問始熱, 居靜體候, 一例萬衛? 大禮不遠, 伏想僉允兄, 慶忭之心, 當復如何? 區區旋切, 拱禱之忱. 下生, 一春多病, 當夏少蘇, 而尙不得爲完人, 自此病廢可慮耳. 鄕風不古, 變怪層生, 大關氣數, 憂歎之極, 寧欲無言. 近聞湖中消息, 亦有'馴致士禍'云, 吾鄕近日事, 亦不得無履霜之戒耳. 實令人仰屋. 來月有兩次親忌, 自前不得赴人宴席, 將替兒, 而嗣後進拜, 少伸戀德之私爲計耳. 都留不備, 上候禮.
乙巳 四月 卄八日 下生 李建基 拜手

【國譯】지난번에 삼가 내려주신 편지를 받았으나 바쁘고 번잡하여 답장을 쓰지 못하였으니 스스로 불민함을 자책할 뿐입니다. 삼가 문안컨대 더위가 시작되는 이때에 거처하며 정양하는 체후가 한결같이 만위하시는지요? 대례가 머지않은데 삼가 생각건대 여러 윤형께서 경하하며 기뻐하는 마음이 응당 다시 어떠하신지요? 보잘 것 없는 제 마음에 도리어 두 손을 맞잡고 기도하는 마음 간절합니다.

저는 봄 내내 병이 많았다가 여름이 되어 조금 소생되었으나 아직까지 완전한 사람이 되지는 못하였으니 스스로 이러한 병폐가 가련할 뿐입니다. 시골의 풍속이 예스럽지 않아서 변괴가 층층이 생겨나니 운수에 크게 관계되어 지극히 염려되고 한탄스러워서 차라리 말하고 싶지 않습니다. 근자에 충청도의 소식을 들어보니 이 또한 '스스로 사화를 불러왔다'라고 하니 우리 고을의 근래의 일 또한 서리를 밟는 경계가 없을 수 없습니다.

실로 사람으로 하여금 우러러 지붕만 쳐다보게 합니다. 다음 달에 두 번의 어버이의 기일이 있어서 앞으로는 남의 잔치 자리에 참여할 수 없고 장차 저 대신 아이를 통하여 뒤를 이어 나아가 찾아뵙고 조금이나마 당신을 그리워하는 저의 사사로움을 펼 계획입니다.

모두 남겨두고 격식을 갖추지 않습니다. 문후의 예를 올립니다.

을사년 4월 28일 하생 이건기 배수

[冬-9] 李建基의 간찰

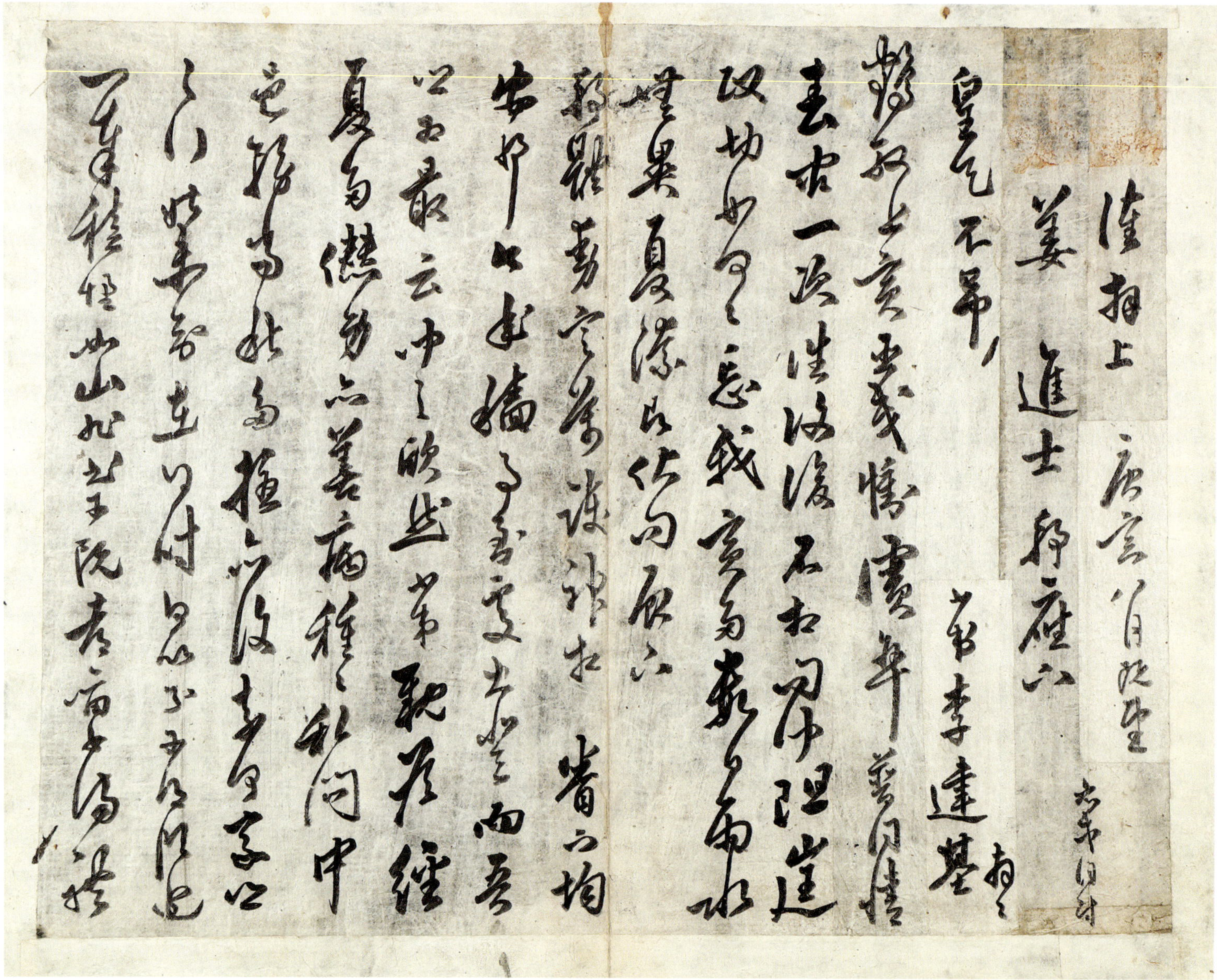

【釋文】謹拜上

姜 進士靜座下 省式謹封

皇天不吊，鶴馭上賓，臣民慟霣，率普同情. 春間一次往復後，不相問聞，阻迋政切，如何如何？忘我實多，數日雨水，無異夏潦. 卽伏問辰下，靜體動定，萬護神相，眷下均安耶？今年穡事，到處大登，而吾鄕爲最云，聞之欣然. 少弟親候，經夏多愆，身亦善病，種種私悶中，邑務當秋多擾，亦復奈何？家鄕之行，姑未知在何時，何以則可得？從近一奉，穩懷如山，非書可旣，都留，不備禮.

庚寅 八月 旣望 少弟 李建基 拜拜

【國譯】하늘도 불쌍히 여기지 않아서 세자가 승하[8]하시니 신민의 애통함은 온 천하가 모두 같은 마음일 것입니다. 봄 사이에 한 번의 편지를 주고받은 뒤로 서로 소식도 막히고 길도 막혀서 정말로 간절한 마음을 어찌하겠습니까? 나를 잊어버릴 때가 참으로 많은데, 며칠 동안의 빗물은 여름 장마와 다름이 없습니다. 지금 삼가 묻건대 요즈음에 정양하는 체후와 안부가 신의 도움으로 만호하여 돌보심이 고르게 편안하신지요?

금년의 농사는 이르는 곳마다 풍년이 들었는데 우리 고향이 가장 풍년이라고 하니 소식을 듣고서 기뻤습니다. 저의 어버이의 체후가 여름이 지나면서 편찮음이 많아졌고 저 또한 병에 잘 걸려서 갖가지 사사로운 안타까움 가운데에 있고 읍의 일은 가을이 되어 번잡함이 많으니 또한 다시 어찌하겠습니까?

고향집의 행차는 아직 어느 때에 있을지 모르니 어떻게 해야 얻을 수 있겠습니까? 근래에 한 번 찾아뵙고 정담을 나누고 싶은 마음이 산과 같은데 편지로 다할 수가 없어서 모두 남겨두고 예를 갖추지 않습니다.

경인년 8월 16일 소제 이건기 재배

8 세자가 승하 : 원문의 '鶴馭'는 鶴駕와 같은 말로서 세자의 수레를 뜻하는 말로서 세자를 가리킨다. 또 '上賓'은 帝王의 죽음을 이르는 말로 여기서는 세자의 昇遐를 의미한다.

[冬-10] 李建基의 간찰

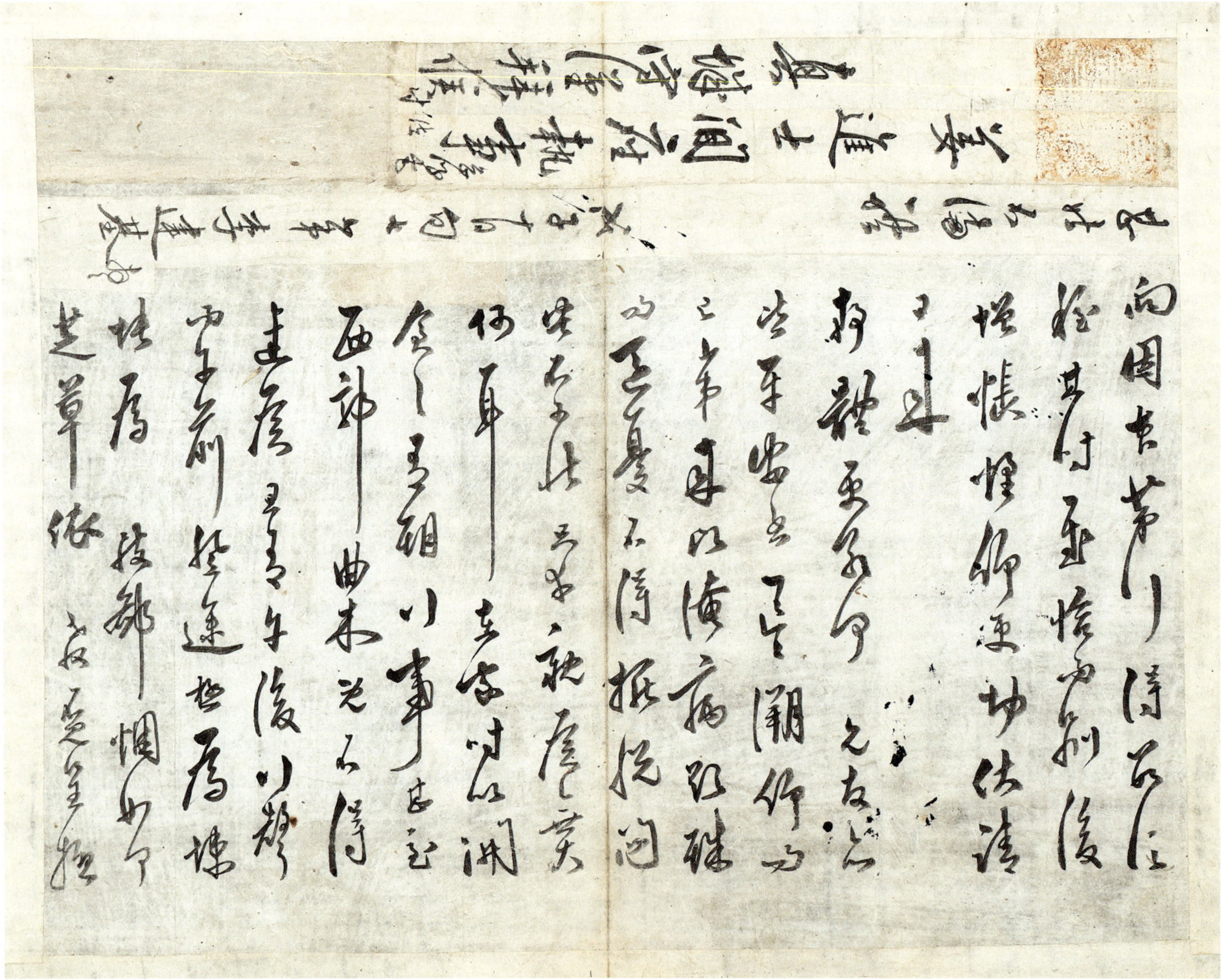

【釋文】姜 進士閒座執事

眞城守 謹拜候 魯淵宅 謹封

向因本第行, 得數次穩, 其時慰恰, 而別後增悵, 懷仰更切. 伏請日來, 靜體更若何? 允友 亦皆平安否? 區區溯仰而已. 少弟, 來卽俺病, 欲殊, 而邊憂不得擺脫, 悶苦不可狀. 只幸親候無大何耳. 在家時, 以開倉之有期, 行事甚急. 西郊曲木, 旣不得達候, 且有午後行聲, 而午前登途,極爲悚悵, 爲致鄙悃如何? 芝草依敎覓呈. 擾甚, 姑不備禮.

戊子 十月 旬七 少弟 李建基 拜拜

【國譯】강 진사가 한가로이 정양하는 자리의 집사에게

진성 수령에게 삼가 문후합니다. 노연댁에삼가 봉함

지난번 고향집의 행차로 인하여 수차례 정담을 나누어서 그때는 위안되고 흡족하였지만 이별하고 나니 더욱 슬퍼서 우러러 그리움이 다시 간절하였습니다. 삼가 청컨대 요즈음에 정양하시는 체후가 다시 어떠하신지요? 자제분들 또한 모두 평안하신지요? 보잘 것 없는 제 마음에 우러러 그립습니다.

저는 요즈음에 갑자기 병을 얻어 죽고 싶으나 수령의 책무를 떨쳐버릴 수 없어서 안타깝고 괴로운 마음을 말할 수가 없습니다. 다만 어버이의 체후가 큰 병이 없으니 다행일 뿐입니다. 집에 있을 때 관아의 창고를 여는 기약이 있어서 이 일을 행하는 것이 매우 급하였습니다. 서교의 곡목리에는 이미 안부를 전달하지도 못하였고, 또 오후에 행차한다는 소식을 전해주었는데 (제가) 오전에 길을 나서게 되어 지극히 송구하고 서글프니 저의 마음을 전해주는 것이 어떠합니까?

지초는 말씀하신대로 찾아서 보내드립니다. 번잡함이 심하여 우선 이정도로만 하고 예를 갖추지 않습니다.

무자년 10월 17일 소제 이건기 배배

[冬-11] 李建基의 간찰

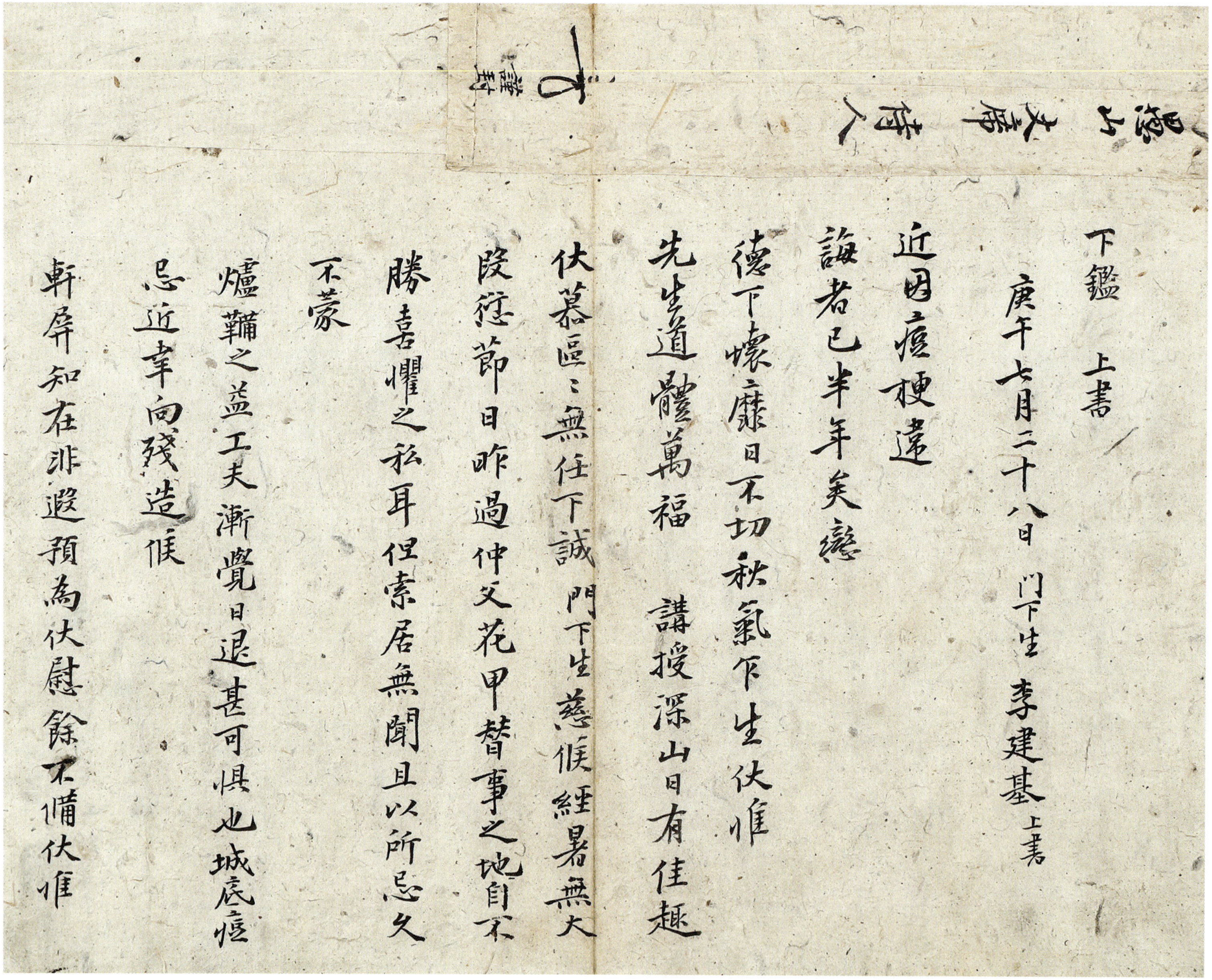

愚山丈席侍人 下 謹封

下鑑 上書

庚午七月二十八日 門下生 李建基 上書

近因痞梗違
誨者已半年矣戀
德下懷靡日不切秋氣下生伏惟
先生道體萬福 講授深山日有佳趣
伏慕區區無任下誠 門下生慈候經暑無大
段從節日昨過仲父花甲替事之地自不
勝喜懼之私耳但索居無聞且以所忌久
不蒙
爐鞴之益工夫漸覺日退甚可懼也城底痞
忌近幸向殘造候
軒屛知在非遐預爲伏慰餘不備伏惟

【釋文】 愚山 丈席 侍人 謹封

近因痘梗，違誨者，已半年矣．戀德下懷，靡日不切．秋氣乍生，伏惟先生道體萬福，講授深山，日有佳趣．伏慕區區，無任下誠．門下生慈候，經暑無大段愆節，日昨過仲父花甲，替事之地，自不勝喜懼之私耳．但索居無聞，且以所忌，久不蒙爐鞴之益，工夫漸覺日退，甚可懼也．城底痘忌，近幸向殘，造候軒屛，知在非遐，預爲伏慰．餘不備．伏惟下鑑．上書．

庚午 七月 二十八日 門下生 李建基 上書

【國譯】 우산의 어른을 모시는 사람에게 삼가 봉합니다.

근래에 두역으로 인하여 소식이 막혀 가르침을 어긴 것이 이미 반년이나 되었습니다. 선생님의 덕을 그리워하는 제 마음이 날마다 간절하지 않은 적이 없습니다. 가을 기운이 언뜻 생겨나는 이때에 삼가 선생님의 도학하는 체후가 만복하시고 깊은 산에서 학문을 전수하시며 날로 아름다운 흥취가 있으리라 생각됩니다. 삼가 사모하는 마음 간절하여 제 마음을 견디지 못하겠습니다.

저의 어머니의 체후는 더위를 겪고 나서 크게 편찮음은 없으나 며칠 전에 중부[9]께서 회갑을 지내고 대신 섬겨야 될 처지[10]가 되었으니 스스로 사사로운 기쁨과 두려움을 이기지 못하겠습니다. 다만 홀로 떨어져 쓸쓸히 지내느라 드릴만한 말씀이 없고 게다가 두역으로 스승의 가르침을 입지 못한 것이 오래되어 공부가 날로 퇴보함을 점차로 깨달으니 매우 두려울 만합니다. 성의 두역은 근래에 다행히 잠잠해져가니 선생님께 문후 드리러 나아갈 날이 머지않아 미리서 이 때문에 삼가 위안 됩니다.

나머지는 이정도로만 하고 격식을 갖추지 않습니다. 삼가 굽어 살펴 주시기 바랍니다. 편지를 올립니다.

경오년 7월 28일 문하생 이건기 올림

9 중부：李敬儒(1750～1861)를 말한다.

10 대신 섬겨야 될 처지：이건기가 중부 이경유의 양자가 되는 상황을 말한다.

[冬-12] 李建基의 간찰

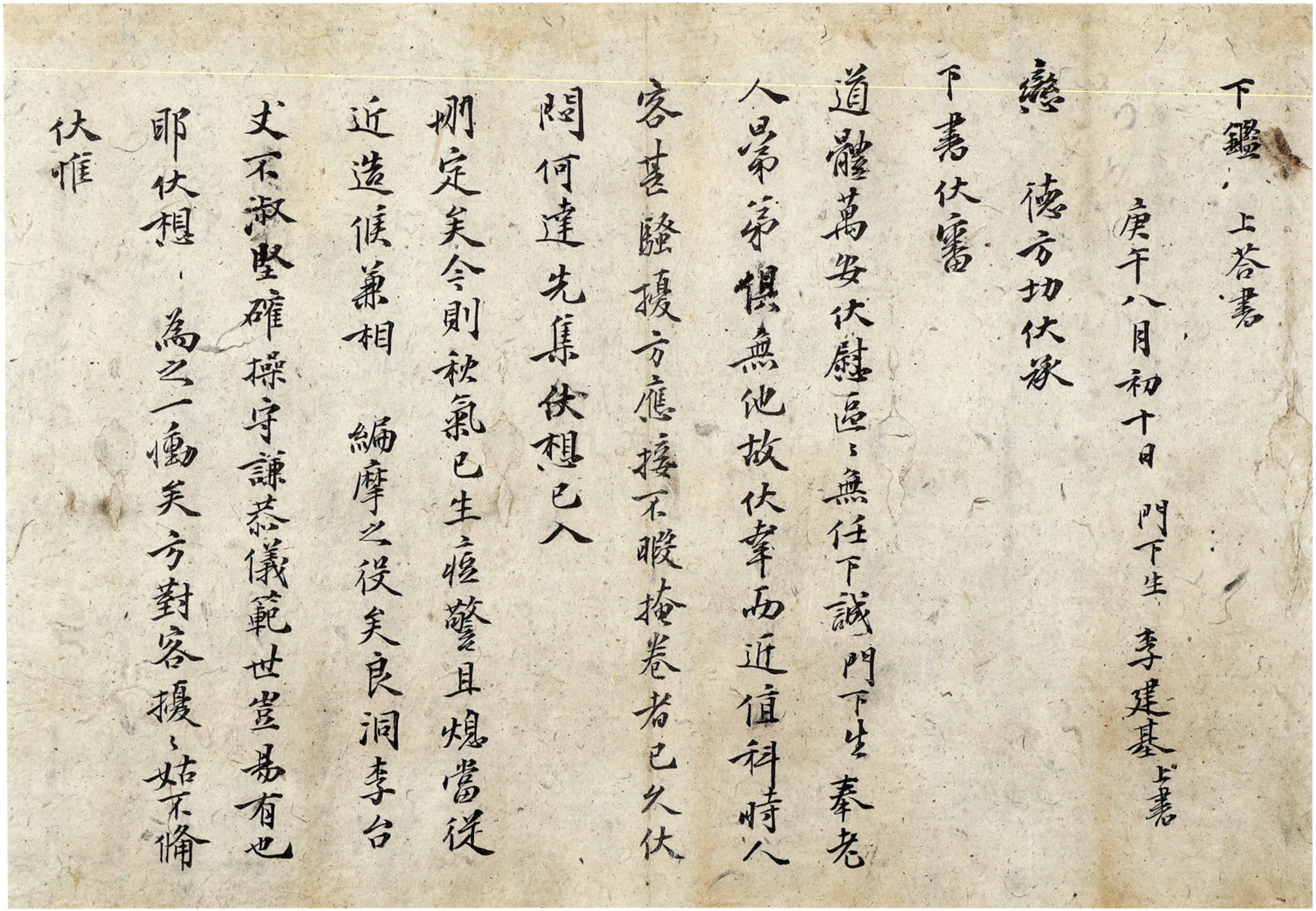

下鑒 上答書
庚午八月初十日 門下生 李建基上書
戀 德方切伏承
下書伏審
道體萬安伏慰區區無任下誠 門下生奉老
人歸第惧無他故伏幸而近值科時人
客甚騷擾方應接不暇掩卷者已久伏
悶何達先集伏想已入
刪定矣今則秋氣已生瘧警且熄當從
近造候兼相 編摩之役矣良洞李台
丈不淑堅確操守謙恭儀範世豈易有也
耶伏想 爲之一慟矣方對客擾擾姑不備
伏惟

【釋文】戀德方切, 伏承下書, 伏審道體萬安, 伏慰區區, 無任下誠. 門下生奉老人, 昆弟俱無他故, 伏幸, 而近値科時, 人客甚騷擾, 方應接不暇, 掩卷者已久,伏悶何達? 先集伏想已入刪定矣. 今則秋氣已生, 痘警且熄, 當從近造候, 兼相編摩之役矣. 良洞李台丈不淑, 堅確操守, 謙恭儀範, 世豈易有也耶? 伏想爲之一慟矣. 方對客擾擾, 姑不備. 伏惟下鑑. 上答書.
庚午 八月 初十日 門下生 李建基 上書

【國譯】선생님의 덕을 그리워함이 바야흐로 간절하였었는데, 삼가 내려주신 편지를 받고 도학하시는 체후가 만안하심을 알았으니 삼가 위안되는 마음 간절하여 제 마음을 견딜 수 없습니다.

저는 연로하신 부모를 시봉하면서 형제가 모두 다른 사고가 없어서 삼가 다행이나 근래에 과거 때를 만나 내방객들이 매우 소란스럽고 번잡하여 지금 응접할 겨를조차 없어서 책을 덮은 지 이미 오래이니 삼가 안타까움을 어떻게 전하겠습니까?

선조의 문집은 이미 산정에 들어갔으리라 생각됩니다. 지금은 가을 기운이 이미 생겨나서 두역의 경계가 또 사라졌으니 마땅히 조만간 나아가 문후하고 겸하여 편찬하는 일을 도울 것입니다. 양동의 이대감 어른이 돌아가셨으니 굳게 분수를 지키고 겸손하고 공손한 의례와 범절은 세상에 어찌 쉽게 있겠습니까? 삼가 생각건대 그를 위하여 한번 통곡하고자 합니다.

지금 한창 손님들로 번잡하여 우선 이정도로만 하고 격식을 갖추지 않습니다. 삼가 굽어 살펴 주시기 바랍니다. 답장을 올립니다.

경오년 8월 10일 문하생 이건기 올림

[冬-13] 李建基의 간찰

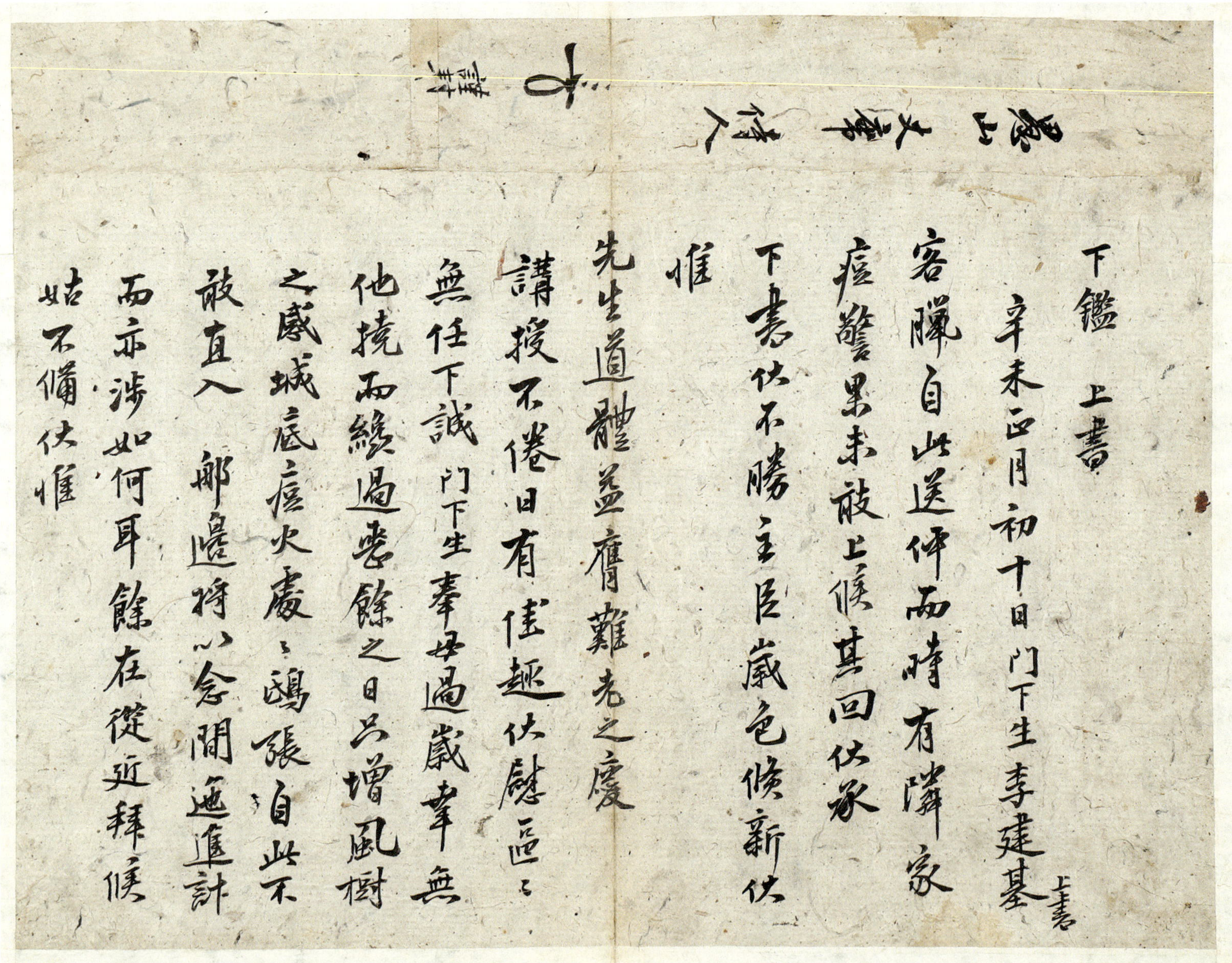
鳳山丈席 侍人
上 謹封
下鑑 上書
辛未正月初十日 門下生李建基 上書
客臘自此送伻而時有隣家
痘警果未敢上候其回伏承
下書伏不勝主臣歲色維新伏
惟
先生道體益膺難老之慶
講授不倦日有佳趣伏慰區區
無任下誠 門下生奉母過歲幸無
他撓而綫過患餘之日只增風樹
之感城底痘火處處鴟張自此不
敢直入 鄉邊將以念間遄進計
而亦涉如何耳餘在從近拜候
姑不備伏惟

【釋文】愚山 丈席 侍人 謹封

客臘自此送伻, 而時有隣家痘警, 果未敢上候. 其回伏承下書, 伏不勝主臣, 歲色倏新. 伏惟先生道體, 益膺難老之慶, 講授不倦, 日有佳趣, 伏慰區區, 無任下誠. 門下生, 奉母過歲, 幸無他撓, 而纔過喪餘之日, 只增風樹之感. 城底痘火, 處處鴟張, 自此不敢直入那邊, 將以念間迤進計, 而亦涉如何耳. 餘在從近拜候. 姑不備. 伏惟下鑑. 上書.

【國譯】우산 어른을 모시는 사람께 삼가 봉함

지난해 섣달에 여기서 인편을 보냈는데, 때마침 이웃집에 두역의 경계가 있어 감히 안부를 드리지 못하였습니다. 그가 돌아오는 편에 삼가 내려주신 편지를 받고 죄송함을 이기지 못하였는데 어느덧 새해가 되었습니다. 삼가 선생님의 도학하시는 체후가 더욱더 장수하는 경사를 받아 학문을 전수함에 게으르지 아니하고 날로 아름다운 흥취가 있을 것이라 생각하니 위안됨이 간절하여 제 마음을 견디지 못하겠습니다.

저는 어머니를 모시고 한해를 보내며 다행히 다른 번잡함은 없으나 겨우 상을 지내고 난 나머지 날에 다만 풍수지탄만 더할 뿐입니다. 성 아래에 두역이 곳곳마다 위세를 부려서 여기서 감히 그쪽으로 곧바로 들어갈 수가 없어서 장차 20일 즈음에 에둘러 갈 계획인데 또한 길을 나서는 것이 어떠합니까?

나머지는 가까운 날에 문후를 배알하겠습니다. 우선 이정도로만 하고 격식을 갖추지 않습니다. 삼가 굽어 살펴주시기 바랍니다. 편지를 올립니다.

[冬-14] 李建基의 간찰

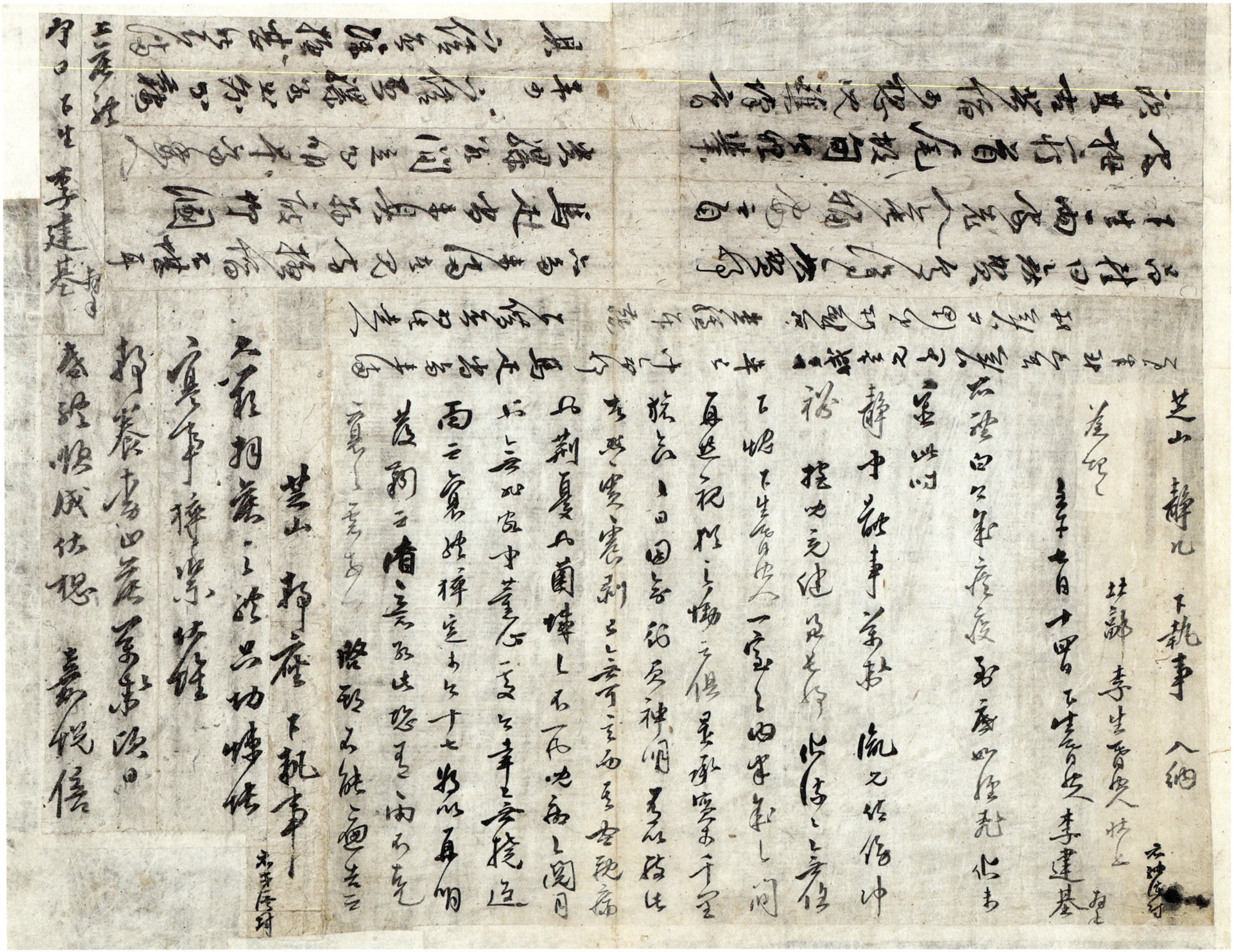

【釋文】芝山 靜几 下執事 入納
北郭 李生朞服人 狀上 省禮 謹封
省禮白. 今年痘疫, 到底如經亂, 伏未審此時, 靜中體事萬衛, 胤兄侍側沖裕, 抱兒充健善長耶? 伏溸伏溸, 無任下忱. 下生朞服人, 一室之內, 半年之間, 再遭親猶之慟, 而俱是承實於千里旅哀之日, 因知行負神明, 有以致此者, 悲霣震剝, 已無可言. 而其間親癠也, 荊憂也, 菌慽之不一也, 兒病之闋月也, 無非客中薰心處. 今幸無撓返面, 而襄禮猝定於今十七, 將以再明發靷, 而潦意若此, 恐有雨不克襄之慮, 奈何? 啓期不能遍告, 而或已聞知耶? 馬疋尙多未備, 貴驢幷鞍下借否? 爲此走人. 悲擾姑不備. 上候狀. 令咸老兄近候, 若何? 忙未有候, 恨恨.
壬午 七月 十四日 下生朞服人 李建基 拜上

【國譯】지산의 정양하는 자리 아래의 집사께 드림
북쪽 성곽[11] 기복인 이생 올림
예를 생략하고 말씀드립니다. 올해 두역은 끝내 난리를 겪는 듯하니, 삼가 이러한 때에 정양하시는 가운데 체후가 만위하시고 자제께서도 시봉하는 가운데 넉넉하며 품안의 아이도 건강히 잘 자라고 있는지요? 삼가 그립고 그리워서 제 마음을 견딜 수 없습니다.
기년복을 입은 저는 한 집안 안에 반년 사이에 거듭 친조카의 상을 당하였는데, 모두 이러한 사실을 천리 밖 객지에 있던 날에 그 사실을 들어서 진실로 행실이 신명을 저버려 이러한 일을 초치함이 있다는 것을 알게 되었으니 슬프고 무너져 내리는 마음 더 이상 말할 수가 없습니다. 그러나 그 사이에 어버이의 병과, 아내의 병에 대한 근심과, 자식의 상에 대한 슬픔[12]이 한 결 같지 못함과, 아이의 병이 한 달을 넘은 것은 타관살이에서 마음을 졸이지 않은 적이 없습니다. 지금은 다행히 번잡함이 없어서 돌아와 찾아뵈었는데, 장사가 이달 17일로 갑자기 정해져서 장차 내일모레에 발인을 하고자하나 장마가 질 기미가 이와 같으니 아마도 비 때문에 장사지내지 못할 염려가 되니 어찌합니까?
길 떠날 기약을 두루 알릴 수 없었으나 혹 이미 들어 아시는지요? 마필이 아직도 대부분 갖추어지지 않았는데, 그대의 나귀와 안장을 빌려 주실 수 있겠는지요? 이 때문에 사람을 달려 보냅니다. 슬프고 번잡하여 우선 이정도로만 하고 격식을 갖추지 않습니다. 문후 편지를 올립니다. 영공의 조카 노형의 근래 체후는 어떠하신지요? 바빠서 아직까지 문후하지 못한 것이 한스럽습니다.
임오년 7월 14일 기복인 하생 이건기 배상

11 북쪽 성곽: 이건기는 尙州의 북쪽 성곽인 승곡에 거주하였다.
12 자식의 상에 대한 슬픔: 원문의 '菌慽'은 어린 자식의 상에 대한 슬픔을 말한다.

[冬-15] 李建基의 간찰

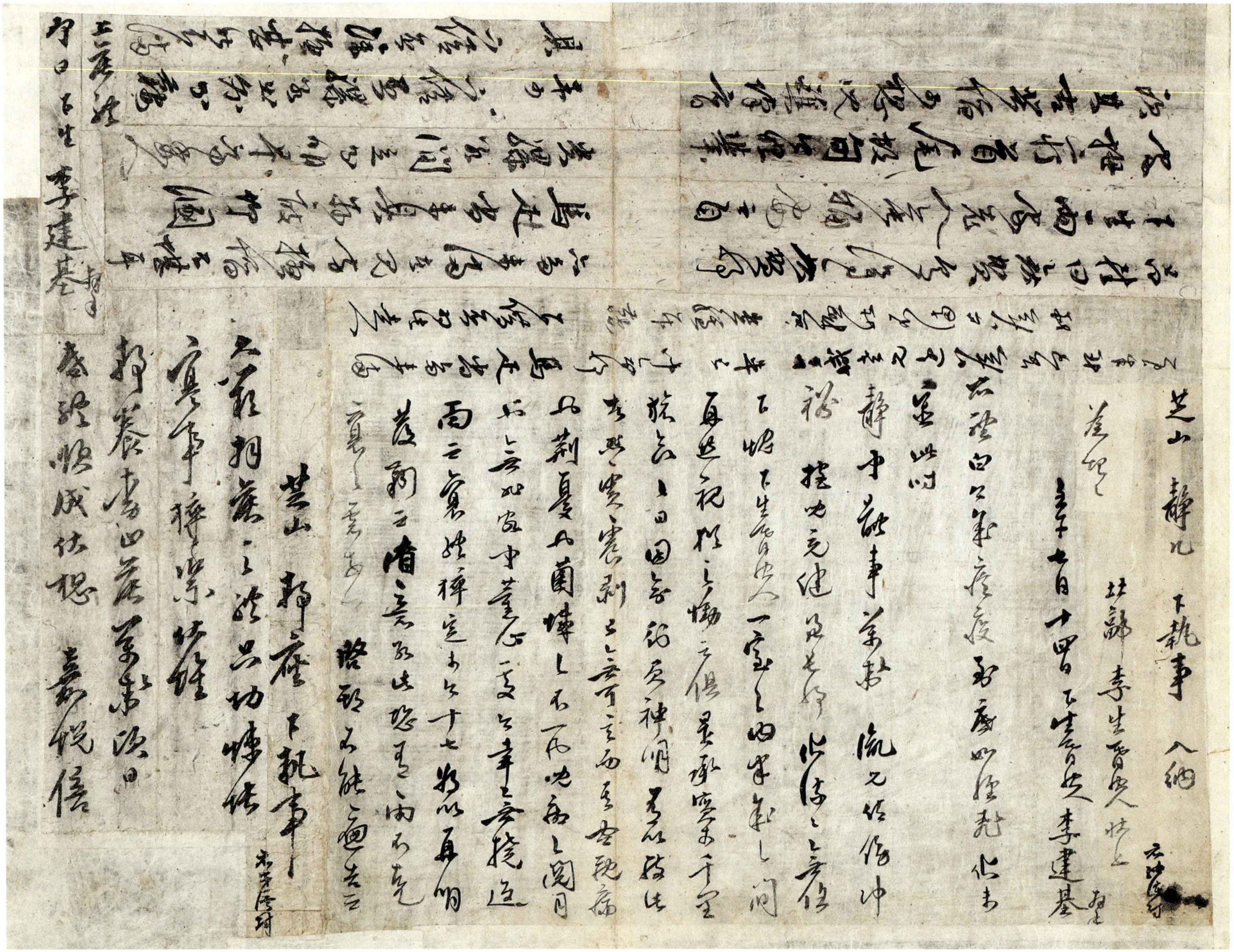

【釋文】 芝山 靜座 下執事 省式 謹封

久闕拜候之禮, 只切悚悵. 寒事猝緊, 伏惟靜養動止候萬衛. 頃日, 昬禮順成, 伏想嘉悅倍品. 雖曰無賀, 烏得無賀耶? 下生, 兩家老人無犅安, 而自家拇疔, 首尾數旬, 今始擧頭, 其間苦惱可想. 兒醮隔朞, 亦多未備者, 見方擾惱不堪耳. 馬疋尙未具, 玆敢仰溷, 貴驟若閒立, 則明早當委人, 或可下借否? 驟若出外, 則鞍具下借否? 餘擾甚, 姑不備, 上候禮.

卽日 下生 李建基 拜手

【國譯】 지산의 정양하시는 자리 아래의 집사께 격식을 생략하고 삼가 봉합니다.

오래도록 찾아뵙고 문후하는 예를 빠트려서 다만 매우 죄송하고 서글픕니다. 추위가 갑자기 매서운데, 삼가 정양하시는 체후가 만위하시리라 생각합니다. 지난날 혼례를 순조롭게 치러 삼가 기쁨이 배가 되리라 생각됩니다. 비록 축하할 것이 없다고는 하지만 어찌 축하할 것이 없겠습니까?

저는 양가의 노인이 조금도 편안함이 없고 집에서부터 엄지손가락의 종기가 처음부터 끝까지 수십 일간 지속되어 지금에야 비로소 머리를 들게 되었으니 그간의 고뇌를 생각할 만합니다. 아이의 초례가 한 달이 남았는데, 또한 준비되지 않은 것이 많아서 지금 바야흐로 번잡하고 괴로워서 견딜 수가 없습니다. 말이 아직도 갖추어지지 않아 이에 감히 그대에게 말씀을 드리니 그대의 노새가 만약 한가로이 서있다면 내일 일찍 응당 사람을 보낼 것이니 혹 빌려주실 수 있는지요? 노새가 만약 밖에 나갔다면 안구만이라도 빌려 줄 수 있는지요?

나머지는 번잡함이 심하여 우선 이정도로만 하고 격식을 갖추지 않습니다. 문후의 예를 올립니다.

당일 하생 이건기 배수

[冬-16] 李建基의 제문

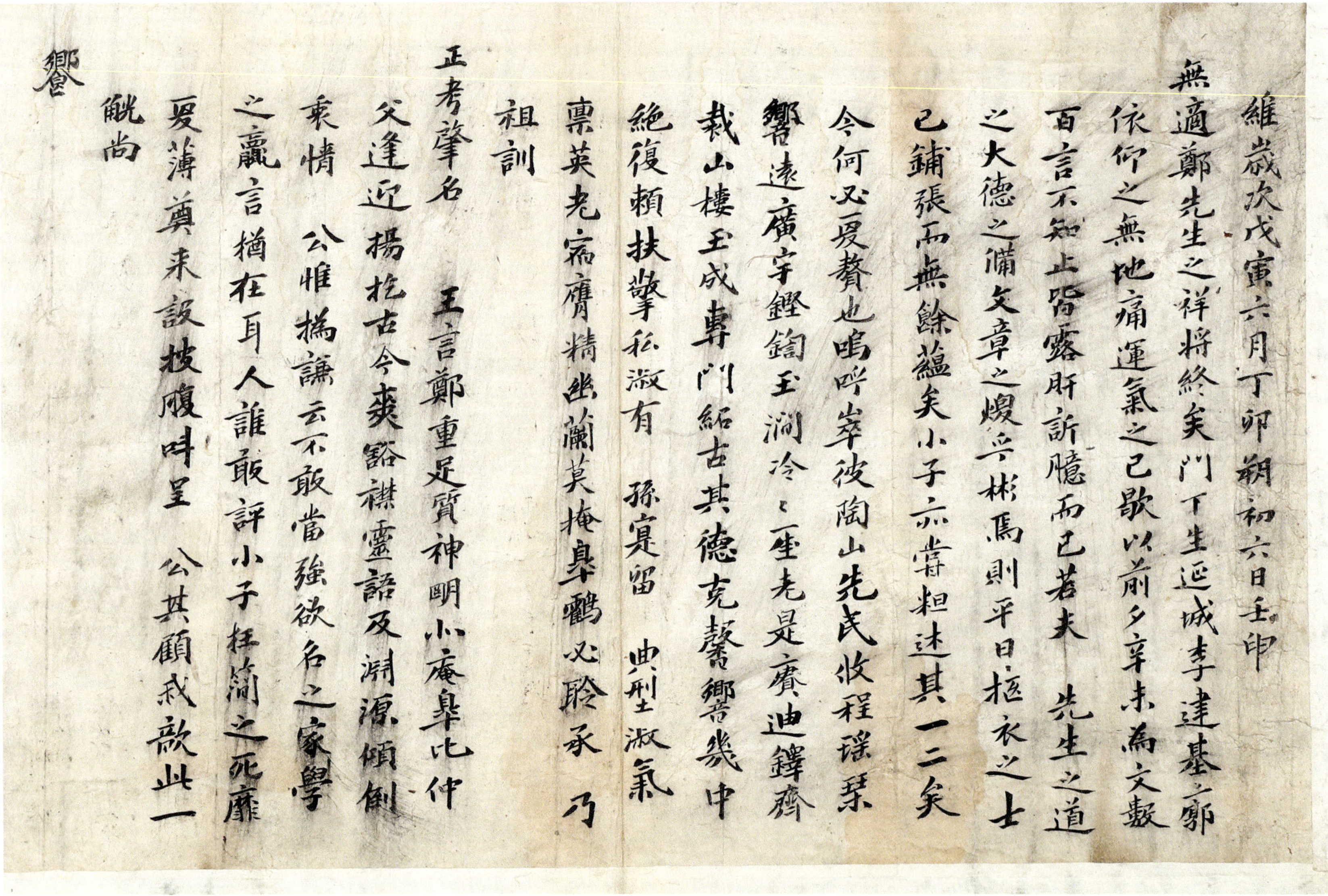

維歲次戊寅六月丁卯朔初六日壬申
無適鄭先生之祥將終矣門下生延城李建基之鄭
依仰之無地痛運氣之已歇以前夕辛未爲文數
百言不知上皆露肝訴臆而已若夫 先生之道
之大德之備文章之蠖乎彬焉則平日摳衣之士
已鋪張而無餘蘊矣小子亦嘗粗述其一二矣
今何必更贅也嗚呼峷彼陶山先民攸程瑤琹
響遠廣宇鏗鏘玉澗泠泠一生尤是賡迪鐸齊
裁山樓玉成專門紹古其德克馨響音幾中
絶復賴扶擎私淑有 孫寔留 典型淑氣
禀英光宿膺精幽蘭莫掩臯鶴必聆承 乃
祖訓
正考肇名 王言鄭重足質神明小庵臯比仲
父逢迎揚於古今爽豁襟靈語及淵源傾倒
乘情 公惟撝謙云不敢當强欲名之家學
之贏言猶在耳人誰敢評小子狂簡之死靡
叓薄奠未設披腹叫呈 公其顧戒歆此一
觥尚
饗

【釋文】維歲次 戊寅 六月 丁卯朔 初六日 壬申, 無適鄭先生之祥, 將終矣. 門下生延城李建基, 廓依仰之無地, 痛運氣之已歇, 以前夕辛未, 爲文數百言不知止, 皆露肝訴臆而已. 若夫先生之道之大德之備, 文章之煥乎彬焉, 則平日摳衣之士, 已鋪張而無餘蘊矣, 小子亦嘗粗述其一二矣. 今何必更贅也? 嗚呼!

崒彼陶山, 先民攸程.
瑤琴響遠, 廣宇鏗鍧.
玉澗冷冷, 厓老是賡.
迪鐸齊裁, 山樓玉成.
專門紹古, 其德克馨.
響幾中絶, 復賴扶擎.
私淑有孫, 寔留典型.
淑氣稟英, 老宿膺精.
幽蘭莫掩, 皐鶴必聆.
承乃祖訓, 正考肇名.
王言鄭重, 足質神明.
北庵皐比, 仲父逢迎.
揚扢古今, 爽豁襟靈.
語及淵源, 傾倒衷情.
公惟撝謙, 云不敢當.
强欲名之, 家學之嬴.
言猶在耳, 人誰敢評.
小子狂簡, 之死靡更.
薄奠來設, 披腹叫呈.
公其顧我, 歆此一觥.
尙饗.

【國譯】 유세차 무인 유월 정묘삭 6일 임신

무적 정 선생[13]의 心喪이 장차 끝난다.

문하생 연성 이건기는 확연히 의지하거나 우러를 데가 없어서 운기가 이미 다한 것이 애통한데, 전날 저녁 신미 시에 그칠 줄 모르고 지었던 수백 마디의 말은 모두 가슴 속에 있는 것을 호소한 것일 뿐이다. 선생의 도에 대덕이 갖추어진 것과 문장의 환히 빛난 것은 평소의 선생을 쫓는 선비들[14]이 이미 다 펴서 남은 온축함이 없어졌으나 나 또한 일찍이 거칠게나마 한두 가지를 기술할 뿐이다. 지금 어찌 군이 더 쓸데없는 말을 하겠는가?

오호라!
저 도산에 우뚝하여 선민이 길로 삼는 바이네.
거문고 소리는 멀어지고, 넓은 집에는 종소리가 들려오네.
옥 같은 개울은 냉랭한데, 서애노인[15]이 이를 이었네.
언적[16]의 깨우침으로 단정히 마름질하고, 대산루[17]에서 인격을 이루었네.[18]
전문으로 옛 것을 이어 받으니, 그 덕은 능히 향기롭네.
소리가 그 가운데서 거의 끊어졌다가 다시 의지하여 떠받드네.
사숙의 자손을 두고, 진실로 전형을 남겨두었네.
맑은 기운 영특함을 품부 받으니, 노대가는 응당 정밀하네.

13 무적 정 선생 : 鄭宗魯(1738~1816)를 가리킨다. 자는 士仰, 호는 立齋 · 無適翁, 본관은 진주이며, 愚伏 鄭經世의 6대손이며 대산의 문인으로, 영남 학통을 이었다는 평가를 받는다. 遺逸로 천거되어 벼슬이 지평에 이르렀으며, 性理學에 정통하였다. 主理論과 主氣論을 절충시킨 학설을 내세웠다. 尙州의 愚山書院에 배향되었으며, 저서로는 『立齋集』과 『昭大名臣言行錄』 등이 있다.

14 선생을 쫓는 선비들 : 원문의 '摳衣'는 옷자락을 잡는다는 뜻으로, 스승 앞에 나아가 강론을 듣는 것을 말한다. "스승에게 나아갈 적에는 옷자락을 잡고 구석을 향해 종종걸음으로 가서 앉고, 반드시 삼가서 응대해야 한다.[摳衣趨隅, 必愼唯諾.]"라는 구절에서 유래하였다. 『禮記』, 「曲禮」.

15 서애노인 : 西厓 柳成龍을 가리킨다.

16 언적 : 晦齋 李彦迪을 가리킨다.

17 대산루(對山樓) : 鄭經世가 독서 강학하던 곳으로, 경북 상주시 외서면 우산리에 있었던 우산서원을 말한다. 1796년에 지방 유림의 공의로 鄭經世의 학문과 덕행을 추모하기 위해 창건하고 위패를 모셨다. 그 뒤 鄭宗魯를 추가 배향하여 선현 배향과 지방 교육의 일익을 담당하였다. 1868년 대원군의 서원 철폐로 훼철되었고, 그 뒤에 복원되지 못한 채 현재는 부속 건물인 대산루만 남아 있다.

18 인격을 이루었네 : 인격이 바람직하게 성취되는 것을 말한다. "그대를 빈궁하게 하고 시름에 잠기게 하는 것은, 장차 그대를 옥으로 만들어 주려 함이다.[貧賤憂戚, 庸玉汝於成也.]"라는 말이 나온다. 張載, 「西銘」.

그윽한 란의 향기 덮을 수 없고, 언덕의 학 소리는 반드시 귀에 들려오네.
조상의 가르침을 이어서 정고의 이름을 이루었네.
왕언은 정중하니, 족히 신명에 질정하네.
북쪽의 암자는 언덕과 나란하여 중부를 맞이하네.
고금에 이름을 드날려서, 가슴속이 시원하고 활달하네.
말은 연원이 깊고, 충정을 다하였네.
공은 오직 겸손하여, 감당할 수 없다 말하네.
억지로 지칭하고자 하니 가학이 넉넉하다네.
말씀이 아직도 귀에 남아 있으니, 사람들이 누가 감히 평하겠는가?
젊은이의 포부는 원대해도 실천이 부족한데, 죽어도 다시하지 못하네.
조촐하게 진설하여 술잔을 올리고, 속마음을 열고서 간곡히 드리오니
공께서는 나를 돌아보시어, 이 한잔 술을 흠향하십시오.
상향.

[冬-17] 李建基의 간찰

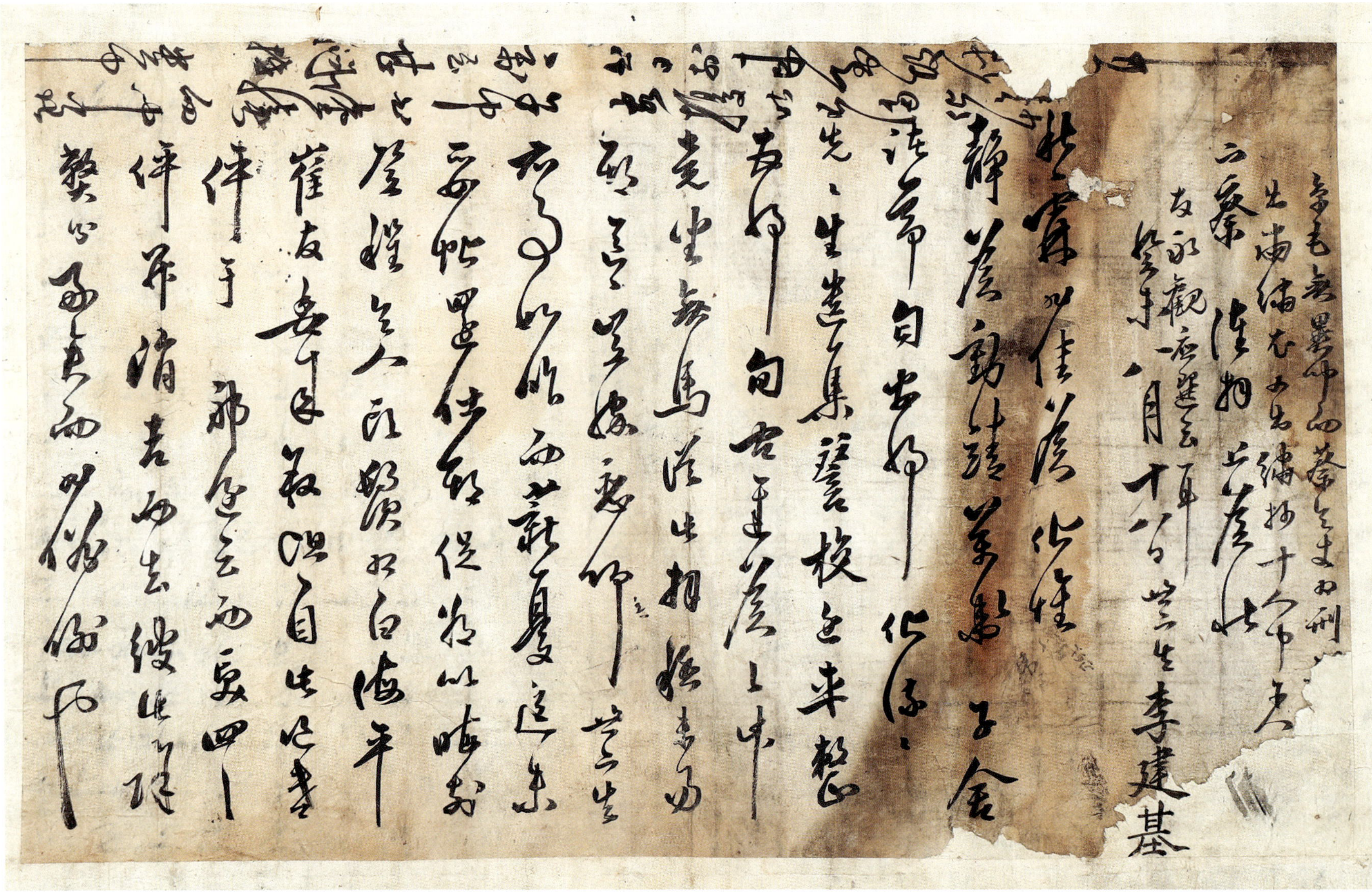

【釋文】秋霖非佳候，伏惟靜候動靖萬衛，子舍諸節勻安耶？伏溸伏溸．先先生遺集讐校，近或整頓耶？旬間進候之計，竟坐無馬，從此拜穩未易期，區區豈勝戀仰？世下生，省事如昨，而薪憂迄未妥帖，還仕期促，將以晦前登程，令人頭鬚爲白．海平崔友，委來敍阻，自此送昏仟于那邊云，而受四之仟幷涓吉，而去彼此餘弊，則好矣而非俗例也．午中書陸續，而聞善病云，甚悶．抵貴中書，日前來到，故伴■〔送〕耳．客擾，姑不備．伏惟下察．謹拜上候狀．

癸未 八月 十八日 世下生 李建基

京毛無異聞，而蔡令丈爲刑■……■，出肅繡衣，可出繡抄十人中．午人 ■……■ 友永觀，應選云耳．

【國譯】가을장마로 날씨가 좋지 않으니 삼가 정양하시는 체후와 안부가 만위하시고, 아들들의 안부는 모두 고루 편안하신지요? 삼가 그립습니다. 선선생의 유집의 교정은 근래에 혹시 마쳤습니까? 10일 사이에 나아가 문후드릴 계획이었으나 끝내 말[馬]이 없어서 이 때문에 찾아뵙고 정담 나누기를 기약하기가 쉽지 않으니 하찮은 제가 어찌 우러러 그리운 마음을 이길 수 있겠습니까?

저는 시봉하는 일이 옛날과 같고 저의 병은 아직까지 편치 않지만 벼슬자리로 돌아갈 기약이 촉박하여 장차 그믐 전에 길에 오를 것인데, 사람의 머리를 백발이 되게 합니다. 해평 최씨 친구가 특별히 와서 막힌 회포를 펴고 이쪽에서부터 혼사에 관한 인편을 그쪽 편으로 보낸다고 했는데, 사성단자를 가지고 온 심부름꾼과 함께 연길단자를 받고서 피차의 남은 폐단을 제거한다면 좋을 것이나 이것이 세속의 사례는 아닙니다. 오중의 편지는 끊이지 않고 이어졌는데, 병을 자주 앓는다고 들으니 매우 안타깝습니다. 다만 귀하에게 보낼 편지가 며칠 전에 도착하였기 때문에 짝 지워서 보냅니다.

손님으로 번잡하여 우선 이정도로만하고 격식을 갖추지 않습니다. 삼가 살펴 주시기를 바랍니다. 삼가 절하고 문후하는 편지를 올립니다.

계미년 8월 18일 세하생 이건기

서울 소식은 달리 들은 것이 없고 채 영공 어르신 형조 ■……■, 나아가서 사은숙배하는 숙의이니, 숙의로 나갈 사람은 10사람 중에서 선발한다. 남인 중의 ■……■ 친구인 영관이 응당 선발되었다고 합니다.

[冬-18] 李建基의 간찰

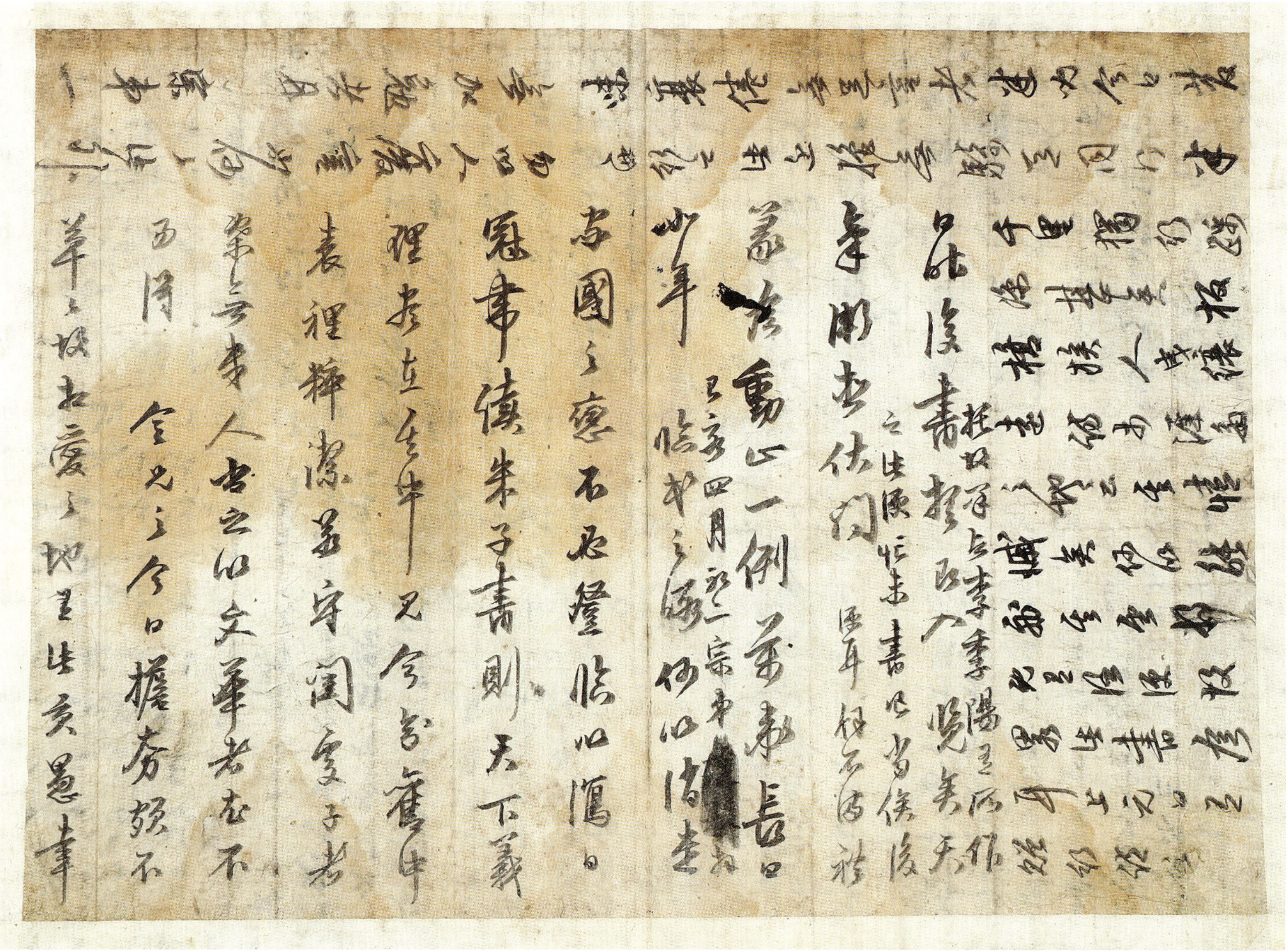

【釋文】日昨復書，想卽入覽矣．天氣漸熱，伏問篆候動止，一例萬衛，長日如年，臨民之暇，何以消遣？家國之戀，不必登臨，以瀉日冠帶，讀朱子書，則天下義理，盡在其中，見今知舊中，表裏粹潔，若守閨妻子者，槪無幾人．尙之以文華者，尤不易得，令兄之今日擔夯，頗不草草，故相愛之地，有此責愚，幸勿以人廢言，如何如何？此外，無加勉者耳．宗弟一味衰倦，無足言者，迷兒今日發西行，而此近絶無騎馬同行，半千里獨行，踽凉甚矣．板橋族人，曳縗，遠訪於涯角之地云，其情慼矣．何以能副其重耶？旣有憑便，故略此書候耳．上元日有贈行詩之托，故果與李季陽有所作之，此便忙未書送，當俟後便耳．餘不備禮．

己亥 四月 初二 宗弟 ■■〔建〕〔基〕拜

【國譯】어제 저녁의 답장 편지는 지금 보셨으리라 생각합니다. 날씨가 점점 더워지는 이때에 삼가 문안컨대 수령의 안부가 한결같이 만위하시며, 하루가 한해와 같이 긴데 백성에게 임하는 여가에 어떻게 보내고 계시는지요? 국가에 대한 연민으로 굳이 벼슬에 올라서 햇볕 쏟아지는 날 관대를 할 필요는 없으나 주자서를 읽는다면 천하의 의리가 모두 그 책속에 있을 것이니 지금 친구 가운데 겉과 속이 순수하고 맑아서 규방을 지키는 처자와 같은 사람은 대체로 몇 사람 없습니다. 게다가 문장이 화려한 자는 더욱 얻기가 쉽지 않은데, 영형이 오늘날 어깨에 짊어지고 있는 것이 자못 가볍지 않기 때문에 서로 아끼는 처지에 내가 이렇게 걱정을 하니, 바라건대 사람 때문에 말까지 폐하지는 않는 것이 어떠합니까? 이 밖에는 더욱 힘쓸 것이 없습니다.

저는 한결같이 쇠약하고 게으름은 말할 만한 것이 없고 집 아이가 오늘 서울로 떠나는데, 이 근처에는 말을 타고 함께 동행 할 사람이 전혀 없어서 오백리 길을 홀로 가야하니 홀로 가는 서글픔이 심합니다. 판교의 족인이 상복 입은 몸을 끌고 멀리서 궁벽하고 먼 곳을 방문하였다 하니 정겹고 서글픕니다. 어떻게 그 정중하신 마음에 부응할 수 있으려는지요? 이미 인편을 통해 대략 이정도로만 편지로 문후합니다.

정월 보름날에 증행시를 지어달라는 부탁이 있어서 이계양과 함께 지어 둔 것이 있었었는데, 인편이 바빠서 써서 보내지 못하고 응당 뒤의 인편을 기다릴 뿐입니다. 나머지는 예를 갖추지 않습니다.

을해년 4월 2일 종제 건기 배

[冬-19] 李建基의 칠언배율과 오언율시

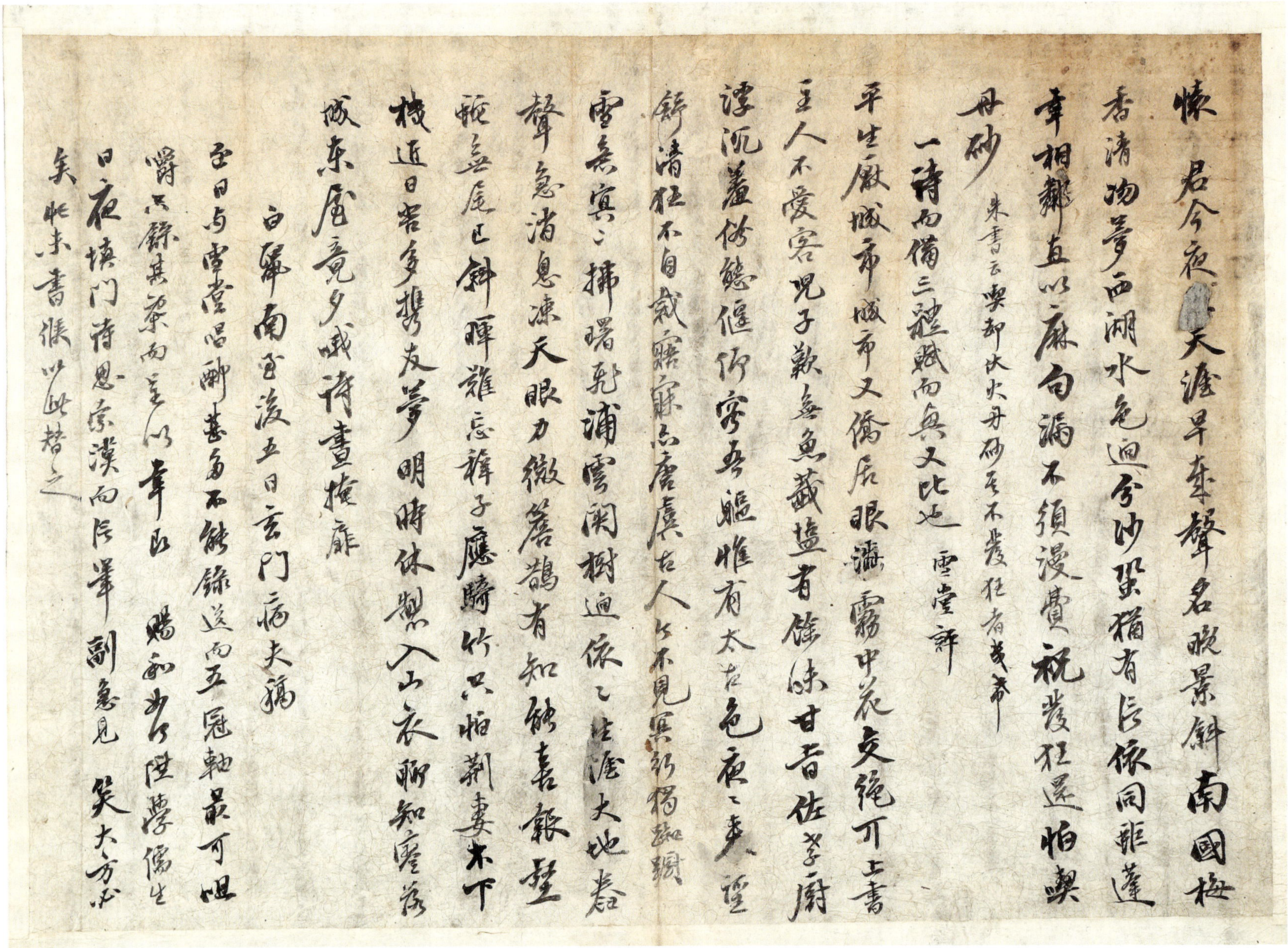

【釋文】懷君今夜▣天涯，早歲聲名晩景斜．南國梅香淸沕夢，西湖水色逈分沙．

蛩猶有信依同駏，蓬幸相鄰直以麻．句漏不須漫費祝，發狂還怕喫丹砂．

朱書云：“喫却伏火丹砂，其不發狂者幾希．”一詩而備三體，賦而興又比也．雪堂評．

平生厭城市，城市又僑居．眼澁霧中花，交絶丌上書．
主人不愛客，兒子歎無魚．韱鹽有餘味，甘旨佐孝廚．

浮沈羞俗態，偃仰容吾軀．惟有太古色，夜夜來望舒．
淸狂不自裁，寤寐亦唐虞．古人今不見，冥行獨踟躕．

雪意冥冥拂曙飛，浦雲關樹逈依依．生涯大地春聲急，消息凍天眼力微．

簷鵲有知能喜報，壑蛇無尾已斜暉．難忘稚子應騎竹，只怕荊妻不下機．

近日苦多携友夢，明時休製入山衣．聊知寥落城東屋，竟夕哦詩晝掩扉．

白鼠 南至後 五日 玄門 病夫稿

近日，與雪堂唱酬甚多，不能錄送，而五冠軸，最可咀嚼．只錄其槪而呈似，幸卽賜和，如何？陞學儒生，日夜塡門，詩思索漠，而信輩副急見，笑大方必矣．忙未書候，以此替之．

【國譯】오늘 밤 하늘 끝에서 그대를 생각하니,
어린 나이에 이름을 이루고 노년이 기울었네.
남국의 매화 향기는 아득한 꿈속에서 맑고,
서호의 물빛은 갈라지는 모래밭에서 아득하네.

귀뚜라미도 오히려 믿음이 있어서 노래기와 함께 의지하고,
쑥대가 다행히 마와 서로 이웃하여 곧네.
구루산(句漏山)[19]의 소원은 헛되이 축원할 필요가 없으니,

19 구루산(句漏山) : 중국 廣西 北流縣에 있는 산으로, 道家에서 인간 세상에 내려온 신선들이 거처한다는 36개 洞天 가운데 22번째 동천 이름이다.

미친 마음이 발동하여 도리어 단사를 먹을까 두렵네.

주서에 이르기를, "복화단사를 먹고서 미치지 않는 사람이 드물다."라고 하였다.
시 한편에 세 가지 체제를 갖추었으니, 부이면서 흥이고 또 비이다. 설당이 평하다.

평생토록 도성을 싫어하였는데,
도성에서 또 더부살이를 하네.
눈이 껄끄러워 안개 속에 꽃이 피는듯하고,
교제는 책상위에 편지마저도 끊겼네.
주인은 손님을 사랑하지 않고,
아이는 고기반찬 없어 한탄하네.
부추와 소금은 넉넉한 맛이 있어서,
맛있는 음식으로 효자의 부엌을 돕는다네.

부침은 세속의 모습에 부끄럽지만,
유유자적하게 내 몸을 용납하네.
오직 태고의 모습이 있어서,
밤마다 와서 바라보고 회포를 펴네.
청광(淸狂)[20]은 절로 제어할 수 없고,
자나 깨나 또한 순임금을 생각하네.
옛사람을 지금 볼 수 없으니,
어둔 길에서 홀로 주저하네.

눈이 올 듯 어두운 새벽을 떨치며 날고,
포구의 구름과 관문의 나무도 멀리 흐리게 보이네.

20 청광(淸狂) : 일부러 미친 체하여 얽매임이 없음을 말하는데, "하공은 본디 남방의 방언을 썼는데, 관직에 있을 땐 항상 청광이었네.[賀公雅吳語, 在位常淸狂.]"라는 구절에서 유래하였다. 杜甫, 「賀公雅吳語」.

살아가는 큰 땅에는 절구질 소리가 급하게 들리고,
오락가락하는 겨울 날씨에 시력은 희미하네.

처마 밑의 까치는 기쁜 소식을 알리고,
골짜기의 뱀은 꼬리를 감추며, 해는 이미 기울었네.
아이들은 응당 대나무 타는 것을 잊어버리기 어렵고,
이다만 두려운 것은 아내가 베틀에서 내려오지 않는 것이라네.

요즈음 괴롭게도 친구를 데리고 오는 꿈을 많이 꾸고,
밝은 시대이니 산속으로 들어가는 옷을 짓지 말라.
애오라지 쓸쓸한 성 동쪽 집에서,
마침내 저녁이 다하도록 시를 읊느라 대낮에도 사립문이 닫혀 있음을 알겠네.

경자년 동지 후 5일 현문, 병든 사내의 원고

요즈음에 설당과 더불어 창수하는 것이 매우 많은데, 기록해서 보내지는 못하였으나 오관의 시축이 가장 곱씹어 볼만하였다. 다만 대강만을 기록하여 드리니 바라건대 곧바로 화답해 주는 것이 어떠합니까? 승학의 유생들이 밤낮으로 문을 메우고 있고 시상이 삭막하지만 친구들이 급히 보고자 하는데 부응하니 필시 대방가들을 웃게 할 것입니다. 바빠서 문안 편지를 못하고 이것으로 대신합니다.

[冬-20] 李選基의 간찰

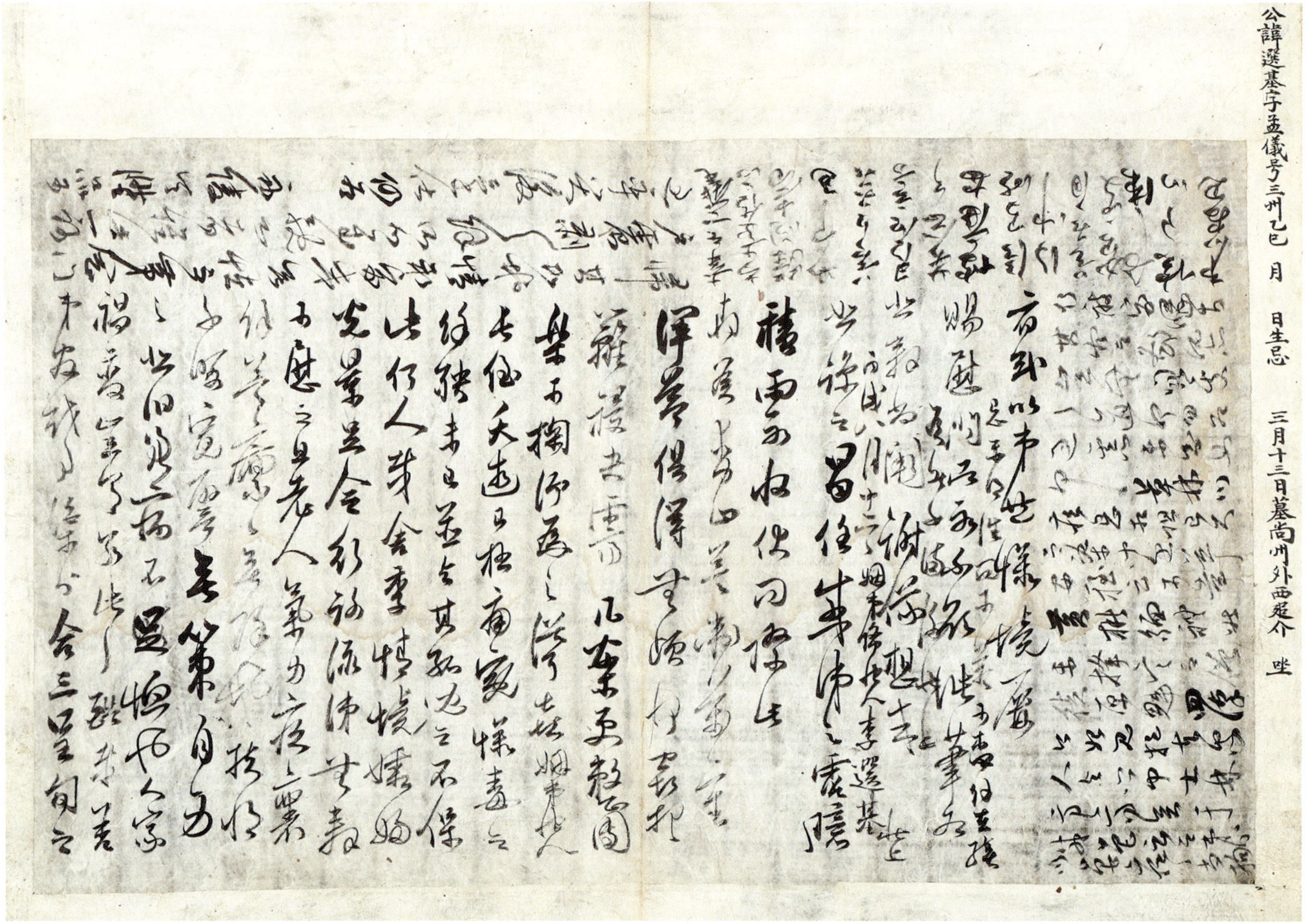

【釋文】 省式. 以弟遭慘境, 屢賜慰問. 而所不欲泚筆爲悲辭, 尙闕謝儀, 想或恕諒, 而曷任感涕之靐臆? 積雨初收, 伏問際此, 靜候動止, 益衛萬重, 渾節俱得無頉耶? 竊想籬禐夬齋, 几案更整, 團欒可掬, 仰爲之聳喜. 姻弟服人, 長侄夭逝, 已極痛冤慘毒, 而餘殃未已. 竝與其孤兒而不保, 此何人哉? 舍季情境, 孀婦光景, 足令行路流涕, 無辭可慰. 而且老人氣力疚懷餘, 益廩廩, 無餘地. 扶將不暇, 寬譬無策, 自身之悲汩善病, 不足恤也. 人家禍變, 豈有若此之酷哉? 舍弟官職事, 渠則合三呈旬而歸, 其卽地情, 私容或無怪. 而第念門戶震剝之餘, 所以慰親心者, 惟此一路. 過卒哭後還仕, 仍爲寧陵, 令階品可幸, 而一塵尙遠, 侍下躁

悶，當如何？過節日，又爲尋鄕云，方苦念耳．坡庭安信，有明得聞，是爲自賀處也．涑院事，以弟管見，何敢容喙於其間，而鄙所，亦豈無善處之道耶？勿爲過慮，未知如何？草林以痘忌，相阻已久，而槪聞近益之安穩云，可幸．黃楸緬禮，姑未擇定，而僧徒原魁四漢，今始見捉本家人，與鄕中士林，方齊會于咸邑云，而弟，則以邑痘之尙拘忌，未得往問，可歎可恷．餘在續候，姑不備．謝狀上．丙戌 八月 十二日 姻弟 降服人 李選基 狀上

【國譯】 격식을 생략합니다. 제가 참혹한 지경을 만나서 여러 차례 위문편지를 받았습니다. 그러나 붓을 적셔서 슬픈 말을 하고 싶지 않아서 아직도 답장을 쓰지 못하니 혹 용서하고 헤아려 주시겠지만 감사하여 가슴을 적시는 눈물을 어찌 견딜 수 있겠습니까? 장마비가 비로소 그쳤는데 삼가 문안컨대 요즈음의 정양하시는 체후와 안부가 더욱 보위되고 만중하시며 가족들도 모두 탈이 없는지요? 적이 생각건대 울타리를 단정히 하고 궤안도 다시 정리하여 단란한 즐거움을 가질 것이라 생각하니 우러러 이 때문에 기쁨이 솟구칩니다.

인척 아우로 상복을 입은 저는 장조카의 요절로 이미 지극히 원통하고 슬픔이 지독하나 남은 재앙이 그치지 않아서 그 고아[조카의 아이]도 함께 돌보지 못하고 있으니 이것이 어찌 사람이겠습니까? 집안 막내의 정경과 그 과부의 상황은 족히 길가는 사람으로 하여금 눈물을 흐르게 하니 말로는 위로할 수가 없습니다. 게다가 노인의 기력이 오랜 병으로 고생한 끝에 더욱 위태로워서 남은 것이 없습니다. 부축할 겨를도 없고 너그럽게 비유할 대책도 없어서 자신의 슬픔에 골몰하여 곧잘 병이 드니 족히 구휼할 수 없습니다. 사람의 집에 화와 변고가 어찌 이와 같이 잔혹함이 있단 말입니까? 집안 동생의 관직의 일에 대하여 그는 열흘에 한번 세 차례 연달아 사직 상소를 올리고 돌아왔는데 곧 그것은 그 당시의 정황이니 사사로이 용납한다 하더라도 혹 괴이할 것이 없습니다. 그러나 다만 집안이 상심한 나머지에 어버이의 마음을 위로하는 것은 오직 이 한길뿐입니다. 졸곡제를 지낸 뒤로 벼슬로 돌아가서 이로 인하여 영릉참봉이 되었고 품계를 승직하도록 한 것은 다행인데 외직이라 오히려 먼 곳이어서 제 마음이 초조하고 답답하니 응당 어떠하겠습니까? 명절을 지내고 또 고향을 찾아가야 한다고 하니 바야흐로 괴롭고 염려됩니다. 파주 집안의 안부 편지는 내일 소식이 있을 것인데 이것은 스스로 축하할 부분입니다.

속수서원의 일은 저의 좁은 식견으로는 어찌 감히 그 사이에 입을 놀릴 수 있겠습니까마는 제가 있는 곳에서 또한 어찌 잘 처리할 방법이 없겠습니까? 지나치게 염려하지 마십시오. 그러나 어떠할지는 모르겠습니다. 초림은 두역으로 서로 소식이 막힌 것이 이미 오래되었으나 대체로 근래에 더욱 안온하다니 다행입니다. 황간현(黃澗縣) 선산의 산소[21]를 이장하는 것은 아직 날을 잡지 못하였으나 승려무리의 우두머리 네 놈이 지금에야 비로소 본가 사람에게 잡혀와 고향의 사림과 더불어 바야흐로 함양에서 일제히 모였다고 하는데 저는 마을의 두역 때문에 오히려 꺼려서 아직까지 가서 문안하지 못하였으니 한탄스럽고 답답합니다.

나머지는 이어지는 편지에 남겨두고 우선 이 정도로만 하고 격식을 갖추지 않습니다. 사례하는 편지를 올립니다.

병술 8월 12일 인척 제 강복인 이선기 장상

21 황간현(黃澗縣) 선산의 산소: 원문의 '黃楸' 충청북도 영동군 黃澗面에 있는 선산을 말한다.

[冬-21] 李選基의 간찰

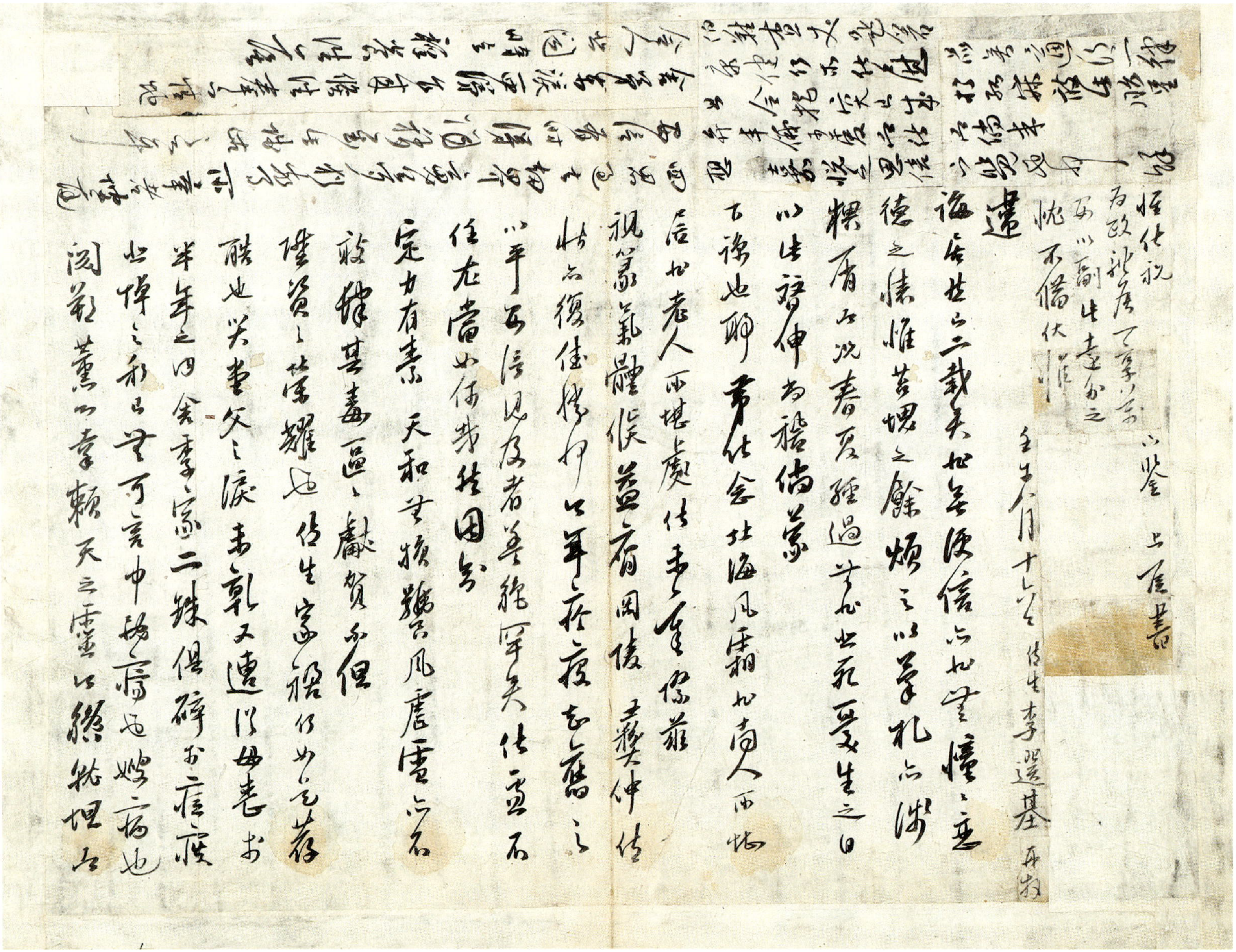

【釋文】違誨居然已二載矣. 非無便信, 亦非無憧憧戀德之懷. 惟苫塊之餘, 煩之以筆札, 亦涉猥屑, 而况春夏經過, 無非悲死憂生之日, 以此替伸尙稽, 倘蒙下諒也耶? 第伏念北海風霜非南人所堪居, 非老人所堪處. 伏未審際玆, 視篆氣體候, 益膺岡陵, 彝伸侍狀, 亦復佳勝耶? 今年疹疫, 知舊之以平安信見及者, 盖絶罕矣, 伏慮不任, 尤當如何哉? 然固知定力, 有素天和, 無損饕風, 虐雪亦不敢肆其毒, 區區獻賀, 不但陞資之榮輝也. 侍生家禍, 何如是荐酷也? 哭堂父之淚未乾, 又遭從母喪, 於半年之內, 舍季家二珠, 俱碎於痘疾, 悲悼之私, 已無可言中, 親癠也, 嫂病也, 閱朔薰心, 幸賴天之靈, 今纔就坦, 而回思過去刼界, 魂夢猶驚. 所幸者, 坡庭安信, 有時得聞, 稍慰此陟岵之心耳. 舍弟東淚西涕, 乍來條往, 奉下情地, 令人悲悶. 時與穉養, 往候伯難, 査丈匙箸康健, 何等伏慰? 且令抱, 奚已成弁, 丰儀可愛, 而伏想嘉悅之思, 倍品矣. 適得一律於孤寂, 敢此胎呈, 而倘或下覽也耶? 餘惟伏祝, 爲政體候, 一享萬安, 以副此遠外之忱. 不備. 伏惟下鑑. 上候書. 壬午 八月 十六日 侍生 李選基 再拜

【國譯】찾아뵙지 못한 지 어느덧 이미 2년이 되었습니다. 인편과 소식이 없지는 않으나 또한 간절히 형의 덕을 그리워하였습니다. 오직 부모의 상을 당한 뒤로 붓과 편지가 번거롭고 또한 찾아뵙는 것도 외설스러운데, 더구나 봄여름을 지내면서 죽은 사람을 슬퍼하고 산 사람을 근심스러워 하는 날이 없지가 않아서 이로써 대신 편지를 쓰지만 오히려 이마저도 늦었으니 혹이라도 헤아려 주실 수 있는지요? 다만 삼가 염려스러운 것은 북쪽 바다의 바람과 서리가 남쪽 사람이 견디고 지낼 바가 아니니 노인이 견딜 수 있는 것이 아닙니다. 삼가 요즈음에 공무를 보시는 체후가 더욱 크게 임하여 법도를 펴고 시봉하는 상황을 알지 못하였는데, 또한 다시 아름답고 건승하신지요?

올해는 역병으로 친구들이 평안한 소식을 전하는 자가 대체로 매우 드물어서 삼가 염려를 견디지 못하니 더욱 응당 어찌하겠습니까? 그러나 진실로 확고한 힘으로 평소에 늘 건강해서 성난 바람에도 손상됨이 없고 사나운 눈도 감히 그 독을 마음대로 할 수가 없을 것이라는 것을 알고 있으니, 간절히 하례 드리는 것은 비단 자품이 승급된 영광일 뿐만이 아닙니다. 저의 집안의 재앙이 어찌 이다지도 거듭 잔혹한지요? 당숙을 곡하는 눈물이 채 마르기도 전에 또 이모의 상을 당하였고 반년 안에 막내 동생 집안의 두 자식이 모두 두역으로 죽으니 사사로운 슬픔과 서러움을 이미 말할 수가 없던 중에, 어버이의 병과 형수의 병으로 한 달이 넘도록 마음을 태웠는데, 다행히 하늘의 영에 힘입어서 이제 겨우 평탄케 되었으니 과거의 험한 세상을 돌이켜 생각해보면 꿈속에서도 오히려 놀랍습니다. 다행한 것은 파주집의 소식은 때때로 듣고 있으니 조금이나마 이렇게 형을 그리는 마음에 위안이 됩니다. 저는 동에서 울고 서에서 울며 잠깐 왔다가 급하게 가서 제 마음을 말씀드리는 처지가 사람으로 하여금 슬프고 민망케 합니다. 때로 치양(穉養)[22]과 함께 형님께 문후하니, 사돈어른께서 식사 잘하시고 건강하시다니 얼마나 위안이 되 던지요? 게다가 손자가 어느덧 벌써 성인식을 하였으니 풍모가 사랑스러워서 가상하고 기쁜 생각이 평상의 배나 더할 것이라 생각이 됩니다. 마침 고적한 가운데 율시 한수를 얻어서 감히 이렇게 별지로 드리니 혹 살펴보시려는지요? 나머지는 정사를 돌보시는 체후가 한결같이 만안하시어 먼 외지에 있는 제 마음에 부응하기를 바랍니다. 격식을 갖추지 않습니다. 삼가 굽어 살펴 주시기 바랍니다. 문후편지를 올립니다. 임오년 8월 16일 시생 이건기 재배

22 치양(穉養) : 치양은 姜哲欽(1778~1856)의 자이다. 號는 渾齋이다. 1810년 式年試 생원에 입격하였으며, 玉洞書院長을 지냈다.

[冬-22-右] 李選基의 칠언율시

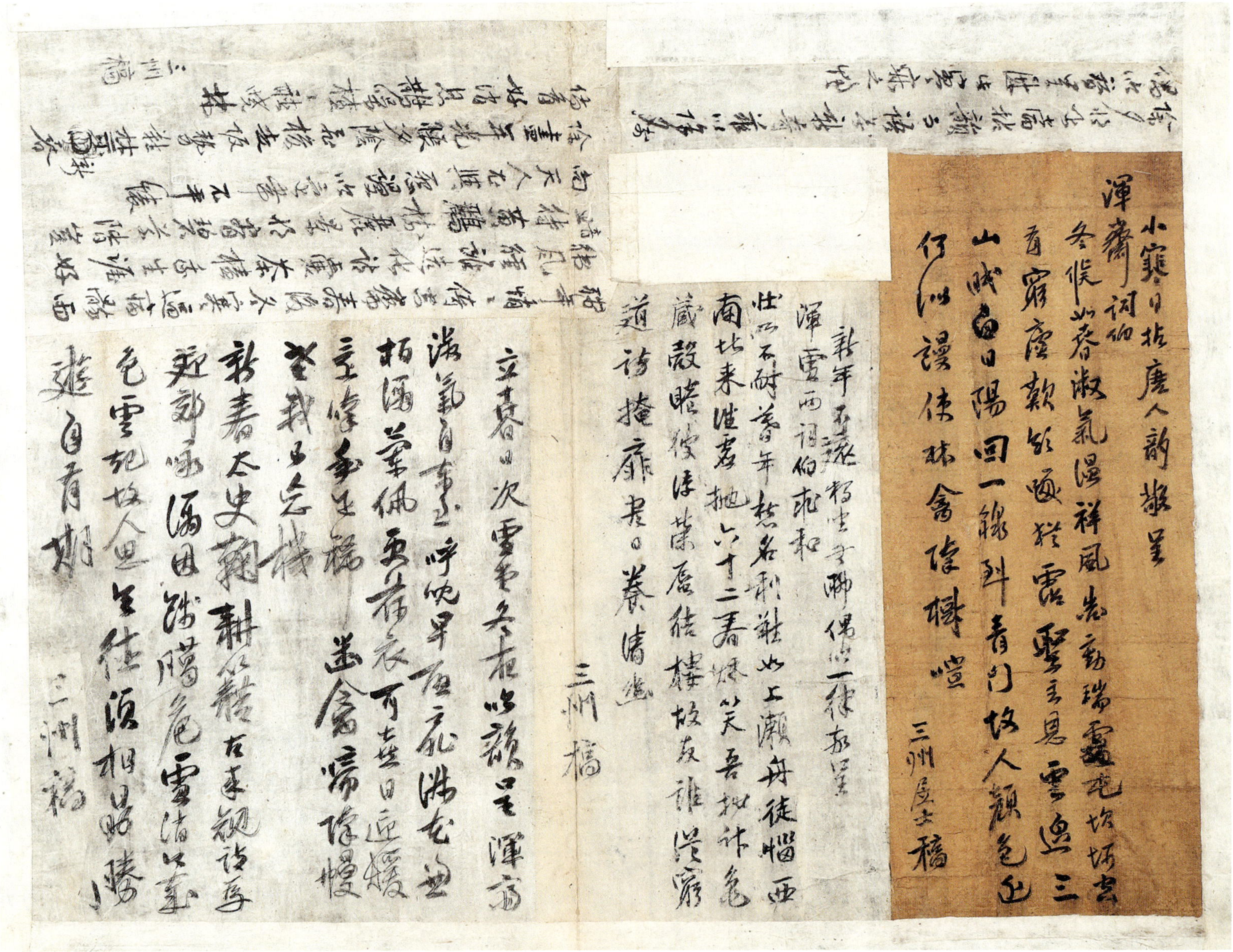

【釋文】 小寒日, 拈唐人韻, 敬呈渾齋詞伯.

冬候如春淑氣溫, 祥風微動瑞雲屯.
坎坷空有窮廬歎, 飮啄猶需聖主恩.

雲邈三山眠白日, 陽回一線到青門.
故人顏色近何似, 謾使林禽隔樹喧.

三州居士 稿

【國譯】 소한 날에 당인의 운자를 뽑아 삼가 혼재(渾齋)[23] 사백에게 올리다.

겨울 날씨가 봄과 같아 맑은 기운은 따뜻하고,
상서로운 바람이 살짝 불어오니 상서로운 구름이 모여드네.
평탄치 못한 삶에 공연히 궁벽한 집의 탄식[24]이 있지만,
마시고 먹는 것도 오히려 임금의 은혜를 입은 것이라네.

구름 아득한 삼산에서 대낮에도 잠을 자고,
양 기운이 회복되는 11월[25]이 동쪽 창문에 이르렀네.
친구의 얼굴은 요사이 어떠한가?
숲속의 새로 하여금 부질없이 나무 사이에서 울게 하네.

삼주거사 짓다

23 혼재(渾齋) : 稺養 姜哲欽을 말한다.

24 궁벽한 집의 탄식 : 원문의 '窮廬之歎'은 오막살이의 탄식을 말한다. 가난한 사람이 사는 집으로, 젊어서 공부하지 않고 노년에 이르러 탄식한들 아무런 소용이 없음을 이른다. 후한 때 제갈량이 아들에게 보낸 편지에 "나이는 시절과 더불어 치달리고 뜻은 세월과 더불어 떠나간다. 마침내 쇠락해져 세상과 어울리지 못하고 오두막에서 비탄에 잠겨본들 무슨 수로 되돌릴까?"라고 한 내용이 보인다.

25 양 기운이 회복되는 11월 : 원문의 '陽回一線'은 음력 11월을 말한다. 『周易』의 원리로 볼 때 10월은 坤卦에 해당하는 純陰의 상이다. 11월은 復卦인데 一陽이 맨 밑에서 생기고, 12월은 臨卦인데 二陽이 밑에서 생기고, 정월은 泰卦인데 三陽이 밑에서 생긴다.

[冬-23-中] 李選基의 칠언율시

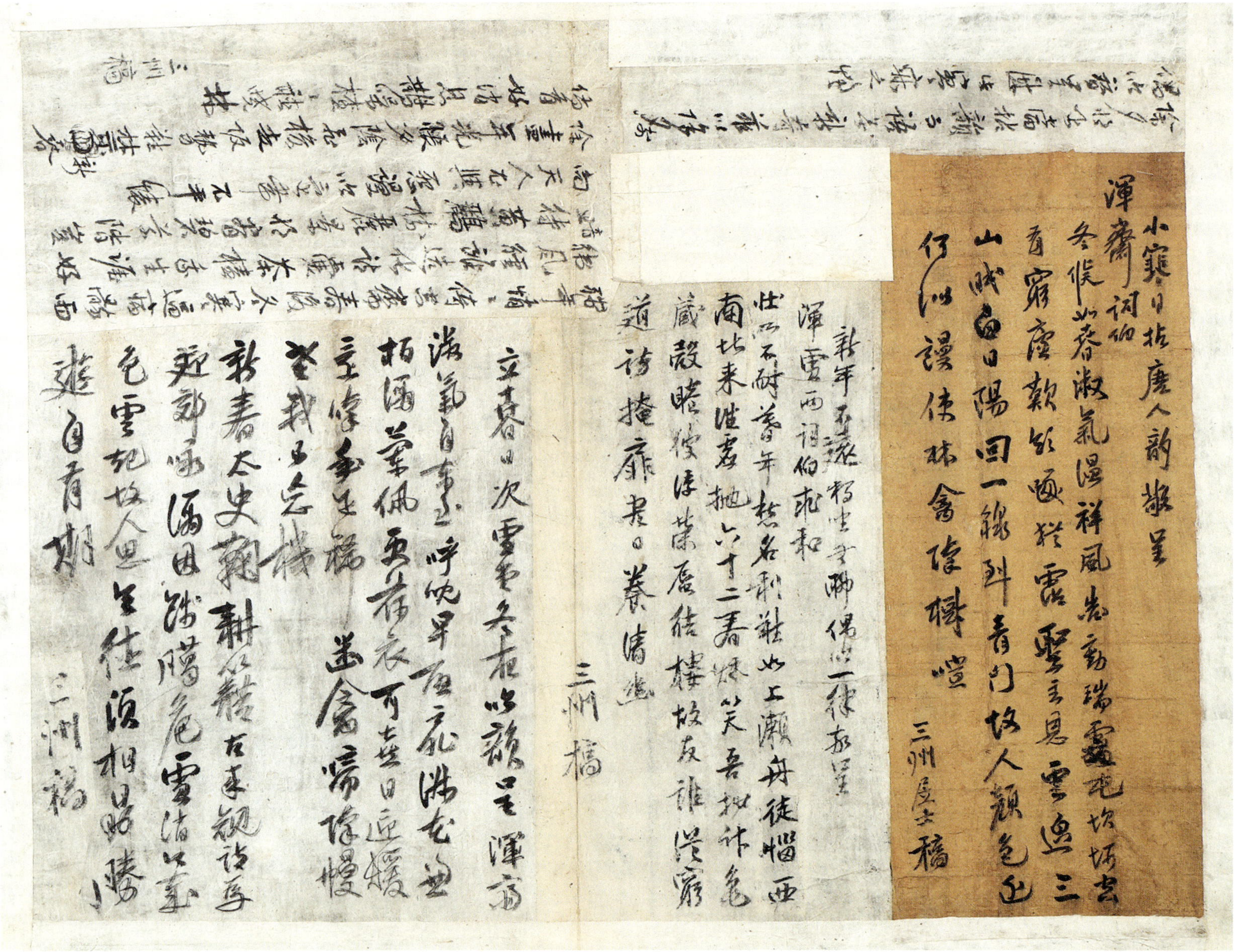

【釋文】新年不遠，獨坐無聊，偶以一律，敬呈渾雪兩詞伯，求和.

壯心不耐暮年愁，名利難如上瀨舟.
徒惱西南北來往，虛抛六十二春秋.

笑吾拙計龜藏殼，瞻彼浮榮辱結樓.
故友誰從窮道訪，掩扉盡日養淸幽.

三州稿

【國譯】새해가 멀지 않은데 홀로 무료히 앉았다가 우연히 한 율시를 지어서 삼가 혼재와 설당 두 사백에게 드려 화답시를 구하다

장부의 마음으로도 노년의 수심을 견디지 못하고,
명리의 어려움은 급류를 거슬러 올라가는 배와 같네.
한갓 동서남북으로 오고 가는 것을 번뇌하고,
헛되이 62세를 버렸네.

나의 졸렬한 계획은 거북이의 껍질 속에 감춘 것 같아 우습고,
저 세속의 신기루 영욕을 돌아보네.
친구 중에 누가 궁도로부터 나를 찾아올까?
나는 진종일 사립문을 닫고서 맑고 그윽한 흥취를 기르네.

삼주의 시

[冬-24-左] 李選基의 오언율시

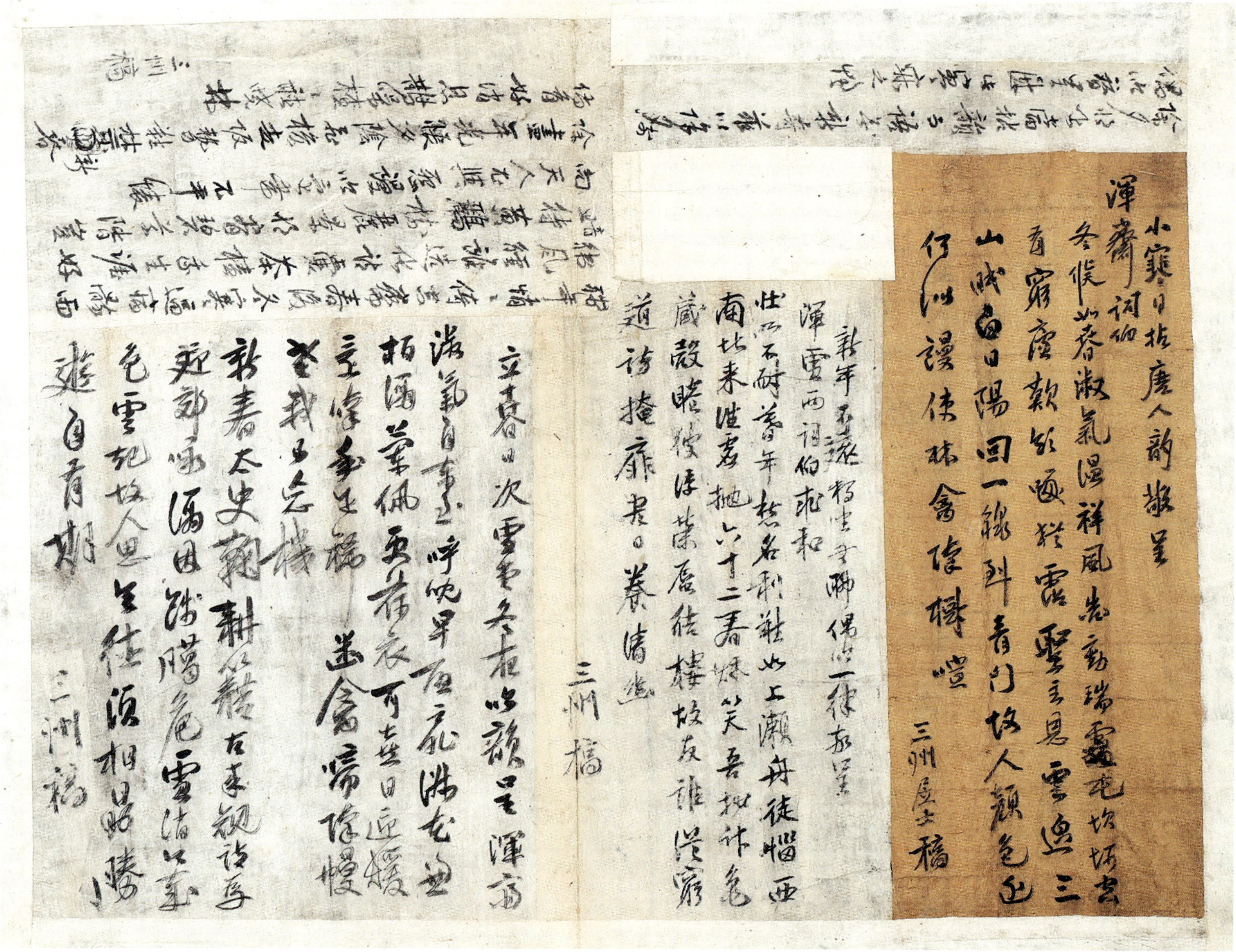

【釋文】立春日，次雪堂冬夜吟韻，呈渾齋.
淑氣自東至，呼兒早啓扉. 淑花兼栢酒，蘭佩更荷衣.
可喜日迎煖，還嘆年近稀. 幽禽啼隔幔，老我已忘機.

新春太史鞠，耕籍古來規. 詩爲迎郊咏，酒因餞臘巵.
雪消今歲色，雲起故人思. 今作頃相勗，勝遊自有期.
三州 稿

【國譯】입춘 날에 설당의 동야음 운자에 차운하여 혼재에게 드리다.
맑은 기운이 동으로부터 이르니,
아이를 불러서 아침 일찍 사립문을 열었네.
맑은 꽃은 잣 술에 더하고,
고결한 행색[26]에 신선의 옷을 더했네.
기쁜 것은 날마다 따뜻함을 맞는 것인데,
도리어 나이가 희수에 가까운 것이 한탄스럽네.
그윽한 새의 울음은 장막 너머에서 들려오니,
늙은 나는 이미 기미를 잊었네.

새봄은 태사가 알려온 것이고,
자전(藉田)을 경작하던 것은 고래로부터 내려오던 규칙이네.
시는 교외에서 읊조린 것을 맞이하고,
술로서 얼마 남지 않은 12월을 전별하네.
눈은 금년의 색을 사라지게 하고,
구름은 친구의 생각을 일으키네.
지금의 작품은 지난번 서로 돕던 것이고,
승경을 유람하자는 것은 절로 기약이 있네.
삼주 시

26 고결한 행색 : 원문의 '蘭佩'는 고결한 행색을 형용할 때 쓰는 말이다. "강리와 벽지를 몸에 걸치고, 가을 난초 엮어 장신구로 삼는다네.[扈江離與辟芷兮 紉秋蘭以爲佩]"라고 하였다. 『楚辭』, 「離騷經」.

[冬-25-상] 李選基의 칠언배율

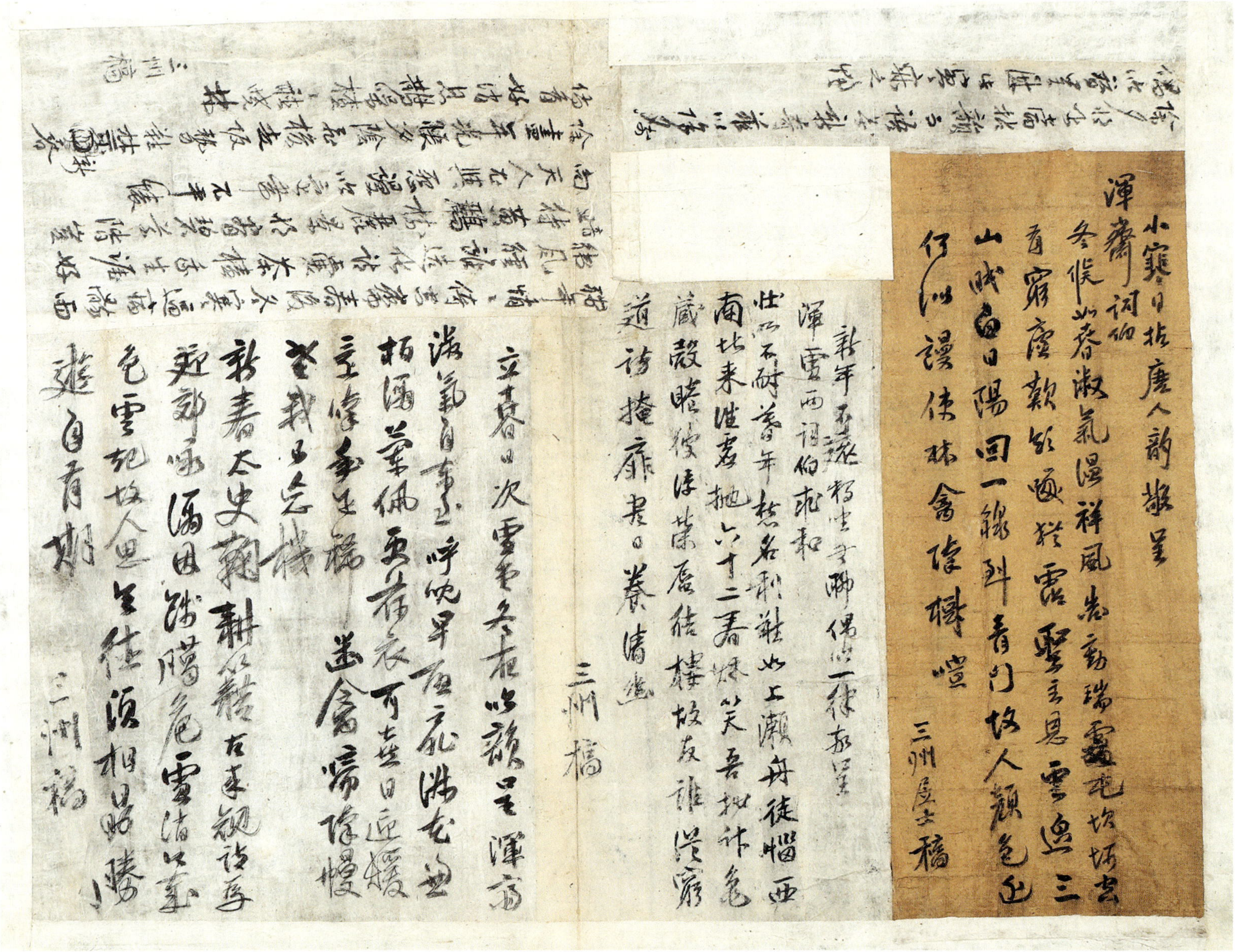

【釋文】除夕將近，當拈韻，而語無新奇，玆以除夕前，偶吟替呈，慰此寥寂之懷.

殘年悄悄倚空齋，春後冬寒逼病骸.
雨緯風經誰造化，詩囊茶榼我生涯.

好音且待黃鸝樹，麗景將看碧草階.
豈向天人尤與怨，謾吟還帶不平懷.

除盡年光悵夕陰，飛梭走阪勢難禁.
新春倘有好消息，鵲噪楂楂聽曉林.

三州 稿

【國譯】제석이 장차 가까워져서 응당 운을 뽑아 시를 지었으나 시어에 신기함이 없어서 이에 제석 전에 우연히 읊조리던 것으로 대신 드려 이러한 저의 쓸쓸한 회포를 위로하다.

남은 해가 근심스러워 빈집에 기대어 있고,
봄 이후에도 겨울 같은 추위가 병든 몸을 위협하네.
비로 씨줄 삼고 바람으로 날줄 삼는 것은 누구의 조화인가?
시 주머니 차 도시락은 나의 생애이네.

좋은 소식을 꾀꼬리 우는 나무에서 기다리고,
아름다운 경치는 장차 푸른 섬돌에서 본다네.
어찌 하늘과 사람을 향해 원망할 수 있겠는가?
부질없이 읊조리며 다시 불평스런 마음을 띄네.

제석이 다가는 해에 저녁 그림자는 서글프고,
나는 듯한 북은 언덕을 달리는 듯하니 그 형세를 금하기 어렵고
새봄에는 혹 좋은 소식이 있으려는지,
재잘대는 까치소리 새벽녘 나무에서 들려오네.

[冬-26] 李選基의 오언율시

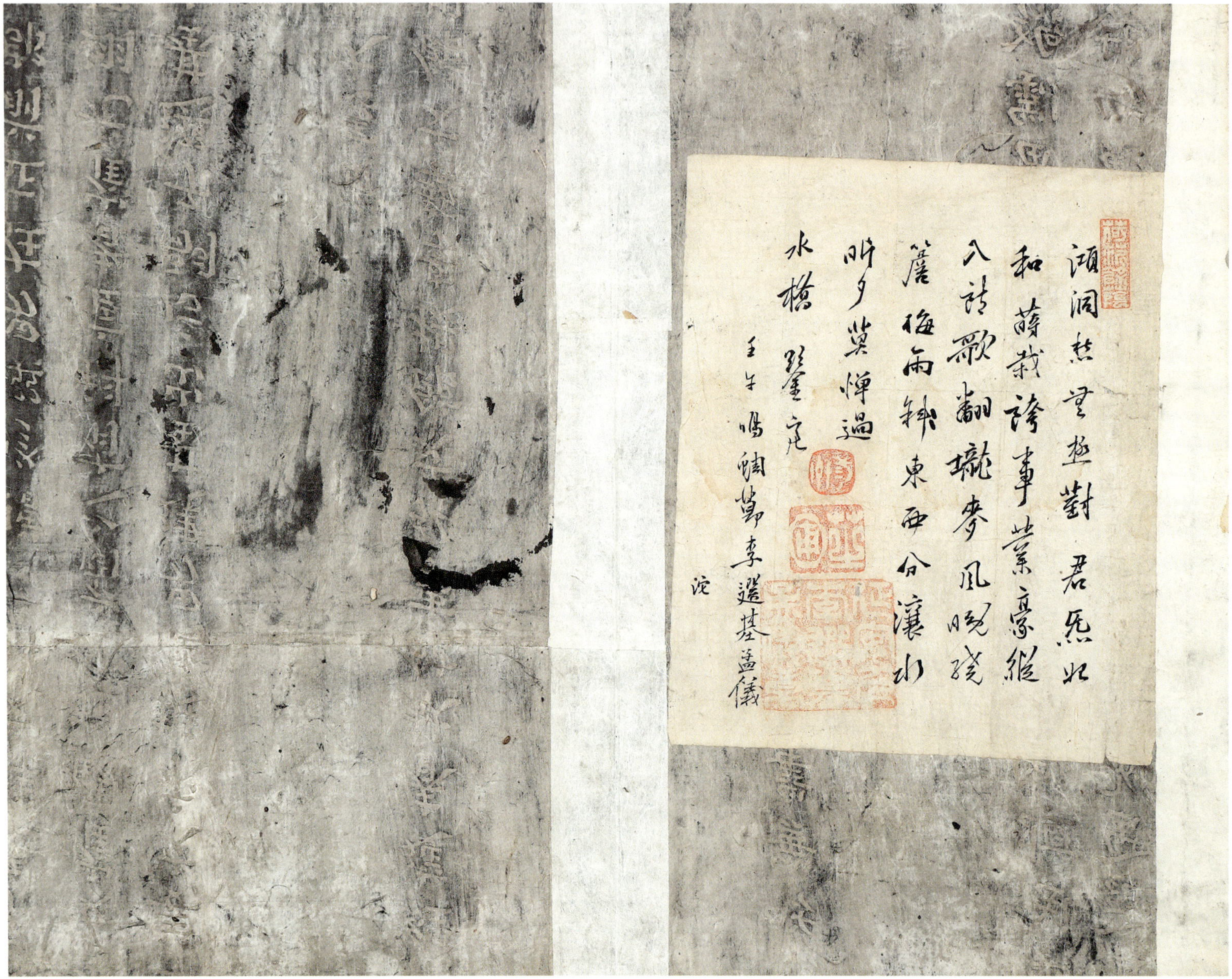

【釋文】(印)
澒洞愁無極, 對君炁始和.
莳栽誇事業, 豪縱入詩歌.

翻壟麥風晩, 繞簷梅雨斜.
東西分瀼水, 昕夕莫憚過.

水橋 鑑亮
(印:三州)(印:芝圃)(印:延安■「印」李選基孟儀章)
壬午 鳴蜩節 李選基 孟儀

【國譯】 홍동의 근심은 끝이 없더니,
그대를 대하고 기운이 비로소 온화해지네.
모종을 심고 사업을 자랑하니,
호탕하게 들어가 시를 읊조리네.

언덕을 뒤집는 보리바람 늦게 불어오고,
처마를 감싸는 5월 바람 비끼네.
동서로 양수가 나누어지고,
아침저녁으로 허물을 고치기를 거리끼지 마라

임오년 5월에 이선기 맹의「字」

[冬-27] 李叙九의 유묵

【釋文】 渭城觀 渭城觀 (印)(印)

【國譯】 위성관(渭城觀)[27] 위성관

27 위성관(渭城觀) : '위성'은 함양을 말한다. 함양이 渭水 북쪽 기슭에 있으므로 함양을 渭城이라고도 불렀다. 위수는 황하의 서쪽 지류로 중원의 중심지에 해당되는 위치이다. '觀'은 도교의 사원을 말한다.

[冬-28-1-左] 李叙九의 유묵

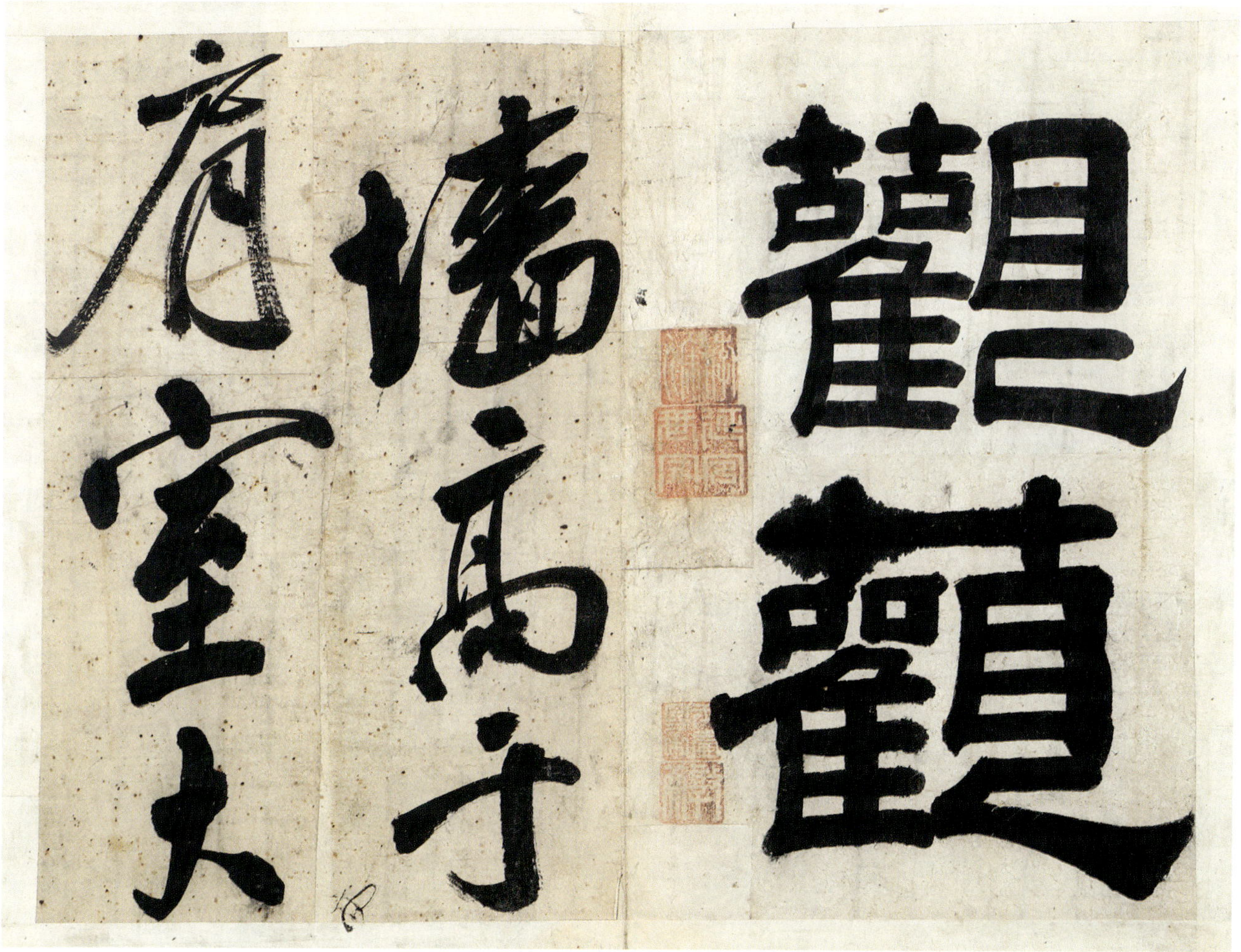

【釋文】 墻高于肩 室大於斗 煮石初爛 燒丹欲成

【國譯】 담장은 어깨보다 높고 방은 말보다 크네. 구운 돌이 막 익으려 하니, 단약을 구워서 약을 지으려 하네.

[冬-28-1-右] 李叙九의 유묵

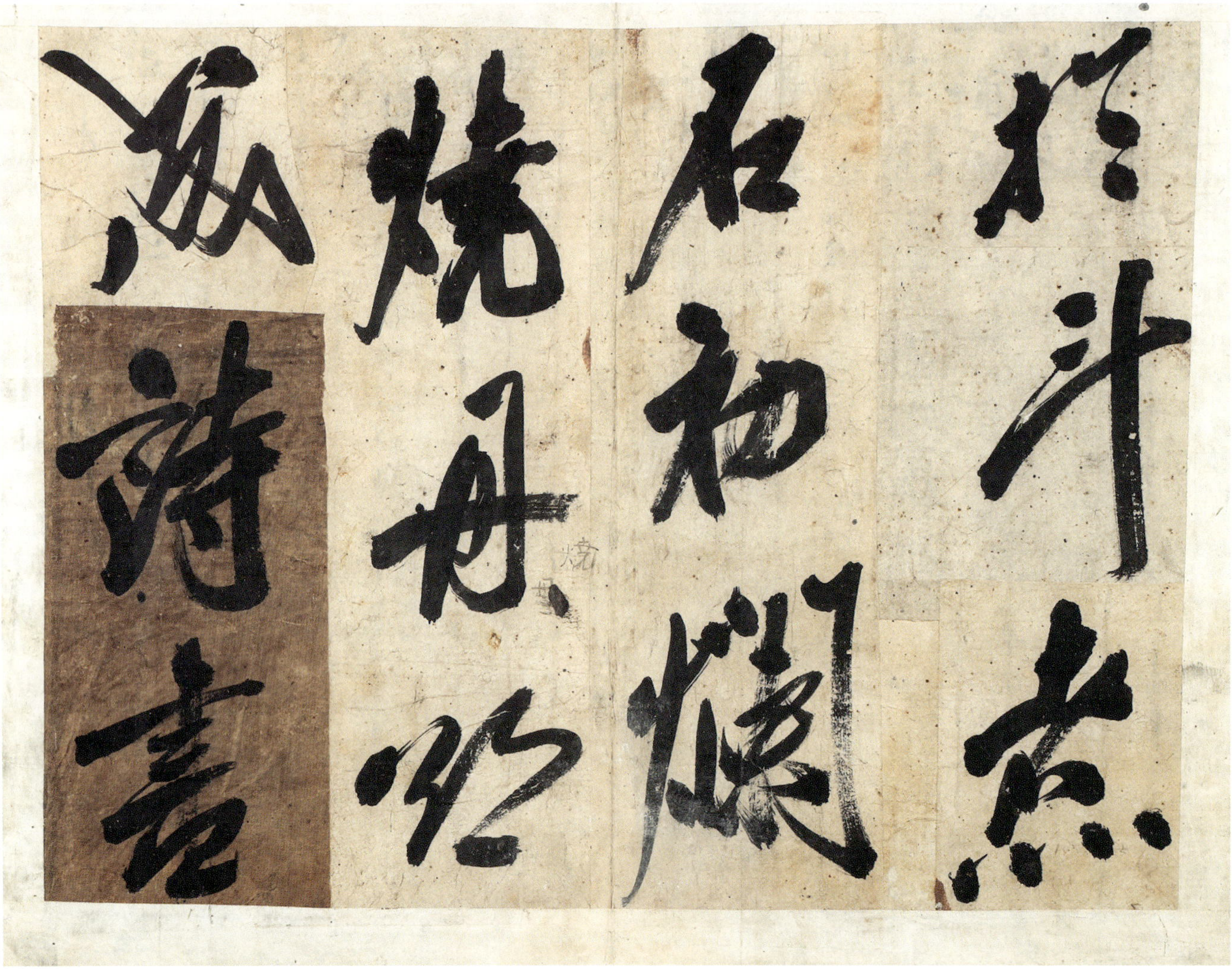

【釋文】 墻高于肩 室大於斗 煮石初爛 燒丹欲成

【國譯】 담장은 어깨보다 높고 방은 말보다 크네. 구운 돌이 막 익으려 하니, 단약을 구워서 약을 지으려 하네.

[冬-29] 李叙九의 유묵

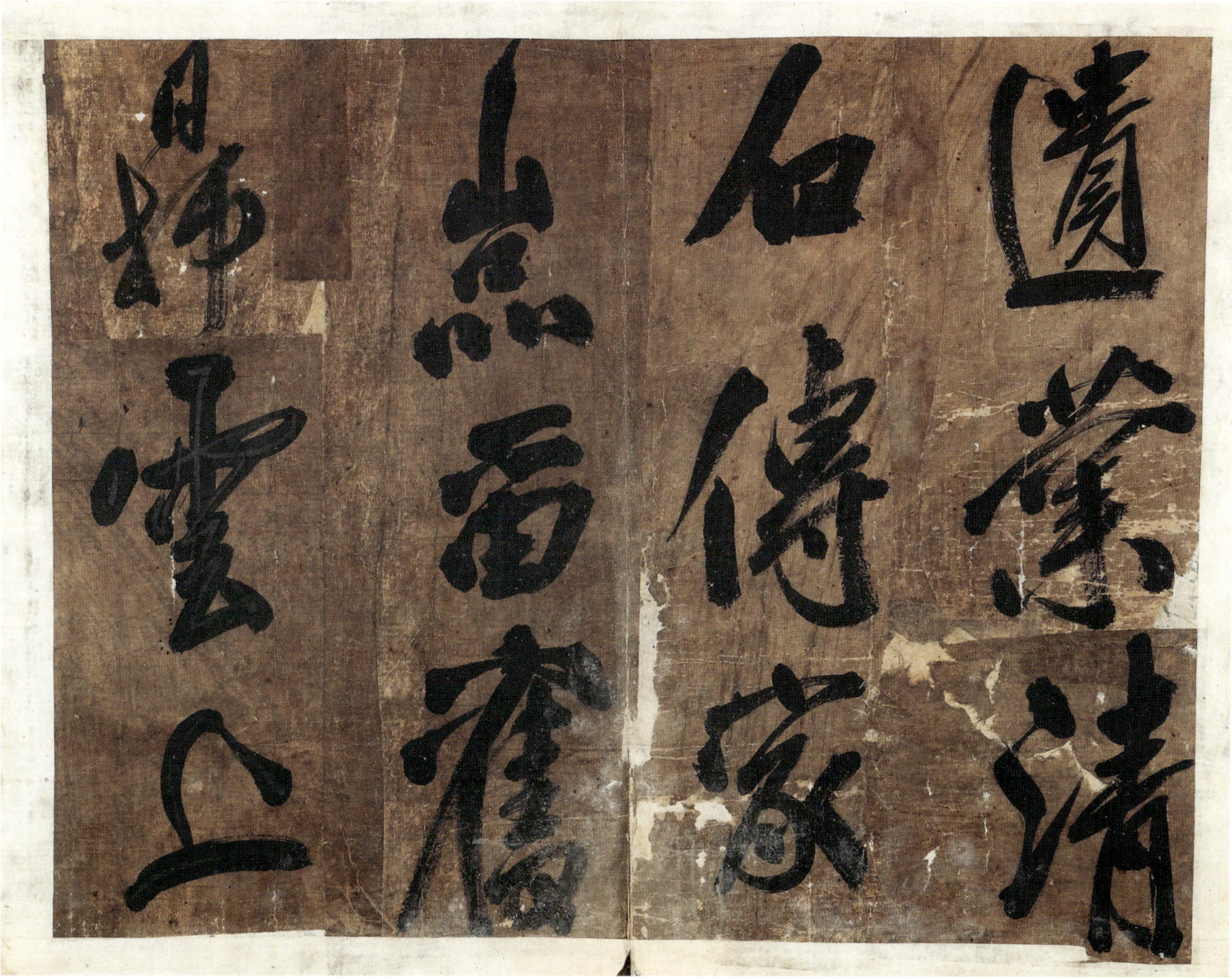

【釋文】 詩書遺業 淸白傳家 嵓留舊鼎 雲上薪荊

【國譯】 시와 서를 업으로 남기고 청백을 집안에 전하네. 바위는 오래된 솥처럼 남아 있고 구름은 땔나무 위로 오르네.

[冬-30] 李叙九의 유묵

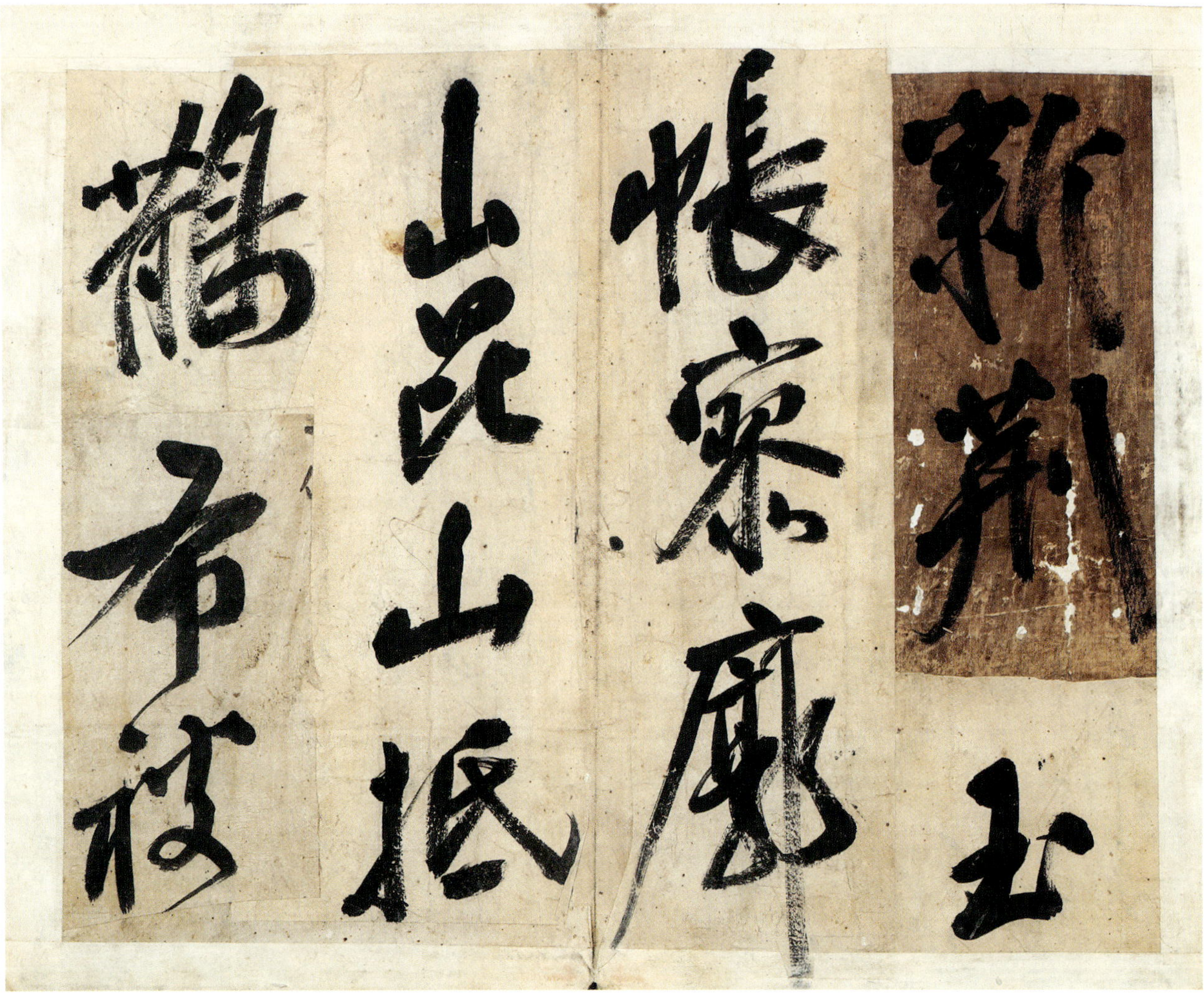

【釋文】 玉帳寥廓 崑山抵鵲 布被暖餘 藜羹飽後

【國譯】 옥 같은 장막은 쓸쓸하고 곤륜산에는 까치가 이르네. 베옷이라도 입으니 추운 나머지에 따뜻하고 보잘 것 없는 국도 굶주린 뒤에 배부르네.

[冬-31] 李叙九의 오언절구

【釋文】 處世若大夢 胡爲勞其生 所以終日醉 頹然臥前楹

【國譯】 세상에 처한 것이 큰 꿈과 같으니 어찌 그 삶을 수고롭게 하겠는가?
그런 까닭에 종일 취해서 앞 기둥에 누웠네.

[冬-32-左] 李叙九의 간찰

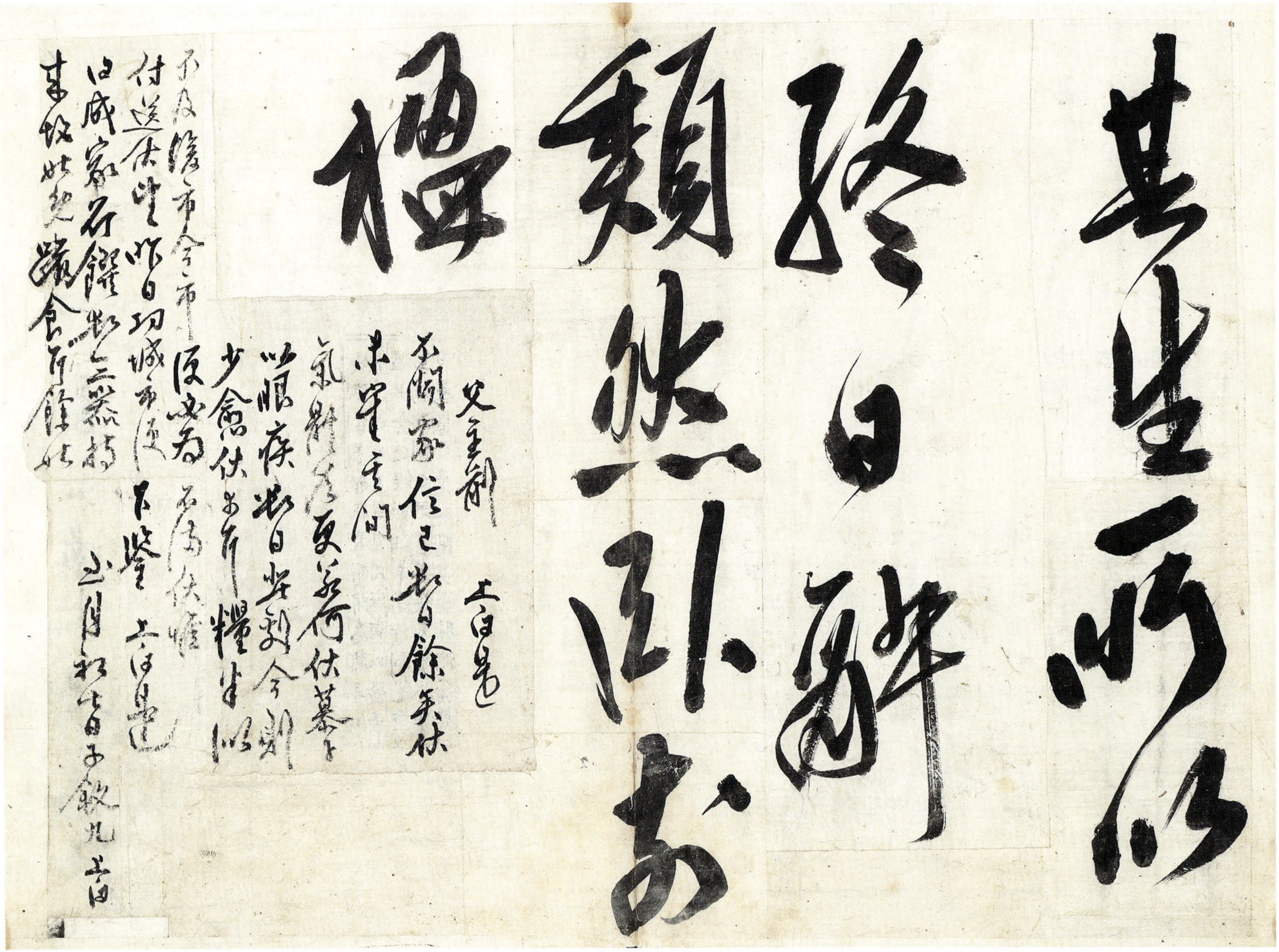

【釋文】 父主前 上白是

不聞家信, 已數日餘矣. 伏未審其間, 氣體候更若何? 伏慕. 子以眼疾, 數日苦劇, 今則少愈, 伏幸耳. 糧半似不及, 後市今市便, 必爲付送伏望. 昨日功城市便, 得成家行饌數三器 持來故, 姑免疏食耳. 餘姑不備. 伏惟下鑑, 上白是.

至月 初七日 子 叙九 上白

【國譯】 아버님께 올립니다.

집안 소식을 듣지 못한지 벌써 여러 날 남짓 되었습니다. 삼가 그 간에 체후는 어떠하신지요? 삼가 그립습니다.

저는 안질로 며칠 동안 매우 괴로웠는데, 지금은 조금 나아져 삼가 다행입니다. 양식이 반도 미치지 못할 듯하니, 다음 시장이나 이번 시장에 가는 편에 반드시 부쳐 보내주시기를 삼가 바랍니다. 어저께 상주에 있는 공성 시장 편에 성씨 집안의 나들이 반찬 몇 그릇을 얻어서가지고 왔으므로 우선 거친 식사는 면하였습니다.

나머지는 우선 이정도로만 하고 격식을 갖추지 않습니다. 삼가 굽어 살펴주시기 바라며 아뢥니다.

11월 초7일 아들 서구 올림

[冬-33-1] 李叙九의 제문

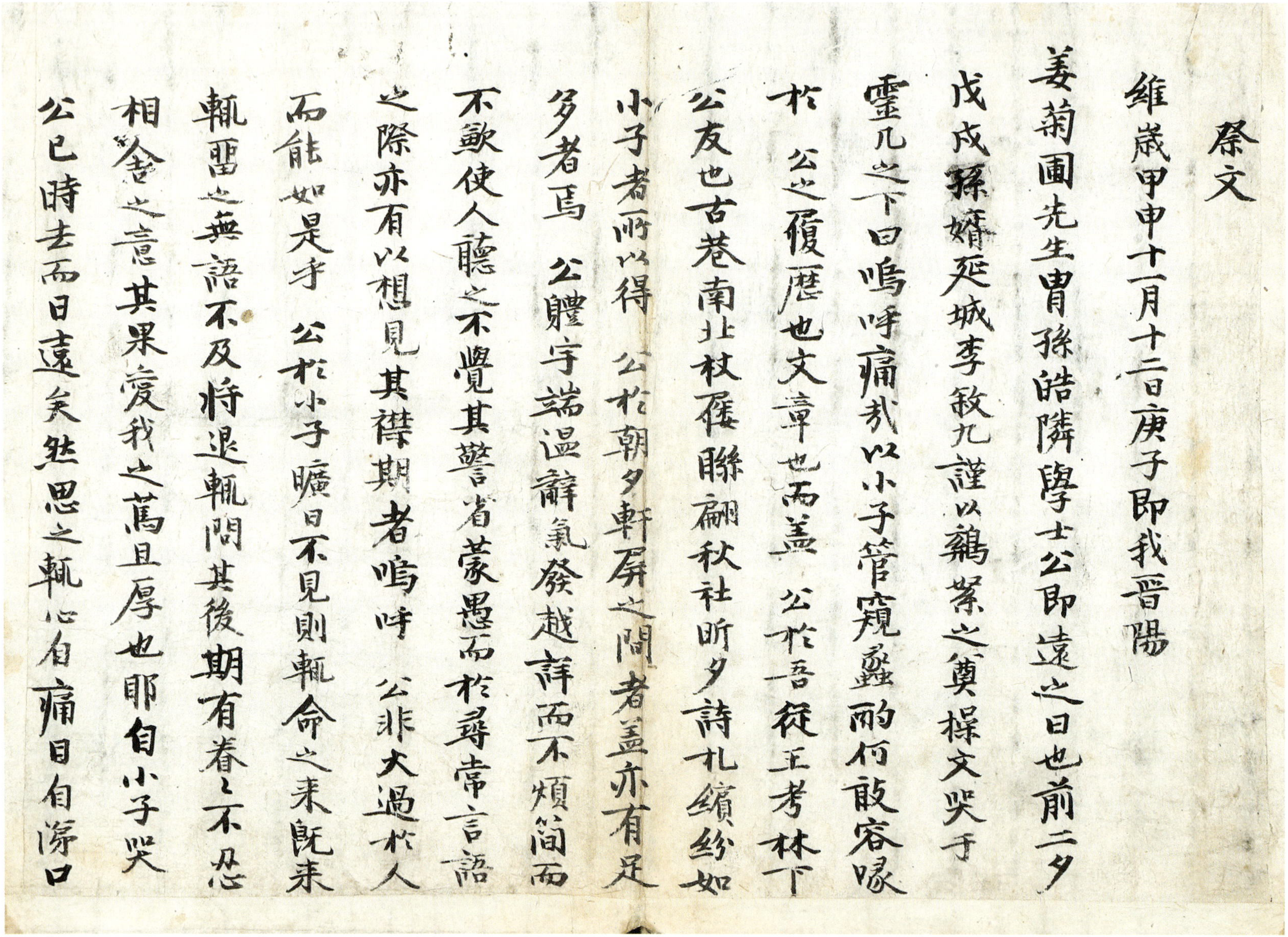

祭文
維歲甲申十一月十二日庚子即我晉陽
姜菊圃先生曽孫皓隣學士公即遠之日也前二夕
戊戌孫婿延城李敘九謹以鷄䉶之奠操文哭于
靈几之下曰嗚呼痛哉以小子管窺蠡酌何敢容喙
於 公之履歷也文章也而蓋 公於吾從王考林下
公友也古巷南北杖屨聯翩秋社昕夕詩札繽紛如
小子者所以得 公於朝夕軒屏之間者蓋亦有足
多者焉 公體守端温辭氣發越詳而不煩簡而
不欲使人聽之不覺其警省蒙愚而於尋常言語
之際亦有以想見其襟期者嗚呼 公非大過於人
而能如是乎 公於小子曠日不見則輒命之来既来
輒留之無語不及將退輒問其後期有眷眷不忍
相舍之意其果愛我之篤且厚也耶自小子哭
公已時去而日遠矣然思之輒心自痛目自涕口

【釋文】 祭文

維歲次, 甲申十一月十二日庚子, 卽我晋陽姜菊圃先生, 冑孫皓隣學士公, 卽遠之日也. 前二夕戊戌, 孫婿延城李敍九, 謹以鷄絮之奠操文, 哭于靈几之下曰: "嗚呼痛哉, 以小子管窺蠡酌, 何敢容喙於公之履歷也文章也? 而盖公於吾從王考林下公友也. 古巷南北, 杖屨聯翩, 秋社昕夕, 詩札繽粉. 如小子者, 所以得公於朝夕軒屛之間者, 盖亦有足多者焉. 公體宇端溫, 辭氣發越, 詳而不煩, 簡而不欠, 使人聽之, 不覺其警省蒙愚, 而於尋常言語之際, 亦有以想見其襟期者. 嗚呼! 公非大過於人, 而能如是乎? 公於小子, 曠日不見, 則輒命之來, 旣來輒留之, 無語不及. 將退輒問其後期, 有眷眷不忍相舍之意, 其果愛我之篤且厚也耶? 自小子哭公, 已時去而日遠矣. 然思之, 輒心自痛, 目自涕, 口

【國譯】 제문

유세차 갑신년 11월 12일 경자일은 바로 우리 진양 강국보 선생의 맏손주인 강호린 학사공과 멀리 이별하는 날이다.[28]

장사지내기 이틀전날 무술에 손주 사위 연성 이서구가 삼가 제주와 제수와 제문으로 전을 올리며, 영전에 곡하기를, "오호 통재라, 소자가 별 볼일 없는 식견으로 어찌 감히 공의 이력이나 문장에 감히 말을 할 수 있으리오? 그러나 대개 공은 우리 4촌 할아버지 임하공과 벗이다. 옛 고을 남쪽 북쪽으로 지팡이를 짚고 신을 신고 오고 가며, 사직단 가을제사에 아침저녁으로 시와 편지가 빈번히 오고 갔다. 저와 같은 자가 공을 아침저녁으로 어른의 곁에서 공에게서 얻은 바가 매우 많았다.

공의 몸가짐은 단정하고 따뜻하였으며, 말의 기운은 보통 범위를 뛰어넘었고 상세하되 번거롭지 않았으며 간략하되 부족하지 않았고 사람으로 하여금 그것을 들으면 나도 모르게 어리석음을 깨닫게 되니, 평소 말하는 사이에 또한 그의 흉금을 상상해 볼 수 있었다. 오호라 공이 남보다 뛰어나지 않았다면 능히 이와 같을 수 있었겠는가? 공이 나에 대하여 여러 날 보지 못하면 번번이 오라 명하였고, 이미 오게 되면 번번이 머무르게 했고 어떤 말이든지 미치지 않음이 없었다. 물러나올 때에 그 뒤의 기약을 묻고 정성스럽게도 차마 서로 놓지 못하는 그런 뜻이 있었으니 그것이 과연 나를 사랑하는 돈독하고 후박함인가? 내가 공을 곡한 것으로부터 때는 이미 지나갔고 날은 멀어졌다. 그러나 그를 생각하면 번번이 마음은 절로 아프고 눈에서는 절로 눈물이 나고 입은

28 멀리 이별하는 날이다: 원문의 '卽遠'은 점점 멀어져 간다는 말로, 죽은 이와 영결을 고하고 장례를 치른다는 의미이다.

[冬-33-2-右] 李叙九의 제문

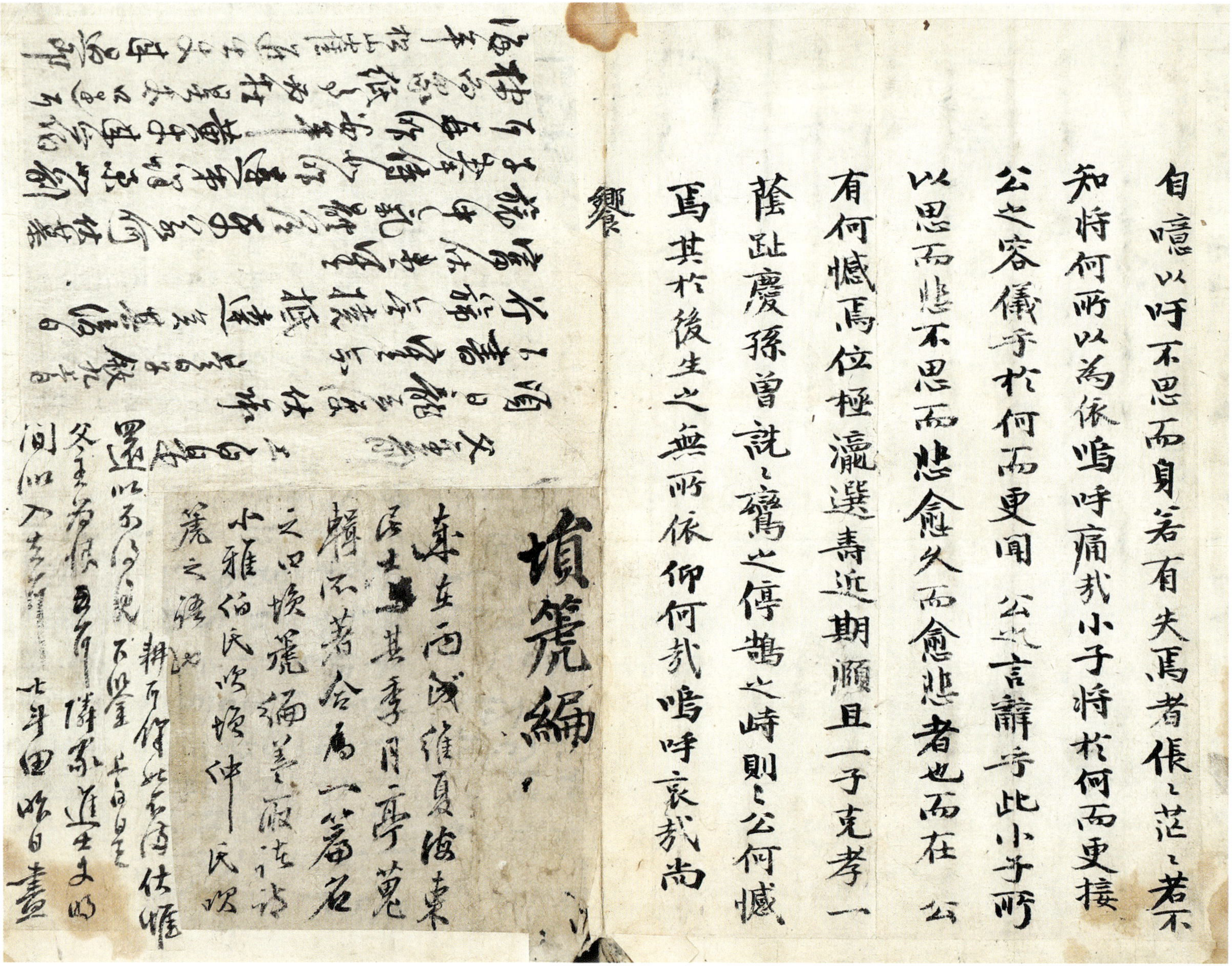

自噫以吁不思而身若有失焉者悵悵茫茫若不
知將何所以為依嗚呼痛哉小子將於何而更接
公之容儀乎於何而更聞 公之言辭乎此小子所
以思而悲不思而悲愈久而愈悲者也而在 公
有何憾焉位極瀛選壽近期頤且一子克孝一
蔭趾慶孫曾詵詵鸞之停鵠之峙則則公何憾
焉其於後生之無所依仰何哉嗚呼哀哉尚
饗

塤篪編

【釋文】 ↳然思之，輒心自痛，目自涕，口自噫，以吁不思，而身若有失焉者，倀倀茫茫，若不知將何所以爲依．嗚呼痛哉．小子將於何而更接公之容儀乎，於何而更聞公之言辭乎？此小子所以思而悲，不思而悲，悠久而愈悲者也．而在公有何憾焉．位極瀛選，壽近期頤，且一子克孝，一蔭趾慶，孫曾詵詵，鸞之停，鵠之峙，則公何憾焉？其於後生之無所依仰，何哉？嗚呼哀哉！尙饗．”

【國譯】 ↳그러나 그를 생각하면 번번이 마음은 절로 아프고 눈에서는 절로 눈물이 나고 입은 절로 한숨을 쉬고 탄식하고 생각지 않으려 해도 몸은 마치 잃어버린 것이 있는 것 같았다. 아득하고 아득하니 장차 어느 곳에 의지할지 알지 못하겠다. 오호라 슬프도다. 내가 장차 어느 곳에서 다시 공의 모습을 뵈올 것이며, 어디에서 다시 공의 말씀을 들을 수 있겠는가? 이것이 내가 생각해도 슬프고 생각지 않아도 슬프고 오래 갈수록 더욱 슬픈 까닭이다. 그러나 공에 대해서 무슨 슬픔이 있겠는가? 직위는 홍문관에서 할 수 있는 벼슬을 다했고, 수는 백세에 가깝고 또 아들이 지극히 효도하여 음직으로 경에 이르렀고 증손이 번성하여 난새처럼 정정하고 고니처럼 우뚝한데 공이 무엇이 한스럽겠는가? 그러나 후생이 우러러 의지할 바가 없게 된 데서야 어찌하겠는가? 오호라 슬프도다. 흠향하소서.”라고 하였다.

[冬-34-左] 李叙九의 간찰·「塡篪編」의 서문

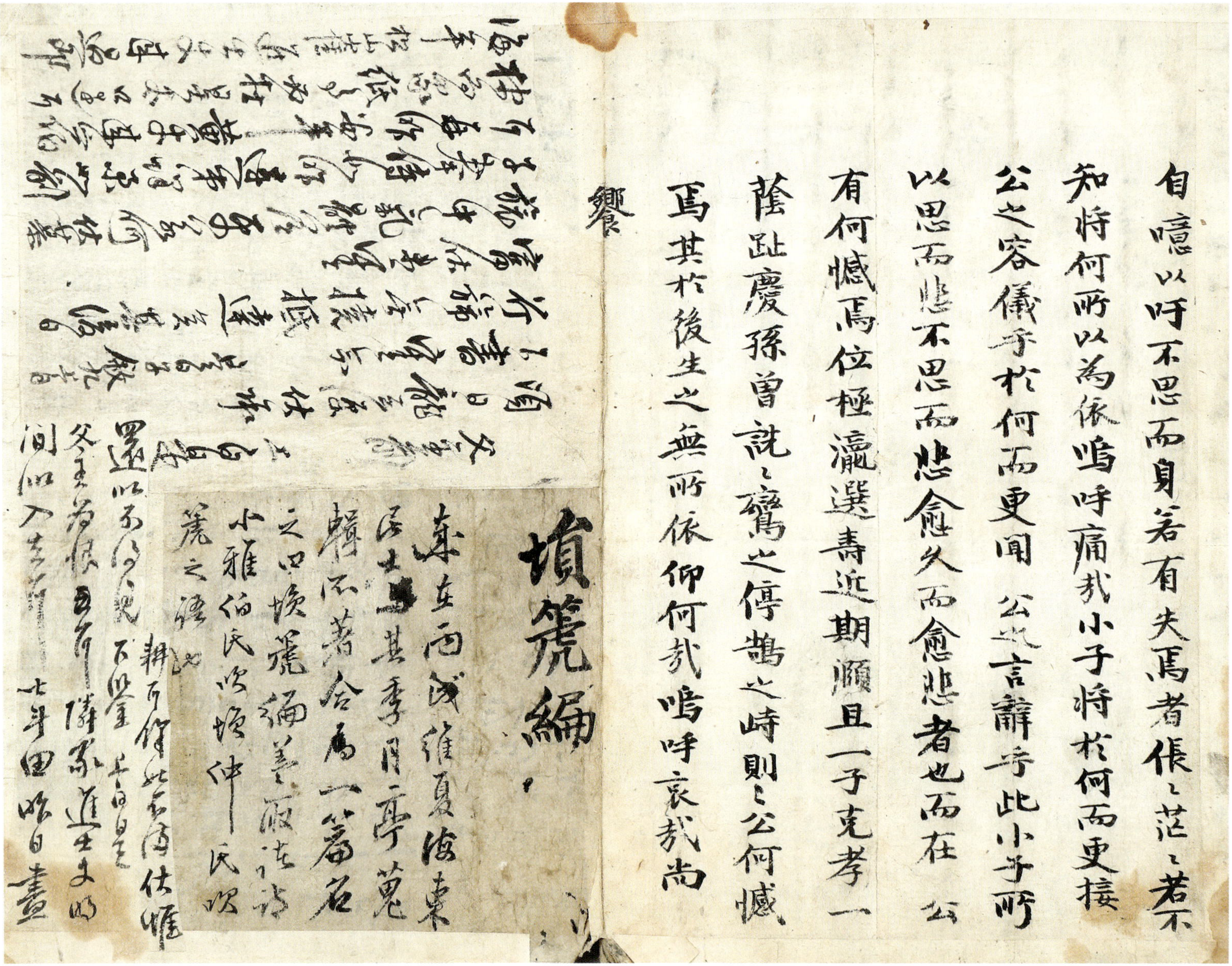

【釋文】 父主前 上白是

頃日龍云便, 伏承下書, 審知行旆無撓抵達矣. 其後日富, 伏未審旅中氣體候, 更若何? 伏慕. 子奉侍如昨, 達弟課業如前耳. 再昨, 安平黃才來宿棣, 而家紙事, 必杜昊太口達耳. 海平松山, 崔進士丈, 來過卽還, 以不得見父主爲恨耳. 隣家進士丈, 明間似入去耳. 七斗田, 昨日盡耕耳. 餘姑不備. 伏惟下鑑. 上白是.

【國譯】 아버님께 올립니다.

지난번 용운편에 삼가 내려주신 편지를 받고서 행차가 번잡함 없이 도달했다는 것을 알게 되었습니다. 그 뒤로 여러 날 동안 삼가 여행 중의 체후를 살피지 못하였으니 다시 어떠하신지요? 삼가 그립습니다.

저는 시봉하는 것이 옛날과 같고 달이 동생의 과업은 여전합니다. 그저께 안평의 황수재가 와서 형제의 집에 묵었고 집안 편지에서 말한 일은 반드시 두호태의 입으로 전달할 뿐입니다. 해평 송산의 최 진사 어른은 왔다가 곧 돌아갔는데 아버님을 뵙지 못한 것이 한스러울 뿐입니다. 이웃집의 진사 어른은 내일쯤 들어 갈 듯합니다. 칠 두락지의 밭은 어저께 다 갈았습니다.

나머지는 이정도로만 하고 격식을 갖추지 않습니다. 삼가 굽어 살펴 주시기 바랍니다.

【釋文】「塤篪編」

歲在丙戌維夏, 海東居士與其季月亭, 蒐輯所著, 合爲一篇, 名之曰: 「塤篪編」, 盖取諸『詩小雅』, "伯氏吹塤, 仲氏吹篪"之語也.

【國譯】「훈지편(塤篪編)」[29]

세제 병술 유하에 해동거사와 그 막내 동생 월정이 함께 지은 바를 엮어서 한편으로 합하여 「훈지편」이라고 이름을 지었다. 대개 그 뜻은 『시경』「소아」에서 "백씨가 질 나팔을 불거든, 중씨는 젓대를 분다."라는 말에서 취한 것이다.

29 「훈지편(塤篪編)」: 원문의 '塤篪'는 "백씨가 질 나팔을 불거든, 중씨는 젓대를 분다."라는 구절에서 온 말로, 형제간의 우애를 뜻한다. 『詩經』, 「何人斯」.

박황희

박황희(朴熿熙)는 고려대학교에서 고전번역학을 전공하였으며 「연안이씨 식산종택 간찰첩 역주」로 박사학위를 취득하였다. 한국고전번역원과 국사편찬위원회, 한국한중앙연구원 등지에서 문집번역과 고문서의 문리를 익혔으며 간찰초서의 안목을 틔웠다.
현재는 고려대학교에서 한문학과 강사로 재직 중에 있으며, (사)한국고간찰연구회와 대동한문번역원에서 역자로 활동하고 있다.
저서에는 「백곡 김득신의 산문 선역」, 「연안이씨 간찰첩 선자수적」 등이 있으며 다수의 간찰 관련 논문과 공동 집필한 번역서 등이 있다.

탈초 국역 傳家寶墨 -延安李氏 簡札帖

2020년 3월 5일 초판 발행

옮긴이 : 박황희
발행인 : 김병환
발행처 : 학자원
주소 : 서울 강동구 천호대로 1121
전화 : 02 6403-1000
팩스 : 02 6338-1001
E-mail : hakjaone@daum.net
등　록 : 2011년 3월 24일 제2011-14호

ISBN 979-11-6247-173-9 93810
값 40,000원

잘못된 책은 교환 가능하며 구입 서점이나 본사로 연락주세요.
이 책은 저작권법의 보호를 받는 저작물이므로 무단전재와 복제를 금지하며,
이 책의 내용을 이용하려면 저작권자와 학자원의 동의가 있어야 합니다.